高等学校教材
信息管理与信息系统

企业信息化

赵守香　姜同强　王雯　编著

清华大学出版社
北京

内容简介

本书从案例分析出发，从4个层次探讨了企业在信息化过程中涉及的理论、技术、产品和开发方法，这4个层次分别是：基本概念的理解、信息技术基础、各种企业信息系统的应用范围和具体功能、信息系统战略和开发方法。

在编写体例上，我们运用了“案例教学、任务驱动”的编写思想，以案例为引子，从企业管理的实际问题入手，来引出教材的主要内容。这种编写体例特别适合那些强调技能培养的院校。同时，用案例贯穿教学全过程，使学生便于理解和掌握理论知识，使学习过程更加生动和有趣。

本书既可以作为高校“企业信息化”及其相关课程的教材，也可以供企业中从事信息系统建设和维护工作的管理人员参考。

图书在版编目(CIP)数据

企业信息化/赵守香，姜同强，王雯编著. —北京：清华大学出版社，2008.9(2021.2重印)
(高等学校教材·信息管理与信息系统)
ISBN 978-7-302-18056-2

Ⅰ. 企… Ⅱ. ①赵… ②姜… ③王… Ⅲ. 信息技术—应用—企业管理—高等学校—教材 Ⅳ. F270.7

中国版本图书馆CIP数据核字(2008)第098218号

责任编辑：闫红梅 李 晔
责任校对：焦丽丽
责任印制：吴佳雯

出版发行：清华大学出版社
网　　址：http://www.tup.com.cn，http://www.wqbook.com
地　　址：北京清华大学学研大厦A座　　**邮　　编**：100084
社 总 机：010-62770175　　**邮　　购**：010-83470235
投稿与读者服务：010-62776969，c-service@tup.tsinghua.edu.cn
质量反馈：010-62772015，zhiliang@tup.tsinghua.edu.cn
课件下载：http://www.tup.com.cn，010-83470236
印 装 者：北京九州迅驰传媒文化有限公司
经　　销：全国新华书店
开　　本：185mm×260mm　　**印　　张**：26.5　　**字　　数**：645千字
版　　次：2008年9月第1版　　**印　　次**：2021年2月第11次印刷
印　　数：9101～9600
定　　价：59.00元

产品编号：028038-03

出版说明

改革开放以来，特别是党的十五大以来，我国教育事业取得了举世瞩目的辉煌成就，高等教育实现了历史性的跨越，已由精英教育阶段进入国际公认的大众化教育阶段。在质量不断提高的基础上，高等教育规模取得如此快速的发展，创造了世界教育发展史上的奇迹。当前，教育工作既面临着千载难逢的良好机遇，同时也面临着前所未有的严峻挑战。社会不断增长的高等教育需求同教育供给特别是优质教育供给不足的矛盾，是现阶段教育发展面临的基本矛盾。

教育部一直十分重视高等教育质量工作。2001 年 8 月，教育部下发了《关于加强高等学校本科教学工作，提高教学质量的若干意见》，提出了十二条加强本科教学工作提高教学质量的措施和意见。2003 年 6 月和 2004 年 2 月，教育部分别下发了《关于启动高等学校教学质量与教学改革工程精品课程建设工作的通知》和《教育部实施精品课程建设提高高校教学质量和人才培养质量》文件，指出"高等学校教学质量和教学改革工程"是教育部正在制定的《2003—2007 年教育振兴行动计划》的重要组成部分，精品课程建设是"质量工程"的重要内容之一。教育部计划用五年时间(2003—2007 年)建设 1500 门国家级精品课程，利用现代化的教育信息技术手段将精品课程的相关内容上网并免费开放，以实现优质教学资源共享，提高高等学校教学质量和人才培养质量。

为了深入贯彻落实教育部《关于加强高等学校本科教学工作，提高教学质量的若干意见》精神，紧密配合教育部已经启动的"高等学校教学质量与教学改革工程精品课程建设工作"，在有关专家、教授的倡议和有关部门的大力支持下，我们组织并成立了"清华大学出版社教材编审委员会"(以下简称"编委会")，旨在配合教育部制定精品课程教材的出版规划，讨论并实施精品课程教材的编写与出版工作。"编委会"成员皆来自全国各类高等学校教学与科研第一线的骨干教师，其中许多教师为各校相关院、系主管教学的院长或系主任。

按照教育部的要求，"编委会"一致认为，精品课程的建设工作从开始就要坚持高标准、严要求，处于一个比较高的起点上；精品课程教材应该能够反映各高校教学改革与课程建设的需要，要有特色风格、有创新性(新体系、新内容、新手段、新思路，教材的内容体系有较高的科学创新、技术创新和理念创新的含量)、先进性(对原有的学科体系有实质性的改革和发展、顺应并符合新世纪教学发展的规律、代表并引领课程发展的趋势和方向)、示范性(教材所体现的课程体系具有较广泛的辐射性和示范性)和一定的前瞻性。教材由个人申报或各校推荐(通过所在高校的“编委会”成员推荐),经“编委会”认真评审,最后由清华大学出版社审定出版。

目前,针对计算机类和电子信息类相关专业成立了两个“编委会”,即“清华大学出版社计算机教材编审委员会”和“清华大学出版社电子信息教材编审委员会”。首批推出的特色精品教材包括:

(1) 高等学校教材·计算机应用——高等学校各类专业,特别是非计算机专业的计算机应用类教材。

(2) 高等学校教材·计算机科学与技术——高等学校计算机相关专业的教材。

(3) 高等学校教材·电子信息——高等学校电子信息相关专业的教材。

(4) 高等学校教材·软件工程——高等学校软件工程相关专业的教材。

(5) 高等学校教材·信息管理与信息系统。

(6) 高等学校教材·财经管理与计算机应用。

清华大学出版社经过20多年的努力,在教材尤其是计算机和电子信息类专业教材出版方面树立了权威品牌,为我国的高等教育事业做出了重要贡献。清华版教材形成了技术准确、内容严谨的独特风格,这种风格将延续并反映在特色精品教材的建设中。

清华大学出版社教材编审委员会

E-mail: dingl@tup.tsinghua.edu.cn

前　言

“企业信息化”是管理类专业开设的一门专业必修课程，涵盖了专科、本科、高职高专等多个教育层次，跨工商管理、企业管理、信息管理与信息系统、电子商务、管理科学等多个专业。尤其是近两年来，各高等院校的经济类、管理类、计算机类专业也相继开设了“企业信息化”课程作为专业选修课，成为理解信息技术在企业管理中应用的一个窗口和平台。

本书内容繁多，在内容安排上，我们根据认知的层次将教材的内容划分为4部分：企业信息管理概述、企业信息管理技术平台、企业信息系统、企业信息系统与规划与实施。

第1部分：企业信息管理概述。即第1章，着重介绍了信息技术(IT)和信息系统(IS)作为一种重要的企业资源在企业管理中的作用，以及如何利用信息技术和信息系统创造企业竞争优势。

第2部分：企业信息管理技术平台。即第2章，着重介绍了企业信息系统建设的两个基础技术平台：数据库系统和计算机网络。数据库系统的建设是企业信息管理的核心工程，计算机网络提供了企业信息管理的主要支撑环境。

第3部分：企业信息系统。包括第4章～第8章，着重介绍了各种类型的企业信息系统，包括管理信息系统(MIS)、决策支持系统(DSS)、企业资源规划系统(ERP)、供应链管理系统(SCM)、客户关系管理系统(CRM)、电子商务(EC)等。

第4部分：企业信息系统规划与实施。包括第9章～第13章，着重介绍了企业信息系统建设中的一些关键问题，如企业信息化战略规划、企业信息化决策、企业信息化队伍建设、企业信息系统开发的基本原理和步骤等几个方面的问题。这些问题决定了企业信息管理工作能否取得令人满意的绩效。

在使用教材时，可以根据教育层次有所取舍。

在编写体例上，我们运用了“案例教学，任务驱动”的编写思想，以案例为引子，从企业管理的实际问题入手，来引出本章的主要内容。这种编写体例特别适合那些强调技能培养的院校。同时，用案例贯穿教学全过程，使学生便于理解和掌握理论知识，使学习过程更加生动和有趣。

应该意识到，信息技术和信息系统是一把双刃剑，可以提高企业的核心竞争力，创造更多的战略机会；但也可能是一个陷阱、一个“信息化黑洞”。大量实证研究和统计分析表明，企业信息化成功的关键是社会因素而不是技术因素。所以，企业管理者应该清楚如何面对和处理企业信息化建设过程中出现的各种问题；应该深刻地领会企业信息系统在企业管理和决策中的作用，以及信息系统和管理系统之间的关系；应该深入地了解企业信息资源开发、利用，以便更好地为管理和决策服务。

由于课程培养的对象极有可能在今后成为企业信息系统的用户或管理者，而用户和管理者也是企业信息化建设队伍的重要成员，因此，为了有别于其他专门为信息管理、信息系统、计算机应用方面的技术人员编写的教材，本教材的编写遵循了以下两条基本原则，也是本教材编写的主线：首先，应该让学生了解他们在企业信息管理和信息化建设中的职责以及应具备的知识体系（假定学生就是用户或管理者）；其次，本教材主要是从用户和管理者的角度而不是从技术的角度阐述信息系统的概念和基本原理的。

企业信息系统的用户或管理者，在信息化建设中应具备以下几个方面的知识结构：具有信息技术方面的基础知识（硬件、软件、数据库、网络）；熟悉企业中各类信息系统（MIS，DSS，ES 等）的结构、功能；熟悉信息系统发展的趋势；深刻领会信息化建设成功的关键因素；深刻领会信息技术在企业管理中双刃剑的作用；熟悉信息化工程队伍建设中各种类型人员的职责和作用，以及信息化工程的原则、原理及步骤（系统开发生命周期）；学会表达用户的需求，懂得如何与技术人员交流。

本书由北京工商大学赵守香、姜同强、王雯老师编著。赵守香编写第 1 章、第 2 章、第 4 章、第 5 章、第 7 章、第 13 章、姜同强编写第 9 章、第 10 章、第 11 章、第 12 章、王雯编写第 3 章、第 6 章、第 8 章。

感谢我们的家人，谢谢他们的无私奉献和支持！

限于编者水平，书中难免存在疏漏不妥之处，敬请读者批评指正。

作者

2008 年 3 月

目录

第1章

企业信息化概述

【内容提要】

本章从企业所面临的经济大环境出发，分析企业充分利用信息技术提升企业核心竞争力的必要性，介绍企业信息化的含义、内容，实施企业信息化的条件、步骤。重点分析我国在企业信息化过程中存在的问题。

【引导案例】

美特斯·邦威的信息化之路

美特斯·邦威集团公司始建于1995年，主要研发、生产、销售美特斯·邦威品牌休闲系列服饰。"美特斯·邦威"是集团自主创立的本土休闲服品牌。"美"：美丽，时尚；"特"：独特，个性；"斯"：专心、专注；"邦"：国邦、故邦；"威"：威风。"美特斯·邦威"代表为消费者提供个性时尚的产品，立志成为中国休闲服市场的领导品牌，扬国邦之威。品牌名称凝聚了集团创始人周成建先生永不忘却的民族品牌情节和对于服饰文化的情有独钟。

集团在坚持"虚拟经营"的业务模式基础上，全面启动品质管理工程，从品牌形象、产品设计与生产采购、物流、市场拓展、销售服务和信息化管理等全过程提升管理品质。

在品牌形象提升上，公司运用品牌形象代言人、极具创意的品牌推广公关活动和全方位品牌形象广告投放，结合开设大型品牌形象店铺的策略，迅速提升品牌知名度和美誉度。

在产品设计开发上，建立并培育了一支具有国际水准的设计师队伍，与法国、意大利、中国香港等地的知名设计师开展长期合作，每年设计服装新款式3000多种。

在生产采购上，突破了传统模式，充分整合利用社会资源和国内闲置的生产能力，走社会化大生产专业化分工协作的路子。在广东、上海、江苏等地300多家生产厂家为公司定牌生产，形成年产系列休闲服近5000万件(套)的强大生产基地，专业的品检师对每一道生产工序实施严格的品质检验，严把质量关。

在经营上利用品牌效应，吸引加盟商加盟，拓展连锁专卖网络，并对专卖店实行包括物流配送、信息咨询、员工培训在内的各种服务与管理，与加盟商共担风险，共同发展，实现双赢；实施忠诚客户服务工程，不断提升服务质量。

在管理上实现电子商务信息网络化，建立了管理、生产、销售等各个环节的计算机终端联网的"信息高速公路"，实现了内部资源共享和网络化管理。

集团于1998年开始逐步把经营管理中心、研发中心移到上海。2005年12月10日，集团上海总部正式启用，标志着集团进入二次创业阶段。借助上海这个时尚之都和经济中心的区位优势和有利平台，充分整合配置资源，从业务模式创新转向管理模式创新，利用信息化平台整合社会资源，构建服装产业上下游生态链，加快物流、信息流、资金流的循环。

是什么使美特斯·邦威集团在短短十几年间，从一个名不见经传的企业发展成为中国休闲服饰行业的龙头企业之一？副总裁王泉庚揭开了谜底，“这是因为我们将企业的发展与信息化建设紧密结合，通过信息系统将企业多年的经营经验、管理流程以及管理思想固化下来，在企业决策、企业管理与控制、业务的操作等各方面发挥关键作用。”

正如美特斯·邦威的广告词“不走寻常路”一样。当其他的制衣企业仅仅满足于计算机辅助设计时，他们已经走在了别人的前面。美特斯·邦威对实现信息化的合作伙伴的选择十分谨慎，经过严格的对比，最后选择了思科系统公司作为其实现信息化的合作伙伴。“作为世界领先的网络设备商，思科具有享誉全球的品牌亲和力、先进技术、卓越性能和一流的服务质量。同时，作为领导业界的主流厂商，它能够保证我们信息化建设的可扩展性和较高的性价比。”王泉庚如是说。

针对美特斯·邦威的特点，思科在项目设计中采用具有得天独厚优势的VPN技术进行构筑，解决方案具有灵活性、安全性、可扩展性、可靠性、成本低等特点，最大限度地满足了用户需求。分布在全国的分支机构都可以通过高速IP城域网或ADSL虚拟拨号方式接入公司的统一信息平台，在获得高可用带宽的同时极大地降低了数据通信线路费用。这样，美特斯·邦威产业链上的所有部门都可以在这个平台上运行，而且各部门各业务之间可以根据需要设置不同的服务等级及安全级别，实现资源的独立与共享。

建设完成后的综合数据网是建立在世界一流技术保障、安全保障和互联共享体系结构上的信息系统。由于新系统具有任意的接入性能，更使得美特斯·邦威以往的投资得到了最大限度的保护。尤其值得一提的是，它不但满足了今天视频、语音、数据等信息传输的需求，还保持了网络技术的先进性，并且能适应未来需求的增长，易于平滑升级。

网络显神威

当今市场瞬息万变，具体到制造业来说，成本、物流、管理直接决定着一个企业的核心竞争力。企业未来面对的竞争不再是单一的竞争，而是整个供应链的竞争。如果谁能在供应链管理上占得优势，谁就能在市场上占得先机，这也是美特斯·邦威在高速发展中所坚信的理念。

美特斯·邦威的高端应用需求与思科一直所倡导的智能信息网络不谋而合。智能信息网络包含融合网络的理念，它把数据、语音和视频集成到一个综合的、单一的、基于IP的通信网络上，通过简便有效的集成数据、业务流程和应用将合作伙伴、供应商和客户紧密地连接在一起，保证其在任何时间任何地点都能快速安全地进行生产、提供服务和应用，从而为客户创造更低的运营成本和更高的生产力。

在思科助力下，美特斯·邦威在构筑自身信息化系统的同时成功地进行了上、下游厂商的信息化建设，这样整个产业链紧密连接在一起，实现了交易网络化，流程网络化和智能化联网生产。对此，某专卖店负责人高兴地说：“在美特斯·邦威的帮助下，我们可以根据顾客需求提供实时服务，在加盟的一年来取得了非常好的销售业绩。”由此可知，美特斯·邦威的品牌及信息化效应已经吸引了众多上下游商家的加盟，从而达到了共同发展，实现双赢的目的。

智能联网生产的效果在美特斯·邦威自身也得到非常好的体现。例如：传统的企业完成一个订单处理流程需要10天，而随着信息化建设的发展，1997年美特斯·邦威完成同等行为仅需 2～3 天，2000 年以后则只需要 2 分钟，从订货到发货也仅需一周的时间。财务结算方面的变化更是惊人，以前需要 40 天才能完成的财务结算如今实现了单人实时结算。业内人士认为，思科安全、可靠、高速的智能信息网络平台是美特斯·邦威实现所有这些成果的重要保证。

对于美特斯·邦威今天的成功，副总裁王泉庚认为应归结为四大因素：一是走社会化大生产之路；二是具有国际水准的设计产品能力；三是实现管理运作网络化；四是迅速提升品牌知名度和美誉度。其中，管理平台的信息化是企业快速成功的最主要因素。

美特斯·邦威之所以能够在短短几年发展历程中迅速成长为中国休闲服饰行业的领头羊，是信息化的产物。以信息化带动企业的快速成长，决定了企业信息化在这个大市场的地位。企业只有通过信息化，加快发展，提高核心竞争力，才能有效地应对日益激烈的国内外市场竞争的挑战。我们相信，在信息化浪潮的推动下，现代企业的明天一定会更加美好。

1.1　企业所处的环境和面临的竞争压力

1.1.1　经济全球化的含义和特点

【应用案例 1-1】

海尔：与狼共舞，从海尔的国际化到国际化的海尔。

实施国际化，应对国外大公司对中国的挑战，最好的办法就是，成为国际化的公司。既然要“与狼共舞”，就必须成为“狼”。如果不是狼，就会被吃掉，也就没有生存的资格。

为了与国际市场接轨，海尔提出了“三个三分之一”战略，即国内生产国内销售三分之一，国内生产海外销售三分之一，海外生产海外销售三分之一。

进入 20 世纪 90 年代以来，随着贸易投资自由化程度的加大，资金、技术、人员在全球范围内更加自由、更加大规模地流动；同时，跨国界的计算机网络和信息高速公路的建立，使电视、电话、计算机连为一体，将整个世界变成了地球村。经济全球化时代到来了。

全球化(Globalization)这个概念最早是由美国经济学家提奥多尔·拉维特 1985 年在题为《市场全球化》的文章中提出的，意指前 20 年间国际经济的巨大变化，即商品、服务、资本和技术在世界生产、消费和投资领域中的扩散。

1. 经济全球化的含义

究竟什么是经济全球化(Economic Globalization)？在国内外学术界至今仍是众说纷纭，大致可归纳为：一是要素优化配置论和相互依赖关系论。例如认为“经济全球化主要包括世界统一大市场的形成和扩大、跨国公司投资的增加、全球金融市场的一体化、信息交流日趋快速和方便、生产活动的全球化和生产要素的全球配置等”。经济全球化实际上是全球范围的市场经济。国际货币基金组织概括为：“全球化是指跨国商品和服务交易及国际资本流动规模和形式的增加，以及技术的广泛迅速传播使世界各国经济的相互依赖性增强。”二是资本主义化和美国化。美国学者埃伦·伍德(Ellen Maiksins Wood)认为，目前人们之所以如此关注全球化这个问题，其原因就在于资本主义正在成为真正的全球性制度。全球化的本质是全球范围的资本主义化，在我国学者当中也有类似的看法，例如，“美国等西方大国，正是运用世界经济的全球化、一体化的机会，来推动它们的价值观念、政治模式和行为标准，即推行所谓的‘全盘美国化’。”三是无国界论和国家管理取消论。持这种观念的人认为，全球化意味着公司将不再以国别区分，而只有成功与否之别。如德国贝特尔斯曼股份公司董事长托马斯·米德尔霍夫认为：随着经济趋于全球化，像贝特尔斯曼股份公司和戴姆勒·奔驰汽车股份公司，管理网络同国际通用机器公司和可口可乐公司的风格是一样的。不存在什么德国公司或美国公司，只有成功的公司和不成功的公司之分。还有人认为，经济全球化就是取消国家对经济的管理权。丹尼尔·耶金就是这样分析全球化现象的。他认为，所谓全球化，“就是24小时相互联系，极度活跃的、剥夺睡眠机会的，并受电子邮件推动的世界。在这个世界上，各国政府对本国经济的影响力将减少。”“人们对市场发挥公平作用和提供产品的能力增强，因而不再指望政府管理经济。这种做法变成取消政府管理和使企业私有化。”四是概念混淆论和概念质疑论。有人认为经济全球化与世界经济一体化本质都是一回事。“经济全球化也就是全球经济一体化，不是一体化比全球化的层次高，全球化是一体化发展的较高阶段。”也有些人认为经济全球化并不是什么新现象，例如，美国经济学家保罗·斯威齐(Paul M. Sweezy)指出：“全球化不是某种条件或某种现象，而是一种已经持续了很长时间的进程。自四五百年前资本主义作为一种活生生的社会形态在世界上出现以来，这一过程就开始了。”事实上，资本从诞生的第一天起，就在寻求不受限制地最大限度地获取利润路径，即资本主义一直在寻求利润最大化的过程中推动经济的全球化。因此，经济全球化并不是一种新现象，所谓经济全球化，就其本质来说是由于生产力的迅猛发展，使国际分工达到前所未有的新阶段，人类经济活动开始大规模地突破国家、民族界限，各国经济逐渐融为一体的历史过程。

这个历史过程发端于地理大发现，加速于产业革命以后，战后科技革命和跨国公司的大发展，使生产要素在世界范围内得到更大范围的流动，各国之间的经济贸易技术交流更为密切。而20世纪90年代以后微电子技术和通信技术的革命，社会主义国家由计划经济体制转为市场经济体制，实行对外开放，使经济全球化进入了一个新阶段。生产要素流动的全球化、市场规则的全球化、金融运作的全球化、科技开发利用的全球化，构成了当前经济全球化的主要方面。

另一种观点认为，经济全球化是指一种新的国际关系体制，指跨国商品与服务贸易及国际资本流动规模和形式的增加，以及技术的广泛迅速传播使世界各国经济的相互依赖性增强。它的内涵非常广泛，技术、金融、贸易、生产的全球化都属于经济全球化的范畴。从根本上来看，经济全球化是一场以发达国家为主导，跨国公司为主要动力的世界范围内的产业结构调整。这一次产业调整，不但反映为一些产业的整体转移，更重要的是同一产业的一部分生产环节的转移。过去，产业结构的调整大多是在一个国家内进行的，但由于各国的自然条件不同，往往在国内调整的代价比在全球范围内调整的代价还要高，因此，发达国家凭借其技术、资本优势和投资、贸易更加开放的优势，在全球范围内实行了产业结构的调整。如美国、德国、英国等发达国家将许多劳动密集型产业，如玩具生产、电子装配等转移到我国沿海与内陆地区，充分发挥劳动力资源廉价的优势。这种全球范围内的结构调整使发达国家的经济由传统的工业经济向“知识经济”转变。

随着经济全球化的发展，国际分工越来越细，跨国协作越来越密切。在全球处于垄断地位的波音飞机公司，其飞机零部件来自世界十几个国家和地区。一个美国的著名教授曾说：

"波音飞机除了商标是波音公司的外，其他的所有部件都属于全世界。"然而，跨国公司要把生产过程分布到世界各地，最重要的条件就是提高通信和运输的效率，并降低其通信和运输成本，才能实现生产和服务的国际化进程。计算机网络，特别是Internet的迅速发展和在经济领域的广泛应用，为跨国界的经济合作提供了快速和廉价的通信手段，加速了经济全球化的进程，也使越来越多的全球性的企业把业务通过网络来完成，使社会经济进入网络经济时代。

2. 经济全球化特点

经济全球化的特点主要有如下几个方面：

(1) 经济全球化表现为高度的流动性和高度的开放性。这主要体现在人才流、物流、信息流、资本流和知识流在世界范围内流动的日益广泛，已不可逆转。如目前世界上每天大约有60 000亿美元在不停地流动。高科技和信息网络化也支持了经济全球化的这种高度流动性。世界上越来越多的国家和地区，由闭关自守，从不自觉到自觉地打开国门，汇入经济全球化的洪流。不论是发达国家、发展中国家乃至最落后的国家，势必都将被经济全球化浪潮所席卷。

(2) 经济全球化表现为高度的渗透性和高度的互补性。这主要体现在人才流、物流、信息流、资本流和知识流的时空约束减少、成本降低及资源互补，发达国家的资本、技术、管理、文化等将迅速向发展中国家及落后国家渗透，使世界经济呈现出一体化特征。资本、知识、资源等也将在全球市场流动并趋向合理配置。这有助于不同国家和地区在资本、知识、资源等方面的互补，从而有助于全球化问题的缓解，以及全球性行动的协调，使人类的可持续发展成为可能。

(3) 经济全球化表现为高度的集约性和高度的垄断性。这主要体现在经济全球化的基本单元和行为主体跨国公司及国际金融机构的经营业绩。一个跨国公司的销售额大约相当于一个中等发达国家的国内生产总值(GDP)。跨国公司及国际金融机构的经营活动几乎涉及世界经济生产活动的所有领域，而且大约控制了世界上80%的新技术、新工艺专利，70%的国际直接投资，60%的世界贸易，30%的国际技术转移。

(4) 经济全球化表现为高度的依赖性和高度的异步性。这主要体现为世界上不同国家和地区之间的经济、技术、资源相互的依赖性增强。发达国家可以通过控制核心技术有选择地输出先进技术、先进管理和先进设备，甚至直接将纯物质生产外壳转移到发展中国家，进一步强化其对输出资本的控制，从而形成不对称的依赖性。发达国家资本、技术的流向首先是工业化基础条件、资源条件、环境条件、市场条件相对较好的国家及地区，尤其是流向国家的沿海地区和中心城市，从而在一定时期内出现发展的严重不平衡；同时，也表现为资本、技术流入国家及地区首先进行经济响应，而在政治、文化诸方面的响应和变革相对滞后。经济全球化的高度异步性，使世界在一定时期内会出现后工业社会、工业社会、农业社会乃至原始社会并存现象。

(5) 经济全球化表现为高度的风险性。这主要体现在资本、技术、管理的快速流动和思想、文化的渗透，给发展中国家带来程度不一的经济安全、信息安全、科技安全、政治安全等问题。20世纪90年代后期的亚洲金融危机从一个侧面就表明了这一点。经济发达国家资本、技术、管理流向的选择性，势必使一部分发展中国家处于边缘化。甚至经济发达国家也不乏对经济全球化的反对之声，其原因也在于经济全球化的高度风险性。

经济全球化是现代经济、科技、政治高速发展的必然产物，也是不以人们意志为转移的客观趋势。对世界而言，经济全球化已不是一种选择问题，而是一种现实问题；不是要不要经济全球化的问题，而是怎样经济全球化的问题；不是如何游离在经济全球化以外的问题，而是如何实现平等、公正、互惠、共赢、共存、共同繁荣的经济全球化问题。

经济全球化将是科技的全球化。这种科技的全球化主要表现为科技活动的全球化、科技传播的全球化、科技目标的全球化和科技影响的全球化。举世瞩目的人类基因组研究计划，在全球内共有16个实验室、1100位科技专家参与实验，涉及到美、英、日、德、法和中国等国家。在科技全球化过程中，通过“市场换技术”和“技术换市场”的动因将使国际技术转移明显加快。经济全球化将是服务的全球化。这种服务的全球化主要表现为社会服务能力在世界范围内远距离的充分体现。如销量高居全球首位的零售帝国沃尔玛，在世界各地的分店超过4000家，并通过卫星网络实行动态管理，每周接待并服务的顾客高达1亿人次，其送货车平均每年为9200万户家庭送货服务15次。经济全球化将是生产的全球化。这种生产的全球化主要表现为，新型网络企业模式使生产过程突破了时空的限制，并使其产品为世界范围的消费者认同。如耐克公司在美国本土没有生产厂家，只有研究开发中心和管理中心，其产品生产厂家则遍布世界上许多国家，耐克品牌具有巨大的无形资产价值并被世界各地的众多消费者所青睐。

进入21世纪，经济全球化的特点可以归纳成以知识为基础，以金融为核心，以信息技术为先导，以跨国公司为载体。

第一，经济信息化。科学技术是第一生产力。当代科学技术日新月异的发展和进步奠定了经济全球化的物质基础。以微电子技术迅速发展为中心的科技革命大发展，一方面使发达国家的物质生产增长速度，规模和数量达到了一个新高度，使生产力的无限扩大和市场相对狭小的矛盾更加尖锐，从而扩展国外市场的要求更加迫切，国际竞争更加激烈。另一方面，科技革命使运输和通信手段发生了革命性的变化。喷气机、大型远洋货轮、集装箱运输的发展，卫星、光缆、传真技术的更新，“信息高速公路”的兴建，形成了全球性的交通运输和信息网络。正如美国未来学家约翰·奈斯比特在他的著作《全球杂谈》中所说的，跨国界的计算机网络和信息高速公路的建立，使电视、电话、计算机联为一体，将整个世界变成了“地球村”。这一切使全球经济活动的速度越来越快，规模越来越大。

第二，市场经济全球化。战后在东欧和亚洲建立起来的一批社会主义国家和一些发展中国家，在经济发展中游离于市场经济之外的局面，随着社会主义国家以市场经济为取向的变革和改革，随着发展中国家经济发展战略的调整，已经发生了根本性的变化。推行市场经济、实行对外开放、与世界经济接轨、按国际规则运行，已经成为世界上几乎所有国家的共同要求和趋势。与此同时，在西方国家冷战时期形成的以社会制度和意识形态来决定对外关系的基本政策也有所改变。市场经济体制的全球普及加快了经济全球化的步伐。

第三，跨国公司迅速发展。跨国公司以市场为中心，以越过贸易障碍、降低成本、增强竞争能力、增加利润为目的，综合全世界各地的资源、资金、劳动力和专业人才等条件，组织全球范围内的生产和销售，在全球范围内寻求生产要素最佳配置，从而生产和经营全球化。作为世界经济一体化最主要的推进因素，1998年全球已有跨国公司53 000家，子公司达28万家，在世界各地的雇员已达到7000多万人。跨国公司国外分支机构的销售额高达5万亿美元，远远超过世界商品贸易总额；其内部贸易占世界贸易的50%左右，总产量占世界总产量的50%，国外直接投资占世界跨国直接投资总额的70%以上，技术转让占75%以上。跨国公司大大地促进了各种生产要素，特别是商品和资本在全球的流通，促进了生产在国家间的水平分工和垂直分工。

第四，国际贸易大发展。1990—1995年世界贸易迅速增长，其增长率是世界经济增长率的3倍。不仅商品贸易迅速增长，而且服务贸易和技术贸易增长速度更快。1995年，世界贸易总额达到6.1万亿美元，20世纪末约为8万亿美元。如世界贸易组织原总干事鲁杰罗1996年5月10日在斯德哥尔摩对工商界人士发表讲话时所说，"经济全球化是被贸易发展推着走的一列高速火车"。

第五，资本流动多元化。大规模的多元化的资本国际流动，使得对外直接投资增长率大大超过世界国民生产总值的增长率和对外贸易增长率。扩大对外直接投资已经成为世界的普遍现象，已经成为各国之间加强经济联系和发展国际分工的重要渠道，并成为经济活动和经济运行的重要表现。1991—1996年对外直接投资年均增长率为11.8%，而同期世界出口贸易额年均增长率为7%，后者大大低于前者。

国际投资不仅表现为直接投资，还表现为间接投资，主要是购买外国公司的股票及其他证券的投资以及中长期国际信贷。二战以后，西方国家日益放宽了对金融的管制，不仅取消了外汇管制，减免或取消外国投资者的税收，而且允许银行从事证券和保险业务，允许外国公司进入本国的证券市场，并放宽了国内"结构投资基金"(包括退休基金、保险基金、互惠投资基金等)对外投资的限制。通信卫星与计算机网络在世界各金融中心和交易市场的建立，使全球范围内的资金流动更加迅速和便捷。国际金融活动和国家金融服务已经全球化。

第六，货币流通的全球化。当前虽然各国都有自己的货币，多数国家货币也只能在本国范围内自由流通。但是，随着世界经济进一步全球化，各国外汇管制的放宽和"电子货币"(信用卡)的流行，货币的国际交换和流动的规模日益扩大。1992年全球外汇市场的每日平均成交额达1.2万亿美元，而当年4月世界各国银行外汇储备的总额为5556亿美元，日交易额几乎比全部储备多一倍，单是伦敦的欧洲美元市场的交易额，至少是世界贸易额的25倍。20世纪80年代流行起来的信用卡，进一步推动了货币流通的全球化。

第七，世界区域经济一体化趋势进一步加强。世界区域经济一体化的进展自20世纪80年代中期以来明显加快。1984年4月，欧共体与欧洲自由联盟国家决定建立"单一欧洲经济区"。1985年6月，欧共体又决定到1992年底建立在内部实行商品、劳务、资本、人员自由流动的统一大市场，并于1993年1月1日，如期实现了上述建立欧洲统一大市场的要求。欧共体还在1991年12月签订了《马斯特里赫特条约》，决定建立欧洲经济与货币联盟，从1999年1月1日起发行欧洲统一货币(欧元)。欧元已如期正式启动。在北美地区，美国与加拿大于1989年1月开始实施美加自由贸易协定。随后两国又吸收墨西哥加入，在1994年1月建立起"北美自由贸易区"。在亚洲，东盟已由原来的6国扩大为9国，如再吸收柬埔寨，将建成10国大东盟。东盟已决定在2003年之前，使全部商品贸易的关税率降至5%以内，从而建立起"东盟自由贸易区"。在整个亚太地区1989年建立的亚太经济合作组织，1998年起，成员数从18个增加到21个，从而覆盖亚太全区域的主要国家和地区。

目前,在世界各地区已建、在建或拟建的区域性组织多达 100 多个,遍及全球。任何国家要想在国际竞争中占据有利地位,保持强大影响,仅仅依靠本国力量是很单薄的,而必须通过组织或参与区域性集团,借助集团优势来增强整体实力,集团竞争正在取代国家之间的竞争成为国际竞争的主要形式。区域经济一体化进一步推动了经济全球化趋势的发展。从产业角度来看,一体化组织成员国的产业结构调整,使跨区域的产业转移加快;从贸易角度来看,区域贸易自由化,在一定范围内,对贸易保护主义有所抑制,有利于削弱不公平贸易;从金融角度来看,区域内贸易自由化,进一步推动金融市场的自由化,从而有利于国际金融市场的一体化。上述三大趋势都有利于生产要素的国际流动,使资源配置效益提高,从而刺激世界经济增长。

第八,国际组织日益健全。国际货币基金组织、世界银行和世界贸易组织等作为协调和监督世界经济运行的国际性组织,其权威性和作用越来越明显。

经济全球化要求消除阻碍商品在国家间流通的贸易和非贸易壁垒,规范国际贸易的市场规则,推动世界贸易自由化进程。1995 年 1 月 1 日成立的世界贸易组织(WTO)承担了此项重任。世界贸易组织的诞生标志着世界贸易将进一步走向规范化,标志着一个以贸易自由化为中心,囊括当今世界贸易诸多领域的多边贸易体制大框架已经构筑起来,标志着全球管理贸易(有序的自由贸易)的新时期已经开始。世界贸易组织的规定对所有成员都有严格的法律约束力,各成员必须进行相应的法规和政策调整,以适应世界贸易组织管理全球贸易的要求。这意味着世界贸易自由化将在互相妥协、互相监督、尽量有序的管理贸易的基础上进行。

第九,经贸、文化、人才呈现世界性。以全球化、高速化、个体化为特征的多媒体网络正在覆盖全球,出现了经济生活和贸易文化的全球化趋同现象,"国际人"开始走俏,全球性的共同发展目标已形成。为了在经济竞争中取胜,培养"国际人"、寻找"国际人"已成为世界性的人才战略潮流。绿色主义、环保哲学,共同反黑、扫黄、打白(毒)和反腐败,共同致力于发展与和平,共同把可持续发展作为经济发展战略目标,均已成为国际的共识。

1.1.2 知识经济的含义和特点

改革开放 30 年来,我国经济发生了巨大的变化。在农业持续发展的基础上,工业经济和第三产业同时实现了高速增长,国民经济和社会发展的整体水平已经进入一个新的历史发展阶段。就在我国以资本和劳动的投入实现经济增长,向现代化建设的第三步战略目标迈进的关键时刻,世界经济格局已发生了变化,发达国家正经历着从工业经济向知识经济的战略转移。发达国家的经济已越来越建筑在知识和信息的基础之上,知识已经被认为是提高生产率和实现增长的发动机。统计数字表明,经济合作与发展组织(OECD)主要成员国的知识经济已占国内生产总值的 50%以上,西方科技产品的利润率是中国的 100 倍。我们面临的是史无前例的重大挑战,正确认识经济及其对我国经济发展的影响,已成为摆在我们面前的紧迫任务。

【应用案例 1-2】

知识经济是以知识为基础的经济,是建立在知识的生产、分配和使用之上的经济。在经济时代,知识是企业的战略性资源,知识管理是企业面对新形势所做出的战略反应。知识管理，简单地说，就是对企业的知识资源进行管理的过程。如何对知识进行搜集和整理，每一个员工都最大限度地贡献出其积累的知识，使企业实现知识的共享，是企业进行知识管理的主要目标。

知识管理要求企业实现知识的共享，运用集体的智慧提高企业的应变和创新能力，使企业能够对外部需求做出快速反应，并利用所掌握的知识资源预测外部市场的发展方向及其变化。在知识经济时代，企业如果离开了知识管理就不可能具有竞争力。施乐、惠普、道化学公司都是知识管理的佼佼者。

施乐公司的知识管理

施乐公司实施了雄心勃勃的知识管理项目——EUREKA，旨在利用知识管理技术，及时分析问题，满足消费者的服务要求。此项目的核心内容是使技师们在地点分散、时间各异的具体服务过程中共享所获得的新知识。它与施乐公司的总方针一致，即在尽可能接近消费者的地点提供准确而有效的服务。

在消费者服务过程中经常发生的一种情况是，技术人员所遇到的实际问题往往超出了服务手册的范围，需要自己想办法解决。EUREKA 项目就是从这个问题入手的：在遇到这类问题时，技师记录下他们用来解决难题的窍门，并提交给一个委员会进行审查，审查通过后有关记录就被存入一个知识数据库中，并与网络服务器上的相应文档相连。这有助于及时扩充和更新服务手册的内容，而且其他技师通过网络就可以及时利用这些经过认可的实际经验。该项目采用的技术设备包括：膝上型计算机(LAPTOPS)、只读光盘(CDROMS)、电子公告牌等。技师们可以在电子公告牌上浏览信息，可以在知识数据库中查询有关技术服务的指导信息，还可以通过 LAPTOP CDROMS 获得专为技师们提供的其他信息。

该项目小组很早就认识到，对于知识管理项目，企业文化比信息技术具有更为重要的作用。因此他们邀请工业心理学家分析业务流程，并研究哪些措施可以激励技师们共享知识。事实证明最有效的激励措施是用技师的名字来命名他们所提供的技术窍门，于是项目组就在知识数据库内加入技师以及审查委员的名字。

施乐公司从 1996 年开始依次在法国、加拿大和美国的分公司引入 EUREKA 项目，目前在全球范围内推广。该项目使施乐的法国分公司用于零部件及雇员的开支缩减了 5%。而且，平均每 1000 例服务中有一条技术窍门被收入知识数据库，30%的技师向数据库中贡献了自己的技术窍门，85%的技师经常查询这些技术窍门，每月平均有 5000 人次访问知识数据库。

惠普公司的知识管理

知识管理在惠普公司内进行得轰轰烈烈。虽然在这个高度分权的计算机和电子公司内，没有自上而下的对知识进行管理的指令。许多分公司和部门都为更好地管理知识作出了具体的努力。一个公司“知识沙皇”可能不适合惠普公司的文化，但许多管理人员正在尝试获得和分配在他们自己的业务部门内存在的知识。

这种努力像雨后春笋般地迅速涌现，甚至难以确定和追踪所有这些努力。例如，计算机系统销售部使大量销售知识进入一个以万维网为基础的系统，而世界各地的人们都能使用这个系统。这个系统包含产品信息、竞争情报、详尽报告以及能迅速交货的商品介绍。惠普公司实验室正在开发使获得内部和外部的知识变得更容易的方式。公司的信息系统部正在把基于文件的有关程序、人员和可得信息的知识输入网页。

对知识的最认真和深入的管理或许发生在产品程序部，该部门为惠普公司的各产品分支部门提供诸如采购、设计、市场情报、改变管理以及环境和安全咨询等服务。产品程序部主任凯(B. Kay)认为，信息和知识的管理应该是产品程序部的核心职能。该部门在以往为知识传递采取了许多方式，包括编制会议的文件、录像带和录音带的目录，就改变管理的主题进行一系列会议和讨论。但是，直至最近，产品程序部仍没有知识管理的正式责任。

然而，1995 年，凯在产品程序部信息系统组内建立了一个知识管理小组。这个小组迅速开发了一种称之为“知识链”的以网页为基础的知识管理系统。它的主要内容是有关产品产生过程的知识，这种知识可能来自各种不同的职能关系，包括销售、开发、设计和制造。进入“知识链”的知识来自知识管理小组之外，但小组成员通过对知识的鉴定、编选和组合增添价值，并使知识变得容易获得和使用。

惠普公司从创建以来，始终是一个面向知识的公司，然而，现在该公司的许多管理人员都已认识到，必须把知识管理概念提升到更高的层次。

道化学公司的知识管理

具有百年历史的美国道化学公司(Dow Chemical Co.)是一家国际化的大型化学公司，生产的化学产品达 2000 多种。道化学公司知识管理活动的特点是通过有组织的企业无形资产管理达到提高经济效益的目的。

道化学公司的无形资产包括专利、技术诀窍、版权、商标和商业秘密等。其中专利是其主要形式，专利总数达 2.9 万多项，每年用于专利的费用为 3000 万美元，这些专利原先处于分散的无组织状态。该公司管理层认识到专利管理是知识管理中最有可能获得成功的领域。因此，他们从专利管理入手，建立起企业的无形资产管理系统。道化学公司的无形资产管理分为计划、竞争力评测、分类、价值评估、投资和组合 6 个阶段。由于公司已经拥有大量未被充分利用的专利技术，因此无形资产管理先从组合阶段开始，即对所有专利分别进行有效性鉴别，若属有效专利，则由公司属下各业务部门决定是否对此专利进行投资。第二步是分类，把专利分成正在使用、将要使用和不再使用 3 类，然后确定是否允许他人使用或放弃此专利。在计划阶段，制订专利利用与业务部门经营目标实施计划，这一阶段与价值评估和竞争力测评阶段相联系。随后是价值评估，以确定无形资产的市场价值。道化学公司与一家咨询机构合作开发出一套名为“技术因子法”的综合性无形资产评估方法。这种方法能方便快速地进行无形资产的财务评估，计算无形资产在企业资产总值中所占的百分比。在竞争力测评阶段，公司对其他竞争对手的知识、能力和无形资产情况进行评估，以便明了对比情况下本企业的知识管理状况。这是通过应用所谓的“知识树图”来完成的，即把本企业和竞争对手的无形资产情况同时放到一张图上，形成综合机会图，从而可以对各自的优势、无形资产覆盖范围和机会空缺等指标进行评估。根据前面对企业在知识管理上存在的差距分析，对公司在最后的投资阶段决定采用诸如对研究加大投资、建立合资企业、从外部获取专利技术的许可使用等策略。

道化学公司是在五年前开始实施这套无形资产管理模式的，并已获得了丰厚的经济回报。据统计，通过放弃或赠送本企业不再具有价值的专利，公司已节省专利税 4000 万美元，而专利的许可使用费收入从 1994 年的 2500 万美元增加到目前的 1.25 亿美元。为了实施无形资产的有效管理，该公司建立了一支无形资产经理人网络，任务是开发和实施符合企业战略的无形资产管理计划。此外，公司还成立了 70 多个多功能小组，负责无形资产的管理工作。由于专利管理取得的巨大成功，该公司又把知识管理的重点投向诀窍类知识。但诀窍类知识管理的难度明显大于专利管理，他们打算先搞清楚各业务部门有哪些诀窍类知识，然后将其按统一格式存入数据库，以便综合分析和应用。

1. 知识经济的含义

所谓知识经济就是以知识的生产和传播为基础，以变革、创新为灵魂，以高新技术产业为主导，以可持续发展为目标的经济。知识经济是人类生产力、科技发展及其激烈竞争的必然产物。在现代社会，科学技术的生产(研究和开发)和传播(教育、培训)已成为经济发展的增长的核心。

知识经济是世界经济合作组织于1996年开始使用的名词。这一年它发表了一份年度报告，题目叫《以知识为基础的经济》，简称"知识经济"。知识经济认为知识是经济发展的基础，是最主要的生产资源，是推动经济发展的最主要动力。所谓知识经济，其实质就是高技术经济、高文化经济、高智力经济，是指区别以前的以传统工业为产业支柱、以稀缺自然资源为主要依托的新型经济。它以高技术产业为第一产业支柱，以智力资源为首要依托，是可持续发展的经济。

2. 知识经济的特点

(1) 以数字化信息革命为推动力量。人类社会从农业经济向工业经济发展的推动力量，是蒸汽机技术和电气技术。蒸汽机技术革命导致出现工厂化的生产方式，代替了手工作坊。而电气化技术革命导致了公司化生产方式的出现，促进规模经济的发展。知识经济的推动力量则是20世纪90年代后期出现的数字化信息革命。随着社会规模的数字化、网络化、信息化的大趋势，再一次改变了人类的生产、工作和生活方式。信息化制造阶段实现了车间无人化、物资生产关键环节的非物资化，这正是知识经济时代的特征。

(2) 以可持续开发和可共享的知识作为主要资源。工业经济是以稀缺的自然资源为物质基础的，而知识经济则是可以持续开发的知识智力资源。

(3) 以知识和信息作为主要产品。工业经济时代的代表性产品是物质产品，大多数物质产品都具有易损、排他、不可变换等特性；而知识经济时代的主要产品是无形的、可共享、可转换的知识或信息产品。

(4) 以知识和信息服务行业为主导产业。工业经济时代占主体地位的是第二产业，即制造业；而知识经济时代则是制造业和服务业逐步一体化，而且服务业将占越来越重的地位，特别是提供知识和信息服务的行业将成为社会的主导产业。以至于"数字经济"、"网络经济"、"虚拟经济"将逐渐成为知识经济时代的新特点。

(5) 以收益和规模报酬递增为原则。在工业经济时代，按照经济"增长函数"，资本和劳动力两者的投入必须按比例进行，否则就会出现资本投入过多，造成"收益递减"。而知识经济则表现为"收益递增"，即知识资本的投入打破了"收益递减"的原则，而是按照规模和收益递增的原则促进经济的发展。

(6) 以知识的研究、开发和创新为管理的重点。工业经济时代管理的重点是生产，核心是提高劳动生产率，政策的目标在于促进资源的有效配置；而知识经济时代的重点是知识的生产和开发，以及掌握知识的人的培训，政策的核心在于通过有效的措施激励创新。

(7) 以非标准化和分散化的生产为主要形式。工业经济时代的生产方式是标准化、专业化和社会化。知识经济时代的生产方式却是非标准化和分散化,即小批量、多品种、高效率。同时,职工通过计算机网络,在家里或分散的地方进行个别生产。欧美正在流行的SOHO,就是“小办公室”或“家庭办公室”的生产方式。

(8) 劳动结构发生改变。据统计,在工业经济时代,直接从事生产的工人占劳动力的80%;在知识经济时代,生产工人的比例将降到20%以下,从事知识生产和传播的人将占80%以上。据预测,在美国今后若干年内,1.24亿个工作岗位中的9000多个工作岗位(占75%)将会被取消,由自动化系统去负责完成所有的任务。

(9) 社会主体和分配方式方式改变。在工业经济时代,工人阶级是社会的主体;在知识经济时代,知识分子将成为社会的主体。工业经济时代的报酬分配主要按“岗位工资制”,知识经济时代将过渡到“业绩报酬制”,人们凭各自的业绩在市场中获得自己的“价格”,每个人都是经济的主体。

(10) 以经济的可持续发展为目标。在知识经济时代,经济危机的周期将被技术创新所克服,经济衰退的周期也被迅速发展的科学技术大大弱化。

在知识经济时代,竞争优势源自于知识、创新和持续学习,创造和应用知识的能力与效率将成为决定一个国家国际竞争力的重要因素,知识经济的规模和质量将决定一个国家在国际竞争中的相对能力和地位。因此,我们要在掌握知识经济的含义和时代特征的基础上,大力发展知识经济,实现跨世纪的战略目标。

(11) 人力资源是知识经济的最主要资源。在传统经济中,金钱是财富的衡量标准,也是滋生财富的主要载体,与此相对应,占有或获得财富,就必须首先占有与金钱紧密联系的各种物质资源。人虽然是财富的创造者,但离开创造财富的生产资料,创造财富就只能是奢望。因此,在工业经济社会中,人力资本永远只是生产资料中诸要素中较次要的一种要素。在知识经济中,知识是经济发展的基础,而知识又直接与掌握知识的人不可分离。因此,掌握了知识的人就比物质资源本身更为重要。德国经济学家李斯特(F. List)在其《政治经济学的国民体系》中早就指出,生产力概念既包括“物质资本”,也包括“精神资本”,即人类知识积累所创造的生产力,但只有到了知识经济时代,人力资源才真正体现了“第一因素”的价值。

(12) 知识经济直接体现为智力经济。在知识经济时代,商品价值不再是劳动者体力的简单转移,而更多的是劳动者智力的对象化,所以有人也把知识经济称之为智力经济。智力经济在两个方面直接体现知识经济的新特征:一是智力经济依赖的工具发生了根本的变化。以计算机为代表的智能工具日渐取代了传统的劳动工具,智能工具延伸或突破人脑的生理局限,使需要支出智力或脑力的场合也可以借助外用工具。二是经济的发展和财富的增长,越来越多地依靠不断改进的知识和技术来取得,而不再是依靠大量有形资源的占有。传统经济运用知识的方式,一般需要将知识外化为有形物的形式,再由体力劳动者操作这些设备。而知识经济因为可直接运用存在于人们头脑中的知识,无须物化。所以,知识和知识分子的作用越来越重要。

(13) 知识经济是全球性经济。全球化不是随着知识经济而发展起来的,但是,只有知识经济才更全面地体现了“地球村”的思想和现实。信息高速公路和无处不在的计算机网络,使得经营活动可以延伸到地球的任何角落,地理距离所造成的空间障碍已不复存在。所以，在知识经济中，竞争必然是全球化的竞争。知识经济的全球性，将形成新的经济格局和游戏规则。知识经济的全球性，使得国民经济的概念将越来越模糊。

(14) 知识经济是无形化和虚拟化的经济。知识经济是以知识、智力等无形资产的投入为主导的经济。这与以大量资金、设备、原材料等有形资产投入为主的传统工业经济有本质的区别。在知识经济时代，由于经济活动的数字化和网络化的加强，使经济空间变小，世界成为“地球村”。同时，媒体空间的出现，又扩大了经济空间，人们通过信息处理可以虚拟市场、虚拟现实等。

知识经济的这些主要特点决定了知识经济的风险性和不确定性，其最直接的表现是风险资本投资业已成为知识企业的生命线，它推动知识经济的发展与成熟。

1.1.3　网络经济的含义和特点

1. 网络经济的含义

网络经济学是近几年来才出现的新概念，其原意是把网络与经济学结合起来，用网络来反映经济问题，通过网络来架构经济模型。英文中的表述有：Webnomics、Cybernomics、Internet Economy、Internet Economics、Digital Economy 等。1998 年 10 月，麦克奈特(Lee. W. Mcknight)与贝利(Joseph P. Bailey)合编的《网络经济学》一书，用到了 Internet Economics，现在似乎已经成为规范的称谓。但是作为一门新的学科，其基本概念、内容、定理、规律等是不可能在短期内规范出来的，需要通过比较长时期的实践和研究，才有可能抽象出一些范畴、定理和规律来。

目前，研究网络经济主要从下面两个角度进行：

(1) 网络环境下传统经济的变革，主要研究网络对传统经济的影响。近几年的发展一方面表明，如果没有传统产业的依托，网络经济就无法健康发展；另一方面也说明，对传统产业来说，如果不进行技术革新，不充分运用网络技术，把握赛博空间(Cyberspace)中的机遇，就会被淘汰出局。就像 Oracle 的广告所说的：“要么电子商务，要么无商可务。”

(2) 从网络企业本身的经济运作出发，它强调基础设施的建设。它的研究对象是网络企业本身的经营策略，如如何降低成本，提供更全面的信息服务、市场导向、客户服务、网上交易等。

2. 网络经济的特点

Internet 的迅速普及和应用，使得人们可以通过网络进行各种经济活动，我们把基于计算机网络的经济称为“网络经济”。与工业经济相比，它具有信息网络所赋予的新的特点。

(1) 网络经济是全天候经济。Internet 消除了时空的局限，使世界各地的人们在任何时间、任何地点都可以自由地交流，从事贸易活动，即 7×24 的运营模式。

(2) 网络经济是全球化经济。跨国界的计算机信息网络和信息高速公路的建立，将整个世界变成了“地球村”。由于可以在全球范围内快速、及时、经济地传输信息和数据，跨国公司的生产者们可以把生产的各个阶段广泛分布在世界各地，通过信息传递，把这些生产统一组织起来，而不至于造成管理的失控。

(3) 网络经济是"直接"经济。网络使信息在组织的各部门之间及时、快速地传递,从而降低了中间管理层的作用,使经济组织结构从金字塔型转向扁平型。网络也使企业能够直接把产品推向消费者,减少了批发商、零售商等中间环节,生产商可以直接面对消费者,通过网络与消费者建立长期、密切的关系。

(4) 网络经济是虚拟经济。企业的一切经济活动都是在由网络构筑的虚拟空间上完成,供方和需方可能从未谋过面,订货、付款、收货等贸易全过程都在网络上完成。在这里,作为经济主体的企业的信誉和品牌是非常重要的,也对企业在网络空间中创造自己的品牌提出了挑战。同时,如何保证企业在网络上交易信息的安全和对个人隐私的保护,是网络经济健康发展的保证。

(5) 网络经济是竞争与合作并存的经济。信息网络使企业之间竞争和合作的范围扩大了,也使竞争与合作之间的转化速度加快了。经济全球化的发展,使企业之间的竞争越来越激烈,企业原有的地域、产品、技术优势不再存在,面对的是掌握世界范围内产品信息、对产品和服务要求越来越苛刻的客户,且客户的需求变化也越来越快。为了赢得竞争优势,单凭企业自身的力量很难满足客户不断增长的需求,因此需要与其他人合作,在竞争中合作,合作也是为了增强自己的竞争力。正是在这种又合作又竞争的环境中,企业的活力增强了,企业的应变能力提高了。企业可持续的竞争优势,主要不再依靠自然资源和资金的优势,而更多地取决于信息和知识。

(6) 网络经济是速度型经济。一个丹麦的经济学家曾经问过这样一个问题:一年有多少天?在网络时代,一网络年只有 35 天或 32 天,也许更短。现代信息网络几乎可以实时地收集、传输、加工、存储大量的信息,人们的生产活动必须以快速的信息流动来进行。稍不留意,就可能被淘汰出局。计算机中的芯片发展就是一个典型的例子,由于芯片技术发展太快,几乎每八个月就有一种新型芯片出现,且性能以几何速度增长,因此竞争越来越成为一种时间的竞争。未来的经济将是在注重质量的基础上注重速度的经济。思科公司(Cisco)首席执行官兼总裁钱伯斯说:"……今天,网络经济已经出现,在这种经济环境中,游戏规则不再是以大胜小、以强凌弱,而是速度的较量。"

(7) 网络经济是创新型经济。企业发展的速度来源于企业的不断创新,包括技术创新、管理创新、组织创新、观念创新的组合。网络技术的发展日新月异,以此为基础的网络经济需要强调研究开发和教育培训。唯有不断创新,才能在网络上不断淘金,发现更多的机遇。

3. 网络经济对企业经营管理的要求

始于 20 世纪 50 年代的"规模经济",企业为了追求利润的最大化,极力追求生产大批量单一产品,这种纵向一体化的发展形式,使企业的组织结构呈现出金字塔型的层级机构特征。企业总部、子公司、孙公司及各个部门的活动都纳入最上层领导的管辖之中,中层管理者起着上情下达、下情上呈的重要作用。这种管理模式在"供方市场"时代是非常有效的,它靠行政协调来代替市场协调,保证生产的正常运行。

但随着网络技术的进步和管理科学的发展,企业的管理模式发生了重大变化。企业的内部网络(Intranet)建立和应用,使企业的各种信息通过网络实现全员共享,从而使企业的中间管理层日益变得多余,因为生产指令可以一步到位。网络使金字塔型的组织结构日益扁平化，增强了管理者与管理对象之间的可知性和透明度，从而极大地提高了企业的组织能力和经营效果。

一个典型的例子是北京的公共交通行业。1998 年以前，北京的公共交通行业属国家行政性亏损企业，企业运营完全靠行政指令，企业实行 4 级管理制度，即总公司、分公司、运营场、车队 4 级管理，是典型的金字塔型管理模式。随着城市的不断发展和人们生活水平的提高，对出行有了更高、更多方位的需求，这种管理模式已完全不能适应市场经济的需要，公交行业于 1998 年开始，在进行机构改革的同时，实现计算机网络管理，减少中间管理环节，提高适应需求变化的能力，根据市场需要及时调整运营线路、运营班次、运营时间、站点设置。计算机网络的应用不仅拉近了乘客和公交部门的距离，也给公交行业带来了客观的经济效益。

所以，处于当前社会环境和经济环境下的企业应当调整自身的组织结构，用信息技术来不断完善自己，适应不断变化的外部环境，快速响应个性化的客户需求，以自己的实力更好地应对市场上的激烈竞争。

1.2　企业信息化概述

21 世纪初以来，以计算机为代表的信息技术在企业的经营管理、生产、设计与制造中得到了愈来愈广泛的应用，对提高企业的市场竞争能力起到巨大的促进作用。特别是敏捷制造、精益生产、并行工程、企业重组等新管理模式的提出和实践，均要求企业信息系统的有力配合才能实现。为了全面、深入地在企业推广应用信息技术，人们提出了企业信息化的概念。由于企业信息化是区域信息化和国民经济信息化的基础，所以企业信息化的概念一经提出，立即得到广大企业的高度重视，并在国内外形成了一股企业信息化的浪潮。下面主要介绍企业信息化的定义和内容。

1.2.1　企业信息化的含义

自从企业信息化概念提出以来，有不少专家学者都从不同的角度给企业信息化下了定义。本书给企业信息化下的定义为：企业信息化是指企业以业务流程（优化）重组为基础，在一定深度和广度上利用计算机技术、网络技术和数据库技术，控制和集成化管理企业生产经营活动中的所有信息。实现企业内外部信息的共享和有效利用，以提高企业的经济效益和市场竞争能力。

由以上定义可以看出，企业应用信息技术的深度和广度必须达到一定水平才可以称为企业信息化。如果仅有几台分散的计算机，用来进行文字处理和简单的报表打印，不能称为企业信息化，仅仅在财务部门使用了几台计算机也不能称为企业信息化。企业信息化意味着在企业的生产、经营、设计、制造、资源管理等方面较全面地利用计算机，且有一定程度的信息共享。

信息化企业指信息技术在企业的应用已达到很高的水平，已经实现了企业内外部信息资源的优化配置和全面的集成化管理，企业的发展更多的是依赖信息技术。

从企业信息化的定义可以看出，其最终目的是提高企业的经济效益和市场竞争能力。

因此，企业在实施信息化工程时应将提高经济效益和市场竞争能力放在首位。

1.2.2 企业信息化的应用层次

根据企业信息化的应用水平，企业信息化的发展大致划分为3个层次：

（1）企业数据的电子化，通过库存管理、财务管理软件的应用，将采购单、入出库单等数据录入到计算机，并保存在数据库中，供统计汇总与查询使用。在此层次上的计算机应用主体是企业的基层员工，计算机的使用将大大提高基层工作人员的工作效率，减轻工作量，但信息系统的使用也会引发裁员。

（2）业务流程的计算机化，根据信息的传输特点，数据一旦录入，通过网络可及时传输到任何需要它的地方，数据的使用无须手工处理方式的逐层传递，通过数据库的管理，数据的共享非常方便。在此层次上的信息系统是根据规范的企业业务流程设计的，它的使用使企业业务流程更加通畅，打破了业务部门间的分割，企业各部门数据较好地实现了共享，使业务流程所涉及岗位员工的工作规范化，减少了人为控制因素，并提升了客户满意度。

（3）企业信息管理延伸到企业外，如企业与供应链上合作伙伴之间的数据往来，企业与顾客之间的业务往来等信息的管理，通过信息管理的延伸，增强企业的竞争力。这一层次信息系统的应用即为电子商务，电子商务实际是企业信息化发展到一定时期的产物。

信息系统最后所要达到的目标是为管理层提供决策支持，通过对存储在计算机中的企业数据的加工整理，为管理和决策提供有效支持。

1.2.3 企业信息化的内容

【应用案例1-3】

“小小神童”洗衣机的故事

1996年，一位客户在给海尔公司的来信中诉说自己的苦恼，她抱怨一般洗衣机又大又重、费水费电，希望能有一种易搬动、占地小、适合现代人的洗衣机。这封看似普通的来信马上引起了海尔公司的重视。在随即展开的市场调查中，海尔发现夏季成为洗衣机销售淡季的原因，不是人们不需要在夏季洗衣服，而是市场上缺少一种在夏季使用的小容量洗衣机。

1996年10月，中国第一台填补世界洗衣机市场空白的即时洗“小小神童”洗衣机，在海尔公司问世。紧接着，第二代、第三代，从甩干型到无孔脱水型、计算机全自动型，从1.5kg、2kg到2.8kg，小小神童已“繁衍”了12代，产销量突破200万台。

资料来源：《海尔市场链与信息化》，P347～348。

企业信息化包括以下主要内容。

1. 计算机在企业的广泛应用

计算机的广泛应用是企业信息化最基本的内容。在信息化企业，绝大多数信息都是以“电子信息”的形式出现的。必须借助计算机进行处理，没有推广应用计算机的企业，将会由于无法与外界交流（电子数据交换（EDI）、电子商务（EB）、电子邮件等）而失去很多发展机会。

计算机应用包括硬件建设和维护、软件开发和维护及软件应用3项主要内容。其中硬件建设需要企业投入固定的资金。计算机软件建设主要指应用软件。应用软件的建设可以采取购买商品化软件、联合开发、委托开发和独立开发等方式。商品化软件的优势是技术先进、通用性强、升级换代快、可靠性高、售后服务好。但其劣势也是很明显的，即由于其通用性有限而无法照顾到每个企业的具体情况。况且，目前成熟的商品化软件大多数均来自国外，与我国企业的实际要求有很大差距，因此，对于商品化软件，必须结合企业自身的情况进行改造和二次开发。委托开发不是个可行的办法，因为计算机应用不应是个"交钥匙"工程。独立开发对于小型的应用系统尚且可行，但对于较大型的系统，仅依靠企业内部的力量是不可能的，再加上企业的管理机制等原因，独立开发的软件一般难以发挥作用。与有技术、有实力、信誉好的软件开发单位联合开发是一种投资少、见效快的好方式。从软件开发之初，企业就应该派出骨干人员积极介入到开发过程中去，这样既可保证软件的实用性，也为企业培养了维护和应用人员。但这种开发方式的缺点也是显而易见的，即无法保证所开发软件的不断升级换代。

在我国企业的目前情况下，应大力提倡联合开发方式，有利于逐步推动企业的信息化建设。对于少数实力雄厚的大企业，收购专业软件开发公司自用或具有专业特色的商品化应用软件也是一条可行的解决途径。对这类收购软件公司的管理机制应灵活多样，以免使其失去活力。

计算机软件的应用对于大多数企业来讲都是个非常重要的问题。有不少企业，在购买软件时，没有经过认真的选型分析，仅凭感觉就买了几套软件，结果发现很不实用，既浪费了资源，又挫伤了企业使用计算机的积极性。有的企业虽然购买了较好的软件，但是领导推广应用的决心不大，也会造成很大的浪费。据统计，我国自改革开放以来，花费几亿元人民币购买了大量国外的管理应用软件，但用好的却不多。给国家和企业造成了很大的经济损失。所以，企业在实施信息化过程中，一定要下决心，采取措施用好开发或购买的软件。企业信息系统的关键是应用。

目前，计算机在企业中的应用范围很广，几乎所有业务均可借助于计算机来处理，最典型的应用有CAD、CAE、CAPP、CAM、PDM，管理信息系统(MIS)，电子数据交换(EDI)，电子商务(EB)，计算机集成制造系统(CIMS)等。一般认为，对于条件不太好的企业，应首先关注CAD、CAE、CAPP、CAM、PDM等技术，这些技术与企业的管理模式关系不大，不会对现有系统造成很大的冲击，领导和员工较易接受。另外，使用这些技术的人员素质普遍较高，这也是系统容易成功的一个重要原因。对于MIS系统，应首先从单元模块开始实施，当企业积累了一定的经验和人才后，再开始实施更复杂的系统，如MRP Ⅱ、ERP等。

2. 加强企业级信息网络的建设

要使企业各级各类人员充分利用企业内部的各种信息，并实现本企业与国内外不同地理位置企业之间进行信息交换，实现异地设计与制造，出口及并行网上贸易，就应下决心分阶段建设企业内部的信息网络(Intranet)和企业之间的网络(Extranet)。一般认为，信息网络的建设应与企业计算机应用水平和信息资源库的建设水平相适应，如果没有良好的计算机应用基础和种类齐全、内容丰富的信息资源库，已建好的信息网络就不能充分发挥作用，就会造成资源浪费。而且，信息网络一旦建好，重建和改建的难度就很大。因此，在信息网络建设时，应首先做好需求分析，确认在计算机应用已达到一定水平，信息资源库已有较好可用信息，且信息共享的要求较高时，才应开始着手建设企业信息网络。在建设统一化的企业信息网络前，首先加强局域网的建设和应用，最后逐渐过渡到整个企业的信息网络也是可行的。在这种情况下，应首先做好企业网络建设总体规划，按部就班地一步一步实现整个企业的信息网络建设。

3. 加强企业信息资源库的建设

信息资源库保存和管理着整个企业的信息资源，以供企业内外部各级各类人员使用。完整、系统、最新的信息资源可为领导决策提供有力的支持。企业信息资源库的另一个重要作用是向外界提供本企业的公有信息，以增加市场机会。企业信息资源库建设中应注意以下几个问题：

(1) 注意信息资源的安全性，防止企业的机密信息被别人窃取，在使用企业外联网时，尤其应将安全性放在首位。

(2) 入库的数据应规范化、标准化，防止信息垃圾的出现（输入的是垃圾，输出的也是垃圾）。

(3) 应规划好信息资源库的结构，以利于信息共享。

(4) 数据库的使用应方便，信息查询界面应友好，最好实现数据库的可视化管理。

4. 加强信息化人才队伍的建设

企业要想成功地实施信息化工程，使自己最终成为信息化企业，就必须拥有一大批懂计算机、素质过硬、热爱信息化工作的专业人才，包括开发人员、维护人员和应用人员。信息化人才队伍的建设包括两个方面的内容：第一个方面是人才的培养问题。即从现在开始应采取各种措施（委培研究生、引进人才、派出去进修、请进来讲课、实际操作能力培训等），有计划、有步骤地培养信息化方面的人才。第二个方面是用好人才和留住人才。国有企业在管理机制方面灵活性较差，职工的经济收入暂时无法与外资企业相比，所以留住人才的难度极大。但是，只要采取各种有力措施，充分发挥人才的作用，做到事业留人、感情留人，相信可以留住一大批信息化人才。

5. 加强企业信息化的基础性工作

企业信息化工程不同于一般的工程项目，它除了需要一定的投资和大批高素质的信息化人才外，更需要做好扎实的基础性工作。这些基础性工作包括：

(1) 企业的标准化。标准化工作包括的内容很多，首要的是信息编码的标准化。这项工作难度大、花费的时间长。但无论如何都要做好它，否则将会给信息资源的共享带来很大的困难。

(2) 各种严格的程序和规范。计算机的特点决定了必须严格按照操作规程进行工作，否则将会带来不可估量的损失。因此，必须首先制定严格的工作程序和规范才能为信息系统的正常运行提供保证。

(3) 行之有效的管理机制和激励机制。制定的工作程序和工作规则能否得到贯彻执行，与企业的管理机制和激励机制密切有关。因此，必须制定一套行之有效的管理制度并采取措施鼓励员工去遵守。

(4) 有计划、有步骤的人才培训和教育。人才队伍的重要性是有目共睹的。因此，企业在实施信息化工程时，必须同时或超前地进行人才培训和教育，而且不能间断。制定培训计划和实施培训同等重要。没有计划的培训收不到应有的效果，只有计划而不严格实施培训同样是不行的。

(5) 业务流程的重组和优化。为了使信息系统充分发挥应有的效益，实现信息化的业务流程而不是业务流程的计算机化，就必须根据企业重组理论对企业的业务流程进行重组，使之能适应信息系统的要求。

1.2.4 企业信息化的意义和作用

企业信息化的意义可以从国家的角度去讨论，也可以从企业的角度来讨论。从国家的角度讲，企业信息化是国民经济信息化的基础，没有这个基础，国民经济信息化就是一句空话。因此，西方国家特别强调企业信息化，认为只有各类企业的信息化搞好了，有了一定的应用基础，企业才有了对外交易“电子化”的要求。才能谈到金融电子化、电子商务等内容，才能促进网上银行、网上商店以及信息产业和信息服务业的发展。在此，我们侧重于从企业的角度讨论企业信息化的意义和作用。

1. 促进企业管理模式的变革

早期的信息系统的工作方式大多是现行系统业务处理方式的翻版，可以认为是现行管理模式的计算机化。这样的信息系统被动地适应旧的管理模式，只能在一定程度提高业务处理的效率(穿新鞋走老路)。但是往往会造成信息的冗余和不一致，难以真正发挥计算机系统应有的效率。自从进入了20世纪90年代中期以来，人们已充分意识到信息系统和企业管理模式之间的相互作用，即有效的管理离不开信息系统的支持，信息系统效能的充分发挥有赖于对管理模式和业务流程的改革。因此人们在进行信息系统的规划和建设时，首先强调的是应用并行工程。企业流程重组等新理论对企业旧有的管理模式和业务流程进行改革，使之具有简单化、平面化、并行性等特点，以满足信息系统的要求。

2. 企业信息化有助于提高员工素质

如前所述，企业信息化的主要特征就是计算机技术广泛和深入的应用。为了做到这一步，就要求企业必须制定严格的操作规程和工作规范，实现文明生产，也要求经常性地对员工进行培训和教育。久而久之，员工就会摒弃随心所欲的旧工作方式，处处按操作规程进行操作，从而提高了全体员工的整体素质，这也有助于信息化企业文化的形成。

3. 加快信息流动，提高信息资源的利用率

在建设企业信息系统过程中，对企业的信息资源做个总体规划，同时采用企业重组理论对业务流程和组织机构进行了改革和简化，使得信息流动的过程大为缩短，也使得信息流动更为顺畅，从而提高了信息资源的利用率。信息资源利用率的提高往往会给企业带来巨大

的经济效益。

4. 加强对外交流，创造更多的商机

企业信息化工程的实施，特别是 Intranet 和 Extranet 网络环境的建立，为企业在网上做广告，利用网络宣传自己提供了物质基础。网络环境的建立还方便了企业对外的交流，不仅可以改善企业的形象，而且还可以创造更多的商机。事实上，随着整个国际社会普遍采用信息技术，电子数据交换、E-mail、电子商务等技术得到普遍应用，企业如不实现信息化，就无法实现对外交流，这无疑是自己关闭了通往国内外市场的大门。

5. 提高企业的市场竞争能力

企业的市场竞争能力主要体现在以下几个方面，称为竞争力六要素，即：

(1) 产品的功能应简单、实用、无冗余、花色品种多。

(2) 产品在寿命周期内质量要高，包括精确满足要求、精度保持性好、可靠性高、动态特性好、可维护性好等。

(3) 产品在寿命周期内成本要低，不仅产品在上市前的设计制造成本要低，产品在上市后的运行成本也应是最低的，甚至连报废后回收处理成本也是最低的。对于像汽车这样的产品尤其重要。

(4) 产品在寿命周期内服务要好，要为顾客提供良好、周到的售前、售中和售后服务。

(5) 新产品上市时间应尽可能短。由于顾客追求产品的个性，造成制造过程的单件、小批量化，加大了产品快速上市的难度。但目前占领国际市场最为强调的是缩短交货期，交货期被认为是企业占领市场的瓶颈环节。目前国际市场上流行"三个三"：即产品的设计周期三周，上市周期三个月，市场寿命周期三年。这"三个三"充分反映了缩短交货期的重要性。

(6) 产品寿命周期内绿色特性要好，即产品应是所谓的绿色商品，制造过程应是清洁的。绿色特性好意味着产品的生产过程、运输过程、使用过程、用后处理过程均应是节省资源和能源，保护环境和人性化的。

企业采用信息化技术后，对企业竞争力六要素的水平均会有较大的提高。例如，虚拟制造技术和面向功能设计技术的采用，可以使得产品的功能更实用，外观造型更能满足用户的审美要求。又如，借助于计算机网络组建动态联盟，采用异地设计和制造技术可以大大缩短产品的上市周期。再如，采用信息技术可以实现无纸设计和制造，可以大大节省这方面的开支，采用虚拟制造技术可以省去昂贵的样机试制费用，从而有效降低成本。

总之，企业信息化的实现可以有效提高企业的市场竞争力，这已是不争的事实。

6. 提高企业的经济效益

诚然，企业建立信息系统需要投入一定的资金，包括硬件的购置、软件的购买或开发，系统运行及维护费用等。企业领导关心的是，这些投资能否在预定的期限内收回？能否产生几倍甚至几十倍的利润？一般认为，信息系统的建设是关系到企业生死存亡的长远大计，它的效益更主要的是体现在战略效益方面。但这并不意味着企业信息化就不会产生直接的经济效益。它的直接经济效益主要体现在以下几个方面：

(1) 机构和业务流程的精简在提高工作效率的同时,可以大量节省劳动力。国外某大型企业,其财务部门原有400多人,但工作效率很低,后来借助于信息技术进行业务流程重组,使总人数一下减少到50多人,工作效率因而提高不少,由此带来的工资、劳保福利、办公费用的节省是十分可观的。

(2) 实现无纸化办公和无纸化设计与制造,可以节省大量的纸张和相应的费用,效益也是很显著的。

(3) 采用信息技术可以大量压缩库存,减少库存流动资金的占用。因此而带来人员、设备和库房面积的减少,这也是一笔不小的收入。

(4) 可以减少废品损失。

总之,企业信息化工程的实施不仅可以给企业带来巨额直接经济效益,而且对企业的长远发展起着十分重要的作用。

1.2.5　实施企业信息化的条件要求

企业信息化是一个系统工程,涉及企业生产、经营、管理等各个方面,一般来说,实施企业信息化有如下条件要求:

(1) 计算机的广泛应用。

(2) 建立可方便访问和利用的信息资源。

(3) 建立以财务成本管理为核心的现代管理信息系统,实施采购管理、营销管理、财务管理、质量管理等信息化,实现企业管理方式系统化。

(4) 企业内部网(Intranet)对企业内部各部门的整合,企业外部网(Extranet)对企业内部网功能的延伸。

(5) 企业生产、经营服务信息系统的有效运转并利用信息网络等手段与外界进行商务往来,开展网络技术的电子商务。

(6) 建立企业综合管理信息系统,实现决策科学化。

(7) 建设一支企业信息化专业人才队伍。

(8) 企业信息化标准规范及有关制度的制定及实施。

1.3　我国企业信息化现状与存在问题

1.3.1　企业信息化现状

【应用案例1-4】

“信息孤岛”的困惑

何厂长是技术挂帅型的管理者,在他领导的家电厂里,技术人员总是有无尽的积极性。20世纪80年代工厂对国外先进生产线引进、消化、技改,因为产品质量好,工厂里出现了红红火火的景象;到了20世纪90年代,企业改制,工厂变成了公司,何厂长也变成了何总经理。求新若渴的何总经理开始对信息技术着了迷,信息化也给工厂带来了可喜的效益。最早在技术人员的要求下上马的CIMS解决了制造设计能力不足的问题;办公自动化减轻了厂里办公人员的极大负担,文员们交口称赞;20世纪90年代中期厂里又引进了MRP Ⅱ,生产水平眼看着就上了一个台阶。

可是新世纪整个行业的激烈竞争,同行业内部甚至相关行业的连横合纵,国外巨头的压力,都在促使公司求变。参考兄弟单位的经验,何总经理又要应用信息技术的法宝——开展电子商务扩展销售平台、降低采购与生产成本。不过,这次专家考察了厂里的情况和近年来信息化的成绩以后,给出的诊断结果让何总经理很是意外。两个小时的"报告"里,专家告诉何总经理,企业中存在太多的"信息孤岛",要进一步发展,首先要冲出孤岛的围困。

何总经理一下子很困惑,自己一直是信息化的积极支持者,只要信息中心报批采购硬件设备,或是上马软件系统,他都是尽力支持的,到头来,为何企业反而陷入了信息孤岛之中?什么是信息孤岛?企业内的信息孤岛在哪里?危害有哪些?如何冲出围困?

我们这里所指的信息孤岛中的"信息"特指企业已完成的信息化工作中积累的企业数据。

近些年来,我国信息化建设取得了长足的进步,无论行业还是企业,都从信息技术的应用中感受着"种种好处"。互联网技术的出现,使我们得以把分散的、孤立的信息串联起来,形成一个能够触及世界各地的供应链,广泛地从事商品与服务的电子化交易,不仅大大扩展了交易的范围,而且有效地缩短了交易时间,降低了交易成本。信息技术在提高企业生产力方面起着无可比拟的作用。但同时,信息化建设过程中潜在的一些问题也开始渐渐显露出来。有关专家呼吁,要注意"信息孤岛"的危害。那么信息孤岛到底隐藏在哪里?

广义上信息孤岛可以存在于不同区域、不同行业、不同企业以及企业生产和经营的每一个环节之中。在不同行业、不同领域间,信息孤岛也很明显。这也是我国目前的电子政务建设正在克服的困难之一。实现行业、政府、企业以及企业各生产环节之间的协作,就是冲出信息孤岛,实现社会信息化的最终目标。

单纯到企业内部,研发、制造、车间底层自动化控制等过程都可能存在着信息难以融会贯通、无法实现业务协作的问题:如在制造环节,随着我国CAD应用工程的普及和推广,CAD技术已在企业转化为生产力,它使企业逐步从手工绘图转为计算机制图,缩短了产品设计周期,提高了企业市场竞争力。然而随着CAD技术的发展和企业CAD应用的深入,又出现了许多新问题。产品及零部件的标准化不足,造成零件数量无限制增长,使产品成本上升;缺乏完善的数据管理和过程管理,使得越来越多的电子图档处于无序状态;各部门间信息传递缓慢,数据的一致性、安全性得不到保证;信息集成化程度不高,信息交换标准不统一,共享程度低,形成信息孤岛,使CAD产生的效益无法延伸,给企业造成难以估计的各种损失。

社会所有信息的"大一统",是IT从业者的梦想,是信息技术发展的动力。但同时,对"集成"应引起足够重视。

从总体上看,我国企业目前普遍缺乏对IT系统在企业应用的整体观念,对信息化工作往往缺乏总体规划:前期的系统咨询论证也不够充分,实践中更加关注某一个业务环节或者某一个管理功能的信息化,注重单元技术和短期效益,头疼医头、脚疼医脚,应用系统实施东一块、西一块,整体集成和沟通程度不高。随着企业信息化建设的不断深入,企业所用的软件系统也将越来越多。尽管这些系统关注于不同的领域,但相互之间在功能上有相互交叉和连接的地方,系统间的"集成"最终将成为一个大问题,跨系统的应用也将成为巨大的困局。

据 META Group 的统计，一家典型的大型企业平均拥有 49 个应用系统。企业信息化管理和应用已从 CIMS、MPR 向着 ERP、SCM、CRM、商务智能、决策支持、电子商务等方向发展，让人感觉到“规模化”和“高度集成”的特点越来越显著。在这样的环境里，“信息孤岛”会带来怎样的危害？

不去深究其他的影响，仅仅是“数据不一致”，就可能给用户造成无法控制的损失。粗略总结一下，“信息孤岛”从在技术上带来的不良影响大致可以分为以下几个方面。

1. 数据的一致性无法保证

由于信息定义与采集过程彼此独立，企业的同一数据可能在不同的应用中不一致。

2. 信息及时共享、反馈难

信息不能及时充分共享的矛盾突出，集团中“信息孤岛”林立。如销售部门不能及时掌握可用库存信息，不能及时了解销售订单处理情况，不能及时知道产品价格变化情况；仓储部门则不能及时掌握市场销售情况、可用库存情况，无法确定合理的安全库存量；同时集团总部也不能及时了解下属机构生产经营情况，不能实时监控集团资金流转状况，无法形成科学的决策。信息的共享、反馈难，集团就无法适应当今快速多变、全球化竞争的市场环境，集团的生存和发展将面临极大的挑战。

3. 企业数据中存在很大的冗余和大量的垃圾信息

4. 信息需要重复多次的输入

对信息的多次采集不仅仅是额外的劳动，数据失真也是重复输入的恶果之一。

在要求所有信息如意流畅的良好状态中，任何一处信息孤岛都将使网上的企业不完整。财务孤岛会令资金流在业务流感觉良好的时候拖后腿，物流信息的孤立也足以阻挡其他所有企业业务的网上动作。ERP、CRM、SCM 都是针对同一个企业、同一批客户、同一条供应链在不同经营阶段设计的，是绝对不可分离的。比如，“询报价”和“合同”是 CRM 的末端环节，也正是 ERP 订单处理的前道环节，如果企业拥有孤立的 CRM 或 ERP 系统，那么，“市场活动—营销—磋商报价—合同—订单—发运—账单—售后服务”的完整流程就是被人为地分割开来，使得一方数据库的变化无法触发另一方同步变化，因此管理层看到的永远只是客户关系中不完整的部分。

5. 孤岛，使电子商务成为妄想

信息化的高级应用是实现电子商务和进行决策支持。电子商务要求与供应商、合作伙伴，当然还包括与客户之间具有更高程度的系统集成、协调和协作。这些团体都各自具有它们特定的需求、专门技术以及计算技术。将企业核心应用和新的 Internet 解决方案结合在一起还不能说完成了电子商务的构建，必须使这些系统能够协调工作。如当用户通过 Internet 订购一个产品时，该产品需要被包装发运，用户需要付款，产品库存信息需要进行修改更新，原材料或新的备件需要被及时订购。这一电子商务过程的实现，是基于 Web 的

系统和现有的在企业中运行的后台应用系统之间的集成结果。如果存在信息孤岛，那么电子商务的效果可想而知。

6. 孤岛，使决策支持成为空话

孤立的信息系统无法有效地提供跨部门、跨系统的综合性的信息，任何一个孤立的信息系统只能回答局部的问题。比如当月纸浆库存多少吨？前一周交通费用支出有多少？当管理者需要评判“综合”问题时，这些孤立系统无法给予回答，比如：今年任务能否完成？钢筋订单的发展状况怎样？谁是最重要的客户？以激烈竞争为特征的新的市场环境，决定了新的 IT 应用要为企业提供更“精干”、“互动”的作用。企业管理者要求随时可以得到市场、财务、人力资源等方面实时的信息，迅速调动、消化企业资源以反映市场需求。在原有体系下正常运作的各类应用，如果彼此不能融合，那么决策支持只是空话。

企业信息化的理论及实践发展到今天，“孤岛效应”成为发展瓶颈体现在哪里？目前大多数企业职能部门分割，相互缺乏信息沟通的有效方式，产、销、购、存信息脱节，原本集成连贯的业务被人为地割裂成多个环节。最重要的是，它不仅妨碍了原有应用发挥其正常功能的效益，也阻碍了新的应用的推广。

企业进行的每一次局部的 IT 应用都可能与以前的应用不配套，也可能与以后的“更高级”的应用不兼容。

1.3.2 “信息孤岛”的形成原因

“信息孤岛”是由企业“需求”造成的。事实上，信息孤岛是由 IT 远期计划不充分的企业一手促成的，这里的需求只是企业内局部的需求。有关统计表明，企业内部多数数据交换、操作交互不畅的“不良”应用，正是由于企业内部各部门单纯考虑本部门应用，而提出来的系统建设需求造成的。

比如，企业在政府的推动下实现财务电算化，这一应用正是满足了财务部门的部门级需求而产生的；同一个企业在人事部门的要求下，随后要进行人力资源管理信息化的工作，人力资源模块随之产生。在相当多的企业内部，就会出现这两个模块“鸡犬之声相闻，老死不相往来”的情况，因此两个孤立的小岛出现了。以此来研究该企业内部的某经理的工资，该经理的工资的数据在两个模块中都是必须定义及使用的，但是从两个部门来说，他们会各自去定义并录入及使用它，请注意在这两个地方的数据定义和数据操作是很难严格一致的。如果总经理某一天要一张“人员工资开销”的汇总表，那么来自两个部门的报表就很难一致了。当总经理两手各执一张报表大发脾气时，旁观者是无法把责任全推给计算机的。当这家公司的仓库模块与销售模块彼此孤立，上海分公司与广州分公司相互隔绝时，本当奔流到海的数据就成了信息各自独立的孤岛群。

另外，应该注意到，在整个信息技术产业飞速发展过程中，企业应用也伴随着技术的发展而前进。与企业的其他变革有明显不同的是，IT 应用时刻会变，今天无法达到的能力可能在明天成为现实。这也就意味着，这些企业进行的每一次局部的 IT 应用都可能与以前的应用不配套，也可能与以后的“更高级”的应用不兼容。从产业发展的角度来看，信息孤岛的产生有一定的必然性。

事实上信息的孤岛不仅是数据矛盾和应用的不交互，它的深层原因在管理的条条框框。企业的职能部门分管了企业的各项业务，无意中也分隔了企业内原本应该统一的信息数据；因为管理信息化需求的不同提交者关心的重点缺乏全局观，企业统一的业务流也未能反映到全部的信息系统上。从这个意义上说，信息孤岛也是企业管理——尤其是IT管理上的“孤岛”的映射。

信息孤岛的产生正是片面的“需求”促成的。那么用户如何避免陷入孤境呢？

1.3.3 如何消融信息孤岛

【应用案例1-5】

洗土豆的“洗衣机”

海尔销售人员在南方销售产品时，遇到了这样的一件事，一个四川的农民家里买了一台洗衣机，用它洗了一次衣服以后，觉得非常神奇，就想：每天洗土豆也非常麻烦，用洗衣机洗土豆不也很好吗！这位农民就用洗衣机洗上了土豆。销售人员听说后，认为这是一个非常有潜力的新产品和新市场，因为我国广大的南方地区的土豆的生产量是非常巨大的。他们立即把这个信息传到了总部的研发部门，研发部门、试制部门立即投入新产品的研制工作。

为了尽快赢得市场，海尔必须在尽可能短的时间内研制出这样的产品并投入生产。那么，如何才能在第一时间把新产品投放市场？借助CAD、CAM、CAE技术，可以大大加快产品研制速度，节约研制、试制成本，提高产品质量。

在物理拓扑上互联信息孤岛、通过实施ERP是消除企业内部信息孤岛的重拳。因为ERP借助网络通信技术，可以对企业的资源进行整合规划，实现集成化应用，建立企业决策完善的数据体系和信息共享机制。可是，ERP沟通的信息流，多是企业信息化尚未进入计算机的信息，但是对原有IT系统的改造或者集成，却不在大多数ERP项目的考虑内容中。

计算机应用如CAD、财务等软件能解决企业部分紧急的问题，但随着企业计算机运用的不断深化，目前的软件无论从深度和广度都很难满足企业的要求，尤其是计算机软硬件技术的不断发展，老的瓶颈问题解决了，但新的瓶颈问题随之而来，信息系统的进一步深化运用由此就提到了日程上来。

沟通此时成了问题，我们可以用一根信号线解决这个问题吗？不少企业已经正视了信息孤岛这一问题。根据META group的调查，一家大型企业的IT预算有33%是花在对原有系统的集成上。

1. 连接应用的技术思路

事实上，改造集成不是一个企业融合数据与应用的唯一思路。不少企业实际上选择了重建系统。套用老话就是，要“结合企业的实际”，以方案的性价比、成熟度、投资的远期效益等为参考做出抉择。

鄂尔多斯集团公司企管处信息部主管就表示：“信息孤岛是目前企业信息化建设过程中非常严重的问题，是信息化提升效率的重要瓶颈。我们目前的解决办法是，加强整体规划，统一企业（集团）内部信息化建设的标准和规范。对落后的产品和系统，如果可以抛弃的，就抛弃；如果容易换代的，就采用合乎自身规范的新的换代产品，还可以与有关厂商合作，请他们对系统进行开发集成。（我们）对于目前企业应用集成产品不是很看好，它们还不够成熟，在系统接口、标准等方面远没有统一起来。”

一个有规模的企业，想通过零星的“点对点”连接，使众多的“信息孤岛”联系起来以便让不同的系统之间交换信息，很难达到效果。原因很简单，N 个应用的企业集成信息要付出 $N(N-1)/2$ 份的努力，实际成本太高。

所以，要在一定规模的企业里沟通孤立的信息，需要专门的技术。IT 界在网络架构、数据库和软件等技术的发展已经为与其他系统互联做出了不少努力，可以说今天的企业，IT 应用开发环境远比以往任何时候都更开放。但这还不够，需要新的技术专门为企业用户解决这一问题。EAI 就是对信息集成的最重要的技术思路。由前文介绍的信息孤岛的不良影响，CIO 可以想到集成工作要做以下几件事：

1）数据的集成

为了完成应用集成和业务过程集成，首先要解决数据库的集成问题。在集成之前，对数据进行标识并编成目录，另外还要确定元数据模型。这三步完成以后，数据才能在数据库系统中分布和共享。

2）系统的集成

为两个应用中的数据和函数提供接近实时的集成。例如，在一些 B2B（企业对企业）集成中用来实现 CRM 系统与企业后端应用和 Web 的集成，构建能够充分利用多个应用系统资源的电子商务网站。

3）业务流程的集成

当对业务过程进行集成的时候，企业必须在各种业务系统中定义、授权和管理各种业务信息的交换，以便改进操作、减少成本、提高响应速度。业务过程集成包括业务管理、进程模拟以及综合任务、流程、组织和进出信息的工作流。

这些就是 EAI 专注的内容。EAI 通过建立底层结构，来联系横贯整个企业的异构系统、应用、数据源等。在实现上述改造之后，用户就不用“点对点”地为每一对应用的交互做开发了，企业在技术上已经拥有消融信息孤岛的基础，但这还不是全部。

无论是重建应用还是 EAI 集成，都只是消除信息孤岛的技术思路而已。也许从哲学上讲，信息孤岛将永远存在。但在实践中，可以用各种方法消除它的不良影响。

2. 防患于规划

控制孤岛的产生并非无法可循。其中有几点细节，企业主管不妨参考：

（1）统一的数据平台有助于减少日后消除信息孤岛的成本。这里的平台可能包括网络协议、操作系统、数据库及其他应用体系。

（2）产生新的需求后结合原有体系和远期目标来设计应用，要注意到的几个方面是：与原有信息业务可能的功能数据重叠、流程冲突。

（3）新的应用是否会在技术上成为整体体系的负担。

（4）新的应用在管理是否与其他应用处于可被某一管理层统一掌控。

集成的最终目的是商业智能，确定企业建设目标后，要避免信息孤岛，就一定要有规划。消除信息孤岛的关键在于有谋略的 IT 规划。CEO 与 CIO 们要意识到，企业在信息技术方面的改变不是以投资额为业绩考核标准的，首先应该是企业意识的改变。消除信息孤岛也不是用钱去填平那些IT应用之间的鸿沟，首先要意识到这些“孤立”将在未来造成的危害，进而制订完整的IT规划，完善、推进整体的建设。

信息系统的总体规划是将整个企业的信息化建设视为一个整体，按企业数据而非业务职能对整个系统进行规划，以保证在分步实施的情况下，不会形成企业内部的信息孤岛，保证各部门的业务数据能在整个企业内所共享。如何做好企业的信息系统总体规划，企业领导一定要参与到此项工作中，而非只是技术人员的事，企业领导要树立正确的信息建设理念，即信息系统的建设不仅是一个技术项目，信息系统的使用改变了信息在组织中的传递方式，同时也将改变组织的结构，改变员工的工作方式与业务流程，业务流程的规范与信息的共享必将损害部分部门及个人利益，在信息系统实施的过程中不可避免地涉及企业的责权斗争，信息化规模越大，引发的矛盾越激烈，企业领导对此一定要有充分的思想准备。在信息系统的总体规划中，还需确立信息系统的目标，即信息系统应在哪些方面发挥作用以及如何发挥作用，信息系统目标的确立也是今后衡量系统成败的标准，并确立信息系统的实施步骤。当已实施的信息系统不断增强企业的竞争力后，企业也才会有资金逐步开展后续的信息项目建设。

本章要点回顾

进入21世纪，企业面临的经济环境、政治环境、社会环境等都发生了根本的变化，经济全球化使企业面临全球竞争；信息化使信息成为企业的战略资源；网络化则引发了商务模式的根本变革，电子商务成为新的商务模式。企业适应环境变化的能力，成为衡量一个企业竞争力的重要指标，而这种能力又体现在信息资源的开发利用能力上。这就是企业信息化的内涵和目的。

企业信息化不仅仅是信息技术问题，更是管理问题。需要企业改变管理思想、管理模式、业务流程。

习 题 1

1. 名词解释

企业信息化、经济全球化、网络经济、知识经济、信息孤岛

2. 简答题

(1) 简述经济全球化对企业的影响。

(2) 分析网络化企业的特点。

(3) 知识经济有哪些特点？企业如何应对知识经济的挑战？

(4) 实施企业信息化的条件有哪些？

(5) 造成信息孤岛的原因是什么？可采取哪些措施解决信息孤岛？

3. 案例分析题

某大型模具企业业务人员在与客户洽谈时，客户要求将模芯材料改为另一种型号，但这一重要信息没有及时记录下来，仅口头传递给设计部主管，而设计部主管因为工作繁忙，没有将这一重要信息交代给具体的设计人员，设计人员按照客户以往的要求，想当然使用了原

来那种型号产品所需材料。后来业务人员到车间了解模具进度时，发现了这个问题，只能报废该模芯，重新定料，重新加工，造成工期严重延期。而且由于没有记录，相关人员互相推诿，无法追究责任。另外，模具工厂经常遇到一些客户，今天提出一点设计变更，明天提几点模具修改意见，如果客户提出的修改模具信息未能及时记录和传递，必然会造成模具的多次试模和返工。造成模具成本的增加、模具交付期延长。

试分析：

(1) 造成这种现象的原因是什么？

(2) 提出自己的解决方案，来解决问题。

第2章

企业信息化技术

【内容提要】

本章从信息处理的过程出发，介绍信息系统中的数据采集技术、存储技术、传输技术、加工处理技术和信息提供技术。重点介绍目前常用的技术特点和应用范围。

【引导案例】

回顾去超市的购物过程：你走进了超市，在货架上选择需要的商品，然后把它放进购物车。重复这个过程，直到购物车装满了你选择的所有商品，然后到收款台结账。收银员一一扫描购物车中的商品条码，屏幕上自动显示出每一种商品的品名、单价、折扣、数量等信息，全部扫描完成后，收银员按"确认"键，你应该支付的总金额、节省的金额等信息已经计算完毕，你可以用现金支付，当然也可以用银行卡支付。

当你结算完成，还没有走出超市，超市的采购人员、补货人员、库存管理人员的计算机屏幕上已经显示出你刚刚购买的商品的数量变动信息，其中某些商品需要往货架上补充货物，有些商品需要供应商补货，这时，一张采购订单已经生成，并通过网络传送到供应商那里。

如果超市采用了VMR(供应商管理库存)技术，你的购买行为会被供应商实时监测，供应商自动完成商品的补货业务。

在这个过程中，信息的采集、加工、传输、使用都可以在瞬间完成，几乎不需要人工干预。这就是信息技术的魅力。

2.1 信息处理过程

为了满足管理者的信息需求，信息系统需要完成大量的信息处理工作。虽然各种类型的信息系统在具体内容与侧重点上有很大差别，但是其基本功能均可以概括为5个基本方面：数据和信息的收集、存储、加工、传递和提供。

2.1.1 数据和信息的收集

中国有一句老话："巧妇难为无米之炊。"任何信息系统，如果没有实际的信息，那么它理论上的功能再强，也是没有任何实用价值的。根据数据和信息的来源不同，可以把信息收集工作分为原始信息收集和二次信息收集两种。原始信息收集是指在信息或数据发生的当时当地，从信息或数据所描述的实体上直接把信息或数据取出，并用某种技术手段在某种介质上记录下来。二次信息收集则是指收集已记录在某种介质上，与所描述的实体在时间与空间上已分离开的信息或数据。这两种收集在许多问题上是有原则区别的。

原始信息收集的关键问题是完整、准确、及时地把所需要的信息收集起来，记录下来，做到不漏、不错、不误时。因此，它要求时间性强、校验功能强、系统稳定可靠。由于它是信息系统与信息源直接联系，而信息源又具有本身业务的特殊属性，因此，在技术手段与实现机制上常常具有很大的特殊性。

二次信息收集则是在不同的信息系统之间进行的，其实质是从别的信息系统得到本信息系统所需要的关于某种实体的信息（实际上往往不是两次传递，而是经过多次传递），它的关键问题在于两个方面：有目的地选取或抽取所需信息并正确地解释所得到的信息。由于这时所得的信息从时间上和空间上已经离开了所描述的实体，从严格的意义上讲，已无法进行校验。正确解释是指不同的信息系统之间在指标含义、统一口径等方面的统一认识，以防止误解。

在实际工作中，业务信息系统常常涉及原始信息收集，而其他几种信息系统主要涉及二次信息收集。当然，这两者的区分是相对的。例如，某一地区的某些经济指标是由所属各县的数据加工而得的，省计委可以视从该地区收集的信息为原始收集，但是从另一方面来看，所谓地区这一实体是虚的，其属性值的计算是依据其下属单位所提供的数据加工而得的。因此，省计委和地区计委之间的关系同样需要注意指标解释、口径统一等二次信息收集中所应考虑的问题。区分二者只是为了说明在各种情况下应该考虑的问题。

2.1.2 信息的存储

信息系统必须具有某种存储信息的功能，否则它就无法突破时间与空间的限制，发挥提供信息、支持决策的作用。即使以信息传递为主要功能的通信系统，也要有一定的记忆装置，否则就无法管理复杂的通信线路。

无论哪一种信息系统，在涉及信息的存储问题时，都要考虑存储量、信息格式、存储方式、使用方式、存储时间、安全保密等问题。

简单地说，信息系统的存储功能就是保证已得到的信息不丢失、不走样、不外泄、整理得当、随时可用。为了实现这些要求，人们在逻辑组织与技术手段上都做了大量的工作，并取得了显著的成效。

在各类信息系统中，存储的要求是不同的。业务信息系统中，需要存储的信息格式往往比较简单，存储时间比较短，但是数量则往往很大。管理信息系统与决策支持系统中的信息格式比较复杂，要求存储形式比较灵活，存储的时间也较长，因此信息存储问题的难度较大。办公信息系统在数据存储上的特点是要求灵活性高，而且往往是多种技术手段并用，表现出结构上的复杂性。至于存储量，由于办公信息系统一般都是以前 3 种系统为依托，所以相对来说比较小。

2.1.3　信息的加工

除了极少数最简单的信息系统，如简单的小型查询系统外，一般来说，系统总需要对已经收集到的信息进行某些处理，以便得到某些更加符合需要或更加反映本质的信息，或者使信息更适于用户使用，这就是信息的加工。信息加工的种类很多，从加工本身来看，可以分为数值运算和非数值处理两大类。数值运算包括简单的算术与代数运算，数理统计中的各种统计量的计算及各种检验，运筹学中的各种最优化算法以及模拟预测方法等。非数值数据处理包括排序、归并、分类以及平常归入字处理(Word Processing)的各项工作。

关于信息的加工，有一点值得引起注意。一般认为，信息经过加工后，更加集中、更加精炼、更加反映本质。这在许多情况下是正确的。但是必须看到，加工精炼过程是人们按照自己已有的认识，去粗取精的过程，必然舍弃了某些自己认为“粗”的、带偶然性的内容。这一取舍是否得当往往是需要事后验证的。特别是，人们往往被数学方法的严密完整所震慑，迷信所得的加工结果。殊不知数学方法的运用总有若干明显的或隐含的先决条件，这些条件是否具备并不是一个理论问题，而是一个实践问题。因此，对于信息加工的结果，我们应该持比较谨慎的态度。

在各类信息系统中，决策支持系统对信息的要求是最高的，这是由于管理决策常常要用到一些相当复杂的加工方法。管理信息系统也要用到各种类型的算法，但是往往是以比较固定的方式使用的，因此处理起来比较容易。业务信息系统与办公信息系统所使用的加工方法比较简单，但是由于它们使用频繁，要求加工速度快，在制定具体算法时，应认真考虑其效率问题。

2.1.4　信息的传递

当信息系统具有较大的规模，在地理上有一定分布的时候，信息的传递就成为信息系统必须具备的一项基本功能。系统越大，地理分布越广，这项功能所占的地位就越重要。

信息的传递并不只是一个简单的传递问题。信息系统的管理者与计划者必须充分考虑所需要传递的信息种类、数量、频率、可靠性要求等因素。

在实际工作中，信息传递问题与信息的存储常常是联系在一起的。当信息分散存储在若干地点时，信息的传送量可以减少，但由于分散存储带来的存储管理上的一系列问题，如安全性、一致性等，就会变得难以解决。如果信息集中存储在同一个地点，存储问题比较容易解决，但信息传递的负担将大大加重。实际工作者常常面临这二者的权衡和合理选择。这正是我们要讨论的，必须从全局综合考虑信息系统的具体例证。可以想象，如果各种技术人员从各自的局部来考虑问题，是不可能达到全局最优的。

信息传递问题比较突出的是业务信息系统和办公信息系统。业务信息系统由于要尽可能地在信息源上收集原始数据，需要尽可能将收集信息的“触角”伸到所有的信息发生点上，而这些点在地理上往往是很分散的，因此通信就成了一个重要问题。办公信息系统面对的是许多办公室工作人员，他们之间有大量的信息需要交流或共享，因此信息的传递工作量也是很大的。一般来说，二者区别在于，业务信息系统中的信息传递距离比较远，而办公信息系统中信息传递距离则比较近。目前阶段的管理信息系统与决策支持系统，规模都还不是很大，因此一般来说，信息的传递还不很频繁，任务不很繁重。当然，随着系统范围的扩大，这些系统中信息传递的任务也会逐步增加。

2.1.5 信息的提供

信息系统的服务对象是管理者，因此，它必须具备向管理者提供信息的手段或机制，否则它就不能实现其自身的价值。提供信息的手段是信息系统与管理者的接口或界面，它的情况应由双方的情况来定，即需要向使用者提供信息的情况以及使用者自身的情况。

从需要向用户提供的信息来看，决策支持系统的复杂程度及灵活性要求是最高的，因此，对话式的用户接口是比较适宜的，固定的例行服务方式往往难以满足要求。办公信息系统则是既有例行的任务又有随机的要求，固定的例行信息服务固然不可缺少，满足随机信息需求的服务途径同样也是需要的，这正是办公信息系统需要认真考虑的一个重要问题。业务信息系统和管理信息系统，一般倾向于提供固定的例行信息服务。对于这两种信息系统，由于使用者主要是中下层的管理人员，因此，信息提供方式的简明易用是十分重要的，系统的设计者应当利用各种方法，避免误解，提高清晰程度，以便保证信息被正确地理解与使用。

以上列举了信息系统的 5 项基本功能。在具体的信息系统中，它们的实现机制是极不相同的，在设计中考虑的优先次序也是因系统而异的。但是，任何一个信息系统，都必须设置必要的部分去完成这些功能，任何一个环节上的疏漏都将使整个信息系统失调。表 2-1 给出了各类信息系统的功能特点。

表 2-1 各类信息系统的功能特点

功能	业务信息系统	管理信息系统	决策支持系统	办公信息系统
收集	以原始信息收集为主，注重检验功能	以二次信息收集为主	以二次信息收集为主	以二次信息收集为主
存储	存储格式简单，存储量大，存储周期较短	存储格式较复杂，存储量大，要求长期存储	存储格式很复杂，存储量大，要求长期存储，包括大量外部及历史信息	存储格式较复杂，存储量大，存储周期短，使用多种技术手段
加工	加工方法简单，要求稳定、可靠、加工速度快	加工方法较复杂，要求稳定、可靠，需要使用某些数学模型与方法，使用方法固定	加工方法复杂，要求灵活易变，需要使用许多数学模型方法，使用方法不固定	加工方法简单，要求稳定、可靠，加工速度快，要求使用简便
传递	要求具有远程传递信息的功能	目前阶段要求较低	目前阶段要求较低	要求具有局部地区传递
提供	以固定的，例行的服务方式为主，要求简明易用，常用表格方式	以固定的，例行的服务方式为主，要求简明易用，常用表格方式	以灵活的、随机的服务方式为主，常用对话方式	既要有固定的例行的服务，又要有灵活的随机服务方式，强调简明易用

2.2 数据自动采集技术

【应用案例 2-1】

海尔集团物流信息化条码应用

海尔集团创立于1984年,它是在引进德国利勃海尔电冰箱生产技术成立的青岛电冰箱总厂基础上发展起来的大型企业集团。在海尔集团首席执行官张瑞敏“名牌战略”思想的引领下,海尔经过18年的艰苦奋斗和卓越创新,从一个濒临倒闭的集体小厂发展壮大成为在国内外知名的跨国企业集团。2002年海尔集团实现全球营业额711亿元,是1984年的20 000多倍。2002年,海尔跃居中国电子信息百强之首。海尔集团的冰箱、冷柜、空调、洗衣机4大主导产品在国内市场均拥有30%左右的市场份额。在海外市场,根据全球权威消费市场调查与分析机构EUROMONITOR的最新调查结果,海尔集团在全球白色电器制造商中排名第五,海尔冰箱在全球冰箱品牌市场占有率排序中跃居第一。

海尔集团坚持走出国门创名牌,目前,已建立起一个具有国际竞争力的全球设计网络、制造网络、营销与服务网络。现有设计中心18个,工业园10个(其中国外2个,分别位于美国和巴基斯坦;国内8个,其中5个在青岛,合肥、大连、武汉各有1个),海外工厂13个,营销网点58 800个,服务网点11 976个。海尔产品已进入欧洲15家大连锁店中的12家、美国10家大连锁店中的9家。目前,海尔集团已在美国、欧洲初步实现了设计、制造、营销三位一体的本土化布局。其中国外最大的工业园在美国南卡罗来纳州,2000年3月,美国本土生产的海尔冰箱已经进入美国消费者的家庭。2002年,海尔海外13个工厂全线运营。

家电行业从价格战转向价值战

中国家电行业是一个竞争异常残酷的市场,这主要因为我国家电企业数量众多、生产能力严重过剩。并且,传统的家电产品技术含量低,产品同质化严重。在激烈市场竞争的压力下,众多家电厂商,乃至主流家电厂商,惯于使用价格战来占领市场和寻求发展。传统价格战下的家电企业行为,更多地表现为一种推动(Push)模式的供应链。企业一般遵循研究市场、制定计划、淡季生产、营销攻势、旺季销售、库存削价的方式。从供应链的运作特征看,则表现为生产导向,对消费者的响应较慢,企业对市场变化的反应较为滞后。同时,在实际运作中,企业需要花费大量的时间调研市场需求,制定生产营销计划。而且,一旦计划确定,便像“已发之箭”,企业很难调整。这同时使得企业经营管理的风险较大,一旦对市场形势、消费者行为分析有误,企业将面临巨大的库存压力和资金压力,并可能最终迫使企业不得不采用价格战来清理库存。

新型价值战下的家电企业,将表现为一种拉动(Pull)模式的供应链。企业的采购、生产、物流、分销业务活动,更大程度地表现为在市场需求的拉动下,遵循最低库存的原则,在每个环节引发连锁反应。企业每次所采购的原材料、所组织的每次生产、所发出的每件货物,都是市场订单的直接响应。因此,这极大地减少了企业的无效库存,并避免了巨大的浪费。同时,企业可对市场形势、客户需求进行快速响应。在实际运作中,企业只需事先准备少量的展示样品或中转库存,待市场形势确定、客户发出订单后,企业再进行响应。这在一定程度上,有效地降低了企业在经营决策上失误而引发的风险。

海尔的现代物流战略

海尔集团在建设物流系统时，从一开始就突破了单纯降低成本的概念，而将物流定位在适应新经济时代需要增强企业竞争力的战略高度上。“一个现代企业，如果没有现代的物流，就意味着最终会无物可流。”张瑞敏将发展现代物流与企业的生死存亡联系在一起。基于价值战的观点，海尔另辟蹊径，以消灭库存作为物流系统的目标，使市场订单成为企业采购、制造、销售运作的驱动力，物流系统则变成拉动模式供应链的支持系统。

海尔实施物流战略以来，共投建了两座立体化仓库。最新启用的海尔国际物流中心因采用了以激光导引无人运输车系统为代表的一系列先进技术，从而全部实现了物流的自动化和智能化。该物流中心高22m，拥有原材料、成品标准托盘位共18 056个，不仅所有货物从入库到出库中间的一切活动均实现无人操作，而且这些出入库信息经由条码和红外线扫描信息终端还同步传送到了海尔物流的计算机管理系统。由于软硬件等领先技术的运用，该物流中心7200m^2的货区，完成的吞吐量相当于普通平面仓库的30万m^2，而整个物流中心的操作人员却仅有10名。

建设立体仓库并围绕它的运转改造业务流程，使海尔物流在很短时间内发挥出了最大效益。目前，海尔集团每个月平均接到6000多个销售订单，这些订单的定制产品品种达2000多个，需要采购的材料品种达15万余种，在如此复杂的情况下，海尔不仅没有造成大量的物资积压，呆滞物资反而降低了73.8%，两座立体仓库基本承担了海尔在青岛所有工厂生产的物流需要，而实际仓库面积减少了50%。

数据终端采集系统在海尔配送中心的应用

海尔集团在全国各地建有42个配送中心，这42个配送中心构成了海尔集团服务市场和客户需求的重要物流网络。为确保配送中心实现高效运转，并为管理系统提供及时、准确的物流数据，配送中心的日常作业必须改变传统手工作业的方式，建设一套高效和准确的数据采集系统。经过多方面的对比和考核，海尔集团最终选定北京南开戈德自动识别技术公司作为战略合作伙伴。针对海尔配送中心的业务特点，借鉴国外先进制造企业的应用经验，海尔集团决定在各地的配送中心，全面应用便携式数据终端设备，在配送中心的入库、出库、盘点、移库等作业环节，实现了高效、准确、及时的数据采集和管理功能。

美国Symbol公司的SPT1800系列便携式数据终端作为集成条码扫描和移动计算功能的高科技产品，产品坚固耐用，便于携带，可摆脱线缆的束缚。它在物流作业和数据采集方面具有独特的优势，目前已在海尔各地的配送中心取得了良好的应用效果。

在配送中心的入库作业环节，数据终端从主机系统下载有关的入库数据后，操作人员通过在数据终端上输入相应的入库单据编号，便可获得详细的入库数据，具体包括入库产品条码、单位、数量等。操作人员通过对实际入库产品条码的扫描，并将实收数据与应收数据核对，实现了对入库数据的高效采集和流程控制功能。最后，数据终端上采集的数据被上载到主机系统中，供物流管理系统作进一步的处理和分析。

在配送中心的出库作业环节，在数据终端下载主机系统的出库数据之后，操作人员在数据终端上输入相应的出库单据号，便可获得当前批次出库的产品条码和数量。依据数据终端中的出库数据，操作人员可实现对出库产品的扫描、核对和确认，从而实现了对出库作业的严密管理。最后，数据终端的实际出库数据被上载到主机系统中。

在仓库盘点作业中，在数据终端下载由主机系统生成的盘点数据之后，操作人员便是在数据终端的操作提示下，对库存商品进行逐项扫描、清点和确认，待盘点数据上载到主机系统之后，便可获得库存的盘点差异数据。

在库位移动作业中，待数据终端从主机系统下载移库指令后，操作人员便可在数据终端的操作指示下，将某个库位的商品转移到目的库位，待所有移库操作完成后，再将数据终端上载至主机系统，实现移库作业的确认。

此外，在海尔集团的物流管理系统中，所有的物流资源包括作业人员、物流托盘、物流容器和作业表单等，都通过条码实现了数字化标识，并由数据终端扫描后实现数据采集，从而由物流信息系统实现了作业统计、流程控制、作业调度等功能，并实现了整个物流系统和资源的高效运作和管理。

无线数据终端在海尔生产基地装车中的应用

随着海尔集团对条码识别和数据终端技术应用的深入，无线数据终端开始走进海尔的视野。无线数据终端产品在普通的数据终端产品上增加了无线网络功能，使数据终端在作业过程中可与主机系统进行实时通信、交换数据、获得指令。这使操作人员免去了数据上载和下载的环节，缩短了作业时间，提高了劳动生产率，能够更有效地服务于大业务量的作业环境。经过综合考虑，海尔集团最终与南开戈德公司合作，将无线数据终端应用于海尔生产基地的装车系统。

在海尔集团的各个生产基地，当产品制造完毕后，这些产品将根据业务需要发送给各地配送中心或其他生产基地。根据发送目的地的不同，生产基地装车作业分为，发送给各地配送中心的直发货装车作业，以及发送给其他生产基地的倒短发货装车作业。同时，还包括与此相关的退货和换货作业。生产基地的装车作业具有作业工作量大、工作效率要求高的特点，某些生产基地在高峰时期每天必须装车的产品数量多达数万件。

为加强在制品装车、退货和换货过程中的作业管理和数据采集，海尔集团最终采用了美国 Symbol 公司的无线数据终端设备，通过在作业现场搭建无线局域网络，实现了数据终端与主机 SAP 系统的实时连接。以具体的装车作业为例，操作人员通过扫描或手工输入装车单据号，通过无线数据终端实时提交到后台主机的 SAP 系统，SAP 系统便实时将装车单据的明细数据发送给无线数据终端，具体包括产品编码、产品描述、送达方、应发数量、单位等。然后，操作人员根据这些详细的装车数据，开始扫描待装车产品的条码，并通过无线网络与 SAP 系统进行实时通信，以对装车产品进行核对。当操作人员将扫描完毕的一批产品装车后，便可通过无线数据终端向后台主机的 SAP 系统进行实时提交，从而使 SAP 系统及时、准确地记录装车产品的实发数量、扫描开始时间和扫描结束时间，并进行进一步的统计和处理。基于无线数据终端的作业管理系统，还便于后台主机系统根据实际作业进度，合理安排工作任务，实现对物流资源的统一调度，实现了物流管理和运作的最优化。

随着计算机、互联网等信息技术的飞速发展，“信息高速路”更加快速、准确、安全，而信息录入成为信息流通的瓶颈。采用自动识别与数据采集技术，即可以通过自动(非人工)手段获取项目(实物、服务等)管理信息并且不使用键盘即可将信息数据实时输入计算机、微处理器、逻辑控制器等信息系统的技术，则是突破瓶颈的最佳手段。

与用于安全、认证等目的的个体特征识别不同，自动识别与数据采集技术广泛应用于各种商务活动和各类行业管理的信息采集与交换。其应用过程是将项目的管理信息通过信息化编码进行定义、代码化，并装载可自动识别的载体(如条码符号、射频标签等)中，借助自动识别技术和设备,实现定义信息的自动识别、采集和输入信息处理系统。

自动识别与数据采集技术为信息化管理带来了高效率、高可靠性及自动化,是国际商品流通乃至全供应链管理中普遍采用的技术,需要标准化、规范化。因此,自动识别技术已成为一个独立的技术标准化工作领域。

2.2.1 常用数据自动采集技术

1. 自动采集技术的种类

现有自动采集技术包括磁卡、智能卡、条码、无线射频识别等。

1) 磁卡

20 世纪 60 年代初交通部门开始使用磁卡,20 世纪 70 年代银行也开始使用,之后磁卡的使用不断增长,现在已非常普及。磁卡的主要问题是存储的信息量有限及数据的安全性,目前许多厂商都提供了各种解决方案。

虽然许多人预测磁卡会被其他技术所取代,但目前还是对他不断的投资,磁卡是非常理想的技术,成本非常低且有多种用途。随着新的安全技术的出现,磁条技术还会得到应用。磁条技术的国际标准由 ISO 制定。

2) 智能卡

智能卡有两类:一种是仅有记忆功能的"哑"卡,仅用于存储信息,如零售店和售货机用的储值卡;另一种是真正的"智能"卡,嵌入的微处理器可以处理所存储的数据,如智能钱包或多用卡。

因卡上有微处理器,就能够用多种方法来防止对卡上信息的非法访问,从而提供了安全环境,这是智能卡替代其他卡的主要理由。

智能卡的最大优点是能够存储海量数据和具有很好的安全性,智能卡标准由 ISO 制定。

3) 条形码

条形码是最早的也是最著名和最成功的自动识别及数据采集技术。在超市购买的各种商品上都有条形码,常用的条形码有 UPC/EAN 128 码、Code 39 码、Code 93 码和交叉二五码,其标准由国际标准组织 ISO 制定。

条形码分为一维条形码和二维条形码。一维条形码可用于将数字或字母作为数据库关键字的许多领域。最主要的限制是存储的数据量有限,另外打印机对比度不够或缺墨会降低条形码的识别质量。

二维条形码是新兴的条形码,可以在很小的地方存储大量的数据。与一维条形码相比,二维条形码的主要优势是能存储大量的数据。它具有安全性强、高密度、有纠错功能、可以表示多种语言文字、可以表示图像数据、可引入加密机制等特性。二维条码的缺点是需要特殊的扫描器,堆叠式符号可用栅格激光扫描器识别,而矩阵式符号则需图像扫描器阅读。

4) 无线射频识别

无线射频识别技术(RFID)可以说是近几年来在计算机领域出现的若干革命性技术之

一，它所带来的是一个比连接计算机用户的“人网”——互联网庞大得多的一个连接全世界所有物品(甚至包括人)的所谓的“物联网”。

RFID(无线射频识别，Radio Frequency Identification)是一种非接触式的自动识别技术。最简单的RFID系统由标签(Tag)、阅读器(Reader)和天线(Antenna)3部分组成，在实际应用中还需要其他硬件和软件的支持。其特性如下：

(1) 准确性——降低系统的差错率。

(2) 高效性——可在远距离识读高速行进中的物品。

(3) 耐久性——不受地域环境限制，可全天候工作。

(4) 兼容性——由EPC(电子物品编码)网络提供支持。

(5) 延展性——可通过无线网络与因特网无缝连接。

目前，无线射频识别技术推广的主要障碍来自于芯片的成本太高以及标准不统一。无线射频技术能否为自动识别和数据采集技术造成革命性的变革，能否为我们的生活带来巨大的变化还要拭目以待。

2. 采集技术的选择

自动识别和数据采集技术的选择应视具体的情况而定。选择的标准应该是：

- 企业自身对采集数据的要求——安全性、差错率等。
- 考虑数据采集的成本。
- 数据采集的方法灵活性及适应性。
- 数据采集方法的应用前景，是否与升级后的系统无缝连接。

2.2.2 条码技术

条码技术是电子与信息科学领域的高新技术，所涉及的技术领域较广，是多项技术相结合的产物。经过多年的长期研究和应用实践，条码技术现已发展成为较成熟的实用技术。

1. 条码技术的研究对象

条码技术主要研究的是如何将需要向计算机输入的信息用条码这种特殊的符号加以表示，以及如何将条码所表示的信息转变为计算机可自动识读的数据。因此，条码技术的研究对象主要包括编码规则、符号表示技术、识读技术、生成与印制技术和应用系统设计5大部分。

1) 编码规则

任何一种条码都是按照预先规定的编码规则和有关标准，由条和空组合而成的。人们将为管理对象编制的由数字、字母、数字字母组成的代码序列称为编码，编码规则主要研究编码原则、代码定义等。编码规则是条码技术的基本内容，也是制定码制标准和对条码符号进行识别的主要依据。为了便于物品跨国家和地区流通，适应物品现代化管理的需要，以及增强条码自动识别系统的相容性，各个国家、地区和行业，都必须遵循并执行国际统一的条码标准。

2）符号表示技术

条码是由一组按特定规则排列的条和空及相应数据字符组成的符号。条码是一种图形化的信息代码。不同的码制，条码符号的构成规则也不同。目前较常用的一维条码码制有EAN商品条码、UPC商品条码、25条码、交插25条码、库德巴码、39条码、UCC/EAN-128条码等；二维条码较常用的码制有PDF417码、QR CODE码等。符号表示技术的主要内容是研究各种码制的条码符号设计、符号表示以及符号制作。

3）识读技术

条码自动识读技术可分为硬件技术和软件技术两部分。

自动识读硬件技术主要解决将条码符号所代表的数据转换为计算机可读的数据，以及与计算机之间的数据通信。硬件支持系统可以分解成光电转换技术、译码技术、通信技术以及计算机技术。光电转换系统除传统的光电技术外，目前主要采用电荷耦合器件——CCD图像感应器技术和激光技术。软件技术主要解决数据处理、数据分析、译码等问题，数据通信是通过软硬件技术的结合来实现的。

在条码自动识读设备的设计中，考虑到其成本和体积，往往以硬件支持为主，所以应尽量采取可行的软措施来实现译码及数据通信。近年来，条码技术逐步渗透到许多技术领域，人们往往把条码自动识读装置作为电子仪器、机电设备和家用电器的重要功能部件，因而减小体积、降低成本更具有现实意义。

自动识读技术主要由条码扫描和译码两部分构成。扫描是利用光束扫读条码符号，并将光信号转换为电信号，这部分功能由扫描器完成。译码是将扫描器获得的电信号按一定的规则翻译成相应的数据代码，然后输入计算机（或存储器）。

当扫描器扫读条码符号时，光敏元件将扫描到的光信号转变为模拟电信号，模拟电信号经过放大、滤波、整形等信号处理，转变为数字信号。译码器按一定的译码逻辑对数字脉冲进行译码处理后，便可得到与条码符号响应的数字代码。

4）生成与印制技术

只要掌握的编码规则和条码标准，把所需数据用条码表示就不难解决了。然而，如何把它印制出来呢？这就涉及到生成与印制技术。我们知道，条码符号中条和空的宽度是包含着信息的，首先用计算机软件按照选择的码制、相应的标准和相关要求生成条码样张，再根据条码印制的载体介质、数量选择最适合的印制技术和设备。因此在条码符号的印刷过程中，对诸如反射率、对比度以及条空边缘粗糙度等均有严格的要求。所以，必须选择适当的印刷技术和设备，以保证印制出符合规范的条码。条码印制技术是条码技术的主要组成部分，因为条码的印制质量直接影响识别效果和整个系统的性能。条码印制技术所研究的主要内容是：制片技术、印制技术和研制各类专用打码机、印刷系统以及如何按照条码标准和印制批量的大小，正确选用相应技术和设备等。根据不同的需要，印制设备大体可分为3种：适用于大批量印制条码符号的设备、适用于小批量印制的专用机、灵活方便的现场专用打码机等。其中既有传统的印刷技术，又有现代制片、制版技术和激光、电磁、热敏等多种技术。

5）条码应用系统设计技术

条码应用系统由条码、识读设备、电子计算机及通信系统组成。应用范围不同，条码应用系统的配置也不同。一般来讲，条码应用系统的应用效果主要取决于系统的设计。条码应用系统设计主要考虑下面几个因素：

(1) 条码设计。条码设计包括确定条码信息单元、选择码制和符号版面设计。

(2) 符号生成与印制。在条码应用系统中，条码印制质量对系统能否顺利运行关系重大。如果条码本身质量高，即使性能一般的识读器也可以顺利地读取。虽然操作水平、识读器质量等因素是影响识读质量不可忽视的因素，但条码本身的质量始终是系统能否正常运行的关键。据统计资料表明，在系统拒读、误读事故中，条码标签质量原因占事故总数的50%左右。因此，在印制条码符号前，要做好印制设备和印制介质的选择，以获得合格的条码符号。

(3) 识读设备选择。条码识读设备种类很多，如在线式的光笔、CCD识读器、激光枪、台式扫描器等，不在线式的便携式数据采集器，无线数据采集器等，它们各有优缺点。在设计条码应用系统时，必须考虑识读设备的使用环境和操作状态，以做出正确的选择。

2. 条码技术的特点

条码技术是电子与信息科学领域的高新技术，所涉及到的技术领域较广，是多项技术相结合的产物，经过多年的长期研究和应用实践，现已发展成为较成熟的实用技术。

在信息输入技术中，采用的自动识别技术种类很多。条码作为一种图形识别技术与其他识别技术相比有如下特点：

(1) 简单。条码符号制作容易，扫描操作简单易行。

(2) 信息采集速度快。普通计算机的键盘录入速度是200字符/分钟，而利用条码扫描录入信息的速度是键盘录入的20倍。

(3) 采集信息量大。利用条码扫描，一次可以采集几十位字符的信息，而且可以通过选择不同码制的条码增加字符密度，使录入的信息量成倍增加。

(4) 可靠性高。键盘录入数据，误码率为三百分之一，利用光学字符识别技术，误码率约为万分之一。而采用条码扫描录入方式，误码率仅有百万分之一，首读率可达98%以上。

(5) 灵活实用。条码符号作为一种识别手段可以单独使用，也可以和有关设备组成识别系统实现自动化识别，还可和其他控制设备联系起来实现整个系统的自动化管理。同时，在没有自动识别设备时，也可实现手工键盘输入。

(6) 自由度大。识别装置与条码标签相对位置的自由度要比OCR大得多。条码通常只在一维方向上表示信息，而同一条码符号上所表示的信息是连续的，这样即使是标签上的条码符号在条的方向上有部分残缺，仍可以从正常部分识读正确的信息。

(7) 设备结构简单、成本低。条码符号识别设备的结构简单，操作容易，无须专门训练。与其他自动化识别技术相比较，推广应用条码技术，所需费用较低。

2.2.3 RFID技术

RFID是20世纪90年代兴起的一种非接触式的新型自动识别技术，通过射频信号自动识别目标对象并获取相关数据，具有识别工作无须人工干预，可工作于各种恶劣环境等特点。

如图2-1所示,典型的RFID系统包括RFID电子标签、读写器以及计算机信息系统3个部分。电子标签也具有智能读写及加密通信的能力,读写器由无线收发模块、控制模块和接口电路组成,通过调制的RF通道向标签发出请求信号,标签回答识别信息,然后由读写器把信号送到计算机或其他数据处理设备。

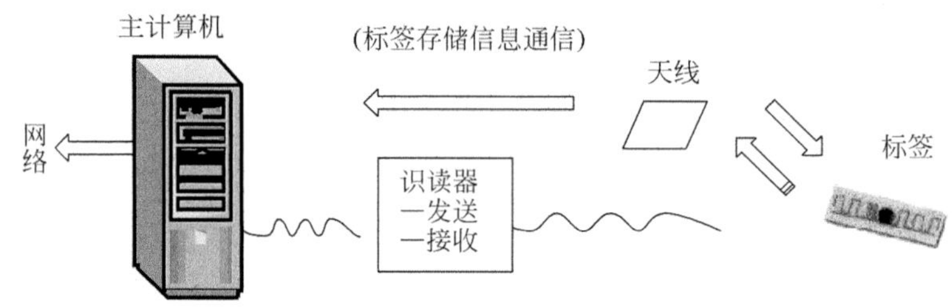

图2-1 RFID系统组成

在实际应用中,电子标签附着在待识别物体的表面,其中保存有约定格式的电子数据。读写器通过天线发送出一定频率的射频信号,当标签进入该磁场时产生感应电流,同时利用此能量发送出自身编码等信息,读写器读取信息并解码后传送至主机并进行相关处理,从而达到自动识别物体的目的。

按照工作频率的不同,RFID系统可分为低频、高频、超高频和微波系统。低频RFID系统的典型频率主要有125kHz、134.2kHz,高频应用以13.56MHz为主,超高频RFID系统主要使用433MHz、860～960MHz等UHF频率和频段,而微波应用则主要在2.45GHz、5.8GHz。煤矿行业应用RFID技术一般选择超高频技术。

RFID技术目前已应用于物流、邮政、零售、医疗、动物管理等多个领域,在煤矿行业中的应用也大有可为。

【应用案例2-2】

RFID在煤矿安全中的应用

RFID在煤矿行业中的应用主要包括两个方面:煤矿人员安全与定位、煤矿资产管理两个方面。在发生煤矿安全事故后,最重要的问题即在于对井下人员的搜救工作。但目前存在的主要问题有:

(1) 地面与井下人员的信息沟通不及时。

(2) 地面人员难以及时动态掌握井下人员的分布及作业情况,进行精确人员定位。

(3) 一旦煤矿事故发生,抢险救灾、安全救护的效率低,搜救效果差。

利用RFID技术可实现对煤矿井下工作人员的定位,有效地解决上述问题。RFID井下人员定位跟踪系统主要用于煤业等井下和隧道作业,集成了远距离射频识别技术、网络通信技术和自动控制技术等。图2-2给出了RFID爆矿井下人员定位系统架构示意图。

每个井下工作人员分配一个RFID电子标签或RFID卡,一般放置在工作佩带的矿灯上。RFID电子标签中一般存储该工人的ID编号,该编号与计算机系统数据库中的详细信息相关联。利用该电子标签还能进行工人的考勤管理和出入控制管理,记录某一工人在某一段时间的人员出入信息及出勤情况。

当人员进入井下以后,由于井下的各个坑道和工人可能经过的通道中均安放有RFID天线与RFID读写器,矿工的RFID电子标识就会得到识别,识别到信息通过通信网络通信传送给后端的计算机系统。后端的计算机系统与电子地图 GIS 等技术结合，可将矿工的信息实时地进行显示：谁、哪个位置、具体时间，以便于地上工作人员实时掌握井下人员的位置信息，并在出现突发事故时进行有效的搜救工作。图 2-3 给出了井下人员连接的示意图。

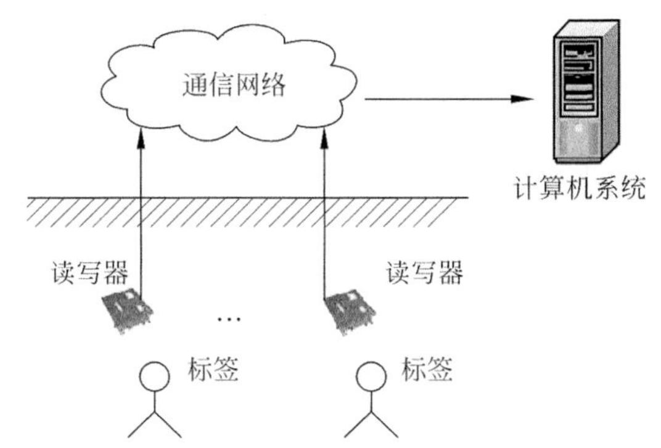

图 2-2　RFID 煤矿井下人员定位系统架构示意图

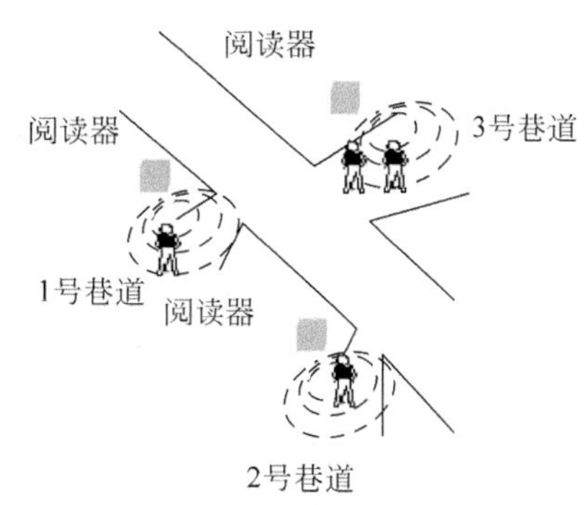

图 2-3　井下连接示意图

RFID 读写器具体数量和位置根据现场实际情况而定，并通过各种网络与地面控制中心的计算机相联。目前可使用有线和无线网络两种通信方式，有线的通信方式有串行通信技术、局域网，无线通信方式主要有 Zigbee 与无线局域网等。

利用上述 RFID 煤矿井下人员定位系统，一旦井下发生事故，可根据计算机中的人员分布信息马上查出事故地点的人员情况，然后可再用特殊的探测器在事故处进一步确定人员位置，以便帮助营救人员以准确快速的方式营救出被困人员。

RFID 煤矿井下人员定位系统具有识读距离远、可任意调整系统的识别范围、识别无“盲区”、信号穿透力强、安全保密性能高、无电磁污染、环境适应性强、可同时识别多人、便于井下网络连接及数字传输等优点。

目前，我国已经有山东岱庄生建煤矿，河南平顶山新华区平能一矿，黑龙江鹤岗东兴矿，内蒙古大雁一矿、二矿、三矿，辽宁调兵山大平煤矿（工业测试）等，在进行 RFID 项目测试或已正式启用 RFID 井下人员定位跟踪系统。

2.2.4　EPC 与自动识别技术

1. 商品条码与 EPC

产品电子代码（EPC）是基于 RFID 技术和 Internet 的一项物流信息技术，它的概念是美国麻省理工大学 Auto ID 中心在 GS1 及其前身国际物品编码协会的支持下提出的。

EPC 的出现有其历史必然性，在 EPC 出现之前，条码作为一种最常见的自动识别技术，在全世界得到了广泛的推广和应用。但是条码也具有一些缺点，如信息量十分有限以及对识读环境要求较高等。EPC 系统的提出，通过对实体对象的唯一标识，借助计算机网络，应用 RFID 技术，实现对单个物体的访问，突破性地实现了 EAN. UCC 系统中 GTIN 体系所不能完成的对单品的跟踪和管理任务。EPC 成为继条码技术之后，再次变革商品零售结算、物流配送及产品跟踪管理模式的一项真正具有革命性意义的新技术。

EPC和条码各有特点，在许多领域可以联合应用。例如RFID技术在提高识读率和迅速发现漏读对象上还比较困难，条码技术可以作为解决这些问题的补充手段；另外，EPC的推广应用还需要一个相对较长的过程，在一定范围和时间内，条码技术和EPC/RFID技术将长期共存，互相补充。

2. EPC与RFID

无线射频识别(RFID)是利用射频信号及其空间耦合和传输特性进行非接触双向通信，实现对静止或者移动物体的自动识别，并进行数据交换的一项自动识别技术。RFID技术具有识读距离远、识读速度快、不受环境限制、可读写性好、可同时识读多个物品等优点，随着RFID技术的不断进步，成本的不断降低，RFID技术进入了物流、供应链管理领域，显示出巨大的发展潜力和应用空间。

EPC及EPC系统的出现，使RFID技术向跨地区、跨国界物品识别与跟踪领域的应用迈出了划时代的一步。EPC与RFID之间关系如图2-4所示。

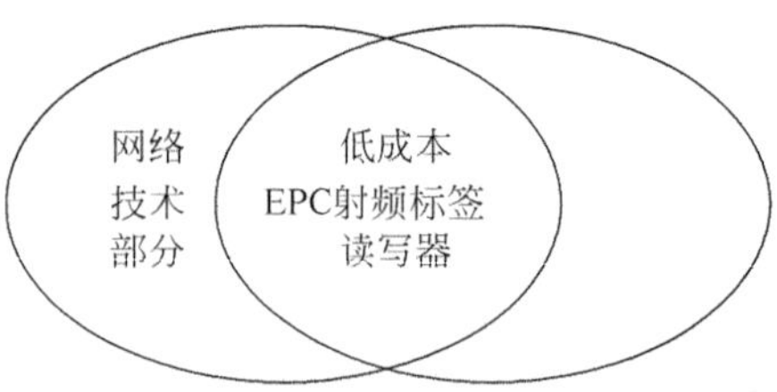

网络技术部分
低成本EPC射频标签读写器

图2-4 EPC系统与RFID技术

从技术上来讲，EPC系统包括物品编码技术、RFID技术、无线通信技术、软件技术、互联网技术等多个学科技术，而RFID技术只是EPC系统的一部分；对RFID技术来说，EPC系统应用则只是RFID技术的应用领域之一。

3. EPC国际发展状况

由于EPC系统广阔的应用前景，且符合市场需求，它的推广也得到了国际性的标准化组织GS1及其各国分支结构的大力支持。2003年11月1日，EAN和UCC成立了EPC global，正式接手了EPC在全球的推广应用工作。EPC global不但发布了EPC标签和读写器方面的技术标准，还推广RFID在物流管理领域的网络化管理和应用。截止到2007年10月4日，EPC global一共发展系统成员1163家，其中，终端用户731家，系统服务商420家，政府和学术机构12家。

2006年7月11日，EPC global宣布其UHF Gen 2空中接口协议作为C类UHF RFID标准经ISO核准并入ISO/IEC18000-6修订标准1。在标准发布以前，EPC global就推出了一项多阶段的认证项目，对硬件、软件产品进行一致性和通用性测试并颁发认证，以便为高质量Gen 2产品项目的部署工作服务。

2007年4月16日，EPC global发布了一项开创性标准——产品电子代码信息服务(EPCIS)标准，为资产、产品和服务在全球的移动、定位和部署带来前所未有的可见度，这是EPC发展的又一里程碑。

美国和欧洲引领着EPC在国际上的发展潮流，日本和韩国在亚洲RFID研究处于相对领先的地位。

1) 美国

高科技领先的美国，不论在EPC标准的建立、相关软硬件技术的开发、各种独立应用，还是物流应用均走在世界的前列。

在产业方面，TI、Intel 等美国集成电路厂商都在 RFID 领域投入巨资进行芯片开发。Symbol 等已经研发出可以同时阅读条形码和 RFID 的扫描器。IBM、Microsoft 等也在积极开发支持 RFID 应用的软件和系统。

仅在 RFID 最具潜力的商品流通领域，据市场调查机构 IDC 估计，2003 年美国零售供应链市场指出规模接近 9200 万美元，至 2008 年 RFID 市场规模预计将高达 13 亿美元。

在标准方面，目前 RFID 商用呼声最高，沃尔玛、IBM、HP 等企业以及美国国防部物流系统都推行并拥护 EPC global 标准。

在应用方面，交通、车辆管理、身份识别、生产线自动化控制、仓储管理及物资跟踪等领域已经逐步开始应用 RFID 技术。在物流方面，美国已经有 100 多家企业承诺支持 RFID 应用。EPC global 北美地区 659 家系统成员中，有系统服务商 140 家，终端用户多达 519 家，可见美国的 EPC 应用在全球处于领先地位。

2）欧洲

作为世界工业革命的发源地，欧洲在 EPC/RFID 发展上也不甘落后，尤其是英国和德国等工业发达国家。EPC global 在欧洲的系统成员总数为 233 家，其中系统服务商和终端用户的数量相当，分别为 114 家和 115 家，政府和学术机构 4 家。

在产业方面，欧洲的 Phillips、STMicroelectronics 在积极开发廉价 RFID 芯片，Checkpoint 在开发支持多系统的 RFID 识别系统，Nokia 开发了能够识别 RFID 的移动电话购物系统，SAP 则在积极支持 RFID 的企业应用管理软件。

根据 Juniper Research 分析，2004 年西欧 RFID 市场规模为 4.6 亿美元，2009 年将达到 18.6 亿美元，主要应用集中在供应链方面。

在标准方面，欧洲的 RFID 标准积极追随 EPC global 标准。2005 年 6 月，欧洲零售业四巨头阿霍德（Ahold）、家乐福（Carrifour）、麦德龙（Metro）、泰斯科（Tesco）共同支持 EPC 标准。

在应用方面，欧洲在交通、车辆管理、身份识别、生产线自动化控制、物资跟踪等封闭系统与美国基本处在同一阶段。目前，很多大型企业（如泰斯科、麦德龙）都开展了 RFID 系统的试验。

3）日本

日本在亚洲的 RFID 研究和开发领域处于领先地位。日本政府很重视推广物流领域的 RFID 应用，制定了 E-Japan 和 U-Japan 计划，鼓励企业尝试 RFID 在开放系统中的应用。日本企业还联合成立了泛在 ID 中心（Ubiquitous ID Center）。

在产业方面，日本由经济产业省牵头，内务省配合，协调相关部门，每年提供了 30 亿日元的经费，用于电子标签的研发和测试。日立、富士通和日本凸版印刷等厂商已经开始生产和销售电子标签。

在标准方面，日本的经济产业省和韩国的产业资源省均已成为 EPC global 的会员。日本有两名 EPC 全球管理委员会的理事成员，并在亚太地区 EPC 标准中积极参与各个相关标准工作组的工作，特别在 EPC 电子产品的工作组中特别活跃。

在应用方面，日本共有 47 家 EPC global 系统成员，其数量在亚太地区排名第一，其中系统服务商 14 家，终端用户多达 30 家，政府和学术机构 3 家。索尼公司在对沃尔玛（Wal&Mart）和百思买（Bestbuy）的产品出口中进行了 EPC 标签的测试，在物流流通领域将采用 EPC global 的标准。

为了适应 RFID 在全球物流体系的应用，日本政府也在 ISO 建议的 860～960MHz 范围内确定了相应频段。2005 年 4 月 5 日，日本为无源电子标签超高频规定了 952～954MHz(4w eirp)，2006 年 1 月 25 日规定了 952～955MHz(20mW eirp)。由于高功率产生干扰的可能性较大，因此对于高功率给了 2M 的带宽。在使用的时候，对于识读器和使用地点需要进行登记。

4）韩国

韩国在 RFID 技术上起步较晚，但产业整体发展较快。韩国政府对 RFID 技术给予极高的期望，在开放的物流领域韩国基本遵循 ISO/EPC 标准。特别是在 2004 年 3 月韩国提出 IT839，RFID 和传感网络(Ubiquitous Sensor Network)的重要性得到了进一步加强，韩国关于 RFID 的技术开发和应用试验正在加速展开。

在产业方面，韩国设立了“IT839 计划”，RFID 是其中的重要内容，重点加强对 RFID/USN(“泛在”识别网络)核心技术的研究，包括标签、识读器、中间件等，特别是 USN 传感器中的中间件技术研究。

在标准方面，韩国 2005 年制定了 12 项 RFID 国家标准，2006 年将制定 14 项 RFID 国家标准。和日本一样，韩国也规定了 RFID 在超高频段(UHF)的应用频率，对于开展 RFID/EPC 应用起到了积极的推动作用。

在应用方面，韩国发展了 30 家 EPC global 系统成员，数量在亚太地区仅次于日本。系统集成商和终端用户的数量相当均衡，都是 15 家。韩国机场公社近期采购了 35 万 EPC Gen 2 标签，将用在机场行李的追踪上。三星电子在服装、物流等领域开展了大量的 RFID 应用试点工作。

韩国已经规定了 RFID 在超高频段(UHF)的应用频率，对于开展 RFID/EPC 应用起到了积极的推动作用。韩国于 2005 年分配了 RFID 超高频工作频率 908.5～914MHz，可以同时采用侦听技术(LBT)和跳频技术(FHSS)。

此外，日本、韩国均是以国际贸易为主体的经济格局，两国都是全面推进第二代物品编码与自动识别技术，与 ISO、EPC 衔接并兼容现有的商品条码体系。

4. EPC 国内发展状况

我国对 EPC/RFID 的研究，基本处于跟踪发达国家研究阶段。中国物品编码中心(ANCC)、AIM China 等非赢利性机构以及 Auto-ID 中国实验室等科研机构，在研究和推广方面目前已经取得了初步成果。2004 年 1 月，ANCC 取得了 EPC global 的唯一授权，2004 年 4 月 22 日，EPC global China 正式成立，负责我国 EPC 注册、管理和实施工作，从组织机构上保障了我国 EPC 事业的有效推进。

2006 年 7 月，EPC global UHF Gen 2 空中接口协议作为 C 类 UHF RFID 标准经 ISO 核准并入 ISO/IEC18000-6 修订标准 1，这对推动我国 EPC 技术研发和应用推广起到了积极的作用。

另外，备受全球关注的中国 UHF 频段划分问题也终于在 2007 年取得突破。频率出台之后，越来越多中国中小企业从对 EPC 的观望态度中走出，更加积极地投入到 EPC/RFID 技术的研发工作中，在这之后，先后有 4 家中国企业加入了 EPC global China 成为高级会员。截止到目前，EPC global China 已经有 14 家系统成员，其中包括 12 家系统集成商、2 家终端用户，这些系统成员也为我国 EPC 注册管理工作的开展提供了基础。

在产业发展方面，目前我国和发达国家相比，还处于相对落后阶段。但我国政府已经充分肯定并高度重视了 RFID/EPC 产业发展的重要性。2007 年 6 月 9 日科技部联合 15 部委出台了《中国射频识别(RFID)技术政策白皮书》，对我国 RFID 的发展现状与技术趋势、RFID 技术战略、应用领域、产业化战略和宏观环境建设进行了全面阐述。国家在 863 项目中设立了"射频识别(RFID)技术与应用"重大专项，给予了 1.28 亿元经费的支持。与此同时，国家发改委、科技部、商务部、国防科工委、信息产业部无线电管理局、国家邮政局、中国民航总局等都十分关注和支持这项新技术的研究和发展，分别在各个领域展开相应的研究和跟踪工作。

在研发方面，我国基础研发力量薄弱，尤其是硬件、软件、网络等方面和国际水平相比仍然相对落后。然而，我国已经开始高度重视基于 EPC 的 RFID 技术，RFID 关键技术攻关与应用领域的创新是当前的要务之一，把创新的重点放在 RFID 技术上(包括标签研制、识读器研制、中间件开发等)。Auto-ID 中国实验室、清华大学、中科院自动化所等科研单位做了不少研究工作，而 EPC global 的 12 家高级会员也在我国 EPC/RFID 技术研究和解决方案提供上在我国也处于领先地位。其中深圳市先施科技有限公司、上海坤锐电子有限公司、深圳市远望谷信息技术股份有限公司等已经推出符合 EPC global Gen 2 标准的读写器、标签等系列产品。

在标准方面，我国相关部门进行了积极跟踪研究，起草了相关标准草案，但企业参与程度不够。由于 EPC 时差和出国限制，我国企业参加国际电话会议、国际研讨会、论坛不够。在 RFID/EPC 有关国家标准的制定过程中，我国企业力求在维护国家利益的基础上，把我国的需求和自主创新内容反映到 ISO 标准和 EPC 标准中，并按照国际通行的原则，实现同国际接轨。2007 年 10 月，海尔集团副总裁喻子达先生加入了 EPC global 管理委员会，成为唯一的中国企业代表，将在今后 EPC global 高层会议上反映我国企业的心声。

在频率方面，从 2004 年底开始，我国就开始着手 800MHz/900MHz RFID 技术的频率规划工作，已经进行了多项技术试验和分析，既考虑与国际接轨，又考虑大规模商用对频谱资源的需求，还考虑了 RFID 技术与无线电技术或系统的兼容，经协调各方的意见和建议，终于在 2007 年 4 月 20 日，我国信息产业部发出了《800/900MHz 频段射频识别(RFID)技术应用规定(试行)》，把我国 800/900MHz 频段射频识别(RFID)技术的具体使用频率定为 840～845MHz 和 920～925MHz(发射功率为 2Werp)。我国 800/900MHz 试行频段的出台正推动着 EPC Gen 2 技术应用步入新的进程，不仅满足我国企业对 800/900MHz 频段 RFID 技术研发和应用需求，并与国际相关标准衔接。

在应用方面，低频 RFID 系统在我国一些特定领域已经得到了应用，随着 RFID 标签在国内智能卡行业的概念普及，已经有越来越多厂商关心和推动 RFID 标签的应用。然而，在 EPC 系统应用上，虽然频率出台起了一定的推动作用，让更多系统集成商积极参与到技术研发中，对于终端用户来说，国内企业参与程度较低，仍然关注投入与产出情况。最近，一些参与国际贸易的大制造商，如 EPC global 中国的终端用户唯冠科技(深圳)有限公司和全球第四大白色家电制造商海尔集团已经面临实施 EPC 的迫切需求，纷纷开始响应百思买和沃尔玛等知名国外零售商的要求在出口产品应用 EPC 标签，这将鼓励更多的中国企业从对 EPC 技术持观望态度走向实际应用。

由于 EPC 的注册毕竟不同于条码系统成员的发展，它还有一个网络注册数据、签署

EPC global 工作组协议、知识产权声明等完全不同于条码成员的地方，以及与地方分支机构之间如何管理和协调的问题，其中既有技术问题，又有协调工作，如何进行协调平衡，是推广 EPC 系统工作的一个难点所在。我国正在筹备建立专门研究小组研究知识产权问题，避免在应用中由于知识产权问题而受制于人的状况发生。同时，中国物品编码中心也正在研究建立我国的 EPC 根目录服务器的可能性，希望能实现从源头上进行信息控制，掌握同其他国家平等对话的主动权，保障我国信息安全。

2.3 数据存储技术

2.3.1 电子数据

中国有一句古话"好记性不如烂笔头"。人脑本身就是一个存储设备，它可以存放大量的信息，但人脑健忘，随着时间的推移，很多信息就会丢失。为了弥补这个缺憾，人类发明了纸张，可以把数据写在纸上长期保存。但纸张也是有寿命的，时间长了会发霉、变脆，也容易丢失。记录在纸上的信息在使用时需要花大量的时间去查找，而且纸张本身需要占用大量的存储空间。

磁带、磁盘、光盘的出现彻底改变了这种现状。我们可以把信息转变为由 0、1 组成的电子形式存储在这些存储介质上。以 0、1 形式存储在磁带、磁盘、光盘等存储介质上的信息称为电子信息。

电子信息与传统的纸质信息相比，具有下列特点：

(1) 存储容量大。

(2) 占用空间小。

(3) 长期存储。

(4) 信息容易被修改。

2.3.2 存储介质

存储介质就是存储数据的媒介。目前在计算机系统中常用的存储介质有磁带、磁盘、光盘等。

1. 磁带

我们可以用图 2-5 来说明磁带的存储原理。

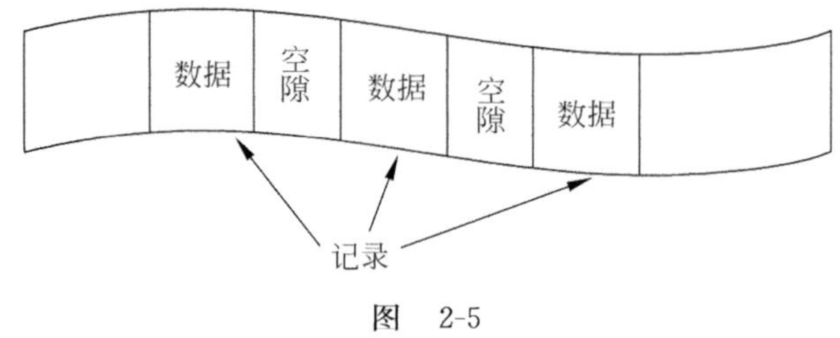

图 2-5

从图 2-5 中可以看出，磁带上存储信息是以**记录**为单位的，记录的长度可以相同(称为等长记录)，也可以不同(称为不等长记录)。记录和记录之间必须留有一定的**空隙**。

磁带上的记录之间必须留有空隙。大家可以想想你熟悉的歌曲磁带，每两首歌之间都有一段空白，这是因为在读磁带时，磁头从开始转动到匀速的机械运动需要一个加速的过程，在加速的过程中，是不能读取数据的。为了正确地读取数据，必须留有空隙。

磁带上的空隙大小是由磁带的物理特性决定的，如磁头转动的速度、读写速度等，而与记录的大小无关。如果一个只有一个字节的记录，记录之间的空隙也是一定的。为了提高磁带的利用率，我们采用了成组技术。即把若干个记录放在一个记录块中，每次读写记录时，一次性地将一个记录块读入内存(见图 2-6)，从而提高磁带的利用率。

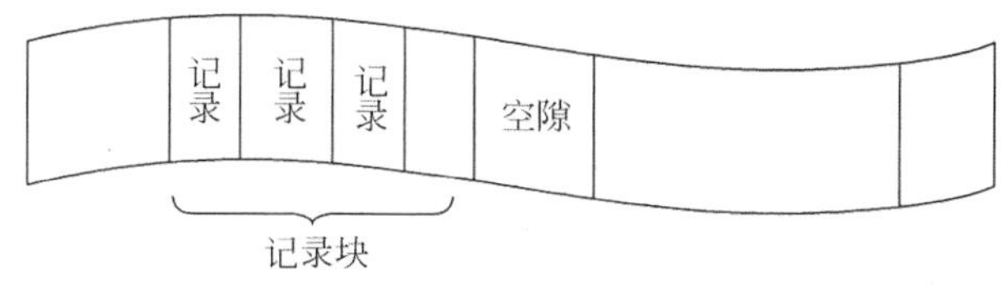

图 2-6　磁带上的记录块

磁带的物理特性决定了存放在磁带上的信息**顺序存取**是最合适的，因此，磁带作为存放备份信息来使用，而不适合存放频繁读写的信息。

2. 磁盘

磁盘机是一种按地址直接存取的存储设备。它把信息记录在盘片上，每个盘片有正反两面。若干个盘片可组成一个盘组。盘组中的盘片都被固定在一根轴上，沿一个方向高速旋转。每个盘面上有一个读写磁头。所有的读写磁头都被固定在唯一的移动臂上同时移动，如图 2-7 所示。

图 2-7　磁盘

把所有的读写磁头按从上到下的顺序进行编号，称其为磁头号。在磁头位置下各个盘面上的磁道在同一个圆柱面上，我们称这些磁道形成了一个柱面。每个盘面上有许多磁道，按由外向里的顺序编号。移动臂可移动读写磁头访问所有的磁道。当移动臂移到某一位置时,所有的读写磁头都在同一个柱面上,我们把盘面上的磁道编号称为柱面号。每个盘面被划分成若干相等的扇区,每个扇区中的各个磁道都是可存放相等字节数的一个块,沿与磁盘旋转方向相反的方向给各扇区编号,称为扇区号。所以,磁盘存储空间中的每一个块的位置可以由 3 个参数决定:柱面号、磁头号、扇区号,每个参数均从 0 开始编号。

为了减少移动臂移动所花费的时间,存放信息时,按柱面存放,同一柱面上的磁道放满后,再放下一个柱面。存取信息时按给定的柱面号、磁头号、扇区号,先由磁盘机根据柱面号控制移动臂做机械的横向运动,带动所有的读写磁头到达指定柱面,由于每次只允许一个磁头进行读写,必须再按照磁头号确定信息所在的盘面,然后等到待访问的扇区旋转到读写磁头下时,由指定的磁头进行存取。

3. 磁盘阵列(Disk Array)

如何增加磁盘的存取(Access)速度,如何防止数据因磁盘的故障而失落,及如何有效地利用磁盘空间,一直是计算机专业人员和用户的困扰,而大容量磁盘的价格非常昂贵,对用户形成很大的负担。磁盘阵列技术的产生一举解决了这些问题。

过去十几年来,CPU 的处理速度增加了 50 倍以上,内存(Memory)的存取速度亦大幅增加,而数据储存装置——主要是磁盘(Hard Disk)——的存取速度只增加了 3～4 倍,形成计算机系统的瓶颈,拉低了计算机系统的整体性能(Through Put),若不能有效地提升磁盘的存取速度,CPU、内存及磁盘间的不平衡将使 CPU 及内存的改进形成浪费。

目前改进磁盘存取速度的方式主要有两种。一是磁盘快取控制(Disk Cache Controller),它将从磁盘读取的数据存在快取内存(Cache Memory)中以减少磁盘存取的次数,数据的读写都在快取内存中进行,大幅增加存取的速度,如要读取的数据不在快取内存中,或要写数据到磁盘时,才做磁盘的存取动作。这种方式在单工环境(Single-Tasking Envioronment)如 DOS 之下,对大量数据的存取有很好的性能(量小且频繁的存取则不然),但在多工(Multi-Tasking)环境之下(因为要不停地作数据交换(Swapping)的动作)或数据库(Database)的存取(因为每一记录都很小)就不能显示其性能。这种方式没有任何安全保障。

其二是使用磁盘阵列的技术。磁盘阵列是把多个磁盘组成一个阵列,当作单一磁盘使用,它将数据以分段(Striping)的方式储存在不同的磁盘中,存取数据时,阵列中的相关磁盘一起动作,大幅减低数据的存取时间,同时有更佳的空间利用率。磁盘阵列所利用的不同的技术,称为 RAID level,不同的 level 针对不同的系统及应用,以解决数据安全的问题。

磁盘阵列是一种把若干硬磁盘驱动器按照一定要求组成一个整体,整个磁盘阵列由阵列控制器管理系统。冗余磁盘阵列 RAID(Redundant Array of Independent Disks)技术 1987 年由加州大学伯克利分校提出,最初的研制目的是为了组合小的廉价磁盘来代替大的昂贵磁盘,以降低大批量数据存储的费用(当时 RAID 称为 Redundant Array of Inexpensive Disks,即廉价的磁盘阵列),同时也希望采用冗余信息的方式,使得磁盘失效时不会使数据的访问受到损失,从而开发出一定水平的数据保护技术。

RAID 的基本结构特征就是组合(Striping),捆绑 2 个或多个物理磁盘成组,形成一个单独的逻辑盘。组合套(Striping Set)是指将物理磁盘组捆绑在一块儿。在利用多个磁盘驱动器时,组合能够提供比单个物理磁盘驱动器更好的性能提升。数据是以块(Chunk)的形式写入组合套中的,块的尺寸是一个固定的值,在捆绑过程实施前就已选定。块尺寸和平均 I/O 需求的尺寸之间的关系决定了组合套的特性。总的来说,选择块尺寸的目的是为了最大程度地提高性能,以适应不同特点的计算环境应用。

一般高性能的磁盘阵列都是以硬件的形式来达成,进一步地把磁盘快取控制及磁盘阵列结合在一个控制器(RAID Controller)或控制卡上,针对不同的用户解决了人们对磁盘输出入系统的 4 大要求。

(1) 增加存取速度。

(2) 容错(Fault Tolerance),即安全性。

(3) 有效地利用磁盘空间。

(4) 尽量平衡 CPU、内存及磁盘的性能差异,提高计算机的整体工作性能。

磁盘阵列中针对不同的应用使用的不同技术,称为 RAID level,而每一 level 代表一种技术,目前业界公认的标准是 RAID 0～RAID 5。这个 level 并不代表技术的高低,level 5 并不高于 level 3,level 1 也不低于 level 4,至于要选择哪一种 RAID level 的产品,就从用户的操作环境(Operating Environment)及应用(Application)而定,与 level 的高低没有必然的关系,RAID 0 及 RAID 1 适用于 PC 及 PC 相关的系统如小型的网络服务器(Network Server)及需要高磁盘容量与快速磁盘存取的工作站等,比较便宜；RAID 3 及 RAID 4 适用于大型计算机及影像、CAD/CAM 等处理；RAID 5 多用于 OLTP,因有金融机构及大型数据处理中心的迫切需要,故使用较多而较有名气,RAID 2 较少使用,其他如 RAID 6、RAID 7 乃至 RAID 10 等,都是厂商各做各的,并无统一的标准,在此不作说明。

2.3.3 数据库技术

数据库技术是研究数据库的结构、存储、设计和使用的一门软件科学,是进行数据管理和处理的技术。随着计算机应用的普及,数据库的应用领域不断扩展。现在,企事业、交通运输、情报检索、金融等各个行业,纷纷建立以数据库为核心的信息系统。人们在实际应用中向数据库技术提出更新、更高的要求,推动着数据库技术不断向前发展。数据库在当今信息管理和处理中的重要作用越来越明显。从某种意义上讲,数据库建设的规模、数据库信息的质量和数量、数据库的使用程度,是衡量一个国家信息化程度的标志。

1. 基本概念

数据库系统是指在计算机环境下引进数据库技术后构成的整个系统。一个完整的数据库系统由数据库(Database)、数据库管理系统(DataBase Management System,DBMS)、数据库用户(包括数据库管理员)和支持数据库运行的各种计算机软件、硬件构成(见图 2-8)。

数据库是长期存储在计算机内、有组织的、可共享的数据集合。

数据库管理系统是为数据库的建立、使用和维护而配置的软件,它建立在操作系统的基础上,对数据库进行统一的管理和控制。DBMS 是数据库系统的核心,是用户访问数据库的接口。

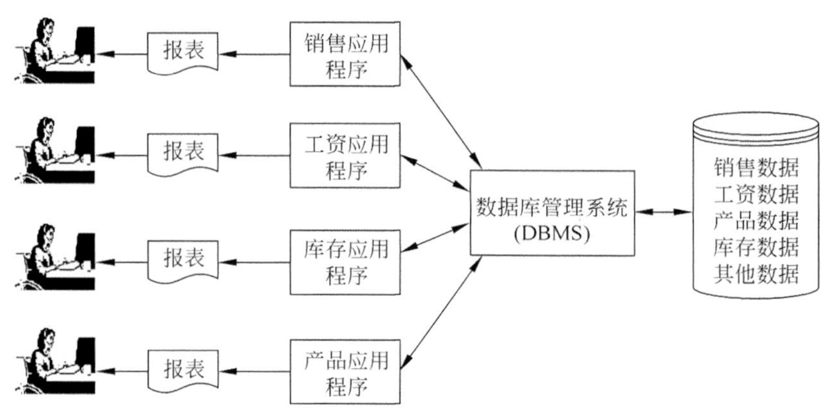

图 2-8　数据库系统的组成

数据库管理员(Database Administrator,DBA)是管理和维护数据库正常运转的专职人员。其职责是维护和管理数据库,使之处于最佳状态。

2. 数据库系统的特点

数据库系统具有如下特点:

- 数据结构化。采用一定的数据模型表示数据结构。数据模型表达了数据及数据之间的相互联系。
- 数据共享。数据库可供多用户共享。共享是数据库系统的目的,也是它的重要特点。一个数据库中的数据,不仅可以为同一企业或组织内部的各部门共享,还可以为不同组织、地区甚至不同国家的用户所共享。
- 可控冗余度,保证了数据的一致性。冗余即重复。数据库系统是为了整个系统的数据共享而建立的,各应用的数据集中存储、共同使用,尽可能地避免了数据的重复存储,减少了数据的冗余。
- 有较高的数据独立性。数据独立性是指应用程序和数据之间相互独立,不受影响。即数据和数据结构的变化不会引起程序的修改,这种特性称为数据独立性。数据库的数据是在不断更新变化的,但由于数据库具有较高的数据独立性,使得应用程序的编写再也不需要考虑数据的描述和存取问题,从而大大减少了应用程序的修改和维护工作。
- 统一的管理和控制。数据库系统通过数据库管理系统对数据库中的数据进行统一管理和控制。这种功能包括安全性控制、完整性控制、并发控制和数据恢复。
- 数据库管理系统作为用户与数据库之间的接口。通过 DBMS,大大简化了用户的操作。用户可以使用查询语言或终端命令操作数据库,也可以用程序方式(用 COBOL、C 一类高级语言和数据库语言编制的程序)操作数据库。
- 对数据的操作不一定以记录为单位,也可以以数据项为单位,增加了系统的灵活性。

3. 数据库管理系统的功能

数据库管理系统是数据库系统的核心。其功能包括:

1）数据库的定义功能

DBMS 提供数据定义语言（Data Definition Language，DDL）定义数据库的三级结构，包括外模式、概念模式、内模式及其相互之间的映像，定义数据的完整性、安全控制等约束。

2）数据库的操纵功能

DBMS 提供数据操纵语言（Data Manipulation Language，DML）实现对数据库中数据的操作。基本的数据操作分成 2 类 4 种：检索（查询）和更新（插入、删除、修改）。

3）数据库的保护功能

数据库中的数据是信息社会的战略资源，对数据的保护是数据库系统的一个重要功能。DBMS 对数据库的保护主要通过以下 4 个方面实现。

- 数据库的恢复。在数据库被破坏或数据不正确时，系统有能力把数据库恢复到正确的状态。
- 数据库的并发控制。数据库技术的一个优点是数据共享，但多个用户同时对同一个数据的操作可能会破坏数据库中数据，或者用户读了不正确的数据。DBMS 的并发控制子系统能防止错误发生，正确处理好多用户、多任务环境下的并发操作。
- 数据库的完整性控制。保证数据库中数据及语义的正确性和有效性，防止任何对数据造成错误的操作。
- 数据库的安全性控制。防止未经授权的用户蓄谋或无意地存取数据库中的数据，以免数据的泄露、更改或破坏。

4）数据库的维护功能

DBMS 还有许多实用程序提供给 DBA 运行数据库系统时使用。这些程序起着数据库维护的功能。主要的实用程序有下面 4 个：

- 数据装载程序。把正文文件或顺序文件中的数据转换成数据库中的格式，并装入到数据库中。
- 备份程序。把磁盘中的数据库完整地转储到磁带上，产生一个备份。在系统发生灾难性故障后，可以把备份的数据库重新装入其他磁盘，供用户使用。
- 文件重组织程序。把数据库中的文件重新组织成其他不同形式的文件，以改善系统性能。
- 性能监控程序。监控用户使用数据库方式是否合乎要求，收集数据库运行的统计数据。DBA 根据这些统计数据，做出判断，决定采取何种重组织方式来改善数据库运行的性能。

其他实用程序还包括文件排序、数据压缩、监控用户访问等。

4. 数据模型

数据库的分类方法有很多种，按数据库的结构数据模型分类，可分为层次型数据库、网状型数据库、关系型数据库、面向对象型数据库。下面主要介绍关系型数据库。

5. 关系型数据库

关系型数据库是当今事务处理型信息系统中最常用也是最有效的一种数据库。关系数据库采用关系数据模型。关系数据模型简称关系模型，它由 3 部分组成：数据结构、关系操作和关系的完整性。

关系的直观解释是“二维表”，在数学上它定义为“笛卡儿积”的子集。

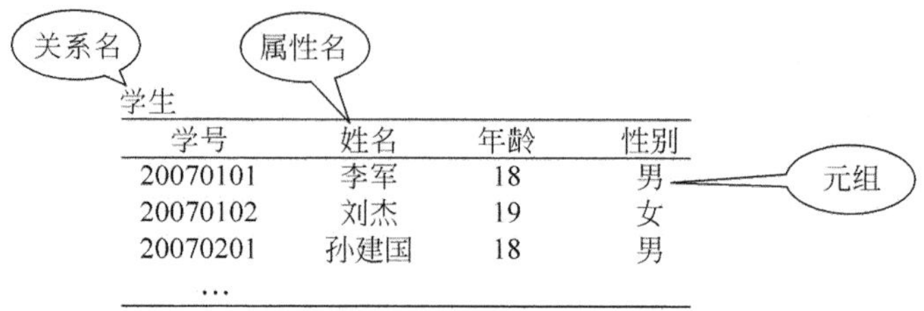

图 2-9 关系模型中的基本概念

关系模型中涉及的基本概念包括(见图 2-9)：

(1) 关系——一个关系对应一张二维表。

(2) 元组——也称记录，表格中的一行，如学生表中的一个学生记录即为一个元组。

(3) 属性——也称字段，表格中的一列，如学生表中有 5 个属性(学号、姓名、性别、年龄、系别)。

(4) 主码(Primary Key,PK)——表中能够唯一地标识一行的、最少的一个或一组属性称为主码。如学生表中学号可以唯一确定一个学生，为学生关系的主码。

(5) 外码(Foreign Key,FK)——在关系数据库中，为了实现表与表之间的联系，将一个表的主码作为数据之间联系的纽带放到另一个表中，这些在另一表中起联系作用的属性称为外码。

(6) 域(Domain)——属性的取值范围，如年龄的域是(14～40)，性别的域是(男、女)。

(7) 关系模式——对关系的描述，一般表示为：关系名(属性 1，属性 2，……，属性 N)，如：学生(学号，姓名，性别，年龄，系别)。

关系必须满足如下性质：

- 关系中每个元组(记录)的分量必须是原子的，即表的每一列都是不可再分的。
- 表中每一列的值只能取自同一个域。
- 表中列的次序可以任意交换。
- 表中行的次序可以任意交换。
- 表中不允许出现完全相同的两行。

关系模型中的 3 类完整性约束规则：

(1) 实体完整性约束规则。

指关系中的主键不允许取空值。因为关系中的每个记录都代表一个实体，而任何实体都是可标识的，如果存在主键值为空，就意味着存在不可标识的实体。

(2) 引用完整性约束规则。

也称为参照完整性规则，是指不能引用不存在的记录。不同关系之间的联系是通过外键实现的，当一个关系通过外键引用另一关系中的记录时，它必须能在引用的关系中找到这个记录，否则无法实现联系。

(3) 用户定义的完整性约束规则。

指对关系模式中的各个数据的数据类型、长度、取值范围等的约束，由用户通过关系

DBMS 提供的数据语言进行统一控制。

关系数据库目前仍是数据库市场的主流产品。关系数据库有两大类型：基于 PC 的数据库和大型数据库。前者的典型产品有 MicroSoft Access、Visual FoxPro 等，后者的典型产品有 Microsoft SQL Server、Oracle、Sybase 等。

6. SQL 语言

SQL(Structured Query Language，结构化查询语言)是操作和检索关系数据库的事实的标准语言。SQL 由 4 部分组成：

(1) 数据定义——SQL DDL。定义基本表、视图和索引。

(2) 数据操纵——SQL DML。包括数据查询和数据更新(增、删、改)。

(3) 数据控制——SQL DCL。包括对基本表和视图的授权、完整性规则的描述、事务控制等。

(4) 嵌入式 SQL 的使用规定。

SQL 语言的主要特点是：

- SQL 语言类似于英语，简洁易用。
- SQL 语言是一种非过程语言，即用户只要提出“做什么”，不必关心“如何做”，即具体的操作过程，也不必了解数据的存取路径，只要指明所需的数据即可。
- SQL 语言是一种面向集合的语言，每个命令的操作对象是一个或多个关系，结果也是一个关系。
- SQL 语言既是自含式语言，又是嵌入式语言。可独立使用，也可嵌入到宿主语言中。自含式语言可以独立使用交互命令，适用于终端用户、应用程序员和 DBA；嵌入式语言使其嵌入在高级语言(如 C、COBOL 等)中使用，供程序员开发应用程序。
- SQL 语言集数据查询、数据定义、数据操纵、数据控制等功能为一体。

7. 数据库设计

数据库设计是指在特定的 DBMS 环境下开发数据库应用系统，并非设计 DBMS 本身。数据库设计所涉及的内容包括结构特性的设计和行为特性的设计两个方面：

(1) 结构特性设计是指数据库总体概念的设计，它是一个反映不同用户数据需求的、实现数据共享的系统。结构特性是静态的。

(2) 行为特性设计是指数据库用户的业务活动。用户的业务活动通常通过应用程序访问和操作数据库，与结构特性有关。

确切地说，数据库设计是指对于一个给定的环境，提供一个确定最优数据模型与处理模式的逻辑设计，以及一个确定数据库存储结构与存取方法的物理设计，建立起既能反映现实世界信息和信息联系，满足用户数据要求和加工要求，又能被某个数据库管理系统所接受，同时能实现系统目标，并有效存取数据的数据库。

数据库设计的基本原则是：

(1) 简单性。即所创建的数据结构应尽可能直观，并且使用户易于理解。因为数据结构越简单，则越容易维护。

(2) 非冗余性。即在数据库中没有重复的属性、记录和文件。因为如果出现冗余，则就可能会产生数据的不一致性，而且也浪费了存储空间。非冗余性是一个很高的目标，要完全消除冗余是不现实的。

8. 数据库设计的步骤

以数据库为基础的信息系统通常称为数据库应用系统，它一般具有信息的采集、组织、加工、抽取和传播等功能。数据库应用系统的开发是一项软件工程，但又有自己的特点，所以称为数据库工程。

把数据库应用系统从开始规划、分析、设计、实现、投入运行后的维护到最后为新的系统取代而停止使用的整个期间称为数据库系统的生存期。对数据库系统生存期的划分，目前尚无统一的标准。一般分为7个阶段，即规划、需求分析、概念设计、逻辑设计、物理设计、实现和运行维护阶段。各阶段的工作如下：

(1) 规划阶段。规划阶段进行建立数据库的必要性及可行性分析，确定数据库系统在组织中和信息系统中的地位，以及各个数据库之间的关系。

(2) 需求分析阶段。需求分析是整个数据库设计过程中比较复杂的一步，也是最重要的一步。该阶段的任务是从数据库设计的角度出发，对现实世界要处理的对象(组织、部门、企业等)进行详细调查，在了解原系统的概况，确定新系统功能的过程中，收集支持系统目标的基础数据及其处理。在分析用户要求时，要确保用户目标的一致性。通过调查，要从中获得每个用户对数据库的信息需求、处理要求、安全性和完整性要求。信息需求是指用户从数据库中获得信息的内容、性质，由信息要求导出数据库要求，即在数据库中存储哪些数据。定义信息需求的主要工具是数据字典(参见第12章)。处理要求是指用户要完成什么处理功能，对某种处理要求的响应时间，处理的方式是批处理还是联机处理。

(3) 概念设计阶段。概念设计是把用户的信息要求统一到一个整体逻辑结构中。概念结构表达用户的要求，且独立于支持数据库的DBMS和硬件结构。通常利用E-R模型进行概念设计。

(4) 逻辑设计阶段。逻辑设计的任务是把概念结构设计阶段设计好的基本E-R模型转换为与选用的具体机器上的DBMS所支持的数据模型相符合的逻辑结构，然后进行规范化，使之符合一定的范式要求。

(5) 物理设计阶段。数据库物理设计的主要内容是确定数据库的存储结构和数据的存放位置。数据的存储结构一般是从DBMS所支持的存储结构中选择一种最合适的来实现，怎样才算合适，以数据的存取时间、存储空间利用率和数据的维护代价来衡量。数据的存放位置一般把经常变动的部分和相对稳定的部分分开，把经常存取的部分和不常存取的部分分开。例如，经常存取或存取时间要求高的记录存放在高速存储器上(如硬盘)，而把不常存取或存取时间要求低的记录存放在低速存储器上(如软盘或磁带)。

(6) 实现阶段。完成数据库的物理设计之后，设计人员就要用DBMS提供的数据定义语言和其他实用程序将数据库逻辑设计和物理设计结果严格描述出来，成为DBMS可以接受的源代码，再经过调试产生目标模式，然后就可以组织数据入库了。

(7) 运行和维护阶段。该阶段主要是收集和记录系统实际运行的数据。数据库运行的记录用来提高用户要求的有效性信息，用来评价数据库系统的性能，更进一步用于对系统的修正。在运行中，必须保持数据库的完整性，必须有效地处理数据故障和进行数据库恢复。

在运行和维护阶段，可能要对数据库结构进行修改或扩充。要充分认识到，只要数据库存在，就要不断进行评价、调整、修改，直至完全重新设计为止。

2.3.4 数据仓库与数据挖掘技术

【应用案例 2-3】

当今市场行情瞬息万变，竞争越来越激烈，企业需要随时把握市场，如果不能紧跟市场需求，那么企业就有可能失败。海尔集团的一条重要原则就是“先有市场，后有工厂”，也就是说，海尔集团每新建一个工厂都要事先对该地区的需求进行细致调研，只有确定有市场需求以后，海尔才肯新建工厂，海尔集团的成功证明了及时把握市场需求的重要性。那么怎样才能准确把握市场需求呢？这就要对市场积累的数据进行分析了。利用 OLAP，用数学方法从大量数据中得到有用的信息，据此信息可做出商业决策。例如，海尔集团根据数据分析，预测到某年 6 月广东地区对单冷变频空调有强烈需求，事实果真如此，海尔集团由于预测准确，在当年的空调销售中抢得了先机。

在日常的销售活动中，海尔每销售一个产品或签订一个销售订单，就会在销售数据库中产生如下的记录：

产品编码	规格型号	单价	数量	折扣	客户编号	……
6901234567	BD-210	2300	1	0.9	4322	
6912344455	BD-175	1500	1	0.95	6787	
……	……	……	……	……	……	……

可以想象，海尔的销售数据库中存放了大量的销售数据，随着时间的推移，这些数据越积越多。但对于高层管理人员来说，他们不需要这些详细数据，他们需要的是不同型号的产品在不同时间、不同地域、不同价格、不同客户群中的销售趋势如何？哪些产品在哪些区域销售得好？不同收入、不同地域的消费者对产品性能需求有什么差异？等等。这些问题的解决，需要对数据库中详细的、大量的业务数据进行重新组织分析。这就是数据仓库技术。数据仓库是信息技术领域和企业界最新最热的流行词汇与概念之一。数据仓库（Data Warehouse）是信息的逻辑集合，这些信息来自于许多不同的业务数据库，用于支持企业的分析活动和决策任务。

1. 数据仓库概述

1）数据仓库将来自于不同数据库的信息结合在一起

数据仓库将企业中各个业务数据中的信息通过汇总与合计结合起来。当人们从各类业务数据库中提取信息来创建数据仓库时，收集的只是那些进行决策所需的信息（见图 2-10）。这种“所需的信息”是用户按照他们对逻辑化的决策信息需求而确定的，所以数据仓库只包含与用户进行决策有关的信息。

2）数据仓库是多维的

在关系数据库模型中，信息是用一系列二维图表来表示的，在数据仓库中却不是这样。大多数数据仓库都是多维度的，即它们包含若干层的行和列。正因为如此，大多数数据仓库

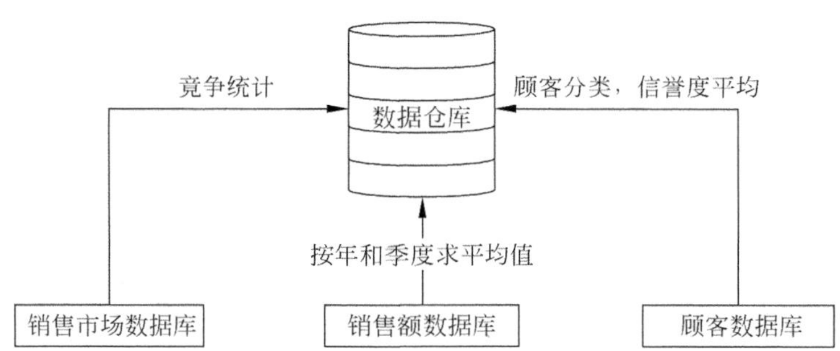

图 2-10　由业务数据转换为数据仓库

是真正的多维数据库(Multidimensional Database)。数据仓库中的层次根据不同的维度来表示信息，这种多维度的信息图表称为超立体结构(Hype Cube)。

数据仓库是一种特殊形式的数据库。而数据库是一个信息的集合，在这个集合中人们能够按照信息的逻辑结构合理地组织信息并进行查询；数据仓库同样也是如此，数据仓库的用户只关心自己所需要的信息，而并不关心数据在哪一行、哪一列和哪一层。数据仓库还有一个数据字典，数据仓库的这个字典除了包括信息的逻辑结构外，还包括两个附加的重要特征，即信息的来源和处理方式。也就是说，数据仓库的数据字典总是追踪信息是由何种方法(总计、计数、平均、标准差等)、从哪个业务数据库中生成的。

3) 数据仓库支持决策而不是事务处理

在企业中，大多数数据库是面向事务对象的。也就是说，大多数数据库都支持联机事务处理(OLTP)，因此可以说，这类数据库是一种事务性数据库。而数据仓库不是面向事务对象的，它们是用来支持企业中各类决策任务的。所以说，数据仓库支持联机分析处理(OLAP)。

数据仓库是面向主题的、集成的、与时间密切相关的、相对稳定的数据集合，其目的是支持管理人员业务分析与决策的制定。

数据仓库是面向主题的。主题(Subject)是指企业或组织的高层实体，如顾客、销售商、产品、活动等。面向主题是与传统数据库面向应用相对应的。传统的操作型系统是面向过程或功能的，如贷款、信誉处理等。因为主题是相对稳定的，而过程则可能处于不断的变化之中，因此，面向主题的数据库设计将产生相对稳定的数据库应用软件产品。

数据仓库是集成的。由于事务型系统是面向过程或功能的，从而导致在不同的应用系统中会出现数据编码的不一致、数据的量度标准不一致等不合理现象。数据仓库很好地解决了以上问题。在数据仓库中，通过集成，数据从命名、量度标准、编码结构以及数据的物理属性等方面均取得了一致。

数据仓库中的数据是与时间密切相关的。数据仓库中的数据代表了事物在很长的时间段内的变化。数据仓库中的数据一旦确定，则通常不再进行更改。

数据仓库是稳定的。在事务型系统中，数据库中的数据经常以记录为单位进行插入、删除和修改等操作。但数据仓库的主要目的是为管理人员的决策提供查询帮助，因此，数据仓库中的数据操作极为简单。通常数据仓库中的数据操作有两种类型：数据的载入和存取，而无须修改。因此数据仓库中的数据是相对稳定的。

数据仓库不是对数据库的替代。数据仓库和操作性数据库在企业的信息环境中承担着不同的任务(高层决策分析和日常操作性处理)，并发挥着不同的作用。用于高层决策的数据仓库需要丰富的数据基础，存储的数据量庞大，同时要使数据仓库真正发挥作用，还要有高层分析工具，因而数据仓库的成本一般比较高。

2. 数据挖掘

数据挖掘是一个处理过程，它利用一种或多种计算机学习技术，从数据库的数据中自动分析并提取知识。数据挖掘的目的是确定数据的趋势和模式。

数据挖掘方法是由人工智能、机器学习的方法发展而来，结合传统的统计分析方法、模糊数学方法以及科学计算可视化技术，以数据库为研究对象，形成了数据挖掘方法和技术。

数据挖掘方法和技术可以分为归纳学习方法、仿生物技术、公式发现、统计分析方法、模糊数学方法和可视化技术 6 大类。

通过数据挖掘能够发现的模式有如下几种类型：

(1) 关联。关联分析的目的是为了挖掘出隐藏在数据间的相互关系。关联分析就是给定一组 Item 和一组记录集合，通过分析记录集合，推导出 Item 之间的相关性。例如，“65%包含 Item A，B 和 C 的记录同时也包含 Item D 和 E”。其中，百分比 65 称为规则“包含 Item A，B 和 C 的记录同时也包含 Item D 和 E”的可信度，而 A、B、C 则称为 D、E 的对立面。

(2) 序列。序列模式分析和关联分析法相似，其目的也是为了挖掘出数据之间的联系，但序列模式分析的侧重点在于分析数据间的前后因果关系。例如，“在购房者中，有 65%的人会在两个星期之内购买电冰箱。”

(3) 分类。假定记录集合和一组标记，所谓标记是指一组具有不同特征的类别。分类分析首先为每一个记录赋予一个标记，即按标记分类记录，然后检查这些标定的记录，描述出这些记录的特征。例如，信用卡公司的数据库中保存着各持卡人的记录，并根据信誉度(标记)，将持卡人分为 3 类：良好、普通、较差。分类分析法检查这些记录，然后给出一个对信誉登记的详细描述：“信誉良好的用户是指那些收入在 25 000 元以上，年龄在 45～55 岁之间，居住在 XYZ 地区附近的人士。”

(4) 聚类。与分类分析法不同，聚类分析法的输入集是一组未标定的记录，即此时输入的记录还没有被分类。其目的是根据一定的规则，合理地划分记录，并用显式或隐式的方法描述不同的类别。

(5) 预测。即利用现有的一组值来预测其未来的值。例如，某种商品销售量的预测。企业可以利用销售部门的销售订单和销售记录进行分析，从而为下一阶段的销售做出预测或调整销售策略。

【应用案例 2-4】

OLAP 是使分析人员、管理人员或执行人员能够从多角度对信息进行快速、一致、交互地存取，从而获得对数据的更深入了解的一类软件技术。OLAP 的目标是满足决策支持或者满足在多维环境下特定的查询和报表需求，它的技术核心是“维”这个概念。

“维”是人们观察客观世界的角度，是一种高层次的类型划分。“维”一般包含着层次关系，这种层次关系有时会相当复杂。通过把一个实体的多项重要的属性定义为多个维

(Dimension),使用户能对不同维上的数据进行比较。因此OLAP也可以说是多维数据分析工具的集合。

OLAP的基本多维分析操作有钻取(Roll Up和Drill Down)、切片(Slice)和切块(Dice)以及旋转(Pivot)、横向钻取(Drill Across)、纵向钻取(Drill Through)等。

钻取是改变维的层次,变换分析的粒度。它包括向上钻取(Roll Up)和向下钻取(Drill Down)。Roll Up是在某一维上将低层次的细节数据概括到高层次的汇总数据,或者减少维数;而Drill Down则相反,它从汇总数据深入到细节数据进行观察或增加新维。

切片和切块是在一部分维上选定值后,关心度量数据在剩余维上的分布。如果剩余的维只有2个,则是切片;如果有3个,则是切块。

旋转是变换维的方向,即在表格中重新安排维的放置(例如行列互换)。

销售分析的维度:按区域、产品、价格、季节、消费者年龄、性别、收入水平、受教育程度等。

销售分析的实用价值:为制定合理的产品计划和促销计划提供依据。

2.4 计算机网络技术

2.4.1 计算机网络的定义

计算机网络是将若干个独立的计算机系统通过传输介质和连接设备相互连接在一起,从而实现资源共享和数据通信的计算机系统。在不同地理位置的计算机网络可通过互联设备和传输介质,在更大的范围内形成互联网,连接在网络上的各台计算机之间可通过数据传递相互交换信息。

应注意4点:

(1) 联接是指硬件和软件两个层次上的连接。

(2) 资源共享包括:硬件、软件和数据的资源共享。

(3) 独立。

(4) 数据通信。

在企业信息化中,计算机网络技术主要解决了数据的传输问题。如果没有网络,计算机孤立工作,无法实现各台计算机之间的信息共享和集成,更无法实现各部门协同工作,这样使计算机的作用大大减少,无法为人们带来工作的高效率和企业无法面对变化的灵活性及适应性。世界著名的海尔集团其企业信息化的过程就是在一个强大的网络(内联网、外联网和互联网)中展开的,它前台一张网——与客户、消费者联系的外联网;后台一个链——连接全球供应商的供应链,靠此快速反应,满足客户个性化的需求,形成了企业的核心竞争力。由此可见,计算机网络技术在企业信息化过程中是多么的重要,它是企业信息化过程中的基础和核心技术。

2.4.2 计算机网络的组成和结构

像任何计算机系统是由硬件和软件组成一样,完整的计算机网络系统是由网络硬件系统和网络软件系统组成的。根据不同应用的需要,网络可能有不同的软、硬件配置。由于对等网规模小、配置简单，后面介绍的内容均以基本服务器网络为模型。

1. 计算机网络的硬件组成

计算机网络硬件系统是由网络服务器、工作站、通信互联设备等基本模块和通信介质组成的。

1）服务器

专用服务器的CPU速度快，内存和硬盘的容量高，较大规模应用系统需要配置多个服务器。小型应用系统也可以把高档微机作为服务器来使用。根据服务器所提供的资源不同，可以把服务器分为文件服务器、打印服务器、应用系统服务器、通信服务器等。

（1）文件服务器。

文件服务器管理用户的文件资源并同时处理多个客户机的访问请求，客户机从服务器下载要访问的文件到本地存储器。文件服务器对网络的性能起着非常重要的作用。文件服务器一般配备高处理速度的一个和多个CPU，高性能、大容量的硬盘及硬盘控制器和充足的RAM等。为了提高网络系统的数据安全性，往往要为文件服务器配置多个硬盘，组成磁盘阵列，甚至在网络中配置备份的文件服务器。

（2）打印服务器。

打印服务器负责处理网络上用户的打印请求。一台或多台普通的打印机和一台运行打印服务程序的计算机相连，并在网络中共享该打印机就成为打印服务器。新推出的专用网络打印机配有内置的网络适配器，可以直接与网络线缆相连成为打印服务器，这样的打印机不必连接到某个计算机的打印端口。

（3）应用系统服务器。

应用系统服务器运行客户机/服务器应用程序的服务器端软件，这样的服务器往往保存大量的信息供用户查询，在客户机上运行客户端程序。客户端程序向应用系统服务器发送查询请求，服务器处理查询请求，只将查询结果返回给客户机。这和文件服务器将整个文件下载到客户机上是完全不同的。

如，WWW中的Web服务器软件也是服务器应用系统，而浏览器是客户端软件。开放数据库连接（Open Database Connectivity，ODBC）驱动程序使得用户可以访问服务器上各种类型的数据库。

（4）通信服务器。

通信服务器负责处理本网络与外网通信，或者通过通信线路处理远程用户对本网络的数据传输。如果利用公共电话网通信，需要安装调制解调器。一个调制解调器服务器可以配置一台或多台调制解调器。

有时为了充分发挥高性能服务器的潜力或节省开支等其他的原因，往往将两种网络服务器合而为一，从而一台计算机执行两种网络服务器功能。例如，将文件服务器连接打印机就同时作为打印服务器使用。

2）工作站

将计算机与网络连接起来就成为网络工作站。有些应用系统需要高性能的专用工作站，如计算机辅助设计需要配置图形工作站。对于一般网络应用系统来说，工作站的配置比较低，因为它们可以访问网络服务器中的共享资源。无盘工作站不带硬盘，这些工作站只能使用网络服务器上的可用磁盘空间。无盘工作站不能自己启动计算机，所以需要配置带有远程启动芯片的网卡。

网络工作站需要运行网络操作系统的客户端软件。Netware网络操作系统支持与IBM兼容的PC工作站（如运行DOS、各种Windows和OS/2的工作站）、Macintosh工作站和UNIX工作站。

Windows NT网络操作系统支持的工作站客户有各种Windows工作站、OS/2工作站、DOS工作站、Novell Netware和Macintosh工作站。

3）网卡

服务器和工作站需要安装网卡。网卡也称为网络适配器，它是计算机和网络缆线之间的物理接口。网卡一方面将发送给其他计算机的数据转变成在网络缆线上传输的信号发送出去，另一方面又从网络缆线接收信号并把信号转换成在计算机内传输的数据。数据在计算机内并行传输，而在网络缆线上传输的信号一般是串行的光信号或电信号。网卡的基本功能是：并行数据和串行信号之间的转换、数据帧的装配与拆装、网络访问控制和数据缓冲等。

（1）总线的类型。

网卡插在计算机的扩展槽中，不同的扩展槽对应计算机的不同总线结构。在微机环境中有4种类型的总线结构，即ISA（工业标准体系结构）、EISA（扩展的工业标准体系结构）、MCA Mier Channel（微通道体系结构）和PCI。根据总线结构可以将网卡分为4类，即ISA网卡、EISA网卡、MCA网卡和PCI网卡。ISA网卡一般为8位或16位网卡，EISA网卡和PCI网卡均为32位网卡。PCI网卡是即插即用的，MS Windows 95/98支持即插即用，所以Windows 95/98中不需用户的参与就可以对PCI网卡进行配置。微通道MCA网卡用于PS/2计算机，和ISA总线不兼容。

（2）网络缆线接头。

常见的网卡具有3种网络缆线接头，即BNC（British Naval Connector）接头、AUI（Attachment Unit Interface）连接单元接口，也称为DIX（Diaital，Intel，Xerox connector）接头和RJ-45插头。BNC接头用于连接细同轴电缆，AUI接头用于连接粗同轴电缆。RJ-45接头用于连接非屏蔽双绞线。RJ-45接头和RJ-11电话接头不一样，RJ-45稍大，包含8路导线，而RJ-11只有4路。

（3）网卡配置。

不同类型网络中的计算机要安装不同类型的网卡，例如，以太网络使用以太网卡，令牌环网络使用令牌环网卡，ARCnet网络使用ARCnet网卡。

在网络通信中通过网卡地址来识别计算机或其他设备的地址。以太网卡和令牌环网卡的地址是由生产厂商设置的，美国电器电子工程师协会（IEEE）为每个网卡生产商分配一段网卡地址，每个网卡生产商为生产的每块网卡设置唯一的地址，这可以确保网络中两个设备不发生地址冲突。ARCnet网卡的地址通过DIP开关进行设置。必须正确地设置同卡的配置，计算机才能正常工作。

4）调制解调器

调制解调器（Modem）是远程的计算机和网络相连所需的设备。在通过电话线相互通信的计算机双方都要连接调制解调器。发送数据的一方将数字信号加载到模拟信号中（这一过程叫调制),接收数据的一方从接收到的模拟信号中分离出数字信号(这一过程叫解调)。通信的两端都具备调制和解调的功能,所以既能发送也能接收数据。

根据调制解调器与计算机连接方式不同,可分为独立式和内置式两种。从机体角度讲,独立式调制解调器与计算机是互相独立的,通过外接线与计算机的串行 COM 端口和电话线相连接。内置式调制解调器被安装在计算机的扩展槽内,不占用 COM 端口。

调制解调器一般连接电话线,国际电讯联盟(ITU)V 90 标准调制解调器的传输速率可达 56Kbps。新研制的线缆调制解调器可以连接同轴电缆。

5) 中继器和集线器

要扩展局域网的规模,就需要用通信线缆连接更远的计算机或设备,但当信号在缆线中传输时会受到干扰,产生衰减。如果信号衰减到一定的程度,信号将不能识别,计算机之间不能通信。必须使信号保持原样继续传播才有意义。

(1) 中继器(Repeater)。

中继器可以物理地再生接收到的信号,再将其发送出去,从而信号可以传输更远的距离。中继器工作于 OSI 模型的物理层,它不转换或过滤任何信息。和中继器连接的网络分支必须使用同样的访问方式。例如,中继器可以连接以 CSMA/CD 方式进行访问的两个网络分支,也可以连接以令牌传输方式进行访问的两个网络分支,但不能在两种访问方式的网络之间互连。

中继器往往配置在不同物理介质端口,例如光纤接口、细同轴电缆接口和双绞线接口等。通过中继器扩展网络后,网络连线的距离也受到限制。这是因为中继器会把接收到的所有信号不加区分地再生并传输,这等于在确保信号可识别的情况下延长缆线的距离。如果缆线中连接了更多的计算机,一方面,信号从缆线的一端传播到另一端需要更多的时间;另一方面,由于各计算机都要共享缆线,每台计算机平均占用传输介质的时间将会变少,从而使网络的性能快速下降。

(2) 集线器。

集线器一般为有源集线器。它需要打开电源才能工作,属于一种特殊的中继器。除了对数据信号进行整形再生外,集线器对网络安装可以提供装拆和集中管理上的方便,是实现星状拓扑局域网中最常用的设备。集线器一般有 8～16 个端口,端口可以和计算机或其他的集线器连接。

6) 网桥、路由器和交换器

(1) 网桥(Bridge)。

网桥也连接网络分支。和中继器不同,网桥工作于 OSI 模型的数据链路层。网桥不仅能再生数据,而且能识别数据的目的节点地址是否属于本网段,如果不属于本网段就将接收的数据发送到其他网段上。

某些网桥不能识别网络传输协议的类型,只能在同构网络中作桥接,通常用于连接那些具有相同结构的网络,如两个 10Base-T 以太网,或者两个令牌环网。而其他网桥可以实现不同类型的局域网连接,如一个 10Base-T 以太网,一个令牌环网。

(2) 路由器(Router)。

路由器工作于 OSI 模型网络层。路由器能识别数据的目的节点地址所在的网络,并能从多条路径中选择最佳的路径发送数据。路由器还能将通信数据包从一种格式转换成另一种格式，所以路由器既可以连接相同类型的网络，也可以连接不同类型的网络。路由器能够建立路由表，路由表列出了到达其他各网段的距离和位置通过路由表，路由器能够计算出达到目的节点的最短路径。路由器功能比网桥强大，有更强的异种网络互联能力。

网桥和路由器可以是内置两个或多个网络适配器的专用设备，也可以是配置了两个或多个网络适配器的计算机。

(3) 交换器(Switch)。

交换器是20世纪90年代出现的新设备。交换这个名词描述了一种设备，该设备可以根据网络信息构造自己的转发表，做出数据包转发决策。交换器通常是指将多协议路由嵌入到了硅片上的设备，称为第2层交换器。第2层交换器是真正的多端口网桥。

第3层交换器是实现路由功能的、基于硬件的设备。它能够根据网络层信息对包含网络目的地址和信息类型的数据进行更好地转发和选择优先权工作，还可以运行某些传统的路由协议，从而解决网络瓶颈问题。用集成电路实现的第3层交换器的运行速度要比路由器快得多。

下一代网络的核心将是新一代的交换机，与路由式或共享型网络相比，使用这类交换机的下一代网络将可以更有效地设计、更高效地运行。

7) 通信介质

通信介质是计算机网络中发送方和接收方之间的物理通路。由于传输过程中不可避免地产生信号衰减或其他的损耗，而且距离越远衰减或耗损就越大。不同的通信介质的传输数据的性能不同。计算机网络通常使用以下几种介质：双绞线、同轴电缆、光导纤维、无线传输介质(包括微波、红外线和激光)、卫星线路。

2. 计算机网络的软件组成

独立的计算机必须有软件才能运行，计算机网络也必须有网络软件系统才能运行。计算机网络的软件系统比单机的软件系统要复杂得多。计算机网络软件系统包括网络操作系统(Network Operating System，NOS)、网络应用服务系统等。

网络操作系统是为计算机网络配置的操作系统。网络中的各台计算机都配置有各自的操作系统，而网络操作系统把它们有机地联系起来。网络操作系统除了具有常规操作系统所应具有的功能外，还应具有以下网络管理功能，即网络通信功能、网络范围内的资源管理功能和网络服务功能等。有的网络操作系统是在计算机单机操作系统的基础上建立起来的，有的网络操作系统把单机操作系统和网络功能结合起来，例如 Windows 95/98，既可作为单机操作系统，也可以用于建立对等网络；再如 Windows NT 可以单机运行，同时又是网络操作系统。

严格地讲，客户机和服务器是针对服务而言的，请求服务的应用系统称为客户，为其他应用提供服务的应用系统或系统软件称为服务器，组成客户机/服务器计算模式。

网络操作系统主要包括3个部分，即网络适配器驱动程序、子网程序和应用协议。

网卡驱动程序介于网络适配器硬件和子网协议之间，起着中间联系作用，网卡驱动程序完成网卡接收和发送数据包的复杂处理过程，它直接对网卡的各种控制、状态寄存器、DMA 和 I/O 端口进行硬件级操作。为网卡选择正确的网卡驱动程序并设置各种参数是建立网络的重要操作之一。通常网络操作系统包含一些常用的网卡驱动程序。另外网卡生产商也会随网卡提供一张软盘，软盘中包含适用于各种网络操作系统的同卡驱动程序。

子网协议是在网络范围内发送应用和系统报文所必需的通信协议。子网协议的选择直接关系到网络操作系统的性能。高速子网协议会加速网络操作系统的处理速度，低速子网协议则相反。例如 Netware 应用的子网协议为 IPX/SPX 协议，用于异种网互连的 TCP/IP 协议，用于 Windows NT 网络的 NetBEUI 协议，NWLink 协议是 Microsoft 公司实现的 IPX/SPX 协议。

应用协议与子网协议进行通信实现网络操作系统的高层服务。例如 Netware 所提供的最重要的应用层协议是 NCP(Netware 内核协议)；Microsoft 公司所提供的应用协议为 SMB。

2.4.3　计算机网络拓扑结构

计算机网络拓扑结构是指计算机网络硬件系统的连接形式。主要的网络拓扑有总线、星状、环状、网状。局域网的结构常指在 OSI 参考模型数据链路层上。行的特定的物理标准，如以太网、令牌环网和 ARCnet 网，这些主要结构类型还可以分出一些子类型，例如以太网可以分为 10Base-Z 以太网、10Bases 以太网和 10Base-T 以太网。

1. 总线网络

把各个计算机或其他设备均接到一条公用的总线上，各个计算机共用这一总线，而在任何两台计算机之间不再有其他连接，这就形成了总线的计算机网络结构。图 2-11 表示了总线网络拓扑。

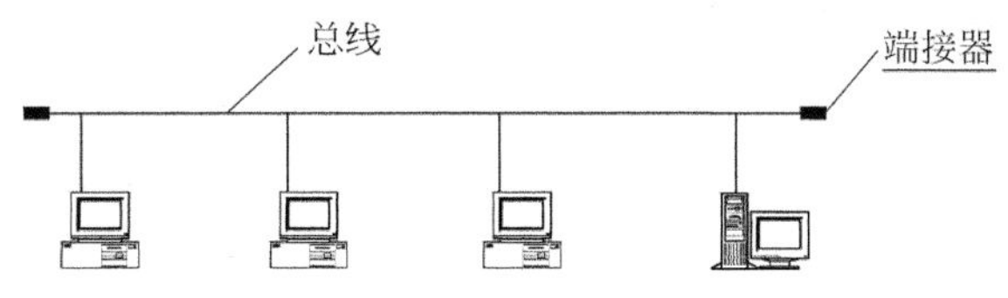

图 2-11　总线网络

总线一般采用同轴电缆，在需要分支的地方，电缆线上配有特制的分支插口，连接模块上也装有相应的分支插头。分支插头和总线 L 的分插口之间的距离有一定的限制，一般要求在几厘米的范围，否则会影响总线的电气性能。

总线上传送的信息，通常以基带形式串行传送，它的传送方向总是从发送信息的节点开始向两端扩散，如同广播电台发射的信息向四周扩散一样，因此，这种结构的网络又称为广播式计算机网络。

在同一时刻，只能有一台计算机发送信息，网络上其他的计算机接收信息，这种接收只是被动地接收，它不负责再生数据并将其往前发送，当总线超过一定的长度后，信号的质量将得不到保证，所以对网络总线的长度都有一定的限制。

如果要延长总线的长度，使其连接更多数量的计算机，则需要增加中继器等设备将信号再生并向前发送。但不能靠中继器无限制地延长总线的长度，由于总线上的计算机要分别地独占总线，当总线上计算机的数量增加后，单台计算机需等待更长的时间才能发送数据，从而使网络的速度变慢，当总线上计算机的数量增加到一定程度，网络将慢得不能用。在总线上，从一台计算机发送的信号会传送过网络上的每一台计算机，并且从总线的一端到达另一端。如果不采取措施，那么信号在到达总线的端点时将产生反射，反射回来的信号，又要传输到总线的另一端，这种情况将阻止其他的计算机发射信号。

为了防止总线端点的反射，设置了端接器，即在总线的两端安装了吸收到达端点信号的元件。这样当一台计算机发送的数据到达目的地之后，其他的计算机就可以占用总线继续发送数据。

如果总线的某个地方断开，那么总线实际上变成了两条缆线。由于在断点处没有端接器，信号将被反射，此时网络将不可使用。如果总线网络中的某台计算机发生故障或者计算机与总线的连接线断开，网络依然可用。

总线网络结构简单、易于安装且价格低廉，是最常用的局域网拓扑结构之一。

总线网络的主要缺点有：如果总线断开，则网络不可用；如果发生故障，则需要检测总线在各计算机处的连接，不易管理；由于总线网络受到信号损耗的影响，总线的长度受限制，设备分布的范围不可能很大。

2. 环状网络

环状网络是将各个计算机与公共的缆线连接，缆线的两端连接起来形成一个封闭的环，数据包在环路上以固定方向流动。环状网络结构如图 2-12 所示。

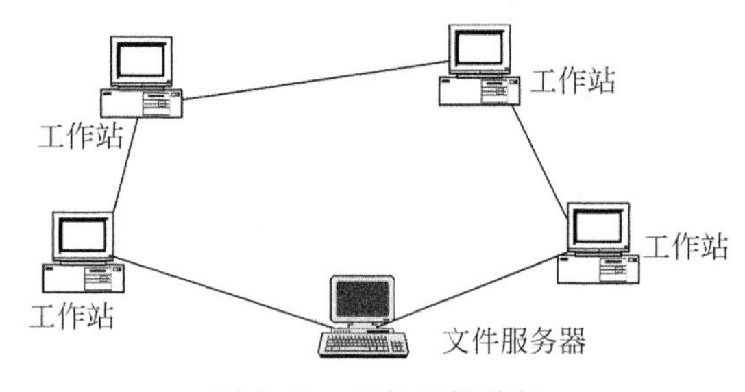

图 2-12　环状网络结构

由于计算机连接成封闭的环路，所以不需要端接器来吸收反射信号。信号沿环路的一个方向进行传播，通过环路上的每一台计算机。每台计算机都接收信号，并且把信号再生放大后再传给下一台计算机。假如环路中的某一计算机发生故障，环状网络将不能正常地传送信息，从而影响到整个网络。

在环状网络中，一般通过令牌来传递数据。令牌依次穿过环路上的每一台计算机。只有获得了令牌的计算机才能发送数据。当一台计算机获得令牌后，就将数据加入到令牌中，并继续往前发送。带有数据的令牌依次穿过环路上的每一台计算机，直到令牌中的目的地址与某个计算机的地址相符合。收到数据的计算机返回一个消息，表明数据已被接收，经过验证后，原来的计算机创建一个新令牌并将其发送到环路上。令牌传送数据的方法也经常用于星状网络，此时，各计算机形成一个逻辑环路。

环状网络中信息流控制比较简单，信息流在环路中沿固定方向单向流动的两个计算机节点之间仅有唯一的通路，故路径选择控制非常简单。所有的计算机都有平等的访问机会，用户多时也有较好的性能。

环状网络也有一些缺点，如环路中一台计算机发生故障会影响到整个网络，重新配置网络时会干扰正常的工作，不便于扩充。

最常见的采用环状拓扑的网络有令牌环网、FDDI（光纤分布式数据接口）和 CDDI（铜线电缆分布式数据接口）网络。

3. 星状网络

这种网络结构由一中心点(如集线器)和计算机连接成网。集线器是网络的中央布线中心,各计算机通过集线器与其他计算机通信,星状网络又称为集中式网络。星状网络如图 2-13 所示。

集线器(Hub)是一种特殊的中继器,它可以把多个网络段连接起来。在星状网络中,如果一台计算机或该机与集线器的连线出现问题,则只影响该计算机的收发数据,网络的其余部分可以正常工作;但如果集线器出现故障,则使整个网络瘫痪。

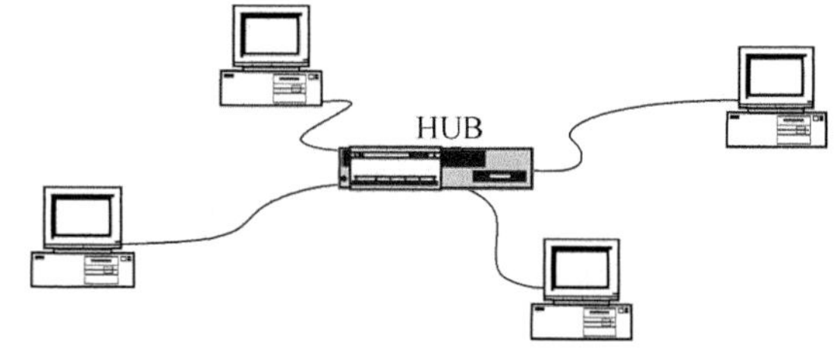

图 2-13　星状网络拓扑结构

星状网络便于管理、结构简单、扩展网络容易,如果想增加或去掉某个计算机,不会影响网络的其余部分,更改容易,也容易检测和隔离故障。

需要强调指出,应注意物理布局与内部控制逻辑网段结构的区别。有的网络用集线器连接组成的拓扑结构,在物理布局上是星状的,但在逻辑上仍是原来的内部控制结构。例如,原来是总线以太网,尽管使用了集线器形成星状布局,在逻辑上网络控制结构仍然是总线网络。自 20 世纪 90 年代开始,以太网 10Base-T 标准的推出及集线器的使用,总线逐步向星状网络拓扑演化。令牌环网在布局时也多采用星状环,即计算机物理上都连到一个中央集线器上,实际内部控制逻辑环位于集线器内,仍然是令牌环网,有时也称为星状环。

常见的物理布局采用星状拓扑的网络有 10Base-T 以太网、100Base-T 以太网、令牌环网、ARCnet 网、FDDI(光纤分布式数据接口)网络、CDDI(铜线电缆分布式数据接口)网络、ATM 网等。

100Base VG(Voice Grade)Any LAN 采用综合星状拓扑,是一种综合了以太网和令牌环网的新结构。所有计算机都分别连到各个级别的集线器上,每个集线器可以连接以太网,也可以连接星状环,如图 2-14 所示,这种结构可以方便地通过增加子集线器来扩充网络。

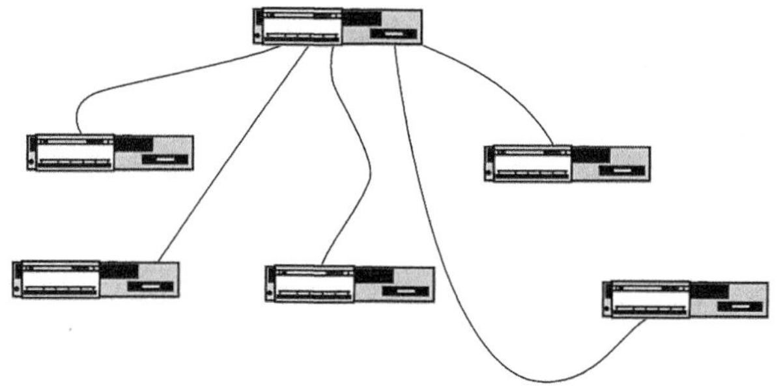
图 2-14　集线器组成星状结构

4. 星状总线

星状总线网络是总线拓扑和星状拓扑的结合体。在星状总线网络中,几个星状拓扑由总线网的干线连接起来,如图 2-15 所示。

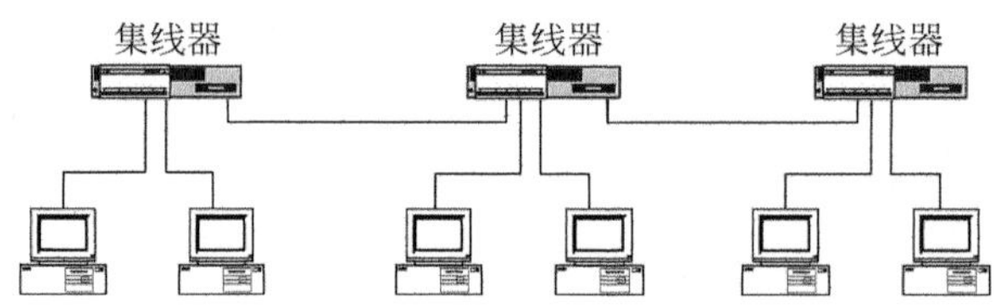

图 2-15 星状总线网络

在星状总线网络中，一台计算机出现故障不影响网络的其他部分，其他计算机依然可以进行通信。如果某个集线器出现故障，所有与该集线器直接连接的计算机都不能使用网络，其他网段的计算机需要通过该集线器进行的通信将受到影响。

5. 网状网络

容错能力最强的网络拓扑是网状拓扑。在这种网络中，网络上的每个计算机(或某些计算机)与其他计算机在3条以上的直接线路连接。

在网状网络中，如果一个计算机或一段线缆发生故障，网络的其他部分依然可以运行。如果一段线缆发生故障，数据可以通过其他的计算机和线路到达目的计算机。

网状拓扑建网费用高、布线困难。通常，网状拓扑只用于大型网络系统和公共通信骨干网，如帧中继网络、ATM 网络或其他数据包交换型网络。这些网络主要强调网络的可靠性。

2.4.4 计算机网络的主要功能

计算机网络具有如下主要功能：

- 信息通信。不同计算机、不同网段、不同服务器可以通过网络进行互相通信，彼此交换信息。
- 资源共享。包括硬件共享、软件共享和数据共享。
- 均衡负载。网络上可将大的处理任务分解成小的处理任务，实现处理任务的均衡分配。

2.5 数据处理技术

信息处理的集中化(Centralized)和分布化(Distributed)问题是信息处理技术中一直在研究的问题。随着计算机和通信技术的发展，分布式数据处理越来越多地应用到组织中的信息处理中。

2.5.1 集中化的信息处理

在集中化处理中，信息存储、控制、管理和处理都集中在一台或几台计算机上，一般都是大型机，放在一个中心数据处理部门。这里集中的含义包括：

集中化的计算机——一台或几台计算机放在一起。

集中化的数据处理——所有的应用都在数据处理中心完成，不管实际企业的地理位置分布如何。

集中化的数据存储——所有的数据以文件或数据库的形式存储在中央设备上，由中央计算机控制和存取。这包括那些被很多部门使用的数据，如存货数据。

集中化的控制——由信息系统管理员集中负责整个系统的正常运行。根据企业规模和重要程度，可以由中层领导管理，也可由企业的副经理层领导。

集中化的技术支持——由统一的技术支持小组提供技术支持。

集中化的信息处理(Centralized Data Processing)便于充分发挥设备和软件的功能，大型的中央处理机构拥有专业化的程序员来满足各部门的需求，便于数据控制和保证数据的安全。

集中化数据处理的典型应用是航空机票订票系统和饭店预定系统。在饭店预定系统中，由单一的中心预定系统维护所有饭店可用的资源，保证最大的占有率。另外，中心预订系统收集和保存了所有客户的详细信息，如客户个人信息、住宿习惯、生活习惯等信息，饭店可以从不同角度分析这些数据来满足客户的需求。例如，美国的假日饭店(Holiday Inn)通过记录客户对房间用品(洗发水、浴液等)的偏好，当客户下次预订房间时，饭店早已为他准备好了他喜欢的用品，从而赢得了大量的顾客。

2.5.2　分布式数据处理

分布式数据处理(Distributed Data Processing，DDP)是指计算机(一般都是小型机或微机)分布在整个企业中。这样分布的目的是从操作方便、经济性或地理因素来更有效地进行数据处理。这种系统由若干台结构独立的计算机组成，能独立承担分配给它的任务，但通过通信线路联结在一起。整个系统根据信息存储和处理的需要，将目标和任务事先按一定的规则和方式分配给各个子系统，各子系统往往都由各自的处理设备来控制和管理，各子系统必要时可以进行信息交换和总体协调。

一个典型的分布式数据处理的例子是风险抵押系统。每一个业务员都有很多客户，对某个客户来说，需要计算安全系数。

随着网络技术的发展和贸易全球化和企业发展全球化，分布式数据处理系统得到了广泛的应用。

2.6　信息提供技术

【应用案例 2-5】

假如你是海尔的一名销售分析师，你的职责是定期或不定期地向上司提供销售分析信息和销售异常情况信息。你可以采用什么方式提供这些报告呢？很多人以为，Excel 报表工具是个不错的选择，你可以为上司提供一张报表，用数据说话；也可以用折线图、饼状图等图表来直观说明销售趋势。但你的上司经常出差，在办公室的机会很少，而他却需要随时掌控企业的销售状况，采取什么手段把上司需要的信息提供给他，让上司随时随地尽在把握？

【应用案例 2-6】

据《北京晚报》2007 年 5 月的一次报道：一个在北京早市卖菜的农民，因在同一时间、同一个路口交通违章 50 余次，被罚款一万余元人民币，这位农民辛苦一年的收入还不足交交通违章罚款。消息一出，很多民众质疑交通管理部门：为什么不及时把违章信息告知机动车司机，是否存在恶意敛取违章罚款的意图？交通管理部门的回答是：所有的交通违章信息都及时地发布在了交通管理局的官方网站上，司机可以随时上网查询，他们已经做到了信息的及时提供。那问题出在什么地方呢？一个卖菜的农民，根本不知道互联网为何物，更不用说上网查询信息了。用这样看似极其先进的手段提供的信息，又有多少作用呢？

信息系统的使用者是各级管理人员，目的是及时满足各级管理人员对信息的需求。而处在不同管理层次上的用户，对信息的精确性、及时性、范围、来源、加工程度等要求都不同，而且不同管理人员的工作习惯也存在较大的差异。同样是与别人沟通，有人喜欢发短信，有人喜欢打电话，还有人喜欢发电子邮件，当然，面对面的交流也是不错的。可见，用什么方式提供什么样的信息，是信息系统发挥作用的关键。

2.6.1 信息用户分析

信息用户就是自觉地、有意识地、有目标地、有目的地利用信息资源，开展社会信息活动的个人或团体。

1. 用户信息行为

用户信息行为是指用户与信息资源之间的交互行为，如查询、录入、修改、打印、订阅、浏览等。这些行为会受下列因素的影响：

(1) 用户的工作条件。

(2) 用户与信息组织之间的关系。

(3) 用户使用信息系统的限制。

(4) 用户工作的特点。

(5) 用户的经验。

(6) 用户掌握的知识。

(7) 用户提交查询的方式。

(8) 信息系统的友好性。

(9) 信息系统的经济效益。

(10) 信息系统提供的功能。

⋮

2. 用户信息心理

用户信息心理是指信息用户在信息的需求、获取、吸收、利用等方面的心理。研究发现，作为一个正常人，用户对信息的需求是不能被切断的，他每天都在自觉不自觉地接受着来自外界的各种信息；同时，正常人必须获得适量的信息，过量的信息也会给接受者带来一定的心理伤害。用户对信息的需求心理促使用户产生“拉”的行为，而用户对过量信息的反感又促使引发了信息传播者有选择地“推”送信息的行为。

信息用户对信息的接受、理解、认知、吸收能力和水平都受到用户心理的影响。一般来说，用户在主动地、有意识地、乐于接受信息时，用户对信息的理解、认知和记忆水平较高，而在用户被动地、无意识地、厌烦接受信息时，用户对信息的理解、认知和记忆水平较低。

信息用户在利用信息资源时倾向于方便、迅速、全面、自由、舒适、权威、新颖、真实等感觉。对于企业管理人员来说，更注重信息的真实性、全面性、及时性、可操作性、新颖性。

2.6.2　推式技术与拉式技术

随着网络的广泛应用，信息推技术与信息拉技术的概念被提了出来。1994 年第一代真正基于 WWW 的搜索引擎诞生，标志着基于网络的信息拉取技术的出现。1996 年底美国的 Point Cast Network 公司提出了一项新的网上信息获取技术——信息推送技术，这种技术可向用户自动发布各种预先定制的信息。

1. 信息拉(Pull)技术

信息拉取技术是指“用户”主动从“信源”处拉取个人所需信息的技术，如图 2-16 所示。这是多数用户获取信息的方式，即用户利用浏览器向网站发出请求，然后把感兴趣的信息“拉”到屏幕上浏览。用户所得到的信息是用户主动拉取的那些信息，并且信源服务器也只是在得到用户主动拉取的请求之后才会发送信息的。

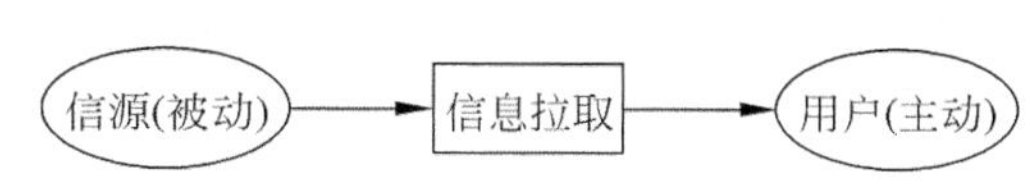

图 2-16　信息拉取模式

网络信息的无序性、分散性给用户的检索带来了诸多不便，因此用户一般都习惯借助于一些辅助工具(如搜索引擎或智能导航等)进行信息拉取工作。实践证明，搜索引擎和智能导航是进行信息拉取的有效辅助手段，所以许多网站已不满足于建立一些大型搜索引擎的链接，而是筹备了自己的拉取服务系统。

信息拉取技术是由“用户”主动从“信源”处拉取所需信息，因此拉取模式具有针对性好、能满足不同用户的个性化要求等优点。尽管如此，拉取技术的缺点仍然非常明显，有以下主要 3 个缺点：

(1) 及时性差。信源中的信息每时每刻都有可能发生变化，用户为能得到最新信息需要时时到信源处拉取，但这种方法不但不能保证最新信息的及时性，而且使用户做了大量无用的重复性工作，浪费了用户的时间和精力。

(2) 对用户要求高。要求用户对信源系统有相应的专业知识，并掌握一定查询技能。

(3) 产生大量的垃圾信息。随着网络信息量的不断增长，搜索引擎数据库也在不断变大。但信息搜集者并不了解用户需要什么样的信息，因此用户查询结果中更多的是垃圾信息，用户还要在结果中进一步过滤、查找，浪费了用户的时间和精力。

2. 信息推(Push)技术

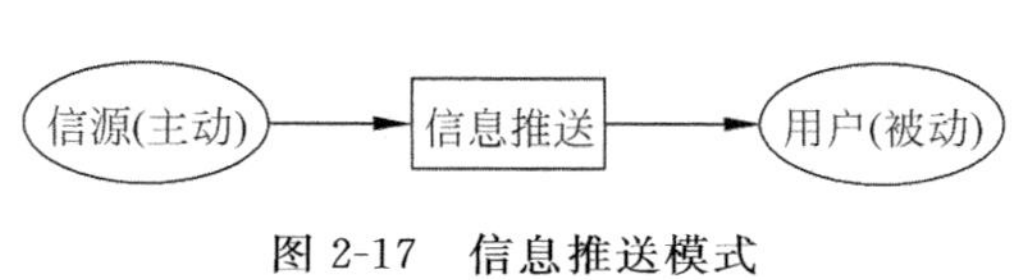

图 2-17　信息推送模式

信息推送技术是指“信源”根据一定的时间间隔或根据发生的事件主动将信息推送给“用户”的技术，如图 2-17 所示。这一技术最初是由 PointCast Network 公司在 1996 年首先提出的。

推送技术采用的是广播的模式，它的特点是不同的用户得到的是相同的信息。通常是网络服务器上装有专门的推送软件（如 PointCast 公司的推送软件 PointCastNetwork），负责制作和推送的信息。而客户端也要安装相应的软件负责信息的接收和显示。当有新信息需要用户查收时，推送软件一般会以发送一封邮件、播放一个声音或在屏幕的一角显示一条提示信息等方式通知用户。

目前，网上信息的推送方式主要有以下几种：

(1) 频道式推送。这是目前最普遍的一种推送方式，用户可以将某些感兴趣的网页设定为浏览器中的一个频道，这样就可以像看电视一样有选择地阅读不同的信息。

(2) 邮件式推送。当"信源"有用户所需信息时，以给用户发一封电子邮件的方式通知用户。

(3) 网页式推送。把用户感兴趣的信息放在特定的网页上等待用户的阅读。

(4) 专用式推送。通过机密的点对点通信方式，将指定的信息发送给专门的用户，但这种方式需要专门的发送和接收软件。

相对于拉取技术而言，推送技术使"信源"由被动变为主动，能够在第一时间内将最新信息主动推送给用户，使用户能够及时收到个人所需信息，而不必定期上网查找。而且，推送技术对用户的要求很低，不要求用户对"信源"有任何了解，也不必具备良好的检索技术就可以及时得到最新信息。其不足之处主要体现在：

(1) 针对性差。推送技术是按照某种规则来推送信息的，对不同的用户推送的可能是同样的信息，不一定符合用户的真正需求，难以实现个性化服务。

(2) 信源负荷大。无论用户对信源发送的信息感不感兴趣，信源都要积极主动的不间断的为用户推送信息。

(3) 容易造成数据风暴问题。信息推送服务的主动权掌握在"信源"的手中，所以一些用户根本不感兴趣，甚至根本就不想阅读的信息仍然被推送，造成了带宽的浪费，加重了网络的传输负荷。

3. 智能信息推拉技术

智能信息推拉技术（见图 2-18）是将信息推技术和拉技术有机结合起来的产物，它能将推技术当中由信息生产者控制信息流向的优点和拉技术中由用户决定和控制信息的查询、获取的优势充分地利用起来，从而有效避免了这两种技术的不足。

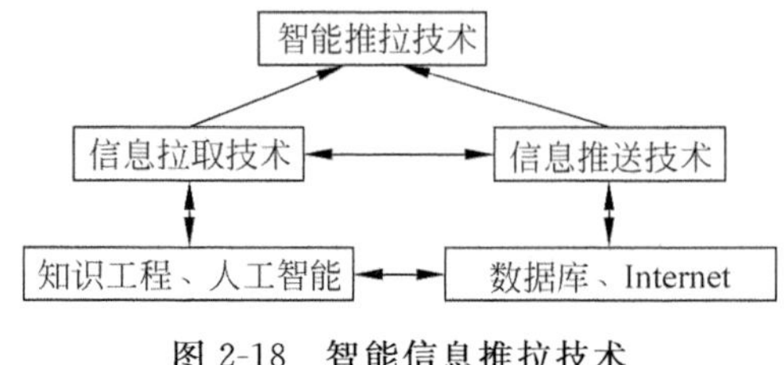

图 2-18 智能信息推拉技术

智能信息推拉技术根据推拉方式的不同，可以分为以下几种：

(1) "先推后拉"式。先由信源推送最新信息，然后用户有针对性地拉取所需的信息。这种方式有利于用户及时了解新情况、新动向，从而再进一步拉取感兴趣的信息。例如，一些商品网站把一些商品信息推送到用户的邮箱，用户如果发现所需信息，就可以登录到网站查看详细内容。

(2) "先拉后推"式。用户先拉取所需信息信源，根据用户的兴趣，再有针对性地推送相关的其他信息。例如一些网站个性化的书籍、频道的订阅等。这种方式更有利于实现信息的个性化服务，先根据用户主动拉取的信息确定该用户的个人需求所在，然后有针对性地推送与该用户需求相关的信息。

(3)“推中有拉”式。信源在信息推送过程中允许用户随时中断、定格在所感兴趣的网页上，并进一步的搜索主动拉取更丰富的信息。

(4)“拉中有推”式。在用户拉取信息的搜索过程中根据用户输入的查询信息，信源主动推送相关信息和最新信息。

4. 推拉技术的应用

1) WAP领域

WAP(Wireless Application Protocol)即无线应用协议的缩写，它由一系列协议组成，用来标准化无线通信设备，可利用WAP手机进行Internet访问，包括收发电子邮件，访问WAP网站(比如，移动梦网：wap.monternet.com)上的页面等。

但WAP手机主要特点是内存小、屏幕小并且无线频带较窄，另外用户对于信息准确性的要求也远胜于对其及时性的要求。因此，向用户提供高准确率的个性化信息服务尤为重要。智能推拉技术可以根据用户主动拉取的信息、浏览路径等进行用户个人需求信息收集、整理、筛选、优化，进而分析、预测用户的需求倾向，针对不同类型的用户提供更具个性的特色信息服务，使不同的用户能随时随地掌握最有价值的网络信息。

2) 电子商务领域

Internet上的商业机会越来越被商家所看好，但随着网上产品的增多，买方寻找自己需要的产品也成了一大难题；而对于卖方来讲，推销产品不但要积极主动而且要有针对性。采用智能推拉技术，买方可以主动预定某种或某类产品信息，不必费心费力的拉取就可以定期或不定期的收到所需产品的最新动态信息；商家也可以跟踪、记录不同用户的兴趣、爱好，分析不同用户的消费能力、购买倾向等，并以此为依据向潜在的用户主动推送某种或某类商品信息。如“书生之家”数字图书馆，可以利用这一技术，将最新的书目信息推送给用户，既可以提高用户的满意程度，又可以提高产品的知名度。

3) 图书信息服务管理领域

图书馆的信息服务是图书馆的一项重要工作。但长期以来传统的图书馆一直提供被动服务，不仅不能满足用户的需求，而且浪费了宝贵的图书资源。随着计算机的普及，文献的数字化、搜索引擎的使用为图书馆的信息服务带来了巨大的转机。采用推拉技术的数字图书馆不但可以通过用户的主动拉取(如利用搜索引擎进行查找)实现图书馆的被动服务，而且还可以主动锁定一批用户，为他们提供主动的个性化服务。这样不仅能够提高信息服务的质量和效率，而且把用户从大量重复性的人工筛选中解放出来。

4) 远程网络教育领域

传统的远程网络教育模式只考虑到学习者时空的差异，而没有充分考虑到个体差异，对不同的学生制定的是同一个学习目标，呈现的是相同的教学内容。这种模式很难体现因材施教的原则，不利于学生充分发挥学习潜力。而智能推拉系统可以扮演远程教师的角色，动态的收集和处理关于学生的学习目标、爱好、学习风格、学习进程、知识掌握情况等信息，以此为据为不同学生制定不同的学习策略和呈现不同的导航信息、课程内容等，最大限度地发挥学生潜力。另外，可以主动推送一些关于学习进程过慢、作业提交日期将至等提示性信息，督促学生的学习。

5）企业管理领域

在一些大型的企业管理中，信息的准确性、及时性是至关重要的。运用智能推拉技术可以使企业中各个部门默契合作，减少人为失误，提高企业效率。如当某种产品的库存量少到一定程度时，仓库管理部门就推送该产品的采购通知到采购部门。而采购部门则依据有关供应商信息把采购需求有选择的推送给某些供货商对象，同时把“通知收到”信息返回给仓库管理部门。如果仓库部门在一定时间内没有收到返回信息，则认为通知丢失，需再次发送，直至收到返回信息为止。这种机制可以确保信息推送成功。而采购部门在等待采购通知的同时，也必须主动拉取库存信息，以便根据市场行情采购某些新产品或热销产品。

6）电子邮件领域

传统的电子邮件系统采用的是信息推送模式，收件人只能被动的接收信件，所以不管是收件人想要的还是不想要的邮件统统被塞进收件人的信箱。而采用智能推拉技术的电子邮件系统可给予收件人更大的自由空间：收件人只收到发件人邮件的指示器，如果收件人想收此邮件，则可根据指示器拉取邮件，如果拒绝接收，则此邮件会一直滞留在发件人的邮箱内。采用推拉技术的新型电子邮件模型的优点是可以减少不必要的网络流量，降低网络负荷，并且惩罚了那些垃圾邮件的发送者。

2.6.3 信息提供的方式

在目前的技术条件下，信息的提供方式可以是以下几种。

1. 报表

报表是为管理者定期提供统计信息的最常用的手段，有日报、周报、月报、季报、年报等，也可以根据业务内容分为财务报表、销售报表、库存报表等。报表的格式一般是相对稳定的，通过预先在系统中设定报表的格式、数据来源、出报表时间，系统会自动制作报表。但报表数据的灵活性、实时性较差。

2. 屏幕查询

通过提供查询接口，管理者可以根据自己的需要设定查询条件，在数据库中查找满足条件的各种信息。这种方式的使用者可以随时随地根据需要获取信息，实时性强、灵活度高，但需要为用户提供一个方便、友好的查询界面。

3. 网站发布

随着 Intranet 的应用，越来越多的企业建立了网站，提供了公共信息发布平台。信息的处理结果可以实时地发布到网站上，用户只需要浏览网站，就可以获取需要的信息。网站不仅是信息发布平台，也是一个交流平台，员工之间、企业与客户、企业与供应商、企业股东等都可以通过网站交流信息。因此网站既是一个信息发布的平台，也是信息获取的平台。

4. 电子邮件

电子邮件系统是使用最方便、用户数量最多的网络通信工具。只要你拥有一个 E-mail

信箱，世界上任何地方的人都可以在任何时间给你的信箱里发邮件（信件），你可以在任何方便的时候打开你的信箱，读取邮件，并根据需要决定是否回复。电子邮件使得处在世界各地的人超越时空的限制，几乎可以同时进行交流。

通过电子邮件发送信息，可以实现信息的个性化推荐。作为信息的提供者，可以根据信息接收者的个性化需求来提供与众不同的信息。

5. 手机短信

【应用案例 2-7】

飞信是中国移动的综合通信服务，即融合语音（IVR）、GPRS、短信等多种通信方式，覆盖三种不同形态（完全实时的语音服务、准实时的文字和小数据量通信服务、非实时的通信服务）的客户通信需求，实现互联网和移动网间的无缝通信服务。

通过飞信可以使用手机和 PC 与对方进行手机语聊、信息交互和发送文件。只要中国移动网络能覆盖到的地方，你就不会失去与好友的联系。你必须是中国移动用户才能成为飞信用户。

使用飞信 PC 版，可以给你最好的使用体验。飞信 PC 版本具有以下主要特点：

(1) 多终端登录永不离线。

飞信全面支持手机和计算机的多端登录以及应用时的任意切换，保证用户的永不离线。实现无缝链接的多端信息接收，让你随时随地都可与好友保持畅快有效的沟通。

(2) 免费短信无限发送。

好友如果不在线，信息将以短信形式自动转发到对方手机上，保证信息即时到达不丢失。从 PC 给飞信好友可以免费无限量发手机短信！快捷群发功能一键 OK！

(3) 语音群聊超低资费。

飞信不受任何限制，能够随时随地与好友沟通交流，还可支持多达 8 人的同时在线会议。不计市话和长途，无论主叫或被叫，8:00 到 18:00 每分钟 0.25 元；18:00 到次日早 8:00 每分钟 0.15 元。

(4) 文件互传共享精彩。

飞信能满足手机和计算机之间更多休闲和商务的多边应用需求，MP3、图片和普通 Office 文件都能随时随地任意传输，工作效率高，快乐齐分享！

(5) 有效防扰安全沟通。

飞信具备防骚扰功能，当被用户授权为好友时，才可与对方进行通话和短信。网络交易、集体派对、网友聚会……不用手机号只留飞信号，随时随地即联即通，安全又方便。

(6) 7×24 客服。

与其他即时通信产品不同，飞信将为您提供 7×24 小时不间断服务，让您享受最贴心的关怀。有什么问题需要帮助？请随时拨打 10086 进行咨询。

对于那些需要经常在外出差的员工来说，将计算机与手机短信无缝连接，可以实时获取业务需要的各种信息。目前，这样的技术已经非常成熟。

6. 网络传输

通过 Extranet，可以在伙伴之间及时提供商务信息，实现供应链上信息的共享。例如由银行代发员工工资。

7. 自助终端

【应用案例 2-8】

"数字北京"是北京面向21世纪重要的城市发展战略，是首都信息化的概述，又是首都信息化的建设目标。随着"数字北京"建设的不断深入及"数字奥运"战略的逐步实施，为广大市民及游客提供信息化、网络化的工作和生活环境，共享统一的信息资源、服务资源，使市民进一步享受到信息化的便利，已成为北京建设国际化大都市的必由之路。

"数字北京信息亭"作为城市公用信息网络服务平台，将为市民提供住、行、购、政务、文化、时尚等日常生活的必要信息以及通过信息亭提供的电子支付服务，充分享受电子商务为生活带来的便利。

"数字北京信息亭"是指设置于公共场所，利用计算机信息网络技术、触摸屏技术、信息查询技术、多媒体技术为社会提供公益信息和增值服务的自助式终端设备。

信息亭通过强大的管理运营后台和完整、封闭的网络体系，将丰富的服务实时、准确、安全的传递给使用者。

"数字北京信息亭"的服务主要包括公益服务和增值服务两大类。已上线的公益服务现主要包括新闻政务信息、网上办公信息查询、公交乘车线路查询等便民内容。后续将增加求职招聘、二手房信息、求医问药、汽车时代等与百姓生活息息相关的各种信息；已上线的增值服务主要包括电影票、演出票等票务销售，神州行手机充值卡等数字卡充值服务以及休闲娱乐的折扣咨询；以后还将增加水、电、煤气等公共事业费的便民缴费以及电子支付、跨行转账等金融服务。

通过自助终端，企业可以把信息的"触角"延伸到可以安放自助终端的任何位置，方便了信息的使用，扩大了信息共享的范围。

本章要点回顾

信息处理包括收集、存储、传输、加工、提供5个环节。每一个环节都有相应的技术手段。信息收集要求及时、准确、完整，信息自动采集技术已广泛应用在各种信息系统中。信息存储要求完整、安全、可靠、使用方便，数据库技术是核心。信息传输要求及时、准确、可靠，计算机网络是主角。数据加工则利用各种数学模型和数学方法。信息的使用者千差万别，需要根据使用者的具体需要提供合适的信息。"最合适的，就是最好的。"

技术的选择要以满足应用的需要为依据，并非最先进的就是最好的。

习　题　2

1. 名词解释

条码、RFID、EPC、数据库、DBMS、数据仓库、数据挖掘、计算机网络、局域网、广域网、Internet、Intranet、Extranet、集中式、分布式

2. 简答题

(1) 简述信息处理的过程。

(2) 简述条码的处理过程。

(3) 试列举出生活中接触到的几种信息自动采集技术。

(4) 简述数据库技术的特点。

(5) 简述关系型数据库管理系统的特点。

(6) 简述 DBMS 的功能。

(7) 简述数据仓库与数据库的区别与联系。

(8) 简述数据挖掘的内容。

(9) 简述集中式和分布式信息处理的优缺点,各自应用在什么场合?

(10) 信息提供的方式有哪些?

(11) 如果你是一个保险业务员,随时在现场为客户服务,你认为用什么方式提供信息更合适?

3. 综合应用题

试以超市购物过程为例,分析在整个信息处理过程中:

(1) 涉及哪些信息处理技术?

(2) 数据的形式发生哪些变化?

(3) 在整个业务处理过程中,业务伙伴之间如何实现信息的共享?

(4) 你认为超市如何利用积累的业务信息,更好地进行商品的营销?

第3章

企业信息系统

【内容概要】

本章主要介绍企业中各种典型的信息系统，如OAS、TPS、MIS、DSS等，重点介绍这些信息系统特点、功能和组成结构以及它们之间的联系与区别。由此可以看到企业信息系统的发展是一个由低层到高层、由内而外、由程式化到智能化、由单机系统到网络系统的过程。

【引导案例】

Sabre系统使美国航空公司获得竞争优势

20世纪70年代中期，为应对航空业激烈的竞争，美国航空公司和联合航空公司各自开发了一套名为Sabre和Apollo的计算机订票系统。系统的应用为两家航空公司带来了极大的竞争优势，使美国航空公司和联合航空公司在20世纪80年代初几乎垄断了所有主要的机票销售渠道，分别占41%和39%的市场份额。在增强公司竞争力的同时，Sabre和Apollo还为航空公司带来了巨额的利润。以Sabre系统为例，系统在为旅客推荐航班时，出现在屏幕上的首先是美国航空公司的航班，仅这一优先程序设置，在航班比较密集的航线上，就可以给公司带来高出平时20%以上的收入。同时，其他航空公司每通过Sabre系统订出一张机票需交纳1.75美元的系统使用费。美国航空公司还向旅行社、宾馆、租车公司等出租系统终端，通过Sabre系统向旅游代理商和大公司的旅游部门提供集成的、一体化的服务，包括订购飞机票、预订旅馆房间、租用各种汽车、提供餐馆及娱乐场所的信息等。此外，美国航空公司还向其他航空公司提供数据处理服务，如货物跟踪、预订、财务、气象分析、旅客安置、航班计划和库存控制等。

在Sabre系统的支持下，美国航空公司开展了一系列的营销活动，其著名的“飞行里程奖励计划”更是为公司带来了空前的“顾客忠诚”，按照“飞行里程奖励计划”，每个旅客一旦乘坐美国航空公司的航班飞行达6万英里，便可免费获得两张经济仓机票，在淡季从美国任何城市往返欧洲。

1985年美国航空公司实现利润3.36亿美元，而其中由Sabre系统带来的利润就占1.43亿美元。显然，在80年代美国航空公司的快速发展进程中，Sabre系统是功不可没的，正如公司总裁Robert Crandall所说，如果一旦公司不得不出卖资产，他将卖出的是航线，而不是Sabre系统。

Sabre由一个计算机订票系统发展到航空业综合信息服务系统，对航空客运服务产生了很大的影响，在一定程度上改变了该行业的竞争环境。其他没有像美国航空公司那样将信息技术作为一种战略工具应用的航空公司，如 People Express 航空公司、New York 航空公司、Frontier 航空公司等，在新的行业竞争环境下承受着巨大的竞争压力，甚至面临生存的危机。

3.1 办公自动化系统

办公自动化(Office Automation，OA)是 20 世纪 70 年代中期发达国家为解决办公业务量急剧增加对企业生产率产生巨大影响问题而发展起来的一门综合性技术。它的基本任务是利用先进的科学技术，使人们借助各种设备解决对一部分办公业务的处理，达到提高生产率、工作效率和质量，方便管理和决策的目的。OA 的知识领域覆盖了行为科学、管理科学、社会学、系统工程学等学科，并且 OA 体现了多学科的相互交叉、相互渗透性，所以 OA 的应用是企业管理现代化的标志之一。由于 OA 的出现，使得传统机关事务型办公业务中的劳动力就业比率结构发生了变化，据美国劳动统计局 1980 年的统计数据，美国四大产业的劳动力比率约为：信息产业占 50%以上、服务业占 30%、工业占 13%、农业占 2%。因此 OA 的应用将会进一步得到发展。

【应用案例 3-1】

AT&T 让员工在家办公

John Coughlin 是美国电话电报公司(AT&T)的会计主管兼顾问。每周他有四天在曼哈顿海滩自己的家中工作。他有时在家办公，有时外出与顾客会面。一周中只有一天到公司的办公室去。

John 只是 AT&T 电话电报公司中正在增加的远程通信工作者中的一员。实际上，在两年时间里，该公司的远程通信工作者已由 5000 人增加到 12 000 人，几乎占公司中美国雇员的 10%。在这些远程通信工作者的家中，公司为他们配置了便携式计算机、打印机、移动电话，另外每人还有两条电话线：一条用于通话和传真，另一条用于与公司内部计算机网络 24 小时不间断的联系。

AT&T 公司的远程办公方案实现了三个目标。第一，公司希望尽可能地刺激会计主管和顾问联系更多的客户。公司允许员工们到办公室以外的任何地方工作，尤其是与顾客面对面地会谈，这一举措为公司清出了一半的办公空间；第二，实现了公司要减少不动产成本开支的目标。第三，通过远程办公室提高了员工的工作效率。公司的许多远程通信工作者都报告他们的工作效率至少提高了 40%。

3.1.1 办公自动化系统概述

1. 办公自动化系统的定义

所谓办公自动化系统(Office Automation Systems，OAS)，是指通过先进技术的应用，将人们的部分办公业务物化于人以外的各种设备，并由这些设备和办公人员共同完成办公业务的人机信息系统。

OA 较少应用管理模型，而强调技术的应用和自动化办公设备的使用。办公自动化还可以形象地理解为，办公人员运用现代科学技术，如通过局域网或远程网络，采用各种媒体形式，管理和传输信息，改变传统办公的面貌，实现无纸办公。

2. 办公自动化系统的发展

办公自动化是将计算机技术、通信技术、系统科学与行为科学应用于传统的数据处理，技术难以处理且量非常大而结构又不明确的那些业务上的一项综合技术。

早期的自动化系统是一个单机应用软件，主要完成汉字输入、字处理、排版编辑、查询检索等操作。随着计算机技术的发展自动化系统逐渐发展成为现代化的网络办公系统，通过联网将单项办公业务系统联成一个办公系统。再通过远程网络将多个系统连接成更大范围的办公自动化系统。建立企业内部网（Intranet）和企业外部网（Extranet）已经成为办公自动化发展的必然趋势。多媒体技术的发展，使得办公自动化系统能够处理语音、图形、图像信息，提高了办公信息处理的应用范围和价值。

3.1.2 OAS 的应用

1. 面向个人通信的应用

传统的通信方式主要是电话、传真、电传。这些方式在费用方面、管理方面存在很多问题。采用 OAS，可以最大程度地用电子邮件方式收发信息，不仅方便了办公、节约了费用，而且记录了业务进程的轨迹，提高了业务监督、管理水平。

2. 面向信息共享的应用

这类应用的功能是收集、整理、发布、检索信息，向不同权限的人发布不同层次的信息。

3. 面向工作流的应用

这类应用主要是用以控制、监督、加速业务进程，使得业务执行者和管理者都能清楚业务的进展，解决业务进程中所出现的阻塞和差错，促进经营业务的正常运行。

4. 面向决策支持的应用

这是信息技术中最高层次的应用，它通过采集、处理、分析前三类应用产生的结果，让企业决策层了解企业的运营状况，预测经营风险，提出决策参考。

3.1.3 OAS 的特点

办公自动化是信息化社会最重要的标志之一，它具有以下特点。

1. 办公自动化是当前国际上飞速发展的一门综合多种技术的新型学科

办公自动化的理论基础是行为科学、管理科学、系统工程学、社会学、人机工程学等，它的技术基础是计算机技术、通信技术、自动化技术等，其中计算机技术、通信技术、系统科学、行为科学是办公自动化的四大支柱或称四大支撑技术。综合起来看，办公自动化是以行为科学为主导，系统科学为理论基础，综合运用计算机技术和通信技术完成各项办公业务。办公自动化不是简单的自动化科学的一个分支，而是一个信息化社会的时代产物，是一门综合的学科技术。

2. 办公自动化是一个人机信息系统

在办公自动化系统中"人"是决定因素，是信息加工的设计者、指导者和成果享用者；而"机"是指办公设备，它是办公自动化的必要条件，是信息加工的工具和手段。信息是办公自动化中被加工的对象，办公自动化综合并充分体现了人、机器和信息三者的关系。

3. 办公自动化将办公信息实现了一体化处理

办公系统把基于不同技术的办公设备通过网络联成一体，将各种形式的信息（文字、语言、数据、图形和图像）组合在一个系统中，使办公室真正具有综合处理这些信息的功能。

4. 办公自动化的目标十分明确，是为了提高办公效率和质量

办公自动化将许多独立的办公职能一体化，并提高自动化程度，从而提高办公效率和质量。OA 的设计思想就是以自动化设备为主要处理手段，依靠先进技术的支持，为用户创造一个良好的自动化的办公环境，以提高工作人员的办公效率和信息处理能力。

3.1.4 OAS 的组成

一个完整的办公自动化系统包括信息采集、信息加工、信息传输、信息保存 4 个基本环节。OAS 的组成包括设备、软件和办公人员等几部分（见图 3-1）。

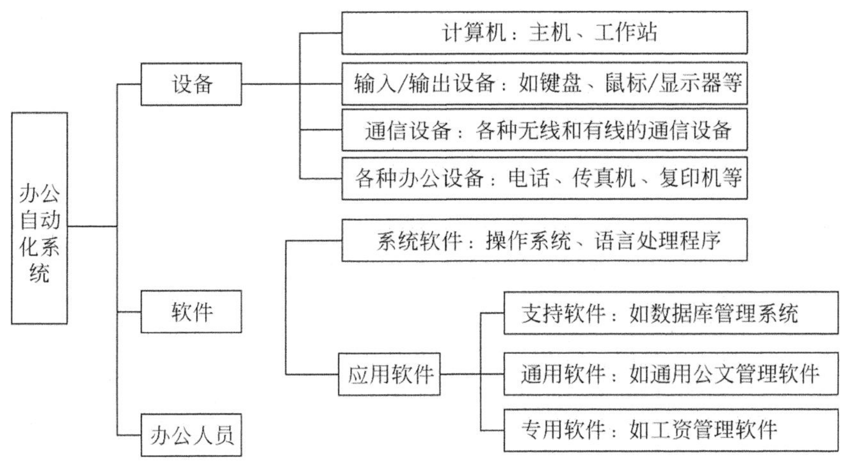

图 3-1　办公自动化系统的组成

3.1.5 OAS的主要功能

办公自动化系统从功能上可以划分为三个层次或者三个子系统，即事务处理、信息管理和决策支持子系统。事务处理是最基础的层次，包括文字处理、个人日程管理、行文管理、邮件处理、人事管理、资源管理，以及其他有关机关行政事务处理等；信息管理是第二层次，它是支持各种办公事务处理活动的办公系统与支持管理控制活动的管理信息系统相结合的办公系统；而决策支持则处于最高层次，它以事务处理和信息管理办公系统的大量数据为基础，同时又以其自有的决策模型为支持，决策层办公系统是上述系统的结合，具有决策或辅助决策功能的最高级系统。这三个层次之间相互依存和相互联系。决策支持依赖于信息管理层提供的信息，信息管理层又依赖于事务处理层对信息的采集、处理和筛选。

OAS的主要功能包括文字处理、语音处理、数据处理、表格处理、图形与图像处理、辅助决策和电子邮件等。

1. 数据处理

办公自动化系统的数据处理的特点是数据量大、数据结构复杂、时间性强。

2. 文字处理

文字处理提供文字输入、编辑、排版、存储、打印及制表功能。最常用的文字处理和表格处理软件是Word、Excel。

3. 语音处理

语音处理是利用计算机对语音信息进行处理的技术，包括语音的输入、识别、合成和存储。

4. 图形与图像处理

图形与图像处理是指利用计算机把图形或图像以数字形式输入，按照一定的要求进行处理后，再把数字输出恢复为图形或图像。

(1) 图形处理功能：可得到醒目的各种彩色统计图，使办公人员认识到各种信息之间的关系。

(2) 图像处理功能：可以输入输出照片、图像，并对它们进行如图像数字化、图像增强、复原、压缩、分割、识别等处理。

5. 网络通信

利用电话网、卫星通信网等进行通信，局域网、广域网、国际互联网都是实现现代办公事务处理所必需的。

6. 决策支持

提供决策支持的模型和方法。

3.1.6 OAS的发展趋势

随着信息技术和企业信息系统的发展,OAS将有如下发展趋势。

1. 与其他业务系统实现无缝集成

有些企业除了建立了OAS系统外,还建设了ERP、SCM、EHR、CRM等系统,这些系统提高了企业的管理水平和生产效率,但同时形成了各自为政的信息孤岛,难以形成整合效应来帮助企业更高效地管理和决策。因此OAS必须与其他业务系统进行无缝集成,使得系统界面统一、账户统一,业务间通过流程进行紧密集成,查阅数据能方便自如,而不必切换到不同系统进行调用。

2. OAS更为智能化

OAS在智能技术支持下,将会更加人性化。它强调易用性、稳定性、开放性;强调人与人沟通、协作的便捷性;强调对于众多信息来源的整合;强调构建可以拓展的管理支撑平台框架,从而改变目前"人去找系统"的现状,实现"系统找人"的全新理念,并且能够根据不同员工的需要进行功能组合,将合适的功能放在合适的位置让合适的员工访问,实现真正的人本管理,从而达到人性化的目的。

3. OAS更为无线化

利用3G移动技术,将现有的OAS系统与互联网有效地衔接,实现了网上办公的无缝衔接。如Google公司推出了网上在线的文档处理软件和电子表格软件,Microsoft Office用户可直接在Office软件中搜索到与其工作相关的网络上的资源,用户可在Office软件中直接撰写自己的博客,并将其发送到网上的博客空间,实现网络办公。

3.2 事务处理系统

3.2.1 定义

事务处理是组织最基本的活动,把信息按照事务组织和处理,实现组织日常事务活动的系统称为事务处理系统(Transaction Processing Systems,TPS),其主要作用是反馈控制。

事务处理系统负责采集、处理事务数据方面的信息系统。事务处理系统的设计主要考虑以下因素:响应时间(Response Time)、吞吐量(Throughput)、准确性(Accuracy)、一致性(Consistency)以及服务(Service)等。订单处理系统是一个典型的事务处理系统。

3.2.2 TPS模型

图3-2是一个典型的事务处理系统模型。该图表明,TPS是一个数据驱动的系统。

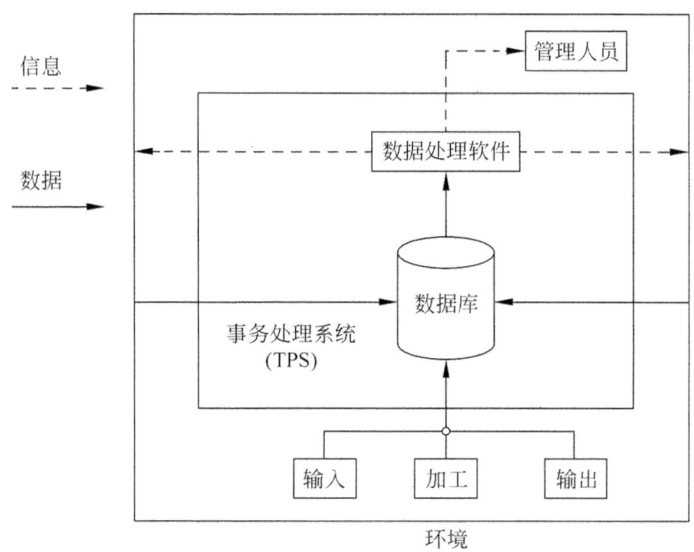

图 3-2 TPS 的模型

3.2.3 TPS 的功能

典型的 TPS 应该具备以下功能：

(1) 数据处理功能。

(2) 数据维护。

(3) 数据查询。

(4) 监控功能。

3.2.4 TPS 的特点

TPS 的特点是：

(1) 产生描述过去业务活动重复性的客观数据。

(2) 系统所产生的信息是详细的、高度结构化的、准确的。

(3) 高效率。

(4) 具有数据编辑、验证功能、安全机制、备份和对处理过程的监控功能。

3.2.5 典型的 TPS

表 3-1 列举了企业中典型的一些事务处理系统。

3.2.6 TPS 与其他系统之间的关系

TPS 是其他信息系统的基础。因为其他信息系统的数据大部分来源于该系统，所以企业在考虑信息系统的建设时，首先应该建设 TPS 的系统。

表 3-1 典型的事务处理系统

销售/市场系统	生产系统	财务/会计系统	人力资源系统	其他类型(如大学)
销售订单处理系统 市场研究系统 定价系统	物料资源规划系统(MRP) 采购订单控制系统 质量控制系统	总分类账目管理 应收/应付账处理系统 预算系统 资金管理系统	工资系统 职员业绩考核系统 利益分配系统 职业生涯系统	学生注册系统 成绩单管理系统 教务管理系统

3.3 管理信息系统

管理信息系统是一个由人和计算机等组成的,能进行管理信息的收集、传递、存储、加工、维护和使用的系统。MIS 能预测企业的各种运行情况,利用过去的数据预测未来,利用信息控制企业行为,帮助企业实现其规划目标。因此,MIS 能把孤立的、零碎的信息变成一个比较完整的、有组织的信息系统,不仅解决了信息存放的冗余问题,而且能够实现信息的共享,大大提高了信息的效能。

【应用案例 3-2】

百安居成功实施管理信息系统

百安居装饰工程有限公司(以下简称"百安居"),在创业之初即借鉴英国总部在全球零售系统所建立的先进的信息化管理系统、重视搭建数据基础平台,积极开展信息化建设;在公司的高速发展过程中,经过不断更新和完善,逐步形成了一套符合国情和公司特点的企业管理信息系统,在信息化建设方面居于行业领先地位。

百安居选择了世界顶尖的 SAP 企业管理软件,并与 IT 业享有盛名的德国诺网集团建立企业信息化建设合作伙伴关系,于 2001 年 12 月 3 日开始采用 ERP-SAPR/3 管理系统和 CALYPSO(POS)系统来管理公司的整个业务,支持整个公司的采购、销售和财务,该项目的总投资额将近 200 多万美元。百安居(中国)成为国内第一家采用 SAP 系统的零售企业。

通过实施 SAP 解决方案,公司的销售、服务和物流仓储(包括促销管理、自动补货、采购计划和配送管理、商品定价等)全面理顺,物流模块与财务管理控制模块完全集成,实现灵活的报表自动生成功能;企业的管理团队可以随时获得关于业务最新的、实时的和全面的信息,进而对业务过程实行了更有效的内部控制,企业整体管理水平和市场竞争力进一步得到提升。

为了满足公司高速发展的需要,根据公司业务特点和管理需要,公司大力投入资金和人力积极建设信息化企业管理体系:

应用电子化设备,搭建信息化基础平台。百安居装潢建立了覆盖全国的、多层次的计算机网络系统,总部人员和分部管理层、设计师、预算员、工程人员、出纳员每人一台计算机,硬件投资已超过 407 万元人民币。实现从业务接单、数码测量、设计预算、合同信息、材料购买、工程进度、竣工时间、决算信息到售后跟踪的全过程信息化管理。

局域网络建设。从公司成立之初,即建立了稳定和安全的企业内部网络系统。员工可以随时通过网站获取系统方面的各种即时支持,查询到人力资源、行政、营运、市场、培训、战略发展等各个方面的最新信息，提交各种申请表格(如订票、维修、申购设备等)，大大提高了工作效率和管理水平。公司还建立了官方网站，用户可以浏览公司各方面咨讯、行业新闻、装修知识讲座，设计师介绍和优秀设计案例等内容，进一步拓宽了公司与顾客双向互动的沟通渠道。

设计集成化系统。百安居自主研发了具有公司特色的《百安居装潢装饰设计图集》系统。该系统精选100多套百安居优秀设计师的设计图纸、效果图、实景照片等资料；单击“公司简介”、“收费标准”和“业务流程”，顾客即可获取相关信息；接待人员根据客户需要，可通过“设计风格”、“房型”、“造价”等选项方便地从系统中提取相关图库及造价信息供顾客选择。该系统为设计师、预算员提供了设计和预算参照，可大大提高服务质量和工作效率。

工程信息管理系统。百安居分布在全国的各个分部都与总部信息联网，所有的工程信息、材料购买、工程进度追踪、退货原因、供应商信息、产品价格、投诉处理等，均能够通过SAP系统及时反馈、汇总到总部，构成统一的数据平台，为企业的生产、经营、管理、决策提供充分、可靠的依据。

发展电子商务。在2003年11月8日百安居正式开通网上订单业务。顾客足不出户就可以清楚地了解到百安居的业务操作流程、提交网上订单、完成样板房参观预约。通过在线服务，公司减少中间环节，为顾客提供更加先进、便捷的服务平台，也进一步扩展了销售渠道，为以后的电子商务积累着宝贵的运作经验。

百安居充分利用信息技术，提高了公司的运营和管理水平，增强了公司的综合实力，使其在同行业中具有较强的竞争优势。

3.3.1 MIS的定义和特点

MIS是在20世纪70年代初提出的一个概念，目前人们对MIS的认识仍未统一。主要有以下两种观点。

1. 广义的MIS

比较典型的一个广义定义是美国明尼苏达大学的Gordon B. Davis所给出的，他认为MIS是一个面向整个组织系统的大系统。它是从系统的观点出发，对整个组织的信息进行全面的管理。它实际上是一个组织功能(如财务、人力资源、生产、销售等)的支持系统。因此，广义的MIS是一种概念，一种方向，而不是一个具体的单一系统。

说得更具体一些，MIS通过规划、开发、管理等信息处理活动和运用信息技术(IT)工具，帮助人们完成所有与信息处理和管理有关的工作。也就是说，所有与信息处理和管理有关的信息系统都属于MIS的范畴。

2. 狭义的MIS

MIS是一个利用现代化定量管理技术和方法(如运筹学等)和计算机技术(数据通信技术，数据库技术等)支持中层管理人员(即管理控制层)解决结构化问题的计算机信息系统。

由于管理控制层所面临的结构化问题大都是通过周期性的、预制的报表来解决的，因此，狭义的MIS也可以说是一个将数据库中的数据加以综合处理，向管理控制层人员提供周期性的、预制报表的信息系统。

MIS 有时也称为管理报警系统(Management Alerting Systems),这是因为其主要功能是提醒管理人员问题或机会的存在,但是 MIS 所产生的报表很少能够说明问题或机会存在的原因是什么。尽管如此,在许多情况下,管理人员还是可以根据报表所提供的信息对存在的问题或机会采取适当的行动,无须做更多的分析(原因是 MIS 所解决的问题都是结构化问题)。

MIS 负责向中层管理人员提供事先定义好的、具有固定格式的业务报表的信息系统。这些报表有详细报表、摘要报表、例外报表以及比较性报表等。如物料需求计划(Material Requirement Planning,MRP)就是一个典型的管理信息系统。MIS 在设计时主要考虑数据的分析和数据库的设计。

综上所述,可为管理信息系统作如下定义:管理信息系统是一个以人为主导、利用计算机硬件、软件、网络通信设备以及其他办公设备,进行信息的收集传输、加工、储存、更新和维护,以企业战略竞优、提高效益和效率为目的,支持企业高层决策、中层控制、基层运作的集成化的人机系统。

3. 管理信息系统概念图

图 3-3 给出了管理信息系统的概念图。

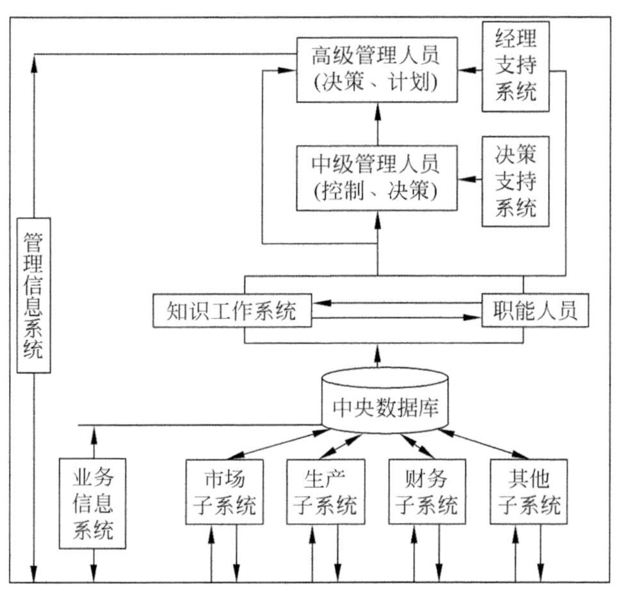

图 3-3 管理信息系统概念图

4. MIS 的特点

从管理信息系统的定义及概念图,可以看出 MIS 具有如下特点:

- MIS 是一个人机系统。
- MIS 是一个一体化或集成系统。
- 具有统一规划的数据库。

- 运用数学模型分析数据，辅助决策。
- 概念是不断发展的，在某些时候，某些组织，只用了管理信息系统的一部分，即子系统的概念。

3.3.2 MIS的基本任务和功能

1. MIS的基本任务

- 对企业或部门的内部数据和与企业相关的外部数据的收集和传输。
- 对整个企业的数据进行分散或集中的存储和管理。
- 按业务需求对数据进行加工和整理。
- 对数据和信息的有效利用并尽可能用于决策支持。

2. MIS的基本功能

- 信息采集功能。监测企业运行情况，实时掌握企业运行动态。
- 信息分析功能。辅助企业管理，维持企业的正常有效运行。
- 对企业的关键部门或关键生产环节进行重点监控，包括财务监控、库存监控等。
- 收集市场信息，跟踪产品质量，深化顾客服务。
- 支持企业决策，减少经营管理中的失误。
- 控制企业行为，帮助企业实现预定目标。
- 预测企业未来，及时调整企业经营方向。
- 转变企业传统经营方式，实现网上增值服务，开拓新的经营模式。

3.3.3 MIS的结构

MIS的结构是指MIS的组成及其各组成部分之间的联系。一般可以从三个不同的角度认识MIS的结构。

1. 基于职能的功能结构

一个组织的MIS可以根据管理功能的不同划分为纵向的子系统，如图3-4所示。主要的子系统有：

- 库存管理子系统。功能包括对库存的控制、库存台账的管理、订货计划的制定和仓库自身管理等。
- 生产管理子系统。功能包括物料需求计划（MRP）的制定、生产计划的安排、生产调度和日常生产数据的管理分析等。
- 人事管理子系统。功能包括人员的档案管理、人员考勤情况管理、人员各种保险基金的管理和人员培训计划的制定等。
- 财务管理子系统。功能包括财务账目管理、生产经营成本管理、财务状况分析和财务计划的制定等。

- 销售管理子系统。功能包括销售计划的制定、销售状况分析、顾客信息的管理和销售合同的管理等。
- 决策支持子系统。功能包括企业经营战略的制定、企业资源的分配等。

功能子系统的划分因企业的生产经营特点不同而存在差异,上面的六个功能子系统一般企业都具有,对每一个子系统还可以进行更细层次的划分。

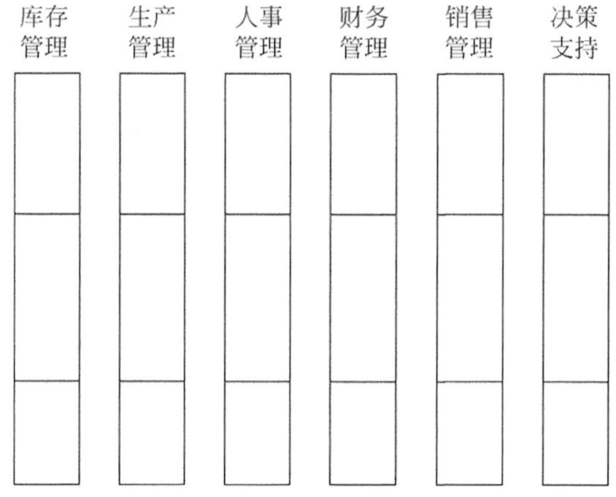

图 3-4 基于职能的功能结构

2. 基于管理层次的层次结构

- 战略计划子系统。战略计划是企业的长远计划,属于非结构化决策问题。
- 管理控制子系统。管理控制是企业的中期计划,属于半结构化决策问题。
- 执行控制子系统。保证有效地完成具体任务或操作,属于结构化决策。

3. 综合结构

MIS 的综合结构如图 3-5 所示。

- 横向综合:把同一管理层次的各种职能综合在一起。使各层的处理一体化。如按物料把采购、进货、库存控制综合到一个系统。
- 纵向综合:把不同层次的管理业务按职能综合起来,如各部门和总公司的各级财务系统可以综合起来,构成综合财务子系统。

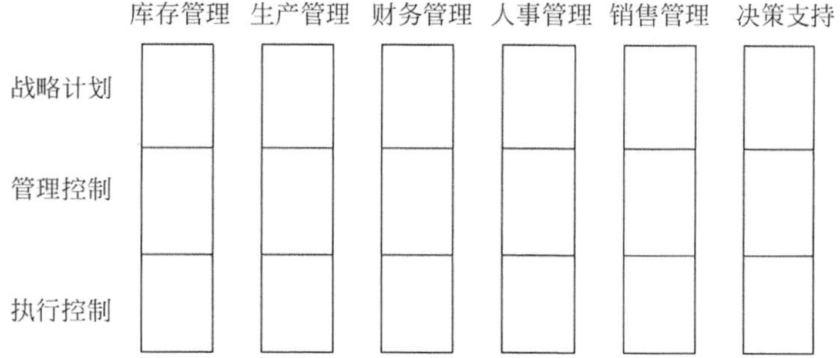

图 3-5 MIS 的综合结构

- 纵横综合：形成一个完全一体化的系统结构。

3.3.4 MIS 的研究对象

1. 信息用户需求研究

信息用户的需求是管理信息系统存在和发展的前提条件，探索和总结出与信息用户之间进行沟通和交流的有效方式方法，形成科学的、具有指导意义的理论体系。

2. 管理信息系统自身研究

从管理信息系统处理对象和处理方法的角度，研究管理信息系统的概念、框架、结构及具体方法和技术。

3. 管理信息系统开发方法研究

从管理信息系统研制和开发角度研究认识客观事物和管理信息系统开发的规律，研究系统分析和设计的理论、方法及其开发工具等。

4. 管理信息系统评价研究

从管理信息系统的评价、管理的角度研究管理信息系统的评价指标和方法、研究管理信息系统的日常管理和监理审计制度、管理信息系统的品质评价体系、管理信息系统经济学以及管理信息系统在组织和在社会中的地位、作用、影响等。

3.3.5 MIS 面临的挑战

1. 管理信息系统面临的社会挑战

随着人类社会信息化的不断推进，信息技术和管理信息系统的发展极大地促进了生产、经营，促进了管理，提高了效率和质量，但同时也向我们提出了许多根本性的问题：

- 如何深刻地认识管理信息系统不仅是一个技术系统，而且同时又是一个社会系统。
- 如何提高科学管理水平，为信息系统的实用创造有利的条件。
- 如何用信息技术来促进组织管理。
- 如何提高组织的文化，培养新一代的工作人员，使之适应新技术应用和企业转型的挑战。
- 政府部门如何促进信息系统的应用和发展。

2. 管理信息系统也面临着技术方面的挑战

- 跨平台运行问题。
- 支持多种应用系统数据交换问题。
- 高可靠性和安全性问题。
- 具有可扩展的业务框架和标准的对外接口问题。能够适应管理思想的发展、用户需求的变化和多样性，便于二次开发。

3.4　决策支持系统和专家系统

【应用案例 3-3】

Land's End 公司的市场细分决策支持系统

Land's End 是一家销售服装及各类家用器具的邮购公司，在公司的客户数据库中存有 2000 多万个客户的记录。为了让邮寄的商品目录内容与相应的客户相匹配，公司细分出了 20 多个不同的目标市场。这样，目标市场中的客户将收到他们可能想要购买的商品目录。与公司向 2000 万名客户邮寄全部商品目录相比，公司节省了大量的费用。

为了预测顾客需求并进行准确的市场细分，Land's End 公司需要连续检测顾客的购买趋势，并精确地预测销售水平。为此，公司的 DSS 系统完成如下三项任务：

（1）数据管理。DSS 中保存了客户和产品的信息。除公司内部信息外，还包括外部信息，如人口信息、行业信息和流行趋势信息等。

（2）模型管理。Land's End 公司的 DSS 采用回归分析模型确定顾客购买模式；用预测模型预测消费水平。

（3）用户界面管理。公司的决策者们通过用户界面存取信息，并指定决策所需的分析模型。

3.4.1　决策支持系统概述

1. 决策支持系统的产生与发展

决策支持系统（Decision Support System，DSS）最早是由 Michael Scott Morton 和 Thomas Gerrity 于 1970 年提出的。1978 年，Peter Keen 和 Michael Scott Morton 发表了《决策支持系统：一个组织的远景》一文后，DSS 引起了学术界的关注，这标志着利用计算机与信息支持决策的研究与应用进入了一个新的阶段，并形成了决策支持系统新学科。

20 世纪 70 年代是初级决策支持系统阶段，这一发展阶段研究开发出了许多较有代表性的 DSS。20 世纪 70 年代末，DSS 大都由模型库、数据库及人机交互系统三个部分组成。

20 世纪 80 年代初，DSS 增加了知识库与方法库，构成了三库系统或四库系统。20 世纪 80 年代后期，人工神经元网络及机器学习等技术的研究与应用为知识的学习与获取开辟了新的途径。专家系统与 DSS 相结合，充分利用专家系统定性分析与 DSS 定量分析的优点，形成了智能决策支持系统 IDSS。它在用户决策问题的输入、决策问题的描述、决策过程的推理，问题解的求取与输出等方面都有了显著的改进，提高了 DSS 支持非结构化决策问题的能力。

近年来，DSS 与计算机网络技术结合构成了新型的能供异地决策者共同参与进行决策的群体决策支持系统——GDSS。它克服时间空间局限，支持多个群体的成员完成同一项任务并为一个共享的环境提供用户界面，使多位决策者交互协作求解。在 GDSS 的基础上，为了支持范围更广的群体，包括个人与组织共同参与大规模复杂决策，人们又将分布式的数据库、模型库与知识库等决策资源有机地集成，构建分布式决策支持系统 DDSS。为了适用面更广泛，综合各种方法与工具形成了智能型、交互型与集成型决策支持系统 I^3DSS，它面向决策者、面向决策过程。

2. DSS 的定义

美国夏威夷大学的 Ralph H. Sprague 教授在 1980 年发表的《决策支持系统开发的基本框架》一文中，为 DSS 下的定义是：DSS 是指能够利用数据和模型来帮助决策者解决非结构化问题的高度灵活的、人机交互式的计算机信息系统。其目的是支持解决非结构化的决策问题，进一步提高决策的效果。利用 DSS 可以进行各种数据分析，如 What-if Analysis、回归分析等。

从 DSS 的概念可以看出，DSS 是一个分析型处理系统；DSS 的目标是在人的分析与判断能力的基础上借助计算机与科学方法支持决策者对半结构化和非结构化问题进行有序的决策，以获得尽可能令人满意的客观的解决方案。DSS 目标要通过所提供的功能来实现，不同结构的 DSS，其功能也不相同。

3. DSS 的功能

DSS 的目标就是在人的分析与判断能力的基础上借助计算机与科学方法支持决策者对半结构化和非结构化问题进行有序的决策，以获得尽可能令人满意的客观的解决方案。DSS 目标要通过所提供的功能来实现，不同结构的 DSS，其功能也不相同。

总体来说，DSS 的功能是支持各种层次的人们进行决策（注意是支持或辅助而不是代替）。具体来说：

- 提供决策所需要的内源数据，如订单要求、库存状况、生产能力与财务报表等。
- 提供决策所需要的外源数据，如政策法规、经济统计、市场行情、同行动态与科技进展等。
- 提供与决策有关的各项活动的反馈信息，如订单或合同执行进程、物料供应计划落实情况、生产计划完成情况等。
- 存储和管理各种决策模型，如定价模型、库存控制模型与生产调度模型等。
- 提供各种数学方法、统计方法和运筹学方法，如回归分析法、线性规划、最短路径算法等。
- 具有对数据、模型、方法进行管理的功能（查找、修改、删除、增加）。
- 利用模型和方法对数据进行加工、汇总、分析和预测，得出综合信息与预测信息。
- 具有人机对话接口和图形加工、输出功能。
- 支持分布式使用方式。

3.4.2 DSS 的特点

DSS 的特点可归纳如下：

- 解决了面向高层管理人员经常面临的结构化程度不高、说明不够充分的问题。
- 把模型或分析技术与传统的数据存取技术及检索技术结合起来，所以 DSS 一般具有较高的分析数据的能力。
- 易于使用，特别适合于非计算机专业人员以交互方式使用。

- 强调对环境及用户决策方法改变的灵活性及适应性。
- 支持但不是代替高层决策者制定决策。

3.4.3 DSS 的结构

DSS 系统结构有两大类：一类是以数据库、模型库、方法库、知识库及对话管理等子系统为基本部件构成的多库系统结构；另一类是以自然语言、问题处理、知识库等子系统为基本部件构成的系统结构，如图 3-6 所示。在多库系统结构中又分为两库(数据库和模型库)系统结构、三库(数据库、模型库和方法库)系统结构和四库(数据库、模型库、方法库和知识库)系统结构。

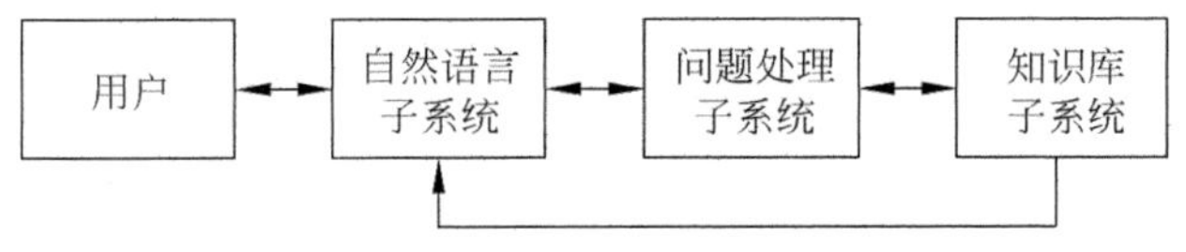

图 3-6 基于知识的 DSS 结构

现以四库系统结构为例介绍 DSS 的系统结构，如图 3-7 所示。

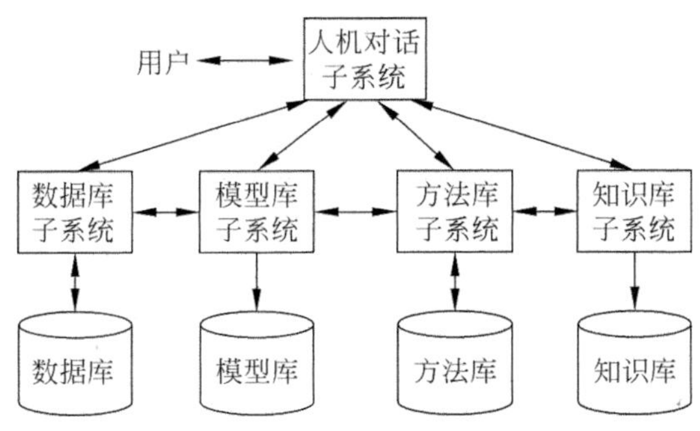

图 3-7 DSS 的系统结构

1. 人机对话子系统

人机对话子系统是 DSS 的人机接口，负责接收和检验用户的请求，协调数据库系统和模型库系统之间的通信，为决策者提供信息收集、问题识别、模型构造、使用、改进、分析和计算功能。利用对话子系统的交互功能，决策者能够依据个人经验，主动通过决策支持系统提供的各种功能，反复学习、分析、再学习，探索各种决策方案。

2. 数据库子系统

数据库子系统是 DSS 最基本的、不可或缺的部件，它主要由数据库、数据库管理系统(DBMS)、数据字典、数据析取模块和数据查询模块组成。其中 DSS 中所用的数据库与 MIS 中的数据库有很大的不同。一般来讲，DSS 的数据库系统中的数据是从 MIS 数据库系统中的详细数据经过加工、综合而成的，而且还包括大量的外源数据。DSS 中的 DBMS 功能上来讲也与 MIS 中的有所不同。MIS 由于是面向中层管理人员的，故 MIS 的 DBMS 主要用于信息服务和日常事务处理，所以对数据的组织、查询、检索、统计等功能要求很高，此外，还要求 DBMS 提供制表、绘图、显示等功能。而 DSS 要求 DBMS 具有很强的数据预处理和数据分析的能力。

数据字典用于描述与维护各数据项的属性、来龙去脉及相互关系。它也可被看成是数据库的一部分。数据析取模块负责从源数据库提取能用于决策支持的数据，析取过程也是对源数据进行加工的过程，是选择、浓缩与转换数据的过程。数据分析能力的强弱是标志 DSS 是否成功的主要指标之一。近几年来，数据仓库技术、联机事务分析以及数据挖掘技术引起了业界和用户的普遍关注，其中的一个主要原因就是这些技术都更加重视和强调 DSS 的数据分析功能。数据查询模块用来解释来自人机对话及模型库等子系统的数据请求，通过查阅数据字典确定如何满足这些请求，并详细阐述向 DBMS 的数据请求，最后将结果返回对话子系统或直接用于模型的构建与计算。

3. 模型库子系统

模型库子系统是传统 DSS 的三大主要部件之一，DSS 是模型驱动的。它主要由模型库和模型库管理系统组成，其主要功能为：

- 模型库与模型字典的定义、建立、存储、查询、修改、删除、插入以及重构等。
- 模型的选择、建立、拼接和组合，提供根据用户命令将简单的子模型构造成复杂模型的手段。
- 模型的运行控制。从调用者获取输入参数，传递给模型并使模型运行，最后把输出参数返回调用者，一个模型可能被另一个模型调用(甚至嵌套调用多层)，或被对话命令直接调用，系统必须提供灵活而方便的控制手段。
- 数据库接口的转换。

4. 方法库系统

方法库系统是以程序方式管理和维护各种决策常用的方法和算法的系统。方法库子系统由方法库与方法库管理系统组成，方法库中的方法一般用程序方式存储，存储的方法程序有排序算法、分类算法、最小生成树算法、最短路径算法、计划评审技术、线性规划、整数规划、动态规划、各种统计算法、各种组合算法等。

5. 知识库子系统

知识库子系统是有关规则、因果关系及经验等知识的获取、解释、表示、推理及管理与维护的系统。知识库子系统由知识库、知识库管理系统和推理机组成。

知识库中存储的是那些既不能用数据表示，又不能用模型方法描述的专家知识和经验，即决策专家的决策知识和经验知识，同时也包括一些特定问题领域的专门知识。知识库包含事实库和规则库。

知识库管理系统的主要功能是：回答对知识库知识的增、删、改等知识维护的请求，回答决策过程中问题分析与判断所需知识的请求。

推理是指从已知事实推出新事实的过程。推理机是一组程序，它针对用户问题去处理知识库。

3.4.4 DSS 的工作过程

典型的 DSS 工作过程分为如下几个步骤：

(1) 用户提出问题，通过人机对话子系统交给 DSS 系统处理。

(2) 选择或建立合适的决策模型。

(3) 从 DSS 数据库中提取模型加工所需要的数据。

(4) 通过模型对数据进行分析、加工。

(5) 将模型处理的结果通过人机对话子系统反馈给用户。

(6) 用户选择决策方案。

注意，在上述前 5 个步骤中，并不是一种简单的顺序关系，可能需要根据每种方案的效果反复多次选取不同的模型对数据进行加工处理。

3.4.5 TPS、MIS 和 DSS 的比较

MIS 是 DSS 的基础。MIS 能收集和存储大量数据，DSS 可以充分利用这些数据。MIS 通过反馈信息，可以对 DSS 的工作结果进行检验和评价。DSS 能够对 MIS 的工作进行检查和审核，为 MIS 的更加完善提供改进的依据。DSS 中所解决的问题可以逐步结构化，从而纳入 MIS 的工作范围。

TPS、MIS 和 DSS 之间的区别参见表 3-2。

表 3-2 TPS、MIS 和 DSS 之间的区别

信息系统 / 特点	TPS	MIS	DSS
目的	反馈控制	服务于管理(前馈、反馈)	支持决策
解决的问题	高度结构化问题	结构化问题	半结构化、非结构化
面向的人员	操作层	管理控制层	战略规划层
研制方法	系统开发生命周期	系统开发生命周期	快速原型法
系统结构	流水线式	流水线式	工具箱式
解决问题的方法	自动化	无人干预，计算机为主	决策者为主
组件	事务型数据库	数据库、模型库	数据仓库、模型库、人机接口
性能评价	吞吐量		响应时间
对数据的加工	浅		深
侧重点	作业：实现作业层业务处理的自动化	管理：提供日常业务管理所需要的信息	决策：提供决策所需要的信息
信息需求的范围	体现作业层的信息需求	体现系统的全局和总体信息需求	体现决策者的信息需求
驱动模式	数据驱动	数据驱动	模型驱动
信息管理方式	信息的集中管理	信息的集中管理	信息的分散利用

3.4.6 专家系统

1. 定义

专家系统(Expert System,ES)是利用计算机技术、人工智能及其他理论,将某个特定领域内专家的知识或推理过程在计算机上实现,并用来解决过去需要专家才能解决的现实问题的计算机系统。

2. 专家系统的构成

从结构组成的角度看,专家系统是由存放专门领域知识的知识库、一个能选择和运用知识的推理机制组成的计算机系统。

知识库中包括系统问题求解的专门技术,推理机是一个计算机程序,它把知识库的问题求解知识应用于已知事实中。

3. 专家系统的特征

专家系统一般具有如下特征:

1) 具有专家水平的专门知识

在专家系统中存储着专家水平的专门知识,这使得专家系统能成功地解决领域内的各种问题,并且在解题质量、速度和动用启发式规则的能力方面具有本领域专家的水平。

2) 符号处理

专家系统使用符号准确地表示领域有关的知识,并且对其进行各种处理和推理。

3) 一般问题的求解能力

各种专家系统应具备一种公共的智能行为,能进行一般的逻辑推理、目标搜索和常识处理等工作。而且专家系统常采用试探性方式进行处理,以使问题求解更加符合实际情况。

4) 复杂度和难度

专家系统存储的是领域知识,知识面一般很窄,但必须具有一定的复杂度和难度。

5) 具有解释功能

专家系统具有解释机制,它运用知识库中被求解过程使用过的知识和各种中间结果,回答用户关于求解结果的提问。

6) 具有获取知识的能力

专家系统提供一种手段,使领域专家能不断地给系统增加知识,使知识库越来越丰富;另外,专家系统自身具有自学能力,可以从系统的运行过程中不断总结经验,抽取新知识,更换旧知识,自动地使知识库中的知识不断完善、丰富和更新。

7) 知识与推理机构互相独立

专家系统使知识与推理机构互相独立,以使系统具有良好的可扩充性和维护性。

4. 专家系统的分类

专家系统可以按照不同的方法进行分类。

按应用领域，专家系统可分为医疗、勘探、石油、生物、教育等专家系统；按知识表示技术，专家系统可分为基于逻辑的专家系统、基于规则的专家系统、基于语义网的专家系统等；按推理控制策略，专家系统可分为正向推理专家系统、反向推理专家系统等。

5. 专家系统的优点及局限性

专家系统的优点是：知识的永久性，能够方便地获取专家知识，知识库中的知识可以传播和复制，专家系统往往比一个实际的专家费用低得多。

专家系统的局限性：不能自觉地学习新规则，不能表现出常识，不可能真正代替人类专家。

3.5 CAD、CAM、CIMS

【应用案例 3-4】

广船国际 CAD/CAM 系统

广船国际为华南地区最大的现代综合性造船企业，产品包括船舶、集装箱、钢结构、压力容器、机械工程等，每年产值达 20 余亿，效益位于同行业之前列。随着经营形势的不断发展，年造船能力的不断提高，对设计、制造提出了更高的要求。为了有效地缩短船舶设计建造周期和提高产品质量，有必要利用现代高科技来更新现有设计建造方式。为此，公司决定建立广船国际船舶 CAD/CAM 系统工程(GSI-CAD/CAM)，并将其作为广船国际 CIMS(GSI-SCIMS)的先行项目来实施。GSI-CAD/CAM 系统的硬件平台采用美国 DEC 公司 ALPHA 机型，支撑软件采用瑞典 KCS 公司的 TRIBON 系统。TRIBON 系统是一套用于辅助船舶设计与建造的计算机软件集成系统，也是一个较先进和实用的专家系统。广船国际以此为平台，开发出了具有广船国际特色的 CAD/CAM 系统。

GSI-CAD/CAM 系统由四大子系统构成：

(1) 船体设计子系统。船体设计子系统由船舶初步设计、线型光顺、船体建模、船体放样四个模块组成，包括从初步设计、性能计算开始到线型光顺、船体结构建模、零件生成、套料，最后生成切割指令。能计算各零件的重量、重心及面积，并可以进行干涉检查，能准确地检查零件之间是否有碰撞。

(2) 舱室布置设计子系统。舱室布置系统主要是以计算机为工具，辅助专业人员进行舱室布置设计，并能统计各零件的数量，计算零件的重量、重心，实现计算机绘制各种布置图、安装图、制作图以及打印各种明细表清单、材料统计清单。

(3) 管子设计子系统。管子设计系统包括管子原理图设计与绘制、管子建模、生产信息生成与输出等主要模块。管子原理图设计与绘制模块主要通过人机交互方式来绘制管子原理图，该模块提供了许多专业绘图工具，能大大地提高绘图的效率。不但能输出管子原理图、管子制作图、管子安装图，而且能提供数据清单，如阀件清单、管子材料清单等。

(4) 电缆设计子系统。电缆设计子系统可分为电缆原理图设计和电缆放样两大模块。原理图设计类似管子原理图设计，通过人机交互的方式来设计，系统能输出电缆原理图及有关清单。电缆放样是在三维图形环境中进行的，提供了相关的船体分段、管子以及其他专业设备的调入、电气设备及其支架布置、构成电缆路径、托架和贯通、检查电缆路径的连接情况、电缆敷设、检查电缆路径等功能。

通过使用GSI-CAD/CAM系统，广船国际公司成功地设计制造了多艘万吨级船舶产品，并取得显著的经济效益。主要体现如下：

(1) 通过应用该系统，在船舶产品设计中，各专业(船体、机装、电装)的设计周期有了不同程度的缩短，最快的船体设计阶段可以缩短一个月的周期，大大缩短了资金的周转周期和零部件的库存周期，因此而提高了公司的市场竞争力。

(2) 通过应用该系统，设计图纸质量有了大幅度的改进，大大减少了因图纸质量造成的材料浪费，产品质量也因此得以改进。

(3) 通过应用该系统，广船国际公司建立起了一整套船舶编码体系和庞大的标准部件数据库，使设计更趋标准化、规范化。在应用过程中，还培养了一批懂计算机和专业的技术人才，技术积累本身就是一笔财富。

(4) 系统的应用给公司整体设计水平的提高提供了基础。

由此可见，GSI-CAD/CAM系统还取得了广泛的间接效益。

3.5.1 CAD

计算机辅助设计与制造(CAD/CAM)技术是近年来工程技术领域发展最迅速、最引人注目的一项高级技术，它已成为工业生产现代化的重要标志。它对加速工程和产品的开发、缩短产品设计制造周期、提高产品质量、降低成本、增强企业市场竞争能力与创新能力发挥着重要作用。它的应用及发展正引起一场产品工程设计与制造深刻的技术革命，并对产品结构、产业结构、企业结构、管理结构、生产方式以及人才知识结构方面带来巨大影响。

1. CAD定义

计算机辅助设计(Computer Aided Design，CAD)就是利用计算机及其图形设备帮助设计人员进行设计。在工程和产品设计中，计算机可以帮助设计人员担负计算、信息存储和制图等项工作。在设计中通常要用计算机对不同方案进行大量的计算、分析和比较，以决定最优方案；各种设计信息，不论是数字的、文字的或图形的，都能存放在计算机的内存或外存里，并能快速地检索；设计人员通常用草图开始设计，将草图变为工作图的繁重工作可以交给计算机完成；由计算机自动产生的设计结果，可以快速作出图形显示出来，使设计人员及时对设计作出判断和修改；利用计算机可以进行与图形的编辑、放大、缩小、平移和旋转等有关的图形数据加工工作。CAD能够减轻设计人员的劳动，缩短设计周期和提高设计质量。

2. CAD的发展

20世纪50年代在美国诞生第一台计算机绘图系统，开始出现具有简单绘图输出功能的被动式的计算机辅助设计技术。20世纪60年代初期出现了CAD的曲面片技术，中期推出商品化的计算机绘图设备。20世纪70年代，完整的CAD系统开始形成，后期出现了能产生逼真图形的光栅扫描显示器，推出了手动游标、图形输入板等多种形式的图形输入设备，促进了CAD技术的发展。20世纪80年代，随着强有力的超大规模集成电路制成的微处理器和存储器件的出现，工程工作站问世，CAD技术在中小型企业逐步普及。20世纪80年代中期以来，CAD技术向标准化、集成化、智能化方向发展。一些标准的图形接口软件和图形功能相继推出，为CAD技术的推广、软件的移植和数据共享起了重要的促进作用；系统构造由过去的单一功能变成综合功能，出现了计算机辅助设计与辅助制造连成一体的计算机集成制造系统；固化技术、网络技术、多处理机和并行处理技术在CAD中的应用，极大地提高了CAD系统的性能；人工智能和专家系统技术引入CAD，出现了智能CAD技术，使CAD系统的问题求解能力大为增强，设计过程更趋自动化。现在，CAD已在电子和电气、科学研究、机械设计、软件开发、机器人、服装业、出版业、工厂自动化、土木建筑、地质、计算机艺术等各个领域得到广泛应用。

3. CAD系统的功能

现代CAD系统的功能包括：

- 设计组件重用。
- 简易的设计修改和版本控制功能。
- 设计的标准组件的自动产生。
- 设计是否满足要求和实际规则的检验
- 无须建立物理原型的设计模拟。
- 装配件(零件或者其他装配件)的自动设计。
- 工程文档的输出，例如制造图纸、材料明细表。
- 设计到生产设备的直接输出。
- 到快速原型或快速制造工业原型的机器的直接输出。

4. 基本技术

主要包括交互技术、图形变换技术、曲面造型和实体造型技术等。

在计算机辅助设计中，交互技术是必不可少的。交互式CAD系统是指用户在使用计算机系统进行设计时，人和机器可以及时地交换信息的系统。应用交互式系统，人们可以边构思、边打样、边修改，随时可从图形终端屏幕上看到每一步操作的显示结果，非常直观。

图形变换的主要功能是把用户坐标系和图形输出设备的坐标系联系起来，对图形进行平移、旋转、缩放、透视变换，通过矩阵运算来实现图形变换。

计算机设计自动化是计算机自身的CAD旨在实现计算机自身设计和研制过程的自动化或半自动化。其研究内容包括功能设计自动化和组装设计自动化，涉及计算机硬件描述语言、系统级模拟、自动逻辑综合、逻辑模拟、微程序设计自动化、自动逻辑划分、自动布局布线，以及相应的交互图形系统和工程数据库系统。集成电路CAD有时也列入计算机设计自动化的范畴。

5. CAD技术的发展趋势

随着科技的飞速发展，CAD技术正向集成化、网络化、智能化、标准化、可视化等方向发展。

1）标准化

CAD软件一般应集成在一个异构的工作平台之上，只有依靠标准化技术才能解决CAD系统支持异构跨平台的环境问题。目前，除了CAD支撑软件逐步实现ISO标准和工业标准外，面向应用的标准零部件库、标准化设计方法已成为CAD系统中的必备内容，且向合理化工程设计的应用方向发展。

2）开放性

CAD系统目前广泛建立在开放式操作系统Windows 95/98/2000/NT和UNIX平台上，为最终用户提供二次开发环境，甚至这类环境可开发其内核源码，使用户可定制自己的CAD系统。

3）集成化

CAD技术的集成化将体现在3个层次上：其一是广义CAD功能，CAD、CAE、CAPP、CAM、CAQ、PDM、ERP经过多种集成形式，成为企业一体化解决方案。新产品设计能力与现代企业管理能力的集成，将成为企业信息化的重点；其二是将CAD技术采用的算法，甚至功能模块或系统，做成专用芯片，以提高CAD系统的使用效率；其三是CAD基于计算机网络环境实现异地、异构系统在企业间的集成。应运而生的虚拟设计、虚拟制造、虚拟企业就是该集成层次上的应用。例如，在美国通用汽车公司的生产过程，大量的零部件生产、装配都通过"虚拟工厂"、"动态企业联盟"的方式完成，本企业只负责产品总体设计和生产少数零部件，并最终完成产品的装配。

4）智能化

智能CAD是CAD发展的必然方向。智能CAD不仅是简单地将现有的智能技术与CAD技术相结合，更重要的是深入研究人类设计的思维模型，最终用信息技术来表达和模拟它，才会产生高效的CAD系统，并为人工智能领域提供新的理论和方法。CAD的这一发展趋势将对信息科学的发展产生深刻的影响。

3.5.2 CAM

1. CAM的定义

计算机辅助制造(Computer Aided Manufacturing，CAM)有狭义和广义的两个概念。CAM的狭义概念指的是从产品设计到加工制造之间的一切生产准备活动，它包括CAPP(计算机辅助工艺规划)、NC(传统的数控机床)编程、工时定额的计算、生产计划的制订、资源需求计划的制订等。这是最初CAM系统的狭义概念。到今天，CAM的狭义概念甚至更进一步缩小为NC编程的同义词。CAPP已被作为一个专门的子系统，而工时定额的计算、生产计划的制订、资源需求计划的制订则划分给MRP Ⅱ/ERP系统来完成。CAM的广义概念所包括的内容则多得多，除了上述CAM狭义定义所包含的所有内容外，它还包括制造活动中与物流有关的所有过程(加工、装配、检验、存储、输送)的监视、控制和管理。

2. CAM的组成

计算机辅助制造系统由硬件和软件组成：硬件方面有数控机床、加工中心、输送装置、装卸装置、存储装置、检测装置、计算机等；软件方面有数据库、计算机辅助工艺过程设计、计算机辅助数控程序编制、计算机辅助工装设计、计算机辅助作业计划编制与调度、计算机辅助质量控制等。CAM 的核心是计算机数值控制(简称数控)。

数控机床加工是一个工序自动化的加工过程，加工中心是实现零件部分或全部机械加工过程自动化。1952 年美国麻省理工学院首先研制成数控铣床。数控的特征是由编码在穿孔纸带上的程序指令来控制机床。此后发展了一系列的数控机床，包括称为“加工中心”的多功能机床，能从刀库中自动换刀和自动转换工作位置，能连续完成锐、钻、饺、攻丝等多道工序，这些都是通过程序指令控制运作的，只要改变程序指令就可改变加工过程，数控的这种加工灵活性称之为“柔性”。加工程序的编制不但需要相当多的人工，而且容易出错，最早的 CAM 便是计算机辅助加工零件编程工作。麻省理工学院于 1950 年研究开发数控机床的加工零件编程语言 APT，它是类似 FORTRAN 的高级语言。增强了几何定义、刀具运动等语句，应用 APT 使编写程序变得简单。这种计算机辅助编程是批处理的。

所谓数控编程是根据来自 CAD 的零件几何信息和来自 CAPP 的零件工艺信息自动或在人工干预下生成数控代码的过程。常用的数控代码有 ISO(国际标准化组织)和 EIA(美国电子工业协会)两种系统。其中 ISO 代码是 7 位补偶代码，即第 8 位为补偶位；而 EIA 代码是 6 位补奇码，即第 5 列为补奇位。补偶和补奇的目的是为了便于检验纸带阅读机的读错信息。一般的数控程序是由程序字组成，而程序字则是用英文字母代表的地址码和地址码后的数字和符号组成。每个程序都代表着一个特殊功能，如 G00 表示点位控制，G33 表示等螺距螺纹切削，M05 表示主轴停转等。一般情况下，一条数控加工指令是若干个程序字组成的，如 N012G00G49X070Y055T21 中的 N012 表示第 12 条指令，G00 表示点位控制，G49 表示刀补准备功能，X070 和 Y055 表示 X 和 Y 的坐标值，T21 表示刀具编号指令。整个指令的意义是：快速运动到点(70,55)，一号刀取 2 号拨盘上刀补值。

数控编程的方式一般有 4 种：手工编程、数控语言编程、CAD/CAM 系统编程和自动编程。

3. CAM 系统的功能

CAM 系统一般具有数据转换和过程自动化两方面的功能。CAM 所涉及的范围包括计算机数控、计算机辅助过程设计。

数控除了在机床应用以外，还广泛地用于其他各种设备的控制，如冲压机、火焰或等离子弧切割、激光束加工、自动绘图仪、焊接机、装配机、检查机、自动编织机、计算机绣花和服装裁剪等。

数控系统是机床的控制部分，它根据输入的零件图纸信息、工艺过程和工艺参数，按照人机交互的方式生成数控加工程序，然后通过电脉冲数，再经伺服驱动系统带动机床部件作相应的运动。

传统的数控机床(NC)上，零件的加工信息是存储在数控纸带上的，通过光电阅读机读取数控纸带上的信息，实现机床的加工控制。后来发展到计算机数控(CNC)，功能得到很大的提高，可以将一次加工的所有信息一次性读入计算机内存，从而避免了频繁启动阅读机。更先进的 CNC 机床甚至可以去掉光电阅读机，直接在计算机上编程，或者直接接收来自 CAPP 的信息，实现自动编程。后一种 CNC 机床是计算机集成制造系统的基础设备。

现代 CNC 系统常具有以下功能：多坐标轴联动控制，刀具位置补偿，系统故障诊断，在线编程，加工、编程并行作业，加工仿真，刀具管理和监控，在线检测。

3.5.3 CIMS

【应用案例 3-5】

北京第一机床厂应用 CIMS 提高企业竞争力

北京第一机床厂(BYJC)是我国最大的机床制造厂之一，产品遍布全国各地区，并远销世界 50 多个国家和地区。为了在信息化社会中提高企业参与市场竞争的能力，企业十分重视信息化建设，实施 CIMS 工程是企业信息化的具体形式。

对 CIMS 工程的需求有如下几个具体方面：

- 缩短产品开发周期。按用户特殊要求，尽快让新产品上市，对设计、工艺、采购、制造的并行交叉作业提出更高的要求。
- 提高和巩固产品质量。质量是企业的生命线，创名牌产品首要的是产品质量要好。
- 降低成本。降低产品成本是企业参与市场竞争的一个重大问题。加强物流和资金流的一体化管理，对生产资金的占用情况及时进行分析和控制。
- 提高用户服务水平。随着市场竞争的激烈，如何及时满足客户的个性要求是占领市场的关键。

CIMS 工程目标是：

- 数控机床产品实现产业化。在 CIMS 工程支持下，通过目标产品的研制，掌握加工中心产品中的关键共性技术、单元技术、加工制造检测技术、装配调试技术。
- 制造过程重组，建立精益的生产方式。效益是企业的生命，在计算机辅助与通信技术的支持下，适应敏捷制造的发展，强调组织的简化与人的集成，应用精益生产方式简化生产机构与生产过程，减少非生产性费用，简化协作关系，强调人的作用，强调一体化与灵活应变能力。
- 重组产品工艺过程。应用 GT(Group Technology)对产品进行结构分析、重组工艺过程，建立加工中心系列产品及配套零件的专业化生产，集中完成基础件加工与产品的装配，按相似分类原则实现零件的专业化生产与专业化社会协作，做好成本控制。
- 建立精益生产下的质量保证体系。结合 ISO 9000 质量保证体系，实行零件无缺陷生产，应用在线检测技术，协作生产质量控制，建立产品可靠性控制方法与检测手段。

目前 BYJC 已着手向基于 CIMSNET 的敏捷化工程努力，开展基于 CIMSNET 的数控机床异地设计和制造，以动态联盟方式开发加工中心等数控机床产品，价格昂贵的外购部件通过网络征寻。

北京第一机床厂 CIMS 工程实施经历十年，在 CIMS 信息集成技术上达到了国际领先水平，在企业效益好时，使企业经营更红火，在企业遇到困难时，帮助企业度过难关，使之早早在机床行业全球化激烈竞争中站稳了脚跟。

1. CIMS 的定义

CIMS(Computer Integrated Making System，计算机集成制造系统)是通过计算机软硬

件,并综合运用现代管理技术、制造技术、信息技术、自动化技术、系统工程技术,将企业生产全部过程中有关的人、技术、经营管理三要素及其信息与物流有机物有机集成并优化运行的复杂的大系统。

在这个系统中,最为显著的是集成化。在产品生命周期中,各项作业都已有了其相应的计算机辅助系统,如计算机辅助设计(CAD)、计算机辅助制造(CAM)、计算机辅助工艺规划(CAPP)、计算机辅助测试(CAT)、计算机辅助质量控制(CAQ)等。这些单项技术都是生产作业上的"自动化孤岛",单纯地追求每一单项技术上的最优化,不一定能够达到企业的总目标——缩短产品设计时间,降低产品的成本和价格,改善产品的质量和服务质量以提高产品在市场的竞争力。计算机集成制造系统就是将技术上的各个单项信息处理和制造企业管理信息系统集成在一起,将产品生命周期中所有的有关功能,包括设计、制造、管理、市场等的信息处理全部予以集成。其关键是建立统一的全局产品数据模型和数据管理及共享的机制,以保证正确的信息在正确的时刻以正确的方式传送到所需的地方。计算机集成制造系统的进一步发展方向是支持"并行工程",即力图使那些为产品生命周期各阶段服务的专家尽早地并行工作,从而使全局优化并缩短产品开发周期。

2. CIMS 体系结构

CIMS 体系结构是用来描述研究对象整个系统的各个部分和各个方面的相互关系和层次结构,从大系统理论角度研究,将整个研究对象分为几个子系统,各个子系统相对独立自治、分布存在、并发运行和驱动等。我们可以从功能结构来认识 CIMS 体系结构。从功能层方面分析,CIMS 大致可以分为 6 层:生产/制造系统、硬事务处理系统、技术设计系统、软事务处理系统、信息服务系统、决策管理系统。

3. CIMS 分类

从生产工艺方面分,CIMS 可大致分为 3 种:离散型制造业、连续型制造业和混合型制造业;从体系结构来分,CIMS 也可以分为 3 种:集中性、分散性和混合型。

4. CIMS 中的技术

1) 先进制造技术

先进制造技术(Advanced Manufacturing Technology)是传统制造技术不断吸收机械、电子、信息、材料、能源和现代管理等方面的成果,并将其综合应用于产品设计、制造、检测、管理、销售、使用、服务的制造全过程,以实现优质、高效、低耗、清洁、灵活的生产,并取得理想技术经济效果的制造技术的总称。

2) 敏捷制造

敏捷制造(Agile Manufacturing)是以竞争力和信誉度为基础,选择合作者组成虚拟公司,分工合作,为同一目标共同努力来增强整体竞争能力,对用户需求作出快速反应,以满足用户的需要。

3) 虚拟制造

虚拟制造(Virtual Manufacturing)利用信息技术、仿真技术、计算机技术对现实制造活动中的人、物、信息及制造过程进行全面的仿真,以发现制造中可能出现的问题,在产品实际生产前就采取预防措施，从而达到产品一次性制造成功，来达到降低成本、缩短产品开发周期，增强产品竞争力的目的。

4）并行工程

并行工程(Concurrent Engineering)是集成地、并行地设计产品及其相关过程(包括制造过程和支持过程)的系统方法。它要求产品开发人员在一开始就考虑产品整个生命周期中从概念形成到产品报废的所有因素，包括质量、成本、进度计划和用户要求，并行工程的发展为虚拟制造技术的诞生创造了条件，虚拟制造技术将是以并行工程为基础的，并行工程的进一步发展就是虚拟制造技术。

5. CIMS 效益评价

CIMS 是企业管理运作的一种手段，是一种战略思想的应用，其初期投资大、涉及面广、资金回笼周期长、短期内很难见到效益，因此在对 CIMS 作效益评价时不能单凭货币标准来衡量其效益，要多方面综合考虑其效益指标。所谓综合效益指 CIMS 系统对企业和社会所能带来的各种效益。可以从下面几个方面来理解：

- 应用 CIMS 提高了劳动生产力为企业带来的利润，为国家增加国民收入所做出的贡献。
- 应用 CIMS 提高了企业对市场的应变能力和抗风险能力，对企业实现经营战略所做出的贡献；提高企业市场竞争力，促进技术进步所作的贡献。
- 为提高整个企业员工素质和技术水平所做出的贡献。
- 为节约天然资源所做出的贡献。
- 通过应用和推广 CIMS 技术，为国家优化产业结构，发展新产业，提高在国际市场上的竞争力所做的贡献。

在应用案例 3-5 中，北京第一机床厂 CIMS 工程获得了如下实施效果：

- 发挥了 CIMS 信息集成的综合效益，提高了企业竞争力。CIMS 的基本点是统一考虑企业设计、生产、管理等各项经营活动，在实施 CIMS 工程时，各应用分系统在企业网络支持下协调工作。
- 缩短技术准备周期。北京第一机床厂取消了传统的各类手工目录表，实现了产品技术文件无纸化传递。MRP Ⅱ系统和工程设计系统共用统一的产品数据库，设计部门、工艺部门、劳资部门通过计算机网络分别输入主管的数据，各部门在网上有序工作，总工程师通过网上审批。这样，产品设计到哪一步，全厂各部门就能通过网络得到相应的数据，大大缩短了生产技术准备周期，并使新产品及时纳入 MRP Ⅱ的统一管理。
- 提高了工作效率。CIMS 的实施使相关业务工作提高了效率，由于信息共享，使企业内信息畅通，提高了企业整体运作的效率。
- 有效地控制了成本。借助 CIMS 信息集成，强化了资金运作，有效地控制了成本。例如供应处仓库资金占用超过 7000 万元，但其中有不少物资属呆滞物资，多年没有用过。通过 MRP Ⅱ的有效管理，制品占用资金降低 20%以上。
- 提高产品性能涉及到多方面的技术。一个企业技术力量再强，也不可能样样都是强项，为了打破企业大而全而缺乏竞争力的局面，企业面临跨地区的重组。

以信息技术的发展为支持，以满足制造业市场需求和增强企业竞争力为目的，现代集成制造技术正向着数字化、智能化和标准化等方向发展。

本章要点回顾

办公自动化系统主要强调技术的应用和自动化办公设备的使用为主，改变传统办公的方式，实现无纸办公。事务处理系统主要进行日常数据处理工作，而这些工作往往是高度结构化的问题。管理信息系统主要用于支持中层管理人员，所解决的问题大多数是结构化的或半结构化的。DSS主要用于支持战略规划层的非结构化决策问题。ES则利用计算机技术、人工智能及其他理论，用来解决过去需要专家才能解决的现实问题。计算机辅助设计与制造(CAD/CAM)技术主要用于产品工程设计与制造，加快了工程和产品的开发、缩短产品设计制造周期、提高产品质量、降低成本，并对产品结构、产业结构、企业结构、管理结构、生产方式以及人才知识结构方面带来巨大影响。CIMS以管理信息系统为核心，将企业的工程设计、生产制造、企业管理等组合成一个完整统一的系统，以快速响应需求变化，更有效地实现企业的经营目标。

习　题　3

1. 名词解释

办公自动化、事务处理系统、MIS、DSS、ES、CAD、CAM、CIMS

2. 简答题

(1) 简述办公自动化系统的主要功能。

(2) 事务处理系统的特点是什么？列举三种典型的事务处理系统。

(3) MIS的基本任务是什么？

(4) MIS具有哪些基本功能？

(5) 简述MIS的综合结构。

(6) DSS的功能和特征是什么？

(7) 简述DSS的系统结构及每个组成的功能。

(8) MIS与DSS的区别是什么？

(9) ES的特征是什么？

(10) CAD系统的功能是什么？

(11) 简述CAM的组成。

(12) 简述CIMS中所使用的技术。

3. 案例分析题

(1) 信息系统与沃尔玛的成功。

早在20世纪60年代中期，山姆·沃尔顿只拥有几家商店的时候，他就已经清醒地认识到，管理人员必须能够随时随地获得他所需要的数据。如，某种商品在沃尔玛的商店里一共有多少？上周的销售量呢？昨天呢？去年呢？订购了多少商品？什么时候可以到达？在管理信息系统应用之前，这样的工作必须通过大量的人工计算与处理才能得到。因此实时控制处于任何地点的商店的想法只是一个梦想而已。随着经营规模的扩大和业务数据的增加，通过人工计算与处理很难及时准确地获得所需要的信息。

为了领先于竞争对手，沃尔玛将信息技术应用于零售业中，并先行对零售信息系统进行了非常积极的投资：1969年，最早使用计算机跟踪存货。1974年，公司开始在其分销中心和各家商店运用计算机进行库存控制。1983年，沃尔玛的整个连锁商店系统都用上条形码扫描系统。1984年，沃尔玛开发了一套市场营销管理软件系统，这套系统可以使每家商店按照自身的市场环境和销售类型制订出相应的营销产品组合。1985年，最早采用EDI。1988年，最早使用无线扫描枪。1989年，最早与宝洁公司(P&G)等大供应商实现了VMI-ECR产销合作。从1983年开始，共计投资4亿美元发射了一颗商用卫星，实现了全球联网，该网络的应用使得总部、分销中心和各商店之间可以实现双向的声音和数据传输，全球4000多家门店通过该网络可在1小时之内对每种商品的库存、上架、销售量全部盘点一遍，加之配套的全方位信息服务，沃尔玛对自己的经营状况事无巨细，尽在掌握中。20世纪90年代沃尔玛提出了新的零售业配送理论：集中管理的配送中心向各商店提供货源，而不是直接将货品运送到商店。其独特的配送体系，大大降低了成本。加速了存货周转，形成了沃尔玛的核心竞争力。

由此可见，信息系统使沃尔玛能够以最低的成本、最优质的服务、最快速的管理反应进行全球运作。尽管信息技术并不是沃尔玛取得成功的充分条件，但它却是沃尔玛成功的必要条件。

① 在沃尔玛信息化的发展过程中采用了哪些信息技术？

② 信息技术的采用如何提升了沃尔玛的市场竞争力？

(2) 应急疏散计划决策支持系统。

为了防止弗吉尼亚州出现类似于前苏联切尔诺贝利核电站的灾难事故，该地区核电站管理人员决定开发一个名叫TEDSS的决策支持系统，以便在万一核电站发生灾难事故时，能提供应急疏散计划，迅速确定最佳疏散路径，并将疏散路线及时通知当地群众。

系统功能。在核电站发生灾难事故时，提供应急疏散计划，迅速确定最佳疏散路线，并将疏散路线及时通知当地群众。

所需的信息。气体辐射的规律，例如，烟雾消散速率；高速公路的状况，例如，车道的数量；人口分布情况，例如，残疾人的人口密度及其居住地点分布；灾难发生时的气候条件，例如，风向。

信息的来源。内部：如核电站的布局、有毒气体的信息、事故发生的概率等；外部：如人口分布情况、高速公路状况等。

输出结果。从任何居住地区到指定防护棚的疏散路线和路径，高速公路的计划交通流量，由于辐射可能变得堵塞严重的高速公路，整个疏散过程所需的时间。

决策人员。根据输出的分析结果，计划人员可以评估交通管理战略。例如，高速公路是否单行道运行、是否使用路边道路等。

① 系统确定最佳疏散路径需要哪些信息？

② 系统输出的结果是什么？

第4章

企业资源规划系统ERP

【内容提要】

本章从ERP的发展过程出发，主要介绍ERP(企业资源规划)的含义、发展过程、功能模块组成、ERP的实施等内容。重点掌握ERP的功能、模块组成以及ERP实施的步骤和项目管理。

【引导案例】

ERP与财务系统有机集成——A汽车制造厂现代企业管理信息系统

自1995年11月起，A汽车制造厂与浪潮集团山东通用软件有限公司联合开发A汽车制造厂的“现代企业管理信息系统”(以下简称“本系统”)。试运行一年来，基本上实现了“信息集成、过程集成、功能集成”；实现了“一张原始凭证(销货发票、购货发票、入库单、领料单等)一次录入，业务核算、统计核算、会计核算全部自动完成”；“标准成本控制与责任成本考核相结合”实现了由成本核算向成本控制质的飞跃；攻克了信息集成的关键技术问题——原始凭证自动编制会计凭证。由于本系统设计的创新和独特的管理功能，已在企业管理的各个方面发挥了重要作用。其方便、实用的特性得到了前来参观的上海、武汉、沈阳、大连、山东等地的各界同行的赞誉。

系统的主要特点

本系统以财务管理为中心，以成本控制为重点，在“国强财务软件”的基础上，开发了产品基础数据子系统、材料采购子系统、库存管理子系统、生产计划子系统、车间管理子系统和销售子系统，各子系统用财务系统将其紧密地联系在一起，遵循产、销、存一体化的新思路，实行信息的高度集成。使企业各方面的人力资源，物力资源实现最有效的利用，使信息流、物流和资金流得到合理配置，增强了企业的整体实力。

各子系统都能直接输入原始单据(企业自制的原始凭证，如销货发票，出、入库单等)由微机自动编制会计凭证、自动登记各相关账户，实现一张入库单、一张发票的一次录入，车间、仓库、全厂各业务部门会计账、总账、明细账、业务台账都由计算机一次完成。这从根本上解决了长期以来一直困扰我们的账务串户、错账问题，解决了部门与财务、仓库与财务、仓库与车间、车间与财务账账不符、账证不符的问题。实现了数据共享和信息的有机集成。“标准成本控制与责任成本考核相结合”实现了由成本核算向成本控制质的飞跃。现在市场所流行的财务软件和管理软件多数在“模拟手工”和“提高运算速度，代替手工操作”上下工夫，在计算机广泛应用的今天，“模拟手工”、“复制现有的管理模式”已经落后，是不可取的。

A汽车制造厂广泛采用现代管理方法：在采购子系统中采用“最佳经济批量法”；在仓储管理子系统中采用ABC分类重点管理法；在成本核算子系统中采用“标准成本法和责任成本法”。本系统注重对经济责任制的考核；对销售公司和业务人员的业绩考核；对车间责任成本的考核；对采购部门和采购员采购成本降低率的考核；对工人出勤率、出工率、工作效率、废品率的考核。本系统不仅注重经济业务的事后核算和事后经济责任的考核，更注重事前控制。设计成本监督功能对新产品的开发投入做到心中有数；生产计划子系统的限额领料单实现了成本的事前控制；标准成本的计算、标准成本差异的计算，将成本核算、成本分析、成本控制紧密结合在一起。本系统在成本控制、经济责任考核方面给企业带来了巨大经济效益。

“原始凭证自动编制会计凭证”解决了信息集成的关键技术。浪潮集团山东通用软件有限公司集中力量开发的“自动编制会计凭证”模块(称为“数据中心子系统”)，功能强大、适用范围广，企业可以根据自己的销售、采购、仓储、成本核算等项业务的不同业务分类定义不同的会计凭证类型，会计凭证可以“一借一贷、一借多贷、多借多贷”，可以将一类若干原始凭证制作一张会计凭证(一借多贷)，也可以将几类若干原始凭证制作一张会计凭证(多借多贷)。凭证摘要由变量组成，能够详细地说明业务内容，这是手工凭证或摘要库凭证所无法比拟的。一天几百张原始凭证，计算机只需在几分钟就将上百张会计凭证制作完毕。“原始凭证自动编制会计凭证”问题是当前信息集成的关键问题，解决该问题的意义和作用是巨大的。

系统的主要内容及运行情况

1. 销售子系统

销售会计负责销售发票的录入和打印，发票中的客户信息由往来户编码库提供，与应收账款的客户单相一致，产品的型号、名称、价格由产品编码库提供，与产成品、发出商品、销售明细账的产品编码相一致。按照客户的不同要求打印增值税发票或普通发票。财务收款后的发票作为记账的依据，将发票按照规范化整理计入中心数据库，自动登记财务的产品销售账、发出商品账、应收账款账、应交税金账、实现销售发票一次录入，会计凭证的制作、打印、各明细账、总账的登记由计算机一次完成。

销售子系统的运行使企业应收账款账户的准确率达到99%以上，企业能够准确掌握库存产成品、市场发出商品的型号、数量、底盘号码、发动机号码和存放时间。能够准确地统计销售部门、销售人员的工作业绩并计算销售人员的工资及奖金。

2. 采购、仓储系统

材料一经入库即由仓库微机操作员将材料的编码、型号、规格、名称，从产品设计BOM(Bill of Material，物料清单)中读出，输入实收数量，经检验人员确认合格后，财务部门据以登记材料采购明细账和原材料明细账；仓库据此登记材料明细账；供应商据此开具发票。

收到供应商附有入库单的发票后，由材料会计将发票的日期，供应商信息、材料规格、数量、货价、税额价税合计、运费等信息录入微机，供应商的单位名称、税务号等信息与应付账款客户单相一致，对于进货价高于合同价格的发票微机自动提示，拒绝录入。发票录入后选出对应的入库单，微机自动做上注销标记并编制记账凭证，登记材料采购明细账、应付账款明细账、材料成本差异明细账、应交税金明细账。

库存材料的出库，通过库存管理系统进行处理，由领料部门录入领料单，仓库保管确认后，自动编制记账凭证，据此登记仓库材料明细账和车间、部门费用账。

系统可以按采购部门、仓库、品种统计采购成本降低额和降低率，计算各部门材料采购节约奖。材料超储备占用微机可自动报警。采购、仓储系统的运行为我厂考核降低材料采购成本，提供了准确的汇总资料和明细资料。可以很方便地掌握发票尚未到达的入库单的详细资料。系统瞬间计算出各产成品的实际成本和计划成本，为企业的价格决策提供依据。

3. 车间核算子系统

车间核算子系统包括统计核算、会计核算两部分。统计核算通过录入车间工人的出勤情况和完成的零部件名称数量计算出班组个人出勤率、工时利用率、设备利用率、工作效率；按工序统计各种零部件的完成数量。为生产计划的完成情况提供基础数据。通过对领料单、入库单的录入，建立车间在库品统计台账。通过设计 BOM 将整机或总成拆分成零部件计入零部件控制台账，解决了总成、整机组装车间按零部件设账按整机入库手工无法处理的问题。车间主任能随时掌握各工序的产量完成情况、生产计划执行情况、在制品、零部件控制情况、计算材料利用率等各项技术经济指标，为降低产品生产成本奠定了基础。

4. 成本核算子系统

本系统能够完成产品或零部件标准成本的制定，计算入库产成品或自制半成品的标准成本和标准成本差异，能够从价格成本差异和用量成本差异方面进行控制，为企业分析生产成本提高或降低的原因提供了详细资料。责任成本法是在标准成本法的基础上，扣除不可控因素，确定其目标成本。作为对车间考核的依据，由于剔除了不可控因素，使厂部对车间生产成本考核的可操作性大大增强，将成本控制真正落实到车间、班组和个人，使经济责任制考核的深度和广度又向前迈出了一大步。

5. 生产计划子系统

生产计划系统包括生产计划的编制、生产进度的检查并根据生产计划进行人力资源、关键设备能力的平衡，使生产计划更切合实际。根据生产计划和上月末实际库存情况，根据毛需求形成限额领料单；根据净需求和安全库存、采用最佳经济批量的科学方法形成材料采购计划并可对生产计划的完成情况进行动态监控。

6. 产品基础数据子系统

产品基础数据子系统是本系统的基础，它包括设计物料和其他物料的维护。产品设计 BOM 为工艺 BOM 提供产品结构信息，工艺 BOM 为生产计划系统提供工艺过程信息，为成本控制提供工时定额、材料消耗定额、设备消耗定额等标准信息。

7. 财务管理子系统

财务管理子系统除具有其他财务软件所共有的功能外，解决了各子系统与财务子系统的衔接、计算机自动编制凭证等技术难题，使 ERP 与财务系统有机地结合起来。架起了财务信息与物流管理信息的桥梁。为实现企业的现代化管理起到了重要作用。

主要经验和教训

与大公司合作能得到优质服务是该项目成功的重要经验。软件的升级都是浪潮集团山东通用软件有限公司（以下简称“通软公司”）免费提供的。通软公司的用户服务系统不仅有良好的服务态度，还有完善的服务机构和远程维护系统。

“全面规划、总体设计”是成功的必要条件。没有对各子系统需求的深刻了解，没有解决系统信息集成的有效方案，是无法完成企业 MIS 系统的详细设计的。由于从一开始我们就重视了总体设计，因此，各子系统之间，系统开发的阶段之间都做到了很好的衔接。

领导重视是成功的关键因素。本系统的特点就在于具有较强的数据唯一性和信息共享性。系统的应用，牵扯全厂上下方方面面。初始时有大量的基础资料需要维护，大量的基础数据要录入；财务、技术、销售、仓储、供应、车间也都有许多工作要做，哪一个环节跟不上都会影响整个系统的正常运行。厂领导对应用本系统极为重视，遇到问题亲自主持会议，组织与协调。在厂长的全力支持下，各部门能够密切配合。

培养自己的软硬件技术队伍，是系统运行的必要条件。大型的网络环境，环环相扣，任何一个环节出了问题都会影响整个系统的正常运行。必须下决心培养自己的软件、硬件的技术骨干，以保证信息系统的正常运行。

系统优化是软件开发始终要注意的问题。软件开发始终要做好统一的系统规划，合理设计数据库的数据结构，减少数据的冗余，实现数据共享，提高运行速度。

网络设计与硬件投资应采用"全面规划，分步实施"。硬件设备应根据需要逐步投入。尽量减少由于计算机更新换代所带来的损失。

我们对 ERP 的看法

中国的 ERP 应用现在还处于示范阶段，软硬件都有关键技术需要攻克，同时，工程项目投资较大，加上企业的基础不同，因此，企业不顾自己的客观条件，一起步就搞 ERP 是不可取的。

企业怎样来规划自己的计算机应用呢？有以下几点要注意：

(1) 总体规划企业的计算机应用，减少不必要的投资和浪费。

(2) "总体规划，分步实施"原则，对一些中小企业可以先运行财务系统，然后根据需要和可能再运行销售、仓储、采购、车间核算、成本核算系统，产品设计任务重的企业也可先运行 CAD/CAP/CAM 系统。

(3) 服务器及网络拓扑系统一般一次投资，较长时间才能受益，投资额度大，不宜经常改变，而对工作站一般不需要选择档次最高的计算机。

4.1 概　　述

4.1.1 ERP 的概念

ERP(Enterprise Resource Planning，企业资源规划)是指建立在信息技术基础上，以系统化的管理思想，为企业决策层及员工提供决策运行手段的管理平台。ERP 系统将信息技术与先进的管理思想集于一身，成为现代企业的运行模式，反映时代对企业合理调配资源、最大化地创造社会财富的要求，成为企业在信息时代生存、发展的基石。

可以从管理思想、软件产品、管理系统三个层次给出它的定义：

(1) ERP 是由美国著名的计算机技术咨询和评估集团 Garter Group Inc. 提出的一整套企业管理系统体系标准，其实质是在 MRP Ⅱ(Manufacturing Resources Planning，制造资源计划)基础上进一步发展而成的面向供应链(Supply Chain)的管理思想。

(2) ERP 是综合应用了客户机/服务器体系、关系数据库结构、面向对象技术、图形用户界面、第四代语言(4GL)、网络通信等信息产业成果，以 ERP 管理思想为灵魂的软件产品。

(3) ERP是整合了企业管理理念、业务流程、基础数据、人力/物力、计算机硬件和软件于一体的企业资源管理系统。

具体来讲，ERP与企业资源的关系、ERP的作用以及与信息技术发展的关系等可以表述如下。

1. 企业资源与ERP

厂房、生产线、加工设备、检测设备、运输工具等都是企业的硬件资源，人力、管理、信誉、融资能力、组织结构、员工的劳动热情等就是企业的软件资源。企业运行发展中，这些资源相互作用，形成企业进行生产活动、完成客户订单、创造社会财富、实现企业价值的基础，反映企业在竞争发展中的地位。

ERP系统的管理对象便是上述各种资源及生产要素，通过ERP的使用，使企业的生产过程能及时、高质地完成客户的订单，最大程度地发挥这些资源的作用，并根据客户订单及生产状况做出调整资源的决策。

2. 调整运用企业资源

企业发展的重要标志便是合理调整和运用上述的资源，在没有ERP这样的现代化管理工具时，企业资源状况及调整方向不清楚，要做调整安排是相当困难的，调整过程会相当漫长，企业的组织结构只能是金字塔形的，部门间的协作交流相对较弱，资源的运行难以比较把握，并做出调整。信息技术的发展，特别是针对企业资源进行管理而设计的ERP系统正是针对这些问题而设计的，成功推行的结果必使企业能更好地运用资源。

ERP是一个由Gartner Group开发的概念，描述下一代制造商业系统和制造资源计划(MRP Ⅱ)软件。它将包含客户机/服务器架构，使用图形用户接口，应用开放系统制作。除了已有的标准功能，它还包括其他特性，如品质、过程运作管理以及调整报告等。特别是，ERP采用的基础技术将同时给用户软件和硬件两方面的独立性，从而更加容易升级。ERP的关键在于所有用户能够裁剪其应用，因而具有天然的易用性。

Gartner Group提出ERP具备的功能标准应包括4个方面：

1) 超越MRP Ⅱ范围的集成功能

包括质量管理、试验室管理、流程作业管理、配方管理、产品数据管理、维护管理、管制报告和仓库管理。

2) 支持混合方式的制造环境

包括既可支持离散，又可支持流程的制造环境；按照面向对象的业务模型组合业务过程的能力和国际范围内的应用。

3) 支持能动的监控能力，提高业务绩效

包括在整个企业内采用控制和工程方法，模拟功能，决策支持和用于生产及分析的图形能力。

4) 支持开放的客户机/服务器计算环境

包括客户机/服务器体系结构，图形用户界面(GUI)，计算机辅助设计工程(CASE)，面向对象技术，使用SQL对关系数据库查询，内部集成的工程系统、商业系统、数据采集和外部集成(EDI)。

ERP是对MRPⅡ的超越，从本质上看，ERP仍然是以MRPⅡ为核心，但在功能和技术上却超越了传统的MRPⅡ，它是以顾客驱动的、基于时间的、面向整个供应链管理的企业资源计划。

4.1.2 企业资源规划的发展进程

ERP的发展经历了4个主要阶段。

第1阶段：基本MRP。20世纪60—70年代，管理者认识到：真正的需求是订单的交货日期，产生了对BOM的管理和利用，形成了基本MRP(Material Requirement Planning，物料需求计划)。

第2阶段：闭环MRP。20世纪80年代，管理者认识提高：制造业要有一个集成的计划，以解决生产中的各种问题，例如产能限制，从而产生了闭环MRP。

第3阶段：MRPⅡ。1977年9月，美国著名管理专家Olive W. Wight提出制造资源计划(Manufacture Resource Planning，MRPⅡ)的概念，其主要特征是以生产和库存控制的集成方法来解决问题，而不是以库存来弥补或以缓冲的方法去补偿。

第4阶段：ERP。20世纪90年代，信息技术不断向制造业管理渗透，为了实现产能、质量和交货期的完美统一，合理库存、生产控制问题需要处理大量的、复杂的企业资源信息，要求信息处理的效率更高，传统的管理方法和理论已经无法满足系统的需要。由于对信息的处理已经扩大到整个企业资源的利用，新一代的管理理论与计算机信息系统由此产生。企业资源计划(Enterprise Resource Planning，ERP)的概念由美国Gartner Group Inc.咨询公司1993年首次提出。

1. MRP

任何制造业的经营生产活动都是围绕其产品开展的，制造业的信息系统也不例外。MRP就是从产品的结构或物料清单出发，实现物料信息的集成——一个上窄下宽的锥状产品结构：其顶层是出厂产品，属于企业市场销售部门的业务；底层是采购的原材料或配套件，属于企业物资供应部门的业务；中间层是制造件，属于生产部门的业务。如果要根据需求的优先顺序，在统一的计划指导下，把企业的"销产供"信息集成起来，就离不开产品结构(或物料清单)这个基础文件。在产品结构上，反映了各个物料之间的从属关系和数量关系，它们之间的连线反映了工艺流程和时间周期；换句话说，通过一个产品结构就能够说明制造业生产管理常用的"期量标准"。MRP主要用于生产"组装"型产品的制造业，如果把工艺流程(工序、设备或装置)同产品结构集成在一起，就可以把流程工业的特点融合进来。通俗地说，MRP是一种保证既不出现短缺，又不积压库存的计划方法，解决了制造业所关心的缺件与超储的矛盾。

MRP的任务包括：

(1) 从最终产品的生产计划(独立需求)导出相关物料(原材料、零部件等)的需求量和需求时间(相关需求)。

(2) 根据物料的需求时间和生产(订货)周期来确定其开始生产(订货)的时间。

基本MRP有很多缺点，如，只考虑了产品结构和库存信息，对影响交货的其他因素(制造工艺、生产设备、生产产能、运输能力、供货能力等)没有考虑；基本 MRP 是开环的,没有信息反馈,也没有控制。

2. 闭环 MRP

闭环 MRP 的基本思想是：应考虑能力的约束,在满足能力需求的前提下才能保证物料需求计划的执行和实现；企业必须对投入与产出进行控制,即对企业的能力进行校验和执行控制。闭环 MRP 是一种计划与控制系统,在基本 MRP 的基础上补充以下功能：

(1) 编制能力需求计划。

(2) 建立了信息反馈机制,使计划部门能及时从供应商、车间作业现场、库房管理员、计划员那里了解计划的实际执行情况。

(3) 计划调整功能。

闭环 MRP 系统使生产活动方面的各子系统得到了统一。但仍存在不足,企业的管理工作不仅仅是生产管理一个方面。此外,MRP 所涉及的不仅仅是物流,而与物流密切相关的还有资金流。对资金流的管理在企业中往往是由财会人员独立进行管理的,而这就导致了数据的重复录入与存储,并常常会由于工作失误而造成数据的不一致性。

3. MRP Ⅱ

MRP Ⅱ 的思想体现了制造企业生产经营过程中的客观规律和需求,其功能全面覆盖了市场预测、订单接收、生产计划、物料需求、能力需求、库存控制、车间管理直到产品销售的整个生产经营过程以及相关的所有财务活动,为制造业提供了有效的计划和控制工具。

【应用案例 4-1】

MRP Ⅱ 对降低采购成本的作用

MRP Ⅱ 通过业务处理流程规范化,对降低采购成本,起到一系列的保证作用,如通过物料分类查询,对每一类物料,按需用的频度,规定优选原则,以简化采购物料的品种规格,保持一定批量,争取优惠。MRP Ⅱ 的周密计划可以延续到未来的某个任意日期,这样不但可以按需采购,而且可以保证足够的采购提前期和采购预算,防止因突发性采购而增加额外的采购费用。在每一个会计年度,企业都必须通过运行 MRP Ⅱ 系统的模拟成本,确定标准成本,也就是必须严格控制成本的限额。MRP Ⅱ 设置每一个采购员的采购物料范围和支付权限,同时规定超过限额的审批层次和权限,以规范采购管理。在系统中,要对每一种物料规定最大储存量和最长储存期限。超过最大值时,系统会发出提示信号,以便管理人员及时纠正。

MRP Ⅱ 把企业中的各子系统有机地结合起来,形成一个面向整个企业的一体化系统,其中,生产和财务两个子系统关系尤为密切。MRP Ⅱ 的所有数据都来源于企业的中央数据库,各子系统在统一的数据环境下工作。MRP Ⅱ 具有模拟功能,能根据不同的决策方针模拟出各种未来将会发生的结果,因此,它也是企业上层管理机构的决策工具。

MRP Ⅱ 的优点是：在 MRP 的物流管理的基础上,增加了企业资金流的管理；依靠计算机技术对制造企业的各种资源进行统一计划和控制；通过对企业生产成本和资金运作的掌握,调整企业的生产经营规划和生产计划,可以得到更为可靠的生产计划。

MRP Ⅱ 的局限性有：

- 企业之间的竞争范围的扩大，要求加强企业各个方面的管理，要求企业的信息化建设应有更高的集成度，同时企业信息管理的范畴要求扩大到对企业整个的资源集成管理而不仅仅是对企业的制造资源的集成管理。
- 企业规模扩大化，多集团、多工厂要求协同作战，统一部署，超出了 MRPⅡ的管理范围。
- 信息全球化趋势的发展要求企业之间加强信息交流与信息共享，企业之间既是竞争对手又是合作伙伴，信息管理要求扩大到整个供应链的管理，这些更是 MRP Ⅱ 所不能解决的。

4. ERP

企业资源计划(ERP)可以说是 MRP Ⅱ的扩展和提高。它并不是一个单一的理论，而是在一系列先进管理思想的基础上发展起来的。它将企业系统的管理核心由“在正确的时间，制造和销售客户需求的合适产品”转移到了“在最佳时间和地点，获得资源的最大增值和企业的最大效益”。基于这种理念和核心的转移，ERP 也从最早兴起 MRP 技术应用的制造业扩展到其他行业，例如，以石油、石化为代表的流程工业，在功能和业务集成度上都有了新的发展。

ERP 解决既有物料短缺又有库存积压的库存管理问题；解决多变的市场与均衡生产之间的矛盾，使得对客户的供货承诺做得更好，可以提高质量并降低成本，可以改变企业中的部门本位观。ERP 的应用不再局限于制造业。

5. 21 世纪的 ERP Ⅱ

企业正在将自身业务从纵向的、高度集成的、注重内部功能优化的大而全模式向更灵活、更专注于核心竞争力的实体模式转化，从而企业可以在整个供应链和价值网络中优化其经济和组织结构。一个首要的优化方式就是不仅注重 B2B 或 B2C 电子商务模式，而且更注重协同商务(C-commerce)过程。协同商务是指在企业内部员工之间、业务伙伴之间、企业与客户之间通过电子化方式协同工作的商业社区。这个商业社区可以是某个行业或行业段，或供应链或供应链段。在协同社区内，企业不仅仅依靠各自产品或服务的质量、成本和交付速度来竞争，而且还需要依赖为其他协作伙伴提供的信息质量获得竞争优势。

这一变化使得企业客户或解决方案供应商需要重新考虑和设计企业管理系统，以便涵盖更多的外向型系统元素。传统 ERP 系统不得不从系统结构和业务功能等诸多方面彻底改变，于是，新一代的管理系统应运而生，这就是 ERP Ⅱ。

其实，ERP Ⅱ定义是一种新的商业战略，它由一组行业专业化的应用组成，通过它们建立和优化企业内部和企业之间流程、协作运营和财务运作流程，从而将客户和股东价值优化。市场研究指出从现在到 2005 年，企业需要在协作社区内为协作商务而发布关键业务信息的需求将会使得 ERP Ⅱ逐步代替 ERP 系统成为企业内部和企业之间业务流程管理的首选。

传统 ERP 系统注重制造业企业的资源计划和库存准确率，同时也注意到了企业的业务可见度。后续扩展的 ERP 需求使一些非制造业企业也采用 ERP 系统作为后台财务处理系统。但由于企业客户对供应链管理(SCM)、客户关系管理(CRM)和电子商务功能等新功能的要求不断出现，一些 ERP 厂商为应对这方面的需求而推崇所谓的 EAS 企业应用套件。

但是EAS那种在企业内对所有人提供全部应用的方式并不能满足未来的企业对专注和外部联结性的强烈需求。

ERP Ⅱ的定义强调未来的企业注重深度行业专业分工和企业之间的交流，而不仅仅是企业业务过程的管理。

ERP Ⅱ系统包含6个基本特征，分别从业务、应用和技术方面定义了其战略取向。

(1) ERP Ⅱ的作用：从传统ERP的资源优化和业务处理扩展到利用企业间协作运营的资源信息，并且不仅仅是电子商务模式的销售和采购。

(2) 领域：ERP Ⅱ的领域已经扩展到非制造业。

(3) 功能性：超越传统通用的制造、分销和财务部分，而扩展到那些针对特定行业或行业段业务。

(4) 业务处理：从注重企业内部流程管理发展到外部联结。

(5) 系统结构：与单调的ERP系统结构不同，ERP Ⅱ系统结构是面向Web和面向集成设计的，同时是开放的、组件化的。

(6) 数据处理方式：与ERP系统将所有数据存储在企业内部不同，ERP Ⅱ面向分布在整个商业社区的业务数据进行处理。

4.1.3 ERP系统的管理思想

ERP的核心管理思想就是实现对整个供应链的有效管理，主要体现在以下3个方面。

1. 体现对整个供应链资源进行管理的思想

在知识经济时代仅靠自己企业的资源不可能有效地参与市场竞争，还必须把经营过程中的有关各方如供应商、制造工厂、分销网络、客户等纳入一条紧密结合的供应链中，才能有效地安排企业的产、供、销活动，满足企业利用全社会一切市场资源快速高效地进行生产经营的需求，以期进一步提高效率和在市场上获得竞争优势。换句话说，现代企业竞争不是单一企业与单一企业间的竞争，而是一个企业供应链与另一个企业供应链之间的竞争。ERP系统实现了对整个企业供应链的管理，适应了企业在知识经济时代市场竞争的需要。

2. 体现精益生产、同步工程和敏捷制造的思想

ERP系统支持对混合型生产方式的管理，其管理思想表现在两个方面：其一是“精益生产(Lean Production，LP)”的思想，它是由美国麻省理工学院(MIT)提出的一种企业经营战略体系。即企业按大批量生产方式组织生产时，把客户、销售代理商、供应商、协作单位纳入生产体系，企业同其销售代理、客户和供应商的关系，已不再简单地是业务往来关系，而是利益共享的合作伙伴关系，这种合作伙伴关系组成了一个企业的供应链，这就是精益生产的核心思想。其二是“敏捷制造(Agile Manufacturing)”的思想。当市场发生变化，企业遇有特定的市场和产品需求时，企业的基本合作伙伴不一定能满足新产品开发生产的要求，这时，企业会组织一个由特定的供应商和销售渠道组成的短期或一次性供应链，形成“虚拟工厂”，把供应和协作单位看成是企业的一个组成部分，运用“同步工程(SE)”，组织生产，用最短的时间将新产品打入市场，时刻保持产品的高质量、多样化和灵活性，这即是“敏捷制造”的核

心思想。

3. 体现事先计划与事中控制的思想

ERP系统中的计划体系主要包括主生产计划、物料需求计划、能力计划、采购计划、销售执行计划、利润计划、财务预算和人力资源计划等,而且这些计划功能与价值控制功能已完全集成到整个供应链系统中。

另一方面,ERP系统通过定义事务处理(Transaction)相关的会计核算科目与核算方式,以便在事务处理发生的同时自动生成会计核算分录,保证了资金流与物流的同步记录和数据的一致性。从而实现了根据财务资金现状,可以追溯资金的来龙去脉,并进一步追溯所发生的相关业务活动,改变了资金信息滞后于物料信息的状况,便于实现事中控制和实时做出决策。

此外,计划、事务处理、控制与决策功能都在整个供应链的业务处理流程中实现,要求在每个流程业务处理过程中最大限度地发挥每个人的工作潜能与责任心,流程与流程之间则强调人与人之间的合作精神,以便在有机组织中充分发挥每个人的主观能动性与潜能。实现企业管理从“高耸式”组织结构向“扁平式”组织机构的转变,提高企业对市场动态变化的响应速度。总之,借助IT技术的飞速发展与应用,ERP系统得以将很多先进的管理思想变成现实中可实施应用的计算机软件系统。

4.2 MRP

ERP是一个庞大的管理信息系统,要讲清楚ERP原理,首先要沿着ERP发展的4个主要的阶段,先从20世纪60年代的MRP原理讲起。

4.2.1 MRP的基本原理

只要属于制造行业,就必然要从供应方买来原材料,经过加工或装配,制造出产品,销售给需求方,这也是制造业区别于金融业、商业、采掘业(石油、矿产)、服务业的主要特点。任何制造业的经营生产活动都是围绕其产品开展的,制造业的信息系统也不例外,MRP就是从产品的结构或物料清单(对食品、医药、化工行业则为“配方”)出发,实现了物料信息的集成——一个上窄下宽的锥状产品结构:其顶层是出厂产品,是属于企业市场销售部门的业务;底层是采购的原材料或配套件,是企业物资供应部门的业务;介乎其间的是制造件,是生产部门的业务。如果要根据需求的优先顺序,在统一的计划指导下,把企业的“销产供”信息集成起来,就离不开产品结构(或物料清单)这个基础文件。在产品结构上,该文件反映了各个物料之间的从属关系和数量关系,其间的连线反映了工艺流程和时间周期;换句话说,通过一个产品结构就能够说明制造业生产管理常用的“期量标准”。MRP主要用于生产“组装”型产品的制造业,如果把工艺流程(工序、设备或装置)同产品结构集成在一起,就可以把流程工业的特点融合进来。通俗地说,MRP是一种保证既不出现短缺,又不积压库存的计划方法,解决了制造业所关心的缺件与超储的矛盾。所有ERP软件都把MRP作为其生产计划与控制模块,MRP是ERP系统不可缺少的核心功能。

MRP 最早用来管理物料，它的发明者的初衷是寻求更好的订购原料和组件的方法。

这里所说物料是指为了产品销售出厂，需要列入计划的、控制库存的、控制成本的一切物的统称。如原材料、配套件、毛坯、在制品、半成品、联产品、副产品、回用品、废弃物、备品备件、包装材料、标签、合格证、说明书、工艺装备、工具、能源等。这些物料的管理特性体现在如下方面：

(1) 相关性。任何物料都由于某种需要而存在，受品种、规格、性能、质量、数量、时间的约束。

(2) 流动性。流动性是相关性的结果，由供方向需方流动，不流动是一种浪费。

(3) 价值。物料是有价值的，库存要占用流动资金；资金是有时间价值的，使用资金应实现利润；因此库存既是资产，也是负债。

按需求的来源不同，MRP 将企业内部的物料可分为独立需求和相关需求两种类型。独立需求是指需求量和需求时间由企业外部的需求来决定，例如，客户订购的产品、科研试制需要的样品、售后维修需要的备品备件等；相关需求是指根据物料之间的结构组成关系由独立需求的物料所产生的需求，例如，半成品、零部件、原材料等的需求。

MRP 对物料的库存状态数据引入了时间分段的概念。所谓时间分段，就是给物料的库存状态数据加上时间坐标，也就是按具体的日期或计划时区记录和存储库存状态数据，这样就可以准确地回答和时间有关的各种问题了。

下面以一张桌子为例来说明产品结构与时间坐标之间的关系。图 4-1 说明了方桌的产品结构。

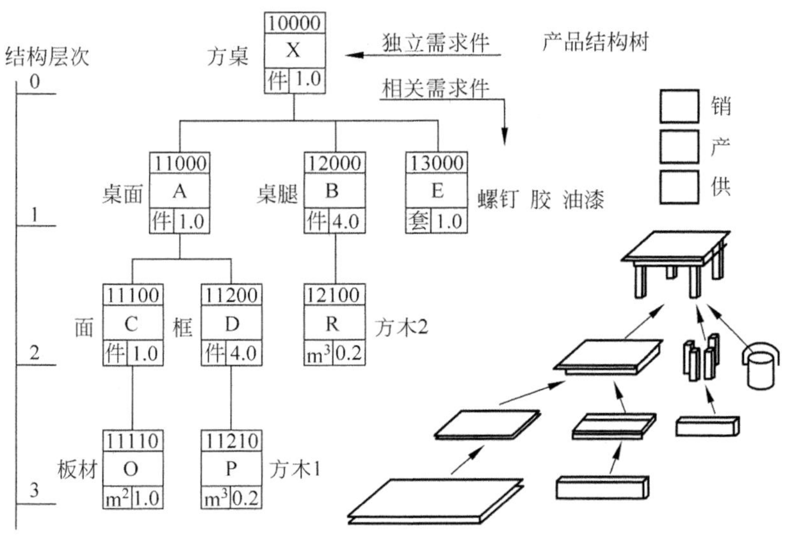

图 4-1 方桌的产品结构树

图 4-2 是添加了时间坐标轴的产品结构图。从图 4-2 中可以看出，不同的原材料其需要的加工时间是不同的，因此订货提前期也各不相同。根据时间坐标，MRP 可以计算出不同原材料的订货时间，这样可以大大节省采购费用。

MRP 回答了制造业的通用问题，如表 4-1 所示。

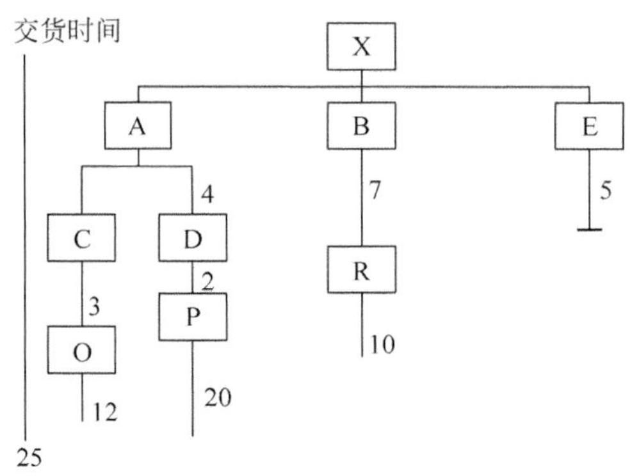

图 4-2　基于时间坐标的产品结构

表 4-1　制造业的通用问题

问	答
生产什么？	主生产计划(MPS)
用到什么？	产品信息，物料清单(BOM)
已有什么？	库存信息，物料可用量
还缺什么？何时订货？	建议的加工及采购计划

MRP 的基本原理如图 4-3 所示。

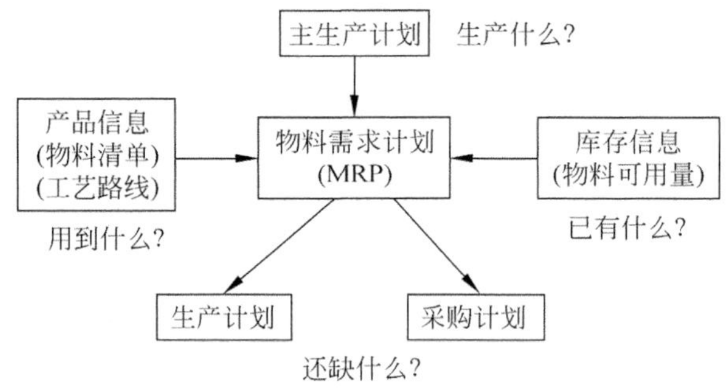

图 4-3　MRP 的基本原理

MRP 的原理可以总结如下：

(1) 基于时间坐标产品结构。

(2) 基于制造业通用公式的需求计划。

(3) 反映生产管理的客观规律。

4.2.2　MRP 的任务和特点

1. MRP 的任务

(1) 从最终产品的生产计划(独立需求)导出相关物料(原材料、零部件等)的需求量和需求时间(相关需求)。

(2) 根据物料的需求时间和生产(订货)周期来确定其开始生产(订货)的时间。

MRP的基本内容是编制零件的生产计划和采购计划。然而，要正确编制零件计划，首先必须落实产品的出产进度计划，即主生产计划（Master Production Schedule，MPS），这是MRP展开的依据。MRP还需要知道产品的零件结构，即物料清单（Bill Of Material，BOM），才能把主生产计划展开成零件计划；同时，必须知道库存数量才能准确计算出零件的采购数量。

因此，基本MRP的依据是：

（1）主生产计划（MPS）。

（2）物料清单（BOM）。

（3）库存信息。

2. MRP的特点

（1）需求优先级计划。

（2）分时段计划。

（3）可快速修订的计划。

3. MRP的缺点

（1）仅说明需求，没有说明可能。

（2）仅说明计划要求，没有说明计划的执行结果。

（3）如何解决生产计划与生产能力之间的关系？

（4）只考虑了产品结构和库存信息，对影响交货的其他因素如制造工艺、生产设备、生产产能、运输能力、供货能力等没有考虑。

（5）也没有考虑生产计划的变更。

（6）按基本MRP作出的计划往往不可行。

（7）它是开环的，没有信息反馈，也谈不上控制。

【应用案例4-2】

走进一家企业的供应科，在几张拼成一行的桌子上放着一张长长的像“哈达”一样的大表。表的左方是各种产品名称，上方是供应科负责采购的各种材料名称。电话铃不时地响着，传来市场和生产变动的消息，几位采购计划员在桌旁疲惫地奔忙，对繁杂的表格数据，不厌其烦地进行计算和修改。年复一年，做着同样枯燥的工作。但即使再怎样卖力，也还是跟不上客观环境的变化。

实施了MRP，通过产品结构和物料清单，定义了每个物料的期量标准，把销产供这3项主要业务信息集成起来，同步地将生产计划和采购计划一次生成。如果需求有了变化，不到半个小时，就可以把上千种物料的计划重新编排。于是采购计划员从忙碌的事务中彻底得到了解放。

但是，使用MRP系统绝不仅仅是提高响应效率，更重要的是见到效益。MRP是ERP的核心，要见效益，首先要改变采购作业的观念、规范采购管理。

在市场经济环境下，企业为了增加利润，一个极其重要的途径就是降低成本。产品的成本中外购的材料及配套件费用往往要占到60%以上，多者可达90%。材料及配套件的采购任务，归根到底，是由产品开发部门定的基调。换句话说，尽管设计阶段的费用是比较小的，但它在奠定成本的基调上，起了主要的作用。

有一家企业，通过 MRP 系统的物料分类查询，发现有 2.0mm、2.5mm、3.0mm 3 种规格十分相近的花纹钢板，每种需求批量都很小，这将无疑增加了采购、运输、仓库保管的费用。如果企业没有采用成组技术，标准化工作不利，设计工程师信息不沟通，这类现象是极其普遍的。因此，为了降低采购成本，采购人员必须同设计人员和工艺人员一起，按照价值工程的原理和同步工程的方法，在保证产品功能的前提下，采用最低成本的方案。MRP 系统不仅管理人员需要用，对产品开发人员同样也有帮助。

4.2.3 闭环式 MRP 理论的产生

1. 闭环 MRP 理论

随着市场的发展和基本 MRP 的应用与实践，在基本 MRP 的基础上形成了闭环 MRP 理论，它的基本思想是：

(1) 应考虑能力的约束，在满足能力需求的前提下才能保证物料需求计划的执行和实现。

(2) 企业必须对投入与产出进行控制，即对企业的能力进行校验和执行控制。

闭环 MRP 是一种计划与控制系统，在初期 MRP 的基础上补充以下功能：

(1) 编制能力需求计划。

(2) 建立了信息反馈机制，使计划部门能及时从供应商、车间作业现场、库房管理员、计划员那里了解计划的实际执行情况。

(3) 计划调整功能。

闭环 MRP 的原理如图 4-4 所示。

2. 能力需求计划的逻辑

能力需求计划的逻辑过程如图 4-5 所示。

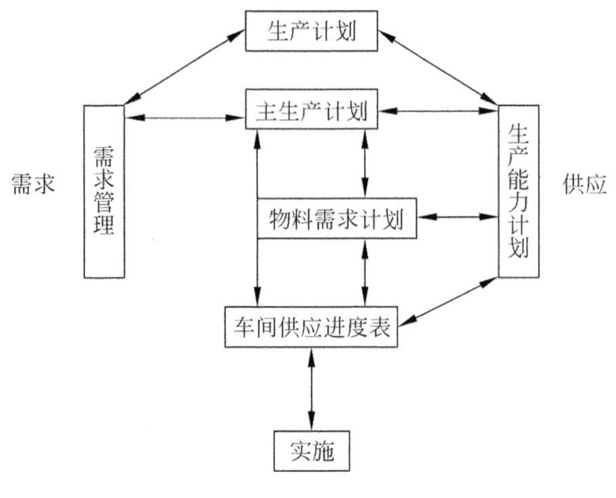

图 4-4 闭环 MRP

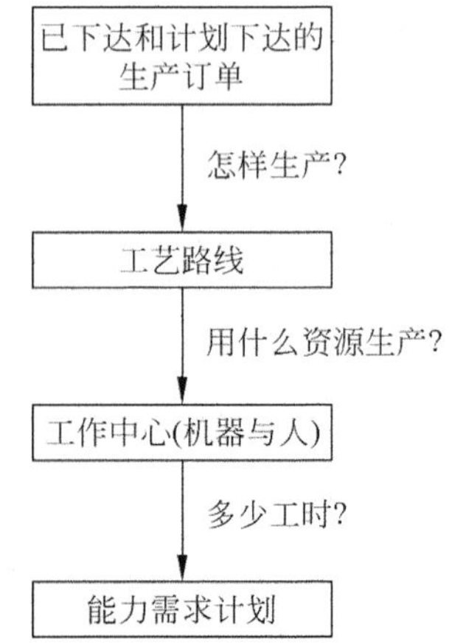

图 4-5 能力需求计划的逻辑过程

3. 闭环 MRP 的工作过程

闭环 MRP 的工作过程如图 4-6 所示。

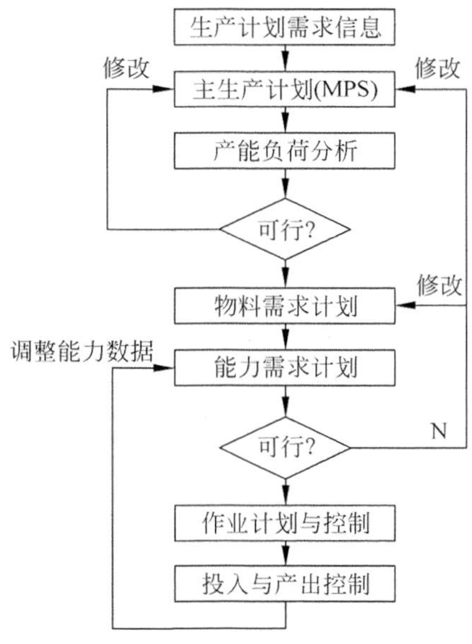

图 4-6　闭环 MRP 的工作过程

4. 闭环 MRP 系统的局限

闭环 MRP 系统使生产活动方面的各子系统得到了统一。但企业的管理工作不仅仅是生产管理一个方面。此外，MRP 所涉及的仅仅是物流，而与物流密切相关的还有资金流。对资金流的管理在企业中往往是由财会人员独立进行管理的，而这就导致了数据的重复录入与存储，并常常会由于工作失误而造成数据的不一致。

4.3　MRP Ⅱ(制造资源计划)

MRP 解决了企业物料供需信息集成，但是还没有说明企业的经营效益。MRP Ⅱ同 MRP 的主要区别就是它运用管理会计的概念，用货币形式说明了执行企业"物料计划"带来的效益，实现物料信息同资金信息集成。衡量企业经营效益首先要计算产品成本，产品成本的实际发生过程，还要以 MRP 系统的产品结构为基础，从最底层采购件的材料费开始，逐层向上将每一件物料的材料费、人工费和制造费(间接成本)累积，得出每一层零部件直至最终产品的成本。再进一步结合市场营销情况，分析各类产品的获利性。MRP Ⅱ把传统的账务处理同发生账务的事务结合起来，不仅说明账务的资金现状，而且追溯资金的来龙去脉——例如将体现债务债权关系的应付账、应收账同采购业务和销售业务集成起来、同供应商或客户的业绩或信誉集成起来、同销售和生产计划集成起来等，按照物料位置、数量或价值变化，定义"事务处理(Transaction)"，使与生产相关的财务信息直接由生产活动生成。在定义事务处理相关的会计科目之间，按设定的借贷关系，自动转账登录，保证了"资金流

(财务账)”同“物流(实物账)”的同步和一致,改变了资金信息滞后于物料信息的状况,便于实时做出决策。

20 世纪 80 年代,美国的企业管理人员提出和尝试采用一种新的管理方法,即开始把生产、财务、销售、工程技术、采购等各个子系统集成为一个一体化的系统,并将其称为制造资源计划(Manufacturing Resource Planning)系统,为了便于区别物料需求计划(MRP)称为 MRP Ⅱ。

【资料阅读】

MRP Ⅱ对降低采购成本的作用

MRP Ⅱ通过业务处理流程规范化,对降低采购成本,起到一系列的保证作用,如,通过物料分类查询,对每一类物料,按需用的频度规定优选原则,以简化采购物料的品种规格,保持一定批量,争取优惠。MRP Ⅱ的计划可以延续到未来的某个任意日期,这样不但可以按需采购,而且可以保证足够的采购提前期和采购预算,防止因突发性采购而增加额外的采购费用。设置目标成本(标准成本)。每一个会计年度,企业都必须通过运行 MRP 系统的模拟成本,确定标准成本,也就是必须严格控制的成本限额。比如邯郸钢铁公司的“市场模拟,成本否决”就是 MRP Ⅱ根据市场可能接受的价格,在保证一定的利润前提下,确定的标准产品成本。

控制采购权限。要严格控制成本,首先要控制资金流出。MRP Ⅱ要设置每一个采购员的采购物料范围和支付权限,同时规定超过限额的审批层次和权限,以规范采购管理。

控制库存量。在系统中,要对每一种物料规定最大储存量和最长存储期限。超过最大值时,系统会发出提示信号,以便管理人员采取纠正措施。

供应商认证。根据 ISO 9000 的要求,为了保证产品质量,首先要保证进厂材料的质量。各种物料的供应商都必须经过认证,建立供应商主文件。向没有建立主文件的供应商采购,系统将拒绝执行。

跟踪采购订单。系统可以提供多种查询途径,从采购单编码、物料号、供应商号、采购员代码、交货日期等进行查询。跟踪采购合同执行情况。

严格控制付款程序。付款前,系统将自动进行一系列的对比,如物料规格性能、合格数量、交货日期是否与采购单一致,报价单与发票金额是否一致。必须几方面都相符才能执行付款程序,严格控制不良资金流出。

产品的质量首先取决于原材料的质量。对供应商进行认证是质量保证体系的必要条件。要从行业地位、信誉、履约率、产品发展、工艺技术、质量、成本、服务、运输、通信联系方法等方面正确选择供应商。传统采购管理往往倾向于一种物料有多个供应商,感觉上比较保险。而现代管理的趋势是减少供应商,并建立互信、互利、互助的长期稳定合作伙伴关系。好处是:简化采购计划及调配;可以形成经济采购批量,争取优惠;减少供方的专用工艺装备费用;简化运输管理;减少库存,从而有利于控制质量,降低成本。

4.3.1 MRP Ⅱ的基本逻辑

MRP Ⅱ的思想集中体现了制造企业生产经营过程中的客观规律和需求,其功能全面覆盖了市场预测、订单接收、生产计划、物料需求、能力需求、库存控制、车间管理直到产品销售的整个生产经营过程以及相关的所有财务活动，从而为制造业提供了有效的计划和控制工具。

MRP Ⅱ是以物料需求计划为核心的闭环生产经营管理系统，它以计划排产为主要内容，以经营计划、销售计划、主生产计划、物料需求计划、采购计划、生产能力计划、车间作业计划为中心，对整个企业的生产制造资源(包括物料、设备、人力、资金、信息5大资源)进行了全面规划和优化控制，把企业中的产、供、销、存、财等生产经营活动连成一个有机整体，形成一个包括预测、计划、调度和生产监控的一体化闭环系统。它提高了企业生产计划的可行性、生产能力的均衡性、生产材料的计划性和生产控制的可靠性，从而使企业能够适应多变的市场需求，满足现代化生产的需要。MRP Ⅱ的基本逻辑如下：

(1) 以市场需求为导向。加强对企业赖以生存的外部信息的管理，强化了客户订单管理和市场需求预测管理，形成面向市场的决策支持模式。

(2) 以企业计划、调度为重点。追求提高生产率、缩短生产周期、降低库存及在制品积压、均衡生产及按期交货、最终获得高额利润的目标，并通过合理的计划和计划执行中的有效调度来保证。

(3) 以物料需求为核心。通过继承和强化物料需求计划的功能，抓住企业经营中物料需求这一变化最快、对生产影响最大的环节，合理安排内制和采购，有效地控制库存及在制品。

(4) 以车间作业计划为基础。企业的生产活动集中在车间，根据主生产计划控制车间的作业计划，使车间生产处于存活状态，保证企业资源的有效和合理使用。

4.3.2 MRP Ⅱ的运作流程

MRP Ⅱ的运作流程如图4-7所示。首先，由销售管理获得产品订单，并将订单交给生产计划管理进行生产安排。生产计划根据物料清单和库存情况，对需要外购的物资产生采购计划；对需要生产的物资安排生产。采购来的物资交给库存管理；采购的付款由应付账管理；销售从库存中获得订单所需要的产品，销售款由应收账管理；成本管理从车间、库存、总账获得数据，进行成本核算；由总账管理所有的资金运作。

MRP Ⅱ计划主要涉及经营计划、销售与运作计划、主生产计划、物料清单与物料需求计划、能力需求计划、车间作业管理、物料管理(库存管理与采购管理)、产品成本管理、财务管理等。MRP Ⅱ的各计划体现了由宏观到微观、由战略到战术、由粗到细的逐步深化过程。

1. 经营规划

企业的战略层规划包括企业的最高层领导确定的企业经营目标与策略，销售与运作计划是企业的中长期计划。战略层计划主要考虑经营规划、期末预计库存目标或期末完成订单目标、市场预测、资源能力限制等。此时，要对产品大类或产品组编制生产计划大纲。

2. 主生产计划(MPS)

将生产计划大纲转换成独立需求的产品或产品部件计划。它可以用来编制物料需求计

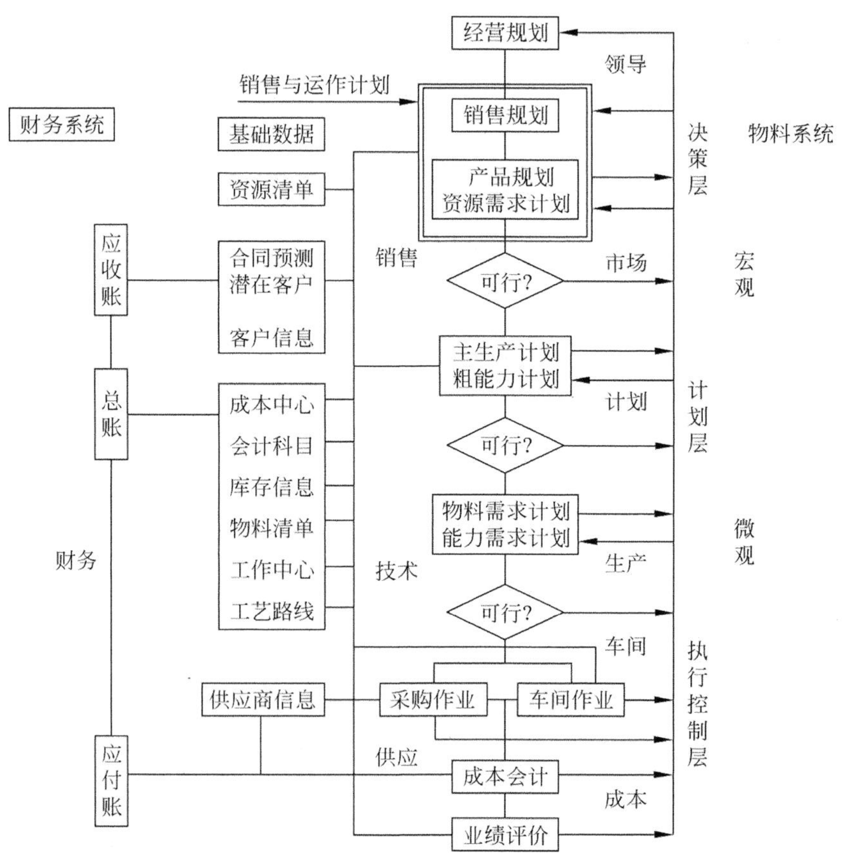

图 4-7　MRP Ⅱ的业务流程图

划(MRP)和能力需求计划(CRP),起到从宏观计划向微观计划过渡的作用。生产计划大纲和主生产计划回答了“生产什么”的问题。

3. 物料需求计划、能力需求计划及计划执行

在 MRP Ⅱ系统中,每运行一次需求计划就必须同时运行能力计划,保证下达计划的可执行性。在销售与运作规划阶段,要同时运行“资源需求计划”。

4. 基础数据管理

运行 MRP Ⅱ系统需要一些最基本的数据,其中包括资源信息、销售记录和客户信息、库存信息、各种技术信息、成本会计信息、供应商信息等。

5. 信息集成

为了使资金信息同物料信息集成,MRP Ⅱ系统中的应收账要同有关的销售业务集成,应付账要同采购业务集成。应收账、应付账以及库存等信息再同总账集成,从而实现物流信息与资金流信息的集成。

4.3.3 MRP Ⅱ软件基本配置模块

图 4-8 是 MRP Ⅱ软件的基本模块配置。主要由 3 本账组成：应收账、应付账、总账，这 3 本账将企业的销售管理、采购管理、库存管理、生产管理有机地结合在一起。

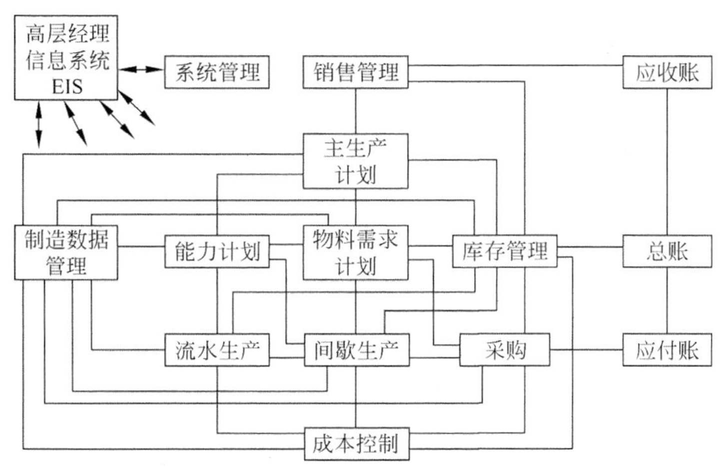

图 4-8 MRP Ⅱ软件基本配置模块

1. 销售管理(应收账)

销售管理包含了所有创造企业利润的相关工作，是驱动整个企业流程运作的根源所在，是企业运作过程中一个重要的环节。销售管理的核心功能是订单管理、预测和销售业务管理 3 方面的内容。

1）预测管理

市场预测是根据市场需求信息，进行产品销售的分析与预测，其过程是对历史的、现在的销售数据进行分析，同时结合市场调查的统计结果，对未来的市场情况及发展趋势作出预测，指导今后的销售活动和企业生产活动。预测是作出生产能力、营销、生产与库存、人力资源、采购等预算和计划的基础。

2）订单管理

销售订单是企业生产、销售发货和销售货款结算的依据，对销售订单的管理是销售工作的核心。订单管理一般包括如下内容：

- 客户信用审核及查询。为了减少坏账的产生，对企业的客户应进行分类管理，建立客户档案，维护客户信息，并对客户的信用进行审核。
- 产品库存查询。通过库存查询，确定可供货情况以及产品价格情况，以便决定何时发货与交货，是否要延期交货、分批发货或用代用品发货。
- 产品报价。可以为客户提供不同的产品报价。根据销售计划和开拓市场的需要，企业可以针对不同的客户制定相应的价格策略，以便建立长期稳定的销售渠道。
- 订单输入、变更与跟踪。

- 交货期确认及交货处理。按销售订单的交货期组织生产、组织发货以及安排相应的事务。

3）销售管理

销售业务活动的内容包括：

- 制订产品销售计划和产品报价，提供价格策略。
- 开拓市场，进行产品宣传，建立和管理销售渠道。
- 传递订单给生产计划部门。
- 交货组织及向客户催交货款、开发票、记账，并将信息传递给财务部门。
- 对客户提供相关服务。
- 销售统计报表、销售分析。

2. 采购管理(应付账)

采购管理根据物料需求计划完成对需要采购的物料的采购工作。包括下列工作：

1）请购单维护

一张请购单是一个采购需求信息，也就是说有人希望采购一些零件。库存零件的采购申请来源于 MRP 采购物料的计划订单收料（Planned Order Receipts，PORC）/计划订单发出（Planned Order Releases，POR），但必须经过确认。

2）请购单批准

请购单批准提供采购申请的批准循环。

3）采购单维护

一张采购单是与外部供应商之间的契约，约定在某个到期日以某个价格采购某种数量的某产品。在输入采购订单之前，必须在“供应商维护”中建立供应商信息，并建立供应商零件与公司内部零件信息的关联。

4）采购入库

记录某个供应商通过提交物料而全部或部分地满足了对公司的供货承诺。对于库存零件来说，它自动地创建了总账事务处理并更新库存余额。

5）采购结算

采购结算需进行下列事务：采购订单成本更新、自动创建收货单与应付账、财务结算、总账过户、供应商履行合同情况评价。

3. 库存管理(总账)

库存管理事务包括转移、进出库、发货、调整。任何库存处理都对总账有影响，特别是计划外的出库与入库。

4.3.4 MRP Ⅱ管理模式的特点

MRP Ⅱ的主要特征是信息集成。由于信息集成带来一系列特点，每一点都含有管理模式的变革和员工行为规范的变革。这些特点包括：

1. 计划的一贯性与可行性

MRP Ⅱ系统是一种计划主导型的管理模式，通过计划把企业有限的资源充分调动起来，实现企业的整体战略目标。计划层次从宏观到微观，从战略到战术，由粗到细逐层细化，但始终保持与企业的总体战略目标一致，全厂一个计划层层落实，全厂上下服从企业总体目标。

2. 管理系统性

信息集成把企业所有与经营生产活动直接相关的部门的工作通过信息的集成联成一个整体，每个部门的工作都是整个系统的有机组成部分。从业务或信息流程的角度看，一个部门的工作成果(输出信息)是下一个部门的工作依据(输入信息)。因此，每个员工都要从整体出发，十分清楚自己的工作质量与其他职能的关系，树立全面质量管理中著名的"下道工序就是客户"的理念，上下一致做到"让顾客满意"。

3. 数据共享性

(1) 统一数据库、统一工作程序。作为一种管理信息高度集成的系统，企业各部门都依据同一数据库提供的信息，按照规范化的处理流程进行管理和决策，数据信息是共享的。

(2) 人人自觉维护数据、及时、准确、完整。企业员工用严肃的态度对待数据，专人负责维护，提高信息的透明度，保证数据的及时、准确和完整。制定一系列的激励机制来保证数据和信息的准确性，奖惩分明。

4. 动态应变性

MRP Ⅱ是一种闭环的信息系统，它要求不断跟踪、控制和反馈瞬息万变的实际情况，使管理人员可随时根据企业内外环境条件的变化，提高应变能力，迅速做出响应，满足市场不断变化着的需求，并保证生产计划正常进行。这就要求企业建立必要的工作规程和工作准则，保证各岗位及时输入反馈信息。

5. 模拟预见性

模拟功能是 MRP Ⅱ的另一个重要特点。当下列情况发生时：

(1) 接收新的销售订单。

(2) 计划变更。

(3) 产品结构变更。

(4) 产品工艺变更。

(5) 设定新标准成本。

(6) 编制预算报告等。

能够通过模拟运算，找出几种可行的方案，通过分析、比较，找出最满意的解决方案。

模拟功能的运算过程如图 4-9 所示。

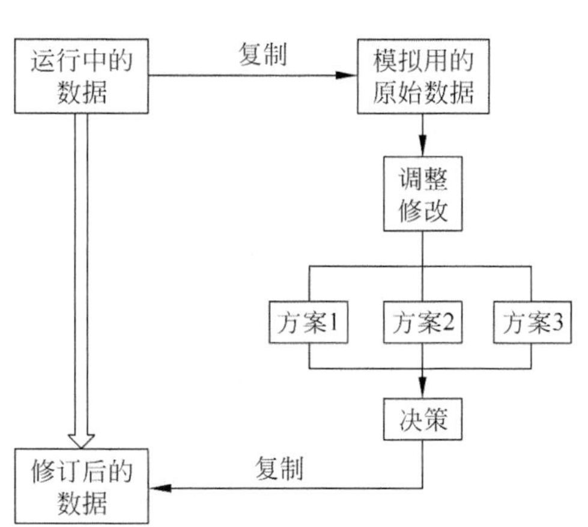

图 4-9　MRP Ⅱ的模拟功能

6. 物流、资金流、信息流的统一

(1) 生产活动直接产生财会数据。MRP Ⅱ包含了管理会计和财务会计的功能，可以由生产活动直接生成财务数据，把实物形态的物料流动直接转换为价值形态的资金流动，保证了生产和财务数据的一致性。

(2) 通过资金流监控物流、指导经营生产活动。

4.3.5 MRP Ⅱ的局限性

(1) 企业之间的竞争范围的扩大，要求在企业管理的各个方面加强管理，要求企业的信息化建设应有更高的集成度，同时企业信息管理的范畴要求扩大到对企业的整个资源集成管理而不单单是对企业的制造资源的集成管理。

(2) 企业规模扩大化，多集团、多工厂要求协同作战，统一部署，这已经超出了 MRP Ⅱ的管理范围。

(3) 信息全球化趋势的发展要求企业之间加强信息交流与信息共享，企业之间既是竞争对手又是合作伙伴，信息管理要求扩大到整个供应链的管理，这些更是 MRP Ⅱ解决不了的。

4.4 ERP

4.4.1 ERP 的主要特点

MRP Ⅱ逐渐吸收和融合其他先进的管理思想，如及时生产 JIT、全面质量管理 TQC、优化生产技术 OPT、分销资源计划 DRP、制造执行系统 MES、敏捷制造系统 AMS 等先进的管理理论。不断完善自身理论，到 20 世纪 90 年代，MRP Ⅱ发展到了一个新阶段——企业资源计划(Enterprise Resource Planning,ERP)。

企业资源计划是指企业通过建立完善的现代企业管理信息系统，对企业资源进行统一规划、统一管理，达到加强企业成本控制、提高资金利用效果、重视企业现代管理、提高企业整体实力的目的。ERP 从供应链的概念出发改变企业的经营战略思想，着眼于供应链上物料的增值过程，保持信息、物料和资金的快速流动，处理好各个环节的供需矛盾，以企业有限的资源去迎接无限的市场机遇。要求以最少的消耗、最低的成本、最短的生产周期产生出最大的市场价值和利润。

同 MRP Ⅱ相比，ERP 在系统功能上具有下列特点：

(1) 完善和充实企业内部管理功能，如实验室管理、设备管理(维护计划、备品备件)、质量管理(质量标准、抽样规则、质量检验、质量跟踪等)、资金管理(融资、投资、股东权益、股金分配等)，支持国际上各国政府的法令法规、条理及标准管理。

(2) 满足集团企业多元化经营的需求，增加适应不同行业信息化管理的需求。

(3) 增加人力资源管理。如招聘、培训、考核、晋升、工资、考勤、自助服务以及知识管理等。

(4) 增加物流管理外延功能。如运输管理(运输计划、车辆调度、运输费用、运输方案优化等)和厂外仓库管理,控制流通领域的提前期和成本费用。

(5) 增加企业高层决策支持功能。如决策支持系统(DSS)、商务智能(BI)、专家系统(ES)等。

(6) 增加售后现场服务、维修和备品备件管理的功能。实时向产品研发部门和质量管理部门提供产品实际使用状况的反馈信息,提高客户满意度。

(7) 增加优化供应和流通渠道的功能,提供"供应链管理"(将在第5章专门介绍)功能。

(8) 采用高级计划与排程技术(Advanced Planning and Scheduling,APS),把计划扩大到供需链的各个环节,采用各种优化排产方法,支持同步运算,支持分布各地的销售人员向企业有关部门进行远程访问和模拟操作。

(9) 增加前端"客户关系管理(CRM)"功能(将在第6章专门介绍)。

(10) 加强销售分析的功能。利用数据仓库和数据挖掘技术,实现多维数据的查询分析,开发了联机分析处理(On-line Analytical Processing,OLAP),为实时决策提供有利的工具。

(11) ERP系统必须支持互联网技术和电子商务(Electrioc Commerce,EC)(电子商务的功能将在第7章专门介绍)。

从技术的角度,ERP采用先进的网络技术、数据库技术、数据仓库技术以及数据挖掘技术来实现各种管理需求。管理需求、ERP功能与技术之间的关系见表4-2。

表4-2 管理需求、ERP功能与技术之间的关系

管理需求	ERP功能	应用技术
市场开拓、商业情报	客户关系管理(CRM)、电子商务	CTI、APS、Internet、浏览器/服务器
销售分析	联机分析处理(OLAP)	数据仓库、数据挖掘
多工厂管理	异构平台互操作	CORBA
流通管理	运输管理、仓库管理	Intranet
多元化经营	行业解决方案	组件开发技术
质量反馈、增值服务	售后服务、备品备件管理	Internet/Intranet
虚拟企业	电子商务	Internet/Extranet/Web
决策支持	领导决策(EIS)、商务智能(BI)	数据库技术、人工智能
跨国经营	多语种/币制/税制	
生产保障	质量管理、实验室管理、设备维护管理	

实施ERP系统可能带来的收益包括:

(1) 库存下降:10%~20%。

(2) 拖期交货减少:80%。

(3) 采购提前期缩短:50%。

(4) 停工待料减少:60%。

(5) 制造成本降低:12%。

(6) 管理人员减少:10%。

(7) 生产能力提高：10%～15%。

(8) 改善生产管理，保证均衡生产和质量稳定。

4.4.2 ERP的理论基础与流程

企业的所有资源简要地说包括3大流：物流、资金流、信息流，ERP也就是对这3种资源进行全面集成管理的管理信息系统。ERP是建立在信息技术基础上，利用现代企业的先进管理思想，全面地集成了企业所有资源信息，为企业提供决策、计划、控制与经营业绩评估的全方位和系统化的管理平台。

企业运作的供需链图如图4-10所示。

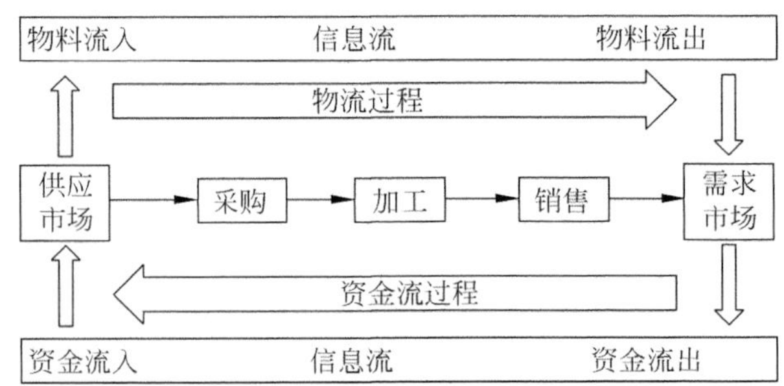

图4-10 企业运作的供需链

ERP的功能标准：

(1) 超越MRP Ⅱ范围的集成功能(质量、流程、PDM、CRM)。

(2) 支持混合方式的制造环境(生产方式、经营方式、业务)。

(3) 支持能动的监控能力(计划与控制、模拟、决策支持、图形)。

(4) 支持开放的C/S计算环境(C/S、GUI、OO、RDB、4GL、EDI)。

ERP的流程图如图4-11所示。

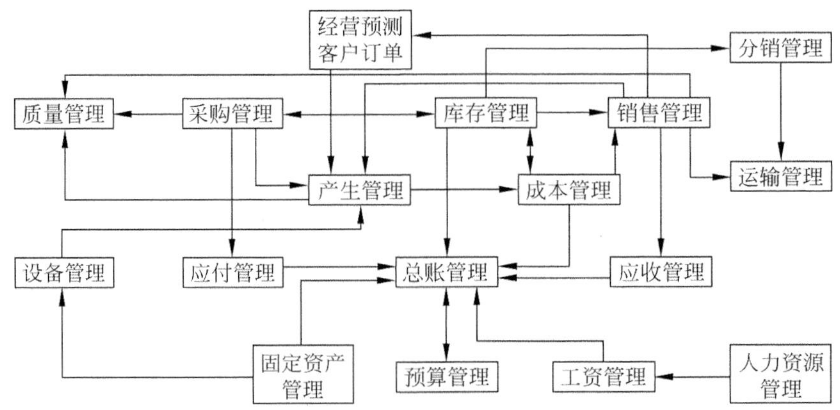

图4-11 ERP的流程图

4.5 ERP 系统常见的功能模块

典型的 ERP 系统的功能主要包括财务管理(会计核算、财务管理)、物流管理(分销、采购、库存管理)、生产计划与控制管理、人力资源管理等方面。随着信息技术应用的深入,ERP 系统的功能在不断扩展,同时也在同电子商务等应用不断集成。

4.5.1 财务管理

1. 会计核算

会计核算主要是记录、核算、反映和分析资金在企业经济活动中的变动过程及其结果。它由总账、应收账、应付账、现金、固定资产、多币制等部分构成。

1) 总账模块

处理记账凭证输入、登记,输出日记账、一般明细账及总分类账,编制主要会计报表。它是整个会计核算的核心。

2) 应收账模块

应收账模块指企业应收的由于商品赊欠而产生的正常客户欠款账。它包括发票管理、客户管理、付款管理、账龄分析等功能。

3) 应付账模块

会计里的应付账是企业应付购货款等账,它包括了发票管理、供应商管理、支票管理、账龄分析等。

4) 现金管理模块

现金管理模块主要是对现金流入流出的控制,以及零用现金及银行存款的核算。包括了对硬币、纸币、支票、汇票和银行存款的管理。在 ERP 中提供了票据维护、票据打印、付款维护、银行清单打印、付款查询、银行查询和支票查询等与现金有关的功能。

5) 固定资产核算模块

该模块主要完成对固定资产的增减变动,以及折旧有关基金计提和分配的核算工作。它的具体功能有:登录固定资产卡片和明细账、计算折旧、编制报表,以及自动编制转账凭证,并转入总账。

6) 多币制模块

多币制将企业整个财务系统的各项功能以各种币制来表示和结算,且客户订单、库存管理及采购管理等也能使用多币制进行交易管理。

7) 工资核算模块

工资核算模块自动进行企业员工的工资结算、分配、核算及各项相关经费的计提。它能够登录工资、打印工资清单及各类汇总表,计算计提各项与工资有关的费用,自动编制凭证,导入总账。

8) 成本模块

成本模块依据产品结构、工作中心、工序、采购等信息进行产品的各种成本的计算,以便进行成本分析和规划。还能用标准成本或平均成本法按地点维护成本。

2. 财务管理

财务管理的功能主要是基于会计核算的数据，再加以分析，从而进行相应的预测、管理和控制活动。它侧重于财务计划、控制、分析和预测。

1）财务计划

财务计划是根据前期财务分析制订出下期的财务计划、预算等。

2）财务分析

财务分析提供查询功能和通过用户定义的差异数据的图形显示进行财务绩效评估、账户分析等。

3）财务决策

财务决策是财务管理的核心部分，中心内容是做出有关资金的决策，包括资金筹集、投放及资金管理。

4.5.2 物流管理

1. 分销管理

分销管理模块中大致有如下几方面的功能：

（1）对于客户信息的管理和服务。

（2）对于销售订单的管理：客户信用审核及查询，产品库存查询，产品报价，订单输入、变更及跟踪，交货期的确认及交货处理。

（3）对于销售的统计及分析是根据销售订单的完成情况，依据各种指标做出统计，再根据这些统计结果来对企业实际销售效果进行评价，如销售统计、销售分析、客户服务。

2. 库存控制

库存控制模块中大致有如下几方面的功能：

（1）为所有的物料建立库存，决定何时订货采购，同时作为交予采购部门采购、生产部门制订生产计划的依据。

（2）收到订购物料，经过质量检验入库，生产的产品也同样要经过检验入库。

（3）收发料的日常业务处理工作。

3. 采购管理

采购管理模块中大致有如下几方面的功能：

（1）供应商信息查询（查询供应商的能力、信誉等）。

（2）催货（对外购或委外加工的物料进行跟催）。

（3）采购与委外加工统计（统计、建立档案，计算成本）。

（4）价格分析（对原料价格分析，调整库存成本）。

4.5.3　生产计划与控制管理

1. 主生产计划

主生产计划是根据生产计划、预测和客户订单的输入安排未来各周期中提供的产品种类和数量，它将生产计划转化为产品计划，在平衡了物料和能力的需要后，得出精确到时间、数量的详细的进度计划。它是企业在一段时期内的总活动的安排，是一个稳定的计划，是以生产计划、实际订单和对历史销售分析为基础预测产生的。

2. 物料需求计划

物料需求计划是指在主生产计划决定生产多少最终产品后，再根据物料清单，把整个企业要生产的产品的数量转变为所需生产的零部件的数量，并对照现有的库存量，得到还需加工多少，采购多少的最终数量。这是整个部门真正的计划。

3. 能力需求计划

能力需求计划是在得出初步的物料需求计划之后，将所有工作中心的总工作负荷在与工作中心的能力平衡后产生的详细工作计划，用以确定生成的物料需求计划是否是企业生产能力能够负担的需求计划。能力需求计划是一种短期的、当前实际应用的计划。

4. 车间控制

车间控制是随时间变化的动态作业计划，将作业分配到具体各个车间，再进行作业排序、作业管理、作业监控。

5. 制造标准

制造标准在编制计划中需要许多基本生产信息，这些基本信息用唯一的代码在计算机中识别。

(1) 零件代码，对物料资源的管理，对每种物料给予唯一的代码识别。

(2) 物料清单，定义产品结构的技术文件，用来编制各种计划。

(3) 工序，描述加工步骤及制造和装配产品的操作顺序。它包含加工工序的顺序，指明各道工序的加工设备及所需的额定工时和工资等级等。

(4) 工作中心，使用相同或相似的设备和劳动力组成的，从事生产进度安排、核算能力、计算成本的基本单位。

4.5.4　人力资源管理

1. 人力资源规划的辅助决策

人力资源规划的辅助决策对于企业人员、组织机构编制的多种方案，进行模拟比较和运行分析，并辅以图形的直观评估，辅助管理者做出最终决策。制定职务模型，根据担任该职位员工的资格和条件，系统提出针对本员工的一系列培训建议。进行人员成本分析，并通过ERP集成环境，为企业成本分析提供依据。

2. 招聘管理

招聘管理是指进行招聘过程的管理，优化招聘过程，减少业务工作量，对招聘的成本进行科学管理，从而降低招聘成本，为选择聘用人员的岗位提供辅助信息，并有效地帮助企业进行人才资源的挖掘。

3. 工资核算

工资核算能根据公司跨地区、跨部门、跨工种的不同薪资结构及处理流程制定与之相适应的薪资核算方法。与时间管理直接集成，能够及时更新，对员工的薪资核算动态化。通过和其他模块的集成，自动根据要求调整薪资结构及数据。

4. 工时管理

工时管理是根据本国或当地的日历，安排企业的运作时间及劳动力的作息时间表。运用考勤系统，可以将员工的实际出勤状况记录到主系统中，并把与员工薪资、奖金有关的实际数据导入薪资系统和成本核算中。

5. 差旅核算

差旅核算指系统能够自动控制从差旅申请、差旅批准到差旅报销的整个流程。并且通过集成环境将核算数据导进财务成本核算模块中。

4.6 国内外ERP软件介绍

4.6.1 SAP

SAP公司是ERP思想的倡导者，成立于1972年，总部设在德国南部的沃尔道夫市。SAP的主打产品R/3是用于分布式客户机/服务器环境的标准ERP软件。

主要功能模块包括销售和分销、物料管理、生产计划、质量管理、工厂维修、人力资源、工业方案、办公室和通信、项目系统、资产管理、控制、财务会计。

支持的生产经营类型是按订单生产、批量生产、合同生产、离散型、复杂设计生产、按库存生产、流程型，其用户主要分布在航空航天、汽车、化工、消费品、电器设备、电子、食品饮料等行业。

目前，排名世界500强的企业中有一半以上使用的是SAP的软件产品。因R/3的功能比较丰富，各模块之间的关联性非常强，所以不仅价格偏高，而且实施难度也高于其他同类软件。R/3适用于那些管理基础较好经营规模较大的企业，普通企业选择R/3时，要充分考虑软件适用性和价格因素。

1. mySAP商务套件

SAP(中国)公司的宗旨就是将国际上先进的管理知识同中国的实际情况相结合。1996

年初,SAP 推出了第一个中国本地化的 SAP R/3 系统。SAP R/3 系统是 ERP 领域的最佳解决方案,它包括财务会计、管理会计、生产计划和控制、项目管理、物料管理、质量管理、工厂维护、销售和分销、服务管理、人力资源管理等模块,具备全面、集成、灵活、开放的特点。经过本地化处理的 R/3 系统包含符合中国财政部门要求的账务系统和报表系统,符合税务管理要求的增值税系统以及完全中国化的人力资源管理系统等。2002 年底,基于世界领先的集成化平台 SAP NetWeaver 和 SAP R/3 Enterprise,SAP 推出了最新的 mySAP ERP 方案,覆盖财务管理、人力资源管理、企业服务、企业运营等应用。

通过应用 mySAP 商务套件,全球各类企业可以改善与客户、伙伴的关系、精细企业运作,并在其供应链管理中获得显著效益。它包括功能强大的跨行业方案和 23 个行业解决方案。

mySAP 商务套件包括 mySAP SCM(供应链管理)、mySAP PLM(产品生命周期管理)、mySAP CRM(客户关系管理)、mySAP SRM(供应商关系管理)、mySAP Enterprise Portal(企业门户)、mySAP Business Intelligence(商务智能)、mySAP Marketplace(商业市场)、mySAP Mobile Business(移动商务)等。

1) 行业解决方案

SAP 为 23 个行业提供融合了"最佳业务实践"的行业解决方案,包括航空与国防、汽车、银行、化工、消费品、工程与建筑、金融服务、医疗卫生、高等教育、高科技、工业设备、保险、媒体、钢铁冶金、矿业、石油天然气、制药、专业服务、公用事业、零售业、服务、电信、电力等。SAP 在每个行业都有行业解决方案图,充分展示了各行业特殊业务的处理要求,并将其绘制入 SAP 解决方案和合作伙伴补充方案中,完成包括基于网络的端到端的业务流程。

2) SAP NetWeaver(集成化平台)

业界领先的集成化平台 SAP NetWeaver 帮助企业跨越技术和机构组织的界限,实现了人员、信息和业务流程的集成。SAP NetWeaver 的设计实现了与 Microsoft .NET 和 IBM WebSphere(J2EE)的全面互操作,并为客户提供了管理不同基础设施、降低复杂程度和削减总体拥有成本的灵活性。

3) SAP Solutions for Small and Midsize Business(敏捷商务解决方案)

2002 年,SAP 正式推出适用于全球中小企业的 SAP 敏捷商务解决方案。它提供简单且完整的商务解决方案,充分满足不同行业共性和行业特性的多种需求。通过渠道销售网络,SAP 敏捷商务解决方案为中小企业创造切实价值,同时确保提供充分的灵活性以适应企业未来的发展。

mySAP All-in-One 专为中型企业设计,它提供具有高度行业特点的解决方案,采用"交钥匙工程"的方式,保证较低的投资成本。

SAP Business One 专为小型企业设计,它提供直观并能快速实施的解决方案,满足标准的业务需求。

mySAP All-in-One 和 SAP Business One 都可以满足当前中小企业持续发展的要求,它们将成为中小企业的首选,用以替代那些升级困难的拼凑系统、需要高价维护的解决方案,或者强调个性化定制来满足行业特殊需求的产品,从而使企业获得更大的选择空间。

4) SAP xApp (跨越式应用)

SAP xApp 包含一系列新型业务应用,能够在不同的应用基础设施上利用结构化数据或者非结构化数据打造易于操作的动态团队流程,以此推动整个企业的创新。企业需要借助集成和协作从无到有打造组合应用，这需要高昂的内部开发成本和维护成本。SAP xApp以捆绑方式提供组合应用，大部分初始开发和维护都由SAP提供。新的实用型综合业务解决方案位于目前完全不同的应用程序上端，可以支持交叉功能的业务流程，以便使战略资产最大化，扩大投资回报，降低总体拥有成本。

2. SAP R/3

SAP R/3是一个基于客户机/服务器结构和开放系统的、集成的企业资源计划系统。其功能覆盖企业的财务、后勤(工程设计、采购、库存、生产销售和质量等)和人力资源管理等各个方面。

SAP R/3软件具备以下功能和主要特点。

(1) 功能性：R/3以模块化的形式提供了一整套业务措施，其中的模块囊括了全部所需要的业务功能并把用户与技术性应用软件相联而形成一个总括的系统，用于公司或企业战略上和运用上的管理。

(2) 集成化：R/3把逻辑上相关联的部分连接在一起。重复工作和多余数据被完全取消，规程得以优化，集成化的业务处理取代了传统的人工操作。

(3) 灵活性：R/3系统中方便的裁剪方法使之具有灵活的适应性，从而能满足各种用户的需要和特定行业的要求。R/3还配备有适当的界面来集成用户自己的软件或外来的软件。

(4) 开放性：R/3的体系结构符合国际公认的标准，使客户得以突破专用硬件平台及专用系统技术的局限。同时，SAP提供的开放性接口，可以方便地将第三方软件产品有效地集成到R/3系统中来。

(5) 用户友好：图标与图形符号简化了人机交互时的操作。统一设计的用户界面确保了工作人员能够运用同样熟悉的技术从事不同的工作。

(6) 模块化：R/3的模块结构使用户既可以逐个地选用新的实用程序，也可以完全转入一个新的组织结构体系。

(7) 可靠：作为用户的商业伙伴SAP始终不断地为集成化软件的质量设立越来越多的国际标准。

(8) 低成本高效益：信息处理是取得竞争优势的要点之一。当竞争加剧时，企业必须更加努力地获取其市场占有量。这就要使用高度集成化的数据处理软件，而R/3正是这种软件的优秀典范。

(9) 国际适用：R/3支持多种语言，而且是为跨国界操作而设计的。R/3可以灵活地适应各国的货币及税物要求。

(10) 服务：R/3系统实施过程中，用户将得到SAP技术专家的全面支持与服务，包括组织结构方面与技术方面的咨询，项目计划与实施方面的协助，以及培训课程。

SAP R/3的模块组成如下：

(1) 生产与物料计划(Production & Material)。

(2) 质量管理(Quality Management)。

(3) 设备维护(Plant Maintenances)。

(4) 分销管理(Sales & Distribution)。

(5) 人力资源管理(Human Resources)。

(6) 计划管理(Project Management)。

(7) 财务管理(Accounting & Controlling)。

4.6.2 Oracle

Oracle公司是全球最大的应用软件供应商,成立于1977年,总部设在美国加州。Oracle主打管理软件产品Oracle Applications Rlli是目前全面集成的电子商务套件之一,能够使企业经营的各个方面全面自动化。

Oracle企业管理软件的主要功能模块包括销售订单管理系统、工程数据管理、物料清单管理、主生产计划、物料需求计划、能力需求管理、车间生产管理、库存管理、采购管理、成本管理、财务管理、人力资源管理、预警系统。

Oracle支持的生产经营类型是按订单生产、批量生产、流程式生产、合同生产、离散型制造、复杂设计生产、混合型生产、按订单设计、按库存生产,其用户主要分布在航空航天、汽车、化工、消费品、电器设备、电子、食品饮料行业。

Oracle凭借"世界领先的数据库供应商"这一优势地位,建立起构架在自身数据之上的企业管理软件,其核心优势就在于它的集成性和完整性。这些功能集成在一个技术体系中,对于集成性要求较高的企业,Oracle无疑是理想的选择。但企业如果对开放性要求较高,Oracle显然无法胜任。

4.6.3 金蝶国际软件

金蝶国际软件(以下简称"金蝶")是开发及销售的软件产品,包括针对中国企业管理需求的、通过互联网提供服务的企业管理及电子商务应用软件和为企业构筑电子商务平台的中间件软件,同时向顾客提供与软件相关的管理咨询与技术服务。

1. 金蝶 EAS

金蝶EAS为金蝶企业应用套件的简称,是面向大中型企业的企业应用软件产品,它涵盖了企业内部资源管理、横向的供应链管理、客户资源管理、知识管理、商业智能等,并能实现企业间的协作和电子商务的应用集成,实现企业内纵向深层次的管理,帮助管理者"纵横管理",使企业获得"先人一步"的战略优势。

金蝶EAS体现了最先进的ERP Ⅱ的管理思想,具有平台化、集成化、人性化的特性。

1) 平台化

金蝶EAS基于企业动态建模和组件化构建模式,构架在金蝶独创的商业操作系统(BOS)的平台之上,为大中型企业提供伸缩自如、不多不少、随时随地贴身的管理信息平台。

金蝶EAS平台化体现在如下方面:

- 系统级控制能力。采用自主版权中间件技术,包括应用服务器、业务基础件、安全控制中间件。

- 模型驱动体系架构(MDA)。整个系统中组件间的相互访问通过一个基于元数据描述的抽象层来进行,系统中的基础服务通过模型驱动在整个系统中贯穿。
- 满足企业个性化需求。提供了企业业务建模工具和集成开发环境(EMA),协助企业快速构建符合自身管理模式的应用系统。
- 业务语言开发模式。业务人员无须掌握专业的开发语言,在利用业务基础件平台开发企业应用系统时,关注的焦点在于业务逻辑、管理模式,不用关心采用何种技术来实现。
- 开放性。金蝶 EAS 可以在各种异构环境下运行,而企业、客户、合作伙伴可以在此平台上进行自助式开发。

2) 集成化

具有完全自主知识产权的金蝶 BOS,是金蝶 EAS 实现集成化的基础,它采用统一的对象构建模型(OCM),构建出功能全面的一体化应用系统。金蝶 BOS 还能够充分集成各种行业应用插件,实现企业在行业应用方面的专业需求。金蝶 BOS 固有的开放性,使得企业原有的信息系统和第三方应用系统都能够被轻松集成,扩展了企业的应用。

3) 人性化

- 金蝶 EAS 的人性化充分体现在按需随动。通过 EAS 提供的企业动态建模工具,企业能构建适合自身需要的个性化管理系统;采用工作流引擎,企业能自定义业务流程来适应组织结构和业务流程的改变和重组,满足企业管理的动态化的需求等。
- 金蝶 EAS 的人性化体现在许多独特的功能上。应用系统提供了个性化的工作平台,根据用户的身份、角色,系统不但预设了相匹配的访问信息,用户还可根据自己的喜好灵活定义个性化的界面和工作内容,管理者则可操纵“全方位的管理驾驶舱”,从多个角度分析和研究所关心的企业运作信息。
- 金蝶 EAS 的人性化在细微之处见真情。金蝶在业界最早开始致力于人机工程学在信息技术领域的探索和研究,通过对业务流程、工作环境、人的生理心理特点的分析研究,结合多媒体技术、平面设计等手段,形成了金蝶的人机工程理念和界面标准。

2. 金蝶 K/3 V10

金蝶 K/3 V10 以企业绩效管理为核心,与高速发展的中国成长性企业的管理实践相结合,通过全方位管理、灵活的业务适应性、强大的业务扩展性、个性化与国际化管理和快速实施应用等特性,能够有效地帮助企业构建全面的企业绩效管理,来帮助成长性企业提升战略企业管理能力。

金蝶 K/3 V10 的亮点,是 K/3 系统所具备的独一无二的“气质”,是国内外其他管理软件产品无可比拟的,由 K/3 系统带给企业的独特价值,体现了 K/3 系统相对其他管理软件产品的最大差异化特征。金蝶 K/3 V10 的亮点来自金蝶多年来“产品领先”深厚功底的精心铸造及对中国成长性企业需求的深入理解,表现为以下几方面:

- 以 BPM 为核心的战略企业管理信息化解决方案。
- 构建于 BI 基础上的全方位商业分析系统。
- 最佳业务实践的多行业解决方案。
- 强大的一体化业务处理能力。
- 按需配置的个性化管理平台。

4.6.4 用友软件

用友公司是中国最大的管理软件、ERP软件和财务软件供应商。用友公司的企业应用软件产品种类非常丰富，涉及ERP（企业资源计划）、SCM（供应链管理）、CRM（客户关系管理）、HR（人力资源管理）、EAM（企业资产管理）、OA（办公自动化）和行业管理软件等诸多领域。依靠领先的技术、丰富的产品线、强大的咨询实施队伍和优秀的本地化的服务，用友管理软件、ERP软件销售、服务收入持续几年稳居中国市场首位，在制造业、流通业、服务业、金融业、政府机构以及传媒出版行业，用友软件都得到了广泛的应用，成为推动中国企业管理信息化和政府信息化的主流应用软件。

用友公司的产业布局划分为3大板块，分别是企业管理软件、电子政务软件和软件外包业务。用友旗下有用友软件股份公司、用友政务软件公司、用友软件工程公司等10家投资控股的企业，5家海外公司、31家参股公司，用友公司在全国各地拥有35家分公司、15家办事处，形成了近千人的软件开发队伍、逾千人的软件咨询顾问实施队伍和3000多人的企业规模。

用友ERP-U8，以“优化资源，提升管理”为核心理念。它面向中小型企业，实现了业务过程的全面管理，突出了对关键流程的控制，体现了事前计划、事中控制、事后分析的系统管理思想。用友ERP-U8是普遍适应中国企业管理基础和业务特征以及企业快速增长需求的ERP全面解决方案。

该产品的特点表现在：

1）成熟完善的ERP产品，全面覆盖企业的管理应用

企业管理应用领域全面覆盖。用友ERP-U8，历经15年的发展和积累，成为中国管理软件适应中小型企业应用的精品。

基于企业的立体价值链结构和企业的战略结构模式，进行产品应用架构设计，全面覆盖了企业的管理应用，包括了财务管理、供应链管理、生产制造管理、人力资源管理、集团财务管理、决策支持与商业职能、网络分销管理、客户关系管理、企业门户、企业应用集成（EAI）。

通过EAI平台，支持与第三方应用的集成，将企业内部的各个应用系统（自行开发的、外购的）以及企业间的应用连接起来，实现应用到应用（A2A）的协同工作。基于Web的N层结构和工作流的体系架构，充分采用新技术改善管理手段。

开放的客户化策略（Customer Implementation Tools，CIT）。每个企业管理特点，商业模式，信息需求因企业的特点而各有不同，用友U8客户化工具就是为满足客户个性化要求而设计，快速适应客户个性化要求，更能使企业快速适应管理的新变化。用友U8-CIT主要面向实施人员和企业信息管理人员快速配置客户的应用环境提供系列工具。

2）中国最大的客户应用基础

拥有30余万户的客户应用基础，成为中国拥有最大客户基础的管理软件系统。最广泛客户数量使用友能够获得巨大的充实产品功能的实际素材，产品更加适合中国企业的真正需求。

3）适应多种组织模式

用友ERP-U8，面向快速成长发展的企业，支持企业处于不同发展阶段的组织模式，包括了单一企业模式、具有分支机构的单一企业模式、产业型和投资型的企业集团及连锁经营

模式等。

4）丰富的行业解决方案

用友 U8 为各行业用户提供丰富的行业解决方案，行业解决方案是用友 U8 在行业实践中，对行业先进管理模式的理解和提炼，充分发挥 U8 产品价值，实现了用户应用增值。支持的行业方案包括制造业、商业、服务业、医药经营、图书出版、食品饮料、行政事业等。

5）支持多种低成本的系统部署模式

用友 ERP-U8，支持多种低成本高效率的部署方式，包括了基于局域网或者 Web 应用的集中式部署、基于数据导入导出或者数据复制的分布式集中部署方式以及支持产业核心企业应用的产业级部署方式。分布式部署，具有高效率、低成本、安全性高、适应当前信息通信环境的特点。

6）支持企业分步应用管理渐进完善的应用模式

用友 ERP-U8 产品，其模块之间既相对独立，支持单独使用，又能有机结合，适合一体化应用，能够满足各级管理者对不同信息的需求。支持基于基础资源管理的竞争模式应用、支持基于产品竞争模式的应用、支持客户市场竞争模式的应用、支持综合性战略决策竞争模式的应用，很好地适应了企业在不同的发展阶段和不同的管理领域分布渐进改善的需求。

7）快速实施的方法论支持

用友 ERP-U8 产品的实施，无须大规模调整业务流程及组织重组，降低了实施成本和风险，基于 30 余万的客户应用积累，形成了快速实施的特点。

实施方法论包括 6 个步骤：

(1) 售前咨询，主要包括调查分析、制定项目实施建议书。

(2) 项目准备，主要包括制订实施规划、进行项目组的建设建立双方项目组、做下一步调研的准备、准备内容和教材。

(3) 项目建设阶段，主要包括安装管理软件，并进行系统的测试、对项目组成员进行培训、对客户的业务进行业务分析和设计、制定实施方案、实施顾问编写实施方案、进行系统的配置和再一次的测试，确保系统正常运行，为了更好地运行和维护，实施顾问和用户项目组成员一起结合客户的业务特点撰写系统使用手册。

(4) 项目交付，主要包括对客户的使用、操作级的最终客户进行培训、进行权限规划和分配、辅助客户建立客户内部支持体系、完成系统切换，使客户完全应用新的管理软件。

(5) 运行支持，主要包括在系统切换完成后，还需要 1～2 个星期的系统现场维护，帮助客户逐渐适应新系统，规范操作，并及时解决应用过程中的问题。

(6) 项目验收，需要由用友公司和客户共同组成的项目组进行整个实施系统的项目验收。之后，用友公司的运行维护网络系统开始起用，为客户提供在线的、远程的技术持续支持服务。

8）完善的标准化支持服务

用友软件公司全部分支机构通过了 ISO 9000 服务质量体系认证，设有中国最大的软件服务网络。

(1) 服务运行网络：用友公司现有分子公司 60 家，客户服务中心 60 家，授权培训中心 100 家，授权代理服务机构 500 家。服务支持队伍：服务人员资质统一进行系统培训，持证上岗，进行资质认证；全国现有咨询实施顾问 220 人；大区咨询实施机构 5 个；全国服务人员 3000 人。

(2) 服务手段：现场服务、上门服务(为配合现场服务，用友公司全国现有服务快车 100 辆)、热线电话服务、电子邮件服务、自助式服务网站(http：//support. ufsoft. com. cn)。

(3) 服务规范：服务人员规范化、服务产品规范化、服务内容规范化、服务收费标准规范化。

用友 U8 由 10 个模块组成，分别是财务管理、供应链管理、生产制造管理、网络分销管理、客户关系管理、人力资源管理、集团财务管理、决策支持与商业智能、企业门户、企业应用集成(EAI)。

(1) 财务管理：用友 ERP-U8 财务管理，全面掌控企业基础资源，降低企业经营风险，包括了财务会计与管理会计的功能。在企业内和不同系统间，进行及时、准确、严格的财务数据传递与控制，帮助企业进行战略制定和科学决策。全面透视分析企业经营流程，对决策层提供所需的信息和数据，产生各类报表和专家报告，通过资金管理、成本管理、预算管理等实现并协调企业长、短期经营目标。财务管理产品方案可将财务管理、决策支持流程和移动商务完全无缝地集成在一起。

(2) 供应链管理：供应链涉及到多个商业伙伴，包括客户、核心企业、分销商、委外商、分包商、零配件供应商、物流伙伴等。供应链管理包含企业从购买、生产、存储、销售、发运直到服务的整个过程，追求采购、生产、分销、运输以及其他流程的整体最佳运作。

通过 U8/5 供应链系统的应用，帮助企业规范管理、增加收入、降低成本、科学决策。具有信息共享、全程控制、事前事中事后综合分析等功能特征。

(3) 生产制造管理：用友 ERP-U8/5 生产制造管理，提供了对企业从总账、应收、应付、现金票据、成本的资金流管理；主生产计划、物料需求计划、粗略能力计划、详细能力计划、资源计划的计划管理；销售、采购、库存、生产、委外的物流管理；进出口、工程变更、模拟报价的辅助管理等全方位的企业信息化管理的支持。是一个完整成熟、实用有效的 ERP 系统。

(4) 网络分销管理：

- 利用互联网资源完成企业分支机构集中管理。
- 完全以业务过程管理为基础，通过商务协同处理实时业务。
- 支持多种销售业务管理模式。
- 深入的业务处理。
- 提供企业电子商务功能。
- 通过 IT 外包服务降低网络分销运营和管理成本。

(5) 客户关系管理：用友 CRM 产品，提供客户管理、销售管理、服务管理、市场管理等主要功能，贯穿了从售前、售中到售后这样一条十分清晰的业务主线，可以管理从市场信息到商机挖掘、销售过程跟踪、交易达成、提供支持服务直至企业管理决策的全过程。

(6) 人力资源管理：人力资源管理以全面推动组织人力资源管理进步为宗旨，完美结合了科学的人力资源管理理念与先进的信息技术。它帮助人力资源管理者，运用先进的信息技术，快速准确处理复杂烦琐的数据和事务，优化纷繁多变的管理流程，以极大地提高人力资源管理部门的工作效率，赢取更多的时间和精力去思考和解决深层次的人力资源战略性问题，同时依靠原始数据的积累和管理工具的协助，推动人力资源管理战略的科学决策，从而锻造出组织的核心竞争力，推进组织的可持续健康发展。

(7) 集团财务管理：用友 ERP-U8 集团财务管理支持产业型和投资型的集团管理模式，通过财务资金的管理实现对于企业战略管理的支持。

(8) 决策支持与商业智能：用友 ERP-U8 决策支持与商业智能，提供总揽全局的经营决策信息，全新的管理家驾驶舱设计，构筑了决策者的工作平台，提升了决策者的工作环境和质量。

(9) 企业门户：用友 ERP-U8 企业门户，提供了系统操作执行的统一环境，是企业管理软件系统的协作和集成平台。

(10) 企业应用集成(EAI)：EAI 具有信息总线功能，实现企业异构应用系统的互联；具有信息共享功能；具有信息协作功能，实现各部门、各应用系统之间的协调运作，以实现企业自动化(Enterprise Automation)。

人力资源管理与财务管理、生产制造管理、客户关系管理等业务系统无缝连接，保证了人力资源管理与企业业务运行中有关人力资源的成本、排班与调配、人才发展、绩效促进、以客户为导向的贯彻等过程。实现实时、协同、真实、集成的商务工作，最终实现企业的人力资源流、资金流、物流、工作流、信息流的统一。

除上述企业外，目前还有许多优秀的 ERP 产品供应商，如浪潮集团的浪潮 ERP、神州数码的 ERP、东软、和佳等。如何在众多的产品中选择适合企业需要的产品是实施 ERP 的重要一环。

4.7 ERP 的实施

ERP 就是帮助企业整合资源、提高效率、节约成本，这一切只有一个目的：提高企业竞争力。再仔细分析一下，就会发觉整合资源是根本，当然这个资源是个广义的概念，并不仅仅是物质方面，也包括人力资源方面。

4.7.1 ERP 应用成败的因素

ERP 在我国应用的成败主要取决于以下因素：

(1) 企业有没有建立起现代企业制度？有无长远的发展战略？

能否从企业发展战略高度来研究和审视 ERP 的原理和作用以及推广应用 ERP 的目的和意义？只有清楚了这些，企业才能科学地做出是否应用 ERP 的决策。

(2) 产品是否有生命力？

如果企业出现了致命的问题，或者投资方向就错了，产品根本没有市场生命，没有经营效益甚至处于亏损状态，或者企业没有一个比较稳定的经营环境，想依靠 ERP 来“救命”是不大可能的。有的企业的失败其实并不是 ERP 导致的，而是本身有 ERP 无法解决的问题。而且在实施 ERP 项目的过程中也要保证企业经营状况良好，否则 ERP 搞了一半的时候企业亏损了，必然也没有精力和实力来继续推进 ERP 了。

(3) 企业的领导班子是否具有改革进取的决心，是否有一致的明确目标，而且比较团结？

如果企业领导没有搞清楚 ERP 到底是怎么回事就盲目实施，也要导致失败。因为实施

ERP 项目必然要进行管理创新、流程再造，必然涉及到具体人的利益问题，必然会碰到很大的阻力。如果领导班子没有团结一致，而是貌合神离、矛盾重重，还是不要应用 ERP 的好。联想的 ERP 系统之所以能成功，与柳传志的决心有很大关系，他在有关内部会议上明确表态：不配合实施 ERP，责任人将被撤职。

(4) 企业基础管理工作做得如何？

包括各种规章制度是否完善，政令是否畅通并可切实贯彻执行，数据是否可靠，文件档案是否齐全等。

应该从本质上认识 ERP 项目是一个企业管理系统工程，而不仅仅视其为企业管理信息系统工程或企业信息化建设工程。长虹在 2000 年应用 ERP 系统，但在 2007 年 9 月倪润峰接受记者采访时说："成为大公司没有错，这是我们的目标。但大公司病一犯，再加上内部管理体系电子化，导致基础工作没做好，反而误事。"看来他是承认在基础管理没有做好的情况下，ERP 起了反作用。

(5) 企业有没有为 ERP 项目制定一个切实可行的目标？

这个目标应该是量化的，如资金周转率、市场占有率、利润、股东权益提高多少百分点，成本下降多少，对市场的响应速度提高多少等。

(6) 企业员工对 ERP 项目的必要性和紧迫性是否理解？

员工能否系统地接受 ERP 等现代企业管理思想、方法、信息技术和项目实施的培训教育，特别是企业主要领导和相关人员是否有这种意识。如果有的员工担心实施 ERP 项目以后会损害自己的利益或增加工作的难度，而产生抵触情绪，也会影响 ERP 项目的实施效果。如果抵触严重了就会导致 ERP 失败。中层干部的理解和支持是关键中的关键。因此，企业应用 ERP 一定要加强以人为本的管理工作，建立相应的竞争机制、激励机制和约束机制，把应用 ERP 与制订企业经营发展战略、推动企业管理现代化进程和企业全员业绩考核有机结合起来，促使他们在感受外部压力的同时都自觉地投入到 ERP 应用中来，并能为 ERP 应用，乃至企业的生存与发展尽职尽责。

(7) 企业选用的 ERP 系统软件以及合作的软件供应商是否合适？

ERP 软件供应商有没有自己的咨询队伍，有没有自己的专家中心？如果合作的 ERP 供应商不自觉地在实施 ERP 时把技术放在第一位，肯定要出问题。实际上实施 ERP 时，管理应该放在第一位，ERP 厂商的方案能否提高企业的管理水平，这才是最主要的问题，这样当然需要有相关行业非常熟悉的专家。专家与客户交流起来，能遵循行业的标准，对于客户提出的需求是否合理，是否符合所在行业的要求，能立即做出判别并协同用户进行适当的调整，满足用户个性的需求，真正"为客户服务、为客户创造价值"。

(8) 能否建立项目管理体系和运作机制？

事实上，ERP 项目是一个具有系统复杂、实施难度大、应用周期长等特点的企业管理系统工程，因此，企业在 ERP 应用过程中必须从系统工程和科学管理的角度出发，建立健全工程项目管理体系和运作机制，确保 ERP 项目的成功实施。主要内容包括制定明确、量化的 ERP 应用目标，进行 ERP 等现代管理知识的培训教育，引入企业管理咨询，进行 ERP 项目需求分析，开展企业管理创新，实行业务流程重组，实行 ERP 项目监理制和实行 ERP 项目评价制等。

4.7.2 ERP 的实施过程

在引入 ERP 系统的过程中，实施是一个极其关键也是最容易被忽视的环节。因为，实施的成败最终决定着 ERP 效益的充分发挥。例如，据不完全统计，我国目前已有近千家企业购买了 MRP Ⅱ/ERP 软件。而在所有的 ERP 系统应用中，存在 3 种情况：按期按预算成功实现系统集成的只占 10%～20%；没有实现系统集成或实现部分集成的只有 30%～40%；而失败的却占 50%。并且在实施成功的 10%～20%中大多为外资企业。如此令人沮丧的事实无疑表明：ERP 实施情况已经成为制约 ERP 效益发挥的一大瓶颈因素。由此得出结论：企业的 ERP 项目只有在一定科学方法的指导下，才能够成功实现企业的应用目标。

一个典型的 ERP 实施进程主要包括以下几个阶段，如图 4-12 所示。

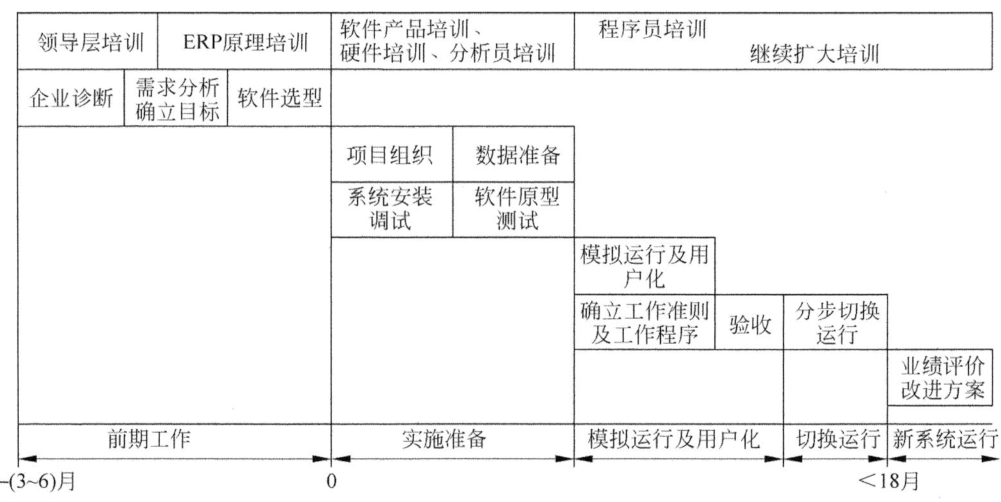

图 4-12 ERP 实施进程简图

1. 项目的前期工作(软件安装之前的阶段)

这个阶段非常重要，关系到项目的成败，但往往为实际操作所忽视。这个阶段的工作主要包括：

(1) 领导层培训及 ERP 原理的培训。主要的培训对象是企业高层领导及今后 ERP 项目组人员，使他们掌握 ERP 的基本原理和管理思想。这是 ERP 系统应用成功的思想基础。因为只有企业的各级管理者及员工才是真正的使用者，真正了解企业的需求，只有他们理解了 ERP，才能判断企业需要什么样的 ERP 软件，才能更有效率地运用 ERP。

(2) 企业诊断。由企业的高层领导和今后各项目组人员，用 ERP 的思想对企业现行管理的业务流程和存在的问题进行评议和诊断，找出问题，寻求解决方案，用书面形式明确预期目标，并规定评价实现目标的标准。这里会用到在下一部分里将要介绍的业务流程重组方法。

(3) 需求分析，确定目标。企业在准备应用 ERP 系统之前，还需要理智地进行立项分析：

- 企业是不是到了该应用 ERP 系统的阶段？
- 企业当前最迫切需要解决的问题是什么？ERP 系统是否能够解决？
- 对 ERP 系统的投资回报率或投资效益的分析。
- 在财力上企业能不能支持 ERP 的实施？
- 应用 ERP 的目的所在，系统到底能够为企业解决哪些问题和达到哪些目标？
- 基础管理工作有没有理顺或准备在应用 ERP 之前让咨询公司帮助理顺、人员的素质够不够高？
- 最后将分析的结果写成需求分析和投资效益分析正式书面报告，从而做出是否应用 ERP 项目的正确决策。

(4) 软件选型。在选型过程中，首先要知己知彼。知己，就是要弄清楚企业的需求，即先对企业本身的需求进行细致的分析和充分的调研，这在需求分析阶段已经完成；知彼，就是要弄清软件的管理思想和功能是否满足企业的需求。这两者是相互交织进行的，可以通过软件的先进的管理思想来找出企业现有的管理问题，特定的软件则可能由于自身的原因，不能够满足企业一定的特殊需求，也需要一定的补充开发。除此，还要了解实施的环境。这里的环境包括两个方面：国情(像财务会计法则等一些法令法规，还包括汉化等)、行业或企业的特殊要求。根据这些来运行流程和功能，从“用户化”和“本地化”的角度来为 ERP 选型。

2. 实施准备阶段(包括数据和各种参数的准备和设置)

这一阶段要建立的项目组织和所需的一些静态数据可以在选定软件之前就着手准备和设置。在这个准备阶段中，要完成如下几项工作：

(1) 项目组织。ERP 的实施是一个大型的系统工程，需要组织上的保证，如果项目的组成人选不当、协调配合不好，将会直接影响项目的实施周期和成败。项目组织应该由 3 层组成，而每一层的组长都是上层的成员。

① 领导小组。由企业的一把手牵头，并与系统相关的负责人一起组成领导小组。这里要注意的是人力资源的合理调配，像项目经理的任命、优秀人员的发现和启用等。

② 项目实施小组。大量的 ERP 项目实施工作是由他们来完成的，一般是由项目经理来领导组织工作，其他的成员应当由企业主要业务部门的领导或业务骨干组成。

③ 业务组。这部分工作的好坏是 ERP 实施能不能贯彻到基层的关键。每个业务组必须有固定的人员，带着业务处理中的问题，通过对 ERP 系统的掌握，寻求一种新的解决方案和运作方法，并用新的业务流程来验证，最后协同实施小组一起制定新的工作规程和准则，还包括基层单位的培训工作。

(2) 数据准备。在运行 ERP 系统之前，要准备和录入一系列基础数据，这些数据是在运用系统之前没有或未明确规定的，故需要做大量分析研究的工作。包括一些产品、工艺、库存等信息，还包括了一些参数的设置，如系统安装调试所需信息、财务信息，需求信息等。

(3) 系统安装调试。在人员、基础数据已经准备好的基础上，就可以将系统安装到企业中来了，并进行一系列的调试活动。

(4) 软件原型测试。这是对软件功能的原型测试(Prototyping)，也称计算机模拟(Computer Pilot)。由于 ERP 系统是信息集成系统，所以在测试时，应当是全系统的测试，各个部门的人员都应该同时参与，这样才能理解各个数据、功能和流程之间相互的集成关系。找出不足的方面，提出解决企业管理问题的方案，以便接下来进行用户化或二次开发。

3. 模拟运行及用户化

这一阶段的目标和相关的任务是：

(1) 模拟运行及用户化。在基本掌握软件功能的基础上，选择代表产品，将各种必要的数据录入系统，带着企业日常工作中经常遇到的问题，组织项目小组进行实战性模拟，提出解决方案。模拟可集中在机房进行，也称为会议室模拟(Conference Room Pilot)。

(2) 制定工作准则与工作规程。进行了一段时间的测试和模拟运行之后，针对实施中出现的问题，项目小组会提出一些相应的解决方案，在这个阶段就要将与之对应的工作准则与工作规程初步制定出来，并在以后的实践中不断完善。

(3) 验收。在完成必要的用户化的工作、进入现场运行之前还要经过企业最高领导的审批和验收通过，以确保 ERP 的实施质量。

4. 切换运行

这要根据企业的条件来决定应采取的步骤，可以各模块平行一次性实施，也可以先实施一两个模块。在这个阶段，所有最终用户必须在自己的工作岗位上使用终端或客户机操作，处于真正应用状态，而不是集中于机房。如果手工管理与系统还有短时并行，可作为一种应用模拟看待，但时间不宜过长。

5. 新系统运行

一个新系统被应用到企业后，实施的工作其实并没有完全结束，而是将转入到业绩评价和下一步的后期支持阶段。这是因为我们有必要对系统实施的结果作一个小结和自我评价，以判断是否达到了最初的目标，从而在此基础上制定下一步的工作方向。还有就是由于市场竞争形势的发展，将会不断有新的需求提出，再加之系统的更新换代，主机技术的进步都会对原有系统构成新的挑战，所以，无论如何，都必须在巩固的基础上，通过自我业绩评价，制定下一目标，再进行改进，不断地巩固和提高。

4.7.3 ERP 实施中注意的问题

企业里如何成功实施 ERP 项目？这是从事信息管理和维护人员最关心的话题。总结在实施中的经验教训，大致应从以下的几点注意：实施策略、组织机构、人员配置、培训工作、工作规程和绩效考核等。

1. 实施策略

1) 做好项目实施的总体规划

在项目开始实施前，首先要做好项目实施的整体计划，各分项目的实施都应在整体计划所划定的框架内进行，以保证整个项目实施的协调一致。

2）充分利用企业现有的软硬件资源

在保证项目整体先进、合理的前提下，尽量利用企业现有的软、硬件资源，根据企业现有的软硬件状况，提供接口与企业的ERP系统集成，并且充分利用现有的数据，以避免重复劳动。

3）ERP系统采用分步实施的策略

实施ERP这样一个大系统，涉及人力、物力的消耗都比较大，因此在遵循“满足需求、先进、科学、符合实情”原则的前提下，采用“总体规划、分步实施、重点突破、效益驱动”的实施策略是非常必要的。

4）认真进行数据准备工作

ERP系统的运行依赖数据的准确、及时和完备。可以说数据准备工作是整个系统实施过程中头绪最多、工作量最大、耗时最长、涉及面最广、最容易犯错误且错误代价极大的一项工作。所以一定要提早进行并认真对待。

5）人机并行时间不宜过长

并行时间越短，ERP项目的成功率就越大。有几个方面原因：

(1) 并行时期，工作量是很大的，时间长了，业务人员都干烦了，甚至会对ERP系统产生反感情绪。

(2) 并行时期业务部门一般都是先做旧系统的，再做ERP系统，这时他们并没习惯看ERP系统的数据，而仍是以旧系统数据为准，所以ERP系统的数据有可能得不到及时跟踪，时间长了，ERP系统数据的垃圾会越来越多，甚至变成了一套无用的系统。

(3) 并行时期，为核对ERP系统余额与旧系统余额，必须指定截数点，将业务停下来进行核对。当出现差异时还需调整，这是要花费一定的时间的，所以每月都会有补数、入数的过程，相当于经常要将多天的工作压在一两天内补做完成，如果月月如此，业务人员将不堪重负。

6）重视高层领导在项目中的作用

ERP系统的实施是一项投入大、风险大、实施难度大的系统工程。是企业管理模式、管理思想、管理方式的一场变革，没有企业决策者对这一巨大工程的认识、支持与直接参与就没有成功的可能。大量的实践表明，高层领导的承诺是企业成功实施ERP的关键，主宰着系统的成功与失败。

2. 组织机构

实施ERP系统时，人是项目成功的重要因素。因为实施ERP系统不只是单纯地使用掌握一套计算机软件系统，而是实施一个以计算机为工具的人机交互的管理系统。要使ERP系统真正有效地发挥作用，必须有企业高层领导的充分重视、参与以及必要的组织保证。因此，企业ERP项目实施由企业项目实施领导组直接领导，项目组成员由用户实施领导组、ERP实施小组以及软件公司人员组成。

在整个项目的组织机构中，实施领导组、实施小组和软件公司项目组在整个项目的进展过程中，分别担负不同的责任和扮演不同的角色。具体地说，实施领导组是以企业主管领导为首的决策机构，该机构应站在企业经营战略的高度，从计算机应用与企业经营管理的长远规划出发，提出企业管理信息系统的目标和要求。实施小组负责制订和下达分期项目实施计划，解决和协调实施过程中遇到的各类具体问题，定期向实施领导组汇报计划执行情况，指导各业务部门、车间的项目实施工作。软件公司项目组负责与用户实施小组共同制订项目实施的具体计划，对用户的管理人员进行培训，指导用户进行规范化的实施工作。基于各个小组的职责不同，建议人员构成情况如下：

1）实施领导组构成

实施领导组组长：总经理。

副组长：副总经理、信息主管。

成员：部门经理、副经理。

2）实施小组构成

实施组组长：信息主管。

副组长：业务部门主管。

成员：由产品设计、工艺技术、生产、分厂、物资、销售等部门的具有丰富工作经验，协调能力并熟悉本部门业务的管理人员以及计算机开发，维护人员组成。

3. 人员配置

企业实施 ERP 系统是一项大型的技术工程，除技术依托单位组成的技术服务队人员参与设计与开发实施外，企业也应组织有关部门相应的技术人员参与系统的开发以及系统的运行与维护工作。参与系统的开发与维护的技术人员应由以下几类人员组成：

(1) 系统分析及管理人员。

(2) 应用系统维护人员。

(3) 软件开发人员。

(4) 网络和硬件及数据库专职管理人员。

(5) 计算机操作和数据录入人员。

(6) 除此之外，各部门都应配备相应的操作人员。

4. 培训工作

培训是成功实施 ERP 系统的重要因素。ERP 培训有两个重要目的：一是增加人们对 ERP 相关知识的了解，二是规范管理人员的行为方式。通过培训要使各级管理人员不仅要明确什么是 ERP，它的实施将给企业带来哪些变化，并明确实施 ERP 后各个岗位的人员如何进行新的工作方式。培训将采用授课和现场培训的方式进行，将对 ERP 理论、ERP 软件系统功能、使用操作、数据采集等方面的内容进行不同层次的培训。通过培训使下列人员达到如下目标：

(1) 对于技术人员，应了解 ERP 原理，理解系统中产品结构的组成和作用；会运用计算机熟练地输入、查询、修改产品的组成等。

(2) 对于生产管理人员，应懂得 ERP 运行原理，会操作菜单查询工作状态，熟悉工作规范，对工作从领料到加工、汇报整个过程清楚，对缺料、拖期工作了解原因，并能进行处理。

(3) 对于数据维护人员，应理解自己维护的基础数据在系统中的来源和用途，能熟练操作菜单进行数据维护。

(4) 对于系统管理人员，应深刻理解 ERP 运行原理和各模块间的关系，能够为各业务部门提供咨询与培训，并能对系统进行日常维护。

(5) 对于操作员，应对ERP的基本概念和原理有一定了解，会正确使用菜单上的功能进行数据输入，熟悉数据输入的具体注意事项和规定，熟练操作计算机。

(6) 对于其他管理人员，应根据自己的业务和权限，熟练操作菜单。

5. 工作规程

实施ERP系统是一项深刻的管理革命，为了巩固改革的成果，必须用书面文件形式把新的业务流程明白无误地昭示于众，即制定工作规程与准则让全体员工严格照此执行。工作规程与准则说明每一项业务流程的目的要求，通过哪些部门或岗位，由什么人在什么时间执行，运行系统的什么指令，遇到例外情况应按照什么原则处理等。规程之后应附有各种表格、单据，这是管理规范化的保证。通过工作规程的制定，保证整个系统有条不紊的运行。

6. 绩效评估

实施ERP的好与坏可以根据ABCD评定法则，来自各方面的资料都表明，国内的企业在实施中处于C或D的档次，效果不是很好，所以建立严格的年度绩效评估系统可以对ERP系统起到指导意义和对业务流程的再造和重组起到关键性作用。随着市场和业务的变化，ERP的相应的业务流程也应该进行调整，级效评估可以解决这个问题。另外。绩效评估可以解决企业决策管理问题。

7. 总结

ERP软件不是一套简单的通用化软件，而是涉及企业业务各个方面的集信息、共享于一体的管理系统，如何将软件功能与企业业务结合起来，如何使用适合企业业务的功能，我想应该借用咨询公司的经验，才能有效保证ERP项目的成功实施。才能真正给企业带来效益，给企业带来机会。

【应用案例4-3】

B文具公司ERP系统实施案例

B文具公司(深圳)有限公司(以下简称B文具公司)，是一家外资独资企业。经过几年的努力，公司已逐渐发展成为集研发、设计、生产于一体的现代化生产企业，产品远销欧、日等30多个国家和地区。公司现有员工500余人，新厂房修建完成后，可能在一年之内会扩充到1000人。

B文具公司于2005年4月2日和深圳市一家ERP公司正式签约，开始实施ERP系统。合同规定，用5个月时间分两期完成整个ERP项目，第一期上物流模块，第二期上财务和成本模块。为了防备出现意外情况，允许总工期上下浮动一个月。合同中同时还规定一期工程做好之后至少要运行三个月没有出现问题才付给第一期项目款的70%，并且如果没有按照双方商定的验收办法在规定时间内完成，或者在上线完成年度的年终盘点之后，ERP系统运算结果不能和手工结果相符，该ERP公司应赔偿软件价值的50%。

截至目前，B文具公司的ERP项目已过去两年多时间，第一期却还没有完成。“造成这种情况的原因很多，不过主要还是对方实施顾问人员频繁变动造成的。”B文具公司计算机中心经理颜女士认为。

项目开始之初，ERP公司按照协议派出一个实施顾问小组进驻B文具公司，顾问小组由3人组成：系统规划工程师欧先生，软件工程师李先生，同时欧先生也是该ERP公司的业务经理，另外一个是担保人潘先生，因为这家ERP公司是B文具公司老总的一个朋友介绍的，介绍的同时他们还出具了一份担保：第一，该ERP系统实施成功才收钱；第二，系统成功上线，却因为该ERP公司倒闭等原因不能完成系统的后期维护，担保公司愿意负责，因为该担保公司也是一家软件公司。

为了保证ERP项目的顺利开展，B文具公司成立了专门的ERP委员会，由公司总经理和副总经理任主任委员，计算机中心经理颜女士任执行委员，其他各部门主管和部门经理为ERP委员，公司所有的中高层领导都参与了ERP委员会。同时以书面文件的形式向全公司公布，要求公司所有人员都必须服从ERP的安排，凡是达不到ERP项目建设要求的，或者按照规定的ERP流程不能做到的都要处罚。整个实施过程中公司上下对ERP项目都极为配合。另外，公司的计算机网络等软硬件条件已基本稳定，达到了ERP实施的要求。

B文具公司ERP项目实施从物料编码开始，因为以前的业务和ERP系统的物料编码要求存在很多不同，在确定物料编码原则以后，B文具公司在物料编码上花费的时间超过了ERP公司的预期，用了将近3个月才最终完成。接着开始输入一些基本资料，比如部门编码、操作员编码等一些静态数据。各项基本数据录入完成之后，系统开始试运行，各部门均表示系统可以正常运行。但是由于计算机中心人员太少，很多沟通不是很到位，试运行得到的一些数据结果也没有进行手工验证。

在系统的实施过程中，欧先生因为做过很多类似的项目，有一些成熟的系统规划方面的经验，但是这些经验并不能弥补软件本身的缺陷。物流模块完成以后，ERP公司提出结算第一期项目工程款的要求，B文具公司按照合同分期付款的规定付了70%的款给他们。欧、李二人拿到这笔款以后就被调到这家ERP公司在上海的分公司。在B公司老总的批准下，该ERP公司调来了第二批项目顾问组的人员。

第二批项目顾问组人员包括技术总监张先生，张负责技术研发，也是该ERP公司的主要主管之一。张进驻公司之后，对于B公司提出的问题，以因为他和欧的项目交接不是很完整为借口，对很多问题拒绝马上解决，声称还要熟悉过程。一段时间之后，张对B公司提出的所有问题做了一个系统的规划，并对这些问题进行了理论上的分析，提出了纯理论的解决之道。“这些解决方法听上去确实很可行，但是结果是张没有做任何程序的修改，也没有做任何实际的动作，只解决了一些属于我们操作失误的小的问题，大的ERP方面的问题没有解决。”B文具公司计算机中心经理颜女士认为。

B公司提出的众多问题得不到解决，导致了后来安装的ERP软件对B公司的网络系统造成了损坏。“他们的ERP系统装在公司服务器上，将服务器域的活动目录破坏掉了，无奈之下只能重装服务器的软件系统。”这次重装颜女士花了28个小时才把问题解决。原先安装的ERP系统也进行了重装。

“第二批顾问小组不是驻厂，他们约定一个星期来两次。如果有问题，小一点的如果他们能解决就会告诉我们怎么做，大的问题不能解决的必须等他们来公司的这两天才能处理，并且当天处理不掉他们就会说回去等系统规划部的人研究研究，以后再把解决方法告诉我们。”B文具公司计算机中心经理颜女士显得有些抱怨。

没多久，颜女士收到一封张先生的邮件，信中称他因为私人方面的原因已经从公司离职，去了另一家 ERP 公司，并表示颜女士在 ERP 方面有什么问题仍然可以和他咨询。但是张表示以前公司的一切业务已经与他没有关系。

无奈之下 ERP 公司又派了系统规划部副经理陈先生负责 B 文具公司 ERP 项目。陈来的时候那家公司给了陈一个压力，就是要收回第一期剩下的费用。陈接受 B 项目之后，先花了一些时间了解以前存在的问题，针对以前系统存在的问题自觉进行了程序的修改，并且主动与 B 文具公司计算机中心经理颜女士探讨。B 公司的 ERP 是以原有的 MRP 为核心发展起来的，陈认为 MRP 运算核心程序有问题，并且这些问题在 B 文具公司确实已经暴露出来，于是向 B 公司建议把原有的系统进行修改。这个修改前前后后花了将近半年时间，再加上以前因为编码浪费了两三个月和上线花费的几个月时间，这样一年多的时间就过去了。

修改完成后 B 公司把第一期工程未付的款项付给了该 ERP 软件公司。陈先生在项目款到位之后也辞职离开了那家软件公司。

陈先生辞职以后，该 ERP 公司又安排了其系统规划部经理贾经理接手 B 公司的项目。贾针对 B 公司的问题基本未作程序方面修改，只在理论上进行了一些分析。

ERP 项目就这样在断断续续中迎来了 2007 年春节。春节之后颜女士给公司写了一个报告，报告提出鉴于两年来这家软件公司对 ERP 的实际情况，该公司对于 ERP 的成功不会有太大的帮助，建议公司慎重考虑第二期的 ERP 项目。首先，时间确实过去了两年，比原来的预计长了四倍。其次，ERP 的实施使得公司不仅没有减少人手反而增加了很多人手，此外也耗费了一些硬件设备。所有付出的总和都超出了原来的预计，而获得的结果却远远没有达到原来的设想。"最主要的是这家 ERP 公司的核心技术人员要么调走要么辞职，项目人员换了一批又一批。同时对方的顾问人员也从以前的每周两次进公司到每周一次再到有时候一周不见一次，甚至两周找不到人，打电话找不到人，打手机不通，所以这种情况下我提出了疑问，认为他们没有实力把这项工程做好。"B 文具公司计算机中心经理颜女士认为。于是，再加上公司改制，记账方式也将做一些调整，B 文具公司最终决定暂停 ERP 第二期的财务成本模块实施。

从该案例的描述来看，该项目从一开始便埋下了失败的种子，而在项目实施过程中又未能有效回避主要风险，甚至出现了责任认知混淆不清的现象，因此项目能成功是侥幸而不成功才是正常的。主要风险点体现在以下几方面：

(1) 非理性选择产品和服务方，项目选型过程不是进行仔细的需求与产品功能匹配、系统主流程演示确认，同时了解服务方以前的成功客户和长期服务能力以后做出的理性判断，而是盲目相信所谓的朋友或担保，这就难怪必须签订明显不平等的合同条款了。

(2) 分阶段实施的陷阱，ERP 对企业最大的帮助无外乎信息集成和高效处理，如果没有确认不可突破的困难一般不要将物流和财务分开实施，即使一定要分期也要先确认产品和服务方以前是有类似的成功案例的，而不能只从理论层面确认。一般情况下我们建议一期需要将物流/生产/财务等基本业务流程先流转起来；二期再扩展到所有业务单元或工厂，或是增加一些质量/设备/人事等辅助功能模块；三期再实现商务智能/客户关系管理等增值服务内容。所以比较好的企业信息化分阶段应该是基础规范阶段(数据/内控/岗位)—流程优化阶段(效率/职责/结果导向)—信息分析阶段(目标/预警/决策模型)。

(3) 外部实施人员变动频繁，这方面的问题可分解为三方面来看，第一是项目周期过长导致服务方难以持续投入,“一鼓作气,二鼓衰,三鼓竭。”一般情况下项目的内外部团队都必须将严格控制项目周期作为首先目标来完成;第二是服务方缺少有效的项目管理和书面交接,每个项目中换部分团队成员可以理解,但换项目经理就是非常慎重和危险的事情,一般情况下项目经理的变动就是项目要出问题的重要征兆;第三是企业内部推动人员的知识转移程度不够,自我维护和驾驭系统的能力不足,也从客观上导致了一旦外部顾问变动就必然带来巨大风险。

(4) 数据管理重视程度不足,任何一个 ERP 项目中的数据管理都是重中之重,而文具企业更是如此,因为编码和物料特性较多,如何准确高效实用地进行分类和编码,如何保证现有数据的准确和将来及时更新数据的流程和责任人等,这些都是非常琐碎非常关键的问题,一般建议项目组中应有专门的小组负责数据管理工作并对数据的全面准确及时承担重要责任,每天每周每月都要制定明确的进度要求并检查完成进度,这样才能保证数据问题不会成为整个项目的负担。

(5) 最后也是最重要的一点,专业技术需要依靠外部顾问,但内部管理推进则必然需要企业内部管理团队,所以此项目的失败最重要的一点是缺少一个强有力的企业方项目经理。计算机中心的颜女士经理可能是一个优秀的技术人员,但也许不是一个强势的内部变革推进和整体项目管理的角色。当然,此项目可能从一开始就注定是个失败的项目,但一个好的项目经理会在项目实施过程中通过自己的努力有效地推动并将项目质量保持在一个可接受的状况之上,而不仅是依靠外部顾问的力量解决所有问题。

当然,该案例中还有一些其他细节上的不足,例如系统测试不够仔细、没有独立的服务器和备份管理制度等,但这些细节不是影响项目成败的关键点,所以在此不一一详述。总而言之,ERP 项目实施是一个系统工程,同时也是一个细节工程,每一步和每个阶段都必须认真仔细、如履薄冰,当发现问题或潜在风险时必须有明确的解决方案,而不是任由问题不断放大至不可收拾。希望以上观点能对其他实施 ERP 项目的企业有所帮助。

本章要点回顾

本章从案例出发,探讨了 ERP 的含义、ERP 的发展过程、ERP 的功能和模块组成、企业 ERP 实施的过程和项目管理,重点介绍企业运用和实施 ERP 的步骤、内容和应注意的问题。应重点掌握企业运用 ERP 如何提升企业竞争力。

习　题　4

请登录用友网站(http://www.ufsoft.com.cn/):分析用友 ERP-U8 的特点、模块构成和主要功能。

第5章

供应链管理

【内容概要】

本章主要介绍：

(1) 供应链管理的含义。

(2) 供应链的运作过程。

(3) 供应链管理的目的。

(4) 供应链的模式，包括拉式供应链和推式供应链。需求驱动供应链的工作过程。

(5) 供应链管理的决策过程。

(6) 供应链管理的特征和目标。

(7) 供应链管理中供应伙伴的选择。

【引导案例】

美特斯·邦威的供应链之路

1. 特许经营

美特斯·邦威欲扩大销售网络，但资金实力又显不足。公司决定采取特许经营策略开设连锁店，利用社会闲散资金来进行销售网络扩张。美特斯·邦威通过契约的方式，将特许权转让给加盟店。加盟店根据区域不同分别向美特斯·邦威交纳5万～35万元的特许费。目前，美特斯·邦威已拥有600多家专卖店，除了20%是直营店外，其余都是特许连锁专卖店。如果这么多家专卖店都由美特斯·邦威自己来投资的话，则需要1.5亿～2亿元。通过对销售网络的虚拟化，公司大大降低了销售成本和市场开拓成本，使其有更充裕的资金投入到产品设计和品牌经营中去，更为重要的是，公司借此网罗了大批的营销人才。

2. 核心业务

美特斯·邦威将有限的资源集中到品牌经营与设计等核心业务上，并利用成熟的信息化管理手段保证整个协作系统的高效运行，而优秀的管理团队则是其最宝贵的资源。

打造强势品牌。美特斯·邦威认为核心竞争优势应体现在品牌的知名度和美誉度上。美特斯·邦威创立伊始，就一直在不遗余力地推进品牌战略，采取创意制胜的思路，成功地进行了许多品牌推广活动。此外，美特斯·邦威采用许多常规的宣传方式，如媒体广告、办内部报纸、参加各种服装展示会和商品交易会等。

美特斯·邦威于1998年在上海成立了设计中心，并与法国、意大利的知名设计师开展长期合作，把握流行趋势，形成了“设计师＋消费者”的独特设计理念。公司领导和设计人员每年都有1～3个月时间搞市场调查，每年两次召集各地代理商征求对产品开发的意见。在充分掌握市场信息的基础上每年开发出新款式约1000个，其中50%正式投产上市。

3. 信息化管理是虚拟经营的重要手段

从1996年起，美特斯·邦威投入大量资金、人力，根据企业实际需求自建计算机信息网络管理系统。现在，所有专卖店均已纳入公司内部计算机网络，实现了包括新品信息发布系统、电子订货系统、销售时点系统的资讯网络的构建和正常运作。通过计算机网络，信息流通速度大大加快，使总部能及时发布新货信息，全国各地的专卖店可从计算机上查看实物照片，可快速完成订货业务，能随时查阅每个专卖店销售业绩，快速、全面、准确地掌握各种进、销、存数据，进行经营分析，及时作出促销、配货、调货的经营决策，对市场变化做出快速反应，使资源得到有效配置，提高了市场的竞争能力。

4. 生产外包

美特斯·邦威迫切需要扩大生产规模却缺乏资金实力，于是采用定牌生产的方式，将生产业务外包给实力雄厚的协作厂家，把握了生产的主动权。

产能过剩带来机会。我国是服装生产大国，年生产能力可达到约70亿件。在买方市场的冲击下，国内许多服装企业生产能力过剩。美特斯·邦威决定不再进行机器设备的投资，而采取定牌生产策略，利用外力来弥补自己企业生产能力的不足。美特斯·邦威先后与广东、江苏等地的80多家生产企业建立了长期合作关系，为公司进行定牌生产，这些企业具有年产系列休闲服饰1000多万件(套)的能力，使美特斯·邦威节约了2亿～3亿元。

选择厂家的标准。美特斯·邦威对协作企业有严格的选择标准。质检部对候选厂家的技术、生产供应能力、管理、产品质量等进行全面考察，选择其中最好的厂家进行一段试合作期，最后确定它是否成为长期合作厂家。美特斯·邦威选择的生产厂家基本是具有一流生产设备的大型服装加工厂，它们的共同特点是都通过了ISO 9000认证，有着严格的质量管理体系，科学的管理方法。

质量保证体系。为确保协作厂家质量达标，美特斯·邦威做了大量工作：

(1) 制定标准及流程，如制定企业质量检验标准等。

(2) 根据标准及流程对关键点进行控制。

(3) 进一步完善质量管理制度。

美特斯·邦威之所以能够在短短几年发展历程中迅速成长为中国休闲服饰行业的领头羊，是其管理信息化的结果。企业只有通过信息化，走供应链管理之路，提高核心竞争力，才能有效地应对日益激烈的国内外市场竞争的挑战。

5.1 供应链管理概述

目前，一个最活跃的趋势是将WWW和Internet技术应用于供应链管理。供应链(Supply Chain)是一个业务过程，它用一条链的形式连接了制造商、零售商及供应商，实现产品或服务的制造、传输，目标是通过提供几个组织间业务处理的合作，把制造好的产品从生产线顺利地送到消费者手中，以获得效益。

在过去的十几年里，很多企业创造了许多方法来完成供应链，如即时供货(Just-In-Time)、快速响应(Quick Response)、有效的消费者响应(Efficient Consumer Response)、自动收款机管理库存、持续补充(Continuous Replenishment),所有这些措施的目的只有一个:有效地管理供应链。很明显,今天的企业所面临的供应链管理问题同过去是一样的,不同的只是需要快速地在供应链之间共享和传播信息。一些企业已经通过EDI来实现信息共享,但这只是可行的很少的部分,Web及相关技术在供应链管理中的应用是不能忽略的。

电子商务与供应链管理的集成,正改变着企业内部和企业间的运作模式。企业再也不能单纯把供应链管理看成是提高效率或降低成本,而是把焦点放在更好的SCM输出上,即更优的消费者服务、更好的发展、增加收入,并把它看成是提高自己竞争力的手段。这种趋势与20世纪90年代以来企业采取的经营模式的变革——从内部的、效率驱动向消费者价值/效益驱动转变是一致的。

向消费者价值取向的转变说明了人们不仅关注降低成本、改善生产效率,更需要了解消费者的需求,并根据消费者的需求来安排生产的产品和服务。企业的成功与否取决于其对消费者需求变化的响应能力及满足消费者需求的成本。成本常与供应链不确定有关。不确定性是由于全球化的供应和资源、不可预测的需求、波动的价格策略、越来越短的产品生命周期、对商标忠诚度的降低造成的。要管理这些不确定因素,一个新型的企业集成或供应链软件出现了。

支持供应链管理的软件已经变成一个巨大的市场,与这个趋势相适应,管理者正面临新的责任去购买软件,并更好地使用如工资处理、订单输入、会计系统等软件。今天,管理者面临着严峻的任务去选择和集成财务、制造、后勤及其他SCM模块。这些模块不仅要相互通信和处理数据,还要保护现有的投资。为了做出正确的选择,管理者需要理解SCM和电子商务的相互影响。

供应链管理包括所有间接的、直接的满足客户需求的步骤。供应链管理不仅仅包括生产商和供应商,还包括运输商、仓库员、零售商和顾客。在每一个组织内部,比如说,生产商,供应链包括所有能够满足客户需求的活动。这些活动包括但不仅仅限于新产品的开发、市场营销、运转、分销、财务和客户服务。

5.1.1 供应链管理基础

供应链管理(Supply Chain Management)是业务循环的中心,它以更快的速度、更低的成本把产品推向市场。

1. 什么是供应链

供应链是一系列相互依赖的步骤的集合,完成一定的目标,如满足消费者的需求。随着市场竞争的全球化,产品质量和价格处在平等的位置上,因此,制造商对产品制造和运输速度的控制减少,供应链变得越来越重要。

随着消费者越来越主宰着市场,制造商想方设法满足消费者对产品的品种、风格、特征的需求,快速完成订单、快速销售。满足消费者对产品特殊的要求是获得竞争优势的一个机会。显然,企业管理好其供应链将会在全球市场中获得更成功的机会。

2. 什么是供应链管理

供应链管理是订单生成、订单执行、订单完成、产品、服务或信息分发过程的合作，供应链内的相互依赖创造了一个“扩展的企业”，其管理内容远远超过制造业。原材料供应商、流通渠道伙伴（批发商、分销商、零售商）及消费者本身都是供应链管理的主要角色。

SCM 的复杂性在于将艺术（展示艺术、销售艺术、服务艺术）和科学（预测、数据分析、资源管理、销售）有机结合起来。但是，SCM 绝不仅是各种工具和方法的一个纽带，连接着各不相同的信息系统，需要自始至终有一种新的思考方法和全新的观念。

3. SCM 的发展

SCM 已有 20 多年的历史。在 20 世纪 70 年代，企业只注重供应链上的某些特殊的功能，他们需要改进制造工艺，注重市场和销售。到了 20 世纪 80 年代，企业意识到，将企业中各种因素集成起来能增加生产力。到了 20 世纪 90 年代，经营者们意识到，只考虑产品的优势已不能保证成功。事实上，消费者期望多方位的服务，包括将产品运送到指定地点、及时的供货、可靠的质量保证。

为了满足这些新的需求，企业意识到需要信息的集成，即信息在内部组织间的流动。信息集成意味着消费者订单、库存水平、采购订单及其他关键信息必须在各业务部门之间流动。从这个业务模式观点看，竞争不只是公司对公司的竞争，也是供应链对供应链的竞争。因此，管理不同的 SCM 模式就变得至关重要了。

【应用案例 5-1】

假设一个顾客去沃尔玛商店购买清洁剂。供应链始于客户和他对清洁剂的需要。下一步供应链就是顾客要去的那家沃尔玛分店。货架上摆放着从沃尔玛或者分销商处进来的货物。这些货物由第三方也就是物流配送公司送到各个分点。分销商的货物当然是从生产商那里进货。宝洁公司从不同的供应者处购进原材料。其中供应者本身可能也是低价从别的供应商处进货。例如，包装材料从 Tenneco 公司进货。Tenneco 公司生产的包装原材料可能是来自别的供应商。供应链如图 5-1 所示。

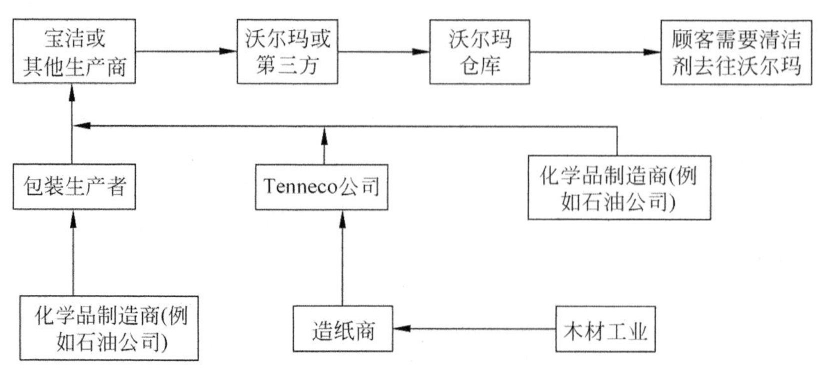

图 5-1 清洁剂的供应链阶段

供应链是一个动态的链条，包括信息流、商品流、资金流。供应链的每一个步骤都有着不同的过程。每一步和供应链的其他步骤相互作用、相互影响。沃尔玛为客户提供产品、定价和其他的有用信息。同时，顾客付钱给沃尔玛。沃尔玛将销售点的数据和补充货物的订购信息传输给分销中心。分销中心根据订购信息给销售点调货。在补充货物后，沃尔玛将货款转账至分销商。同时，分销商也提供价格信息，以及给沃尔玛总部提交分销计划。在整个供应链中，信息流、物流、资金流在不停地变换着。

下面来看另外一个例子。当一个顾客从网上购买了戴尔计算机，这个供应链包括客户、客户订购的网页、戴尔生产线装配厂和所有戴尔的供应商以及供应商的供应商。网页给客户提供价格、产品等信息。客户如果选择了一个产品，他就进入订购系统和支付系统。之后，他也可以返回到网页查询订购情况。接下去供应链就根据顾客的订购进行各个供应商之间的订购。这个过程包括在供应链不同阶段的信息流、物流和资金流。

这个例子说明了客户是供应链的独立的一部分。任何供应链存在的起始目的是为了满足客户的需求，同时在过程中产生利润。供应链是从客户的订购开始，到满足客户需要，客户支付其产品结束。整个供应链是从供应商到生产商到分销商到零售商到顾客。将信息流、物流、资金流的流向形象化是很必要的。供应链这个术语也意味着在一个阶段只有一个主角。事实上，一家生产商可能是从几家原料供应商中进货。生产的产品也可能是销给几家分销商。因此，用网状供应链这个术语来描述现实存在的供应链结构可能会更准确。

一个典型的供应链包括不同的阶段，包括以下不同的参与者，如图 5-2 所示。

- 顾客。
- 零售商。
- 分销商。
- 生产商。
- 原材料供应商或零部件供应商。

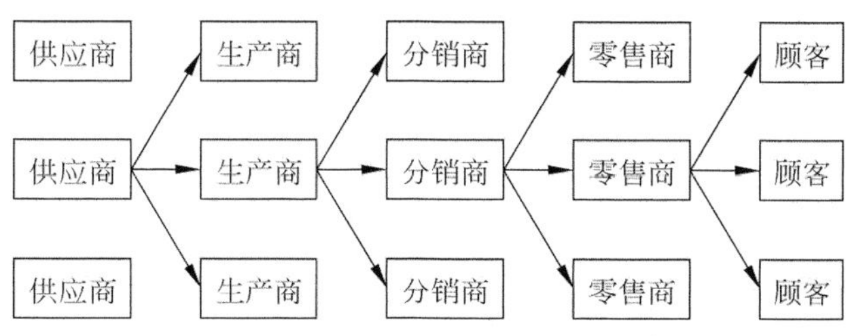

图 5-2 供应链阶段

图 5-2 供应链没有必要显示每一个阶段。适当的供应链设计只依赖于客户需求和涉及到的参与者。比如戴尔公司，生产商可以直接供应产品给客户。戴尔公司直接按客户订购供货。也就是说，在戴尔这条供应链上没有零售商、批发商和分销商。再如，户外运动产品供应商 L. L. Bean，生产商不是直接响应顾客的订购。L. L. Bean 包括商品的零售商，顾客可以从产品零售商中选取自己所需的货物。与戴尔的供应链相比，L. L. Bean 在顾客和生产商之间多了一个步骤。在小型的零售商店里，供应链在商店和生产商中可能还包括批发商和分销商。

5.1.2 供应链的目标

每一个供应链的目标都是使利润最大化。在供应链中的价值和最后到顾客手中的产品的价值是不一样的。因为在大多数商业化供应链中，价值与供应链利润化紧密相关。营业收入和整个供应链的成本是有区别的。例如，一位顾客从戴尔购买了一台2000美元的计算机。也就是说，整个供应链得到的是2000美元的营业收入。戴尔和其他供应商在传送信息、制造零部件、存储、运输、货款转账等各方面都需要成本。顾客支付的2000美元和所有发生在制造、分销供应链中的成本之间的差异就是供应链收益。供应链收益是为所有涉及在供应链的生产商利润共享。供应链收益率越高，供应链就越成功。供应链的成功应该用整个供应链的收益率来衡量，而不是单个参与者的利润。

我们是根据供应链收益来判定供应链是否成功的。下一步是考察收益和成本的来源。以沃尔玛为例，顾客购买了一瓶清洁剂，他是唯一一个提供供应链的实际的现金流。假设供应链的不同阶段的所有者各不相同，供应链中的其他现金流都仅仅是资金交换。当沃尔玛支付给供应商，他只是用收益的部分支付给供应商。资金转账增加供应链的成本。所有的信息流、物流和资金流都相应增加供应链的成本。因此，信息流、物流、资金流的管理是供应链成功的关键。供应链管理包括阶段内部和阶段之间的信息流、物流、资金流的管理，以达到总利润的最大化。

5.1.3 供应链模式

目前，大体上有两种供应链模式。

1. 产品驱动模式（Push 模式）

在这种模式下，制造商是主体，零售商根据制造商制造的产品进行销售，企业生产什么，消费者就使用什么。供应链上的各个角色的职责分别是：

1）制造商

- 根据财政/市场驱动来预测。
- 主要的日程表。
- 根据配送中心的库存水平补充货物。
- 手工采购订单和发票。

2）零售配送中心

- 根据仓库的库存水平和历史预测确定订货点。
- 买卖、宣传（推销）、预购。
- 手工采购订单，信息输入/输出。

3）零售商店

- 根据货架的存货及预测决定订货点。
- 推销。
- 手工输入重新订货的数量。

4）消费者

消费者购买商品。

【应用案例 5-2】

L. L. Bean 公司是在顾客订购循环中顾客的订购到来之后开始执行所有的过程。所有涉及顾客订购的循环过程都称为拉的过程。订购实施是建立在对顾客订购的预测基础上。货物补充循环的目标是保证有客户来订购时及时提供产品。货物补充循环的过程都是根据对需求的事先预测提供货物补充，这就是推的过程。在生产循环和原料补充循环的过程都是一样的。事实上，原材料如纺织品都是在顾客需求前 6～9 个月就已经买好了。生产商自己也是在出售货物 3～6 个月前开始生产产品。生产循环和原材料循环过程都是推过程。L. L. Bean 公司供应链被分为推拉链过程，如图 5-3 所示。

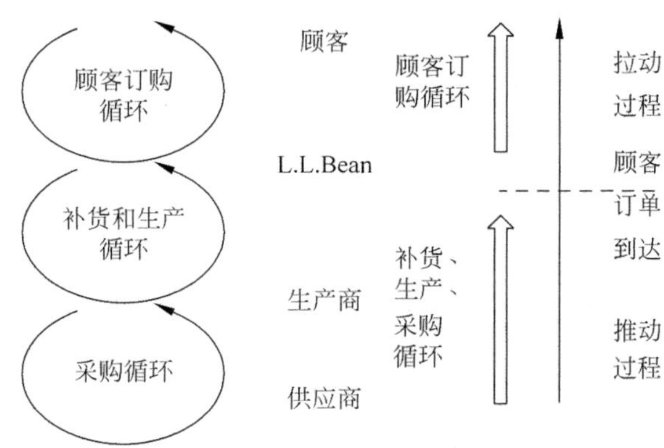

图 5-3　L. L. Bean 公司供应链的推拉过程

2. Pull 模式

在 Pull 模式下，消费者是主体，制造商根据消费者的需求来安排生产。供应链上的各角色的功能如下。

1）消费者

消费者在零售店购买商品。

2）零售店

- POS 数据收集。
- 持续的库存检查。
- 利用 EDI 自动补充货物。

3）零售配送中心

- 自动货物补充。
- EDI 服务。
- 装载记录。

4）制造商

- 根据 POS 数据和产品出库确定需求预测。
- 短循环制造。
- 先进的装运记录 EDI 服务。
- 条码扫描仪和 UPC 票据。

【应用案例 5-3】

对于基于订单生产的计算机生产商,戴尔公司的情况就不一样了。戴尔并不是通过零售商或分销商来销售产品,而是直销给顾客。按顾客所订购商品来生产以满足客户的需求,而不是提供现有的产品。顾客的订单触发终端产品生产线。生产循环也是顾客订购循环中顾客订单实施的一部分。在戴尔供应链中只有两个循环,分别为顾客订购和生产循环以及原材料循环,如图 5-4 所示。

戴尔供应链中的所有顾客订购和生产循环的过程都可以归类为拉过程,因为是由顾客订单到来触发的。然而,戴尔并不根据客户的需要订购零部件。零部件订购是根据预测顾客需求来完成的。戴尔的原材料循环的所有过程都可以归为推过程,因为它们都是事先订购的。戴尔供应链的推拉过程,如图 5-5 所示。

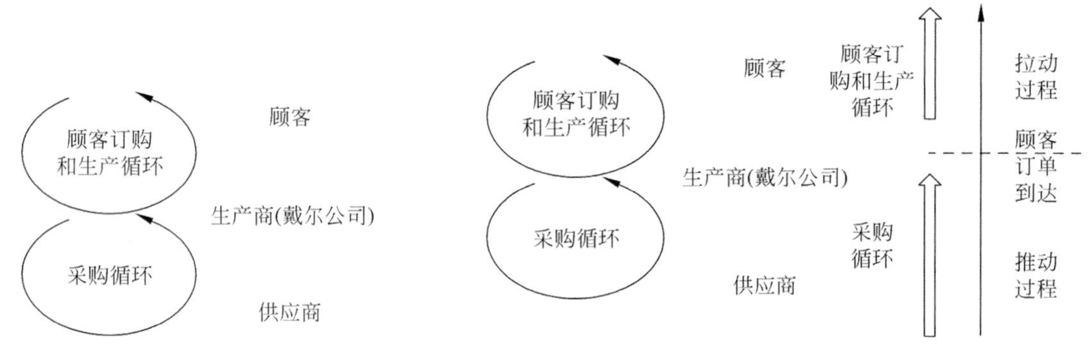

图 5-4 戴尔公司供应链循环

图 5-5 戴尔公司供应链的推拉过程

Pull 模式也称为需求驱动模式。当消费者在超市中购买商品时,在付款台,扫描仪将记录下顾客所采购的商品的准确的、详细的信息,这些交易信息用于跟踪产品从配送仓库到消费者的分配情况,配送仓库中数据的深层次集成被传回到制造商,用于准备下一次的发货来补充库存。制造商的生产程序根据配送安排表同时更改,他们的采购表也相应地调整,因此,原材料供应商也要修改其配送计划。通常,所有这些都发生在消费者签了信用卡并离开商店之前。

Pull 模式是为了满足如下需要:支持越来越多的产品变化;缩短供货时间;改善产品质量;降低单位成本;获得操作优势;控制目标可行的方法。供应链上的 Pull 因素对业务战略带来了巨大压力。企业不再靠产品质量和价格赢得竞争优势,而是通过在合适的时间将合适的产品送到消费者手中来获得优势。

然而,几乎没有公司懂得如何管理 Pull 供应链,原因很简单,有效的供应链模式需要企业做到如下几点:

(1) 迅速准确地获得消费者的需求。

(2) 做出最好的选择,以便以尽可能低的成本满足消费者的需求。

(3) 沿着整个供应链(从原材料采购到产品的制造)做出决策。

(4) 把成品分发到消费者手中并收回付款。

要想一环扣一环地完成这 4 个步骤并不像说的那么容易。今天,供应链就像一个足球队一样,队中的每一个成员都拒绝同其他队员合作,向随意方向任意踢球,而且每一个队员都有一个管理者在指挥他。

为了解决这个问题，供应链的管理者必须完成3件事：对所有的参与者提供统一的行动计划，使参与者之间能够及时通信，协调参与者并指挥他们沿正确的方向前进。

5.2 供应链决策

供应链管理包含很多环节和过程，下面从决策过程、组成要素和业务集成3个角度来分析。

5.2.1 供应链决策阶段

成功的供应链管理需要对相关的信息流、物流、资金流做出决策。这些决策根据决策频率和时间分为3种类型和阶段。

1. 供应链战略和设计

在这个阶段，公司决定如何构建供应链。也就是决定供应链的结构是什么样的以及每一阶段是如何操作的。这个阶段的决策是供应链的战略层决策，包括生产的地址、生产的规模、仓库设备、产品在各个不同地点生产和储存、在不同地点的运输模式，以及信息系统的利用。在这个阶段公司必须确保供应链结构能够支持它的战略目标。戴尔的选址和生产规模决策也即生产设备、仓库和供应来源正是供应链设计。供应链设计决策一般是长期战略和目标。在短期内改变这种计划可能要付出高额的代价。因此，当公司在制定决策时，必须考虑种种在未来几年内的市场可能出现的不确定因素。

2. 供应链计划

在计划阶段，公司定义了在短期运行中的一系列运行政策。供应链的结构已经在战略阶段制定好了，因此，本阶段计划就必须在这个结构的建立的基础上制定。公司的计划阶段是从计划下一年不同市场需求开始的。计划包括从哪一个分点给哪一个市场供货、已计划的商品存货组合、签订与生产商的转包合同、存货补充、制定关于候补的供货地政策以防断货、促销的时间和规模。戴尔公司的计划决策是根据市场在规定的范围内供应产品，以及在不同地点的目标产品数量。计划设立参数，供应链在此参数范围内在规定的一段时期内起作用。在此计划阶段，公司必须考虑不确定的需求、汇率和在此阶段的竞争情况。在一个很短的时间内，较好对未来进行预测，在计划阶段公司应该尽量考虑不确定因素，使得在短期内的利益最大化。

3. 供应链实施

这里的时间范围一般是指一天或一个星期。在此阶段，公司根据不同顾客订购做出决策。在实施阶段，供应链结构被认为是固定的，计划已经做好了。供应链实施的目标是在最有可能的情况下实施操作政策。在此阶段，公司根据产品对个人订购归类，订购的供货日期，生成一张仓库取货单，给订购分配特殊的运输模式，制定运输计划，补充订购。因为实施型计划是在短期内制定的，所以，需求信息的不确定因素就比较少。实施阶段的目标是尽量减少不确定性，在已制定的结构和计划的约束下使得收益最大化。

供应链的设计、计划和实施对供应链的利益率有着很大的影响。以戴尔公司为例，1993年，戴尔公司的业绩相当糟糕，股票价格急剧下跌。戴尔公司的管理层集中精力改善供应链的设计、计划和实施，最终业绩迅速上升，随后利润和股票也跟着迅速上涨。

5.2.2 供应链管理的过程

在最高层，供应链具体分为3个主要过程：计划、执行、控制(监督)。在这3个过程中，一个通用的主题是需要将过程优化，充分考虑消费者的需求，采用多处理定位的观点。

1. 计划系统

计划系统的焦点是在合适的时间、合适的地点有合适的产品。这些系统完成订单处理和消费者信息收集，让信息在整个供应链上和谐流动，从最初的订单到原材料采购直到产品的销售。要做到这一点，首先需要很好地理解消费者的需求：消费者需要什么？什么时候需要？什么地点需要？在这里，成功地管理供应链上的所有参与者是最根本的。例如，通过在零售点使用POS(Point Of Sale)收集数据，真正的需要可以在整个供应链上通信，信息直接从零售商传输到批发商、制造商、原材料供应商及运输提供商。

几年来，计划系统(包括需求预测和货物补充)已从Push模式转向Pull模式。在Pull模式下，消费者需求触发订单及供应链上原材料供应，然后产品再回到零售商。在理想的情况下，信息的传递是无纸的，且在整个管道中共享。制造商利用需求信息来安排生产和原材料供应。只有当整个供应链被消费者需求驱动时，库存才会从管道中移动而不只是被推回到供应链。

为了支持Pull模式，计划系统需要支持3个目标：有效收集消费者需求信息；适用需求的变化；运用需求信息进行库存投入，包括安全库存量、库存周转及补充频度。这需要对下列过程实现无缝集成：

(1) 订单计划和产生，它通过市场预测来帮助预测消费者需求。

(2) 订单输入和执行。

【应用案例5-4】

海尔的洗土豆的"洗衣机"

在中国的南方农村，有一家人买了一台海尔洗衣机，邻居看了觉得这个机器很神奇，能把那么脏的衣服洗得如此干净。他就想：每天要洗大量的土豆，能不能用它洗土豆呢？于是就买回来一台洗衣机用来洗土豆。结果大家都能预料。当海尔的销售人员了解到这个情况后，认为这是一个巨大的商机，就马上把信息传递给了产品设计部门。设计部门立即着手产品的设计，一个由顾客需求驱动的产品过程开始了。

2. 执行系统

执行系统完成供应链上商品/服务的物理转移。传统上将重点放在基于应用的系统，如消费者订单执行、库存控制、产品制造和后勤管理。执行系统强调操作效率，旨在找到一种新的方法，使得日常的业务活动流程更加顺畅，以降低成本，改善生产效率。改善操作效率的第一步是把关键业务应用升级到单一的、集成的系统，以便运行整个业务。这使得企业能够有效地在供应链上移动其产品。

对跨功能的系统的集成的需要，已经成为执行系统的主题。几年来，公司已经发现，跨功能的优化常比在功能内优化会取得更好的效果。例如，使得生产能力最大化的目标常与库存最小化相矛盾。这就要求企业在消费者服务、库存和制造成本之间进行权衡，以期最好地利用可用的人、设备和原材料等资源。因此，执行系统试图去保证订单执行、采购、制造、分销管理集成化，以保证供应链的一致性。

3. 执行评价系统

执行评价过程跟踪供应链的正常运行，以便做出更准确的决策，并对不断变化的市场条件做出及时的响应。这里，会计和财务管理是真正的焦点，使用电子商务工具如数据库来实现信息的决算和有效分析。现有的业务处理系统和报表工具都是交互式处理的，不便于为支持决策而方便地存取信息。

企业现在已采取措施建立集成的数据仓库，以解决信息的存取问题。数据仓库技术提供了数据分析的工具，允许管理者在不影响业务系统处理的情况下进行业务数据的分析。在零售业中，管理者需要从不同角度分析销售收入情况，从不同国家、不同地区、不同销售代表、不同产品等角度进行分析。管理者还可能从时间上来分析销售情况，以便更好地了解季节变化所带来的影响。这种类似的业务分析包含大量的统计、计算工作。

在执行评估中的另一个有趣的趋势是利用基于 Web 的软件代理进行超前分析。代理是一个程序，它根据用户的利益行动，这在海量数据的环境中是非常有用的。有那么多可用的信息，能指出管理者应优先注意考虑哪些信息是非常重要的。首先，组织中的每一个人对哪些业务事件需要特别的注意都有不同的观点，软件代理允许用户按自己的需求看数据，例如，会计人员希望注意不合适的交易，而销售人员需注意新的趋向，物料计划员要求低的库存警戒线，采购代理则需要注意其采购订单的发票是否已发出。软件代理可以帮助管理者有效地(有预见性地)监视业务活动，并对关键的业务事件迅速做出反应。

5.2.3　供应链中的业务集成

供应链管理要完成的业务功能有市场营销、物料管理、采购、制造、分销，而且让它们协调运作。这涉及供应链上的所有企业，包括制造商、供应商、零售商和消费者。

供应链管理的关键功能有几点需注意：

(1) 管理需求信息，以便更好地了解市场和消费者需求。通过从消费者服务、销售支持和其他功能系统中提取信息，公司可以预测市场需求和消费者趋势。

(2) 管理来自供应商的产品的物理流动。这就是供应链上的“集成后勤管理(Integrated Logistics)”，包括生产计划、采购和库存管理。

(3) 管理制造过程，保证最低的生产成本。这就是供应链管理中的“灵活制造”。

(4) 通过财政手段管理供应商和消费者的资金流，这就是供应链的“财政和会计管理”。

过程的一致性和数据的集成是上述所有供应链功能的一致要求。竞争优势往往是以比竞争对手更低的成本来集成供应链上的所有活动。当一个公司开始把业务处理概念化为一个复杂的网络时，供应链管理已超出了任何建筑物的边界、任何合作者或任何国家。供应链上的各项活动的有效管理可以是竞争优势的来源，也可以给消费者带来附加的价值。供应链协作也称为“工作流管理(Workflow Management)”。

达到供应链上的各方功能有机结合的前提是，所有参与者将关键技术和业务处理目标有机结合起来，消除浪费，使长期效益最大化，并为最终消费者带来附加价值。公司面临的挑战是消费者迅速变化的需求。为了以最小的成本满足消费者的需求，公司必须做到：确定供应链上哪一部分没有竞争力，了解消费者的哪些需求是不能满足的，确定改进目标，迅速采取必要的改进措施。

5.3 供应链的基本特征和目标

由供应链的基本概念可以看出，每个企业都是供应链上的一个结点，结点企业和结点企业之间是一种需求与供应的关系。与传统供应链不同，现代供应链是一种网链结构，由客户需求拉动，高度一体化地提供产品和服务的增值过程(具有物流、商流、信息流和资金流4种表现形态)。

5.3.1 供应链的基本特征

现代供应链的特征可归纳为以下几点。

1. 增值性

供应链将产品开发、供应、生产、营销一直到服务都联系在一起构成一个整体，要求企业考虑以下增值过程：

(1) 要不断增加产品的技术含量和附加值来满足客户的需求。

(2) 要不断消除客户所不愿意支付的一切无效劳动与浪费。同竞争对手相比，使投入市场的产品能为客户带来真正的效益和满意的价值，同时使客户认可的价值大大超过总成本，从而帮助企业实现利润最大化的目标。

所以，现代供应链是一条名副其实的增值链，链上的每一个结点企业都可以获得利润。

2. 竞争性

全球经济一体化开放了市场、加剧了竞争，特别是由信息技术带动的管理手段的发展改变了人们从事商业活动的方式，供应链上结点企业之间的竞争、合作、变化等多种性质的供需矛盾显得日益尖锐，竞争性成为现代供应链的一个显著特点。

3. 复杂性

供应链是一个复杂的网络，这个网络由具有不同目标的成员和组织构成。这意味着要为某个特定企业寻找最佳的供应链战略，将会面临巨大的挑战。供应链结点企业组成的跨度或层次不同，有生产型、加工型、服务型等；有上游、下游、核心层的，即供应链往往由多个、多类型甚至多国企业构成，所以纵横交错组成复杂的状态决定了供应链结构和运作模式的复杂性。

4. 动态性

现代供应链因结点企业的发展战略和适应市场需求变化的需要而建立，因此，无论是供应链结构，还是链上各结点企业都需要动态地更新，这就使供应链具有明显的动态性。

5. 市场性

早期推动式供应链的运作方式是以制造商为核心生产各种产品，然后由分销网络逐级推向市场用户，是以生产为中心的推动式模式。现代供应链的运作方式是以市场用户为中心的拉动式模式，其形成、存在、重构都是基于一定的市场需求而发生的。在供应链的运作过程中，用户的需求拉动是供应链中信息流、物流、资金流运作的驱动源。

6. 交叉性

一个结点企业既可以是这个供应链的成员，同时又可以是另一个供应链的成员，众多的供应链体系相互交错，增加了协调管理的难度。

7. 面向用户需求

供应链的形成、存在、重构，都是基于一定的市场需求而发生，并已在供应链的运作过程中，用户的需求拉动是供应链中信息流、产品流、服务流、资金流运作的驱动源。

5.3.2　供应链管理的目标

在经济高速发展的今天，供应链管理已经从企业的内部延伸到企业的外部，覆盖面包括供应商、制造商、分销商、最终客户。供应链管理的目标是在总成本最小化、客户服务最优化、总库存最少化、总周期时间最短化以及物流质量最优化等目标之间寻找最佳平衡点，以实现供应链绩效的最大化。

1. 总成本最小化

众所周知，采购成本、运输成本、库存成本、制造成本以及供应链的其他成本费用都是相互联系的。因此，为了实现有效的供应链管理，必须将供应链各成员企业作为一个有机整体来考虑，并使实体供应物流、制造装配物流与实体分销物流之间达到高度均衡。

2. 客户服务最优化

供应链管理的本质是为整个供应链的有效运作提供高水平的服务。服务水平与成本费用之间具有背反关系，要建立一个效率高、效果好的供应链网络结构系统，就必须考虑总成本费用与客户服务水平的均衡。供应链管理以最终客户为中心，客户管理的成功是供应链赖以生存与发展的关键。

3. 总库存量最小化

在实现供应链管理目标的同时，要使整个供应链的库存控制在最低的程度，“零库存”反映的即是这一目标的理想状态。因此,总库存最小化目标的达成,依赖于实现对整个供应链的库存水平与库存变化的最优控制,而不只是单个成员企业库存水平的最低。

4. 总周期时间最短化

当今的市场竞争不再是单个企业之间的竞争,而是供应链与供应链之间的竞争。从某种意义上说,供应链之间的竞争实质上是基于时间的竞争,如何实现快速有效的客户反应,最大限度地缩短从客户发出订单到获取满意交货的整个供应链的总周期时间已成为企业成功的关键因素之一。

5. 物流质量最优化

在市场经济条件下,企业产品或服务质量的好坏直接关系到企业的成败。同样,供应链管理下的物流服务质量的好坏直接关系到供应链的存亡。如果在所有业务过程完成以后,发现提供给最终客户的产品或服务存在质量缺陷,就意味着所有成本的付出将不会得到任何价值补偿,供应链的所有业务活动都会变为非增值活动,从而导致无法实现整个供应链的价值。因此,达到与保持物流服务质量的高水平,也是供应链物流管理的重要目标。而这一目标的实现,必须从原材料、零部件供应的零缺陷开始,直至供应链管理全过程、全人员、全方位质量的最优化。

从传统的管理思想来看,上述目标相互之间呈现出互斥性:客户服务水平的提高、总周期时间的缩短、交货品质的改善,必然以库存、成本的增加为前提,而无法同时达到最优。然而,通过运用供应链一体化的管理思想,从系统的观点出发,改进服务、缩短时间、提高品质与减少库存、降低成本是可以兼得的。

5.3.3 供应链管理的原则

1. 从职能管理向过程管理的转变

取消传统的行政部门,改为过程管理。所有企业都必须同步、协调运行,才能使供应链上所有企业都受益。

2. 从利润管理向绩效管理的转变

除追求利润、投资效益、企业声誉外,顾客满意度、灵活性、员工忠诚度都可以作为衡量指标。

3. 从产品管理向顾客管理的转变

产品和顾客都是供应链上重要的环节。传统卖方市场的企业管理是将产品作为重点,而现在在买方市场上,是顾客主导企业的生产和销售活动,顾客是核心,是主要的市场驱动力,所以顾客的需求、意见等都是企业要谋求竞争优势所必须争夺的重要资源。

4. 从交易管理向关系管理的转换

传统的供应链伙伴之间的关系是交易和竞争的关系,所考虑的主要是眼前的既得利益,因此不可避免地出现供应链伙伴之间为了自身利益而牺牲他人利益的情况。现代供应链管理理论所提供的解决这一问题的途径是在协调供应链成员之间关系的同时增加供应链各方的利益。

5. 从库存管理向信息管理的转变

企业的库存存在着矛盾，一方面库存是提高服务水平和顾客满意度的财富，必须拥有；另一方面，库存又是成本和累赘，必须尽可能摆脱。现代供应链管理用信息代替库存，使企业持有"虚拟库存"而不是实物库存，只有到供应链的最后一个环节才交付实物库存，以大大降低企业持有库存的风险。因此，用及时、准确的信息代替实物库存就成为供应链理论的一个重要观点。

6. 延期策略

使产品特性化接近顾客需求。

5.4　供应链合作伙伴选择方法

供应链合作方式的形成取决于合作多方对经营机遇的认可和相互之间的信任度，建立合作的过程是核心企业选择伙伴企业，结成动态联盟和伙伴企业认可经营机遇的过程。

影响供应链合作多方协同工作的因素是多方面的，合作伙伴的选择是一个非常复杂的问题。企业在进行伙伴企业选择时，必须多方面权衡各种因素，全面考察潜在的伙伴企业，从中做出最优化的选择。如何通过对各潜在伙伴企业的特征信息进行分析、整理、评估，确定一个最优的伙伴企业构成方案，进而确定各伙伴企业的参与方式，在供应链管理中显得十分重要。

5.4.1　合作伙伴的综合评价

合作伙伴的综合评价选择过程可以归纳为如图5-6所示的步骤，每一个步骤对企业来说都是动态的(企业可自行决定先后和开始时)，并且每一个步骤对于企业来说都是一次业务流程重构的过程。

1. 分析市场竞争环境

市场需求是企业一切活动的驱动源。建立基于信任、合作、开放性交流的供应链长期合作关系，必须首先分析市场竞争环境，目的在于找到针对哪些产品市场开发供应链合作关系才有效，必须知道现在的产品需求是什么，产品的类型和特征是什么，以确认用户的需求，确认是否有建立供应链合作关系的必要，如果已建立供应链合作关系，则根据需求的变化确认供应链合作关系变化的必要性，从而确认合作伙伴评价选择的必要性，同时分析现有合作伙伴的现状，分析、总结存在的问题。

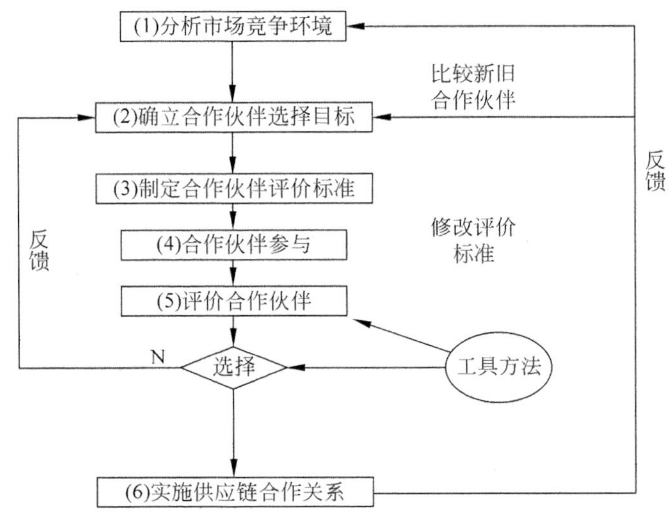

图 5-6 选择合作伙伴的方法

2. 确立合作伙伴选择目标

企业必须确定合作伙伴评价程序如何实施、信息流程如何运作、由谁负责，而且必须建立实质性且具有可行性的目标。其中降低成本是主要目标之一，合作伙伴评价、选择不仅仅只是一个简单的评价、选择过程，也是企业自身和各企业之间的一次业务流程重构过程，实施得好，它本身就可带来一系列的利益。

3. 制定合作伙伴评价标准

合作伙伴综合评价指标体系是企业对合作伙伴进行综合评价的依据和标准，是反映企业本身和环境所构成的复杂系统不同属性的指标，按隶属关系、层次结构有序组成的集合。根据系统全面性、简明科学性、稳定可比性、灵活可操作性的原则，建立集成化供应链管理环境下合作伙伴的综合评价指标体系。不同行业、企业、产品需求、不同环境下的合作伙伴评价应是不一样的，但不外乎都涉及到合作伙伴的业绩、物流设施管理、人力资源开发、质量控制、成本控制、技术开发、用户满意度、交货协议等可能影响供应链合作关系的方面。

4. 合作伙伴参与

一旦核心企业决定进行合作伙伴评价，就必须与初步选定的合作伙伴取得联系，以确认他们是否愿意与企业建立供应链合作关系，是否有获得更高业绩水平的愿望。企业应尽可能早地让合作伙伴参与到评价的设计过程中来。但因为企业的力量和资源是有限的，企业只能与少数的、关键的合作伙伴保持紧密合作，所以参与的合作伙伴不能太多。

5. 评价合作伙伴

评价合作伙伴的一个主要工作是调整、收集有关合作伙伴的生产运作等全方位的信息。在收集合作伙伴信息的基础上，就可能利用一定的工具和技术方法进行合作伙伴的评价了。

在评价之后，根据一定的技术方法选择合作伙伴。如果选择成功，则可开始实施供应链合作关系；如果没有合适的合作伙伴可选，则返回，重新开始评价选择。

6. 实施供应链合作关系

在实施供应链合作关系的过程中，市场需求将不断变化，可以根据实际情况的需要及时修改合作伙伴评价标准，或重新开始合作伙伴评价选择。在重新选择合作伙伴的时候，应给老合作伙伴以足够的时间适应变化。

5.4.2　供应链合作伙伴选择方法

目前国内外较常用的方法有以下几种。

1. 直观判断法

直观判断法是根据征询和调查所得的资料并结合决策者的分析判断，对合作伙伴进行分析、评价的一种方法。这种方法主要是倾听和采纳有经验的采购人员或销售人员意见，或者直接由采购人员或销售人员凭经验做出判断。这种方法常用于选择企业非主要原材料的主要销售渠道的合作伙伴。

2. 招标法

当订购数量大、合作伙伴竞争激烈时，可采用招标法来选择适当的合作伙伴。它是由企业提出招标条件，各招标合作伙伴进行竞标，然后由企业决标，与提出最有利条件的合作伙伴签订合同或协议。招标法可以是公开招标，也可以是指定竞级招标。公开招标对投标者的资格不予限制；指定竞标则由企业预先选择若干个可能的合作伙伴，再进行竞标和决标。招标方法竞争性强，企业能在更广泛的范围内选择适当的合作伙伴，以获得供应条件有利的、便宜而适用的物资。

3. 协商选择法

在供货方较多、企业难以抉择时，也可以采用协商选择的方法，即由企业先选出供应条件较为有利的几个合作伙伴，同他们分别进行协商，再确定适当的合作伙伴。与招标法相比，协商方法由于供需双方能充分协商，在物资质量、交货日期和售后服务等方面较有保证。但由于选择范围有限，不一定能得到价格最合理、供应条件最有利的供应来源。当采购时间紧迫、投标单位少、竞争程度小、订购物资规格和技术条件复杂时，协商选择方法比招标法更为合适。

4. 采购成本比较法

对质量和交货期都能满足要求的合作伙伴，则需要通过计算采购成本来进行比较分析。采购成本一般包括售价、采购费用、运输费用等各项支出的总和。采购成本比较法是通过计算分析针对各个不同合作伙伴的采购成本，选择采购成本较低的合作伙伴的一种方法。

5. ABC 成本法

基于活动的成本分析(Activity Based Costing，ABC)法，是通过计算合作伙伴的总成本来选择合作伙伴。该方法的总成本模型可用于分析企业因采购活动而产生的直接和间接的成本大小。企业将选择成本最小者作为合作伙伴。

这个成本模型用于分析企业因采购活动而产生的直接和间接的成本的大小。企业将选择成本最小者作为合作伙伴。

6. 神经网络算法

人工神经网络(Artificial Neural Network，ANN)是 20 世纪 80 年代后期迅速发展的一门新兴学科。ANN 可以模拟人脑的某些智能行为，如知觉、灵感和形象思维等，具有自学习、自适应和非线形动态处理等特征。

将 ANN 应用于供应链管理合作伙伴的综合评价选择，是为了建立更加接近于人类思维模式的定性与定量相结合的综合评价选择模型。通过对给定样本模式的学习，获取评价专家的知识、经验、主观判断及对目标重要性的倾向，当对合作伙伴做出综合评价时，该方法可再现评价专家的经验、知识和直觉思维，从而实现了定性分析与定量分析的有效结合，也可以较好地保证合作伙伴综合评价结果的客观性。

5.5 供应链管理方法

日本丰田公司副总裁大野耐一综合了单件生产和批量生产各自的优势，创造了一种在多品种、小批量混合生产条件下的高质量、低消耗的生产方式，即 JIT(Just In Time，准时制)。其含义是："只在需要的时候，按需要的数量，采购适量的原材料，生产所需要的产品。"这一生产方式为日本汽车工业的高速发展做出了突出的贡献。通过看板，采用拉动方式把供、产、销紧密地衔接起来，使物质储备、成品库存和在制品大为减少，极大地提高了生产效率。在这一思想的影响下，各种分支和派别不断出现和发展。快速反应(Quick Response，QR)和有效客户反应(Efficient Consumer Response，ECR)是供应链管理的典型模式。

5.5.1 快速反应

快速反应起源于美国 20 世纪 80 年代的服装业，由于消费者需求的多样化，产品种类的增多，而产品生命周期缩短，尤其是日本及东南亚的低价产品大量涌入，使美国服装产品处境艰难。美国制造商感到只有对不断变化的市场做出更快的反应，极大地降低前置时间，降低库存，产品才有出路。

降低前置时间体现为产品的设计准备时间最短、生产提前期最短、物流反应时间最短、商品上柜时间最短。

在运作上，系统各方应充分利用条码(BC)技术、销售时点数据采集技术(POS)和电子数据交换技术(EDI)加速信息流，最大程度地降低前置时间，降低流通费用。

1. QR成功的条件

美国学者 Black Burn(1991)在对美国纺织服装业 QR 研究的基础上总结出 QR 成功的5个条件,这也是 QR 的主要特征。

(1) 必须改变传统的经营方式和革新企业的经营意识和组织。

具体表现在以下几个方面:

① 企业不能局限于依靠本企业的力量来提高经营效率的传统经营意识,要树立通过与供应链各方建立合作伙伴关系,努力利用各方资源来提高经营效率的现代经营意识。

② 零售商在 QR 系统中起主导作用,零售商店是 QR 系统的起始点。

③ 在 QR 系统内部,通过 POS 数据等销售信息和成本信息的相互公开和交换,提高各个企业的经营效率。

④ 明确 QR 系统内各个企业之间的分工协作范围和形式,消除重复作业,建立有效的分工协作框架。

⑤ 必须改变传统的业务处理方式,通过利用信息技术实现业务处理的无纸化和自动化。

(2) 必须开发和应用现代信息处理技术,这是成功进行 QR 活动的前提条件。这些信息技术有商品条形码技术、物流条形码技术、电子订货系统(EOS)、POS 数据读取系统、EDI 系统、电子支付系统以及预先发货清单技术。供应商(制造商)管理用户库存方式(VMI)、连续补充库存方式(CRP)等由信息技术支持的供应链管理。

(3) 必须与供应链各方建立战略伙伴关系。具体内容包括两个方面:一是积极寻找和发现战略合作伙伴,二是在合作伙伴之间建立分工和协作关系。合作的目标是削减不必要的库存,避免缺货现象的发生,降低商品风险,避免大幅度降价现象发生,减少作业人员和减少事务性作业等。

(4) 必须改变传统企业对商业信息保密的做法,将销售信息、库存信息、生产信息、成本信息等与供应链中的合作伙伴交流分享,并在此基础上,要求各方在一起发现问题、分析问题和解决问题。

(5) 供应商必须缩短生产周期,降低商品库存。供应商应该努力做到:

① 缩短商品的生产周期(Cycle Time)。

② 进行少批量多品种生产和多频度小批量配送,降低零售商的库存水平,提高客户服务水平。

③ 在商品实际需要将要发生时采用 JIT 生产方式组织生产,减少供应商自身的库存水平。

2. QR的最新发展

QR 的发展已有 20 年,其基本原则没有变化,但 QR 的策略和技术已今非昔比,目前在欧美地区,QR 的发展已跨入第 3 个阶段,即联合计划、预测与补货(Collaborative Planning, Forecasting and Replenishment,CPFR)阶段。CPFR 是一种建立在贸易伙伴之间密切合作和标准业务流程基础上的经营理念。它应用一系列技术模型,这些模型具有如下特点:开放但安全的通信系统,适应于各个行业,在整个供应链上是可扩展的,能支持多种需求(如新数据类型、各数据库系统之间的联接等)。

1995 年，沃尔玛及其供应商 Warner-Lambert、企业管理软件商 SAP、美国咨询公司 Benchmarking Partners 等 5 家公司联合成立了零售供应和需求链工作组，进行 CPFR 的研究和探索，其目的是开发一组业务流程，使供应链中的成员利用它能够实现从零售商到制造商之间的功能合作，显著改善预测准确度，降低成本、降低库存总量和现货百分比，发挥出供应链的全部效率。在实施 CPFR 后，Warner-Lambert 公司零售商品满足率从 87%增加到 98%，新增销售收入 800 万美元。

5.5.2 有效客户响应

20 世纪 60 年代和 70 年代，美国日杂百货业的竞争主要是在生产厂商之间展开。竞争的重心是品牌、商品、经销渠道和大量的广告和促销，在零售商和生产厂家的交易关系中生产厂家占据支配地位。进入 20 世纪 80 年代，在零售商和生产厂家的交易关系中，零售商开始占据主导地位，竞争的重心转向流通中心、商家自有品牌(PB)、供应链效率和 POS 系统。同时在供应链内部，零售商和生产厂家之间为取得供应链主导权的控制，同时为商家品牌(PB)和厂家品牌(NB)占据零售店货架空间的份额展开着激烈的竞争，这种竞争使得在供应链的各个环节间的成本不断转移，导致供应链整体的成本上升，而且容易牺牲力量较弱一方的利益。在上述背景下，美国食品市场营销协会联合包括 COCA-COLA、P&G 在内的 6 家企业与一些流通咨询公司一起组成研究小组，对食品业的供应链进行调查、总结、分析，于 1993 年 1 月提出了改进该行业供应链管理的详细报告。在该报告中系统地提出有效客户响应的概念体系。经过美国食品市场营销协会的大力宣传，ECR 概念被零售商和制造商所接纳并被广泛地应用于实践。

有效客户响应的 4 大要素

高效产品引进(Efficient Product Introductions)、高效商品存储(Efficient Store Variety)、高效促销(Efficient Promotion)以及高效补货(Efficient Replenishment)被称为是 ECR 的 4 大要素。

(1) 高效产品引进。通过采集和分享供应链伙伴间时效性强的更加准确的购买数据，提高新产品的成功率。

(2) 高效商品存储。通过有效地利用店铺的空间和店内布局，最大限度地提高商品的赢利能力。例如，建立空间管理系统、有效的商品种类管理等。

(3) 高效促销。通过简化分销商和供应商的贸易关系，使贸易和促销的系统效率最高。例如，消费者广告(优惠券、货架上标明促销)、贸易促销(远期购买、转移购买)等。

(4) 高效补货。从生产线到收款台，通过 EDI 系统，以及以需求为导向的自动连续补货和计算机辅助订货等技术手段，使补货系统的时间和成本最优化，从而降低商品的售价。

5.5.3 QR 与 ECR 的比较

1. 共同的外部环境变化

这两个行业都受到了两种重要的外部环境变化的影响。一是经济增长速度的放慢加剧了竞争，因为零售商必须生存并保持顾客的忠诚度；二是零售商和供应商之间交易平衡发生了变化。

2. 共同面临贸易伙伴之间的不协调关系而需要加强密切合作

在引入 QR 和 ECR 之前，两个行业都陷入了同样的困境：供应商和零售商或批发商之间的关系非常恶劣，已到了相互不信任的地步，两方面都各自追求自己的目标，而忽视了企业经营的真正目的——满足顾客的需要。

3. 共同的目标

供应商和零售商都受到了新的贸易方式的威胁。对于零售商来说，威胁主要来自大型综合超市、廉价店、仓储俱乐部以及折扣店等新的零售形式，它们采用新的低成本进货渠道。这些新的竞争者把精力集中在每日低价、绝对的净价采购及快速的库存周转等策略上。对于供应商来说，压力来自自有品牌商品的快速增长，这些商品威胁了其市场份额。

4. 共同的信息技术支持

QR 和 ECR 都必须有信息技术支持，这是它们取得成功的前提条件。

5. 共同的措施

QR 和 ECR 都重视供应链的核心业务，对业务进行重新设计，以消除资源的浪费。

6. 共同存在可能的认识误区

供应商(制造商)和零售商两方常错误地认为，QR 和 ECR 是技术方面的工作。如果企业的总经理信奉这种观念，把 ECR 和 QR 仅付诸信息管理部门去实施，那么这个企业将一无所获。虽然技术在战略的实施中所扮演的角色是非常重要的，但是它本身并不能保证战略的实现。只有把 QR 和 ECR 作为企业的整个供应链管理战略来重视，使信息在整个系统快速、准确和及时流动，再加上生产经营和物流、服务等方面的有效运作，供应链上的零售商和制造商才能获得成功。

5.6　零售业供应链管理

零售商生存的原则有两条：一是商品要符合潮流，二是商品要有货(In Stock)。如果不能有效地管理商品来满足消费者的需求，就会导致失去销售额，最后导致破产。据统计，因不适当的信息、过量的库存、代理商和零售商之间较慢的通信使得零售商损失的年收入为250 亿美元。

商品管理是一个复杂的问题。平均每个部门的库存量一次就超过一百万件(Stockkeeping Unit，SKU)，每一件商品都有自己的产品风格、大小、颜色。每一个零售商的 SKU 由成百上千的批发商提供。这些批发商需要以较快的速度、准确地把订购的产品分发到多个零售地点。

为了强调这些问题，很多零售商现在学习利用复杂的系统来管理“入库”和“在库”策略。

零售商采取各种策略来优化选择和产品的可用性，同时使库存量降到最低水平，这些策略包括“快速响应商品管理”，以改善零售需求链的效率。零售链的参与者正采用各种方法通过改善采购、库存和分销管理来优化商品流通。

不管是传统的商场零售还是在线零售，成功的零售全在于需求管理或供应链管理。SCM 是关键，它影响着产品的买入价格，它使得毛利最大化，标价最小化。后两种还依赖于缩短上货时间，反过来依赖于系统的集成程度。很多零售商越来越注重与制造业之间加强联系，以便更紧密、更快速地进行信息交流。

5.6.1 订单管理循环

虽然订单管理循环（Order Management Cycle）的实际细节可能随着不同的企业、不同的产品和不同的服务各不相同，但是，从总体上看，一个典型的订单管理循环包含 7 个相互区别的活动，如图 5-7 所示。

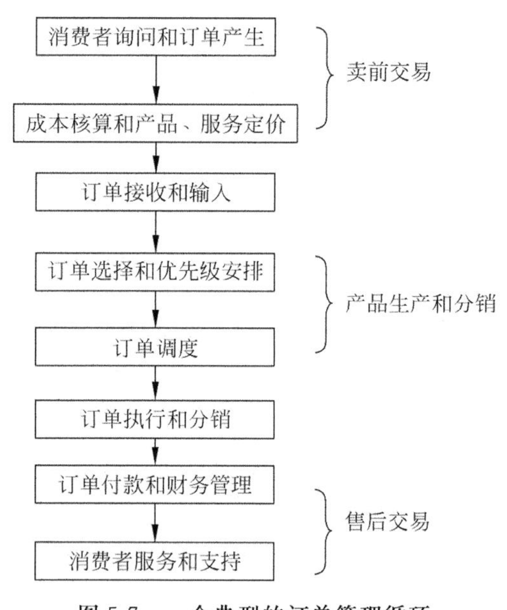

图 5-7 一个典型的订单管理循环

1. 订单计划和订单产生

供应链管理早在消费者下真正的订单之前就已开始。在订单计划中，能真正反映缺乏集成的操作会如何影响公司的业绩。在订单计划中，离消费者最近的人（销售人员或者是市场营销人员）做销售预测，生产部门做生产能力计划，指出需要花费多少钱，需要雇佣多少人，应该生产多少库存，生产计划人员做出为了雇佣工人和建立库存的财政预算。如果内部缺乏及时沟通，就会导致生产的东西和真正需要的东西相差甚远。

2. 在线成本确定和定价

定价是消费者需求和企业能力的桥梁。好的定价策略可以降低企业总成本的压力。不幸的是，定价没有被大家很好地理解。

在在线销售环境中，定价是关键的，它决定了订单流管理的方法。例如消费者可能有一些特殊的需求（颜色、大小），或需要迅速供货。为了处理顾客的需要，公司必须考虑依据订单来定价。然而，许多公司还不知道如何在在线市场上根据不同的订单来确定价格。在订货层，价格取决于不同的人对产品价值的不同认同及完成每一张订单的成本。因此，需要建立一个系统，使得公司能够根据每一张订单的价值和成本来定价。

在做价格决策方法时，常有一些问题，这个问题体现在各个部门之间目标的差异上。销售人员希望价格足够低，以便完成其销售目标；而财务部门希望价格高一些，以便完成利润目标；同时，消费者在等待更合适的机会进行购买。

另一个有效定价的障碍是对数据的不恰当分析。很多企业在研究价格的灵活性上是失败的，对价格变化如何影响销售质量的问题认识不足。

有效的数据分析帮助零售商有效地减少库存，跟踪产品的购入价和售出价，决定产品调价的时间，从而影响总的销售额。基于订单的价格策略是一件很难的事情，需要细致的考虑和审慎的执行，但它所能带来的潜在收益是值得这么做的。

3. 订单接收和输入

经过一番讨价还价之后，达到一个双方都可接受的价格，就可以输入订单了。现在，这项工作一般由消费者服务人员配合完成，这些人经常和消费者接触，对消费者行为非常熟悉。

订单登记(Entry)需要与库存有一个接口。为了更好地为消费者服务，如果订单上的商品已经售完，必须立即通知消费者，而不是几天以后才发退单通知。另一方面，如果顾客订购的商品库存有货，也应及时给顾客发送订货确认通知，并及时更改库存数量，否则，公司会让消费者感到失望，用户就会选择其他的供货商。

将库存与订单执行系统结合需要数据库的集成。一般来说，当一个消费者访问 Web 页面，并下一个订单时，其订单就会被送到负责为消费者服务的人那里，由他来确定订单的正确性及完成订单所需的库存水平。很明显，在公司创建 Web 页面来接受订单之前，需要有很多屏幕之后的计划工作。

4. 订单选择和优先级确定

消费者服务代表还要负责选择接收哪些订单、拒绝哪些订单。事实上，并不是所有的消费者订单都是平等的，对企业来说，有一些订单比其他的要好，特别是那些适合公司的能力又产生客观效益的订单，这些订单被称为“甜点”(Sweet Spot)，它集中代表了消费者的需求及很高的消费者满意度，反过来又激发消费者的热情。

另一个被完全忽略的因素影响着订单选择和优先级确定。公司在选择订单时只是考虑赚更多的钱，而忽略了生产能力。另外，制定订单优先级的人可能是那些对企业整个发展战略一无所知的人。

5. 订单调度

在订单调度阶段，具有优先级的订单进入实际的生产或操作。这个任务很难，因为不同的职能部门——销售、市场营销、消费者服务、生产部门可能具有不同的，相互冲突的目的，补偿方法及组织的强制性。生产人员希望设备的变动最小，而客户服务代表则希望能满足特殊顾客的特殊需求。如果生产部门单方面地安排生产，消费者和服务代表就会完全从这个过程中排除。业务部门之间常常没有通信，销售服务部门向销售部门报告情况但物理上却与生产调度分离，结果是缺乏相互依赖的合作。

6. 订单完成和送货

由于行业之间存在着很大差别，订单执行和产品装运也越来越复杂。订单执行包含多个功能和位置：订单上的不同部分可能在不同的部门生产，生产部门和仓库也可能在不同的地点，而装货又会在第三个地点。任务越复杂，组织间的合作越重要，而需要的合作越多，订单被推迟的机会就越大。

在竞争环境中，在消费者的眼中，订单执行变得越来越重要。例如 TV 家庭销售，QVC 作为电视家庭购物的领导者，为潜在购物的消费者提供了在电视屏幕上挑选商品的方便性，并拨打免费电话来订购货物。QVC 了解到：只是通过电视直接为家庭提供采购服务还不足以同传统的商场竞争。人们从这里学到的很有价值的经验是，零售商不只是卖货，而且要完成订单。如果没有有效的商品采购和装运过程及可靠的消费者服务，零售商是不会成功的。

随着在线零售变得越来越火爆，有一个问题必须强调指出，那就是，现有的执行和装运方法将发生什么变化？答案是：对存储商品的仓库和运输产品运输工具的需求在不断变化着。

很多公司已经预期到在运输和装运中的变化需求。例如，对于一台完整的计算机来说，主板、显示器、打印机、电源都产自不同的地方，在这种情况下，可以将各个部件直接运送到消费者手中，而没有必要先放到仓库中去。零售商只需跟踪部件并移动它们，以便所有部件在适当的时候到位。

7. 订单结账和付款管理

订单执行完成后，结账由财务人员完成，其职责是有效地发账单并快速地将资金收回。换句话说，结账功能是为了满足公司的需求和利益，而不是消费者。消费者经常不理解他们收到的账单，或认为它不正确。实际上，账单通常被设计成更方便于账务部门处理的格式，而不是便于消费者理解和使用。

5.6.2 订单执行中的软件接口

管理零售商供应链的软件必须与 3 个不同的实体有接口，即制造业、零售商和消费者。软件的功能有两个：把消费者的需求模式沿供应链上行至制造商，有效地将产品从供应商到消费者。

供应链软件有 3 个不同的模式，即消费者-零售商接口，零售商-供应商接口，零售管理接口。

1. 消费者-零售商接口

这个接口是一组子系统，管理市场营销、销售、消费者服务。典型的消费者-零售商接口主要包括下面两点：

(1) 商店操作。POS(销售点系统)机，商店内部管理。

(2) 消费者服务。包括电子广告、现代化付账、产品可视化浏览、礼品登记、雇员训练、商店销售跟踪、电话/订单入口助理、消费者服务中心。

在消费者-零售商接口，电子商务把前台销售和后台系统连接在一起。POS 系统的采用，使得商家能够自动完成价格和商品跟踪。条码的迅速普及使得每种商品有唯一的代码，这就使得零售商和代理商之间能迅速、有效地交换信息。

2. 零售商-供应商接口

这个接口将产品从供应商送到消费者手中，其目的是使库存量最小，降低浪费(如食品过保质期）或减价（如服装的过季销售）。该接口还用来确定库存的最合适的质量和位置，然后才订货、存储和移动它。其职责可以由一个后勤部门来完成，也可以由分散在各个不同的部门来完成。

（1）采购：确定订单质量，给供应商发送订单，并与供应商通信。

（2）库存管理：确定每一个地点的最佳的库存水平。

（3）库存控制：跟踪产品的库存和出入。

（4）库存移动：接收、检查、存储、挑选和调度商品。

（5）分配：计划和管理仓库和运输。

零售商-供应商接口的成功应用取决于零售商和供应商之间的密切合作。为了达到信息的集成，零售商经常需要统计供应商销售的最大百分比，因此，人们越来越多地采用“伙伴关系”来描述供应链管理。这种密切的合作关系使得零售商依靠几个主要的供应商且供需关系越来越强，至少是计划朝这个方面发展。

伙伴关系的加强及数据通信的发展，促进了使用计算机来传递交易文档，包括采购订单、发票、装运指示等。这种无纸贸易也就是常说的EDI，EDI通过降低成本、减少错误、改善商品采购过程的及时性让零售商受益。

3. 零售管理接口

这个接口用于组织内部业务处理的计划和控制，例如财务会计、人力资源管理等。主要业务包括：

（1）业务情报或商品计划。其中包括目录管理、代理商利润分析、降价计划、推销计划/分析、空间计划。

（2）微市场。包括广告分析、市场营销、图形信息系统、提拔的有效性、消费者目录管理、忠诚程序。

（3）商标管理。包括有效的产品介绍的包装和设计、推销、宣传计划和分析、报告。

上述活动都是信息密集型的，例如商品计划，它帮助零售商做平衡决策，使得降价的损失最小。商品计划员需要输入下面的数据来制定计划：实际的销售数据、公司业务计划、现有库存数据，另外，还需考虑下述决策参数：每一仓库中存放什么产品，每一种产品要订多少货，产品的零售价，什么时候装货，从供应商那里需要多少数量。

商品计划员还需要负责计划每一种库存商品的布置，决定商品如何存放，如何占据地面空间。这使得零售商在制定采购决策前能协调每一仓库的商品，然后在销售期间评价这些决策。

4. 其他内容

在理想情况下，电子商务应该为零售商提供计划和控制整个业务过程的集成系统，包括供应链上从供应商到消费者的全部过程。集成程度越高，对软件的需求就越多。完成有效的供应链需要一个软件结构，它能将便于使用的、独立的应用软件系统集成为一个有效的系统。当应用软件集成到网络操作时，会提供最大的价值，在企业之间和企业内部都是这样。如果采用开放的Internet结构，能使得应用软件和用户接口通过客户服务器协议分布在不同种类的计算机上。

一个公司完成的好坏取决于这些模块的集成。目标是通过将应用紧密地结合来改善业务效率,从而释放创造力。这样的软件需要大量的改革战略,超出大多数个人零售操作的主要资源。要理解在实施零售供应链中已经提到过的技术,这是一种长期的艺术尝试,它同SCM软件包的集成一起变化。

本章要点回顾

本章从案例出发,探讨了供应链和供应链管理的含义,供应链的运作过程和包含的各个环节。分析了两种不同的供应链模式(push模式和pull模式)的差别,重点探讨了pull模式的运作过程,分析了有效的pull模式供应链的成功关键要素。作为企业,如何重新确定自己在整个供应链中的位置,通过信息共享来与伙伴进行有效的协作,是学习的重点。

习　题　5

1. 名词解释

供应链、核心竞争力、业务外包、QR、ECR、JIT、CPFR、VMI、POS

2. 问答题

(1) 什么是供应链管理?

(2) 企业为什么要实施供应链管理?供应链管理对提高企业竞争力有什么作用?举例说明。

(3) 供应链管理是在什么背景下产生的?传统企业管理有哪些弊端?

(4) 供应链管理的基本思想和基本特征是什么?

(5) 供应链管理包括哪些主要内容?

(6) 准时采购策略在供应链管理中有什么作用?

3. 综合应用题

以戴尔公司为例,说明拉式供应链的运作过程。在整个运作过程中,信息流如何流动?

第6章

客户关系管理系统(CRM)

【内容概要】

本章主要介绍客户关系管理的概念、客户关系生命周期、客户价值以及客户价值评价体系，并简要介绍了客户关系管理系统的类型、功能以及相关技术。通过案例和相关知识的介绍，进一步理解客户关系管理的功能和企业如何成功地实施客户关系管理。

【引导案例】

一汽轿车销售有限公司致力构筑新型客户关系

为了适应和满足多层次、多元化、个性化的用户需求，一汽轿车销售有限公司(以下简称“一汽轿车”)于2002年初成立了客户关系管理部。其职责是收集、分析、整理客户的信息，了解客户的需求。客户服务的内容包括客户业务咨询、投诉、服务通知、服务提醒、服务调查等。在整个运作过程中，从管理到终端用户，客户关系管理部起一个桥梁的作用，能及时了解客户的需求，了解客户对一汽轿车的产品及服务哪些满意，哪些不满意，收集整理后，再反馈到各个相关的部门，形成一个良性的循环。

在与客户的交流中，工作人员向客户介绍整车的性能以及保养、维护方面的知识，同时客户也在向一汽轿车传递着信息，把客户的问题变成一汽轿车为其服务的客户知识，通过沟通，使一汽轿车能更好地维护与客户的关系，为客户服务。客户的需求就是对一汽轿车的命令，例如在红旗明仕二代的改进项目中，有一些地方就是客户提出来的。在产品上体现出了对客户负责的态度。

一汽轿车客户关系管理部主要开展两项工作：一项是对新购车客户的访问，一项是对索赔客户的访问。借此不但能了解客户对一汽轿车的产品和服务的需求，而且还能了解到其他一些细微的环节，如服务站的技术是否过硬，态度如何，服务设施是否齐全等。一汽轿车对这些微观的情况了解后，有利于对服务站进行监督，促进服务站改进工作的质量。

新型的客户关系体系是应着新的理念而建立的，这也是市场的需要。一汽轿车引入客户关系管理机制，建立统一的客户服务窗口，通过运作体系和模式实现以产品为中心向以客户为中心的转变，这是扩大市场竞争优势的根本保证。以往的客户关系就是简单的买卖关系，客户的车出了问题，维修站负责修理，谈不到更深层次的服务。而通过一汽轿车所构筑的新型的客户关系，客户需要什么，一汽轿车就能根据其需要来重新规划管理制度、职责、业务流程和营销政策。新型的客户关系要顺应客户的需求来发展，要围绕客户的需要来建立。不但要站在客户的角度想问题，还要引导顾客、了解顾客，保持与顾客的沟通，和顾客产生互动，是一种全新的客户关系体系。

在客户购车时，一汽轿车会告诉客户有什么权利，可以要求什么，这和以往有很大的不同，因为把车卖给客户并不是一时的事，接下来与客户可能是10年、15年甚至更长时间的联系，对客户要有长久的承诺和服务。把车卖出去表明工作才刚刚开始，以后的工作将会更多。一汽轿车的目标是有红旗车的地方，就有一汽轿车的优质服务。

6.1 客户关系管理概述

客户关系管理(Customer Relationship Management，CRM)是伴随着信息技术和网络技术的发展而产生的。CRM的出现体现了两个重要的管理趋势的转变，首先是企业从以产品为中心的模式向以客户为中心的模式转移。因为随着各种现代生产管理和现代生产技术的发展，全球性产品过剩及产品同质化的趋势越来越明显，因此，通过产品差别来细分市场从而创造企业的竞争优势也就变得越来越困难，从而使企业发展的主导因素从产品价值转向客户需求，客户成为企业的核心资源。其次，CRM的出现还表明了企业管理的视角从“内视型”向“外视型”的转换。

在引导案例中，一汽轿车销售有限公司通过引入客户关系管理机制，实现以产品为中心向以客户为中心的转变，从而扩大市场竞争优势。另外客户需要什么，一汽轿车就要根据其需要来重新规划管理制度、职责、业务流程和营销政策。由此可见，一汽轿车发展的主导因素从产品价值转向客户需求，客户成为企业的核心资源。

6.1.1 客户、关系和管理的基本概念

客户是指购买或将要购买某种产品或服务的人或组织。已购买产品或服务的人或组织是客户，将要购买某种产品或服务的人或组织是潜在客户，发现并争取潜在客户对企业来讲意义更为重要。在引导案例中，所有购买一汽轿车的人或组织都是一汽轿车的客户，而有意购买轿车并向该公司进行咨询的人或组织则是其客户(享受咨询服务)或潜在客户。从某种意义上讲，一汽轿车销售有限公司服务的所有对象都是其客户。

关系是指两个人或两个组织之间一方对另一方的行为方式以及感觉状态。一个关系应具有行为和感觉两种特性。如，一个潜在客户对一汽轿车有很好的印象，并产生了购买轿车的行为，则他们之间存在关系；若只有好的印象，但没有产生咨询行为或购买行为，则他们之间不存在关系。关系具有从建立、发展、维持到关系终止的生命周期。某人准备购买一汽某品牌的轿车，从咨询开始即与企业建立了关系，此时客户为潜在客户；当关系发展到一定程度即产生了购买行为，这时客户为真正客户；在轿车的使用过程中要经常对车进行保养、维修等，则企业与客户的关系处于维持阶段；当轿车淘汰后，则彼此的关系终止。

管理是对资源的控制和有效分配，以实现管理单位所确定的目标。在CRM中的管理就是对客户关系进行有效的管理，以帮助企业实现它所确定的经营目标。

6.1.2　客户关系管理的基本概念

在全球市场竞争日益激烈的今天，企业关注的重点逐步由过去的生产等环节转向市场和客户，客户资源成为企业最重要的核心资源。为了有效地管理和使用客户资源，出现了客户关系管理概念。客户关系管理的概念最初由 Gartner Group 提出，到目前为止仍没有形成唯一的定义，不同学者从不同的关注点对其进行了描述，从而形成了多种 CRM 的定义，下面选择两种描述说明 CRM 的含义。

描述 1：CRM 是企业的一项商业策略，它按照客户的分割情况有效地组织企业资源，培养以客户为中心的经营行为以及实施以客户为中心的业务流程，并以此为手段来提高企业的获利能力、收入以及客户的满意度。

描述 2：CRM 是企业在营销、销售和服务业务范围内，对现实的和潜在的客户关系以及业务伙伴关系进行多渠道管理的一系列过程和技术。

描述 1 是从企业经营管理的角度把 CRM 描述为一种商业策略，通过改变企业的经营行为和业务流程，做到以客户为中心，从而提高客户的满意度，并最终提高企业的获利能力和收入。描述 1 所关注的是管理理念，而不是 IT 技术。但是 CRM 若要真正按照客户的分割情况有效地组织企业资源，就必须借助于 IT 技术。描述 2 所关注的是：CRM 是一种管理过程和技术，通过这种管理手段对现实的和潜在的客户关系以及业务伙伴关系进行多渠道管理。对于管理的目的是什么，则没有进行描述。

所以在不同场合下，CRM 可能是一个管理学术语，可能是一个软件系统，而本书所讲的 CRM，是指通过信息技术使企业在营销、销售和服务业务范围内实现以客户为中心的管理理念的软件系统，其中涉及销售、市场营销、客户服务以及支持应用等软件。它的目标是缩减销售周期和销售成本、增加收入、寻找扩展业务所需的新的市场和渠道以及提高客户的价值、满意度、赢利性和忠实度。

在引导案例中，一汽轿车销售有限公司通过客户关系管理及时了解客户对一汽轿车的产品的需求，对客户需求进行收集整理后，反馈到设计部门和生产部门，以生产出受客户欢迎的产品。例如红旗明仕二代的改进项目，有客户反映明仕车的后座没有安全带，在高速行驶时会感觉不安全，问题反映到生产部门，于是在推出明仕二代时车后座上增添了安全带；还有客户提出开门不方便，于是明仕二代就安装了中控门锁。

只有通过网络技术，才能不受时空限制及时了解客户的需求；只有通过信息技术，才能对大量的客户需求进行快速、准确地分析。所以，CRM 与信息技术密切相关。

6.1.3　客户关系生命周期

【应用案例 6-1】

忽视客户生命周期的后果

某公司是一家大型工业陶瓷设备生产企业，面向军事、汽车、机床、焊接等大型制造领域提供各种陶瓷产品以及相应服务，由于过硬的产品质量和出色的技术，该公司一直在行业内享有很好的声誉，是行业内的领军企业。但伴随着市场的不断成熟，竞争越来越激烈，该公司遇到的问题也越来越多。

市场部不断地增加广告投入，力求帮助公司获取更多新客户，但是客户规模并没有按照计划预期地扩大；销售部人员不断增加，出台了多种销售激励政策，并且实行末位淘汰制度，可是销售业绩始终没有出现飞跃；现有客户在流失，公司整体工作效率在下降……

造成上述结果的主要原因是公司没有按照客户生命周期进行市场投入和宣传。在客户与企业发生业务的过程中，从未发生接触到初次接触，形成销售机会，到签约，直至成为用户并发生再购买，客户所处的阶段和状态是变化着的，针对不同阶段和状态的客户，需要不同的策略。客户与企业发生联系的全过程的不同阶段和状态构成了客户的生命周期。一个完整的客户生命周期包括考察期、形成期、稳定期和退化期 4 个阶段。

1. 考察期

考察期是客户关系的孕育期。在该阶段，双方考察和测试目标的相容性、对方的诚意、对方的绩效，考虑如何建立长期关系包括双方潜在的职责、权利和义务。考察期的基本特征是双方相互了解不足、不确定性大，该阶段的中心目标是评估对方的潜在价值和降低不确定性。在这一阶段客户会下一些尝试性的订单。

2. 形成期

形成期是客户关系的快速发展期。双方关系能进入这一阶段，表明在考察期双方相互满意，并建立了相互信任和相互依赖的关系。在形成期，双方从关系中获得的回报日趋增多，相互依赖的范围和深度也日益增加，逐渐认识到对方有能力提供令自己满意的价值和履行其在关系中担负的职责，因此愿意承诺一种长期关系。随着双方了解和信任的不断加深，关系日趋成熟，双方的风险承受意愿增加，由此双方交易不断增加。

3. 稳定期

稳定期是客户关系的成熟期。在稳定期，双方或含蓄或明确地对持续长期关系做了保证。其明显特征是：双方对对方提供的价值高度满意；为能长期维持稳定的关系，双方都作了大量有形和无形的投入；高水平的资源交换，即大量的交易。因此，在这一时期双方的相互依赖水平达到整个关系发展过程中的最高点，双方关系处于一种相对稳定状态。稳定期是供应商期望达到的理想水平，但客户关系的发展具有不可逾越性，客户关系必须越过考察期、形成期才能进入稳定期。

4. 退化期

退化期是客户关系的逆转阶段，关系退化可能发生在考察期、形成期、稳定期 3 个阶段的任一时点。有些关系可能永远越不过考察期，有些关系可能在形成期退化，有些关系则越过考察期、形成期而进入稳定期，并在稳定期维持较长时间后退化。引起关系退化的可能原因很多，如一方或双方经历了一些不满意；发现了更适合的关系伙伴；需求发生变化等。退化期的主要特征有：交易量下降、一方或双方正在考虑结束关系甚至物色候选关系伙伴（供应商或客户）、开始沟通结束关系的意图等。

企业通常会依据业务来划分业务部门。例如：市场部负责公司品牌，市场宣传；销售部负责公司销售任务的完成等。在传统的业务方式中,部门以完成各自的工作计划为主,很少按照客户的流向来协同规划、配合,整体工作被割裂管理,计划制定缺少依据,易于造成环节失调。如在应用案例 6-1 中,因为公司没有按照客户生命周期对客户进行完整管理,结果造成虽然有大量的市场投放,公司在行业市场上知名度得以提升,但是投放的内容缺乏针对性,结果导致处于考察期的潜在客户没有成为最终客户;而形成期的客户因沟通不到位而退出,造成客户流失。稳定期的客户也会受到一定的影响。如果市场部和销售部依据客户特征以及生命周期状态特征规划业务,上述结果将完全逆转:市场投入将带来大量客户,销售针对客户状态采取有效沟通内容,有效推进客户状态,销售将节节攀升。

客户生命周期管理是一种全新的业务规则,如图 6-1 所示,它指导企业围绕客户在企业中的发生、发展的过程规划、协调开展业务。企业相关业务部门的职能也需要随之发生改变。例如,市场部的工作职能由难以量化的品牌工作导向转变为量化的对目标客户的获取为工作导向,无论何种业务,市场职能的核心都是寻找目标客户,把目标客户培育为更多的销售机会。因此市场工作的职能就是:目标客户的选择与判断,客户发展的规划确立与客户发展,客户培育与客户管理。销售部的工作职责则是将机会客户推进成为订单,因此销售工作的核心能力就体现为销售周期的缩短和销售机会到订单成功率的提升,而不仅仅是销售额和利润贡献。服务部门的服务业务从对客户请求的响应和服务行动的可追溯,发展为通过服务任务和服务工作的良好完成,培育客户再次购买。

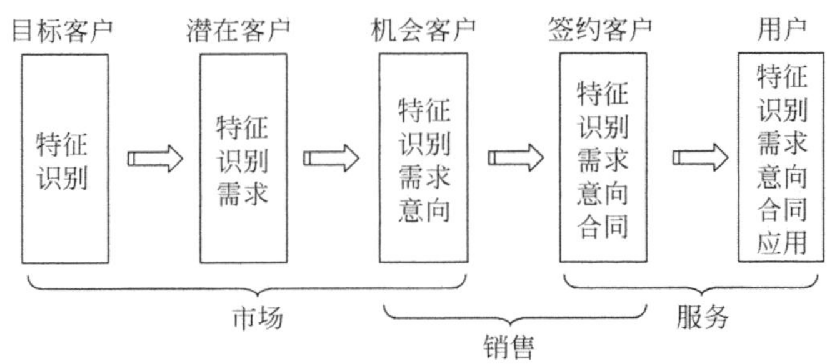

图 6-1 客户生命周期管理

6.1.4 客户价值

客户关系管理的核心是客户价值管理。它将客户价值分为既成价值、潜在价值及模型价值。通过满足客户个性化需求,提高客户忠诚度和保有率,实现缩短销售周期、降低销售成本、增加收入、扩展市场,从而全面提升企业的赢利能力和竞争力。同时企业的业务决策是基于客户价值变化开展的,根据客户价值的变化,制定客户获取、客户保有、客户价值提升的相关业务计划或行动。

【应用案例 6-2】

客户价值的体现

徐先生是一家电子产品销售公司的总经理,经过徐先生及其团队的共同努力,公司的业务蓬勃发展。随着公司的发展,老客户越来越多,公司名气也越来越大,甚至经常有新客户慕名打电话来咨询业务。一时间，公司上上下下忙得不亦乐乎，但是有些重要客户却抱怨公司的响应速度太慢，服务不及时，并将订单转向了其他厂商。为此，徐先生决定加大投入，招聘了更多的销售及服务人员，来应付忙碌的业务。

一年辛苦下来，徐先生满以为利润不错。可公司财务经理给出的年终核算报告，利润居然比去年还少！经过仔细分析，徐先生终于发现了其中的症结所在：原来虽然不断有新的客户出现，但是销售额却不大，而这些客户带给销售和服务部门的工作量却不小，甚至部分新客户还严重拖欠款项。与此同时，一些对利润率贡献比较大的老客户，因在忙乱中无暇顾及，已经悄悄流失。

为此，徐先生改进了公司的工作方法：首先梳理客户资料，根据销售额、销售量、欠款额、采购周期等多角度权衡，从中选出20%的优质客户，针对这20%的客户制定特殊的服务政策，进行重点跟踪和培育，确保他们的满意度。同时，针对已经流失的重点客户，采用为其提供个性化的采购方案和服务保障方案等手段，尽量争取客户回归，针对多数的普通客户，采用标准化的服务流程，降低服务成本。

经过半年的时间，在财务经理再次给出的半年核算报告中，利润额已经令徐先生笑逐颜开了！

从上述案例中可以看出，并不是每个客户都具有同样的价值，从抽象和通用的意义上讲，多数企业的客户价值分布是适合“80/20原则”的，即一个企业80%的利润往往是由20%最有价值的客户创造，其余80%的客户是微利、无利，甚至是负利润的。企业要保持的是有价值的客户，因此，有价值客户的识别是客户关系管理必须首先完成的一项基本任务。

但对每个企业而言，要识别“究竟哪些客户才是最有价值的客户？这些客户在哪些方面的价值最大？他们有什么共同的特征？”却不是一件很容易的事。目前，多数企业的管理方式还停留在根据某一项或两项单一指标（如销售额或利润）来做的客户重要性的排行，无法进行全方位、多角度的综合客户价值分析、管理。要实现“以客户为中心”的CRM理念，就必须建立一套全面的客户价值评估管理系统，并利用系统强大的数据分析、挖掘功能，快速地进行客户群价值细分管理，建立起客户价值金字塔。

1. 客户价值评估指标

对客户价值的评估是一个非常复杂的系统工程，与企业成熟度有极大关系，但是基本的客户价值总是由销售贡献、销售预期、信用、利润贡献、示范效用等产生。从管理角度看，只要能做到用量化的指标来支持业务决策，就是巨大的提升。

企业常用的价值指标主要有以下几类：

（1）交易类指标。主要有交易次数、交易额/利润、毛利率、平均单笔交易额、最大单笔交易额、退货金额、退货次数、已交易时间、平均交易周期、销售预期金额等。

（2）财务类指标。主要有最大单笔收款额、平均收款额、平均收款周期、平均欠款额、平均欠款率等。

（3）联络类指标。主要有相关任务数、相关进程数、客户表扬次数/比例、投诉次数/比例、建议次数/比例等。

（4）特征类指标。主要是客户自身的一些特征，比如企业规模、注册资金、区域、行业、年销售额、是否为上市公司等；如果是个人客户其特征属性可以设为年龄、学历、婚姻状况、月收入、喜好颜色、是否有车、有无子女等。

表 6-1 列出了模拟的客户价值指标。

表 6-1 模拟的客户价值指标

指标		得分	评分标准描述
客户行业	金融行业	15	产品最适合的行业、最有竞争力、最有潜力的行业价值最高
	政府机关	10	
	教育行业	8	
	电信行业	12	
	其他	5	
客户规模	超过 300 人	15	规模越大，价值越高
	100～300 人	10	
	30～100 人	5	
	不到 30 人	2	
累计销售额		15	销售额、利润额越高，价值越高
累计利润额		20	
本年销售额		5	
本年利润额		10	
平均交易金额		5	
平均欠款额		10	欠款额越低，价值越高
已交易时间		5	交易时间越久(老客户)，价值越高

根据设定的价值指标及权重，可以设置客户价值等级的分类。如设置为 3 个分类：VIP 客户(价值得分大于 80 分)、重要客户(价值得分大于 60 分)、普通客户(价值得分小于 60 分)等。

2. 客户价值金字塔

客户价值金字塔是通过设定全方位、多角度的客户价值指标，并根据价值指标和指标权重为每个客户进行可量化的价值评估，然后按照价值等级将客户划分为价值金字塔的不同区段，并将评估结果展现为可视化的“金字塔”型分层客户价值图(图 6-2)，从而形成量化的客户价值体系。一般的金字塔价值体系符合“80/20 原则”，即企业 20%的重要客户为企业贡献 80%的利润；而其余 80%的客户只贡献 20%的利润。企业可以选择不同的价值指标定义多个价值金字塔模型，例如利润价值金字塔、模型价值金字塔、潜在价值金字塔等，从不同的视角评估自己的客户群和每一个客户，明晰客户的价值取向、价值分布及不同价值区间的客户构成特征等。

通过客户价值金字塔可以很方便地了解企业最有价值的客户，从而明确投入方向，将有限的服务投向更有价值的客户身上，提供更个性化的服务，使企业以最小的投入获得最大的回报，有效地提升企业的竞争力。

在应用案例 6-2 中，徐先生针对不同价值等级的客户区别对待，制定相应的营销、服务策略，改进了管理水平，提高了企业利润额，最终全面提升了企业的竞争力。

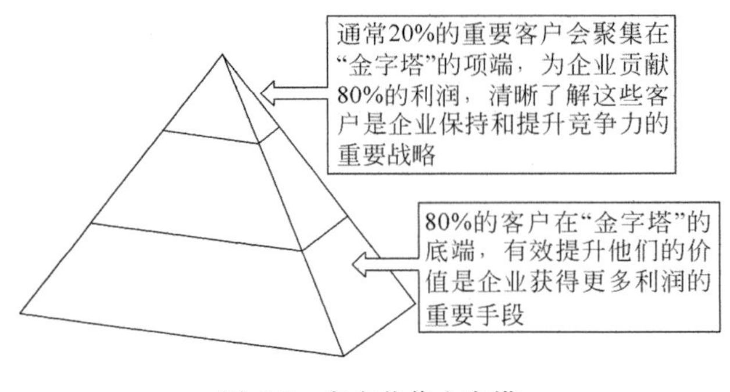

图 6-2　客户价值金字塔

6.2　客户关系管理系统的构成及功能

6.2.1　客户关系管理系统的构成

CRM 系统主要由沟通活动、业务功能及数据库组成。

1. 沟通活动

CRM 系统应提供多种沟通方式使客户与企业进行接触，典型的沟通方式有呼叫中心、自助服务、电子邮件、传真等。企业要保证这些沟通渠道的畅通，方便客户向企业提供完整准确的信息。

2. 业务功能

企业中各部门都会通过沟通渠道与客户交流，其中市场营销、销售和客服部门与客户接触最多，所以 CRM 系统对它们提供更多的支持，CRM 系统的业务功能通常包括市场营销管理、销售管理和客户服务管理。因其业务环节不同，为客户提供的服务不同，所以 CRM 系统为它们提供的支持也不同。

3. 数据库

CRM 系统的核心是客户数据资源的管理，客户信息数据库是企业各部门进行各种业务活动的基础。企业可以将在整个市场与销售过程中与客户发生的各种活动所产生的数据记录在数据库中，并可跟踪各类活动的状态，建立各类数据的统计模型用于后期的分析和决策支持。利用客户信息数据库，企业可根据客户关系生命周期区分现有客户，以准确找到目标客户群；企业可为客户提供最合适的产品以满足客户的需求等。数据库是 CRM 系统的重要组成部分。

6.2.2　客户关系管理系统的功能

CRM 系统应具备客户服务、销售、市场营销、共享的客户资料库和分析等方面的功能，其中客户服务、销售、市场营销是 CRM 的 3 大功能支柱。

1. 客户服务

客户服务是客户关系管理最关键的内容，它具有服务和支持两大功能。与客户积极主动的关系是客户服务的重要组成部分，客户服务能够处理客户各种类型的询问，包括有关的产品、需求的信息、订单请求、订单执行情况以及高质量的现场服务。如今客户期望的服务已经超出传统的电话呼叫中心的范围。呼叫中心正在向可以处理各种通信媒介的客户服务中心演变。电话互动必须与 E-mail、传真、网站以及其他任何客户喜欢使用的方式相互整合。随着越来越多的客户进入互联网通过浏览器来查看其订单或提出询问，自助服务的发展速度也越来越快。

支持功能则要求技术人员跟踪客户对产品的使用情况，为客户提供个性化服务，并对服务合同进行管理。

2. 销售

CRM 系统的销售管理功能可为销售人员提供有效、快速而安全的多种交易方式，如电话销售、移动销售、网上销售等，并可及时获得有关生产、库存、定价和订单处理的信息。在每一种销售形式中考虑实时的订单价格、确认数量和交易安全等方面的问题，提供订单与合同的管理，记录多种交易形式，包括订单和合同的建立、更改、查询等功能。可以根据客户、产品等多种形式进行搜索。

3. 市场营销

市场营销功能则通过对市场和客户信息的统计和分析，发现市场机会，确定目标客户群和营销策略，科学地制定出市场和产品策略；为销售人员提供制定预算计划、执行和控制的工具，不断完善市场计划，并对市场活动进行管理、跟踪、分析和总结。

市场营销迅速从传统的电话营销转向网站和 E-mail。这些基于 Web 的营销活动给潜在客户更好的客户体验，使潜在客户能够以自己的方式、在方便的时间查看所需要的信息。

为了获得最大的价值，必须与销售人员合作对这些商业活动进行跟踪，以激活潜在消费并进行成功/失败研究。市场营销活动的费用管理以及营销事件对未来计划的制定和投资收益比(ROI)分析至关重要。

提供销售预测功能。在对市场、客户群体和历史数据进行分析的基础上，预测产品和服务的需求状况。

4. 共享的客户资料库

如果一个企业的信息来源相互独立，那么这些信息就会有重复、互相冲突并且会是过时的，这对企业的整体运作效率将产生负面影响。为了实现信息共享，把销售、市场营销和客户服务连接起来形成了共享的客户资料库，这种共享的客户资料库会使企业从部门化的客户联络转向所有的客户互动行为都协调一致。著名的 Gartner Group 公司把采用集成方法的销售、营销和客户服务应用系统称为为技术使能的关系管理(Technology Enabled Relationship Management)。这种方法改进了企业与其客户互动行为的方式，使企业能更好地满足客户的需求。

5. 分析能力

1）客户数据的分析

识别每一个具体客户，按照共同属性对客户进行分类，并对已分类的客户群体进行分析。在对现有客户数据分析的基础上，才能发掘最有潜力的客户并对不同客户群体制定有针对性的市场宣传与促销手段，提供个性化的、在价格方面具有吸引力的产品介绍。

通过对客户数据的全面分析来测量客户带给企业的价值以及衡量客户的满意度。搜集到的信息可显示客户类别，服务级别以及主要障碍等，这是做出管理报告和完成各种企业任务的基础，比如潜在消费的优先级定位、监视销售周期中某一特定阶段所花费的时间，或是正在处理的问题的种类等。

为了提高客户满意程度，通常对客户详细资料进行如表 6-2 所示的几个主要方面（简称 7P）的深入分析。

表 6-2　客户数据的 7P 分析

7P	分析内容
客户概况分析(Profiling)	包括客户的层次、风险、爱好、习惯等
客户忠诚度分析(Persistency)	指客户对某个产品或商业机构的忠实程度、持久性、变动情况等
客户利润分析(Profitability)	指不同客户所消费的产品的边缘利润、总利润额、净利润等
客户性能分析(Performance)	不同客户所消费的产品按种类、渠道、销售地点等指标划分的销售额
客户未来分析(Prospecting)	包括客户数量、类别等情况的未来发展趋势、争取客户的手段等
客户产品分析(Product)	包括产品设计、关联性、供应链等
客户促销分析(Promotion)	包括广告、宣传等促销活动的管理

2）竞争者分析

记录主要竞争对手的基本情况，包括其公司背景、目前发展状况、主要的竞争领域和竞争策略等内容。

记录其他企业所提供的同类产品、近似产品和其他可替代产品，包括其主要用途、性能及价格等内容。

针对不同行业的 CRM 系统功能会有差异，并且随着信息技术和 CRM 应用的深入，CRM 的功能也发生着变化，并且与企业其他系统集成，如与企业后端的供应链管理（SCM）集成，从而保证 CRM 系统中每一张订单能够在保证利润的前提下有效及时地得到确认并确保执行。每一笔销售交易的达成都有赖于企业后台的支撑平台，即 ERP 系统，其中包括分销与运输管理、生产与服务计划、信用与风险控制、成本与利润分析等功能。

6.3　客户关系管理系统的分类

随着 CRM 市场的发展，CRM 解决方案呈现出多样化的发展，对 CRM 系统的分类也可从不同角度进行。根据客户的行业特征和企业规模来划分客户目标群，按目标客户群，CRM 分为 3 类：以全球企业或大型企业为目标客户的企业级 CRM，以 200 人以上、跨地区经营的企业为目标客户的中端 CRM，以 200 人以下的企业为目标客户的低端 CRM。不同的企业或同一企业在不同的发展阶段对 CRM 整合应用和企业集成应用有不同的要求，按应用集成度，CRM 分为 3 类：CRM 专项应用、CRM 整合应用和 CRM 企业集成应用。目前较普及的是按 CRM 系统的功能进行分类，CRM 系统可分为操作型、分析型和协作型 3 类。

6.3.1　操作型 CRM

操作型 CRM 系统使客户呼叫中心、客户服务部、市场营销部等部门的业务员在日常工作中能共享客户资源，减少信息流动滞留点，使客户印象中的企业呈现为一个整体。这种软件目前较多，它更多地关注客户信息的组织和管理的简单化，重点是创建一个客户数据库，这个数据库提供了客户与关系的一致性描述并用专门的应用程序来提供这些信息。操作型 CRM 系统包括的主要功能有：

- 销售自动化(SFA)，包括订单管理、发票管理及销售机会管理等。
- 营销自动化，如促销活动管理工具，用于计划、设计并执行各种营销活动，发现潜在客户，并将他们自动集中到数据库中，通过自动分配工具分发给销售人员。
- 服务自动化，包括任务的自动分配、设备管理、服务合同及保质期管理等。

操作型 CRM 可以利用自动化的呼叫中心，帮助销售人员利用 B2B 的方式掌握更多的客户信息，同时为客户提供更多、更好的服务。企业还可以利用这些信息制定一些更好的营销模式，提高客户服务的质量。

6.3.2　分析型 CRM

分析型 CRM 系统的用户不需要直接同客户打交道，而是从操作型 CRM 系统所产生的大量交易数据中提取有价值的各种信息，再利用数据仓库、数据挖掘等技术建立各种行为预测模型，最后利用图表、曲线等对企业各种关键性能指标(Key Performance Indicator，KPI)以及客户市场分割情况向操作型应用发布，达到成功决策的目的。

通过分析可以理解客户希望获得什么，还可以预测客户将要做什么，可以帮助企业选择恰当的客户并将注意力集中在他们身上，以便为其提供合适的附加产品，也可以帮助企业辨别哪些客户打算与其“分手”。

分析型 CRM 系统可以分析客户的互动关系和客户交易，并且对营销、销售和服务做出一定的预测，它不仅可以分析客户目前的需要，而且还可以分析客户未来的需求。分析型 CRM 没有数据仓库的支持是无法成功的。分析型 CRM 需要长期的客户交易数据、行为模式和互动数据的详细信息。

6.3.3　协作型 CRM

协作型 CRM 系统将市场、销售和服务 3 个部门结合在一起，支持它们之间的协作，使企业内各部门之间协作畅通。协作型 CRM 系统还能够使企业客户服务人员同客户一起完成某项活动。例如，在使用 ADSL 时，对出现的一些小故障，客户会在网通技术人员的电话指导下自行修复,这个修复活动是由网通技术人员与客户共同参与并协作完成的。协作型CRM系统的应用目前主要有呼叫中心、客户多渠道联络中心以及自助服务帮助导航等。具有多媒体多渠道整合能力的客户联络中心是协作型CRM的发展趋势。

6.4 客户关系管理的主要技术

CRM的主要技术有信息分析技术、集成技术和网络应用技术。随着CRM管理理念的进一步完善、客户管理手段的变革和IT新技术的飞速发展,CRM系统也将不断实现技术和应用的最新结合。

6.4.1 信息分析技术

尽管CRM的主要目标是提高同客户打交道的自动化程度,并改进与客户打交道的业务流程,但强有力的信息分析能力对CRM也是很重要的。CRM系统有大量关于客户和潜在客户的信息,决策者需要利用和分析这些信息,以做出更为明智和及时的决策。

深入的智能性分析需要统一的客户数据作为切入点,并使所有企业业务应用系统融入分析环境中,再将分析结果反馈给管理层和整个企业内部,以此增加信息分析的价值。

通过对客户数据的全面分析来测量客户带给企业的价值以及衡量客户的满意度。搜集到的信息可显示客户类别、服务级别以及主要障碍等,这是做出管理报告和完成各种企业任务的基础,如潜在消费的优先级定位、监视销售周期中某一特定阶段所花费的时间,或是正在处理的问题的种类等。

【应用案例 6-3】

如何预防现有客户的流失

国内移动通信市场的价格战是当前困扰运营商的主要问题,很多客户从一个移动运营商转向另一个移动运营商只是为了得到更低的费用及其他额外的优惠条件(如赠机)。因此需要通过对转网客户群的特征进行深入分析,然后根据分析结果在现有客户资料中找出可能转网的客户群,有针对性地设计一些客户保持计划来预防现有客户的流失。

针对当前的市场竞争状况,中国移动通信公司应对市场短期竞争及实现其长期发展的主要策略是:营销重心后移,巩固中高端用户,通过对现有个人用户消费行为的分析,设计有针对性的个性化套餐,以达到保留现有客户的目的,具体可以概括为以下几个方面:

- 关注现有客户的稳定性,通过对现有客户利益需求的满足,以及对移动品牌宣传的推动,来巩固现有的在网客户。
- 通过对客户消费行为及偏好差异的分析,针对不同细分人群设计相应的套餐。
- 通过对客户价值量的差异分析以提供不同的客户服务及忠诚度计划。
- 积极的客户挽留工作,对客户流失进行监控,及时进行用户挽留。
- 通过各种合作伙伴的捆绑扩大服务的广度,促进客户发展及客户维系(如移动机场贵宾休息室服务等)。

那么使用什么技术来完成上述的各种信息分析?数据仓库、数据挖掘和OLAP技术已成为CRM系统提供决策支持的关键技术。CRM系统可以利用这些技术为企业建立完善的、量化的客户价值评估体系，以销售额、利润等原始数据为指标建立评估模型，找出对企业最有价值的客户群体并分析其特征，帮助企业制定更合理的经营策略。通过应用数据仓库和挖掘技术，一个 CRM 系统还能够透视企业的销售、市场和服务等各个业务环节，按照组织机构、时间、产品线和客户群特征等各种维度进行多维数据分析和数据挖掘，从而帮助企业及时发现市场环境的细微变化和自身业务流程中的潜在问题，迅速采取相应的措施。

1. 数据挖掘和联机分析处理

数据挖掘是从大量的数据中，抽取出潜在的、有价值的知识、模型或规则的过程，汇集了统计学、人工智能、数据库等学科的内容，是一门新兴的交叉学科。对于企业而言，数据挖掘有助于发现业务发展的趋势，揭示已知的事实，预测未知的结果，并帮助企业分析出完成任务所需的关键因素，以达到增加收入、降低成本，使企业获得更大的竞争优势。确切地说，数据挖掘是一种知识发现的过程，它主要基于统计学、人工智能、机器学习等技术，高度自动化地分析数据，做出归纳性的推理，从中挖掘出潜在的模式，并对未来情况进行预测，以辅助决策者评估风险、做出正确的决策。数据挖掘与联机分析处理(On-Line Analytical Processing, OLAP)都是分析型工具，但两者有所不同。联机分析处理作为验证型分析工具，只对历史数据进行统计，“更多地依赖用户输入的问题和假设”，使得用户能够快速检索到所需要的数据，但对今后的预测则由用户自行判断。而数据挖掘是面向行为的预测，能够自动发现隐藏在数据中的模式(Pattern)。

数据挖掘在 CRM 中的具体应用包括：客户赢利能力提升、客户挽留、客户细分、客户倾向、渠道优化、风险管理、欺诈监测、购买倾向分析、需求预测等。

在实际应用中，数据挖掘主要采用以下几种方法进行模式的发现：

(1) 相关分析和回归分析。相关分析主要分析变量之间联系的密切程度，而回归分析主要基于观测数据建立变量之间适当的依赖关系。相关分析是回归分析的基础。

(2) 时间序列分析。与相关分析类似，目的也是为了挖掘出数据之间的联系，但时间序列分析更加侧重于数据在时间先后上的因果关系。

(3) 分类分析。分类分析首先为每一个观测赋予一个标记，然后检查这些被标记的观测，描述出这些观测的特征。这种描述可以是一个数学公式或者模型，利用它可以分类新的观测。常用的几种典型的分类模型有线性回归模型、决策树模型、基于规则模型和神经网络模型等。

(4) 聚类分析。与分类分析不同，聚类分析的输入是一组未标定的记录，目的是根据一定的规则，合理地划分记录集合。聚类分析和分类分析是一组互逆的过程，因此在很多分类分析中适用的算法也同样适用于聚类分析。

在应用案例 6-3 中，应用数据挖掘技术完成了中国移动套餐的设计。通过对消费者行为的分析来进行客户细分，具体内容包括界定客户群消费行为的指标、对消费行为的聚类分析、客户群的分类并对其的普遍行为进行描述。通过对各消费群体的规模及业务贡献的分析，明确各消费群体的竞争稳定性，针对不同的消费群体界定出其在企业中的战略定位，同时通过有效的套餐元素设计来推出针对性的套餐计划。通过对不同群体之间的套餐进行组合，形成包括基本套餐、特殊套餐及可选择性捆绑的套餐模板。

2. 数据挖掘的基本步骤

在客户关系管理中,数据挖掘的基本步骤为:

(1) 确定分析和预测目标。在数据挖掘前,首先要明确希望通过数据挖掘解决什么问题,达到什么目的,即明确业务目标。

(2) 了解数据。即数据从何处得到?数据仓库中有无直接可用的数据集市(Data Mart)?所选用数据表哪些字段是必要的?如何描述数据?等等,只有了解数据,才能分析这些数据的可用性和适用性,才能进入下一步工作。

数据集市是一个针对某个主题的经过预统计处理的部门级分析数据库,如销售数据集市、库存数据集市和财务数据集市等,是企业级数据仓库中的主题数据库。企业在进行数据分析时往往只关注某个业务主题,并反复使用业务数据,而对其他业务数据很少使用或不使用,所以有了数据集市的概念。需要注意的是,一个企业内存在多个相互独立、数据定义不统一的数据集市时,就要考虑它们之间的整合问题。

(3) 数据准备。对已确定的基本数据进行必要的转换、清理、填补及合并工作。

(4) 数据相关性前期探索。可以先用决策树或聚类方法帮助找出数据的总体趋势及预测变量相关性之后,再用神经网络或规则导引方法进行针对性建模,这样做的好处是:一是可以细化数据、提高性能;二是在某种程度上可以帮助消除噪声;三是进行不同方法比较。

(5) 模型构造。这是数据挖掘技术应用的关键阶段,首先选择适用的挖掘技术,建立培训数据和测试数据,然后利用培训数据采用相应算法建立模型,最后进行模型解释。

(6) 模型评估与检验。用测试数据对所建立的模型进行测试,计算误差率,以确定模型的可信度。

(7) 部署和应用。经过测试和检验的模型,并且其误差率在预定的范围内,则可以按照这种模型计算输出值,并按照输出值确定决策的基本依据。这样企业就可全面部署这个预测模型,在应用中,必须不断用新数据进行检验,不断测试其成功概率。

3. 数据挖掘工具

目前,数据挖掘工具的市场一般分为3个组成部分:通用型工具、综合数据挖掘工具和面向特定应用的工具。通用型工具占有最大和最成熟的那部分市场,它们不是面向特定应用的,并且适合于各种需要的情况,其中包括的主要工具有SAS Enterprise Miner、IBM Intelligent Miner、Oracle Darwin、SPSS Clementine、Unica PRW、SGI MineSet等软件。综合数据挖掘工具则反映了商业对具有多功能的决策支持工具的真实和迫切的需求。商业要求该工具能提供管理报告、联机分析处理和普通结构中的数据挖掘能力。这些综合工具包括Cognos Scenario和Business Objects等。面向特定应用工具正在快速发展,在这一领域的厂商设法通过提供商业方案来区分自己和其他领域的厂商。这些工具是纵向的,贯穿这一领域的方方面面,其常用工具有重点应用在零售业的KD1、主要应用在保险业的Option&Choices和针对欺诈行为探查开发的HNC软件。

综上所述,数据挖掘是CRM的前提和基础,CRM是数据挖掘的延续和创新,通过将两者进行有效的组合,不断促进企业单个客户价值的提升和客户规模的扩大,有效地推动企业价值和实力的不断攀升。

6.4.2 集成技术

1. 集成客户互动渠道

随着Internet的发展，新的信息交流技术不断发展。作为企业的前端业务系统，CRM系统需要支持客户可能采用的各种交流方式。除了支持传统的电话和电子邮件以外，CRM系统也应该集成对手机短信息、VoIP、企业即时消息(EIM)和网络会议等新的沟通方式的支持。在一个客户服务中心，客户代表既可以接听客户的普通电话和网络电话、查看客户的E-mail，也可以看到客户通过手机发来的短信息、与客户通过即时消息谈话，或者与客户开始一个视频网络会议，实时解决客户的问题，大大提高服务响应速度和客户满意度。对于企业的市场和销售业务，多媒体短信促销、在线导购、远程演示等全新的沟通技术在降低营销成本的同时，也可以扩展传播途径、提高客户沟通效率、缩短交易周期，从而提升企业的赢利能力。但无论通过哪种渠道，客户与企业的互动都必须是无缝的、连贯的、高效率的。

建立在计算机电话集成技术(Computer Telephony Integration，CTI)基础上的呼叫中心是一个能够处理呼入/呼出、电子邮件、传真、Web以及电话反馈的综合性客户交流渠道，是一个将营销电话中心、销售电话中心和服务中心功能集成的综合体，它充分融合了通信网和计算机网络的多项功能，并可与企业的其他信息化系统连为一体的综合信息服务系统。

呼叫中心通过信息共享，能快速、准确地满足用户查询和申报服务，使服务数量和服务质量都大大提高；而建立用户专属的服务档案和人性化的服务体系，能极大提升客户满意度，从而促进用户忠诚度。此外，利用呼叫中心建立的庞大客户资料库，企业还可以进行电话、网络推销和市场调查，挖掘潜在用户。

【应用案例6-4】

客户满意度回访工作

某电信公司为了加强与客户的沟通，正确理解客户的需求，以便更好地为客户服务，向客户提供最实用的技术和解决方案，该电信公司建立了呼叫中心。为了提高客户的满意度，呼叫中心做了大量的主动回访工作并对客户满意度进行评估。通过主动的回访，在服务的过程中不断地增强客户的正面感受。各类产品的新开户满意度调查是必不可少的常规回访项目，新用户在接触产品的开始就能感受电信公司的亲切关怀，并在服务中体会公司对其的重视程度。通过主动的回访在服务结束后增强客户对服务过程中正面感受的记忆强度。并不断地发现问题，寻找有效的解决方法。通过主动的回访，有效提升客户信息价值，培养客户忠诚度，掌握客户的动态和特征，为业务部门提供挖掘客户潜在价值的数据支撑。

对于客户满意度调查的结果，该呼叫中心利用绩效指标分解的方法，将针对呼叫中心服务的客户满意度指标分解为日常运营的6个指标，并运用根源分析法加以分析，制定改进措施及行动计划，不断进行改善。

客户满意度的评估不是最终目的，最终目的是在于通过提高客户满意度更好地改善公司运营效果，规范各部门的服务和工作流程，加强内部协作能力，进一步完善服务质量监督机制。

2. 集成客户信息管理，建设集中的客户信息仓库

CRM 系统可以有效地把各个渠道传来的客户信息集中在一个数据库里。在全公司各个部门之间共享同一个客户资料数据库，发生在这个客户上的各种接触，无论是何时索要过公司简介，还是是否曾经购买过产品都记录在案，使所有与客户接触的雇员都可获得实时的客户信息。集中式的客户信息库还能保证在不同的业务部门和不同的应用软件功能模块之间的数据的连贯性，让客户得到整体关怀，这样原来可能流失的订单就留住了。

3. 与 ERP 功能的集成

CRM 是企业的前台信息系统，侧重于对客户的管理；ERP 是企业的后台信息系统，因客户是企业的重要资源，ERP 也要对客户进行管理。所以两者在客户管理、产品管理、工作流管理、人力资源管理、营销管理、销售管理等方面存在交叉与重叠。为了建立一个闭合的系统，CRM 要与 ERP 在财务、制造、库存、分销、物流和人力资源等方面连接起来，这种集成不仅包括低水平的数据同步，而且还应包括业务流程的集成，这样才能在各系统间维持业务规则的完整性，工作流才能在系统间流动。这二者的集成还使得企业能在系统间收集商业情报。

【应用案例 6-5】

CRM 与 ERP 的集成

美国弗吉尼亚州的一家名为 Value America 的公司最近在他们的 CRM 工程中遇到了下面的问题——这家公司采用 SAP 的 R/3 系统作为其 ERP 系统的后台架构，并安装了 Siebel 99.5 作为前端进行销售、市场推广和客户服务的 IT 平台。由于安装时没有采用标准的 Siebel 和 SAP 接口的中间软件，在系统运行之后发现两大问题：

(1) 为了保持两个系统之间数据的同步更新，在一个系统运行过数据更新之后，必须人工启动另外一个系统的数据更新，否则在两个系统中有关同一个客户的信息就有了差异。

(2) 另一个问题是反应时间的差别。如“订单状态”这个数据在 SAP 中生成并随着订单处理的各个步骤而变化，如果数据更新不是同步的，那么 SAP 中的“订单状态”可能已经更改为“完成”，而前端数据库可以查询到的却还是“未批准”。

如果在 CRM 设计中就充分考虑到了哪些数据需要不断和 ERP 进行同步更新，上述麻烦就会大大减少。这也是为什么像 Siebel 这样的行业领先的前端软件开始提供与 SAPR/33.1 以上版本的 ERP 进行完全兼容的中间软件(Middle ware)。在这个名为 Siebel Enterprise Connector 的中间软件中，这种整合通过以下两个方法来实现：

第一种整合是通过中间文件(Intermediate Document，IDoc)实现的整合，它可以把 SAP 中的基本信息输入到 Siebel 中，其中 IDocs 接收器接收从 SAP 服务器中存储的信息，然后把这些信息存入 IDocs 界面中，这些信息就可以完全传入到 Siebel 中。这样的整合不仅在 CRM 最初启动的时候可以用来进行数据转化，而且在 ERP 和 CRM 的同步运行中还能不断地把最新调整的产品目录、价格和折扣等信息输入到前端软件中，使销售人员可以及时地给出正确的报价。

第二种整合是通过 BAPI 进行的即时数据支持。在这种整合中，Siebel 运用 SAP 提供的即时界面，包括 BAPI(Business API)和远程功能呼叫 RFC 界面(Remote Function Call)

组合成即时整合管理器,通过它可以把同一时间在 Siebel 中生成的订单立即传输到 SAP 中。如果在 SAP 中运行 SAP BAPI 处理器,还可以完成同期的多个请求的并行处理。

如果前端软件和后端软件需要进行精细的整合,而市场上提供的中间软件又不能完全满足需要的话,那么以 Oracle 为代表的 ERP 提供商们则会在其原有的 ERP 客户基础上努力推动 CRM 的发展。与 Siebel 不同,Oracle CRM 并不需要另外增设服务器,而是在原有的 Oracle ERP 服务器上增设一个或多个 CRM 模块。Oracle 的 CRM 可以直接到 ERP 相应的模块取得数据而不需要麻烦地转接或同步更新的程序。对于已经运用了 Oracle ERP 的客户来说,这一优势无疑是其他 CRM 提供商所不具备的。

在应用案例 6-5 中,无论通过中间软件还是在原有基础上增设模块,只要企业内部的前后端整合可以无缝进行,实现网络化的订单输入和报价也就容易多了。因为这只相当于原来对销售人员开放的前端软件延伸到了网络上而已。企业的现存或潜在客户只要能够从网络界面上获得如下信息：产品目录、单价、折扣率和库存信息之后,就可以决定是否下订单。客户从网络上输入的订单和销售人员输入的订单一样,可以立刻传输到后台 ERP,后台 ERP 在接受之后经过计算,把订单总价、订单号码和折扣金额等信息再传回到网络界面上,客户记录下这些信息,就可以随时通过呼叫中心,或与销售人员联系,继续追踪这笔订单。

6.4.3 网络应用技术

在支持企业内外的互动和业务处理方面,Web 的作用越来越大,这使得 CRM 的网络功能越来越重要。以网络为基础的功能对一些应用(如 Web 自助服务和自助销售)是很重要的。

自助服务是指交易由其起源人自己输入,从而使交易更为简便,信息更为准确、迅速,交易成本也更低。在 CRM 系统中,主要通过采用网络应用技术和工作流技术来实现自助服务功能。工作流是指把相关文档和工作规则自动(不需要人的干预)安排给负责特定业务流程中的特定步骤的人。

为了使客户、供应商和企业雇员都能方便地应用 CRM,需要提供标准化的网络浏览器,使得用户只需很少的培训或不需培训就能使用系统。任何经过授权的客户只需使用一个标准的网络浏览器,通过动态生成的安全 Web 页面,便可浏览产品目录、价目表并输入订单;供应商也可通过标准化的网络浏览器启动事务处理,与企业进行自助沟通。企业通过工作流引擎来完成灵活业务规则的自动化,从而自动执行企业的各种规定和策略。

6.5 实施客户关系管理的步骤

6.5.1 CRM 实施目标

客户关系管理(CRM)的实施是利用 CRM 软件系统中蕴含的管理思想、流程和方法来为企业进行管理规划,将通用的 CRM 管理软件按照企业特点进行个性化应用,是一个协助企业从现有管理模式逐步接近,最后达到目标模式的过程。

CRM 实施应从两个层面考虑：一是从管理层面考虑，企业需要运用 CRM 中所体现的思想，来促进管理机制、管理模式和业务流程的变革；二是从技术层面考虑，CRM 系统是一个 IT 项目，必须按照 IT 项目管理的要求对 CRM 的实施进行管理。

CRM 实施可以协助企业决策层推进 CRM 应用，完成企业的转变。实施的成果即是在企业内部完成传播和推进"以客户为中心"的管理思想，并将这一思想落实在企业具体的工作环节中，实现企业客户关系管理能力及全面竞争能力的提升。

每个企业根据流程分析的结果确定 CRM 实施目标，不同企业的具体的实施目标也不尽相同，CRM 实施的主要目标是：

- 提高销售额。利用 CRM 系统提供的丰富的客户信息，真实了解客户的需求，提高销售的成功几率，从而提高销售额。
- 增加利润。通过 CRM 提供的客户互动渠道，业务人员可以有效地把握客户的兴趣点，进行有效销售，避免盲目地以价格让利取得交易成功，从而提高销售利润。
- 提高客户满意度。CRM 提供给客户多渠道的沟通，同时又确保各类沟通方式中数据的一致性与连贯性，利用这些数据，企业可对客户的需求做出快速准确的响应，从而提高客户满意度。
- 降低市场销售成本。CRM 系统有大量关于客户和潜在客户的信息，通过分析确定客户类别和服务级别，在制定和执行市场推广和销售策略时避免盲目性，节省时间和资金，从而降低市场销售成本。

6.5.2 实施原则

实施原则是保障实施目标达成的重要手段。一般 CRM 实施应遵循如下 3 条原则：

原则 1——实施的推动力是企业内部的革新需求。企业的管理模式、运行模式、与供应商和客户的关系都正在发生着急速的变化。即使在今天的市场上得以生存的成功企业也无时无刻不在关注着未来的市场、未来的客户以及未来的应变方法。信息技术的迅猛发展，将原来的信息不对称的状况大大改变了。客户对厂商的影响力逐步增强，越来越多的企业领导者发现，要让今天的和未来的客户满意，必须将企业与客户的距离拉近，必须充分、深刻地了解现有客户和潜在客户，必须从客户的需求出发设计企业的产品、服务甚至运营流程。

原则 2——实施 CRM 目标必须明确。在实施 CRM 之前，项目决策人将最需要解决的问题和最期望获得的改变排出优先顺序，以此来确定实施目标。确定了实施目标之后，企业应针对这一目标的现状进行调查，确立出量化指标。实施结束，系统启用了一段时间之后，企业以同样的量化指标来衡量实施的效果，并把效果通知到每个实施小组成员，逐步增强企业上下对 CRM 的理解，便于确立下一个改进目标和实施计划。

原则 3——实施 CRM 不仅是安装软件。在 CRM 实施过程中协助企业建立管理规范、进行流程再设计、培训系统应用人员，在整个实施过程中，CRM 咨询顾问将领先的客户关系管理的知识和理解传递给客户，帮助客户从 CRM 的角度分析前端管理存在的问题，为企业提升管理水平、增强客户满意度提出具体的实施方案。

6.5.3 实施步骤

为了实现实施目标、保障实施效果，CRM 的实施分 6 个步骤进行。

(1) 理念导入。这一步主要包括组建实施小组、确定人员和时间、项目动员和 CRM 理念培训。其中 CRM 理念培训是实施中的重要环节，通过培训使企业真正从理念上了解、接受和认识“以客户为中心”的管理方式，并将客户放在企业核心竞争力的位置上。

(2) 业务梳理。业务梳理是系统实施的重要步骤和控制实施周期的关键点。这一步主要包括定义 CRM 的整体目标，业务模式分析，市场、销售、服务部门内部流程分析，各部门间协同工作流程分析，企业各级人员角色及权限分析等，通过分析发现隐藏的问题，并对现有业务进行重新梳理。

(3) 流程固化。流程固化的重点是在调整和优化原有工作流程的基础上，建立基于 CRM 系统的、规范的、科学的、以客户为中心的企业运营流程。根据在业务梳理过程中总结有关信息，重新进行流程规划调整。主要包括帮助企业制定以客户为中心的管理指定制度，提出分部门、分阶段的实施计划，提出市场、销售、服务部门业务流程设计的建议，进行部门间协同工作流程设计，各种表单及统计报表设计，根据企业决策需求，提出决策分析模型的建议。

(4) 系统部署。系统部署主要完成正式启用系统的数据准备工作。主要工作有建立企业数据编码体系，建立基础数据结构，根据方案设计中规定的企业运营流程、工作传递关系、企业组织结构以及企业经营产品的特点等将基础数据录入或导入到系统，实现 CRM 实施方案中设计的流程。

(5) 应用培训。在应用培训阶段，结合应用流程对企业工作人员提供培训。通过培训，企业员工能够很快熟悉系统，了解自身工作在系统中的角色及如何利用系统提高工作效率，使系统得以尽快投入到实际工作中，解决现有的问题，加强工作协调。

(6) 系统上线。将原有模式切换至 CRM 系统，系统正式启用；并对 CRM 系统进行评估。CRM 系统评估的主要内容包括：应用广度、应用频率、应用规模的评估，应用深度、应用功能、流程优化评估，应用效果(数据整合度、流程完整性、效率提升、销售提升、客户满意度、客户忠诚度)的评估。

在实施过程中，为了缩短项目周期，实现资源的合理利用，有些步骤可以并行进行。

6.5.4 配合 CRM 实施所做的改进

CRM 的实施应该从两个层面进行改进：一是进行管理的改进，二是向这种新的管理模式提供信息技术的支持。管理的改进是 CRM 成功的基础，而信息技术则有利于提高客户关系管理工作的效率。

在管理的改进方面，可以从如下 4 个方面着手：

(1) 确定企业的 CRM 策略，以客户为中心，强调服务。

(2) 适当调整组织结构，进行业务运作流程的重组。

(3) 建立相应的管理制度和激励机制。理顺和优化业务处理流程，客观设置流程中的岗位，清晰描述岗位的职责，完善保证职责有效完成的制度体系，建立考评岗位工作情况的定量指标体系。

(4) 持续改善，形成稳定的企业文化。

本章要点回顾

CRM是指通过IT使企业在营销、销售和服务业务范围内实现以客户为中心的管理理念的软件系统。CRM系统应具备客户服务、销售、市场营销、共享的客户资料库和分析能力的功能。按功能CRM可分为操作型、分析型和协作型3类。CRM的主要技术有应用层技术、优化层技术、分析层技术和企业应用系统集成层技术。CRM的实施过程包含多个步骤，通过成功实施CRM可以在企业内部完成传播和推进"以客户为中心"的管理思想，并将这一思想落实在企业具体的工作环节中，实现企业客户关系管理能力及全面竞争能力的提升。

习　题　6

1. 名词解释

CRM、呼叫中心、客户生命周期、数据集市

2. 简答题

(1) 一个完整的客户生命周期包括哪几个阶段？各阶段的特点是什么？

(2) CRM系统的功能是什么？

(3) 对客户详细资料进行深入分析时7P指的是什么？

(4) 按功能来分，CRM有几种类型？每种类型的特点是什么？

(5) 简述CRM系统实施应遵循的原则。

(6) 简述CRM系统的实施步骤。

(7) 简述什么是客户价值的"80/20原则"。

3. 分析题

(1) 以某个典型企业为例，分析其客户价值评价体系。

(2) 以某个典型企业为例，论述根据客户数据进行7P分析的内容。

(3) 案例分析题。

帅康集团CRM实施

一、公司背景

帅康集团是中国家电行业中以生产家用电器、厨房设备系列产品为主的著名企业集团，植根于历史悠久的河姆渡文化基础上，兼收并蓄了西方发达国家的先进科技。经过15年的努力，帅康集团从家庭作坊式的小型乡镇企业发展为以资产、技术、产品、管理为纽带，以浙江帅康集团有限公司为核心，由33家企业组成的现代企业群体，为国内消费者提供高档深型吸油烟机、高档电热水器、豪华型燃气灶、全自动换气扇、高效暖风器、现代家具、办公用品、中央空调及家电配套产品等。

帅康集团从15万元资产起步，16年间发展成为资产7亿元、利税超亿元的大型企业集

团，在竞争激烈的家电市场中，始终保持公司业绩稳步增长。从某种意义上说，这也是公司领导历来重视管理的结果。

二、帅康的难题

作为中国最大的吸油烟机生产商的帅康集团，连年来一直处于赢利丰厚的良好状态，比如 2001 年，帅康仅油烟机就卖掉了 84 万台，占到整个行业当年总量的 29%。但是产品的旺销也给客服带来了巨大的压力，数目庞大的油烟机、热水器、燃气灶、空调用户群，每天形成了大量的咨询、投诉、报修电话，使得帅康原有的售后服务热线系统不堪重负。

当时帅康客服中心相应的处理工序基本还停留在手工处理的过程，由于重复劳动与人工原因造成的遗漏，完成工序周期变长，进一步导致反应速度变慢和企业成本的增加，售后服务部门也很难同生产部门，配件管理部门、财务部门等不同的部门进行有效的沟通。

帅康集团急需的是一套既能改善内部客户服务流程，又能增强客户处理容量的系统——具有家电行业特色的客户关系管理系统。

三、携手星际的选择

2002 年初，酝酿已久的帅康集团客服中心项目开始招标，国内外许多知名公司都提交自己的解决方案，最终，曾开发出中国第一套基于 XML 的客户关系管理系统的星际(杭州)网络公司(www.ebanswers.com)集先进的技术力量、完整的解决方案和较高的性能价格比与在众多 CRM 软件提供商的竞争中赢得了这个项目，负责帅康集团客户服务中心项目的建设。

星际网络为帅康集团量身打造的客户服务管理系统融合了现代先进的技术与管理理念，主要结合"呼叫中心"为客户提供全方位的服务，同时对内部事务(如产品配件、工作安排、单据处理等)进行有效的管理，帅康客户服务管理系统把客户服务中心的前台服务与后台管理紧密联系在一起，主要应用于企业-客户服务端，以信息技术提升企业的客户服务水平，完善客户服务流程，降低客户服务总体成本，让客户服务中心从成本中心转变为利润中心。

四、整合呼叫中心的完善解决方案

帅康呼叫中心最有效益的应用就是在客户服务管理系统中发挥前端强有力的支持作用，它不但给客户提供了高级的交互式服务，而且为业界确定了新的客户服务满意标准。后台客服应用子系统能够很方便地与前台呼叫中心整合，以更全面的功能，提供一流的客户服务。

帅康集团客户服务中心系统开通后，将电话、互联网、网络电话等多种服务接入方式整合起来，在服务方式上打破时间、地域的概念，为用户提供 24 小时全天候不间断的服务。

系统主要提供 3 大业务功能：首先是咨询服务处理，为消费者的售前以及售后提供有关产品等信息的咨询服务，为消费者解疑，消费者可直接通过电话连接到服务代表处获取帮助，也可通过系统提供的自动语音、网上服务系统获取信息；其次是投诉、维修处理，投诉与维修电话可直接由语音引导接入，生成投诉单或维修单转发到各专业部门进行处理，把相关部门的处理意见通过呼出、语音信箱或打印信函方式反馈给消费者，同时征求消费者对处理意见的满意程度并做相应的记录；再次是回访服务处理，通过筛选功能选择回访目标消费者，然后派送给相关工作人员由其进行回访工作，并记录回访信息。

此外，系统在客户资料管理上改变了以往数据分散的形式，将滞留在帅康集团中各个部门的数据统一起来，提供更强大的统计分析和数据挖掘功能，可以按照企业的实际需要灵活地自定义设置统计指标。

帅康集团通过实施客户服务管理系统，建立起全面信息化的客户服务中心，通过这一平台不但打通了消费者与企业之间的沟通联系通道，还进一步打通了集团内部相关的物流、信息流、资金流通道，以实时调度集团资源配置，最终实现将信息源转化成利润源。

五、高效简捷的实施

根据帅康集团面临的现状和对业务发展的需要，星际网络公司为其量身定制了一套对应的实施计划。整个帅康集团客户服务中心系统工程分为两个阶段。

第一阶段：完成交换机平台、数据库应用平台等系统建设，开通一个整合了电话、计算机资源的消费者接入平台，为消费者开通售前咨询、售后服务投诉、维修要求等服务，开通客户关系管理系统功能，实现对用户信息分类、存储、建立客户信息名址库。

第二阶段：实现集团内部服务流程的信息化，通过备件管理、派工管理等软件改善集团的服务流程，让消费者的服务请求处理更高效，让集团内部的资源分配更合理。

星际网络是在2002年初正式启动这个项目的，整个系统实施周期大约为3个月。初期前台呼叫中心的实施大约用了一个月时间，在随后的两个月时间星际网络的技术人员全力进行后台客服应用子系统的建设，在项目的最后阶段，星际网络培训了帅康集团相关部门的部分员工并从员工那里吸收了一些意见，对流程进行了细化和调整。

在整个实施过程中，星际网络始终密切注意以下几点：

- 领导层和全体客服人员对CRM理念的支持理解和共同推动是成功实施CRM的必要条件。
- 在项目调研阶段非常注重企业管理模式流程(如产品配件、工作安排、单据处理等)的定制，以及信息和人力资源岗位的分配。
- 无论是前台呼叫中心还是后台客服子系统，都注重操作的灵活性和便捷直观性。
- 为帅康集团在全国多个场点建立互联互通的客服中心以及客服系统预留接口，做好充分的准备。

六、真切的体会

帅康客户服务管理系统提供了全面、高质量的互动客户服务，大大改善了客户服务的质量，项目第一阶段呼叫中心完工以后，通过人工与自动服务结合，实现了24小时客户响应，在加快响应速度的同时也提供了更加人性化的服务，一个投诉电话的响应周期从原来的几天递减到5秒，帅康集团对此非常满意。

后台客服应用子系统建成后，客户的投诉被自动导入，生成投诉单和维修单，自动转发给维修部，安装部等专业部门进行处理，处理完后，系统会安排话务员进行回访，消费者的处理意见和满意度将被忠实地记录下来，进一步充实到客服数据库中以指导企业的生产研发。

系统还可以自动对客服中心系统的配件仓库进行管理，加快了维修服务过程中配件的流转，在这个过程中涉及的配件费用会由专门的财务处理模块进行管理。自动化的流程管理涵盖了帅康客服部门的所有业务应用，使得客服中心与企业内部生产部门、配件管理部门、财务部门进行更顺畅的沟通。

2002年5月27日，以数据分析为核心的帅康CRM第二阶段已经验收。星际网络CRM的优越性能赢得了帅康集团的高度评价，帅康集团称其收获是，将客户需求提升到企业产品质量控制和生产流程的改善中去了,帅康集团客服中心主任凌郁更自豪地说道:“这是中国家电业第一套售后服务的ERP。”

七、特殊的意义

随着家电行业市场竞争的日益加剧,产品之间的品质差别越来越小,顾客更加看重的是厂家的售后服务。信息化无疑为家电企业的竞争优势再造提供了更强的支持,大幅度降低维系庞大售后队伍的开支,CRM客户关系管理无疑为目前陷入价格战的家电企业带来福音。

星际网络作为资深的CRM软件提供商,在深入了解了家电行业的业务流程之后,融合了以“客户为中心”的CRM客户管理理论以及当今呼叫中心的先进技术,创建出符合家电行业业务处理应用的CRM系统。家电企业借助该客户服务管理系统可以实现备机和配件的合理化管理,既充分快速响应客户要求,又最大限度地节约成本,同时还实现了公司总部与分支机构之间信息的及时沟通,使总部对分支机构的管理及时、透明,这样一来,为企业提供了最完善的客户服务。利用本系统,家电企业可以做到:

- 提高公司业务透明度,规范分支机构业务过程。
- 及时把握各地配件库存,确保及时供货,同时降低配件库存。
- 各部门之间联网操作,可以提高效率,降低误差。
- 改善对分支机构的管理。
- 快速提供决策依据。
- 在增加客户满意度的基础上,进一步提高企业竞争力。

星际网络CRM不但完美实现了客户关系管理相对于传统营销的优势,进一步节省了营销成本,加快了沟通速度,提高了沟通质量,而且更切合家电行业业务流程,通过将人力资源、业务流程与信息技术进行有效地整合,不断地改善家电企业销售、服务和市场营销等与客户关系有关的业务流程并提高各个环节的自动化程度,使得家电企业可以更低成本、更高效率地满足客户的需求,最大程度地提高客户满意度及忠诚度,挽回失去的客户,保留现有的客户,不断发展新的客户,发掘并牢牢地把握住能给企业带来最大价值的客户群。

阅读上述案例,回答下列问题:

1. 帅康集团的客户服务管理系统融合了哪些现代先进的技术?
2. 客户服务管理系统实施为帅康集团带来了哪些变化?
3. 成功实施CRM的关键因素和阻力各是什么?

第7章

电子商务

【内容提要】

本章主要介绍电子商务的含义、电子商务的类型、电子商务的运作过程以及电子商务的应用。重点介绍企业运用电子商务从事的各种商务活动。

【引导案例】

全球企业间电子商务的著名品牌——阿里巴巴

阿里巴巴(Alibaba.com)是全球企业间(B2B)电子商务的著名品牌,是全球国际贸易领域内领先、最活跃的网上交易市场和商人社区,目前已经成功融合了B2B、C2C、搜索引擎和门户功能。良好的定位、稳固的结构、优秀的服务使阿里巴巴成为全球千万网商的电子商务网站之一,遍布220个国家和地区,每日向全球各地企业及商家提供数百万条商业信息,成为全球商人网络推广的首选网站,被商人们评为"最受欢迎的B2B网站"。

2005年8月,阿里巴巴和全球最大门户网站雅虎达成战略合作,阿里巴巴兼并雅虎在中国所有资产,阿里巴巴因此成为中国最大的互联网公司。目前阿里巴巴旗下拥有如下业务:B2B(以阿里巴巴网站为主)、C2C(淘宝、一拍)、电子支付(支付宝)、门户+搜索(雅虎)。

阿里巴巴是全球著名的企业间(B2B)电子商务服务公司,管理运营着全球领先的网上贸易市场和商人社区——阿里巴巴网站,为来自220多个国家和地区的1200多万企业和商人提供网上商务服务。在全球网站浏览量排名中,稳居国际商务及贸易类网站第一,遥遥领先于第二名。

阿里巴巴公司目前由4大业务群组成:阿里巴巴(B2B)、淘宝(C2C)和雅虎(搜索引擎)和支付宝(电子支付)。

其中阿里巴巴网站由3个相连网站组成:中国站(http://www.china.alibaba.com)主要为国内市场服务,积极倡导诚信电子商务,与ACP、华夏、杰胜等著名企业资信调查机构合作推出"诚信通"服务,旨在打造"安全、可信、有保障"的网上商铺,帮助企业建立网上诚信档案,提高网上交易成功的机会;国际站(http://www.alibaba.com/)面向全球商人提供专业服务,为中国的出口型生产企业提供在全球市场的"中国供应商"专业推广服务,是旨在帮助国内出口企业开拓全球市场的高级网络贸易服务;日文站(http://www.japan.alibaba.com)是中日贸易的桥梁。帮助中国供应商开展与日本的网上贸易,促成买卖双方达成交易。

2003年5月,阿里巴巴投资1亿元人民币推出个人网上交易平台淘宝网(http://

www.Taobao.com)，首次对非 B2B 业务进行战略投资，致力于打造全球最大的个人交易网站。依托于企业网上交易市场服务 8 年的经验、能力及对中国个人网上交易市场的准确定位，淘宝迅速成长。2004 年 7 月，又追加投资 3.5 亿元人民币，2005 年 10 月，再次追加投资 10 亿元人民币。淘宝网的在线商品数量、注册会员数、成交额等，遥遥领跑中国个人电子商务市场。中国社科院《2005 年电子商务调研报告》显示，淘宝网占据国内 C2C 市场 72%的市场份额。在全球权威 Alexa 2004 年排名中，淘宝网在全球网站综合排名中位居前 20 名，中国电子商务网站排名第 1 名。

2003 年 10 月，阿里巴巴建立独立的第三方支付平台——支付宝，正式进军电子支付领域，并于同年 10 月 18 日在淘宝网推出，为网络交易用户提供优质的安全支付服务。目前，支付宝已经和国内的工商银行、建设银行、农业银行和招商银行，国际的 VISA 国际组织等各大金融机构建立战略合作，共同打造一个独立的第三方支付平台。不到一年时间，支付宝迅速成为淘宝会员网上交易不可缺少的支付方式，深受淘宝会员喜爱。

阿里巴巴雅虎(http://cn.yahoo.com)是一家极富创造性的国际化的互联网公司，由原雅虎中国演变而成，1999 年 9 月由雅虎全球创立，2005 年 8 月被阿里巴巴全资收购。2005 年 11 月 9 日，阿里巴巴雅虎宣布：未来阿里巴巴雅虎的业务重点全面转向搜索领域。

7.1　电子商务的含义

电子商务作为一个完整的概念出现于 1996 年，一出现就受到社会各界的普遍关注，各国政府、行业协会、权威机构和专家学者等，从不同角度给出了有关电子商务的定义。

1. 政府部门的定义

美国政府在其《全球电子商务纲要》中比较笼统地指出：电子商务是指通过 Internet 进行的各项商务活动，包括广告、交易、支付、服务等活动，全球电子商务将会涉及全球各国。

2. 电子商务协会及一些机构的定义

加拿大电子商务协会给出的电子商务的定义为：电子商务是通过数字通信进行商品和服务的买卖以及资金的转账，它还包括公司间和公司内利用电子邮件、电子数据交换、文件传输、传真、电视会议、远程计算机联网所能实现的全部功能(如市场营销、金融结算、销售以及商务谈判)。

联合国经济合作和发展组织(OECD)在有关电子商务的报告中把电子商务定义为：电子商务是发生在开放网络上的包含企业之间、企业和消费者之间的商业贸易。

全球信息基础设施委员会(GIIC)电子商务工作委员会对电子商务的定义如下：电子商务是运用电子通信作为手段的商务活动，通过这种方式人们可以对带有经济价值的产品和服务进行宣传、购买和结算。这种交易的方式不受地理、资金多少或零售渠道的所有权影响，公有、私有企业、公司、政府组织、各种社会团体、一般公民、企业家都能自由参加的经济活动，其中包括农业、林业、渔业、工业和政府的服务业。电子商务能使产品在世界范围内交易，并向消费者提供多种多样的选择。

欧洲经济委员会提出了一个关于电子商务比较严密完整的定义：电子商务是各参与方

之间以电子方式而不是以物理交换或直接物理接触方式完成任何形式的业务交易。这里的电子交易方式包括 EDI、电子支付手段、电子订货系统(Electronic Ordering System,EOS)、电子邮件、传真、网络、电子公告系统、条码、图像处理等。一次完整的商业贸易过程是复杂的,包括交易前的了解商情、询价、报价、发送订单、应答订单,发送接收送货通知、取货凭证、支付汇兑过程等,此外还有涉及行政过程的认证等行为,涉及资金流、物流、信息流的流动。严格地讲,只有上述所有贸易过程都实现了无纸贸易,才能称为是一次完整的电子商务过程。

国际商会于 1997 年 11 月,在巴黎举行了世界电子商务会议(The World Business Agenda for Electronic Commerce)。会上众多专家和代表对电子商务的概念进行了深入的探讨,将电子商务定义为:电子商务是指实现整个贸易活动的电子化。从涵盖范围方面可以定义为:交易各方以电子交易方式而不是通过当面交换或直接面谈方式进行的任何形式的商业交易;从技术方面可以定义为:电子商务是一种多技术的集合体,包括交换数据(如 EDI、电子邮件)、获得数据(共享数据库、电子公告牌)以及自动捕获数据(条形码)等。

3. IT 行业的定义

IBM 公司经过业界有史以来的最大规模的"电子商务与企业经营"的调研,于 1997 年提出了电子商务的定义:电子商务并不仅仅是指通过 Internet 进行的商业交易,它包括了全部可能的商业运作过程,电子商务基于 Internet、内联网(Intranet)或局域网和广域网,包括了从销售、市场到商业信息管理的全过程。按照 IBM 的观点,只有先建立良好的 Intranet,建立起比较完善的标准和各种信息基础设施,才能顺利扩展外联网(Extranet),最后扩展到电子商务。在这一过程中,任何能加速商务处理过程、减少商业成本、创造商业价值、创造新的商业机会的活动都是电子商务。

综合上述观点及当前电子商务发展的实践,我们认为应该从狭义和广义两个角度来理解电子商务。狭义的电子商务就是企业通过业务流程的数字化、电子化实现产品交易的手段。从广义上看,电子商务是以信息技术为基础从事以商品交换为中心的各种活动的总称,包括生产、流通、分配、交换和消费各环节中连接生产及消费的所有活动的电子信息化处理。

电子商务的完全运作依赖于信息网络、金融网络和物流网络的紧密结合。随着电子商务的发展,通过信息流、资金流、实物流的迅速流动,把生产和消费活动中发生关系的各方有机地联系起来,使其扩展到各行各业和人类生活的方方面面。所以,从广义上去理解电子商务的定义,才能比较全面而深入地理解电子商务的本质特征,并有助于更好地开展电子商务活动。

7.2 电子商务的类型

根据参与电子商务的交易主体的不同,将电子商务分为 5 种类型。这 5 种类型是不同的交易实体运用电子手段和电子工具进行的商务活动。

7.2.1 企业对企业的电子商务

B2B(Business to Business)是指企业和企业之间,或者商家对商家之间进行的电子商务活动,是以企业整合内部资源(如形成 ERP),利用 IT 技术和供应链(SCM)技术,以中心制造厂商为核心，将产业上游原材料和零配件供应商、产业下游经销商、物流运输商及产品服务商以及往来银行结合为一体，借助于 Internet 提供的新型交易平台，为最终顾客服务的商务活动。完整的 B2B 电子商务系统包括零售商、分销商、生产商、运输提供商和外部供应商、支付处理方、认证中心等。这种模式虽然比 B2C 出现的晚，但也已有多年的发展历史，是当前电子商务模式中份额最大、最具操作性、最容易成功的模式。

目前，国内最成功的 B2B 网站之一是阿里巴巴。

【应用案例 7-1】 登录阿里巴巴网站(见图 7-1)，分析该网站提供的功能。思考你的企业是否可以利用该网站平台寻找商机？

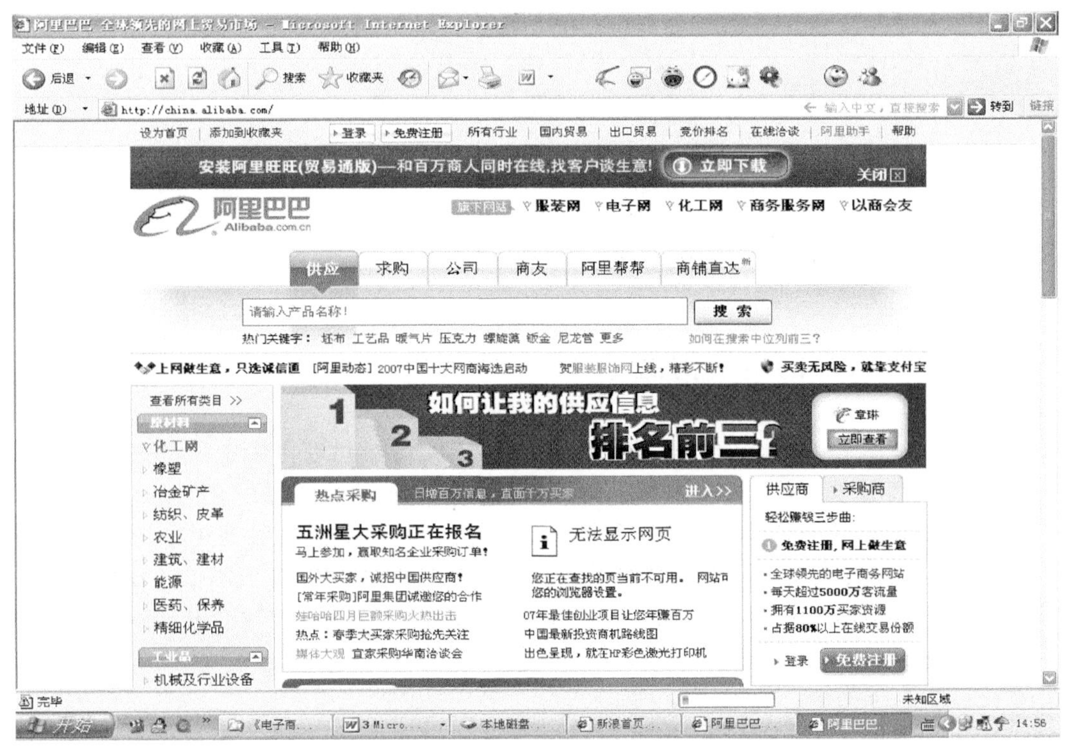

图 7-1 阿里巴巴网站

7.2.2 企业对消费者的电子商务

B2C(Business to Customer)是指企业与消费者之间进行的电子商务活动，主要是借助于 Internet 为企业和消费者开辟交易平台来进行在线销售活动。顾客可以在 Internet 上完成选购、订货、支付等类似于传统零售商业的服务，其中最有吸引力的是网上商店的商品售价比传统商店要便宜。在 B2C 电子商务系统中的贸易角色包括企业、消费者、支付处理方、配送方、认证中心和售后服务中心。

【应用案例 7-2】 登录中关村图书大厦的网上书店的主页(见图 7-2)，体验作为一个消费者如何在网站上订购图书。

图 7-2 中关村图书大厦的网上书店

7.2.3 企业对政府的电子商务

B2G(Business to Government)是指企业与政府机构之间进行的电子商务活动。B2G电子商务是B2B电子商务的延伸和发展，主要覆盖了企业和政府组织之间的许多事务，如政府的网上采购，还可以扩展到企业向税务部门、电力部门等缴纳各种费用等。目前B2G仍处于初期的试验阶段，但是为了能够抓住电子商务发展的机遇，各国政府不仅在政策导向上积极地推进本国企业、商家的信息化和电子商务，而且率先构造电子政务平台开展商务活动。

【应用案例 7-3】 登录北京市公安交通管理局网站(www.bjjtgl.gov.cn)，体验通过网络接受政府服务的优势。

7.2.4 消费者对消费者的电子商务

C2C(Customer to Customer)是指个人对个人的电子商务活动，是电子商务发展的更高阶段。网络的自由参与使得消费者与消费者之间的贸易活动成为可能，由此而产生了C2C类的电子商务服务模式，如网络拍卖、跳蚤市场。

最著名的C2C网站有Ebay易趣、淘宝网等。

【应用案例 7-4】 登录Ebay易趣，体验在网上开店的乐趣。

7.2.5 消费者对政府的电子商务

C2G(Customer to Government)是指政府将电子商务扩展到各种福利费用的发放、自我报税以及个人所得税的征收等。

【应用案例 7-5】 登录北京市地方税务局网站，体验如何在网上了解税收政策，进行个人收入所得税报税等。

随着电子商务的发展，信息服务商已经开始尝试新的服务模式来契合电子商务的发展，如企业对企业再对消费者(Business to Business to Customer，B2B2C)的电子商务等，也将成为新的类型。

7.3 电子商务的业务范围

7.3.1 传统商务中的"三流"

在传统商务交易过程中，经济活动和经济管理活动表现为物流、资金流和信息流的流动。

物流是因人们的商品交易行为而形成的物质实体从卖方向买方的物理性移动，它由一系列创造时间和空间效用的经济活动组成，包括运输、配送、保管、包装、装卸、流通及物流信息处理等多项基本活动，是这些活动运动的统一。资金流是因在商品经济活动中商品价值的运动而形成的货币实体从商品买方向商品卖方的移动。信息流是物流和资金流的描述和记录，反映物流和资金流的运动过程，对物流和资金流运动起指导和控制作用，并为物流和资金流活动提供经济决策的依据。

物流和资金流是彼此联系的、共处于商品流通过程之中的有机整体。通常情况下，物流是资金流的前提和条件，资金流是物流的依托和价值担保，并为适应物流的变化而不断调整。传统的一手交钱、一手交货的商品交易活动便是如此。市场现货交易中买方付出货币，而获得商品实体或取得商品使用价值的所有权。卖方换回货币，让渡商品的所有权，取得商品价值的补偿。物流和资金流的区别在于物流是商品物质实体的流动，它能克服供需间的空间和时间的距离，创造商品的空间和时间效用。而资金流则是商品价值的流动，它作为等价交换物实现商品所有权转移。由于流动的具体途径不一致，因此资金流和物流本身又是相互独立的，各自可以独立进行，流动的次序也没有固定的模式。在具体情况下，没有资金流的物流和没有物流的资金流都是不可能的。

信息流伴随着物流和资金流的流动而流动，它既是其他各种流的表现和描述，又是用于掌握、指挥和控制其他流运行的软资源。在商品交易过程中，信息的活动(收集、加工、处理、传递和分析等)贯穿于整个交易过程的始终。信息流是贸易活动的依据和支撑，创造了商品交易活动时间和空间的效用；物流是商品实体转移和商品使用价值得以实现的前提；资金流是商品价值和生产者价值及其他经济活动主体价值实现的保证。物流和资金流是信息流的基础和来源。

在传统的商品流通中，物流和资金流是完全结合在一起的，一次商品的买卖既包括商品所有权即物质实体的转移，也包括商品价值表现即资金的转移，信息则由于一定商务隐蔽性并未被人们所重视。但是随着商品生产和交换的日益发达，随着社会分工的日益细化与完善，生产与交换中的沟通、协作与服务支撑日益重要而不可缺少，信息的交流、存储、传递与处理等作用越来越重要，并被人们所公认。在现代商品流通中，尤其是电子商务交易活动中，形成了商务活动信息流的新的载体，使信息流和物流、资金流的有机结合与运作，加快了生产与流通的速度，节省了经济活动的成本，提高了物流和资金流的流动效益。

7.3.2 电子商务交易过程

商务是指所有围绕产品或服务的购买或出售而进行的活动。这一活动涵盖的范围非常大，在一个实际的交易预期进行之前就开始，并且在交易执行后还要持续很长时间。传统商务交易过程中的实务操作由交易前的准备、贸易磋商过程、合同签订与执行、履约过程和售后服务等环节组成(见表7-1)。在电子商务中，"电子"是其实施手段，其核心仍是商务，其业务流程与传统商务相似。一般的电子商务活动过程包括如下几个阶段。

表7-1 电子商务的一般交易过程

交易过程	工作的实质	交易内容
交易前准备	信息的发布、查询、交流	(1) 卖方在网上(在自己的网站上或借助电子交易市场、ISP等)发布自己的产品、交易等有关的经营或服务信息 (2) 买方在网上(已知的网站或借助SE、ISP等)搜寻和查找所需的产品信息和服务信息等 (3) 买方和卖方交换供求信息
贸易磋商和合同签订	具体交易信息传递、接收和转换	(1) 各种记录、文件和报文等电子信息(数据)经电子商务系统和专用数据交换协议进行处理与转换 (2) 报价单、询盘、发盘、还盘、订单、订单确认、订单变更请求、运输说明、发货通知、付款通知等单证文件转换为标准件 (3) 所有贸易磋商文件经处理、传递后形成贸易合同
合同执行	信息流传递、转换成物流、资金流	(1) 信息流转换为贸易行为和物流 (2) 完成实物的交换和运输过程 (3) 电子支付数据的转换和传递，信息流转换为资金流；资金结算系统完成购物资金的支付
售后服务	具体服务信息的传递、接收和回复	(1) 买方将针对产品的各种咨询信息通过网络发给商家，希望得到及时回复和帮助 (2) 卖方在收到提问和寻求帮助信息后，立刻解答，对于必要的技术支持，商家将派出具体人员来完成

1. 交易前准备

这个阶段主要是参加交易各方在贸易活动前的准备活动，是交易各方商务信息交互活动。买方要根据自己的需求，制订购货计划，进行货源市场调查和市场分析，了解各卖方国家的贸易政策，准备货款等，可以在网络上搜寻和查找所需产品的相关信息。卖方根据市场调研和市场分析，生产并销售商品，制订销售策略和销售方式，进行广告宣传等，可以在网络上公布和宣传自己的产品信息。这样买卖双方通过网络完成商品供求信息的交换过程。其他交易各方，如CA认证中心、银行金融机构、海关系统、商检系统、保险公司、税务系统和运输公司等，也都会为电子商务交易进行准备。

2. 贸易磋商过程

在电子商务活动中，贸易磋商的过程是各种记录、文件和报文在网络中的传递过程，也就是信息传递、接收和转换的过程。各种各样的电子商务应用系统和专用数据交换协议采用相应安全技术保证网络信息传递的准确性和安全可靠性。各类单证文件，如报价单、询盘、发盘、还盘、订单、订单确认、订单变更请求、运输说明、发货通知、付款通知等，在电子商务中都变成标准的报文形式，有利于减少漏洞和失误，规范整个商贸活动过程。网络安全措施和应用系统自身保证了所有贸易磋商文件信息处理和传递的准确和安全可靠，双方可以通过这些文件信息来约束双方的贸易行为和执行结果，并可在授权的情况下通过第三方进行仲裁。

3. 合同执行

在电子商务活动中，合同与执行过程是各种信息流传递、处理、转换成信息行为和物流执行的过程。以电子支付方式进行数据交换，通过买方、卖方与各自开户银行，以及银行间资金结算系统的信息流传递和交换，实现资金流的流动，最终完成购物资金的结算。在网络以外还要进行相应的实物的交接和运输过程。

4. 售后服务

具体的交易过程结束后，还有一段延续过程，也就是买方将要求卖方提供交易产品的售后服务。买方将针对产品的各种咨询信息通过网络发给商家，希望得到及时回复和帮助；卖方在收到提问和寻求帮助信息后，立刻解答，并通过网络及时传送。对于必要的技术支持，卖方将派出具体人员来完成。

不同类型的电子商务应用系统的交易过程，基本上都包括上述4个阶段，但是由于交易的目标和交易模式的不同，其交易过程和交易内容可能存在差异。

7.3.3　电子商务的业务

从以上的电子商务交易的过程来看，电子商务可提供网上交易和管理等全过程，因此，IBM认为它具有广告宣传、咨询洽谈、网上订购、网上支付、电子银行、服务传递、意见征询、业务管理等各项功能。

1. 广告宣传

企业可凭借各种网站，如自己的电子商务网站、内容服务提供商的网站，在Internet上发布各类商业信息，在全球范围内做广告。与以往的各类广告相比，网上的广告成本最为低廉，而呈现在顾客面前的信息量却最为丰富。客户可以利用网上的检索工具迅速地找到所需的商品信息。

2. 咨询洽谈

顾客在了解基本商品信息后，可借助采用非实时的电子邮件和实时的讨论组与企业进行沟通和联系，了解具体的商品信息，洽谈交易事务。网上咨询和洽谈不仅提供多种方便的异地交流方式，超越地域限制，而且时间成本和通信费用与其他方式相比也大大降低。

3. 网上订购

买卖双方在经过洽谈沟通后，顾客选择好商品后，可进行网上订购，企业在网上为用户提供了十分友好的交互式的订购表单和订购提示信息，顾客可根据提示填写表单后提交表单。通常系统会回复确认信息来保证订购信息的收悉。为保证客户和商家的商业信息不被泄漏，双方的通信内容可以采用一定的加密技术来实现。

4. 网上支付

电子商务要成为一个完整的过程，网上支付是重要环节。客户和商家之间采用多种支付方式，省去了交易中很多人员的开销。网上支付需要更为可靠的信息传输安全控制，以防止欺骗、窃听、冒用等非法行为。

5. 电子银行

网上支付需要有电子金融来支持，即银行、信用卡公司等金融机构要为金融服务提供网上操作服务。

6. 服务传递

应将其订购的货物尽快地传递到已经完成支付的客户手中。若是实物货品，则需要有相应的物流配送过程来完成商品的调配。对于在网上直接传递的货物，如软件、电子读物、信息服务等，则可直接从电子仓库中将货物发到用户端。

7. 意见征询

电子商务能十分方便地采用网页上的“选择”、“填空”等格式文件来收集用户对销售服务的反馈意见，也为用户提供了另一个售后服务的平台。这样，使企业的市场运营能形成一个封闭的回路。客户的反馈意见不仅能提高售后服务的水平，更能使企业获得改进产品、发现市场的商业机会。

8. 业务管理

企业的整个业务管理涉及到人、财、物等多个方面，如企业和企业、企业和消费者及企业内部等各方面的协调和管理。因此，业务管理是涉及商务活动全过程的管理。

7.4 电子商务的特点

电子商务具有高效性、方便性、社会性和技术性的特点，下面对这 4 个特点分别进行阐述。

7.4.1 电子商务的高效性

电子商务作为一种新的交易方式，高效率是其生存之本。应该说，高效率是电子商务生来就具有的特性。网上购物为消费者提供了一种方便、迅捷的购物途径，为商家提供了一个遍布世界各地的、广阔的、有巨大潜力的消费者群。电子商务的高效性具体体现在很多方面。例如，电子商务可以扩展市场，增加客户数量；通过将信息网络与数据库相连，企业能记录下客户每次访问、购买的情况和购货动态以及客户对产品的偏爱，企业通过统计这些数据就可以获知客户最想购买的产品，从而为产品的生产、开发提供有效的信息；网络营销还可以为企业节省大量的开销，如无须营业人员、无须实体店铺，并可以提供全天候服务，提高销售量，提高客户满意度和企业知名度等。通过电子商务，企业与企业之间的交易同样也提高效率。企业间订单信息通过互联网络可以进行快速地传递，甚至是实时地传递。企业可以通过 Internet 寻求合作伙伴，可以在 Internet 上进行招标采购，可以通过 Internet 检索商品信息，这些都较之于传统的贸易方式大大提高了效率。因而，无论是对大规模的企业还是对中小规模的企业，甚至对个体经营者来讲，电子商务都是一种机遇。

7.4.2 电子商务的方便性

时间、空间限制是人们从事社会经济活动的主要障碍，也是构成企业经营成本的重要因素。传统交易方式不可避免地受时间和空间距离的限制，而电子商务把商业和其他业务活动所受的时空限制大大弱化了。在电子商务环境中，客户不再像以往那样因受地域的限制而只能在一定区域内、有限的几个商家中选择交易对象，寻找所需的商品。客户不仅可以在更大的范围内，甚至可以在全球范围寻找交易伙伴、选择商品，而且更为重要的是，客户的目光不仅仅集中在商品的价格上，在某种意义上服务质量的好坏已成为商务活动成功与否的更为关键的因素。企业通过开放的 Internet 来开展客户服务，过去客户很费周折才能获得的服务，现在足不出户就可以实现。基于 Internet 的电子商务没有节假日，每天 24 小时提供服务，可随时办理各种业务。基于 Internet 的电子商务不仅能克服时间上的制约，而且还能克服空间上的制约，这进一步说明了电子商务的方便性。

7.4.3 电子商务的社会性

商务活动是一种协调运作的过程，它需要雇员和客户、生产方与供货方、销售方以及商务伙伴之间的相互协调。电子商务要应用各种相关技术和系统的协同处理来保证交易过程的顺利完成。因此，电子商务涉及许多社会性的问题。例如，商品和资金的流转方式变革，法律的认可与保障，政府部门的支持和统一管理，公众对网上购物的热情和认可等。所有这些问题全都涉及到全社会，它不是一个企业或一个部门就能解决的，需要全社会的努力和整体的实现，才能最终将电子商务潜在的优越性转变为现实的生产力。单一的技术发明难以独当一面，互联网络的商业应用需要其他的技术支持，更需要社会制度和社会意识的支持。电子商务的社会性特点的另一个表现就是电子商务改变了商务运作模式，改变了商务流程，带动了经济结构变革，推动形成了新的商务运作模式，并用一些技术手段保证了新的商务运作模式的顺利实施。“虚拟企业”和“虚拟经营”就是电子商务产生变革的一例，在其他社会领域，电子商务的影响同样也是不可忽视，如网络游戏已经在娱乐领域占有相当的分量，再如网上聊天和网络社区已经成为社会沟通的重要渠道之一。

7.4.4 电子商务的技术性

电子商务是一种新兴事物，采用了大量计算机技术和网络通信技术等新技术。没有计算机技术和网络技术的发展，没有计算机网络的广泛应用，就没有电子商务。由此可见，电子商务具有较强的技术依赖性。除了计算机技术和网络技术外，电子商务还涉及新的管理思想、管理方法、安全技术、自动识别技术和标准化技术等，同时还涉及物流活动中应用的机械化、自动化和智能化技术。电子商务中新技术的运用并非意味着企业原有的信息系统和设备的全盘淘汰。电子商务的真正商业价值在于它能够协调新技术的开发运用和原有技术设备改造利用，使用户能更加有效地利用他们已有的资源和技术，从而更加高效地完成企业的生产和销售及客户服务活动。应用集成技术，电子商务提高了事务处理的整体性和统一性，它能规范事务处理的工作流程，将人工操作和电子信息处理集成为一个不可分割的整体。这样，不仅能提高人员和设备的利用效率，也提高了系统运行的可靠性。

7.5 电子商务系统框架

在巴黎举行的世界电子商务会议上，经过国际商会的专家论证，确定了电子商务涵盖的业务范围应该包括信息交换、售前售后服务（提供产品和服务的细节、产品使用技术指南、回答顾客意见）、销售、电子支付（使用电子资金转账、信用卡、电子支票、电子现金）、运输（包括商品的发送管理和运输跟踪以及可以电子化传送的产品的实际发送）、组建虚拟企业（组建一个物理上不存在的企业，集中一批独立的中小公司的权限，提供比任何单独公司多得多的产品和服务）、公司和贸易伙伴可以共同拥有和运营共享的商业方法等。对于具体的电子商务业务，要由相应的电子商务系统来实现。

7.5.1 电子商务系统的结构

电子商务系统由电子商务实体、物流、信息流、资金流等基本要素构成。电子商务实体涉及商务活动的参与各方，包括商家、消费者、政府、银行或金融机构、认证中心（CA）、交易网关、货运公司、信息公司等，其工作流程是利用计算机网络技术全面实现在线商务活动电子化的过程。电子商务系统的工作实质是信息的收集、处理、加工分析形成各种商务应用所需的数据库，并将信息流转换为物流和资金流的过程。电子商务系统是商务信息流和信息流转化为物流、资金流的重要载体。因此，电子商务系统要能使信息流、物流和资金流形成一个不可分割的整体，尽可能地用信息流替代物流、资金流运动，以达到优化物流和资金流、有效地完成商品交易过程的目的。

对于实施电子商务的主体来讲，电子商务运作的效益取决于商务交易的效果。根据业务发生过程以及网络数据交换的形式，一般将电子商务系统，划分为 3 层框架结构（如图 7-3 所示）：公共网络平台、商务基础平台和企业级电子商务应用平台。其中，网络平台和商务基础平台是商务信息交流与传递的基础载体，电子商务应用平台是商务信息流的应用载体。虽然电子商务活动中交易过程和交易内容主要是在应用平台上实现的，但

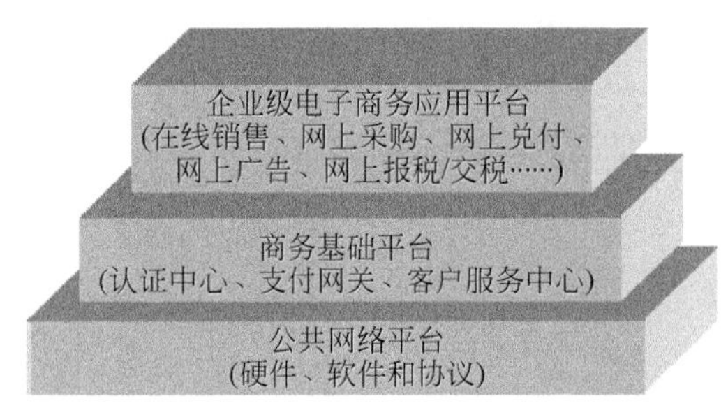

图 7-3　电子商务系统层次结构图

是商务信息活动和信息流要在整个电子商务系统中运动。

7.5.2 电子商务系统组成

1. 公共网络平台

底层的公共网络平台是信息传送的载体和用户接入的手段，它包括各种各样的物理通信平台和信息传送方式，如远程通信网(Telecom)、有线电视网(Cable TV)、无线通信网(Wireless)和 Internet。远程通信网包括电话、电报，无线通信网包括移动通信和卫星网，Internet 是目前电子商务主要应用的计算机网络。这些不同的网络都提供了电子商务信息传输线路，但是大部分的电子商务应用还是基于 Internet。Internet 主要由硬件、软件和网络协议等构成。硬件包括联入网络的计算机、集成器(Hub)、数字交换机、路由器(Router)、调制解制器、有线电视的机顶盒(Set-top Box)、电缆调制解调器(Cable Modem)、应用服务器以及数据和交易服务器等。软件由操作系统、网络系统、安全系统、数据库系统、开发工具等组成。网络协议是网络中通信各方未能顺利进行信息交换而共同约定好并遵循的规程和规则。Internet 上使用的通信协议包括 HTTP、TCP/IP、Telnet、FTP 等。

公共网络平台是电子商务基础设施，支撑着电子商务的交流过程。对于一般的企业或其他的机构来讲，不必搭建网络平台，直接依靠公共多媒体网络和一些专门的电子商务网络平台，就可以共享电子商务基础设施资源。

2. 商务基础平台

中间层是电子商务基础平台，包括 CA(Certificate Authority)认证、支付网关(Payment Gateway)和客户服务中心 3 个部分。CA 认证中心的作用类似于网络上的"公安局"和"工商局"，给个人、企事业单位和政府机构签发数字证书——"网上身份证"，用来确认电子商务活动中各自的身份，并通过加解密方法实现网上安全的信息交换与安全交易。支付网关的作用是公共信息网与金融专用网连接的中介，它承担双方的支付信息转换的工作，所解决的关键问题是让传统封闭的金融网络能够通过网关面向 Internet 上的广大用户，提供安全方便的网上支付功能。客户服务中心也称为呼叫中心，与传统的呼叫中心的区别在于它不但支持电话接入的方式，而且能够支持 Web、E-mail 和传真等多种接入方式，使得用户的任何疑问都能很快地获得响应与帮助。客户服务中心不是以往每个企业独立建设和运作的概念，而是统一建设再将席位出租，从而大大简化和方便企业进行电子商务，提供客户咨询和帮助。

3. 企业级电子商务应用平台

第三层就是各种各样的电子商务应用系统，如网上采购、在线销售、网上报税/交税、网上支付、网上广告、电子交易市场等。对于企业，电子商务应用系统的构建是极其重要的。绝对不能将规划和建设电子商务应用平台只看作是一个技术问题，要同时考虑企业的业务管理和技术实现两个方面。企业要从自身的战略目标、市场地位和经营模式等因素考虑，构建与之相适应的独具特色的电子商务应用平台。只有这样才能形成千差万别的电子商务市场，使电子商务这种新型的商务活动按照经济运行规律健康的成长，使企业在运作电子商务过程中真正获得收益。

电子商务系统呈现3个层次，但是在现实中是呈平面分布的（见图7-4）。电子商务活动主要是在Internet等网络上进行的，所以，公共网络平台是电子商务系统中最基本的构架，一般由电信部门构建和提供；虚线框内的是电子商务基础平台，认证中心、客户服务中心和支付网关由独立的机构来担任；各种各样的电子商务应用系统就是企业、组织或政府开发并实施，能实现具体业务的系统。电子商务系统强调参加交易的买方、卖方、银行或金融机构、认证系统、支付网关、运输商及所有合作伙伴，都要在Internet、Intranet、Extranet中密切结合起来，共同从事在网络计算环境下的商业电子化应用，才能实现真正意义上的电子商务。

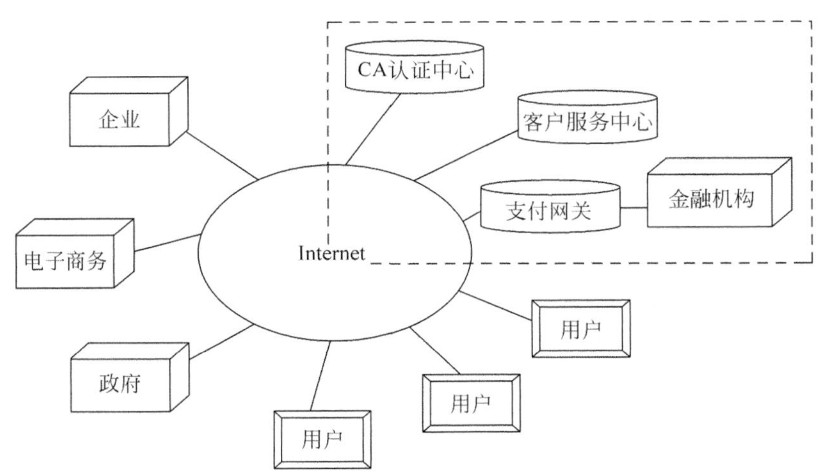

图7-4 电子商务系统平面分布模型图

7.6 电子商务的运作环境和发展趋势

根据电子商务系统的结构及电子商务的内涵，可知电子商务系统是一个以电子数据处理、环球网络、数据交换和资金汇兑技术为基础，集销售、运输、银行结算、认证、保险、商检等为一体的综合商贸信息处理系统，因此对其运作环境提出了很高的要求。

7.6.1 电子商务运作的宏观环境

电子商务系统是一个涉及社会方方面面的综合系统，为了保证电子商务的正常开展，必须建立和完善一系列宏观环境。

1. 信息基础设施建设

信息基础设施是电子商务最底层的基础设施。没有遍布世界各个角落的信息基础设施网络，就无法开展真正意义上的电子商务。就现状而言，我国信息化基础建设目前尚不能满足电子商务发展的需要(包括通信基础设施、信息处理技术、信息设备制造等方面)。因此，要加快电子商务建设，必须强化国家信息化基础建设。

2. 人才环境

电子商务综合了商贸信息处理系统，首先，是一个社会系统，是由围绕商品贸易的各方面代表各方利益的人组成的关系网；其次，又是一个人与电子工具复合的有机系统。因此，这个系统的中心是人，人起着决定性的作用。一个国家、一个地区能否培养出大批满足电子商务发展需要的复合型人才，已成为该国家、该地区发展电子商务的最关键因素。

3. 政策环境

电子商务的顺利开展，需要政府政策的支持。政府需要制定的政策包括电子商务税收制度、信息访问的收费、信息传输成本等。此外，Internet 是一个跨国界的网络，建立在其上的电子商务活动必然也具有跨国性，如果各个国家不能按照自己的交易方式运作电子商务，则必然会阻碍电子商务在本国乃至世界范围内的发展。所以，各国政府应推进电子商务全球性的标准和规则的制定，以保证电子商务的顺利实施。

4. 市场环境

电子商务的发展不能建立在一种无序、封闭的社会经济基础条件之上，良好的市场环境是电子商务发展的基础。要发展电子商务，就要大力发展市场经济，规范市场秩序，建立一个公平竞争的良好市场环境。

5. 法律环境

为了电子商务的健康发展，就必须确立相应的电子商务法律体系，提供一个透明的、和谐的商务法律环境，及时解决电子商务活动中发生的各种纠纷，防止和制裁电子商务活动中的不法行为，保障电子商务活动正常进行；必须将世界各国的电子商务法律统一起来，制定共同的遵守的网上规范，以解决跨国界的网上纠纷。

6. 支付环境

利用电子商务进行交易必然会涉及网上支付。如果没有良好的网上支付环境，那么网上客户只能采用网上订货、网下支付的方式，只能实现较低层次的电子商务应用，使电子商务高效率、低成本的特性难以发挥，使电子商务的应用与发展受到阻碍。因此，发展网上支付体系，建立和健全良好的支付环境，是保障和促进电子商务发展的一个重要因素。

7. 物流环境

电子商务通过网上实现订货、支付，完成商品所有权的转移，但电子商务活动并没有结束，只有商品和服务真正转移到买方手中，商务活动才告结束。物流是电子商务的重要组成部分。没有良好的物流环境，就不可能有效地开展和完成电子商务活动，就不可能发挥电子商务的优越性。

8. 信用环境

与传统商务活动相比，商业信用在电子商务中更加重要，作用更大。在电子商务运作中，商务信息、商务管理和商品交易都是通过计算机网络进行的，交易双方不见面、不签订纸制合同，不在纸上签字盖章、不用纸制票据，而代之以网上沟通、电子合同、电子签名、网上支付，所以建立完善的电子商务信用体系和环境显得尤为重要。

9. 安全环境

在传统交易过程中，买卖双方是面对面的，因此比较容易保证交易过程的安全性和建立信任关系。但在电子商务过程中，企业、银行是通过网络来联系的，彼此远隔万水千山通过网络来完成订货、支付等一系列的商务活动，因此，电子商务系统中的交易各方都面临着安全威胁。如何保障电子商务活动的安全，是电子商务能否正常开展的核心问题。

10. 标准环境

电子商务作为集成的信息处理系统，其各个组成部分相互关联、相互依赖、相互制约，共同影响着整个系统的功能和效率，为使电子商务系统的各个组成部分能够协调一致地工作，就必然需要有大批的共同遵循的标准作为支撑。只有通过制定、发布和实施对各种对象标识、数据采集、数据处理、网络、通信接口等标准，才能使电子商务信息系统达到整体的实现。

7.6.2 电子商务运作的微观环境

电子商务运作的微观环境主要与参与个体有关，一般参与个体可以概括为个人和组织(大多数是企业)两类。这里主要探讨企业电子商务的运作环境，对于个人开展电子商务活动所需要的准备，读者可以思考一下。

1. 企业内部的现代化管理

企业要顺利推行 B2B 电子商务的应用，要有新型的组织结构和合理的管理模式与其相适应，重要的是在企业管理方式上实现创新。电子商务的实施首先是一种先进的管理理念的引入；其次，推行 B2B 的应用，需要对组织进行创新。传统的层次化组织结构不仅限制了企业内部信息流的速度，而且容易造成信息流动过程中的严重流失与失真，给企业决策与管理带来严重的隐患；再次，企业业务流程需要重构，以此适应数据处理计算机化与网络化的业务新环境。

2. 企业级电子商务系统的建设

企业级电子商务系统包括 3 个部分：企业内联网(Intranet)、企业内联网与 Internet 的连接以及电子商务应用系统。

首先，企业在建立电子商务系统之前，需要建立 Intranet，并利用 Intranet 对企业资源管理计划系统(ERP)、客户关系管理系统(CRM)和供应商管理系统(SCM)等所有与企业业务过程相关的系统进行整合,实现企业信息化管理。

其次,为了实现企业与企业之间、企业与客户之间的连接,同时也为了实现企业内部的ERP等信息系统与公共网络平台的无缝链接,Intranet必须与Internet进行连接。在我国,企业内联网(Intranet)一般是通过公众多媒体网与Internet连接的。

最后,在建立了完善的Intranet和实现了与Internet之间的安全连接后,企业已经为建立一个好的电子商务系统打下了良好基础。在此基础上,增加电子商务应用系统,就可以开展电子商务活动了。

3. 适应电子商务发展的人力资源管理

企业推行B2B的应用,最终还要落实到一个"人"字。在决定企业命运的诸要素中,人是第一位的。因此,培养一支能适应先进技术环境的过得硬的人才队伍是至关重要的。另一方面,企业实施电子商务还需要很好地处理人员富余问题。网络新业务需要裁减不合适的冗余人员,网络新业务同时又要招聘懂技术懂经营业务的复合型人员加入,这种人力资源的转移是一种动态的平衡。因此,企业的电子商务的应用导致局部的震荡是不可避免的。最后,培养一支首席信息主管(Chief Information Officer,CIO)队伍很是重要的。

7.6.3　电子商务为企业创造的竞争优势

电子商务大大加强企业的合理化运作,为企业创造更强的竞争力,从而增加企业的经济效益。根据专家学者的研究表明,电子商务的优势具体体现在以下4个方面。

1. 使企业具有成本优势

通过B2B电子商务企业与企业的商务活动,改变了传统的买卖双方面对面的交流方式,也打破了旧有工作经营模式,使企业经营成本大大降低。

1) 可以降低生产成本

有资料显示,一般产品的设计成本占产品生产成本的60%,按照市场需求开发出新产品的时间占新产品生产周期的60%,而电子商务可以显著地降低这两个"60%"的水平。利用商务网络,企业内各生产环节如设计、制造、销售可以加强交流,及时沟通,节约大量的时间和经费;企业与供货方、购货方及有关的协作单位可以连接起来,协调运作,甚至共享产品设计、开发资源;这些都可以缩短新产品的开发及生产周期,使产品尽快进入并占领市场,为企业带来强大的竞争优势。缩短生产周期还意味着在一定时间中生产更多的产品,创造更多的价值。

【应用案例7-6】

美特斯·邦威如何降低成本

2003年9月,当周成建站在复旦大学MBA班的讲台上,面对未来的商界精英大谈"虚拟经营"的时候,他的美特斯·邦威集团正把一张张订单发往广东、上海、江苏等地的200多家服装加工厂,其遍布全国的近千家专卖店正以每2秒销售1件衣服的速度向年销售额20亿元冲刺。

"美特斯·邦威"如今是中国内地最大的休闲服品牌之一。它效仿耐克,在国内服装业率先采用的“虚拟经营”策略，也被作为范例，收进了复旦大学的 MBA 课程。

1. 耐克模式

1994 年，温州的服装市场非常红火，但绝大多数产品都没有商标，价格竞争也非常无序。周成建觉得，这种市场运作方式对企业的持续发展不利，于是便开始酝酿做自己的品牌。

做什么？怎么做？

他将目标锁定在休闲服市场。1995 年，在温州开出第一家专卖店。因资金紧张，他想出了一个办法——不再进行机器设备的投资，而是利用外力弥补自己生产能力的不足。他在广东、上海、江苏等地联系了近百家生产厂家，为其定牌生产。这些生产厂都是具有严格的质量管理体系和科学的管理方法，具有一流生产设备的大型服装加工厂！就这样，一无厂房二无设备的美特斯·邦威，却拥有了年产休闲服 1000 多万套的强大生产基地。

周成建没有想到，他的经营思路，正是国际知名品牌“耐克”所采用的虚拟经营！

2. 品牌提升

接下来，美特斯·邦威面临的最大挑战，就是尽快提升其品牌形象和知名度。

在经营上，美特斯·邦威利用品牌效应，吸引代理商加盟，拓展连锁专卖网络，并对专卖店实行包括物流配送、信息咨询、员工培训在内的各种服务与管理，与加盟商共担风险，共同发展，并实施忠诚客户服务工程，不断提升服务质量。产品设计开发上，建立并培育了一支具有国际水准的设计师队伍，并与法国、意大利、香港等地的知名设计师开展长期合作，每年设计服装新款 1000 多种。

3. E 化网络

尽管虚拟经营具有无穷的潜力，但迄今为止，成功者仍寥寥无几。一个重要原因就是协调的环节较多，对管理的要求也相应提高，这是很多企业所不能胜任的。美特斯·邦威引进了电子商务信息网络化，建立了管理、生产、销售等各个环节的“信息高速公路”，实现了内部资源共享和网络化管理，为虚拟经营缔造了一个灵敏的神经网络。

1993—1997 年间，因为连锁店信息不畅带来的库存问题，一度让美特斯·邦威经受了痛苦的考验。1995 年，美特斯·邦威开发了一个简单的仓库信息管理系统，从此，便开始了用 IT 探索商业模式的改革之路。1997 年，他们开始在专卖店推广收银系统，慢慢上升到业务系统、管理系统，这套系统基本解决了连锁店、分公司的手工统计的销售报表不及时、不准确等痼疾，使美特斯·邦威摆脱了连锁经营企业“连而不锁”的顽症。E 化了专卖店之后，美特斯·邦威又开始了自己花钱给加工厂上 ERP，以随时了解到工厂的生产进度，大大降低了信息不透明时的风险。

现在，美特斯·邦威的信息系统由 3 部分组成：加工厂的 ERP、内部的管理系统和专卖店的信息系统。仅有 300 余人的美特斯·邦威总部在 40 余人的计算机中心的支持下，从容地控制着 1000 余家专卖店和 100 余家远在江苏和广东的 OEM 生产厂。专卖店可以通过网络，查看新货品的实物照片来快速订货，总部也可实时考核每个专卖店的销售业绩，并对整条供应链的进销存数据进行经营分析，以便及时做出促销、配货、调货的经营决策。

美特斯·邦威运用 IT 系统实现的这种虚拟运营的业务模式完全是颠覆式的！国内服装行业，传统运作方式仍然占着主流。通常，工厂生产出来的服装发送到公司物流中心，然后再向全国各个配送中心或分公司配发，存在着巨大的库存积压风险。美特斯·邦威不仅利用“虚拟库存”帮助供应链的上下游化解了库存风险，而且开始通过提高整条供应链的资金利用效率来放大自有资金的杠杆效应。

美特斯·邦威正操控着它的“虚拟”网络，向现实的国际市场迈进。

2）可以降低管理成本

电子商务对于各种企业，其最基本也是最大的作用首先应在于企业内部的电子化、信息化。B2B电子商务平台，集成了最新的信息技术与企业原有信息系统，实现了事务处理的整体性和统一性。企业可以利用互联网进行信息处理，畅通业务流程，减少中间环节，避免纸张文件传递带来的工作量大、出错率高、开销多的弱点，使企业管理成本降低，提高效率和效益。

在企业成本管理中，库存成本占有重要位置。企业的库存状况反映了企业的生产能力，也表现出企业对市场的应变能力。电子商务的实施，可以使企业内部各部门之间信息传递迅速，决策者可以及时掌握市场需求和原材料的供给能力，并据此安排生产，避免大量的库存积压。供需双方及时沟通需求信息，可以减少库存，甚至达到库存成本为零，最终达到降低库存成本的目的。

3）可以降低交易成本

电子商务可以降低销售成本。传统的商务活动最典型的情景就是“推销员满天飞”、“采购员遍地跑”、“说破了嘴，跑断了腿”。电子商务将实体的商业购物转化成虚拟的信息购物空间，创造了一个全新的市场。企业可以凭借Web服务器和客户的浏览器，在Internet上发布各类商业广告和产品及服务信息，在全球范围内做广告宣传，从而可以宣传企业形象、创造销售机会、扩展市场，却大大降低了营销费用。

电子商务可以降低企业采购成本。传统交易受时间和空间距离限制，电子商务环境则打破了这一限制，使远隔万里的市场好像近在咫尺。企业可以不再像以往那样因受地域限制而只能在一定区域内、有限的几个供货商中进行选择，寻找所需商品。而是在更大的范围内，甚至在全球范围内寻找交易伙伴，选择商品，使采购价格大大降低。同时，网上采购和交易也极大减少了采购过程中的人力、物力成本。

2. 促进企业具有差异化优势

通过B2B电子商务，可以为企业提供灵活的交易时间、广延的交易空间和多样性的交易手段，从而增加企业的差异化优势。

1）可以全面展示企业差异化的独特形象

通过精心制作的网页，企业向客户和潜在客户充分展示了本企业独特的形象，这种形象的宣传是传统企业无法比拟的：一是信息量大，企业可以将更丰富、更详尽的内容宣传企业形象；二是面向数量庞大的潜在客户群，通过网络企业向用户展示与众不同的形象魅力；三是展示范围遍布全球，无论访问者身居何处，都可以领略企业的差异化形象。

2）可以提供差异化的客户服务

企业实施电子商务，将客户服务过程转移到开放的网络上。利用网络信息的共享性，使客户拥有更多的主动权，可以及时了解到有关产品的最新数据，如价格、新品种等；利用网络的交互性，可免去多层次中间环节，增强交易双方的及时沟通，了解客户的最新需求，以客户需求为中心策划和安排生产经营的各个环节，为客户提供个性化的产品与服务；通过网络企业可以为客户提供每周7天、每天24小时的全天候服务，能以更加快捷方便的方式为客户提供优质服务。过去客户要大费周折才能获得的服务，现在只要用一种非常简洁、方便的方式便能获得。这种方便性、有效的客户服务，提高了客户满意度和忠诚度，树立了企业形象，更增加了企业竞争力。

3. 促进企业具有目标集聚优势

1）可以为企业增加商业机会

电子商务打破了地域的限制，跨越了空间，企业进入了一个全新的市场，这个市场是传统的人员促销和广告宣传无法有效进入的。比如：原来销售能力不足的中小企业，可以在网上找到新的买主，扩大销售渠道，建立起数量庞大的销售网络，获得新的订单，从而极大地增加了新的商业机会。

2）可以为企业创造未来发展机遇

通过将企业网站连接至数据库，企业可以获得极大的信息量。数据库能记录下网站每天访问情况，包括访问量、供货商、购货商的购买情况、变化及动态情况等。通过对这些数据的统计分析，企业就可以获知市场的变动行情，了解客户对产品的偏爱，从而为产品的生产、开发提供有效的信息，为企业的长远发展提供了充分的保障。

4. 使企业具有无边界扩展优势

通过实施B2B电子商务，企业不但可以实现企业内部的扩张，而且还可以实现企业外部的扩张，虚拟企业将成为一种重要的企业组织形式。它打破了企业之间、产业之间、地区之间的界限，使现有资源组合成一种没有围墙、超越失控约束、利用电子手段联系、统一指挥的经营决策实体，为企业实现无边界扩张创造了充分条件。虚拟企业通过柔性化的网络将具有运作能力的资源联系起来，使企业的有限资源得到最优化的配置。

7.6.4 电子商务发展趋势

1. 电子商务的深度将进一步拓展

随着技术创新和应用水平的提高以及其他相关技术的发展，电子商务将向纵深挺进，新一代的电子商务将浮出水面，取代目前简单地依托“网站＋电子邮件”的方式。电子商务企业将从网上商店和门户的初级形态，过渡到将企业的核心业务流程、客户关系管理等都延伸到Internet上，使产品和服务更贴近用户需求。

2. 电子商务将向专业化发展

1）个人消费者的专业化趋势

要满足消费者个性化的要求，提供专业化的产品线和专业水准的服务至关重要。今后若干年内，我国网上购物人口仍将是以中高收入水平的人群为主，他们购买力强，受教育程度较高，生活的个性化诉求比较强烈。

2）面向企业客户的专业化趋势

对 B2B 电子商务模式来说，发展以特定行业为依托的“专业电子商务平台”也是一种趋势。如“美国商务网”就是为国内中小企业开拓国外市场服务的专业网站，专为化工企业服务的“中国化工信息网”在行业内影响较大。

3. 中国电子商务将面临严峻挑战

电子商务是国际贸易发展的必然趋势，随着国际电子商务环境的规范和完善，中国的电子商务企业必然走向世界，国外的电子商务企业也将渗透到国内，对中国电子商务构成严峻挑战。

4. 电子商务网站将会出现兼并热潮

首先是同类兼并，目前中国不少的网站属于重复建设，定位相同或相近，业务内容也差不多。由于资源有限，并且在 Internet“赢家通吃”原则下，最终胜出的只是名列前茅的网站；其次是互补性兼并，那些处于领先地位的电子商务企业在资源、品牌、客户规模等各方面具有很大的优势，这些企业要发展，就必然采取互补性收购策略，结成战略联盟。

5. 行业电子商务将成为下一代电子商务发展主流

第一代的电子商务专注于内容，第二代专注于综合性电子商务，而下一代的行业电子商务将增值内容和商务平台紧密集成，充分发挥 Internet 在信息服务方面的优势，使电子商务真正进入实用阶段。

本章要点回顾

本章从案例出发，探讨了电子商务的含义，电子商务的类型、电子商务的运作模式和运作过程。从企业商务运作的全过程出发，分析了电子商务在各个阶段能为企业带来的优势。作为企业，如何充分运用电子商务获得竞争优势，是学习的重点。

习　题　7

登录海尔集团网站（见图 7-5），分析海尔如何利用网站提升客户服务水平。

海尔集团创立于 1984 年，20 多年来一直以稳定的增长速度持续发展，已发展成为在海内外享有较高美誉的大型国际化企业集团。其产品从 1984 年的单一冰箱发展到拥有白色家电、黑色家电、米色家电在内的 86 大门类 13 000 多个规格的产品群，并出口到世界 160 多个国家和地区。2001 年，实现全球营业额 602 亿元，实现出口创汇 4.2 亿美元，同比增长 50％。

海尔在海外美誉日渐扩大：据 2001 年 8 月号美国《福布斯》杂志刊登资料，海尔在全世界白色家电制造商中排名第 6 位。据 Euromonitor（欧洲透视）统计公布，海尔冰箱、洗衣机分别名列全球品牌市场占有率的第 2 位和第 3 位。1999 年 12 月 7 日，英国《金融时报》评出“全球 30 位最受尊重的企业家”，张瑞敏荣居第 26 位。

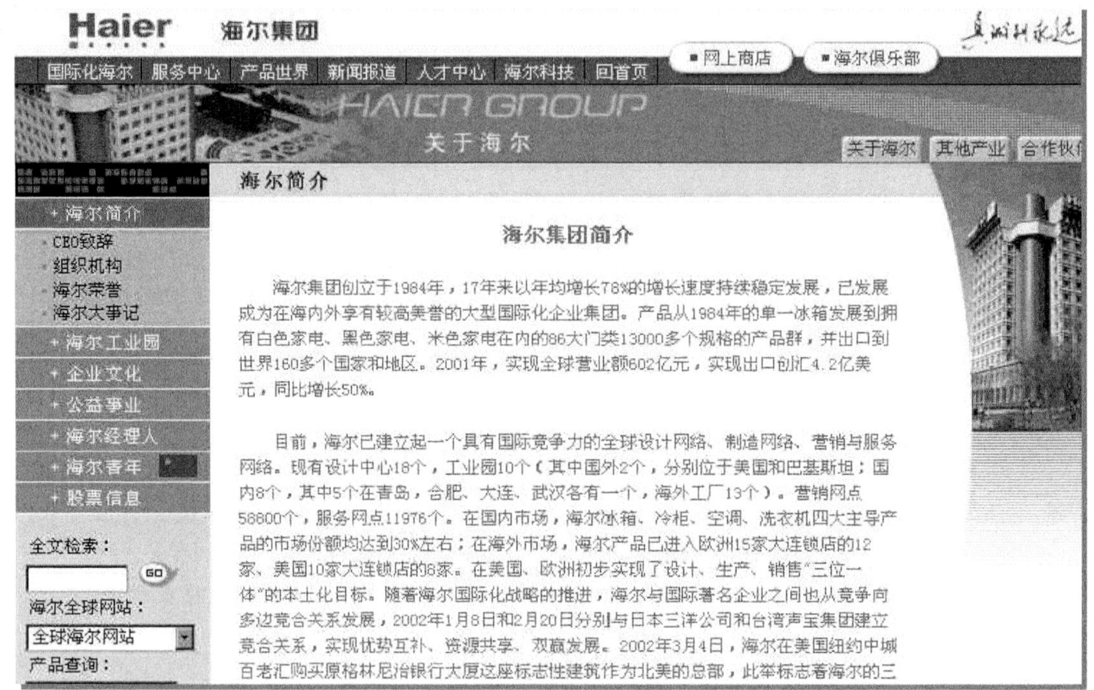

图 7-5 海尔网站首页

为应对网络经济和加入 WTO 的挑战，海尔从 1998 年开始实施以市场链为纽带的业务流程再造，以订单信息流为中心带动物流、资金流的运动，加快了与用户零距离、产品零库存和零营运成本“三个零”目标的实现。

海尔在管理和企业文化上的创新也引起世界管理界的关注与高度评价，目前，海尔已有四个案例分别被收进哈佛大学、欧洲工商管理学院、瑞士洛桑国际管理学院、日本神户大学这些世界著名学府的案例库，成为全球商学院的通用教材。

如今海尔实现了当年的目标，进入了世界 500 家大企业，成为世界名牌。这与海尔实施的企业整体战略中的重要组成部分——应用互联网技术开展网络营销——是密不可分的。

海尔服务策略的应用

通过海尔网上商店的内容，我们主要对海尔的售前、售中和售后服务 3 个方面的网络营销方式加以简单分析。

1. 售前服务

如果你是第一次进入海尔的网上商店购物，则可以通过新手购物指南了解在网上购物的一系列程序，图 7-6 是海尔的新手购物指南。生动形象的图示和清晰明了的解释很容易让你掌握购物程序。

在选购商品时既可以使用网站的搜索功能有针对性地快速找到欲购商品，也可以像在商场购物一样使用网站地图，分类浏览海尔的各种家电商品选择中意的商品（见图 7-7）。

从网站地图中可以对网站的购物环境有一个比较清晰、全面的认识。这在网站运行的开始阶段，对于吸引人们上网购物、熟悉购物环境无疑起到了重要的作用。

新手购物指南
新手订购指南
(点击下框查看详细说明)
进入海尔网上电子商城
店内选购商品
查看，修改购物车
继续购买海尔产品
结　算
网上购物结束，等待海尔产品送货

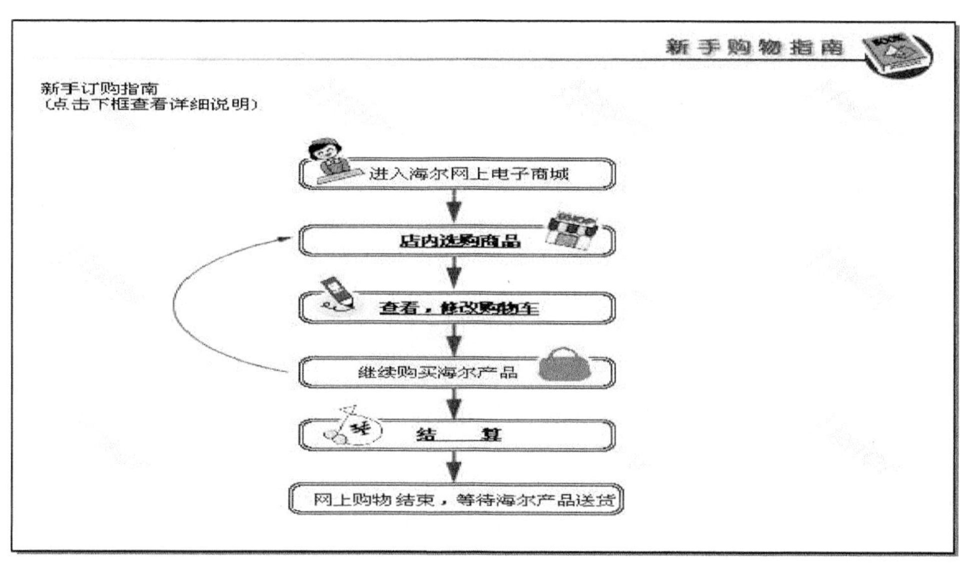

图 7-6　海尔的新手购物指南

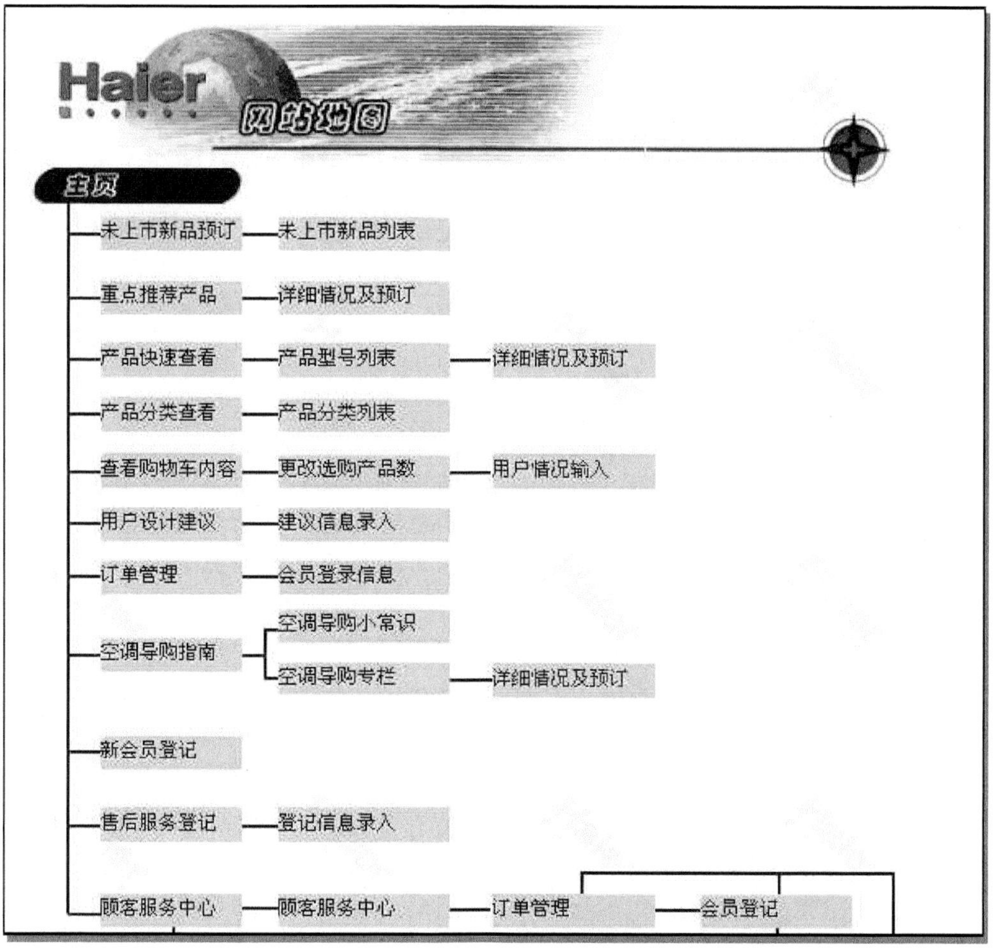

Haier
网站地图
主页
未上市新品预订
未上市新品列表
重点推荐产品
详细情况及预订
产品快速查看
产品型号列表
详细情况及预订
产品分类查看
产品分类列表
查看购物车内容
更改选购产品数
用户情况输入
用户设计建议
建议信息录入
订单管理
会员登录信息
空调导购指南
空调导购小常识
空调导购专栏
详细情况及预订
新会员登记
售后服务登记
登记信息录入
顾客服务中心
顾客服务中心
订单管理
会员登记

图 7-7　海尔的网站地图

在这里最值得一提的是海尔的产品定制这一个性化服务。你可以按照自己的需求对所选中的家电产品进行各项设计,亲手设计出一台独一无二的属于自己的电器产品。例如在冰箱的个性化设计中(见图7-8),你可以自由选择它的颜色、尺寸、功能甚至还可以将自己喜欢的相片或图片放大作为冰箱门的外观形象。设计好后就可以在家中等候海尔送货上门了!在这一人性化的服务项目中网络在顾客和生产商之间起到了方便快捷的信息传递作用,体现了网络营销的独到之处。

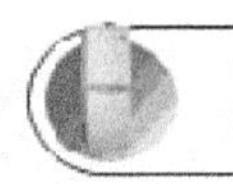

冰箱定制

尊敬的海尔用户,以下是海尔 王中王 系列 冰箱 的基本配置信息。为了更加贴近用户的要求,我们在保证整机质量的前提下,同时提供了几种可选的配件型号,您可以根据需要订制适合您自己满意的 冰箱 。

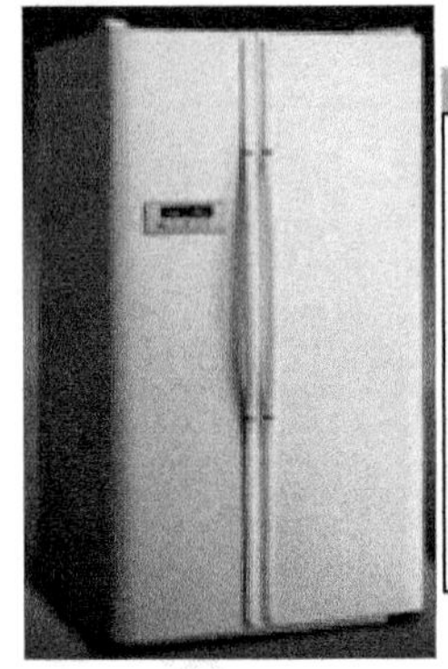

产品名称 :王中王 型号:BCD-568W	
零售价:9900.00/元	网上价格:9187.20/元
总有效容积(L)	568
冷藏室有效容积(L)	362
冷冻室有效容积(L)	206
耗电量(kW·h/24h)	2.3
冷冻能力(kg/24h)	10
外形尺寸(mm)	886×930×1870

图7-8 海尔的产品定制

2. 售中服务

将选购的商品放进购物车并且可以在最终结账前进行更改和取消。海尔在结算方式上采取货到付款和网上支付两种方式,满足不同顾客的需求。尤其是货到付款很符合大部分消费者心理,在你填好家中方便收货的时间后,海尔还会事先打电话确定,然后免费送货上门。

3. 售后服务

海尔的售后服务应该说已经形成了一种品牌的标志,她的服务宗旨是:“用户永远是对的。”她的服务承诺是:“只要您拨打一个电话,剩下的事由海尔来做。”

在填好订单发送成功之后顾客可以随时上网查询自己的订单情况,做到心中有数,两个工作日后海尔就会处理订单,顾客依旧可以进行跟踪查询。在购买产品之后的整个过程中,海尔所提供的售后服务更可谓是种类丰富、周到细致。它涵盖了服务宗旨、顾客登记、服务热线、产品知识、产品咨询、电子刊物、在线报修等几个服务种类。在顾客登记中填写好顾客登记表格,便被存放到客户服务数据库中,客户服务人员将会跟踪你的产品使用情况,提供解决方案,帮助你了解产品的具体情况。

服务热线提供了各个不同地区的海尔服务电话，你在遇到使用问题或困难时可以拨通热线电话，体会海尔“只要您拨打一个电话，剩下的事由海尔来做。”这一服务承诺。

产品知识可以帮你了解所购产品的使用方法和性能；而产品咨询则向你提供了另一种解决问题和困难的方式，即在网上按要求填好所购的商品信息及要求，并注明会员账号，必会在短时间内得到一个满意的答复。

通过E-mail订阅电子刊物可以帮你更快捷、更全面地了解海尔企业及产品的最新动向。

海尔在接受顾客购货后信息反馈方面则采取了大量问卷调查的方式。在你填写注册成为海尔会员的表格中，在你订购其他商品后与你确认的E-mail中，在海尔主页的明显位置中都会发现一张张制作认真、问题全面的跟踪问卷（见图7-9）。这些问卷填写起来并不烦琐，但问题的针对性很强。通过顾客大量回收的问卷统计，海尔可以更加深入地了解顾客所需，更加准确地更改自己的失误，更加全面地改善自己的服务。在信息反馈的速度与质量上，网络营销无可置疑地体现出其独特的优越性。

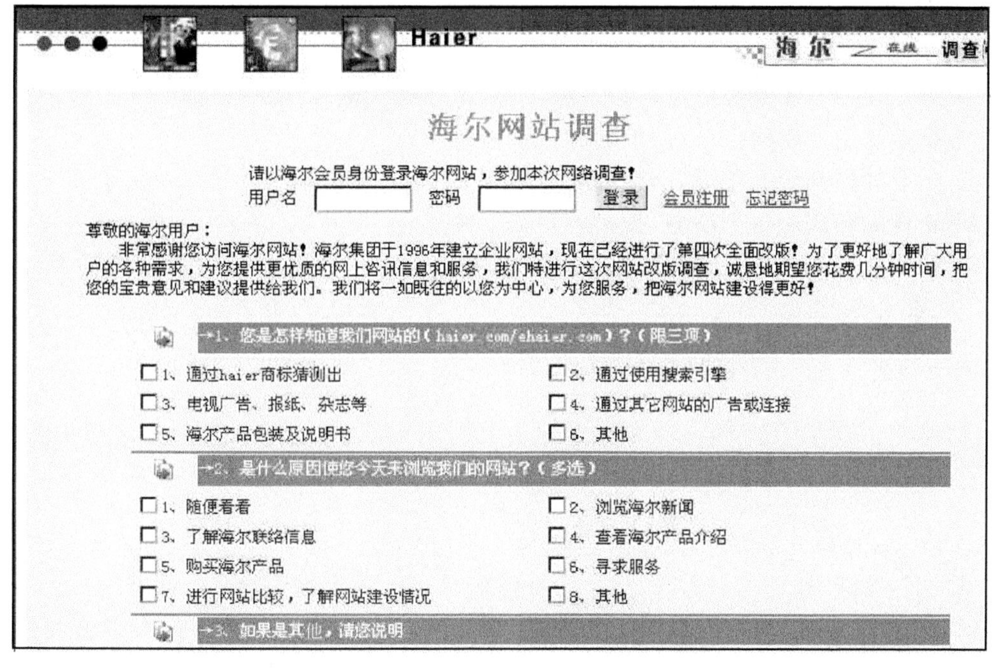

图7-9　海尔网站上的调查表单

另外海尔为了提供个性化的服务，在与客户的沟通上主要是采取了网上开设论坛（如海尔会员俱乐部）、网上调查和电子邮件投诉等服务。同时海尔还整合网下的活动来搜集一些顾客的意见信息。

海尔俱乐部（非经营性），是海尔集团为满足消费者个性化需求，建立的一个与海尔用户共同追求国际化生活品质，分享新资源、新科技的亲情化组织。

伴随着生活的精细化，人们也越来越趋向于选择高品质的生活，从产品到服务，让生活一步步变得精致和舒适。海尔俱乐部就在这样的需求下应运而生。

2000年1月30日，海尔俱乐部在青岛、北京、上海、广州等全国各大城市同时成立。在海尔俱乐部里，会员朋友在享受海尔家电高品质生活的同时，会体味到一种前所未有的乐趣。除了在实际生活中俱乐部的一些活动之外，海尔并没有忘记借助现代的沟通手段来加强用户之间和用户与商家之间的互动。

在俱乐部的论坛中，可以看到许多海尔俱乐部的会员对于各种产品的评价和建议，这些意见主要来自于普通的消费者，应该说更具有对于产品实际性能优劣的说服力，可以让大家对所有产品的性能、品质有一个更可信的了解，也更容易得到消费者的信任。因此，整个网站上顾客满意程度调查显示能够解决大部分消费者的顾虑。

另外网上调查和电子邮件投诉，从更大的范围和角度搜集浏览者对海尔网站和海尔相关产品的信息，通过这些非常客观的评价，不但可以收集消费者的反映，而且可以加深消费者在宏观上对产品的认识。

海尔通过这种人性化的沟通方式极大地拉近了买卖双方的距离，使消费者真正体会到了“上帝”的感受。

以上是对于海尔网络营销服务策略在售前、售中和售后3方面的简单分析，其方方面面的周到与细致无一不体现了网络营销在企业产品营销当中的优越性和重要性。

阅读上述案例，回答下列问题：

(1) 海尔从一个家电制造业转型为服务业，电子商务的作用是什么？

(2) 企业利用互联网，可以从事哪些商业活动？

(3) 企业如何利用电子商务，降低经营成本？

(4) 企业如何利用电子商务，提高客户满意度？

(5) 如何借助电子商务来提高服务水平？

第 8 章

业务流程重组(BPR)

【内容概要】

本章主要介绍流程的概念及其基本属性、业务流程重组的概念及重组原则，重点介绍业务流程重组的过程和每个过程所要完成的主要工作。

【引导案例】

A 公司是一家通信设备生产企业，主要为电信服务运营公司提供通信设备，随着通信技术的发展，电信服务运营公司不断推出新的服务项目，对通信设备要求也不断提高，为此 A 公司必须根据客户的需求变化，快速开发新产品。A 公司新产品的开发流程如下：

(1) 销售部门提出新产品开发建议书。销售部收集客户提出的新功能需求以及现有设备的缺陷，结合本行业的最新技术动态，参考同行业竞争对手的产品，销售部门提出新产品开发建议书；在销售部内，没有固定的人员对应编写新产品开发建议书，编写开发建议书也不作为业绩考核的指标。编写建议书只作为领导布置的临时性任务。

(2) 开发部门制定整体设备设计方案。开发部门根据新产品开发建议书制定整体设备设计方案，确定产品的功能，查询新产品满足的国内、国际的技术标准，估算产品的基本费用，核实新产品的核心技术，评估现有的软硬件开发能力是否适应新产品的要求。

(3) 开发部门进行硬件设计和软件设计。硬件设计主要包括电路设计、电路原理图制作、电路板单板调测、整机硬件调测。软件设计包括单板驱动软件、系统软件、网络管理软件的制作。最后进行软件、硬件的联调。为了生产部进行批量生产，开发部还需要编写新设备材料清单、整机装配图等技术文件。

(4) 生产部组织批量生产。依据开发部的技术文件，生产部组织批量生产。进行原材料选型、认证、采购；制定相关的生产工艺；准备生产设备和工装夹具；制造和购买检测设备和建立测试环境；调研外协厂家，选择购货渠道。批量生产准备完成以后，进行小批量试制。在准备过程中遇到问题时，向开发部提出问题或更改建议。

(5) 工程部完成新产品施工设计。在批量生产准备完成以后，依据开发部、生产部所提供的资料，工程部凭借已有的施工经验，结合现场勘察的实际情况，确立施工前的设计、施工图纸、所使用的安装材料，对产品设计中不符合施工要求的部分向开发部、生产部提出更正意见，同时对现场施工人员进行培训。

(6) 确定新产品价格，策划新产品宣传和销售计划。生产部、财务部、销售部统计新产品的所有费用，核实批量生产后的生产成本、施工费用、销售成本和利润，进行新产品定价。

销售部根据开发部的资料编写新产品的宣传材料，通过产品展示会和客户拜访等方式，进行新产品的推广和销售。

在上述新产品的开发流程中存在着大量的更正过程，在准备批量生产阶段和工程设计阶段发现的问题，最终要反馈到开发部，开发部需要更正电路设计，更正已发行的文件。开发、生产、工程部门信息交流滞后，彼此孤立地工作，从而延长了新产品的开发周期。另外，随着通信服务的发展，通信设备制造行业的竞争也日趋激烈，各个厂家为了占领更大的市场份额，都试图在资金、技术、产品、服务等方面超过对手。A公司现有产品系列单一，产品的核心技术落后，新产品的开发速度远远不能适应中国市场需求的变化，产品的性能、使用的生产技术、产品的价格没有优势，在国内同行业中产品的销售量逐年下降。

A公司迫切需要快速的开发适应中国市场需要的新产品，改变产品系列单一、功能滞后的状况。使新产品成为新的利润增长点，扭转公司所面临的不利局面。A公司把"快速开发适应中国市场需要的新产品"确定为企业流程再造项目的目标。希望通过企业流程的再造增加企业的竞争力，使企业产生真正的飞跃，适应市场的需求。

8.1 业务流程重组概述

8.1.1 业务流程概念及属性

1. 业务流程的定义

英国的学者阿什利·布拉干扎在 *Radical Process Change* 一书中提出：不能简单地以公司内部组织结构为分类的界限，流程总要以客户的要求为起始，以其要求的满足为结束。流程的始末阶段都离不开客户的参与。

企业以满足客户需求最大化、满意度最大化、对企业期望值最大化为目的所做的一切具有效益和效率的活动，就构成了流程。

企业几乎所有业务本身就是一个流程，如销售部门提出新产品开发建议书、开发部门制定整体设备设计方案、开发部门进行硬件设计和软件设计、生产部门组织批量生产、工程部门完成新产品施工设计、确定新产品价格等构成新产品开发流程。

业务流程是指为完成企业目标或任务而进行的一系列跨越时空的逻辑相关的业务活动，迈克尔·哈默教授对业务流程的定义是：业务流程是一些有组织的活动，一些相互联系的为客户创造价值的活动。

2. 流程的基本要素

构成一个完整流程所具备的基本要素是客户、过程、输入、输出、供应商。

客户是使用流程输出的个人或单位，是流程服务的对象。如新产品开发流程的客户就是各电信服务运营公司。

过程是对组织整体价值有贡献，或核心的、关键的、有增值性的动作及动作的集合；它们是为了满足流程客户的需要必须完成的活动。这些活动之间有一定的逻辑关系，如先由销售部门提出新产品开发建议书，再由开发部门根据建议书制定整体设备设计方案。在一个流程中，需要明确活动的承担者以及活动的实现方式。如发建议书是由销售部门承担完成的，整体设备设计方案是由开发部门承担完成的。

输入是指流程活动或其中某项活动过程中所需要或所涉及的物料或信息(数据)。如提出新产品开发建议书这项活动的输入为客户提出的新功能需求、现有设备的缺陷、本行业的最新技术动态、同行业竞争对手的产品等。

输出是指流程运行过程中所产生的物料或信息，它是流程的输入经过流程过程的各项活动后转化所得，它应能满足客户方面的需要。输出有最终输出和过程输出。如新产品开发流程中，新产品开发建议书、整个设备设计方案等都是过程输出，而设计成功的新产品则是最终输出。

供应商是指为流程活动提供关键物料、信息或其他资源的个人或组织。如生产部门组织批量生产时，需要购买原材料和检测设备等，这些都是由供应商提供的。

3. 流程的基本属性

流程的基本属性有流程范围、流程规模、流程分类、流程分级、流程绩效等。

1）流程范围

流程的范围是指流程跨越的部门或组织的数量，有的流程只发生在一个部门或组织内，有的流程则跨越多个部门或组织。新产品开发流程就跨越了销售部、开发部、生产部、工程部和财务部等多个部门。

2）流程规模

流程规模是指流程所包括活动的多少，它取决于产品或服务内容的复杂程度。新产品开发流程就包含了提出新产品开发建议书、制定整个设备设计方案、进行硬件设计和软件设计、组织批量生产、完成新产品施工设计、确定新产品价格、策划新产品宣传和销售计划 7 项活动。

3）流程分类

可以从不同的角度对流程的进行分类。比如根据业务流程具体解决问题的对象属性可分为战略性流程、经营性流程和支持流程；根据流程在企业经营管理中的重要性可分为关键流程(或核心流程)和非关键流程(或非核心流程)。

4）流程分级

为了便于管理和资源分配，可将流程中的某项活动进行不同级别的细分，形成不同级别的流程，如图 8-1 所示。

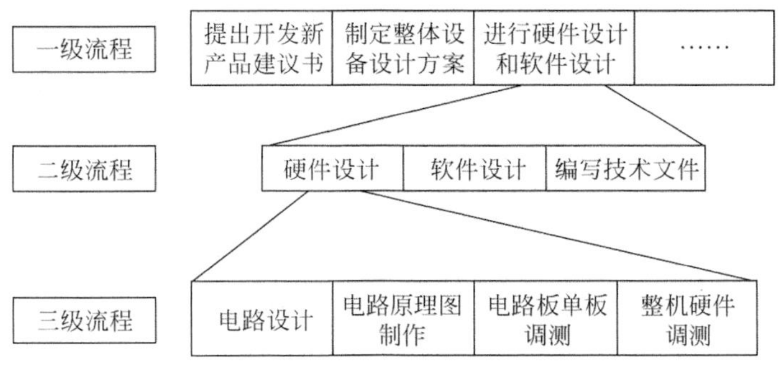

图 8-1　开发部进行硬件设计和软件设计流程分级

5）流程绩效

流程绩效是指该流程在多大程度上满足了客户需要，评价流程绩效的指标包括流程运行效率、质量、成本等。

8.1.2 企业流程重组概念

每个企业内部都存在着一组流程，它们是从开始到结束的一组连续的活动，每个流程以它明确的目标、内部紧密结合的联系和增值的特性区别于企业内的其他过程。典型的如订单履行、采购服务、产品设计和客户服务流程等。每个流程都有明确的客户，这里的客户可以是外部客户，如产品的最终使用者、中间商和零售商等，同时也可以是企业的内部客户，如产品设计流程的客户就是生产者和产品维修人员。这些流程大多数未被企业明确的识别和受到关注，还模糊、无意识地存在于企业的各职能部门之间。为了达成目标，它们常常需要多次经过按劳动分工原则而划分的多个职能领域。流程的这种传统的存在方式在大规模生产时代，因产品单一、企业内部信息少而合理的存在下来，然而，如今，随着市场对企业柔性、敏捷和创新的要求，流程的这一存在方式已严重阻碍了企业的发展：一方面，流程的客户目标与职能部门的目标不一致；另一方面由于流程被职能部门分割得过细抑制了产品改进和突破，再加上随着企业内部信息复杂化，流程的结果在传递的过程中延误和出错的可能性增加等，企业迫切需要改变这种情况。

【应用案例 8-1】

柯达（电子）流程重组

柯达电子（上海）有限公司主要负责柯达相机的生产，其销售则由柯达公司上海总部负责。该公司产品主要有 APS 相机、CBIO 相机与一次性相机等。公司成立之初，采用了传统的以职能为取向的组织结构模式，即整个公司生产运作由执行经理负责，其下属的生产部经理、工程部经理、品管部经理及物料部经理，分别负责相应的生产、工艺过程和成本控制、质量管理及物料管理的采购与库存。在这样的组织结构中，生产流程被严重分割。物料计划、生产安排由生产部经理负责，物料的采购与出货由物料部经理负责，工艺过程与成本控制由工程部经理负责，品质管理则由品管部经理负责。各产品生产流程的各环节分别由不同的部门经理负责，却无人对整个产品的生产流程负责。结果导致运作过程中问题丛生，矛盾不断，生产效率有限。各部门负责人都以做好本身工作为己任，对其他部门的工作则漠不关心，他们都单个地对执行经理负责，执行经理再对总经理负责。各部门之间的矛盾由执行经理来协调，整个流程出现了问题同样由执行经理来处理解决，从而顾客对产品的满意度与顾客满意度的制造者——各部门经理无关，反倒落到了执行经理人员的身上。1997 年 3 月，公司决定对其生产流程进行重组。由于公司规模较小，业务单一，而准备重组的生产流程又很普通，国外多有成功的模式，因此，该公司并没有组织流程重组小组，也没有进行流程分析和流程设计，基本上是借鉴他人现成的模式。其流程重组过程十分简单，就是将以职能部门为主体的组织架构，变为以产品为中心而组织起来的流程小组作为主体而构筑的组织架构。原有的职能部门经理，能够胜任者则变为流程小组负责人或称产品经理，不能胜任者则另作安排。经流程重组后，其生产流程并没有什么大的变化，只是以前由执行经理负责的顾客满意度的问题，交由各产品经理负责。另外，这些产品经理们不再是管理某一职能部门，而是承担起某一产品从投入到产出，直到顾客的满意度等整个管理工作。CBIO经理、CAMCO经理、一次性相机经理与APS经理均是对其产品的整个流程负责。流程不再是片段化的碎片连接，而是一个完全的整体。顾客这个在以往的生产流程图中被忽视的对象，在新的流程图中地位十分显赫。

在柯达电子(上海)有限公司中，重组并不是体现在对生产流程的再设计，而是打破组织的藩篱，将生产流程中的人，由从属于不同的部门重组为同一个小组中，流程参与者们的工作也许并没有发生多大变化，但产品经理们的工作性质与工作内容却发生了巨大的变化。流程重组前，他们是流程运作各环节的监督者与协调者，他们的活动本身并不为顾客创造价值；流程重组后，他们是流程运作的直接参与者，他们工作的本身也成为了流程运作的一部分。

流程重组后，无论是产品质量、生产效率，还是企业形象以及顾客满意度等都获得了较大的提高。各产品经理扩大了责任范围、提高了自主决策权、加大了统筹与协调力度。更为重要的是顾客成为第一服务对象，顾客满意度成为产品经理工作成效的衡量标准。因此，顾客在产品经理心目中占有很重要的地位。

1. 企业流程重组(Business Process Reengineering，BPR)的定义

美国哈佛大学博士Michael Hammer教授是BPR创始人，他对BPR的定义是“BPR是对企业的业务流程作根本性的思考和彻底重建，其目的是在成本、质量、服务和速度等方面取得显著的改善，使得企业能最大限度地适应以顾客(Customer)、竞争(Competition)、变化(Change)为特征的现代企业经营环境”。在这个定义中，“根本性”、“彻底性”、“显著性”和“业务流程”是定义所关注的4个核心领域。

1) 根本性

对长期以来在企业经营中所遵循的基本信念，如分工思想、等级制度、规模经营、标准化生产和官僚体制等进行重新思考，打破原有的思维定式，进行创造性思维。

2) 彻底性

彻底性意味着对事物追根溯源，对既定的现存事物不是进行肤浅的改变或调整修补，而是抛弃所有的陈规陋习以及忽视一切规定的结构与过程，创造发明全新的完成工作的方法；它是对企业进行重新构造，而不是对企业进行改良、增强或调整。

3) 显著性

显著性意味着业务流程重组寻求的不是一般意义的业绩提升或略有改善、稍有好转等，进行重组就要使企业业绩有显著的增长，极大的飞跃。业绩的显著长进是BPR的标志与特点。

4) 业务流程

业务流程重组关注的是企业的业务流程，一切“重组”工作全部是围绕业务流程展开的。

企业流程重组是一种管理思想。它强调以业务流程为改造对象和中心、以关心客户的需求和满意度为目标、对现有的业务流程进行根本的再思考和彻底的再设计，利用先进的制造技术、信息技术以及现代化的管理手段、最大限度地实现技术上的功能集成和管理上的职能集成，以打破传统的职能型组织结构，建立全新的过程型组织结构，从而实现企业经营在成本、质量、服务和速度等方面的巨大改善。

从柯达(电子)流程重组的案例可看出企业流程重组主要表现为：

- 观念重组。变革基本信念、转变经营机制、重建组织文化、重塑行为方式。
- 流程重组。由面向职能转变为面向流程：对企业的现有流程进行调研分析、诊断、再设计，然后重新构建新的流程。
- 组织重组。建立流程管理机构，明确其权责范围；制定各流程内部的运转规则与各流程之间的关系规则，逐步用流程管理图取代传统企业中的组织机构图。组织结构扁平化。

2. 企业流程重组的应用现状

据调查显示，在欧美的600多家大型企业中，有七成企业正在推行企业流程重组计划，在未进行企业流程重组的企业中，也有一半企业正在着手考虑有关事项。著名的IBM公司重组了IBM信用公司的贷款流程，在重组前，整个贷款流程需要16个经办员，流程平均需时6个工作日，如果遇到某些障碍，贷款流程甚至会需要两个星期。IBM公司发现了问题所在，精简机构，重组流程。从此，顾客贷款的申请表不再需要在各部门之间传阅，整个流程的耗时只需要一个半小时。通用汽车公司北美应付账款部有500名员工，通用汽车公司对比同行业的日本马自达公司的相同部门，找到了自身的差距，重组后的流程完全改变了应付账款部的工作流程，现在的应付账款部只有125人，仅为原来的25%。柯达公司对新产品开发流程重组后，35mm焦距照相机从产品概念到产品生产的开发时间缩短了50%，从原来的38周降低到19周。一家美国的矿业公司实施业务流程重组后，实现了总收入增长30%，市场份额增长20%，成本压缩12%以及工作周期缩短25天的好成绩。欧洲一个零售组织实施业务流程重组后，将工作周期缩短了50%，并使生产率提高15%。一家北美化学公司实施业务流程重组后，订单传递时间缩短了50%还多，所节约的成本超过300万美元。

亚洲国家的一些公司也开始重新审视企业的流程，台湾宏基公司成功地进行了流程的重组。采用“主从架构”进行组织结构重组；倡导新的经营哲学“全球品牌，结合地缘”，进行经营理念的重组。亚洲的其他公司纷纷接受这一思想，涌现了许多成功案例。

在国内，联想、用友等公司每年都要调整业务流程和组织结构，以期保持领先地位，获得持续发展。海尔集团在1999年实施了业务流程重组，把原来直线职能式的管理变为对市场负责的机制。海尔实行了内部“市场链”制度，把外部市场竞争效应内部化，即每个人都有一个市场，下道工序的员工就是自己的用户。原来每个部门都有一个上级，现在所有部门的上级都是市场。所有人都从对上级负责转变为对市场负责。

8.1.3 企业流程重组的原则

为了成功地实施业务流程重组，重组时必须遵循以下原则。

1. 组织领导能力

企业流程重组过程会改变企业的管理思路，会调整企业的组织结构，会涉及企业的方方面面，所以高层领导的支持和有效的领导是企业流程重组成败的关键。企业的领导者是流程重组的驱动者，他们应向员工描述企业未来的蓝图，感染每一个人，让企业员工确立目标并产生使命感。领导者坚定的信念和持久的热情是流程重组的精神动力，在重组过程中，只有领导者自己相信并热衷于流程重组，他才能及时准确地把信息不断传达给员工，感染员工，使流程重组成功进行。

2. 客户至上

BPR的核心是追求客户的最大满意度，企业流程重组就是站在客户的立场重建企业，企业要准确地把握客户的需求，包括客户对产品和服务需求的具体内容和优先程度。企业流程重组的过程需要围绕着提高客户满意度进行，而不是按取悦于领导的思路办事。企业流程重组的目标是能及时满足客户的需要，以客户为驱动，业务流程中的每项活动都能为客户增值。把客户作为"人力资源"，帮助企业设计产品和服务方式。

3. 以流程为导向

企业的业务以"流程"为中心，而不是以职能部门为中心。流程是以企业输入各种原料或客户需求为起点，到企业创造出对客户有价值的产品和服务为终点的一系列活动。一个流程可能要跨越多个相关的职能部门，业务流程决定着组织的运行效率，它是企业流程重组的核心领域。企业流程重组的关键技术就是重整业务流程，流程重组的根本设想就是以首尾相接的完整过程取代以往被各部门分割、难以管理的过程。流程的使用者参与流程的再设计，并且任命流程的责任人，使他们对流程的结果负责。在流程再设计时，要将非增值的流程识别出来，以便随时删除，确保企业的流程面向客户的满意度。

4. 以人为本

企业流程重组会涉及企业组织的调整，也势必涉及各方面的人员。企业应充分尊重员工的人格，使员工和组织目标的一致。要调动企业中的每个部门及员工，改变他们原有的观念，甚至改变原有的非正式组织，使员工更加团结，行动具有一致性和整体性。通过流程重组让员工感觉到他们可以从原来的单一技能到获得多项技能、从单一岗位到适应项目组中多个岗位、从企业业务的执行者到业务的参与者。建立以人为主体的流程化组织，在该组织中充分发挥每个人的主观能动性与潜能。员工的认同使整个企业的业务流程在设计、改造和实施的过程中，发挥更高的效率，取得更好的成绩。

5. 信息技术作用

信息技术不仅可以大幅度提高原有系统的效率，同时还会对原有流程的结构与方式产生根本性的影响。信息技术是业务流程优化和重组的技术基础，通过信息技术与其他专业技术部门的融合，使信息的快速处理、实时传输与全方位共享成为可能，它能帮助企业冲破时间和场地的限制，使企业实现资源跨时空的协同机制与分布式管理成为可能，流程沟通不再受到时间和空间的约束。

6. 企业文化的转变

企业流程重组还需要企业文化，包括价值观、人际关系、激励机制、行为模式等全面的调整甚至根本性转变。由于文化的自我保护功能，使文化的转变成为企业流程重组最大、最难的任务。为了避免受制于原有组织的框架，企业流程重组需要从零开始勾画企业的新的业务流程，在白纸上建立新的规则。

7. 组织结构变革

在传统的组织结构中，管理企业采用集权还是分权一直是管理者难以选择的一个问题。企业信息化后，使得企业的决策可以在最接近于业务活动的地点完成，企业可以通过网络使员工、供应商、银行、客户等直接联系，企业组织结构也不再是一种金字塔式的等级制结构，而是会逐步向扁平式结构演进。通过流程再造，减少组织结构中的管理层次、加大管理跨度、提高信息传递的速度、提高领导决策的效率、增加了员工工作责任和工作职位的挑战性。

8.1.4 企业流程重组的基本过程

企业流程重组的基本过程可分为项目启动、流程分析、流程设计与优化、流程实施、流程评价和持续改善 6 个阶段。

项目启动阶段完成的主要任务是高层领导对企业流程重组达成共识，并成立流程重组项目领导小组；评估资源，确定流程重组的需求；对项目组成员进行培训。

流程分析阶段完成的主要任务是识别企业总体流程框架，分析确定流程的级别，识别核心流程，确定需要优化流程的顺序。

流程设计与优化阶段完成的主要任务是在分析原有流程的基础上，设计新的流程原型并且设计支持新流程的 IT 架构。此阶段的主要任务包括定义新流程的概念模型、设计新流程原型和细节、设计与新流程相配套的人力资源结构、分析和设计新的信息系统。

流程实施阶段完成的主要任务是详细设计业务流程与组织模型；开发支撑系统；实施导航方案及小范围的实验；与员工就新方案进行沟通，制定并实施变更管理；制定阶段性实施计划并实施；制定新业务流程和系统的培训计划，并对员工进行培训。

评价阶段完成的主要任务是业务流程重组结束后，就可以根据项目开始时设定的目标对当前流程进行评估，看新的流程是否达到了预期目标。

持续改善阶段完成的主要任务是一次 BPR 项目的实施并不代表公司改革的任务完成，整个企业的绩效需要持续改善才能实现。这种持续的改善实际上就是不断对流程的分析和改变。

8.2 项目启动

企业流程重组项目的启动与其他项目的启动相似，首先要使高层领导对下面的问题达成共识：企业的战略是否清晰？是否需要进行流程重组？流程重组的目标是什么？重组会带来哪些风险？重组对企业组织、业务运营产生什么影响？并在此基础上做出实施流程重组的承诺。

其次，成立项目领导小组，明确领导小组成员的构成及各自的职责，若需要外请咨询顾问，还应明确咨询顾问的职责。在领导小组成员中项目经理是企业流程重组项目的具体负责人，他的主要职责有：负责流程优化项目的总体策划，负责提出流程优化的顺序，负责组织流程重组的研讨、推动及评估，管理流程优化小组的内部工作，负责对各流程小组的工作指导及考核数据的采集,促进各流程小组之间的沟通,负责定期将项目进展情况向企业相关领导汇报等。咨询顾问的主要职责有:为企业提供技术性的建议;提供流程重组的标杆;对项目小组成员进行方法论、工作技能及经验的培训;参与流程小组研讨活动,并提供专业意见;鉴定流程小组的工作成果等。

再次,确定企业流程重组的需求,对企业所具备的资源进行评估,制定风险管理计划和总体工作计划,完成项目建议书。可以从企业流程重组的原因、目标、范围、方法等方面确定企业流程重组的需求。资源评估主要包括人员技能、人员构成、授权、资金预算、高层领导的支持与承诺、企业或行业可借鉴的经验。风险管理计划主要包括估计风险发生的可能乏味、发生概率、可能造成的影响、风险是否可防范及具体防范措施。总体工作计划主要包括确定项目的范围及目标,确定项目所需的资源,流程管理理论与工具技术培训,建立沟通方法,建立项目里程碑。

最后,对企业的主要骨干成员进行相关的培训,通过对流程管理理论的学习,使他们能改变管理意识,正确认识企业流程重组,对流程重组过程中所带来的管理变革有心理准备,促使更加专注于对客户有价值的工作,更好地发挥工作热情并提高工作效率。

【应用案例 8-2】

A 公司组建企业流程重组团队,任命了领导者、流程重组总监、流程负责人、流程重组团体以及指导委员会。流程重组团体分别在销售、开发、生产、工程部门组建,明确了各自承担的任务。企业流程重组团队已经清楚地意识到:在现有的条件下,不能根据客户的需求变化,快速开发新产品已经成为制约公司发展的最大障碍,为此公司把“快速开发适应中国市场需要的新产品”确定为企业流程重组项目的目标。希望通过企业流程的重组增加企业的竞争力,使企业产生真正的飞跃,适应市场的需求。

8.3　流程分析

对现有流程和子流程进行建模和分析,诊断现有流程,发现流程中的瓶颈,为业务流程重组定义基准。

8.3.1　识别流程总体

流程总体识别的目的是系统地识别企业目前的业务现状、工作流程,绘制企业流程总体框架。在进行流程总体识别时主要完成 3 项工作:收集企业内外部相关资料、流程总体识别和流程初步分类。

1. 收集企业内外部相关资料

主要收集的资料包括行业资料、客户资料、主要竞争对手资料、其他行业的标杆数据、企业内部资料和主要供应商资料,通过所收集的资料,可以了解企业流程运行现状和运行环境,还可以从中寻找价值增值的机会。具体资料见表 8-1。

表 8-1 收集主要资料及内容

资料	主要内容
行业/客户资料	• 国际/国内行业基本状况与未来发展方向 • 行业规模、市场增长率和发展状况 • 行业主要客户的分布 • 行业主要客户的基本资料 • 客户需求分析 • 客户购买的决策过程、客户产品的使用过程、客户对产品的价值实现等
主要竞争对手资料	• 竞争对手的产品结构 • 竞争对手的销售状况 • 竞争对手的各方面管理现状 • 竞争对手突出优势是什么 • 竞争对手的不足之处 ……
其他行业的标杆数据	• 其他行业中卓越企业的管理模式 • 其他行业中卓越企业的流程管理方法
企业内部资料	• 企业章程 • 企业组织机构图、部门职责 • 企业产品结构、主要产品技术水平及发展方向，主要产品市场现状和未来预测 • 企业产品销售状况、主要产品销售途径及销售策略、分销管理、订单管理等 • 市场宣传策略、广告管理策略，企业品牌规划及管理 • 企业研发管理机制 • 企业质量管理现状 • 企业信息管理现状 • 企业财务管理流程 • 企业人力资源管理
主要供应商管理资料	• 企业供应商管理方法 • 主要供应商资料

2. 流程总体识别

通过收集企业内外部相关资料，识别企业目前的业务现状、工作流程，绘制企业流程总体框架。通过流程总体框架，可以看出企业流程与战略、流程与流程之间的逻辑关系，为流程重组做好准备工作。

在流程总体识别时可以使用价值链分析法。价值链分析法是由哈佛大学波特教授提出的，它是辨别某种“价值活动”是否能给本企业带来竞争力的方法，这一理论最早发表在波特的一篇关于如何将价值链分析与信息技术结合起来的论文中，后来被发展成为企业战略分析的重要手段，对企业信息化建设也有很重要的应用价值。波特认为：在一个企业中，可以将企业的活动分为主要活动与辅助活动两种。主要活动包括采购物流、生产制造、发货物流、市场营销、售后服务等，辅助活动包括高层管理、人事劳务、技术开发、后勤供应等方面的活动。以上各项活动因企业或行业不同而具体形式各异，但所有的企业都是从这些活动的链接和价值的积累中产生了面向客户的最终价值。因此，将一个企业的活动分解开来，并分析每一个链条上的活动的价值，就可以发现究竟哪些活动是需要改造的。例如，可以按照某项业务将有关的活动细分为几个范围(如将产品销售分解成市场管理＋广告＋销售人员管理＋……)，从中发现可以实现差别化和产生成本优势的活动。

流程识别阶段主要工作内容有：在正确理解企业战略和仔细分析所收集到的资料基础上，选择合适的流程总体识别方法或工具；运用选定的工具，组织相关人员绘制企业流程总体框架，并就流程总体框架广泛征求意见。

3. 分析确定流程的级别

为了更好地梳理流程体系，根据流程总体框架得到企业的一级流程，依据需要进一步分解，形成二级、三级甚至四级流程。对于流程是否要分解，分解到几级，是根据对流程的描述与理解确定的。流程分解必须遵循完整性、独立性、清晰性和必要性原则。

8.3.2　分析现有流程，识别核心流程

1. 分析现有流程

在现有流程分析时，要对下列流程、资源、现象进行重点分析。

- 耗时过长的流程。
- 与多个流程相关的，被多个流程使用的共享资源。
- 与企业曾经发生的重大失误和事故有关的流程。
- 对自然过程的人为分离，过多的信息交流，资料冗长和重复传送。
- 为了应对未来的不确定因素而过多地备份，例如库存以及缓冲资源，缓冲资源不仅包括物质资源，也包括信息、现金或者多余的工人。
- 过多的监察和控制带来过高的管理费用，由于管理者对员工不信任，设置了很多审核和监控流程；另一方面，许多监控流程是沿袭过去的老规矩，没有人真正思考监控流程的合理性。
- 企业经常出现返工和重复劳动，在问题出现的早期不能及时发现问题和更正问题，在问题爆发出来时不得不返工。

2. 分析现有流程的方法

1）流程建模方法

企业信息流程建模可以对企业现有业务流程进行分析并提出改造的方案。目前已经有许多企业信息流程建模方法和相应的软件系统问世。ARIS(集成化信息系统架构)方法和工具是由德国萨尔大学企业管理研究所所长及 IDS-Scheer 公司总裁 Wilhelm Scheer 教授所提出。其设计理念是希望提出一个整合性的框架，将描述一个企业流程的重要观念尽量纳入到模型之中。IDEF0 方法是 ICAM DEFinition Method 的简称，是美国空军在 20 世纪 70 年代末 80 年代初在 ICAM(Integrated Computer Aided Manufacturing)基础上采用 SADT 等方法发展起来的一套建模和分析方法。20 世纪 90 年代初期，IDEF 用户协会与美国国家标准与技术学会合作，建立了 IDEF0 标准，并在 1993 年公布为美

国信息处理标准。目前IDEF是多种国际组织所承认的标准。使用IDEF0模型，可以帮助流程重组团队认识企业的现有流程和存在的原因，识别重组的机会，找出流程中的约束。

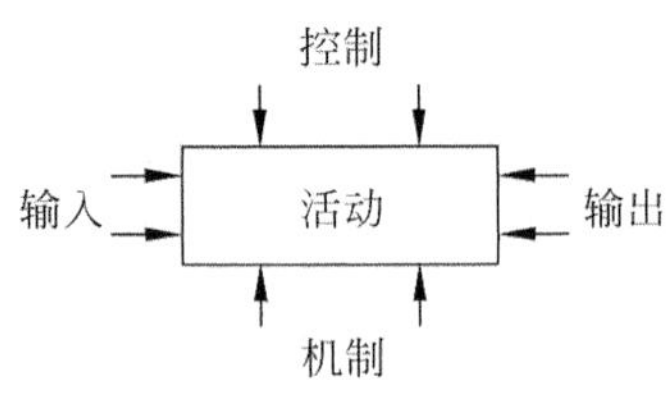

图 8-2 IDEF0 基本结构

基本的IDEF0模型图是用框图来表示一种活动，它是IDEF0最基本的元件，通常使用动词描述活动特性；用箭头线表示输入(Input)、控制(Control)、输出(Output)、机制(Mechanisms)，箭头线用于连接系统中各活动，它通常是由名词描述，如图8-2所示。

(1) 输入(Input)：实行或完成特定活动所需的资源，置于框图的左侧。

(2) 输出(Output)：经由活动处理或修正后的产出，置于框图的右侧。

(3) 控制(Control)：活动所需的条件限制，置于框图的上方。

(4) 机制(Mechanisms)：完成活动所需的工具，包括人员、设施及装备，置于框图的下方。

【应用案例 8-3】

使用 IDEF0 模型系统描述 A 公司新产品开发流程

(1) 拟定新产品开发建议书IDEF0模型，如图8-3所示。

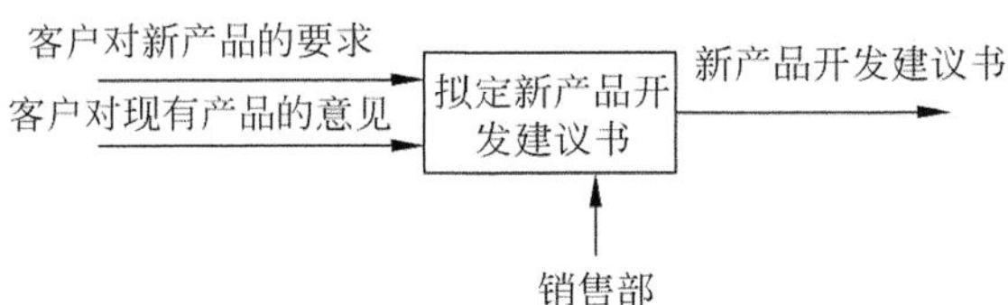

图 8-3 拟定新产品开发建议书 IDEF0 模型

(2) 开发，生产准备，施工设计IDEF0模型，如图8-4所示。

通过分析现有的流程IDEF0模型发现，在流程中存在着大量的更正过程，在准备批量生产阶段和工程设计阶段发现的问题，最终要反馈到开发部，开发部需要更正电路设计，更正已发行的文件。开发、生产、工程部门信息交流滞后，彼此孤立地工作。企业已经积累的知识没有得到共享。

2) ASME 方法

对分析而获得的流程进行分类，分类可以使后面的企业流程重组项目重点突出、目标明确。可分为：

- 增值和非增值活动。给客户带来价值的活动是增值活动，否则是非增值活动。价值是直接增加的组织利润和能力。
- 主要和次要活动。主要活动是直接支持系统的主要目标的活动，次要活动支持主要活动。

在进行增值和非增值活动的分析中可以使用ASME标准，即美国机械工程师学会(American Society of Mechanical Engineers)标准。这个方法最独特的优点是可以评价各个环节是否有增值。可以清楚的判断出增值活动和非增值活动。

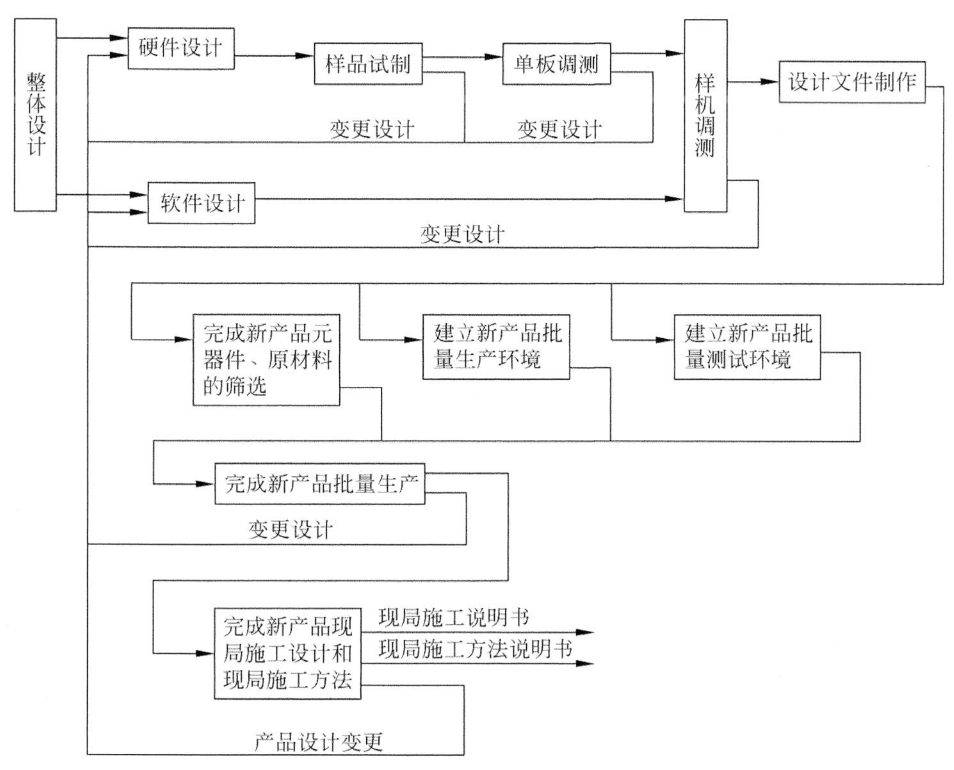

图 8-4　开发、生产准备、施工设计 IDEF0 模型

【应用案例 8-4】

使用 ASME 方法分析 A 公司新产品开发流程中的增值与非增值活动

应用 ASME 方法(见表 8-2),分析 A 公司新产品开发流程中各流程所耗用的时间,从而区分目前流程中的增值与非增值活动。

表 8-2　产品的开发过程 ASME 表

序号	活动	增值活动	非增值活动	检查	输送	耽搁	存储	时间/周	操作者
1	销售部提出新产品开发建议书	○						4	销售部
2	确定整体设计方案	○						4	开发部
3	硬件设计/软件设计	○						30	开发部
4	样品试制	○						4	开发部
5	样品试制后设计变更		○					2	开发部
6	单板调测	○						4	开发部
7	单板调测后设计变更		○					2	开发部
8	样机调测	○						6	开发部
9	样机调测后设计变更		○					4	开发部
10	设计文件制作	○						2	开发部
11	向生产部提供设计文件				○			1	开发部,生产部

续表

序号	活动	增值活动	非增值活动	检查	输送	耽搁	存储	时间/周	操作者
12	完成新产品元器件，原材料的筛选/建立新产品批量生产环境/建立新产品批量测试环境	○						12	生产部
13	生产部向开发部提出改进意见				○			1	开发部，生产部
14	开发部根据批量生产要求更改设计		○					2	开发部
15	开发部、生产部向工程部提供新产品相关文件				○			1	开发部，生产部，工程部
16	完成新产品现局施工设计，现局施工方法确定	○						4	工程部
17	工程部向开发部提出改进意见				○			1	开发部、工程部
18	开发部更改相关设计		○					2	开发部
19	开发部，生产部，工程部正式发行相关文件	○						2	开发部，生产部，工程部
20	销售部，财务部，生产部分析费用。确立批量生产成本，拟定新产品价格	○						3	销售部，财务部，生产部
21	销售部编写宣传材料，进行新产品的正式销售	○						3	销售部
时间合计/周		78	12		4			94	

根据统计结果，A 产品开发时间是 94 周，增值活动所耗用的时间占流程总时间的 83%，其余的时间耗用在产品设计的反复更正、部门之间的信息传递。而且在增值活动中，大部分环节都是串行执行，耽误了大量的时间。基于以上的分析情况，A 公司决定该公司流程重组的重点是在产品开发流程中增加增值活动，减少非增值活动。

3）对现有的流程进行定量分析

在企业流程重组理论诞生之前很多的定量分析的方法已经被大量采用，例如：运筹学中的排队论、系统模拟、线性规划、动态规划、网络技术，近年来作业成本法（Activity Based Costing）也被大量的使用。作业成本法按照各项作业消耗资源的多少把成本费用分摊到作业，再按照各产品发生的作业多少把成本分摊到产品。作业会造成资源的消耗，产品的形成又会“消耗”一系列的作业。它以作业为单位收集成本，并把“作业”或“作业成本库”的成本按作业动因分配到产品。它主要用于对现有流程的描述和成本分析。作业成本分析法和上述价值链分析法有某种程度的类似，都是将现有的业务进行分解，找出基本活动。但作业成本分析法着重分析各个活动的成本，特别是活动中所消耗的人工、资源等。作业成本法为流程再造提供了成本信息，从而帮助员工更好地理解成本，增强成本意识，确认需要改造的流程。

可以从表 8-3 中量化的绩效指标对流程进行分析。

表 8-3　可量化的绩效指标

序号	可量化的指标	
1	赢利能力	利润、投资利润率、销售利润率、每股平均收益、资本构成、资本占用、现金流量
2	市场和销售	市场占有率、销售量、销售额
3	生产	生产率
4	产品	每个产品的销售量和赢利能力、新品开发周期、新品开发费用和效果
5	人力资源	培训人数、培训费用、离职人数
6	顾客服务	紧急事故处理时间、交货期、顾客满意度
7	社会责任	支持公益事业的费用、产品的环保指标

【应用案例 8-5】

使用作业成本法分析 A 公司新产品开发流程

按照作业成本法计算新产品的开发总费用，定量地分析目前流程所耗用的实际费用，作业成本法为再设计流程提供确凿的数据。具体步骤如下：

1. 确定作业和作业中心

作业是指在产品的制造过程中所需要的生产活动，作业中心就是把相关作业归入一个作业中心，它提供有关每项作业的成本信息，每项作业所耗资源的信息及作业执行情况的信息。如客户调查和编写新产品开发建议书两项工作可归入新产品调研作业中心。

2. 确认和计量各种资源耗费

新产品的开发过程所耗费的资源包括材料费用、人工费用等，具体内容见表 8-4。

表 8-4　新产品的开发过程所耗费的资源列表

项　　目	资源编号	资源分配率
工资及福利费	R01	1/人·周
差旅费	R02	2/人·周
软硬件设计环境使用费用	R03	20/周
文件编写设备费用	R04	2/周
培训/技术资料交接费用	R05	5/次
样品试制费用	R06	200/套
单板调测费用	R07	10/板·次
样机调测费用	R08	50/次
批量生产环境材料设备费用	R09	500/套
批量测试环境材料设备费用	R10	300/套

3. 将资源追溯到对应的作业中去

建立作业中心后，需将资源费用归集到各作业中心的成本库中。

4. 确定每项作业的成本驱动

作业成本驱动是对一项作业产出的定量计量，是作业和成本项目之间的纽带。

5. 计算作业成本驱动率

按照所确定的作业和作业成本驱动，计算作业成本驱动率，得出真正合理的预算标准。成本驱动是要确认每个成本的资源耗用量，它的分配工作反映了作业成本会计的基本规则：作业量的多少决定着资源的耗用量，资源耗用量的高低与最终产出量没有直接关系。作业成本驱动率就是基于这样的基本规则所得出的分配标准。最后根据各个作业中心的作业量和作业成本驱动率，计算出新产品的开发成本，并且可以区分出耗用资源最多的活动，以及非增值活动所耗用的资源，这些都是再设计流程时需要重点关注的问题点。

3. 识别核心流程

核心流程是对企业的成功起关键作用的流程(或关键流程)。核心流程向客户传递价值，其他流程则称为辅助流程。核心流程的定义是相对的，不同企业所选择的核心流程是不同的，核心流程的数量也不同。识别核心流程所使用的分析技术有关键成功因素法、因果矩阵分析、过程优先选择矩阵、头脑风暴法、有效会议法等。界定核心流程时应遵循如下原则：

- 以能够直接增加客户价值的活动为中心，在界定核心流程时可兼顾辅助流程。
- 要站在一个较高的层次上，不要过于太细。
- 要组织不同的人员进行核心流程的界定。

识别核心流程的步骤如下：

(1) 采用书面调研问卷形式，了解企业的中高层领导所认为的企业关键成功因素。

(2) 对所了解的企业关键成功因素进行筛选，并设计评分方法和评分表格，让领导对这些关键成功因素的重要性进行评分。

(3) 汇总各成功因素得分，获得综合得分，并依据综合得分对关键成功因素进行重要性排序。

(4) 将各流程与企业的关键成功因素分别填入因果矩阵，并详细说明填表规则。让领导对企业流程与关键成功因素之间的相关性进行评分。

(5) 将有关评分结果进行汇总分析，评分高的流程就是核心流程。

8.3.3 确定需要优化流程的顺序

因为流程之间具有一定的逻辑性，所以如果不按照一定的顺序进行优化，则一些流程优化结束后，而优化一些更重要流程时带来思路上的变化，导致前面已优化的流程作废或相互冲突。又因为流程优化具有较大的难度及可能面临的风险，所以希望先选取一些风险小、成本低而收益较大的流程进行优化，所以有必要进行流程优化排序。进行排序时应遵循如下原则：

- 以客户为导向，从客户的角度来分析，确定客户对企业哪些地方最不满意。
- 以核心流程为先，先优化对企业影响大的流程。
- 以成果为导向，先优化难度不大并且优化后绩效改进明显的流程。
- 充分考虑流程之间的逻辑关系。
- 排序时还应考虑企业人员资源和业务状况。

8.4 流程设计与优化

8.4.1 企业业务流程设计原则

业务流程设计是业务流程重组中最重要的一个环节，它直接影响到未来流程实施的效率和成败。企业业务流程设计的原则是：

1. 流程的设计必须有效、完整和清晰

一个有效的流程，应让管理的6大要素同步流动，它们是工作任务的流动、责任的流动、目标和绩效指标的流动、时间的流动、相关资源的流动和信息的流动。只有这6个元素同步流动，才能保证业务流传的效率和效果。

2. 流程设计必须支持企业的方针和政策

根据企业的方针和政策确定业务目标，而流程设计应以业务目标为导向，所以流程设计必须支持企业的方针和政策。

3. 流程设计必须以客户满意为中心

流程设计要始于客户需求，终于客户满意，以客户满意为中心的原则是企业流程设计的核心原则。

4. 流程设计必须关注流程的延续性和关联性

企业流程重组会使企业组织扁平化，而扁平化的组织结构和以客户满意为导向的服务模式，都要求企业流程设计必须关注流程的延续性和关联性。

5. 流程设计必须符合环境要求

企业是在一个特定的环境中运营，必然会受到环境的约束，所以流程设计必须符合环境要求，这是流程设计的前提原则。

6. 流程设计必须增加增值流程而清除非增值流程

把客户的实际需要作为流程设计的依据，尽可能多地增加增值流程，对过量的生产/过度的供应等这样的非增值流程进行清除。

7. 流程设计必须为流程安排有效的资源

必须对各级流程进行说明，这样才可以在运行环境中安排有效的资源。流程设计需要精简子过程，直到为流程配置有效的资源。在流程的执行中，同时会有多种活动进行，一般情况下，完成子过程的资源是有限的，从而导致资源的竞争，因此必须为流程合理设置相关资源。

8.4.2　企业业务流程设计过程

企业的目的是实现自己的价值，而价值的实现取决于企业是否能满足客户的需求。企业业务流程设计应从客户需求出发，以客户满意为目的，所以客户的需求决定了主要业务流程的内容和基本模式。

企业业务流程设计的过程如下：

1. 识别客户需求和需求模式

客户需求主要是产品或服务的功能特性、技术特性、服务特性、生产模式和需求模式，其中需求模式包括所提供产品或服务的数量、时间等。企业业务流程取决于产品或服务的功能特性、技术特性、服务特性、生产模式和需求模式，所以识别客户需求和需求模式为流程设计提供了基准。

2. 确定产品或服务的功能特性和技术特性

服务功能不同，基本业务流程就不同；产品功能不同，基本业务流程不同，某些子流程不同；产品功能不同，基本业务流程相同，某些子流程不同；技术特性不同，基本业务流程就不同。

3. 确定产品或服务的服务模式

产品或特性不同，基本业务流程就不同；产品使用难度不同，客户要求企业提供的培训服务不同，基本业务流程就不同；产品生产方式不同，流程模式不同；产品交货时间要求不同，生产模式不同。

4. 确定基本业务流程模式

由上述 3 条便可确定企业的基本业务流程模式。

5. 遵循国家法律和行业法规

流程设计要遵循国家法律和行业法规，以保证企业运营的合法性。

6. 明确企业自身的资源

明确企业自身的资源是设计企业实际运营流程的依据，在满足企业的组织资源和技术资源的约束下，设计企业的业务流程。

7. 确定企业的核心竞争力

分析企业的知识结构，确定企业的核心竞争力，设计企业实际运营的业务流程。

8. 确定渠道资源能力

渠道资源制约企业的市场运作流程，既要使供应商保质保量按时将原材料或半成品供应给企业，又使销售商按照客户需要的时间和地点，将产品交付给客户。

9. 设计组织结构

组织结构决定流程运行的规则、接口和走向。

10. 应用信息技术

信息技术支持流程优化和流程创新，企业的业务流程尽量采用信息技术。

11. 制定基于客户满意的流程质量评估标准

企业流程设计的核心是以客户满意为中心，将产品质量、服务质量、产品价格和响应时间作为评估业务流程质量的标准。

12. 设计企业业务流程

在遵循国家法律和行业法规的前提下，确定企业的核心竞争力和企业所具备的资源，应用信息技术，依据流程质量评估标准设计企业实际运行的业务流程。

【应用案例 8-6】

A 公司认识到新产品的开发关系到企业发展的前途和命运，要有组织、有领导地进行。新产品开发战略是企业在市场条件下，根据企业环境和具有的资源，为求得企业生存和长期稳定的发展，对企业新产品开发目标、达成目标的途径和手段的总体谋划。新产品开发战略是企业新产品开发思想的集中体现，是一系列战略决策的结果，同时又是制定企业新产品开发规划和计划的基础。新产品开发战略为企业的开发活动划定界线，限定方向，限制企业把资源投向不适合本企业参与的开发方向，以及发展潜力小的机会。另一方面鼓励企业开拓那些对本企业的发展具有潜力的项目。

经过认真研究，确认 A 公司的新产品发展战略。新产品开发应以市场为导向，尽最大可能满足市场和客户的需求，用开发的新产品来提高用户满意度；新产品开发应具有超前意识，引导市场，引导消费者，不跟着市场后边跑；开发新产品要做到“改进一代、研制一代、预研一代”，做到有技术储备。开发的新产品首先必须满足适用性要求，同时应注意安全性和环保性，不片面追求某些参数的先进。企业开发新产品的目的是要取得更好的经济效益，因而注意控制开发成本和开发周期。新产品开发设计中，要注重方法和技术的不断更新，适应新品开发的要求。做到扬长避短，充分发挥本企业的优势，围绕企业已掌握的核心技术开发新产品。

依据企业流程再造的基本原则，结合对现有流程的分析，A 公司对原有流程进行了再造，再造的新产品开发流程分为以下几部分：

- 新产品的构思和构思的筛选。构思是创造性思维，即对新产品进行设想或创意的过程。新产品构思筛选是采用适当的评价系统及科学的评价方法对各种构思进行分析比较，从中把最有希望的设想挑选出来的一个过滤过程。
- 新产品的整体设计。新产品的整体设计是企业从购买者的角度对产品构思进行的详尽描述。即将新产品构思具体化，描述出产品的性能、具体用途、优点、结构尺寸、核心技术、价格、名称、提供给购买者的收益等。
- 制定新产品营销战略计划，进行商业分析。营销战略计划描述目标市场的规模、结构和消费者行为，新产品在目标市场上的定位，市场占有率及前几年的销售额和利润目标等。对新产品的价格策略、分销策略和第一年的营销预算进行规划。描述预期的长期销售量和利润目标以及不同时期的营销组合。商业分析是对新产品概念进行财务方面的分析，即估计销售量、成本和利润，判断它是否满足企业开发新产品的目标。
- 产品实体开发。新产品实体开发是将产品构思转化为在技术上和商业上可行的产品。

- 新产品试销和商业化。新产品市场试销的目的是对新产品正式上市前做的最后一次测试，测试的评价者是客户，并对试销信息资料的收集和分析。新产品商业化是销售人员确定何时推出新产品以及如何推出新产品。制定详细的新产品上市的营销计划，包括营销组合策略、营销预算、营销活动的组织和控制等。

8.4.3 企业业务流程优化

1. 业务流程优化的方法

业务流程优化有系统化改造法和全新设计法两种方法。系统化改造法以现有流程为基础，通过对现有流程消除浪费、简化、整合以及自动化(ESIA)等活动来完成重新设计的工作。全新设计法是从流程所要取得的结果出发，从零开始设计新流程。这两种流程优化方式的选择取决于企业的具体情况和外部环境。一般来说，外部经营环境相对稳定时，企业趋向于采取系统化改造法，以短期改进为主；而在外部经营环境处于剧烈波动状况时，企业趋向于采取全新设计法，着眼于长远发展而进行比较大幅度的改进工作。从多数单位的具体情况来说，比较适宜的方式是采取系统化改造法，而且最好用流程图形式表现出来。

2. 业务流程优化顺序

常见的业务流程优化的工作顺序是首先进行组织建设。组织建设是业务流程优化的前提，因而需要建立由专业人员参加的业务流程优化执行小组，并任命一位具有高层决策权的领导担任小组负责人。

执行小组的主要职责包括描述、分析和诊断现有的业务流程，提出改进计划，制订并细化新流程的设计或改造方案，最终落实新方案。

有了项目小组之后，就要制定企业业务流程优化目标，明确列出业务流程优化的范围，启动业务流程优化工作。

首先是执行小组组织企业各级员工描述企业流程现状，进行岗位职责描述，绘制流程；其次是分析并找出阻碍目标实现的制约因素；最后执行小组向企业领导汇报并得到确认后，开始设计业务流程优化方案。初步方案出台后，还要研讨与分析比较新的流程效率与效益以及可行性，从而确定优化方案。

3. 业务流程优化的思路

业务流程优化过程实质上是管理再造或优化的实施过程，企业战略定位的变化和战略思路的改进最终都在业务流程中体现，反过来说，可以利用流程优化的手段来规范和提升管理体系。

基于以上思想，首先要对当前企业的管理体系进行规范和提升。其核心思想是：学习国内外先进企业经验，对目前企业的经营和管理模式的定位进行研究，找出其存在的问题和差距，结合企业的业务特点和公司战略，对企业经营和管理模式进行重新定位，其核心是形成新的管理理念。

所谓新的管理理念是指适应于企业独特性的、受到过其他企业检验证明成功的理念，其内容极为丰富,不拘一格。目前,信息化建设过程中常见的新管理理念是:实现从传统的事后管理(静态管理)向实时管理(动态管理)转变,部门管理(职能管理)向岗位管理(流程管理)转变,定性管理(主观管理)向定量管理(客观管理)转变,分散管理向集中管理转变等。

以职能管理向流程管理转变为例来说明:传统的企业管理是职能管理,也就是说每一项工作只指定了由哪个部门来负责,在具体工作中由该部门的领导来分配细节任务。信息化工程要求管理模式由这些传统的职能管理向"流程管理"改进,其目的是缩短信息交互时间,提高对客户的反应速度。

【应用案例 8-7】 新开发流程中的新产品实体开发流程 IDEF0 模型,如图 8-5 所示。

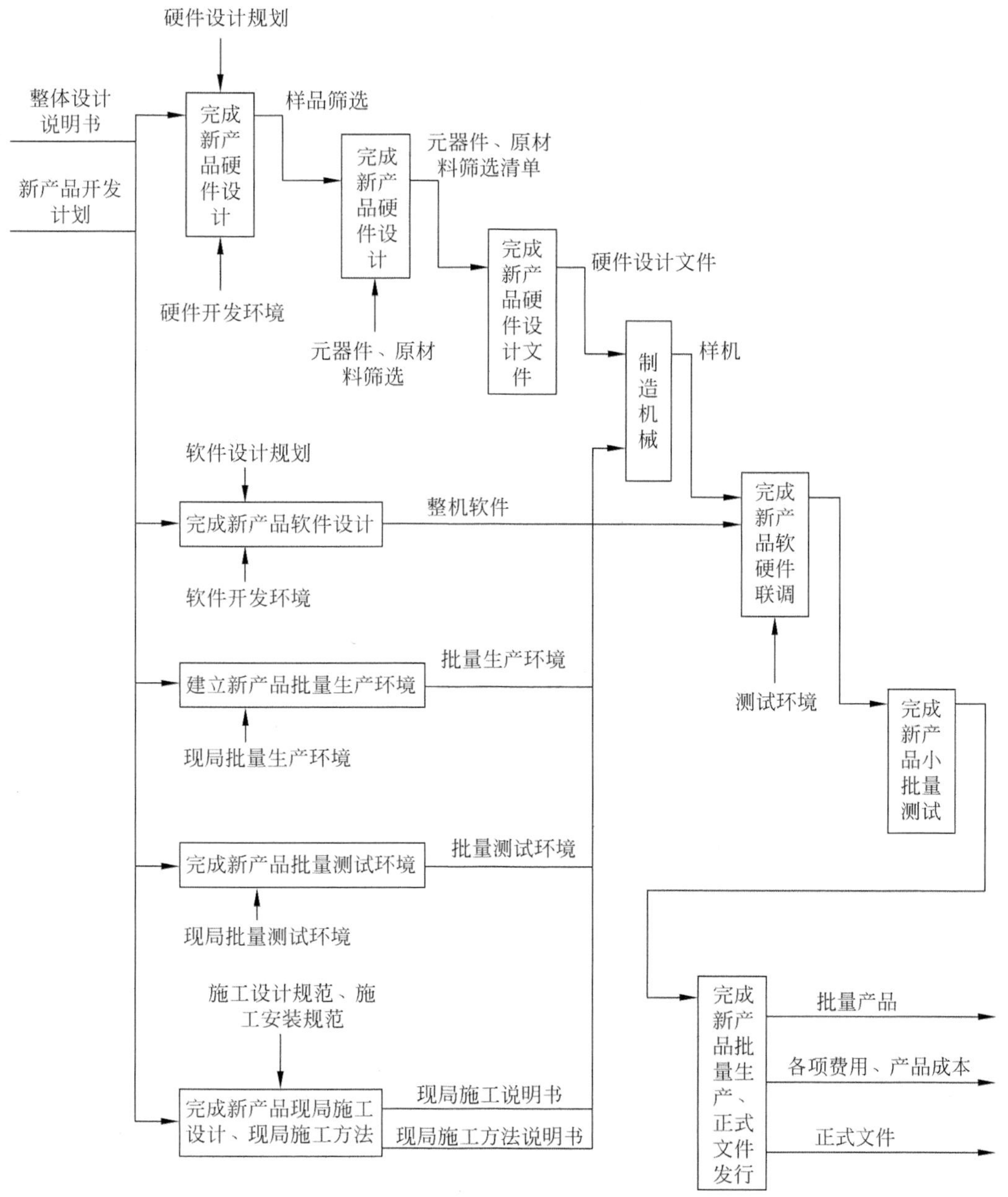

图 8-5 新产品实体开发流程 IDEF0 模型

8.5 流程实施

8.5.1 新流程试运行

在新流程设计完后，要经过一段时间的试运行，以检测流程优化后能否满足客户需要，并及时解决试运行中出现的问题。在试运行时，流程设计者、流程执行者和流程考核者分别完成不同的工作。

流程设计者主要完成的工作有：现场监控指导，解答流程执行者提出的各种疑问；记录试运行过程中出现的问题；将收集到的问题分类解答；根据新出现各种问题和情况，对流程进行修改和调整；与流程执行者沟通，对流程正式投入运行达成共识。

流程执行者主要完成的工作有：了解新流程与原流程的主要区别及造成这些区别的原因；掌握新流程在运行过程中的具体要求一些细节上的规定，并能按照新流程实施操作；能及时发现新流程运行过程中存在的问题并向流程设计者反馈。

流程考核者主要指负责收集新流程运行绩效数据、对流程执行者运行新流程的有关情况进行考核的部门。流程考核者主要审核流程考核指标设计是否合理。主要内容有：考核指标是否真实反映了客户需要？完成考核指标能有效满足客户需要吗？考核指标的口径是否一致？是否适合于流程设计者和流程操作者？考核指标的考核周期是否合理？考核指标的数据是否容易收集？如何更有效地收集绩效考核数据？考核指标是否与其他有关流程的考核指标所需收集的数据是否相同？这些考核指标如何合理纳入企业绩效考核体系？

8.5.2 新流程正式实施

1. 制定新流程的实施计划

完成新流程的试运行后，就需要制定新流程的实施计划，以确保新流程正常运行。实施计划包括下列内容：

- 在组织中建立流程管理系统。以各种流程为基本控制单元，对流程规划、设计、构造和调控等所有环节实行系统管理，全面协调各种流程的匹配关系。
- 建立有效的组织保障。为保障流程的管理工作的连续性和长期性，必须建立有效的组织保障。
- 制定各种流程之间的动态关系。
- 规划新流程实施的时间表。在考虑风险和受益之间平衡的前提下，确定切换新旧流程的顺序和时间。

2. 新流程正式运行

新流程正式运行就是流程执行者按照新流程运行要求执行该流程的过程。经过流程培训和试运行，流程执行者已熟悉了新流程的有关原理和操作细节，在正式运行时能按照新流程的有关规定实施操作。但需要注意以下问题：新流程可能还有少数细节没有考虑周全，操作人员应如实记录实际操作中遇到的问题;在新流程运行过程中,不断领会流程设计者的意图,明确流程的客户及客户的需要;明确操作人员在流程中所承担的这些工作对客户的重要性;在实际操作中,应严格遵守新流程关于流程操作的有关规定。

8.6 流程评价

在流程正式运行一段时间后,需要对流程运行情况进行考核,以检验新流程是否在实际运行中达到了设计者的目的和目标。

流程评价的主要过程是:设立流程目标和基于此目标的考核指标体系;建立一个反馈系统,定期审核流程;通过定期审核,评定流程的等级,使流程执行各方获得成就感。

流程评价的主要工作是:监控流程操作部门实施情况,若发现有违背或偏离流程设计要求的操作,应立即予以纠正;真实记录操作部门在实际运行过程中的绩效表现,为流程绩效分析、评价和改进提供依据;不断改进流程绩效考核数据的收集方法和途径,不断完善流程绩效的评价方式;针对与目标绩效有差距的被考核部门,应及时沟通,制定改进措施并实施;若新流程绩效考核指标被纳入企业绩效考核体系,则应及时向企业考核部门提交有关的考核数据。

经过考核最终得到新流程绩效考核评分表,表中数据是对按绩效考核指标收集到数据进行分析评价后所得到分数,从表中可清晰地看出新流程各项绩效考核指标的实际运行情况,以及是否达到了流程设计者所设定的绩效目标。

8.7 持续改善

持续改善在日本被称作 Kaizen,含义就是在所有的时间内,每个人不断地改进每一件事。通过对这种方式的长期应用和改进,日本的商业企业在20世纪70、80年代迅速崛起,它们的产品因低成本、高质量和多样化震撼了世界。

持续改善在日本已成为一种文化,在西方,这种改善的文化演变成了TQM(全面质量管理)和ISO 9000运动。许多西方的企业通过很好地理解和贯彻连续改善,极大地降低了生产成本,提高了产品质量,减少了浪费,使企业提高了赢利和股票价值。

8.7.1 流程改善的原因

新流程正式实施后仍需要持续改善,即流程设计、运行和优化等必须持续不断地予以改进,主要原因是:

- 企业外部竞争环境的变化(比如,竞争对手在质量、成本、服务等方面的改进),对企业流程绩效提出更高的要求,使得企业必须对现有流程进行改善,以适应外部竞争环境的要求。
- 外部技术环境的变化,新的信息技术的推出,使企业的现有流程与新技术不匹配,为此企业必须对现有流程进行改进,以更有效地利用信息技术。

- 企业经营范围、区域、组织、经营策略等变化，使得新流程运行的内部基础改变，从而需要相应地改进流程。
- 客户、供应商以及其他协作伙伴的技术条件和管理水平的提高，也需要企业改进流程。

8.7.2 流程改善的原则

流程改善应遵循下列原则：

(1) 从小事做起，企业应该更注重细小的环节。

(2) 追求质量是一项永无止境的工作。质量是一个不断变化的目标，人们衡量质量的标准也在发生着变化，过去认为是高质量的产品今天已变得普遍，因此企业对质量的追求将永不止息。

(3) 不断制定高标准，明天要比今天做得更好。

(4) 注重持续和渐进。改善涉及企业的所有活动，涉及企业中的每个人(高层管理者、中层管理者、基层工人和辅助支持人员)，只要企业无论何时何地都进行着改善，这种改善最终都会导致诸如质量和生产力等领域的改进。

(5) 最重要的目标是用优异的产品、服务支持以及对客户的不断关心来提高客户(外部客户和内部客户)的满意度。

8.7.3 流程改进的过程

在明确流程改进的原因后，应着手进行流程改进，主要过程如下。

1. 整理信息

对新流程运行过程中所显现出的缺陷和问题信息以及客户对新流程的反馈信息进行收集、存储、分类、分析，将整理结果作为流程持续改进的依据。

2. 流程质量审核

认真调查和分析现有流程的问题，根据对业务流程运行、客户满意度及企业战略影响程度的大小对问题进行排序，识别需要改进的流程。

3. 水平对比

流程管理部门收集管理先进的企业业务流程管理模式，将本企业与这些先进企业的业务流程进行对比，从中获得有价值的流程改进信息。

4. 确定需要改进的流程范围

经过分析比较和信息整理，最终确定需要改进的流程范围。

5. 成立流程改进小组

由需要改进流程的流程所有者和流程管理部门共同成立流程改进小组，指导流程改进工作。

6. 制定目标

对需要改进的流程制订明确的目标，如加快响应时间、降低成本等。

7. 设计新流程

针对流程出现的问题和新流程的目标，制定相应的改进措施，并重新设计新流程。

8. 正式发布

新流程经过审批后，正式发布实施。

9. 效果跟踪

新流程实施后，应保持跟踪，审查实施效果。对没有达到目标的流程，要分析原因并重新设计。

10. 流程文档管理

将更改后的新流程纳入文件体系，存档保留。

本章要点回顾

流程总要以客户的要求为起始，以满足其要求为结束，流程的始末阶段都离不开客户的参与。流程具备客户、过程、输入、输出和供应商5个基本要素。流程具有流程范围、流程规模、流程分类、流程分级、流程绩效等基本属性。业务流程重组是对企业进行根本的再思考和彻底的再设计，以求企业在关键的性能指标获得巨大的提高，如成本、质量、服务和速度等。企业流程重组的基本过程可分为项目启动、流程分析、流程设计与优化、流程实施、流程评价和持续改善6个阶段，不同阶段工作的侧重点不同，但有序的工作和有机的结合形成了企业流程重组的完整过程。

习　题　8

1. 名词解释

业务流程、企业流程重组、MIS、DSS、ES、CAD、CAM、CIMS

2. 简答题

(1) 一个完整流程应具备的基本要素是什么?
(2) 流程的基本属性是什么?
(3) 企业流程重组的原则是什么?
(4) 企业流程重组的基本过程包括哪些阶段?
(5) 流程识别阶段主要工作内容是什么?
(6) 为什么流程需要持续改善?

3. 案例分析题

(1) 福特汽车公司采购业务流程重组。

福特汽车公司是美国三大汽车巨头之一，但是到了20世纪80年代初，福特像许多美国大企业一样面临着日本竞争对手的挑战，正在想方设法削减管理费和各种行政开支。公司位于北美的应付账款部有500多名员工，负责审核并签发供应商供货账单的应付款项。按照传统的观念，这么大一家汽车公司，业务量如此庞大，有500多个员工处理应付账款是非常合情合理的。当时曾有人想到，要设法利用计算机等设备，使办公能实现一定程度的自动化，能提高20%的效率就很不错了。

促使福特公司认真考虑"应付账款"工作的是日本马自达汽车公司。马自达公司是福特公司参股的一家公司，尽管规模远小于福特公司，但毕竟有一定的规模了。马自达公司负责应付账款工作的只有5个职员。5∶500，这个比例让福特公司经理再也无法泰然处之了，应付账款部本身只是负责核对"三证"，符则付，不符则查，查清再付。整个工作大体上是围着"三证"转，自动化也帮不了太大的忙。应付账款本身不是一个流程，但采购却是一个业务流程。思绪集中到流程上，重组的火花就渐渐产生了。重组后的业务流程完全改变了应付账款部的工作和应付账款部本身。现在应付账款部只有125人(仅为原来的25%)，而且不再负责应付账款的付款授权，这意味着业务流程重组工程为福特公司的应付账款部门节俭了75%的人力资源。

① 导致福特公司进行采购业务流程重组的原因是什么？

② 业务流程重组帮助福特公司获得了哪些突破性的增长？

(2) 日本住友银行实施往来账户综合银行制度。

日本住友银行创立的往来账户综合银行制度在批发业务方面充分体现了银行业务重组思想。该制度将银行往来客户，包括客户的关系企业和海外机构当地法人在内，看作一个企业集团，建立以客户为主体的管理体制。银行不再按照传统的存款、贷款、结算等进行分工，而是将银行金融服务职能综合化，全面地向客户提供各项金融服务。

在这一体制下，同一客户的所有业务都要集中在往来客户综合管理账户下进行。往来账户小组的成员业务能力强，不仅要懂存款、贷款业务，还要懂外汇业务，此外还要负责为客户提供资金调度、资金运用、海外发展等技术性服务，这些小组成员被称为全能银行职员。

为了充分发挥往来客户综合管理小组的功能，住友银行还在1992年实现了海外10多家分支机构的综合计算机联网业务，使往来企业的海外分支机构的各项资料都被往来客户综合管理小组成员所掌握，真正形成了综合情报系统，为客户提供最完善的服务。

① 实施往来账户综合银行制度对往来账户小组的成员有何要求？

② 银行原有的分工分式是什么？

第9章

企业信息化战略规划

【内容概要】

目前信息技术在企业中的应用已经进入战略信息系统时期，信息技术/信息系统已经成为企业战略能力形成的推动器。企业信息化建设的关键问题之一是如何在企业战略的指导下制定合理的企业信息化战略规划。但是，企业在引入和利用信息技术方面还存在很多问题。其中一个主要问题是企业很少从战略高度管理IT，常常会不顾所处行业环境和自身条件，盲目引入信息技术，缺乏对于信息技术引入过程中的科学分析以及对信息技术战略的控制和评价。因此，本章从企业信息化战略的高度阐述了企业信息化企业战略与企业信息化战略的关系、企业信息化战略规划的内容、企业信息化战略规划的步骤、企业信息化战略规划的典型方法等有关问题。

【引导案例】

ABC集团的信息化战略

在中国企业信息化500强中，ABC集团榜上有名。是什么让ABC集团成为了一流的信息化企业？主管信息化工作的副总裁深有感触地说：一流信息化企业的建设，靠的就是战略规划的驱动。

专业化、国际化、实业化、信息化是ABC集团的长远发展战略，信息化是其中一个重要的组成部分。ABC集团开展信息化建设的历史始于2004年，当时集团面临快速做强做大和管理资源整合、理顺关系的压力。外部环境压力要求企业尽快提升竞争力。在钢铁产业布局中，ABC集团必须尽快明确战略定位。同时，内部管理压力需要尽快提升管理水平：实力不强、资源分散、形不成合力，都需要整合资源、理顺关系；管理基础薄弱、风险难以管控也需要强化管理、创新思路。为此，集团提出了信息化作为企业的四大发展战略之一，明确了ABC集团的信息化战略要能够建立统一、全面、集成、实时共享的平台，要满足跨区域集中管控的需求。在2004年，ABC集团编制成功了《信息化总体规划》，从此将所有成员企业纳入到统一信息化规划和建设范畴中。2006年，ABC集团再次编制新的企业信息化规划，实现与集团的整合。正是对信息化战略的高度重视和提前规划，才使ABC集团走在了企业信息化工作的前列。

9.1 企业战略与企业信息化战略的关系

9.1.1 企业战略与企业信息化战略的概念

企业信息化是指企业通过信息技术、信息系统的应用和信息资源的开发利用而服务于企业的战略发展、经营活动及企业全方位变革和发展，不断提高生产、经营、管理、决策的效率和水平，提高企业经济效益和企业竞争力的过程。

但是，目前企业在引入和利用信息技术进行企业信息化建设方面还存在很多问题。一方面，企业未能从企业战略高度制定与企业战略匹配的企业信息化战略，不顾企业所处行业环境和自身条件，盲目引入信息技术，缺乏对于信息技术引入过程中的科学分析和对信息技术战略的控制和评价；另一方面，对于企业信息化的具体决策问题，如 IT 项目的选择、合作伙伴的选择、如何规避 IT 风险等问题没有一套科学的方法，因此往往会造成决策失误。

企业战略(Business Strategy，BS)是指企业根据内外环境和可获得资源情况，为求得长期生存和持续的均衡发展而进行的总体性管理与谋略。企业战略包括 3 个层次：总体战略、竞争战略和职能战略。

总体战略决定并揭示企业的目的和目标，提出实现目的的重大方针和计划，确定企业应该从事的经营业务等。主要问题是确定企业的整体经营范围，在全企业范围内合理配置资源。竞争战略主要问题是如何在市场中竞争，开发哪些产品或服务，这些产品或服务提供给哪些市场，如何更快更好地满足顾客的需要。职能战略是为实现总体战略和竞争战略而对企业内部的各项关键职能活动做出统筹安排，包括财务战略、组织战略、研发战略、生产战略、市场营销战略等。

20 世纪 80 年代后，由于信息技术的广泛应用，企业信息化战略进入企业的实践领域，成为与财务战略、人力资源战略、组织战略、研究和开发策略、生产战略和市场营销同等重要的职能战略。

企业信息化战略(Business Information Strategy，BIS)也称为信息技术战略，是企业战略的有机组织部分，是关于信息功能的目标及其实现的总体谋划。从功能划分的角度来讲，企业信息化战略是一类独立的战略；从信息功能实现的角度来看，企业信息化战略又必须与企业战略相融合。企业信息化战略描绘了企业未来的信息化的蓝图，并描绘了如何获取与整合这些蓝图的能力。

企业信息化战略的主要内容包括：

- 跟踪学习战略。即如何跟踪异常复杂、变化迅速的信息技术的发展。需要考虑的问题包括：企业对 IT 投以怎样的关注？对 IT 技术是采取"前卫的"还是保守的，或者是追随同业者的态度？决策者、高层领导需要学习 IT 吗？他们需要掌握到什么程度？IT 在员工的素质中应当占有什么位置？
- 应用开发战略。在任何 IT 技术得到充分应用的领域，企业对 IT 的应用能力是决定其生存和发展的关键因素之一。应用开发战略必须明确：IT 现在能做什么？将来能做什么？需要什么条件和资源才能成功应用 IT？IT 对企业的生存环境(包括政府政策、基础设施、行业规则、受益者的需求等)有什么影响？其他竞争对手是怎样看待 IT 的？IT 给企业带来哪些优势？如果掌握了 IT，我们可以有什么样的经营发展战略？传统的保守的应用战略是"自动化"，其主要目标集中在"提高效率"这个内部的、传统的目标上；而 20 世纪 90 年代出现的"再造工程"则更强调彻底地重新创造新的业务模式。
- 系统维护战略。系统维护战略的目标是充分、安全、可靠、低成本。其重点考虑的问题包括：日常业务IT系统的依赖程度有多大？IT系统可能会发生什么故障？风险和成本有多大？对各种可能的故障的容忍程度如何？怎样去评估它？IT系统的运作情况如何？技术和资源能够保证到什么程度？有哪些途径可得到维护所需的技术、资源或直接得到维护的服务？20世纪90年代流行的外包是一种典型的IT维护战略。

9.1.2 企业战略与企业信息化战略的关系

大量实证研究表明：企业信息化建设的地位已经从传统的“后台”走向“前端”，向支持企业战略的选择甚至塑造企业战略的“战略性”地位转变。企业信息化战略决定着IT战略投资的有效性并影响着企业战略目标的实现，是企业战略能力形成的关键。

企业信息化战略中的信息体系架构是对企业战略中组织结构、战略目标的支撑体系，企业信息化战略的目标集必须与企业战略一致。企业信息化战略既是企业战略的实现手段之一，又是影响企业战略制定的重要因素。

不同阶段，对企业战略与企业信息化战略的关系的认识也不同。由于企业环境的飞速改变，IT/IS战略规划方法已经从技术主导模式转变为融合模式(见图9-1)。

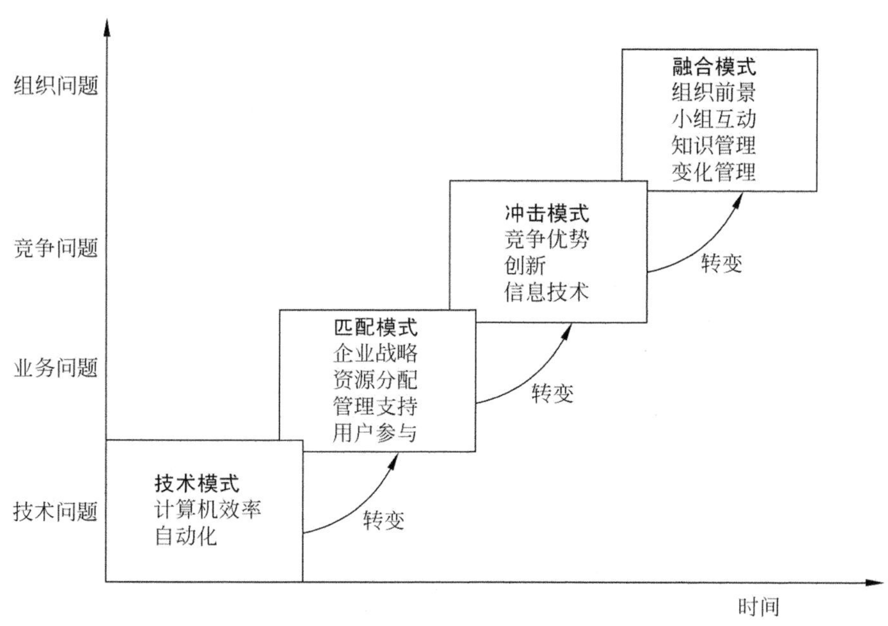

图9-1 IT/IS战略规划方法的演变

1. 技术主导模式向匹配模式的转变

IT/IS规划起初主要关注于提高计算机效率和信息系统的功能，建立计算机应用并加强计算机的管理。IT/IS规划的技术主导模式(Technology-Led Mode)主要关注的是如何运用信息技术来提高生产力，然而对于组织需求的实现和信息资源的管理缺乏明确的战略指导。随着信息系统管理的日渐成熟，开始引入业务驱动的ISSP方法，该方法也称为IT/IS战略规划匹配模式(Alignment Mode)。该模式主要关注如何运用信息系统帮助实现企业目标,以及信息系统规划和优先级与组织战略和目标的匹配关系(见图 9-2)。匹配模式的基本思想是如何根据企业战略规划制定与之一致的信息系统战略规划。典型的匹配模式方法包括 IBM 公司 1975 年提出的企业系统规划(Business Systems Planning,BSP)和 James Martin 提出的信息工程方法(Information Engineering,IE)。

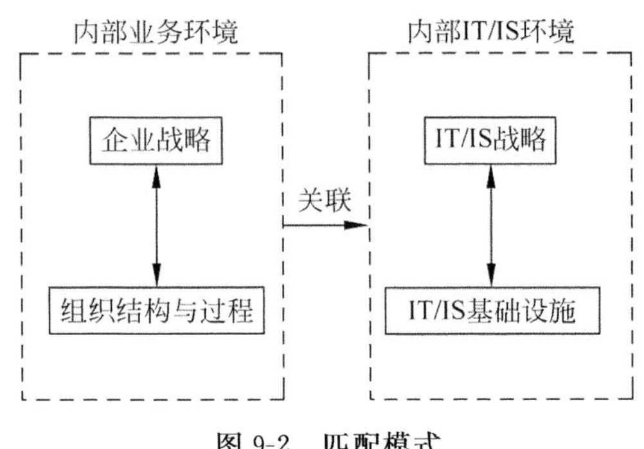

图 9-2 匹配模式

基于能力的 BS-BIS 战略匹配模型(Strategy Alignment Model,SAM)认为,核心能力是企业持续竞争优势之源,企业要想获得持续的竞争优势,培育、改善和运用核心能力才是根本。企业核心能力的观点关注企业的异质性和成长性,强调更大范围的集成,认为企业不仅要面对外部环境的变化,更重要的是内部各种资源的整合(见图 9-3)。

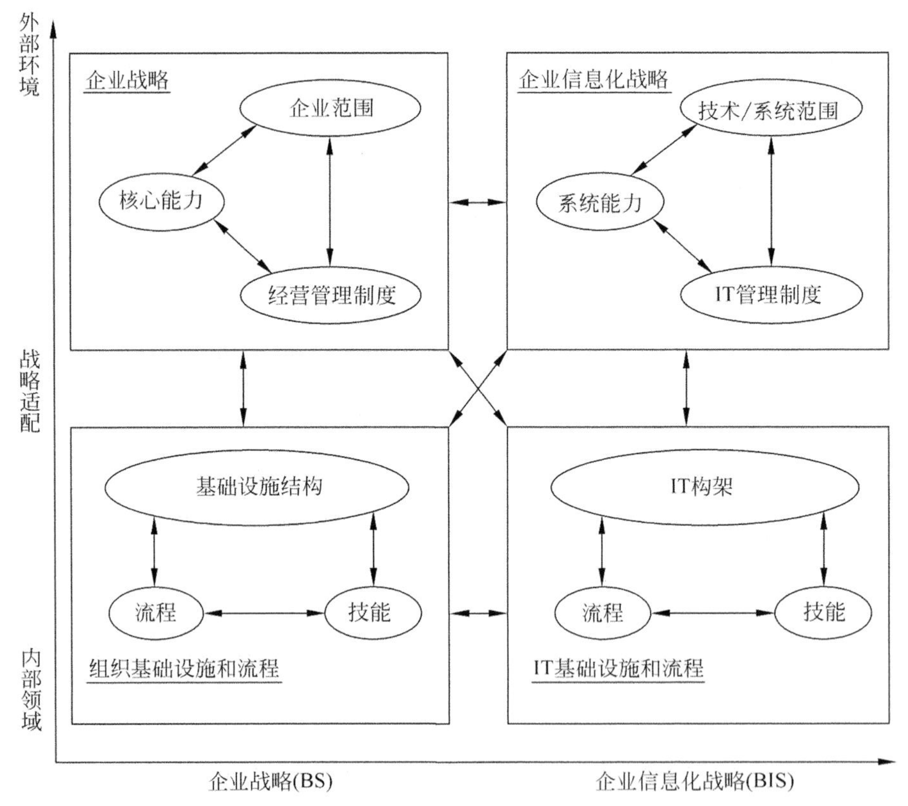

图 9-3 战略匹配模型

企业核心能力形成的基石不是产品和市场,而是业务流程。业务流程建立在价值链的基础之上,是封装了基础设施、人、技术支持等相关资源的基础价值链的形式化的系统行为。价值链是企业业务流程的内在体现。IT 对企业核心能力的形成起到了至关重要的作用。一方面,在外部竞争性市场,IT 战略成为企业获取竞争优势的重要源泉之一;另一方面,在企业内部的运营环境中,IT 作为业务运营的使能器之一,已经渗透到价值链中的每个环节,IT 已经成为支持企业过程、价值链再建,实现企业战略远景规划的基石。从 IT 对价值链的影响角度考虑，实现“市场领先”的战略目标有3条可能的途径：流程最优化、最佳客户亲和力、产品领先。

2. 匹配模式向冲击模式的转变

匹配模式的基本假设是：企业战略规划与目标是信息系统战略规划与目标形成的基础。因此，能否制定好信息系统战略规划，取决于企业战略规划。BSP、IE和Method/I均属于数据模型驱动的方法，这些方法尽管已经应用了很长时间，但其缺陷也是显而易见的。事实上，20世纪80年代初期人们就已经意识到：企业战略规划不仅会影响到信息系统战略规划，反之，IT/IS的应用也会提升企业的竞争力并获得更多的竞争优势。因此二者之间是一种双向关系。于是提出了冲击模式(Impact Mode)。该模式将IT/IS战略规划作为企业分析工具，识别在一些新的业务领域中如何利用IT/IS创造更多的战略机会(见图9-4)。价值链分析(Porter和Millar，1985)和战略突击模型(Rackoff和Wiseman，1985)属于典型的冲击模式的IT/IS战略规划方法。

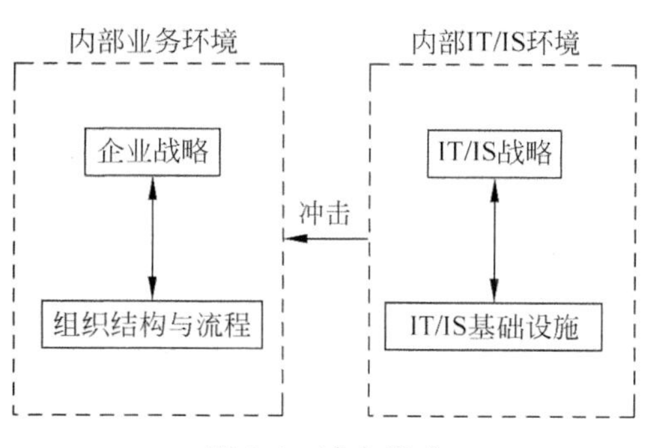

图9-4　冲击模式

3. 冲击模式向融合模式的转变

冲击模式理论基于以下两个假设：其一，强调“一致性”，即在企业战略和企业信息化战略的制定和选择过程中，其目标相互参照，保持一致；其二，强调“动态性”，即战略一致性是一个持续适应和不断变化的过程，企业战略和企业信息化战略要根据企业内、外环境情况相互间要不断调整。总之，企业战略与企业信息化战略之间是一种交互关系。企业战略不仅指导企业信息化战略；同时，企业信息化战略也支持和影响企业战略的制定和选择，并且有助于塑造企业战略。

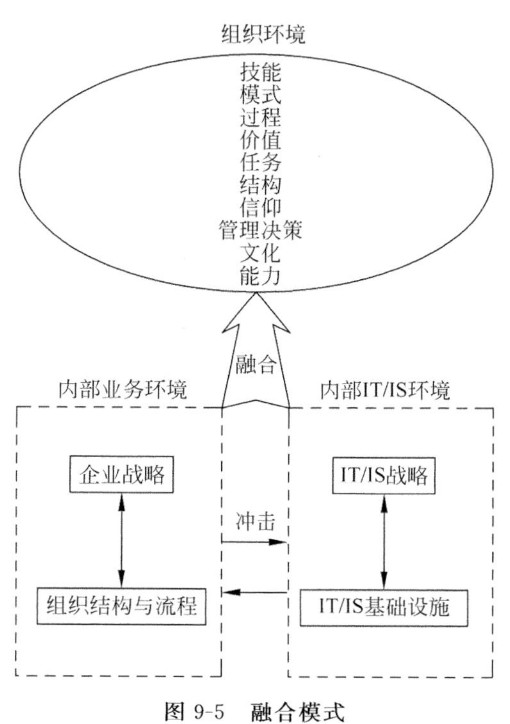

图9-5　融合模式

企业战略与信息系统战略之间的交互导致组织变革，包括任务与技能、组织结构、组织成员、管理模式和价值观念的改变。然而，尽管长期运用IT/IS战略规划法中的匹配模式和冲击模型，组织仍然不能有效地解决与信息系统相关的问题。其原因是大多数方法忽略了IT/IS和组织之间的关系。无论组织选择何种IT/IS战略规划法，该方法都必须适应组织的环境、文化、经验和技能，必须强调企业战略、IT/IS战略与各种组织因素之间的融合(见图9-5)。融合模式(Fit Mode)的特点为IT/IS战略规划方法提供了方向。

表 9-1 列举了这些 IT/IS 规划模式的目标、方法/技术、关键因素和方向。技术导向模式关注的是计算效率和自动化；匹配模式系统定义了与企业规划和目标相结合的信息系统，企业目标和战略是匹配模式关注的焦点；冲击模式运用了创造性的思维方法来定义信息系统从而帮助组织提高竞争力；融合模式则强调 IT/IS 的使用必须与组织相适应。

表 9-1 IT/IS 战略规划模式的比较

特点	技术导向模式	匹配模式	冲击模式	融合模式
目标	自动化	企业战略与 IS 战略的联系	寻求竞争性 IT/IS 应用	IS 与组织的融合
方法/技术	系统分析与设计	系统化过程	头脑风暴 基于案例推理	群体交互 团队建立 领导
方向	单向	单向	双向	集成
主要考虑因素	计算机效率 信息系统功能	企业目标和战略	IT/IS 应用 技术	项目团队 组织因素

9.1.3 企业信息化战略规划研究的基本问题

企业信息化战略规划(Business Information Strategy Planning,BISP)也称为 IT 规划，是从组织的宗旨、目标和战略出发，对企业内外信息资源进行统一规划、管理和应用，从而规范组织内部管理，提高工作效率和顾客满意度，最终使企业获取竞争优势，实现企业的长远发展。它从企业全局出发，为实现企业的长期发展战略，规划一个基本的信息体系架构，统一规划和利用企业的信息资源，控制企业行为，辅助决策，帮助企业实现战略目标。

企业信息化规划是在企业发展战略目标的指导下，在理解企业发展战略目标与业务规划的基础上，诊断、分析、评估企业管理和 IT 现状，优化企业业务流程，结合所属行业信息化方面的实践经验和对最新信息技术发展趋势的掌握，提出企业信息化建设的愿景、目标和战略，制定企业信息化的系统架构、确定信息系统各部分的逻辑关系，以及具体信息系统的架构设计、选型和实施策略，对信息化目标和内容进行整体规划，全面系统地指导企业信息化的进程，协调发展地进行企业信息技术的应用，及时满足企业发展的需要，以及有效而充分地利用企业的资源，以促进企业战略目标的实现，满足企业可持续发展的需要。

企业信息化战略规划研究的基本问题是：为什么要做企业信息化战略规划？企业信息化战略规划的内容是什么？由谁来做企业信息化战略规划的工作？什么时机和条件下进行企业信息化战略规划？如何进行企业信息化战略规划？首先回答第一个问题，即 IT 规划的作用。

企业信息系统的建设是复杂的社会-技术系统工程，要获得成功，首先就要做好企业信息化战略规划。

IT 规划的作用体现在如下几个方面。

- 全局性。从企业战略发展的高度出发，纵览全局，目标明确，规划整个企业信息系统的全景愿景图，确保信息架构能更好地应对业务流程和组织的变化。

- 预警性。通过考察、借鉴和学习，总结成功经验，吸取失败教训，能有效预防各种信息化建设过程中易出现的问题，指导系统选型和项目实施，从而有效地规避、降低企业信息化的各种风险。
- 有序性。根据企业各方面的资源约束，以及企业的预算，按照轻重缓急给出信息化建设的阶段性目标。
- 经济性。始终考虑成本投入与产出的关系问题，降低成本，科学地确定信息化建设的投资，用较少的资金做更多的事情。依据信息化建设的目标和全局架构，避免无效投资、重复投资等。
- 集成性。整合信息资源，解决"信息孤岛"问题，确保各应用系统的整体集成。
- 挖掘潜在的应用系统。

【资料】 据英国经济情报社联合一些IT咨询公司所作的联合调查表明，年收入在10亿美元以上的大公司中，有95%进行了IT规划；年收入在1亿～9亿美元的中型公司中，有91.3%进行了IT规划；年收入小于1亿美元的小公司中，有76.1%进行了IT规划。

9.2 企业信息化战略规划的内容

企业信息化战略规划就是在充分、深入研究企业发展远景、业务策略和管理的基础上，形成信息系统的远景、信息系统的组成架构、信息系统各部分的逻辑关系，以支撑企业战略规划目标的达成。企业信息化战略规划的主要任务是：

(1) 根据组织的发展目标与战略，制定业务流程改革与创新的目标和信息系统的发展战略。

(2) 制定组织的业务流程规划，确定业务流程改革与创新的方案。

(3) 根据组织目标和业务流程规划确定信息系统的总体结构规划方案。

(4) 安排项目实施方案，制定信息系统建设的资源分配方案。

企业信息化战略规划的内容(见图9-6)包括信息系统战略规划、业务流程规划、信息系统总体结构规划、项目实施与资源分配规划。

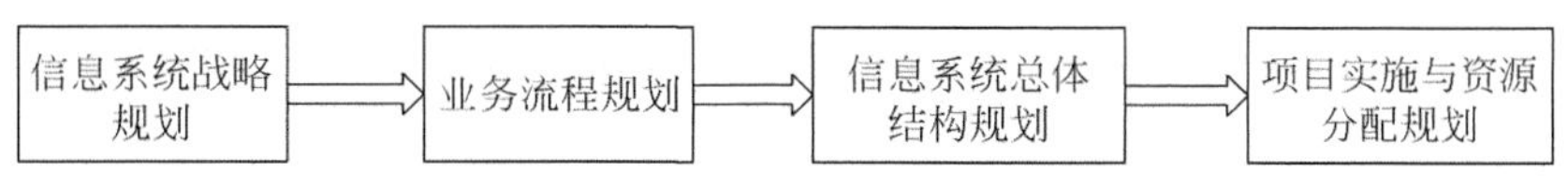

图9-6　企业信息化战略规划的内容

企业信息化战略规划工作进程的4个主要阶段，形成了IT规划4阶段模型的基本框架。

1. 信息系统战略规划

信息系统战略规划通常包括主要发展目标、发展重点、实现目标的途径和措施等。它既可以看成是企业战略规划下的一个专门性规划，也可以看成是企业战略规划的一个重要组成部分。

信息系统战略规划的主要内容包括：

(1) 信息系统的目标、约束与结构。

(2) 对目前组织的业务流程与信息系统的功能,应用环境和应用现状进行评价。

(3) 对影响计划的信息技术发展的预测。信息系统战略规划无疑要受当前和未来信息技术发展的影响。

(4) 近期计划。

2. 业务流程规划

业务流程是指一个组织在完成其使命、实现其目标的过程中必需的、逻辑上相关的一组活动。由于业务流程比组织内部的机构相对稳定,面向业务流程的信息系统在组织机构与管理体制变化时能够保持工作能力。动态多变的市场要求企业的业务流程有较好的柔性,能根据环境的变化及时调整其业务流程。

3. 信息系统总体结构规划

信息系统总体结构规划是IT规划的中心环节。其任务是:

(1) 组织的信息需求分析。组织的信息需求分析是这一环节的基础工作。

(2) 数据规划。科学、系统的数据规划是信息系统成功的基本条件。

(3) 功能规划与子系统划分。功能规划与子系统划分是信息系统总体结构规划的核心与关键所在。

(4) 信息资源配置规划。对信息系统的硬软件、数据存储与网络系统以及信息系统的组织与人员进行规划,为项目实施与资源分配规划打下基础。

4. 项目实施与资源分配规划——IT基础设施建设规划

(1) 制定项目实施规划。在确定一个应用项目的优先顺序时应该依据以下5个方面进行分析:该项目的实施对组织的改革与发展有显著的推动作用;该项目的实施预计可明显节省费用或增加利润;无法定量分析其实施效果的项目,例如提高职工工资,往往可以激发职工的工作积极性;制度上的因素;系统管理方面的需要。

(2) 制定资源分配方案。为规划中每个项目的实施而需要的硬软件资源、数据通信设备、人员、技术、服务、资金等进行估计,提出整个系统的建设的概算。

IT基础设施建设规划包括7个方面的内容:操作系统、应用系统开发环境、数据库平台、目录与安全服务、网络基础设施、信息交流与协作、网络与系统管理。

【应用案例9-1】

IBM的战略规划框架(见图9-7和图9-8)

IBM公司认为,从总体来说,IT规划主要致力于解决3个问题,即IT的远景与战略、IT架构、IT组织与管控,如图9-4所示。

首先要从IT愿景与策略入手,搞清它与企业战略的关系,应采取哪些技术等。然后是要确定IT的整体架构。IBM公司将IT规划归纳为4个字:IATO,即I(信息,Information)、A(业务,Application)、T(技术,Technology)、O(治理,Organization),其中前3部分是IT总体规划蓝图,第4部分是组织蓝图,就是IT治理。而且IATO四部分是有顺序的,从信息架构到业务架构,再到技术架构和组织与管控,这个顺序是不能变化的。

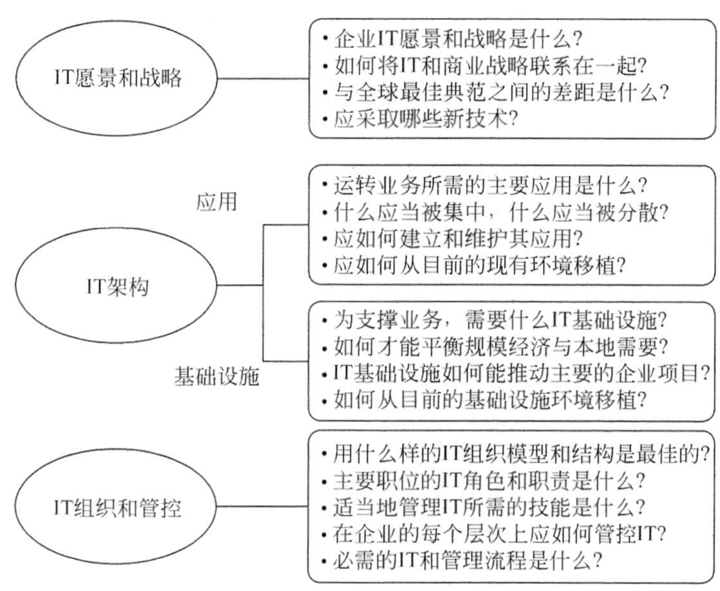

图 9-7 IT 规划的 3 个关键点

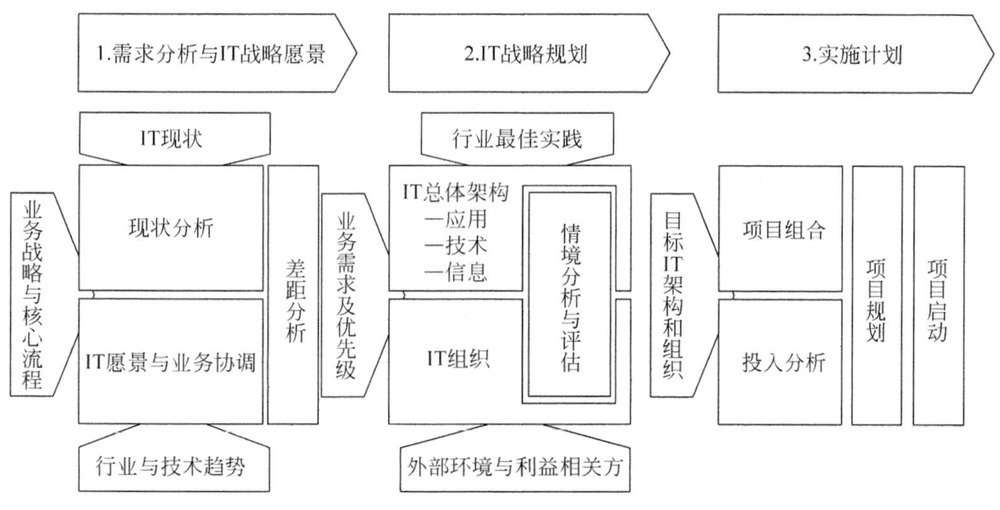

图 9-8 IBM 公司 IT 战略规划模型

整个规划过程包括 3 个阶段：需求分析与 IT 战略愿景、IT 战略规划、实施计划。

IBM 会花大量的时间去做 IT 和业务一致性的分析，这个比例可能达到了 70%，从业务战略入手，了解核心流程，导出企业的整体架构，这样才能保证 IT 战略与业务战略的一致性。实施 IT 计划难就难在如何梳理需求，你要满足从总经理到操作员的需求，但很显然，他们的需求是不一样的，要首先满足老板的需求，能否合理排布这些需求是检验战略规划的第一要务。在愿景分析阶段会发现，IT 的需求不是开发出来的，是展望出来的，你要带着老板一起展望，带着部门经理一起展望，而不是去问操作员你需要什么。

架构层面就是 IATO 4 部分，前 3 部分为技术蓝图，最后一部分称作组织蓝图，规划的重点就是要整理出这两大蓝图出来。其中 IT 治理方面共包括 5 个方面：IT 如何决策、如何制定一个IT组织、IT交付、IT流程、IT人员与技能,现在已经越来越重视治理层面的问题了,其中最重要的就是CIO在其中起到的作用。

第3个阶段的工作就是执行层面的问题,就是说要经过什么样的路径去实现规划的蓝图?先做什么?后做什么?等等。

9.3 企业信息化战略规划的条件

做好IT规划的3个基本条件是:管理层的高度重视和全力支持,机构或企业内外广泛的认同和认知,必要的资源保障。

最高管理者的重视与参与是系统成功的头等重要因素,即"一把手原则"。多年的经验证明,企业信息化建设的成功与否,主要取决于管理者对本企业信息系统的需求程度和企业各业务活动的理解。如果最高层管理对建立企业信息系统的需求不迫切,那么要想做好IT规划是不切合实际的。那么为什么需要高层领导的参与?有如下几个方面的原因:

- IT规划如果仅仅来自各个部门,则缺乏足够的权威实施规划。
- 各部门不可能对企业整个业务活动有充分的理解。信息是重要的企业资源,任何重要的资源都需要从最高层开始规划。
- 由技术人员组成的设计小组承担企业IT规划的任务,大都不能透彻地了解管理者的意图和设想,也很难真正理解整个企业的信息需求。信息系统的开发效率是至关重要的,重复的、不协调的应用开发以及过多的维护和转换活动将会引起资源开发的惊人浪费。为了减少这种浪费,有必要建立一个自顶向下的综观全局的信息基础结构的框架。
- 为了确定各数据处理任务的优先级顺序,需要用正规化的方法,针对全局信息处理活动确立一种结构清晰的全局性认识。对分散处理的系统还需要制定一个网络基础结构规划。这些分散的数据库系统应该由一个符合基础结构要求的公共网络联接起来。因此,在制定企业IT规划时,必须有最高管理层人员参与。

【应用案例9-2】

如何实施"一把手原则"

媒体报道,为"灌输"管理信息化的最新理念和推进IT应用,山东烟台万华CIO陈春鸿要求董事长丁建生写保证书:从6月1日起,丁建生保证每周抽出一个晚上,从19点到23点听陈春鸿讲企业管理信息化,并由总经理秘书颜连学负责监督;如果遇到出差,由颜连学安排周末补课,不得以工作忙等理由缺课。

可以通过回答并仔细分析下列问题来考察企业是否具备了信息化战略规划的条件。

- 是否已经意识到持续加强信息化建设,借以提高核心竞争力的紧迫性?
- 企业领导层高度重视并全力支持推进信息化应用吗?
- 企业上下是否具有利用先进的IT与工具的强烈愿望和意识?
- 机构或企业是否拥有推进信息化建设的必要的财力、物力的储备?
- IT部门的地位如何?是否已经得到其他部门的比较好的认同和合作支持?
- 是否拥有一支高素质、可靠的IT人才队伍?
- 对于ISP的内涵、目标、范围、原则等是否已有深入的了解和认识?

- 是否已经为未来的ISP确定了合理的目标?
- 熟悉并能有效地应用ISP的各类方法、工具和流程吗?
- 对于ISP过程中将要遭遇的困难是否已有必要的思想准备和应对措施?

如果对某个问题回答是“否”,则说明在该方面还有许多工作需要改进。

9.4 企业信息化战略规划的典型方法

从信息系统发展的不同阶段来看,不同时期有不同的规划方法。

1. 电子数据处理(EDP)时期

此时期主要的IT规划方法有IBM的企业系统规划方法(Business System Planning,BSP)、King的战略集合转移法(Strategic Set Transformation,SST)、John Rockart(MIT)的关键成功因素法(Critical Success Factor,CSF)等。

这一时期规划的特点是:以数据处理为中心,强调运作层工作效率和数据处理效率,缺乏系统的观念以及对决策的支持。

2. 管理信息系统(MIS)和决策支持系统(DSS)时期

此时期主要的IT规划方法有James Martin的战略数据规划法、Holland公司的战略系统规划法、McFarlan的战略栅格法(Strategic Grid,SG)等。

这一时期规划的特点是:信息系统目标的定位是被动地服务于组织战略,IT规划与组织战略脱钩;很少得到高层管理者的关注。

3. 战略信息系统(SIS)时期

此时期主要的IT规划方法有Port的价值链分析法(Value Chain Analysis,VCA)、Ives & Learmonth的客户资源生命周期法(Customer Resources Life Circle,CRLC)等。

这一时期规划的特点是:将组织外部环境作为一个要件加以考虑,并融入信息系统的战略规划过程之中,借以获得潜在的竞争优势。

本书主要介绍企业系统规划法和战略数据规划法。

9.4.1 企业系统规划方法

企业系统规划方法(Business Systems Planning,BSP)是由IBM公司在20世纪70年代提出的指导企业IT规划的方法之一。它将信息作为企业的一种资源,在整个企业范围内进行规划。其特点是:信息结构的设计独立于企业的组织机构,使企业信息系统对市场环境的变更具有较强的适应性。即使企业的机构或管理体制改变,信息系统的结构体系也不会大变。

BSP方法是将企业目标转化为信息系统战略的全过程。先用自顶向下的分析方法去确定企业各层次的子系统,再用自底向上的设计方法去实现这些子系统。

1. BSP 概述

企业的信息系统必须支持企业的战略目标。BSP 方法是一个将企业战略目标转化成信息系统的战略目标的全过程，是为企业制定一个信息系统的总体规划。因此，实行 BSP 方法的前提是企业要将其长期目标制定出来，实质上，要对企业各不同管理层次（战略计划层、管理控制层、操作控制层）的信息需求、管理策略进行计划和控制。

BSP 方法的出发点是，将数据看作为一种资源在信息系统中进行统一管理，而不是由各个部门局部控制，由一个企业各部门可共享的数据中心来实现数据对企业的全面性价值。企业必须确定数据一致性的定义，以及数据安全性策略和规划。保证信息系统为企业提供一致性信息。

BSP 方法的优点是采用了企业过程的概念，企业过程是指企业资源管理中所需要的、逻辑上相关的一组决策和活动。过程只与产品和服务有关，与企业机构和组织结构无关。BSP 方法实际上将信息系统结构设计与企业组织机构分离，从而使信息系统在企业发展中，具有强有力的适应性，只要产品和服务不变，企业过程的逻辑定义也不变。用这样方法规划的信息系统其生命周期会得到延长。

BSP 方法的思路核心是：先自顶向下地分析企业目标，划分定义逻辑过程，并对数据分析、汇集，最终分成若干个子系统，再对子系统自下而上地分步实现。使企业可以按系统进行分步建设，既有全局战略规划，又能按企业重点、资金状况逐步实现。

2. BSP 的基本原则

进行 BSP 研究时，必须遵循以下原则：

(1) 信息系统必须支持企业的战略目标。BSP 本身就是一个将企业的战略规划转化为信息系统战略的过程。

(2) 信息系统战略应当表达出企业的各个管理层次的需求。包括战略计划层、管理控制层、操作控制层。

(3) 信息系统应该向整个企业提供一致的信息。信息的不一致性，源于“自下而上”的开发数据处理系统的做法。因此应该按照自顶向下的方法进行数据的分析。

(4) 信息系统应该适应组织机构和管理体制的改变。

(5) 信息系统战略规划一定由总体信息系统结构中的子系统开始实现。

3. BSP 的目标

BSP 的主要目标是提供一个 IT 规划，支持企业短期的和长期的信息需要。其具体目标有：

(1) 确定信息系统的优先顺序（产品和服务的优先），不考虑管理部门局部的主观利益。

(2) 基于企业业务活动而不是组织机构来建设信息系统，从而增强信息系统的适应性，使信息系统的生命周期得以延长。

(3) 数据作为企业资源来管理。

(4) 增加信息系统高收效的实施，高层领导必须参与。

(5) 用户优先的信息系统管理原则，改善企业与用户间关系。

BSP方法创造了一种环境和初步行动计划，保护企业投资，使企业在信息化道路上不会发生重大失误。

4. BSP方法的研究步骤

BSP的主要研究流程如图9-9所示。

（1）研究开始阶段。对于企业目标、范围、应交付报告等内容，必须得到最高领导的同意，避免事后产生分歧。另外，要通过介绍使研究小组成员对目前企业数据处理的状况和存在的问题进行深入了解。虽然规划是关于未来的发展蓝图，但是准确地表述、深入地分析、严密地考察现状是需求分析的前提，更是一切规划的良好开端。

（2）定义企业过程。企业过程是指企业资源管理中所需要的、逻辑上相关的一组决策和活动。通过定义企业过程，确定信息总体结构，分析问题，识别数据类。

（3）定义数据类。数据类是指支持企业所必要的逻辑上相关的数据，即数据按逻辑相关性归类。

（4）分析现行系统。对目前存在的组织、企业过程、数据处理和数据文件进行分析，发现不足和冗余，明确责任，并进一步增进对企业过程的理解。

（5）确定管理部门对系统的要求。

（6）提出判断和结论。

（7）定义信息总体结构。信息总体结构刻画出未来的信息系统和相应的数据，使系统和它们产生的数据结构化和条理化。

（8）确定总体结构中的优先顺序。即根据确定的准则评定总体结构中子系统的重要性，并依此决定系统和数据库开发的优先顺序。

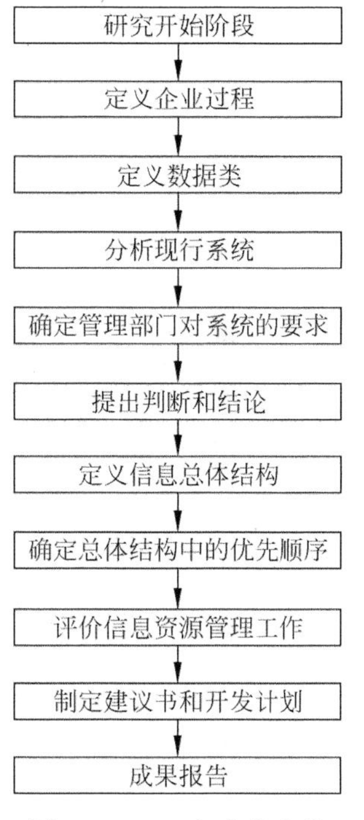

图9-9 BSP方法的流程

（9）评价信息资源管理工作。

（10）制定建议书和开发计划。

（11）成果报告。

9.4.2 战略数据规划方法

1. 战略数据规划方法概述

信息系统是一项大的系统工程，也是企业的一项重要建设任务。著名学者James Martin早在《战略数据规划方法学》一书中就指出：信息对企业来说是具有极高价值的资源，对资源的开发，需要总体规划，而且这个规划还迫切需要一整套形式化、计算机化的方法学。

战略数据规划的核心思想是：企业信息系统应以数据为中心，数据是稳定的，而数据处理是多变的。通过主题数据库的建立，适应业务过程的变化。自顶向下的信息资源规划和自底向上的详细的数据库设计结合。

“三分技术、七分管理、十二分数据”是很多从事系统开发的人总结出来的一条实际工作经验。“十二分数据”不是只把书面资料简单数字化。威廉·德雷尔有句名言：“没有卓越的数据管理，就没有成功高效的数据处理，更无法建立整个企业的计算机信息系统。”

战略数据规划对信息系统开发的必要性可归纳为：

(1) 信息是企业的重要资源，只有通过规划和开发信息资源才能使它为企业增值发挥高效益。信息资源蕴涵在企业的各个层次、部门中，它与内外有大量交换和共享，对数据的收集、存储、加工、使用，这绝非某个局部所能解决的，必须由最高领导层全局规划，将当今所用及未来所用信息进行统筹考虑。才能使信息系统既能共享，又能长期为企业服务。首先在总体规划中，对大量共享的数据进行科学合理的定义。整个系统信息的一致性才能保证，数据作为共用资源才能发挥其重要的作用。

(2) 信息系统由许多子系统组成，各系统能协调工作，避免大量的成本高昂的相互转化工作，也必须有一个总体规划作指导，使各独立的子系统能协调工作，并使系统的今后维护尽可能简单省事，从而降低系统的大量维护成本。

(3) 总体战略规划主要能对企业的人力、物力、资金、时间进行合理安排，保证信息系统顺利开发，整个工程也是分阶段、分次序地进行，对每个阶段的人力、资金、物力的调配，都必须由总体战略规划完成。

总之，战略数据规划是信息系统必须做好的第一关，它主要完成一个不受技术变化影响的稳定的数据模型。依据此模型，信息系统可为企业建立公用数据库并展开各项应用开发。

战略数据规划的目的是：通过总体数据规划建立起结构稳定、信息丰富、更新及时的共享数据库。战略数据规划的实质就是运用信息组织技术，将企业多年来所积累的结构不合理、数据冗余混乱的数据库进行规范化的重组织工作，从而取消或极大地减少数据接口，实现基于高档次数据环境的系统集成。

James Martin 对信息系统开发的战略主要强调几个方面：

(1) 必须有最高管理层人员和用户的参与。

(2) 自顶向下的规划与局部设计结合。自顶向下的信息资源规划和详细的数据库设计是建立计算机信息系统的两个重要组成部分。规划给出整个信息系统的框架，数据库设计在它的指导下详细实现。自顶向下规划的主要目标是保证系统信息的一致性，由于企业的许多应用系统，在不同时间开发，应用在不同方面。历史原因常造成企业自身的信息数据不一致，如要保留原有数据资源的共享，数据的一致性成为系统效率和正确运行的关键。

(3) 通过对企业主题数据库的规划，提高数据处理的生产率。

(4) 公司的政策。信息系统是建立在整个企业信息数据共享的观念上，这会产生来自用户及各层管理人员的抵触。因此，在企业中必须做出相应的政策，有时还需调整机构，使信息系统的实施排除人为因素的阻碍。

(5) 信息按“工程”规范化。James Martin 指出，信息工程要以数据为中心，并保证在数据类型和结构的相对稳定前提下，使数据处理灵活可变，以达到管理不断变化的需求。

2. 战略数据规划的步骤

整个战略数据规划的步骤可分成 5 大步骤进行。

1）建立企业模型

企业模型(Business Model)的建立是完成企业业务活动的结构图。企业模型是指企业管理职能的表示。企业模型是采用"职能-业务过程-业务活动"这样的三层结构建立的。

职能层。职能(Function)是对企业中的一些主要业务活动领域的抽象,而不是现有机构部门的简单对应。例如,某制造厂的职能有经营计划、财务、产品计划、材料、生产计划、生产、销售、配送、会计、人事等。

业务过程层。每个职能都含有若干个业务过程(Process),如"材料"职能包括材料需求、采购、进货、库存管理、质量管理这5个业务过程。

业务活动层。每个业务过程都包含若干个业务活动(Activity),如"采购"业务过程包括提出采购申请单、选择供应商等业务活动。它们是基本的、不能再分解的业务单元。

2）明确企业的边界

企业的边界对中小企业都比较容易明确；但对于大型企业,自顶向下规划的范围很大,会涉及几个独立的单位,而且信息资源可能相互交叉在几个独立单位。在这种情况下,企业边界可以让各个独立单位先进行规划,然后对它们集中管理,从而明确整个企业的边界。

3）建立企业业务活动过程

按企业模型的职能范围,详细确定业务活动过程,这对以后数据库的设计和实施有指导性的作用。

4）确定实体与活动

这步工作要由规划小组与用户密切配合来完成,实体分析也要求高级管理人员的参与,对实体选择确定得好,与高级管理人员的素质有密切关系。实体活动的划分也是使信息系统变成易于计算机处理的一个过程。

5）对规划结果进行审查

规划结果应由各职能管理人员和用户分析员进一步的审核,要经过多次的反复,并与BSP研究结合。必须保持规划与方法研究变化的一致和同步,因此,规划本身最好在计算机的一些辅助工具下进行,使自顶向下的规划能及时得到更新和改进。

3. 主题数据库

主题数据库(Subject Database)与组织机构的业务主题有关而不是与传统的计算机应用项目有关。有些应用项目可以使用多个主题数据库,一个主题数据库也可以为多个应用项目提供数据。

信息系统的最终目标是使信息资源获得最有效的利用,也就是使信息达到共享。但是由于历史原因,许多应用系统都是分散独立开发,这使得在当今网络时代,要实现信息共享,是非常困难的。数据库本来为解决数据的共享而产生,但现在多数是单一的应用数据库,由于数据结构不同而使数据和共享出现了维护成本极高的危机。

从数据库的应用历史来看,有两类数据库,即主题数据库和应用数据库。主题数据库是按企业业务主题来建立数据库,应用数据库按应用项目来建立。主题数据库是根据管理要求,将信息按主题进行分类,然后分别对每一个主题定义数据库。在这方面目前还没有一套形式化的方法,主题库应包括哪些数据也都是战略规划的难点,但有一点是公认的：主题数据库是建立信息系统稳定数据的基础。

主题数据库应设计得尽可能稳定，使其能在较长时期内为企业的信息资源提供稳定的服务。稳定并不意味着主题数据库永不发生变化，而是指主题数据库发生的变化具有这样的性质：它们使得老的应用项目不需要改写仍然可以工作。

本章要点回顾

企业信息化战略是企业战略是有机组织部分，是关于信息功能的目标及其实现的总体谋划。企业信息化战略的目标集必须与企业战略一致，而这两种战略的一致性匹配是一个持续适应和不断变化的过程，企业战略和企业信息化战略要根据企业内、外环境情况相互间要不断调整。

企业信息化战略规划的内容包括信息系统战略规划、业务流程规划、信息系统总体结构规划、项目实施与资源分配规划。其典型方法有 BSP 方法和战略数据规划法。

习　题　9

1. 名词解释

企业信息化战略、企业系统规划(BSP)、企业过程、数据类、主题数据库

2. 简答题

(1) 简述企业战略与企业信息化战略的关系。

(2) 简述企业信息化战略的主要内容。

(3) 企业信息化战略规划为什么需要高层领导的参与?

(4) 简述 BSP 方法的主要步骤。

(5) 简述战略数据规划的步骤。

(6) 主题数据库和应用数据库有何区别与联系?

3. 分析题

为行业制定最好的 IT 战略。将表 9-2 中的工具与行业匹配起来。每种工具都能匹配一个以上的行业，对于每种搭配，写出至少一条匹配的原因。

表 9-2　不同行业的 IT 战略

行业 工具	医疗	金融	卫生保健	零售	信息技术与电信业	运输	Dot-com	娱乐与出版	制造
削弱购买者能力									
削弱供应者能力									
增加转换成本									
增加行业壁垒									
转换到成本导向战略									
转换到差别战略									
转换到焦点式战略									
加强增加价值活动									
减弱减少价值活动									

第10章

企业信息化决策

【内容概要】

每个企业都必须处理与企业信息化相关的IT决策问题，如IT原则、IT架构、IT基础设施、商业应用需求、IT投资和优先顺序等。目前企业在引入和利用信息技术方面还存在很多问题。除了很少从企业战略的高度管理IT，盲目引入信息技术之外，另一个突出的问题是，对于企业信息化的具体决策问题，例如，如何考察和选择IT项目、如何选择合作伙伴、如何规避IT风险等问题没有一套科学的方法，往往会造成决策失误。因此，本章主要从企业信息化具体决策的角度阐述了企业信息化建设中诸如企业信息化建设风险评估、企业IT选型决策、企业IT外包决策等几个关键方面的有关问题。

【引导案例】

中国零售业的IT外包

目前IT服务市场上主要有支持服务、集成服务、IT咨询、IT外包这4个层面。IT外包又分基础设施外包、应用管理外包和业务流程外包。而像IBM和惠普等公司都将重点放在技术设施外包项目上，但效果不是很好，IBM开始改变策略，将目光转向与企业业务特别是非核心相关的外包服务项目上。应用管理服务与传统基础设施外包相比有一个明显的优势是：单个合同涉及的金额比较小，比较适合中国的中小企业。

2005年1月，百安居中国公司与IBM签署协议，由IBM向百安居提供SAP应用管理外包服务。中国零售业第一个应用管理外包服务合同表明了IT外包服务从基础设施服务向帮助客户实现业务转型服务延伸的趋势。随着业务与IT联系得越来越紧密，企业在选择外包供应商时已经开始关注供应商在业务上的咨询能力和整合能力及能否为企业建立可即时响应的业务系统。百安居中国总裁表示，“我们只做自己擅长的事情，而把并不擅长但同样重要的事情交给别人去做。百安居在中国是第一个把日常信息支持、服务外包给第三方的零售机构。”

此后的4月，全球最大餐饮集团百胜餐饮集团与IBM签署了“餐厅IT系统安装及支持协议”，而几乎同一时间，在联华超市与IBM以及台湾特力集团联手打造联华新供应链管理体系的合同中，联华采用了最新的外包服务模式——AMS。AMS是IBM应用管理服务，包括：制定和实施客户所需要的流程及程序；协助客户监测系统表现，改良应用环境；执行和跟进对企业应用系统所作的变更、管理数据库；高效管理工作成果；拥有遍布全国的数据支持系统。

尽管我国企业采用IT外包服务的例子还屈指可数，但业内专家分析，越来越多的外资零售企业的进入，正在逐渐改变我国零售企业的观念，更多的企业将理解并接受IT外包，学会去牢牢抓住自己的核心竞争力，尝试采用既减少投入又降低开发周期的外包服务方式。而IDC的研究报告也显示，零售企业IT部门的角色正在逐步进行调整，其职责也从单纯的维护拓展到采集信息、处理并分析信息等。

10.1 企业IT决策概述

决策是为了实现一个特定的目标，运用科学的理论和方法，系统地分析主客观条件，在掌握大量相关信息的基础上，提出若干预选方案，并从中选出作为人们行动纲领的最佳方案。

大量实例表明，IT决策失误是导致项目失败，导致企业陷入“信息化黑洞”的一个重要原因。

企业IT决策的5个基本问题如表10-1所示。

表10-1 企业IT决策的5个基本问题

<table>
<tr><td colspan="3">IT原则的决策
高层关于企业如何使用IT的陈述</td></tr>
<tr><td rowspan="2">IT架构决策
组织从一系列政策、关系以及技术选择中捕获的数据、应用和基础设施的逻辑，以达到预期的商业、技术的标准化和一体化</td><td>IT基础设施决策
集中协调、共享IT服务可以给企业的IT能力提供基础</td><td rowspan="2">IT投资和优先顺序决策
关于应该在IT的哪些方面投资以及投资多少的决策。包括项目的审批和论证技术</td></tr>
<tr><td>业务应用需求决策
为购买或内部开发IT应用确定业务需求</td></tr>
</table>

10.1.1 IT原则的决策

IT原则阐述了企业的IT目标，是所有其他决策的行动方向。研究表明，从IT上获得较高的商业价值的企业都有精练的、明确的IT原则。IT原则是由企业的业务战略导出的。

【应用案例10-1】

美德维实伟克公司是一家从事造纸、包装、办公用品以及化学用品生产的大型制造公司。其IT原则就是由公司的业务原则导出的。

该公司的业务原则是：

- 支持规模经济。
- 在所有适合的地方都采用标准的流程和技术。
- 使用共有的工具和保持业务的多样性(一个ERP系统)。
- 控制成本和保持运作效率。
- 对协商的业务需求的联盟和响应。

根据上述业务原则，制定了相应的IT原则：

- 设定最低总成本。
- 强调构架的完整性。
- 统一的灵活的基础设施。
- 对新应用的快速部署。
- 可测的、改进的、可沟通的价值和响应。
- 提倡使用一致的架构。
- 利用行业标准。
- 在购买之前先考虑复用，在建造之前先考虑购买。
- 把IT当作一项投资来管理。

10.1.2 IT架构决策

IT架构决策把IT原则转化为整合和标准化的需求，然后描绘出技术路线图以提供所需的能力。

流程一体化和数据标准化决定了IT的能力，是对企业架构特性的定义。流程一体化的关键是数据标准化。数据标准化即为每个数据元素提供唯一的定义和特征集。

企业架构将数据和基础设施定义为一个稳定的平台，支持多变的应用。业务需求在不断变化，因而要求企业架构必须具有一定的柔性。只要企业不改变其基本使命，其架构所定义的基础设施就能够支持其业务应用。

10.1.3 IT基础设施决策

IT基础设施是所有业务规划的有效IT能力的基础，是可共享的、可靠的服务，可用于多个应用。IT基础设施创建了企业所需的IT能力，IT基础设施决策是从原则、架构、投资标准自上而下做出的。

一方面，对基础设施的过度投资或采取了错误的基础设施，将会导致资源的浪费、工期延误，以及系统与商业伙伴的系统不兼容；但是，另一方面，对基础设施投资不足则会导致为赶工期而匆忙实施，并产生信息孤岛。信息孤岛可以满足局部的需求，但不能实现跨企业的资源整合，会限制信息资源和IT资源的共享。通常，一个典型的企业其IT基础设施应占IT总投资的55%左右。

IT基础设施包括3个层次的内容，从低到高依次是：信息技术组件、共享的信息技术服务、共享的和标准的IT应用。

信息技术组件包括计算机、打印机、扫描仪、操作系统、数据库管理系统等通用的软硬件商品。可共享的信息技术服务包括无线通信服务、高性能计算服务、共享的客户数据库的管理以及企业内联网等，这些服务可以由企业自身来提供，也可以由IBM全球服务部、惠普公司等外包服务商来提供。共享的和标准的IT应用是所有业务职能部门都需要的标准应用软件，这些标准的、可共享的应用称为基础设施应用软件，包括企业资源规划系统(ERP)、客户关系管理系统(CRM)、供应链管理系统(SCM)以及支持共享服务的功能系统，如会计、人力资源管理等。基础设施应用软件比本地应用软件要稳定得多，一般不会频繁发生改变。

10.1.4 业务应用需求决策

业务应用需求确定了IT应用程序的需求，并产生了新的基础设施需求。业务应用需求的决策包括识别核心流程以及确定改变哪些流程和系统可以给企业带来更大的利益。

10.1.5 IT投资和优先顺序决策

IT投资和优先顺序决策负责配置资源，把原则转化为实际应用系统。

IT投资同任何其他投资一样，要么得到丰厚的回报，要么就是失败。所不同的是对于IT来说，这个过程更为迅速。IT投资决策往往是5个关键IT决策中最有争议的。在IT方面实现了较大价值的企业通常都是把投资集中在战略优先点上，并且能够认清哪些是"必须具备"的IT能力，哪些只是"具备的话会更好"的IT能力。

IT投资决策需要处理3个问题：花多少钱？把钱花在什么上面？如何协调不同投资者的需求？

并不存在一个通用的方法可以使决策者对"在IT上花多少钱"的问题做出正确的决策。行业标杆可以作为一个参考，但明智的决策者会根据企业的具体情况，将注意力集中在IT所扮演的战略角色上，建立能够使技术达到其目标的企业级投资标准。不同的投资标准反映了IT不同的战略角色。例如，UPS和联邦快递都报告说他们每年在IT上的投资是10亿美元左右，UPS的战略焦点是在一致性和可靠性的前提下提高业务服务效率；而联邦快递则依靠IT为特殊用户需求提供特别的服务。尽管二者的企业战略和切入点不同，但都是成功的，因为两个企业都将自己的投资标准和战略进行了良好的匹配。

如何分配IT投资？一般的做法是将企业的IT投资看作是一种投资组合。投资组合管理使决策者将其投资组合同企业的战略密切联系起来，并在风险和收益间找到平衡。IT投资组合的方法之一是列出4种不同的IT资产类别，每一类都支持一种不同的管理目标：战略层的（为了获得竞争优势）、信息层的（为了提供信息）、事务层的（为了降低成本）和基础设施层的（为了提供共享服务）。将企业每年的IT投资划分为4类为战略分析提供了便利。风险是任何商业投资决策的固有特征，IT投资也不例外。IT投资面临4种风险：市场风险、财务风险、组织风险和技术风险。

协调不同投资者的需求即协调IT投资和战略优先顺序。成功的IT投资流程最关键的特征就是要确保企业IT投资可以反映出战略优先顺序。投资流程必须协调企业局部需求与企业全局需求之间的关系。

每项IT决策都是非常复杂和困难的。表10-2列举了一些决策的关键问题。

表 10-2　IT 决策的关键问题

IT 原则	企业的运营模式是什么？ IT 在业务中的角色是什么？ IT 期望行为是什么？ 如何资助 IT？
IT 架构	企业的核心业务流程是什么？它们之间存在什么关系？ 哪些信息在驱动着这些核心流程？数据必须如何整合？ 哪些技术性能应在企业范围内标准化，以支持 IT 效率，方便流程标准化和整合？ 哪些行为应在企业范围内标准化以支持数据整合？ 哪些技术选择能够指引企业 IT 新计划的方法？
IT 基础设施	哪些基础设施对实现企业的战略目标是最关键的？ 对于每个能力集，哪些基础设施服务应在企业级实现，这些服务的水平需求是什么？ 应当如何定价基础设施服务？ 如何保持基础技术的不断更新？ 哪些基础设施服务应当外包？
业务应用需求	新业务应用的市场和业务流程机会是什么？ 如何评估业务应用成功与否？ 如何在架构标准上满足业务需求？应当在什么时候将一个业务需求从例外转换为标准？ 谁拥有每个项目的成果并且发起组织变革以确保其价值？
IT 投资和优先顺序	哪些流程变革或者强化对企业来说在战略上是最为重要的？ 当前的以及在提议中的 IT 投资组合是如何分配的？这些投资组合同企业的战略目标一致吗？ 企业级的投资相对于业务单位的投资哪个更重要？实际投资情况会影响它们的相对重要性吗？

10.2　企业 IT 选型决策

10.2.1　企业 IT 选型的概念和原则

IT 选型是指用户在决定实施 IT 项目后，基于企业 IT 战略和 IT 规划，结合 IT 项目的投入预算，对市场上相关 IT 产品和供应商进行调查、比较、分析和评估，最后选择其中最适合企业自身需求和特点的 IT 产品和服务的过程。

IT 选型是 IT 项目中最直观的工作，但它绝不仅仅是一个简单的购置软件、硬件产品的过程，而是企业 IT 项目建设至关重要的一个环节，它包含了系统规划、系统实施与二次开发、培训、系统维护与升级、系统应用管理等众多环节的复杂项目管理过程。因此，IT 选型必须从 IT 项目建设的整体性出发，进行综合考虑。

选型过程是需求分析与供应商及其产品相匹配的过程，同时也是需求进一步明确的过程。IT 选型是一项极其复杂的工作，具体表现在技术本身的复杂性、软件厂商的复杂性、集成的复杂性等方面。

IT 选型必须遵循如下原则：

(1) IT 选型的前提是必须具有明确的信息化战略和完整的 IT 规划。

(2) IT 选型需要考虑 IT 项目预算，不同的预算约束会对 IT 选型的范围和方向产生重要影响。

(3) IT 选型的主要工作是对市场上主要相关产品及其供应商做调查分析和比较，在综合各种关键指标的基础上进行决策。

(4) IT 选型的核心要素必须适合用户的需求和特点，包括经济性、技术先进性、稳定性、可扩展性、安全性、针对性等。

10.2.2 企业 IT 选型的步骤

IT 选型应遵循如下步骤：

(1) IT 选型前的准备工作。包括成立项目选型小组、聘请 IT 咨询商帮助、确定项目目标、拟定预算、确定项目建设模式(外包还是自行开发)。

(2) 供应商及其相关产品调研。包括供应商初选、发送需求建议书。

(3) 对供应商及其相关产品进行权衡评估。包括方案建议书评估、系统演示。

(4) 定向考察、商业性洽谈和签约。包括联系供应商的典型客户、拜访供应商及其典型客户、供应商调整方案、最后决策。

10.2.3 企业 IT 项目建设模式的选择

IT 项目建设模式有 4 种：自主开发方式、委托开发方式、联合开发方式、购置软件包。

1. 自主开发方式

自主开发方式是指由企业内部的信息技术专门人员开发系统。由于企业内部人员比较熟悉企业的业务流程，能够真正把握企业的需求，所以可开发出满意度较高的信息系统。但是，由于开发人员的专业性不强，没有接受过专业化工程的训练，所以开发出的系统可能不够优化。该方式适用于有较强的系统分析与设计队伍的企业。

自主开发方式的优点是：开发费用低；开发的系统能够适应本企业的实际需求，用户满意度高；系统维护工作方便。其缺点是：由于专业化程度不够，开发的系统不够优化；开发周期长；人员调动会影响到系统的维护工作。

2. 委托开发方式

委托开发方式是指聘请专业的开发公司为企业建设信息化项目，但是开发过程中，需要企业的业务骨干参与系统的调研、分析、论证工作。委托开发的一个关键问题是要解决技术人员与企业的业务人员之间的沟通。委托开发方式适用于无系统开发人员或开发队伍力量薄弱，但资金较为充足的企业。

委托开发方式的进一步发展就是 IT 外包。委托开发多是进行一次性的项目开发，而 IT 外包则有可能是一个长期的项目合同，因为有些外包需要外包商负责 IT 系统的日常管理和维护。

委托开发方式的优点是：省时省力，开发的系统技术水平较高。其缺点是：费用高，维护困难，系统维护需要开发单位的长期支持。

3. 联合开发方式

如果企业自主开发有一定的困难，但又有一定的 IT 专业人员，可以采取联合开发的方式。联合开发方式是聘请专业开发公司的技术人员，但在开发过程中本企业的信息技术人员也应参与其中。联合开发方式适用于企业有一定的系统分析、设计及软件开发人员，但开发力量较弱，希望通过合作开发提高自己开发队伍的水平，便于系统维护工作的企业。

联合开发方式的优点是：节约了资金，有利于培养、增强本企业技术力量，便于日后的系统维护工作。其缺点是：易出现沟通问题，需要开发双方有很好的沟通机制。

4. 购置软件包

当前，专业信息系统公司针对某些业务开发出了大量功能强大的信息系统软件，企业可以根据自身的需求和实际情况进行购买。该方式适用于通用性较强的业务，如财务管理。其优点是：省时，费用低，系统专业化程度和技术水平较高。其缺点是：软件专用性(针对性)差，不一定能完全符合本企业的实际需求，尤其是购置国外软件公司的产品由于管理模式、业务流程等有较大的不同，会出现“水土不服”的现象，针对这种问题，有可能需要进行二次开发；与其他系统的接口需要进一步完善。

表 10-3 对 4 种开发方式做了简单的比较。

表 10-3　4 种开发方式的比较

特点比较 \ 方式	委托开发	独立开发	联合开发	购买现成软件
分析设计能力的要求	一般	较高	逐渐培养	较低
编程能力的要求	不需要	较高	需要	较低
系统维护难易程度	较困难	容易	较容易	较困难
开发费用	多	少	较少	较少
说明	最省事，开发费用高。必须配备精通业务的人员，需要经常进行监督，检查和协调	开发时间较长，但可得到适合本企业的系统，并培养了自己的系统开发人员。该方式需要强有力的领导并进行一定的咨询活动	通常在具有一定编程力量的基础上进行联合开发，合作方有培训义务且成果共享。双方的沟通非常重要	要有鉴别与校验软件包功能及适应条件的能力。即使完全符合本企业业务处理要求，仍需编制一定的接口软件

可以针对企业的实际需求和企业的规模、资金条件、信息化建设队伍的实际情况，结合每种方式的特点来选择开发方式。就国内目前的情况来看，联合开发方式是主流，外包是未来发展的趋势。但无论选择哪种方式，引入第三方IT咨询机构来帮助企业进行系统规划、项目管理以及建立系统应用管理机制都将是比较明智的举措。

10.2.4 系统选型决策

1. 综合评价的体系框架

任何一个评价体系(见图10-1)都要解决"谁评价？评价什么？如何评价?"的问题，"谁评价"，即评价主体，指发起评价的人或组织。"评价什么"，即评价客体，指被评价对象。"如何评价"是指在评价目标的指导下，按照评价思路和一定的评价步骤，建立评价模型(包括评价方法、评价基准、评价指标、评价数据)，并运用评价模型对评价客体进行评价，最后得到评价结果。

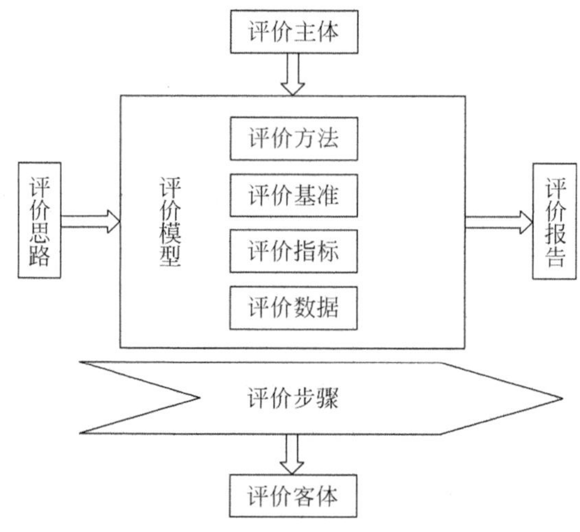

图10-1 综合评价体系结构

综合评价即对评价对象的全体，根据所给的条件，采用一定的方法，给每个评价对象赋予一个评价值，再据此择优或排序。综合评价的目的是希望能对若干对象，按一定意义进行排序，从中挑出最优或最劣的对象，对于每个对象，通过综合评价和比较，可以找到自身的差距，也便于及时采取措施，进行改进。

综合评价方法是一个多学科边缘交叉、相互渗透的新兴研究领域。评价的依据是指标，但一般影响评价事物的因素是错综复杂的，因此需要将反映评价事物的多项指标的信息汇集起来，才能得到一个综合指标，以反映被评价事物的整体情况，这就是多指标综合评价方法。评价工作不仅要考虑结构化、定量化的因素，还要考虑大量的非结构化、半结构化、模糊性、灰色性的因素。评价是为了决策，而决策需要评价。

构成综合评价问题主要有7个构成要素。

(1) 评价目的：即要明确为什么要进行综合评价，评价事物的哪一方面以及评价精度等。

(2) 被评价对象：通常是同类事物(横向)或同一事物在不同时期的表现(纵向)。

(3) 评价者：评价者可以是某个人(专家)或某个团体(专家小组)，由其确定评价目的、评价对象，设计评价指标并确定指标权重系数，建立评价模型等。

(4) 评价指标：是指根据研究的目的和对象，能够反映研究对象某一方面情况的特征依据。指标体系是指由一系列相互联系的指标所构成的整体，它能够综合反映出被评价对象的各方面情况。

(5) 权重系数：简称权重，代表指标对总目标的贡献程度。当被评价对象及评价指标确定时，综合评价的结果依赖于权重系数。因此，综合评价结果的可信程度取决于权重系数的确定是否合理。

(6) 综合评价模型：通过数学模型将多个指标值“合成”为一个整体性的综合评价值，所应用的“合成”方法因评价目的和被评价对象的特点而异。

(7) 评价结果：输出评价结果、解释其含义，并依据评价结果进行决策。

综合评价主要有两个功能：一是通过排序评出先进和落后，为决策提供依据；二是通过总排序和各层单排序与基础指标的联系，找出被评价对象的优势及弱点，揭示存在的问题。

2. 决策目标和约束条件

企业管理信息系统选型的决策目标是针对企业经营管理的特点，考虑企业发展和系统集成的需要，选择性价比最高的管理信息系统软件。决策目标包括以下3个方面：

(1) 满足企业战略的需要。

(2) 满足企业经营管理现实的需要。

(3) 满足系统集成的需要。

选型的约束条件包括：

(1) 资金约束。

(2) 技术约束。

(3) 服务约束。

(4) 实施历史约束。

3. 建立选型评估指标体系的原则

指标是说明研究对象数量特征的概念及其数量表现，由指标名称和指标数值两个基本要素构成。指标应该是具体的、可测的和可操作的。由于评价研究的对象往往是一个具有多因素、多层次的整体，并且各个因素之间存在着复杂的关系，单个指标只能反映对象某一方面的特征，所以，必须建立由若干个相互联系的指标组成的指标群，即指标体系。

指标体系的建立是进行预测或评价的基础。指标体系的构建是指将抽象的研究对象按照其本质属性和特征的某一方面标识分解成为具有可操作的层次结构，并对指标体系中的每一个指标赋予相应的权重的过程。它是一个由“具体—抽象—具体”的辩证逻辑思维的过程，是人们对研究对象总体特征的认识逐步深化、完善和系统化的过程。完整的指标体系包含单个指标、层次、结构和指标权重。

由于管理需求的多样性、被评价对象的复杂性、评价主体的价值观各异等，使得指标体系的构建存在着很多问题，例如指标冗余、指标的不可控性、指标属性偏好等。为避免出现这些问题，评价指标体系的建立应符合如下原则：

(1) 全面性。所选择的指标应能够涵盖旅行社信息化的各个因素，并且在保证评价目标可实现的条件下，尽量简化指标体系。

(2) 科学性。主要体现在理论和实践相结合，以及所采用的科学方法等方面。无论采用什么样的定性、定量方法，还是建立什么样的模型，对指标的描述都必须是客观的。

(3) 独立性。评价对象必须用若干指标进行衡量，这些指标是互相联系和互相制约的。有的指标之间有横向联系，反映不同侧面的相互制约关系；有的指标之间有纵向关系，反映不同层次之间的包含关系。每个指标要内涵清晰、相对独立。同一层次的各指标应尽可能地不相互重叠。指标应能反映被评价对象的某方面特性。

(4) 可操作性。指标应符合客观实际水平，有稳定的数据来源，易于操作，有可测性。

(5) 可比性。指标应该在不同的时间或空间上具有可比性，只有具有可比性的指标，才能提供准确的比较信息资料，从而发挥指标体系的作用。

4. 系统解决方案的评估指标

- 系统功能。系统功能的判断主要依据该系统对客户业务需求的适应程度。如果客户的需求分析工作做得比较完善，每项功能需求点实际上就是评估指标。
- 供应商的服务水平。供应商的服务水平可以通过其分支机构的分布，技术支持人员的背景以及通过与其典型客户的沟通情况得出基本判断，并可在合同中进行约束。
- 报价。报价具有较大的灵活性，是选型过程中商务谈判的重点。
- 供应商实力。对供应商实力的判断主要依赖于两个方面：供应商的市场声誉以及现场拜访该供应商时了解的一些重要信息，尤其是经营业绩与财务信息。
- 系统技术特性和技术平台先进性。

5. 软件选型评估指标

可以参照表 10-4 对软件选型进行决策。

表 10-4 管理软件评测表

类别	评价指标
供应商资质与信誉	背景及可持续发展能力
	技术支持服务力量
	开发能力
	产品升级服务
软件功能及技术性能	功能完整性
	技术先进性
	软件开放性
	软件易用性
	软件安全性

续表

类　　别	评 价 指 标
软件的适应性	本行业应用情况
	功能需求匹配程度
	供应商行业解决方案
	本项目的项目建议书
实施服务能力与质量	业务流程设计能力
	实施方法论
	项目控制与管理能力
	实施服务内容与承诺
	本项目实施顾问水平
投入成本	软件使用许可费用
	实施费用
	系统年度运行维护费用
	系统软件及硬件费用

6. 综合评价方法的比较研究

评价方法按照评价与所使用信息特征的关系，可分为基于数据的评价、基于模型的评价、基于专家知识的评价以及基于数据、模型、专家知识的评价。根据各评价方法所依据的理论基础，可以分为4类。

- 专家评价法，如专家打分法。
- 运筹学与其他数学方法，如层次分析法、模糊综合评价法。
- 新型评价方法，如人工神经网络评价法。
- 混合方法，即将几种方法混合使用，如层次分析法与灰色综合评价法相结合，模糊神经网络法等。

1）专家打分法

专家打分法(Delphi)是出现较早且应用较广的一种评价方法，它是指通过匿名方式征询有关专家的意见，对专家意见进行统计、处理、分析和归纳，客观地综合多数专家的经验与主观判断，对大量难以采用技术方法进行定量分析的因素做出合理估算，经过多轮意见征询、反馈和调整后，对评价对象进行分析和评价的方法。

专家打分法的程序为：

(1) 选择专家。

(2) 根据评价对象的具体情况选定评价指标，对每个评价指标均定出评价等级，每个等级的标准用分值表示；设计征询意见表。

(3) 向专家提供背景资料，以匿名方式征询专家意见，确定各个指标的分值。

(4) 对专家意见进行分析汇总，将统计结果反馈给专家。

(5) 专家根据反馈结果修正自己的意见。

(6) 经过多轮匿名征询和意见反馈，用加法评分法、连乘评分法或加乘评分法求出评价对象的总分值，从而得出评价结果。

专家打分法的特点是：

- 简便。根据具体评价对象，确定恰当的评价项目，制定评价等级和标准。
- 直观性强。每个等级标准用打分的形式体现。
- 计算方法简单，且选择余地比较大。
- 将能够进行定量计算的和无法进行计算的评价项目都加以考虑。

2）层次分析法

层次分析法（The Analytic Hierarchy Process，AHP）是美国运筹学家 T. L. Satty 教授等人于 20 世纪 70 年代提出的一种实用的多方案或多目标的决策方法。其主要特征是：它合理地将定性与定量的决策结合起来，按照思维、心理的规律把决策过程层次化、数量化。该方法自 1982 年被介绍到我国以来，以其定性与定量相结合地处理各种决策因素的特点，及其系统灵活、简洁的优点，迅速在我国社会经济各个领域内，如能源系统分析、城市规划、经济管理、科研评价等，得到了广泛的重视和应用。层次分析法的基本思路是：先分解后综合的系统思想，整理和综合人们的主观判断，使定性分析与定量分析有机结合，实现定量化决策。首先将所要分析的问题层次化，根据问题的性质和总目标，将问题分解成不同的组成因素，按照因素间的相互关系及隶属关系，将因素按不同层次聚集组合，形成一个多层分析结构模型，最终归结为最低层（方案、措施、指标等）相对于最高层（总目标）相对重要程度的权值或相对优劣次序的问题。

层次分析法的主要步骤：

（1）建立系统的递阶层次结构。

（2）构造两两比较判断矩阵（正互反矩阵）。

（3）针对某一个标准，计算各备选元素的权重。

（4）计算当前一层元素关于总目标的排序权重。

（5）进行一致性检验。

用层次分析法进行决策，输入的信息主要是决策者的选择与判断，决策过程充分反映了决策者对决策问题的认识，因为这种方法比较容易掌握，所以使决策者和决策分析者之间的沟通也变得容易。但是，在运用层次分析法的过程中，无论是建立层次结构还是构造判断矩阵，人的主观判断、选择、偏好对结果的影响很大，如果所选的要素不合理，其含义混淆不清，或要素间的关系不正确，都会降低层次分析法结果的质量，一旦判断失误即造成决策失误。为保证递阶层次结构的合理性，需把握以下原则：分解简化问题时把握主要因素，不漏不多；注意相比较元素间的强度关系，相差太悬殊的要素不能在同一层次比较。

3）模糊综合评价法

模糊综合评价（Fuzzy Comprehensive Evaluation，FCE）是以模糊数学为基础，应用模糊关系合成的原理，对受多种因素影响的事物做出全面评价的一种十分有效的多因素决策方法。最早是由我国学者汪培庄提出的。模糊综合评价法的主要步骤为：先按每个因素单独评价，再按所有因素综合评价。

随着综合评价在经济、社会等大系统中的不断应用，由于问题层次结构的复杂性、多因素性、不确定性、信息不充分性以及人类思维的模糊性等矛盾的存在，使得人们难以客观地做出评价。该方法不仅可对评价对象按综合分值的大小进行评价和排序，还可根据模糊评价集上的值按最大隶属度原则去评定对象所属的等级，从而克服了传统数学方法结果单一的缺陷。而且这种方法简单易行。

模糊综合评价法的不足之处是：它不能解决评价指标相关造成的评价信息重复问题，隶属函数的确定还没有系统的方法；评价过程大量应用了人的主观判断。

4）人工神经网络评价法

人工神经网络是20世纪80年代后期迅速发展的一门新兴学科，是基于模仿人的大脑的结构和功能而构成的一种信息处理系统，英文缩写为ANN(Artificial Neural Network)。人工神经网络具有并行和分布式的信息处理网络结构，该网络结构一般由许多个神经元组成，每个神经元有一个单一的输出，它可以连接到很多其他神经元，其输入有多个连接通路，每个连接通路对应一个连接权系数。作为神经网络的基本单元，它简化和模拟了生物神经元，它的特性在某种程度上决定了神经网络的总体特性。

人工神经网络是一种交互式的评价方法，它可以根据用户期望的输出不断修改指标权重，直到用户满意为止。因此，从理论上说，运用人工神经网络评价方法得到的评价结果会更符合实际情况。

人工神经网络评价方法的缺点是：需要大量的训练样本，精度不够高，应用范围有限；评价算法复杂，人们只能借助计算机进行处理，这大大阻碍了它的应用。表10-5对几种典型的评价方法进行了比较。

表10-5　综合评价方法对比表

评价方法 对比项目	专家打分法	层次分析法	模糊综合评价法	人工神经网络法
主观/客观赋权	主观赋权	主观赋权	主观赋权	客观赋权
主要优点	简便、直观	定性分析与定量分析结合	解决判断模糊和不确定的问题	具有非线性关系数据的能力，弱化人为因素
主要缺点	理论性、系统性不强、主观性太强	评价过程的随意性和专家主观上的不确定性	因素权重的确定带有主观性	需大量训练样本，精度不高，无法解释权值
适用情况	人的定性判断起重要作用	人的定性判断起重要作用、对决策结果难以直接准确计量	模糊评价对象	需客观性强、问题求解效率高

10.3　企业IT外包决策

10.3.1　企业IT外包概述

1. IT外包概述

外包(Outsourcing)是指企业整合其外部最优秀的专业化资源，从而达到降低成本、提高效率、充分发挥自身核心竞争力和增强企业对环境的应变能力的一种管理模式。通俗地讲，外包就是将公司的一些重要但并非核心的业务职能交给外面的专家去做。最流行的外包服务形式包括IT外包、营销外包、人力资源管理外包、应收账款外包等。

IT 外包(IT Outsourcing)是将组织中与信息相关的活动,从企业其他业务中剥离出来,部分或全部交给组织外的信息服务提供者(Information Service Provider,ISP)来完成。IT外包的内容包括信息处理服务、业务流程支持、应用软件系统开发、网络系统建设、硬件设备选型与维护、IT 知识培训和企业信息化方案咨询等。

【应用案例 10-2】

IT 外包的发展历史

1962 年,美国 EDS 公司开创了最初的 IT 外包服务。由于当时很多企业客户负担不起昂贵的大型机系统,于是 EDS 公司的创始人便采用了“卖处理时间”的方式,即根据客户的信息处理要求所需的处理时间进行收费。

20 世纪 90 年代,由于软件成本大大增加,全球 IT 人才短缺等因素,引发了第 2 次 IT 外包浪潮。在这样的环境下,外来的供应商能够更好地配置 IT 资源,而且还可以解放企业,使其将精力集中在自己的核心业务上。

1990 年后,美国许多大公司开始将部分信息中心的功能实行外包。柯达公司成功地将其数据中心和通信网络外包给了 IBM、DEC 等机构来运作,成为当时影响最大的外包案例,也开创了 IT 外包的先河。当时柯达公司的 CIO 是一名高级经理而不是一名计算机专家,因此他的管理思维使他得以跳出计算机专家的固有模式,在 IT 外包方面采取了积极的态度,对以前被大中型企业认为细枝末节的 IT 外包问题给予了足够的重视。

目前,IT 外包在世界范围内正成为一种新的趋势,这种服务模式在许多国家已被普遍接受,尤其是在西方发达国家,大部分的中小企业均以 IT 服务外包形式实现了企业自身的信息化,在美国有 60%的企业正在享受专业 IT 外包服务带来的种种便利。越来越多的发展中国家的企业也已开始计划或正在考虑实施 IT 外包战略。人们已经清楚地认识到,IT 外包不再是公司管理中的一个短暂的时尚,而是传统的 IT 部门改革的前奏,IT 外包为网络经济下的组织结构变革提供了参考。

美国著名管理学家彼德德卢克曾预言:“任何企业中仅作为后台支持而不创造营业额的工作都应外包出去,任何不提供向高级发展的机会和活动、业务也应该采用外包的形式。”

2. IT 外包的内容

IT 外包的内容包括:

(1) IT 维护和管理的外包。

(2) 构建企业信息网。

(3) IT 知识培训。

(4) 日常技术维护。

(5) IT 行业信息咨询。

(6) 提供系统解决方案。

3. IT 外包的方式

IT 外包有如下 4 种方式:

(1) 整体外包。整体外包是指在外包双方同意的价格水平下,在一个固定的时间内,在双方认可的服务水平下，企业将有关的IT服务、运行和管理外包给IT专业服务公司，后者将提供全套的IT运行、维护和发展的服务支持。一般整体外包应将IT职能的80%或更多外包给外包商，本企业只保留极少数核心人员去管理和控制合同以及规划未来的发展方向。

(2) 选择性外包。选择性外包是指几个有选择的信息技术职能的外包，外包数量少于整个信息技术职能的80%。企业可以创建一个框架性的合同来根据自身的竞争优势，选取一个或多个IT服务提供商，将相应的一些设施和服务委托给他们，公司仍保持它主要的IS/IT人员组织结构。

(3) 战略资源联盟。一个公司也可以通过与某供应商设立合资公司来运行IT外包服务，这种形式是建立在风险和收益共担的基础上，并且是出于某种特别目的的。

(4) 买入式外包。组织买进相关的管理和技术从而使公司内部的信息系统发展得更好，提升IT服务的效能。在这种情况下，公司仍保留它的集中化的IT功能。一个典型的例子是利用“境外离岸的系统”发展资源，即公司与一个国外的供应商签订合同，让供应商去编写一套新的应用系统，但是所有这些需求和规格标准都由原公司自己制定和提出。这样做的好处是可以找到技术熟练而人工相对便宜的专业技术人员，但也存在项目管理与沟通困难的问题。

10.3.2　企业IT外包的收益与风险

1. IT外包的收益

IT外包可以：

(1) 使企业将力量集中到核心能力上。这是IT外包的根本原因。IT外包服务使企业能够把它的注意力集中于核心竞争力的提升上，而不必为一些非主流的业务花费大量的人力和物力，包括人员成本和软、硬件成本。另一方面，系统的运营及服务支持也将因为由专业的IT公司来维护和管理而更加顺畅，而且专业化的分工也会带来成本的降低。

(2) 更好地预测未来开发成本，使企业降低IT运营总体拥有成本并减少管理者的时间消耗。规模经济在软硬件系统采购和专业人员的使用上是有效的。通过创建客户/承包商的关系，将注意力集中在成本控制上，特别是那些以往在内部由自己执行的、其成本常被忽视的活动，而IT外包通过减少企业应用IT环境的复杂性，从而每年大约可以节省30%～50%的信息化系统总体拥有成本。此外，外包还可能为企业提供一个清算其信息技术资产机会，从而改善企业的财务报表并避免企业对未来投资的不确定性。例如，通过将设备和固定资产移交给外包商，组织能够获得一笔现金流，从而解放一部分资源用于其他目的(如战略投资)。

(3) 提高企业信息化系统整体的质量和层次。与传统的企业内部运作的应用软件和服务相比，专业的IT厂商不管是在软硬件系统的配置还是系统维护方面都将做得更好、更专业，使得整个系统更安全、更可靠，具有更大的可伸缩性。

(4) 获得前沿技术，改进企业内部的IT支持与服务。

(5) 简化企业内部的管理工作。提高办公效率和质量，减少IT系统故障发生率，避免

IT 技术人员的流动给企业 IT 系统带来的不稳定性，确保企业 IT 系统始终处于良好的运行状态，让系统及时得到合理优化和升级，简化了企业内部的管理工作。

(6) 利用其他组织的智力资源，促进企业资源整合。实施 IT 外包后，企业原有 IT 部门的去留、部门功能的全面程度等都将发生重大变化。业务流程的优化改进必将给企业的核心业务部门带来较大调整。外包企业所提供的是经过整合的 IT 服务包，具有很强的系统性、完整性，是一般企业靠自己的力量难以达到的。通过对企业业务流程、数据流程的分析、重组与优化，为企业带来更有效的经营、生产模式，增强企业的核心竞争力。

2. IT 外包的主要风险

IT 外包作为一种先进的竞争策略具有明显的优势，但不合理的外包也会带来风险。

(1) 企业的战略柔性丧失。战略柔性是指企业的战略能经济而快速地响应环境变化的能力。IT 外包可能会导致企业战略的不连续、不稳定，包括管理政策不稳定、管理组织不稳定、管理人员不稳定。

(2) 存在项目可行性不确定的风险。这主要是由所选择的外包项目失当或签订的合同缺乏灵活性造成的。由于技术的迅猛发展和市场因素的变化，可能会导致项目完成后不再适用或者不再具有竞争优势；由于外包商和外包企业之间对需求理解的不一致而使信息系统不能很好地满足企业需求。

(3) 信息技术服务商不能很好地提供服务。

(4) 削弱企业的学习能力和创新能力。企业是在实践中了解和应用信息技术的，而 IT 外包可能会阻碍新技术与业务的结合，降低企业对某些技术的跟踪和对新技术的了解程度，从而削弱企业的学习和创新能力。

(5) 可能会对企业有关职能部门产生冲击。企业 IT 活动的外包往往会影响企业的内部业务流程，需要企业的内部业务流程重组，这个过程很可能会对组织成员产生影响，有时遭到企业内部员工的抵制而对企业正常的生产经营产生负面影响。

(6) 降低了企业的控制能力。某些 IT 外包可能导致企业自动放弃对信息系统的控制，从而丧失企业的部分职能。

(7) 委托代理关系复杂容易引起法律纠纷。企业一旦将工作交给外包商就基本不再插手管理，造成管理过程不易控制，特别是在合同内容不明确或者含糊的情况下，一旦企业和外包商发生误会或不一致，双方各自站在自己的立场上，则会产生矛盾甚至法律纠纷，这样就很难形成战略伙伴关系了。

10.3.3 企业 IT 外包决策过程及分析

IT 外包决策的内容包括：

(1) 是否外包。

(2) 外包什么和如何外包。若外包，则应针对外包内容，考虑是整体性外包还是选择性外包。针对如何外包，则要考虑选择一个外包商还是选择多个外包商，选择国内的外包商还是选择国外的外包商，是签订一个长期外包协议还是签订一个短期外包协议？

(3) 如果决定不进行 IT 外包，则考虑是否内包。

(4) 如果既不外包也不内包，则要考虑是否要进行人员调整。

IT 外包的决策过程如图 10-2 所示。

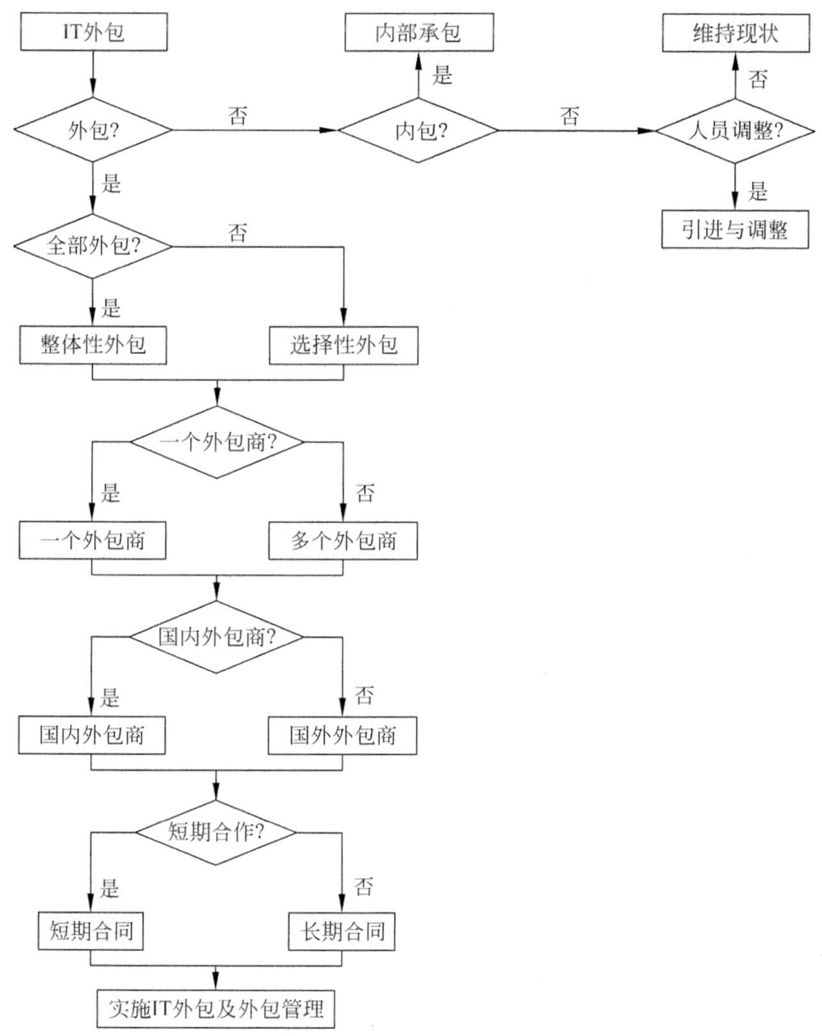

图 10-2　IT 外包决策过程

本章要点回顾

每个企业都必须处理与企业信息化相关的一系列 IT 决策问题。企业 IT 决策的 5 个基本问题是：IT 原则的决策、IT 架构决策、IT 投资和优先顺序决策、IT 基础设施决策、业务应用需求决策。

IT 项目决策是指按照一定的程序、方法和标准，对拟建的 IT 项目的各种因素进行调查、研究、分析、判断并作出选择的过程。其具体内容包括 IT 项目选型决策、IT 项目投标决策和 IT 项目外包决策等。IT 项目的可行性可以从经济可行性、技术可行性、运行可行性 3 个方面进行；IT 项目由于其固有的特殊性，在实施过程中具有很大的风险，需要进行风险规避。IT 选型是用户在决定实施 IT 项目后，基于企业 IT 战略和 IT 规划，结合 IT 项目的投入预算，对市场上相关 IT 产品和供应商进行调查、比较、分析和评估，最后选择其中最适合企业自身需求和特点的 IT 产品和服务的过程。IT 外包是将组织中与信息相关的活动，从企业其他业务中剥离出来，部分或全部交给组织外的 ISP 来完成。其内容包括信息处理服务、业务流程支持、应用软件系统开发、网络系统建设、硬件设备选型与维护、IT 知识培训和企业信息化方案咨询等。

习　题　10

1. 名词解释

经济可行性、技术可行性、运行可行性、IT 风险、IT 选型、IT 外包

2. 简答题

(1) "可行性"的含义是什么？在进行可行性研究时，应考虑哪些方面的因素？

(2) 结合一个或更多的例子说明在信息系统生命周期中，什么是有形成本、无形成本、有形效益和无形效益。

(3) 简述 IT 风险的类型。

(4) 简述 IT 风险管理的内容。

(5) 简述 IT 项目风险的来源。

(6) 简述 IT 选型必须遵循的原则。

(7) 试比较 IT 项目 4 种建设模式的优点和缺点。

(8) 简述 IT 外包的内容。

(9) 简述 IT 外包的 4 种方式。

(10) 简述 IT 外包的收益和主要风险。

3. 分析题

(1) 针对某个 IT 项目，运用本章介绍的一些方法，详细分析项目可能存在哪些方面的风险。应采取什么措施规避这些风险？

(2) 针对某个典型企业，分析其 IT 外包可能带来的好处以及存在的风险。

第11章

信息系统项目管理

【内容概要】

大量数据表明，信息系统项目管理是决定信息系统开发的关键成功因素之一。本章介绍信息系统工程项目管理的知识体系，并针对信息系统工程的特点，重点阐述信息系统工程项目中几个重要内容：信息系统工程项目沟通管理、信息系统工程项目风险管理、信息系统工程团队的建设。最后，结合 Microsoft Project 介绍典型的项目管理工具的应用。

企业信息化队伍的建设是企业信息化建设的关键。本章介绍了企业信息化队伍的组成以及企业信息化建设中各个层面上（管理层、业务层、技术层）的人员（首席信息官、系统分析师、用户）的职责、应该具备的知识和素质。

【引导案例】

《圣经》中巴贝尔(Babel)通天塔的悲剧

洪水大劫后，挪亚家族繁衍起来，他们成群往东迁移到示拿(Shinar)，发现一片广阔的原野，就定居在那里，逐渐发展成一个人口众多的城邦。那时人们发明了用泥烧砖建造房屋，他们准备在原野上建座大塔，以免洪水的危害。他们有一个庞大的计划，塔大到足以使全城的人都能住下，塔高要通天。不久，塔节节升高，直入云霄。不料这件事惊动了上帝耶和华，他降临现场观看世人建筑的塔。他想，人们如今建城造塔，往后做起别的事来就没有不成功的了。上帝因他们狂妄，责罚他们各操不同的语言，彼此不相了解，结果该塔无法完成。由于信息不通而失去了统一的指挥，致使停工待料，工程无法进展，人心随之涣散，人流散到四面八方，造的塔也就半途而废了。以后人们称这座塔为巴贝尔(Babel)通天塔。

Frederick P. Brooks Jr. 博士在其名著 *The Mythical Man-Month*（《人月神话》）中指出：巴贝尔塔可能是第一个工程上的失败，但它绝不是最后一个。沟通和沟通的结果——组织，是成功的关键。

11.1 IT 项目管理概述

11.1.1 IT 项目概述

项目(Project)是指在既定的资源和要求的约束下，为实现某种目标而开展的任务的集合，是一系列活动有机组合而形成的一个完整过程。其特点是：项目具有明确的目标；跨组织；项目是独特的活动，独特性是指项目所生成的产品或服务与其他产品或服务都有一定的独特之处；项目具有临时性。

项目是一次性任务，人类有组织的活动都有其目的性。项目管理是以项目为对象的系统管理方法，通过一个临时性专门机构的柔性组织，对项目进行高效率的计划、组织、指导和控制，以实现项目全过程的动态管理和项目目标的综合协调与优化。

IT项目是指应用信息技术按限定时间、限定费用和要求的质量标准，完成的一次性任务或管理对象。典型的企业IT应用项目可分为以下3类：

(1) IT系统平台构建项目。主要指系统硬件配置、系统网络和系统集成等。

(2) 应用软件开发项目。主要指信息系统开发与实施、门户网站、应用数据库以及决策支持系统项目等。

(3) IT咨询项目。主要指信息系统咨询规划项目、信息化人才培训项目等。

IT项目具有如下特点：

(1) 收益的无形性。IT项目投资的收益是隐性收益。例如，通过信息技术的实施提升了企业的竞争力，对其收益很难加以量化评估。

(2) 复杂性。IT项目涉及的领域极为广泛，包括企业的业务、技术、管理等，需要许多专业性的知识。

(3) 高不确定性。一方面，在IT项目实施过程中，实际的情况与项目的计划和预算可能会出现较大的偏差；另一方面，在执行过程中还会遇到各种始料未及的风险和意外，使IT项目具有很大的不确定性。

(4) 柔性。在IT项目投资过程中，投资者往往具有灵活性，他们可以根据市场的变化，决定项目的投资时间、规模和方式等，甚至终止项目的进行。投资过程中的这种柔性称为经营柔性。

(5) 学习型投资。IT项目投资是一种学习型投资。例如，成功的项目投资可以培养和锻炼一批管理和技术人才，使企业的知名度提高，为企业在本行业或相关行业拓展业务提供了可能和便利。

11.1.2 项目管理知识体系

项目管理(Project Management)是以项目为对象的系统管理方法，通过一个临时性专门机构的柔性组织，对项目进行高效率的计划、组织、指导和控制，以实现项目全过程的动态管理和项目目标的综合协调与优化。项目管理需要通过一个专门的组织实施；项目管理通过规划资源，从时间、成本、质量、客户关系等方面满足项目目标。

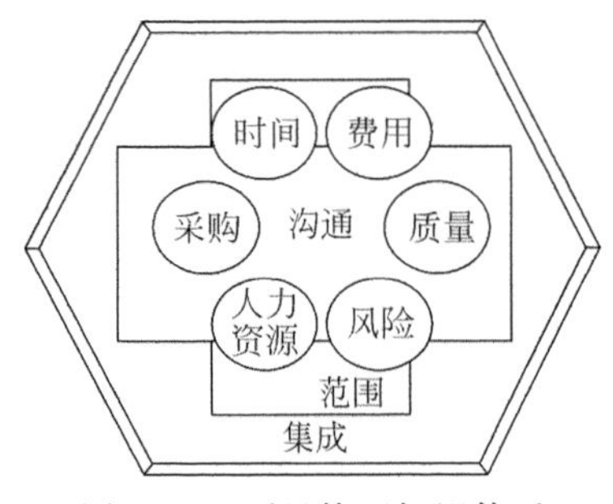

图 11-1 项目管理知识体系

项目管理技术可以使项目管理人员事先预测可能发生的问题，在问题未发生之前就可以控制并及时调整，使管理工作成为主动的，而不是被动的。项目管理的知识体系包括9个方面的内容，包括项目范围管理、项目时间管理、项目成本管理、项目质量管理、项目采购管理、项目人力资源管理、项目沟通管理、项目风险管理、项目综合管理(见图11-1)。其中，时间、成本、质量是项目管理的3个核心要素。

1. 范围管理

项目范围是指为了达到项目目标所必须完成的工作。项目管理定义并控制哪些是项目范畴内的，哪些不是，即划分哪些工作是项目应该做的，哪些是不应该包括在项目之内的。项目管理保证了项目包含所有要做的工作，而且只包含要求的工作。范围管理的具体内容包括项目启动、范围计划编制、范围定义、范围核实、范围变更控制等。

2. 时间管理

包括项目按时完成的各项过程，其作用是保证在规定时间内完成项目。具体内容包括活动定义、活动排序、活动工期计算、进度安排、进度控制。

3. 成本管理

包括设计费用规划、估算、预算、控制的过程，以便保证在规定预算内完成项目。项目成本管理的过程包括：

- 资源计划。确定为执行项目活动所需要的物理资源(人员、设备和材料)及其数量。
- 成本估计。估算出为完成项目活动所需资源的成本的近似值。
- 成本预算。将估算的成本分配到各项目活动上，用作费用基准，监控项目进度。
- 成本控制。影响造成费用偏差的因素，控制项目预算的变更。

4. 质量管理

质量是指依靠特定的或暗指的能力满足特定需要的产品或服务的全部功能和特征。质量的概念是相对的。信息系统质量是指反映信息系统满足明确或者隐含需求能力的特性的总和。其含义有四：其一，能满足给定需要的特性的全体；其二，具有所期望的各种属性的组合的程度；其三，顾客或用户觉得能满足其综合期望的程度；其四，软件的组合特性，它确定软件在使用中将满足顾客预期要求的程度。对于软件质量的认识有 3 个不同的视角。用户感兴趣的是如何使用软件、软件性能和使用软件的效果；开发人员则对中间产品的质量和最终产品质量都感兴趣；管理者所关注的是总的质量而不是某一特性，管理者还需要运用管理准则，以达到用有限的成本、人力和时间使质量达到优化的目的。

质量管理是一项复杂的系统工程，包括保证项目满足原先规定的各项要求所需实施组织的活动，并通过质量规划、质量保证、质量控制、质量持续改进等方针、程序和过程来实施质量体系。典型的质量控制方法是 PDCA(Plan-Do-Check-Action)即计划-做-检查-采取措施 4 个步骤的循环迭代的过程，是一个不断提高产品性能的过程。

项目质量管理过程包括：

(1) 质量规划。判断哪些质量标准与本项目有关，并决定应如何达到这些质量标准。

(2) 实施质量保证。开展规划确定的系统的质量活动，确保项目实施满足要求所需要的所有过程。

(3) 实施质量控制。监控项目的具体结果，判断它们是否符合相关质量标准，并给出消除偏差的方法。

5. 采购管理

采购管理是从外部获得货物、土建工程和服务的采办过程，是贯穿于项目生命周期的全过程。采购管理过程包括：

(1) 采购规划。确定采购何物及何时、如何完成采购。

(2) 发包规划。记录产品、服务或成果要求，并确定潜在卖方。

(3) 询价。

(4) 选择卖方。

(5) 合同管理。

(6) 合同收尾。

6. 项目人力资源管理

项目人力资源管理包括项目团队组建和管理的各个过程，其作用是保证最有效地使用项目人力资源完成项目活动。项目人力资源管理过程包括：

(1) 人力资源规划。识别、记录和分配项目角色、职责和关系。

(2) 项目团队组建。

(3) 团队建设。提升项目成员的个人能力和项目组的整体能力。

7. 沟通管理

项目需要有效的沟通，以确保在适当的时间内以低代价的方式使正确的信息被合适的人获得。沟通(Communication)已成为影响工程质量、进度、成本等问题的一个核心要素。由于沟通不畅导致的失败项目比比皆是。项目沟通管理过程包括沟通计划、信息发布、绩效报告和管理收尾。

8. 项目风险管理

风险是由于从事某项特定活动过程中存在的不确定性而产生的经济或财务损失，自然破坏或损伤的可能性。风险具有客观性、随机性(不确定性)、不利性、可变性、相对性、风险和利益的对称性(共存性)等特点。

风险按原因可划分为如下几种类型：商业风险、技术风险、管理风险等。

商业风险主要包括开发的产品市场上不需要、开发的产品不再符合整个公司的战略、缺乏销售渠道、没有得到预算保证、重要人员变动等。

技术风险主要是指产品分析与设计、实施与维护等方面的问题，以及技术不确定、陈旧、相对环境过于“先进”等因素。

管理风险主要包括项目缺乏人员、进度、预算的管理，对资源、配置等缺乏计划与控制，造成项目质量处于混沌水平。

项目风险管理是指识别、分析并对项目风险做出积极反应的系统过程。其目的是降低项目风险、减少风险损失。项目风险管理过程包括风险管理规划、风险识别、定性风险分析、定量风险分析、风险应对规划和风险监控。

9. 项目综合管理

项目综合管理包括识别、确定、结合、统一与协调各项目管理过程组内不同过程与项目管理活动所需进行的各种过程和活动。其作用是保证各种项目要素协调运作,对冲突目标进行权衡折中,最大限度地满足项目相关人员的利益要求和期望。项目综合管理过程包括项目计划制定、项目计划执行和总体变更控制。

本章将结合企业信息系统的建设,着重介绍信息系统项目管理中的几个比较重要的要素:质量管理、沟通管理、风险管理、人力资源管理。

【思考题】 Standish Group(www.standishgroup.com)是国际上非常著名的一家调研公司。该公司长期致力于软件工程项目成功因素的调查研究,并定期发表调查报告。数据表明,很多信息系统项目是失败的,查找资料分析研究如下的问题:

(1) 信息系统项目成功的关键因素是什么?

(2) 信息系统项目失败表现在哪些方面?导致信息系统项目失败的原因是什么?结合2或3个实例来说明你的观点。

11.2 信息系统工程项目沟通管理

11.2.1 信息系统工程项目沟通管理的重要性

一个典型的信息系统开发项目组由许多人员构成,这些人员具有不同的知识背景,熟悉不同的业务语言,因此,项目组成员之间的沟通就是一个极其重要的问题。许多专家都认为对任何项目特别是信息系统工程项目的成功威胁最大的是沟通的失败,下面的Brooks法则就是这一观点的最好的印证。

Brooks法则——向进度落后的项目中增加人手,只会使进度更加落后。

Fredrick Brooks在其名著《人月神话》中指出:一个成功的项目组应该更多的像一个外科手术队伍一样发挥作用,组内的每一个成员完成对整体重要的某一项专门任务。而且随着项目的进展,项目组成员的构成、人员数量也在不断发生变化。当项目进度落后时,增加人力就像使用汽油灭火一样,只会使事情更糟。

【思考题】 为什么向项目中增加人手,反而不会加快项目进度?

哪些因素与沟通有关呢?

1. 人员数量

沟通显然与团队中人员的数量有关。单纯从沟通的效率和成本来看,团队的人员数量越多,沟通的代价就越高,效率就越低。

从数学上分析,可得到如下结论:

设一个团队有 n 个成员,假设所有成员所使用的沟通语言都是一样的,而且如果每个成员都需要与其他成员沟通,则沟通的代价按 $n(n-1)/2$ 递增。从该公式可以看出,沟通代价最低的情况是项目组只由两个人组成。但这并不是最佳的项目组成。假如两个人对问题有不同的看法怎么办？除非其中一个人妥协，否则项目就会因为在某个问题上两个人争执不下而处于停滞的状态。所以，结合上述两个因素考虑，由 3 个人组成的项目组是最佳的。但事实上，一般的项目中总是不仅仅是由 3 个人组成的，这种情况下，解决沟通问题的总的思路只有一个：切断某些人员之间的沟通。

2. 沟通语言

沟通不仅与人员数量有关，而且与项目成员所使用的语言有关。项目成员所使用的语言种类越繁杂，沟通的代价就越高。从某种角度来看，沟通语言的不同比单纯增加人员数量所带来的沟通代价还要高。

事实上，绝大多数企业信息系统的开发或软件的开发都是由很多具有不同背景、运用不同语言的人组成的，在这种情况下，如何提高沟通的效率，降低沟通的成本呢？方法之一是强迫所有人使用同一种语言，例如当今流行的面向对象方法；方法之二是翻译。

【思考题】 结合本章引导案例，回答以下问题：

(1) 为什么项目开发人员之间良好的沟通是必要的？

(2) 良好的沟通对于保证信息系统项目的成功有哪些方面的作用？

(3) 如何使项目组成员之间有良好的沟通？

【小组讨论】 在教师的帮助下，举两个例子：一个是由于缺乏良好的沟通导致信息系统建设项目失败的例子，另一个是由于良好的沟通大大提高了信息系统项目建设成功的可能性方面的例子。详细讨论说明良好的沟通在信息系统开发中的重要性。

3. 沟通技能

很多现象表明，当 IT 专业人员与非 IT 专业人员进行沟通时，就好像他们在与另一个星球的人交谈一样困难。一方面，尽管使用计算机的人越来越多，但信息技术的发展极为迅速，这种发展产生的大量的技术专业术语（行话），导致用户与开发商之间的差距随着技术的进步也越来越大；另一方面，目前的信息技术教育体制普遍着重培养学生的技术技能，而不重视培养他们的沟通与社交技能（包括听、说、写、讲），人们常常认为学习这些“软技能”是很容易获得的。但大量事实表明，这些“软技能”恰恰是信息技术专业人员最需要的。为了保证信息系统工程项目成功，每个项目成员都需要熟练掌握技术技能和沟通技能。

沟通就是相互理解，沟通就是提出和回应问题与要求，沟通交换的是信息和思想，沟通是一种有意识的行为。

11.2.2 信息系统工程项目沟通管理过程

项目沟通管理是指对于项目过程中各种不同方式和不同内容的沟通活动的管理。这一管理的目标是保证有关项目的信息能够适时、以合理的方式产生、收集、处理、存储和交流。

项目沟通管理过程包括沟通计划、信息发布、绩效报告、管理收尾。

1. 沟通计划

项目沟通计划是对于项目全过程的沟通工作，沟通方法、沟通渠道等各个方面的计划与安排。

编制沟通计划的目的是确定项目干系人对信息与沟通的需求——谁需要什么信息，什么时候需要以及如何将信息发送给他们。

沟通计划主要包括以下几个方面的内容：

(1) 信息的收集和归档格式要求。

(2) 信息发布格式与权限的要求。

(3) 对所发布信息的描述。

(4) 更新和修订项目沟通管理计划的方法。

(5) 约束条件与假设前提。

项目沟通计划包括4个方面的具体工作(见图11-2)。

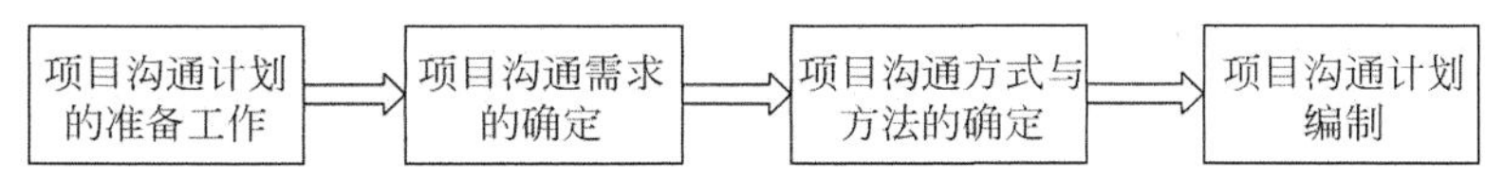

图11-2　项目沟通计划的具体工作

2. 信息发布

信息发布的目的是及时向项目干系人提供所需信息。项目沟通的信息发布方法包括：

(1) 口头沟通方法。口头沟通可以是面对面的，也可以是通过电话进行的，还可以通过会议的方式实现。

(2) 书面沟通方法。一般是指运用书面文件和信函的形式进行沟通，包括项目团队内部使用的报告、报表和在项目团队与业主/客户之间使用报告、备忘录、信函等方式的沟通。

(3) 非语言沟通方法。在项目沟通中有一些极有意义的沟通既非以口头形式，又非以书面形式进行，而是以非语言沟通(Nonverbal Communication)的方式进行。非言语沟通中最为人知的是身体语言和语调两个方面。

(4) 电子媒介沟通的方法。当今时代项目沟通越来越多地依赖于各种各样复杂的电子媒介传递信息。除了极为常见的电子邮件之外，还使用许多种通过电子媒介和信息网络进行沟通的方法。这些方法都有其自己的语言和沟通规则。

3. 绩效报告

绩效报告的目的是收集并发布项目的绩效信息，包括状况报告、进展报告及预测。

项目沟通中传递项目信息使用最多的方式是报告，项目绩效报告是项目沟通中最为重要的信息传递和沟通方法。

项目的绩效报告是在整个项目实现过程中，按照一定的报告期给出有关项目各方面工作的进展情况的报告。项目进展情况和结果的汇总报告。项目绩效报告中包含的细目主要有以下几点：

（1）自上次报告以来的绩效成果。

（2）项目实施的计划完成情况。

（3）前期问题解决的情况。

（4）本期发生的问题。

（5）计划采取的改进措施。

（6）下一报告期要达到的目标。

4. 管理收尾

管理收尾包括验证项目的成果并归档，这个过程就是发起人和客户对项目产品的正式接收。

11.3 信息系统工程项目风险评估与管理

11.3.1 IT 项目风险概述

1）定义

风险是由于从事某项特定活动过程中存在的不确定性而产生的经济或财务损失，自然破坏或损伤的可能性。风险具有客观性、随机性（不确定性）、不利性、可变性、相对性、风险和利益的对称性（共存性）等特点。

风险是相对于项目的主体而存在的。不同的组织对于风险的承受能力不同，相同的风险对于不同的人和组织带来的影响程度是不一样的。

IT 风险是指企业在 IT 项目实施过程中因资金不足、技术存在缺陷、市场需求发生变化、发生意外事件等内外部因素而导致 IT 项目延期完工甚至终止的可能性以及不能实现预期目标的可能性。

将风险分析引入 IT 项目决策分析有重大的意义。首先 IT 项目中引入风险是企业外界环境的客观要求，一旦项目失败，将对企业产生巨大的负面影响。其次，目前 IT 项目的成功率依然很低。国际著名的咨询公司 Standish Group 对 IT 项目进行了统计研究，自 1994 年开始定期发布一个题为“混沌（Chaos）”的报告。数据显示，IT 项目的成功率虽然呈增长的态势，但总体上来说，成功率还很低，成功率的增长速度很慢（见表 11-1）。

表 11-1 IT 项目成功率对比

年度	1994 年	1996 年	1998 年	2000 年
成功率	16%	27%	26%	28%
失败率	31%	40%	28%	23%

再次，由于IT项目固有的特性，使其风险与其他普通项目的风险有很大的不同。IT项目具有与本身具有周期长、技术复杂和不确定性的特点，面对有限的资源、有待改进的技术以及瞬息万变的复杂系统环境，要求管理人员必须具备风险意识。表11-2对IT项目与其他项目在风险方面的不同之处进行了比较。

表11-2　IT项目与其他项目的风险比较

目的	IT项目的目的不像其他项目那样有比较清楚的定义。IT项目可能在项目开始时还没有完全定义好目标
范围	IT项目有时缺少清晰的界限。业务过程包含在项目中吗？项目必须与哪个系统衔接？另外，IT项目的范围还可以蔓延和扩大
并行工作	IT项目具有并行工作的特点。例如，新系统的建设工作仍可以在现行系统上继续开展
衔接	IT项目可能面临更复杂的衔接问题
技术依赖性	在IT项目中，人们试图使用新的技术或者那些尚未使用或者使用经验有限的技术，从而增加了项目的风险
管理层的希望	高层管理人员对IT项目的期望会在很大程度上影响IT项目的选择和决策
累计影响	一个IT项目可以影响其他的项目，最近的项目依赖于许多以前和一些当前正在进行的项目的结果
了解技术	信息技术系统能够成功的重要途径是对多种技术的整合，这需要更深刻、更透彻地了解技术
技术差距	最新技术和较早技术的差距也会影响IT项目

2）风险管理

风险管理是指在项目的执行过程中，持续不断地进行风险识别、分析、策略制定、监控风险执行情况的过程，是为将风险控制在最低限度而进行的各项管理工作的总和。其步骤（内容）包括风险识别、风险分析、风险规划和风险监控（见图11-3）。

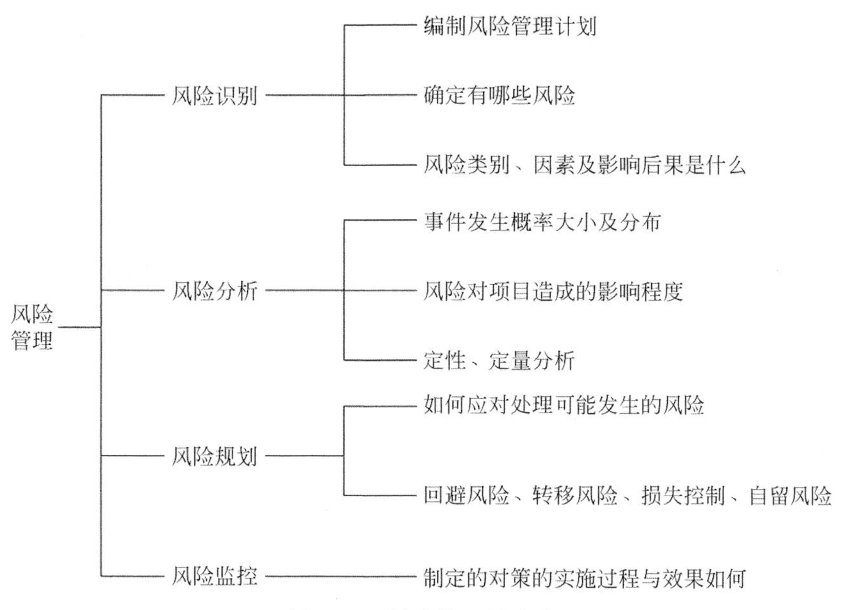

图11-3　风险管理的内容

11.3.2 IT项目风险识别

1. IT项目风险识别的内容

IT项目风险识别就是要找出风险之所在以及引起风险的主要因素，然后才能在这个基础上对风险的后果做出定性或定量的估计。IT项目风险识别的内容包括确定风险来源、风险产生的条件、描述其风险特征、确定哪些风险事件有可能影响项目。IT项目的风险识别方法包含以下几种。

1）专家调查法

专家调查法是以专家为索取信息的重要对象，找出各种潜在风险并对其后果作出分析和估计。

2）面谈或访谈法

面谈或访谈法是通过与那些具有类似项目经历的各种人员进行面谈确定项目的风险。

3）鱼骨图法

鱼骨图是一种诊断工具，能帮助使用者掌握事件因果间的关系，清楚地指出造成问题的原因和子原因，帮助人们将问题追溯到它们最根本的原因上。

4）风险分解结构法

风险分解结构(Risk Breakdown Structure，RBS)是基于风险源的项目风险集合，其作用是用于组织或定义项目所面临的全面风险。在风险分解结构中，每一递降的层次表示了对项目风险更加详细的定义。RBS可以充分反映风险的层次性，有效表示风险的结构，确保找出项目所面临的所有风险要素，有助于风险管理人员全面理解项目面临的风险并指导风险管理过程。图11-4是典型的IT项目风险分解结构。

图11-4 IT项目的风险分解结构

5）核对表法

核对表法是将人们经历过的风险事件及其来源罗列出来，制成一张核对表，通过这张核对表，项目管理人员就可以容易联想到本项目会有哪些潜在的风险。表 11-3～表 11-5 是几个典型的核对表。

表 11-3 Standish Group 判断项目成功的打分表

1997 年		2001 年	
成功的标准	权重	成功的标准	权重
用户的参与	19	高层管理的支持	18
高层管理的支持	16	用户的参与	16
明确的需求说明书	15	有经验的项目管理人员	14
适当的计划编制	11	清晰的前景和目标	12
切合实际的预期	10	最小化范围	10
更小的项目里程碑	9	标准的软件基础结构	8
胜任的项目工作人员	8	明确的需求说明	6
所有权	6	正式的方法	6
清晰的前景和目标	3	可靠的估计	5
努力工作、专注的工作人员	3	其他	5

注：通过逐项打分，其分值乘以权重后所得的总分越低，项目风险就越高。

表 11-4 麦克法兰（McFarlanz）的风险调查问卷（部分）

问　　题	分　　数
1. 项目估计用多少时间？	
（　）12 个月或更少	低＝1 分
（　）13 个月到 24 个月	中＝2 分
（　）24 个月以上	高＝3 分
2. 系统的人日数估计是多少？	
（　）12 到 375	低＝1 分
（　）375 到 1875	中＝2 分
（　）1875 到 3750	中＝3 分
（　）3750 以上	高＝4 分
3. 涉及的部门（除信息技术部门）有几个？	
（　）1	低＝1 分
（　）2	中＝2 分
（　）3 或更多	高＝3 分
4. 项目是否需要增加硬件？	
（　）不增加	低＝0 分
（　）更换中央处理器的类型	低＝1 分
（　）更换外设	低＝1 分
（　）更换终端	中＝2 分
（　）更换平台	高＝3 分

注：表中任何一项得高分，都说明该领域存在很高的风险。

表 11-5 与各知识领域相关的可能风险事件

知识领域	风险事件
整体	计划不充分，错误的资源配置，拙劣的整体管理、缺乏项目后评价
范围	工作包与范围的定义欠妥，质量要求的定义不完备，范围控制不当
时间	错误地估算时间或资源可利用性，浮动时间的分配与管理较差
成本	估算错误，生产率、成本、变更或应急控制不充分，维护、安全、采购做得很差
质量	错误的质量观，设计/材料和工艺不符合标准，质量保证做得不够
人力资源	差的冲突管理，表现很差的项目组织和拙劣的责任定义，缺乏领导
沟通	计划编制与沟通比较粗心，缺乏与重要项目干系人的协商
风险	忽略了风险，风险分配得不清楚
采购	没有实施的条件或合同条款

注：该表是参照 IT 项目管理知识体系中的 9 个方面逐一进行识别所存在的风险。

2. IT 项目风险的来源

IT 风险的类型按原因可分为商业风险、技术风险、管理风险等。商业风险主要包括市场风险，即开发的产品市场上不需要，开发的产品不再符合整个公司的战略，缺乏销售渠道，没有得到预算保证，重要人员变动等。技术风险主要是指产品分析与设计、实施与维护等方面的问题，以及技术不确定、陈旧、相对环境过于“先进”等因素。管理风险主要包括项目缺乏人员、进度、预算的管理，对资源、配置等缺乏计划与控制，造成项目质量处于混沌水平。

IT 项目风险来源可以从项目过程中发现，也可以从项目内容中发现。以下是 IT 项目中常见的 10 类风险：

(1) 需求风险。包括需求的变化、需求定义不合理、增加额外的需求、产品定义含糊的部分比预期需要更多的时间、需求定义过程中用户参与程度不够、缺乏有效的需求变化管理过程。

(2) 计划编制风险。包括计划、资源和产品定义全凭客户或领导指令，并且不完全一致；计划是优化的，但计划不现实；计划过分地依赖特定的小组成员；产品规模比估计得要大；完成目标日期提前，但没有相应地调整产品范围或可用资源；涉足不熟悉的产品领域，花费在设计和实现上的时间比预期的要多。

(3) 组织和管理风险。包括仅由管理层或市场人员进行技术决策，导致计划进度缓慢，计划时间延长；低效的项目组结构降低生产率；管理层审查、决策的周期比预期的时间长；预算削减，打乱项目计划；管理层做出了打击项目组织积极性的决定；缺乏必要的规范，导致工作失误与重复工作；非技术的第三方的工作(预算批准、设备采购批准、法律方面的审查、安全保证等)时间比预期的延长。

(4) 人员风险。包括作为先决条件的任务(如培训或其他项目)不能按时完成；开发人员和管理层关系不佳，导致决策缓慢，影响全局；缺乏激励措施，士气低下，降低了生产能力；某些人员需要更多的时间适应还不熟悉的软件开发工具和环境；项目后期加入新的开发人员，需进行培训并与现有成员沟通，从而使现有成员的工作效率降低；由于项目组成员之间发生冲突，导致沟通不畅、设计欠佳、接口出现错误或额外的重复工作；不适应工作的项目成员没有调离项目组，影响了项目组其他成员的积极性；没有找到项目急需的具有特定技能的人。

(5) 开发环境风险。包括设施未及时到位；设施虽然到位但不配套；设施拥挤、杂乱或破损；开发工具未及时到位；开发工具不如期望的那样有效，开发人员需要时间创建工作环境或切换新的工具；新的开发工具的学习期比预期的长。

(6) 客户风险。包括客户对于最后交付的产品不满意，要求重新设计和开发；客户的意见未被采纳，造成产品最终无法满足用户要求；客户对规划、原型和规格的审核、决策周期比预期的长；客户没有参与规划、原型和规格的审核导致需求不稳定或产品生产周期的变更；客户答复的时间(如回答或澄清与需求相关问题的时间)比预期的长等。

(7) 承包商风险。包括承包商没有按承诺交付组件；承包商递交的组件质量低下，无法接收，必须花时间加以改进；承包商没有购进项目开发所需要的工具，从而无法提供需要的性能水平。

(8) 产品风险。包括矫正质量低下的、不可接受的产品需要比预期更多的设计和实现工作；开发额外的不需要的功能，延长了计划进度；严格要求与现有系统兼容，需要进行比预期更多的设计和实现工作；由于各种原因无法预料的工作；在不熟悉或未经检验的软件和硬件环境中运行产生未预料到的问题；开发一种全新的模块将比预期花费更长的时间；依赖正在开发中的技术将延长计划进度。

(9) 设计和实现风险。包括设计质量低下，导致重复设计；一些必要的功能无法重用(Reuse)现有的资源，必须重新自行开发新的功能；代码和库质量低下，需要进行额外的测试；分别开发的模块无法有效地集成。

(10) 过程风险。包括大量的纸面工作导致进程比预期的慢；前期的质量保证行为不真实，导致后期的重复工作；不太正规，导致沟通欠佳；过于正规导致过多耗时于无用的工作；向管理人员提交的报告占用开发人员的时间比预期的多；风险管理不够细致，导致未能发现重大的项目风险。

11.3.3 IT项目风险评估与对策

风险识别之后，就要判断这些风险对项目的影响程度，并考虑如何规避这些风险。风险评估的主要任务就是要评估已识别的风险对项目潜在的影响程度。可以采用定性描述和定量分析相结合的方法进行。IT项目风险对策涉及如下内容。

1. 制定IT项目风险应对计划

风险应对的基本措施有规避、接受或减轻。风险规避是指根除某一具体的威胁或风险，例如，开发团队使用熟悉的硬件或软件可根除由于使用新的开发工具或环境带来的风险。风险接受是指如果风险发生，就接受其带来的后果。风险减轻是指通过减少风险事件发生的概率来减轻风险事件的影响。

2. 制定风险管理计划、应急计划和应急储备

当已经识别的某种风险事件发生时,项目团队将采取预定的措施。应急储备是项目发起人为了应付项目范围或质量上可能发生的变更而持有的预备金,它可用来转移成本风险、进度风险。

3. IT项目风险的化解和监控

风险监控最有效的工具是10大风险事项列表(见表11-6)。它是一种在整个项目生命周期内保持风险意识的工具。该列表包含每个风险目前的排名、以前的排名,在一段时间内出现在列表上的次数以及上次审查以来化解风险的步骤。

表11-6 十大风险事项列表

风险事件	本周排序	上周排序	已上列表周数	风险化解进展
计划不充分	1	2	4	修订整个项目计划
设计低劣、需重新设计	2	5	3	按规范设计、请专家审核
领导乏力	3	1	8	更换项目经理
开发工具延迟交付	4	4	4	已将其列为最高优先级处理
……	……	……	……	……

11.4 信息系统工程团队的建设

11.4.1 信息系统开发项目组的组成

企业信息系统的建设是一项复杂的社会-技术工程,这是因为数年来的经验表明,企业信息系统建设成功与否,不仅仅取决于技术,更重要的是取决于企业各层管理人员对信息系统的认识以及企业信息系统开发项目组的组织与管理。信息系统开发项目组是由具有不同知识和技能背景的人员组成的(见表11-7)。其中,首席信息官(CIO)是整个企业信息化建设的关键,系统分析师(System Analyst)是信息系统项目的关键。

表11-7 企业信息化开发队伍

人员	工作职责
项目管理人员	系统开发、运行和维护的组织与领导工作
系统分析师	系统分析:与用户沟通,确定用户的需求,建立系统逻辑模型
系统设计员	系统设计:提出系统技术解决方案,满足用户需求
程序员	按照系统设计的要求,进行应用程序的设计
系统维护人员	系统硬件和软件维护
操作员	硬件操作和信息处理等
文档管理员	文档管理、配置管理
质量管理员、审计	质量管理、风险管理
其他专业人员	数据库管理员、网络管理员等特殊设计工作

人们已经认识到：与信息系统开发有关的各方面人员组成的团队对于信息系统的成功与否起到了至关重要的作用。如何使一个团队成为一个"冻胶(Jell)团队"，这是项目经理的主要任务。"冻胶团队"是一群紧密结合在一起的人，其整体大于部分的总和。

11.4.2　首席信息官

首席信息官(Chief Information Officer，CIO)是企业信息资源和信息系统的最高领导者。一个称职的CIO对于整个企业的总体战略、企业业务需要以及IT战略的形成和组织是非常重要的。CIO应该具备把握IT部门整体运行和处理各方面关系的能力。美国CIO研究专家西诺特在他的名著《信息武器》中这样写道：作为一个高层的管理者，在全公司范围内，在内部管理和长期竞争的观点上，最大限度地发挥在信息系统上的投资和技术的作用，这就是CIO的使命。

1. CIO的职责定位

CIO不仅要对信息技术部门的正常运行负责，更重要的是要参与企业的核心管理层的决策，决定企业的信息战略，保证信息战略与企业战略相配合，并对企业信息化的发展做出长远规划。

对于CIO职责的研究，需要从信息技术的应用和信息价值利用两方面来认识。信息技术的应用是CIO的传统职责，包括为企业组织信息管理系统的应用项目，开发、选购或网络集成；而信息价值利用，则主要是指CIO必须承担的体现信息资源价值和效益的方面。

也可以从战略层面、执行层面、变革层面和沟通层面来分析CIO的职责(见图11-5)。

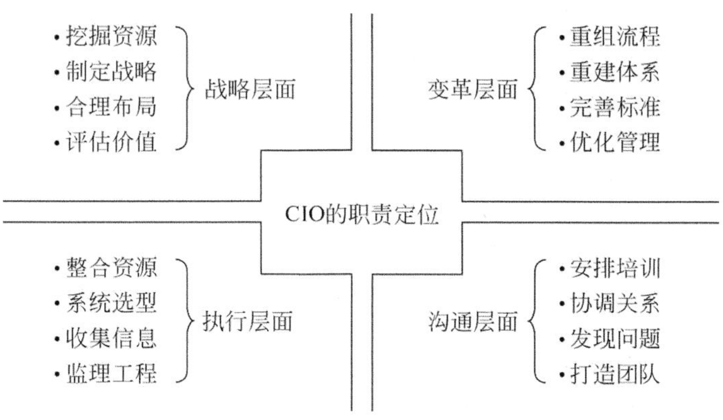

图11-5　CIO的职责定位

(1) 战略层面。CIO的职责是挖掘企业的信息资源、制定企业信息化战略、为企业信息化合理布局、评估信息化对企业的价值等。为企业战略决策和企业战略的实施服务，制定企业信息化战略是CIO的首要职责。

(2) 执行层面。负责信息流、物流、资金流的整合，完成信息系统的选型实施，收集研究企业内外部的信息为决策提供依据。更为重要的是要担当起电子商务管理，以及信息工程的监理工作。

(3) 变革层面。协助企业完成业务流程重组,运用信息管理技术重建企业的决策体系和执行体系,同时要对信息编码和商务流程统一标准。不仅要推动企业信息化的软硬环境优化,而且要为CEO当好参谋,与各高层管理者一起促进企业内外部商务环境的改善。

(4) 沟通层面。安排企业信息化方面的培训,发现信息运用的瓶颈,观察研究企业运作中的信息流及其作用。协调沟通上下级关系,打造优秀的IT团队。

根据Gartner Group的定义,CIO是一个机构关键的管理岗位,负责制定信息化政策,保证IT和业务发展战略的默契配合。总的说来,CIO的主要职责包括以下10个方面:

(1) 参与制定组织发展战略,领导组织信息战略的制定。

(2) 确立信息处理和利用及其所需设备方面的政策、标准和程序,制定组织信息制度和信息政策。

(3) 培育良好的信息文化。

(4) 提升组织和员工的信息素质、信息能力。

(5) 为高层管理者提供决策所需的信息支持和信息能力支持。

(6) 进行信息化项目规划,领导重要信息化项目的实施。

(7) 监控所有信息化项目的实施,监控现有信息系统的运行。

(8) 领导组织内所有信息部门为操作部门和业务功能提供咨询或服务。

(9) 与业务部门一道,考虑如何使信息和知识为产品或服务增值。

(10) 将自己的经验和教训等知识贡献给行业协会和社会。

2. CIO应具备的素养和能力

一个优秀的CIO应具备如下的素养和能力:

(1) 良好的沟通、协调能力。作为企业信息系统的规划者,CIO要善于协调企业内部各层次、各部门、各环节的关系以及企业与其协作伙伴的关系。善于对话和沟通,能够适应企业的文化和传统,使信息技术与管理体制相得益彰。

(2) 很强的职业技能和学习能力。具有广博的多学科和交叉领域的职业技能,才能运用信息科学的理论基础为各种层次的管理者和用户服务。另外IT领域日新月异,还需要有非常强的学习能力。

(3) 全球化的视野和敢于创新的胆识。CIO应具备全球化的战略视野,具备为企业经营管理与竞争战略发展的需要推荐与开发新技术的能力,对信息技术的发展动向及其对企业的影响有敏锐的洞察力,富有远见和技术创新精神。

(4) 丰富的管理经验。CIO必须对本行业的发展背景有全面的了解,对企业管理的目标有明确的认识,对经营决策和竞争环境的基本情况有充分的掌握,并且有丰富的管理实践经验。

(5) 精明的商业经营头脑。CIO的工作必须以提高企业的效益和竞争力为目标,应了解信息技术何时何地何种情况下在哪些方面能为达成这一目标起到关键作用。

(6) 应变能力。面对日新月异的信息技术和急剧变化的竞争环境,CIO要有较强的应变能力,能承担来自技术和环境变化的压力,具有敢于迎接各种困难和挑战的勇气。

3. CIO 的知识体系

CIO 的知识体系如图 11-6 和表 11-8 所示。

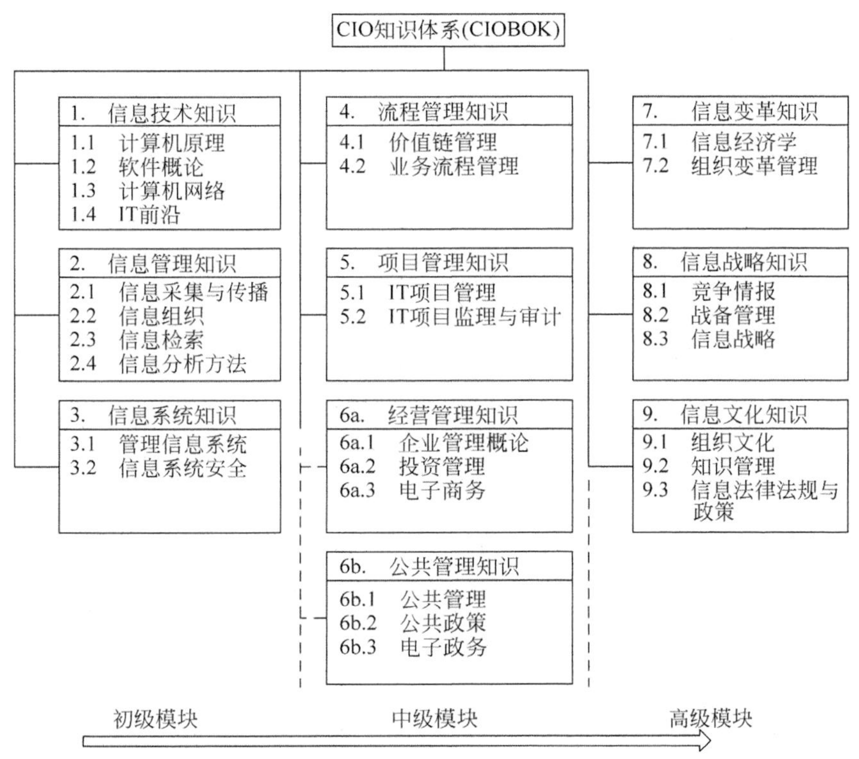

图 11-6　首席信息官 CIO 知识体系图(CIOBOK)

表 11-8　CIOBOK 各知识点的简要说明

初级模块	1. 信息技术知识	1.1　计算机原理	计算机发展、工作原理、组成结构、硬件基础等
		1.2　软件概论	操作系统、数据库系统、应用软件、软件开发工具等
		1.3　计算机网络	计算机网络发展、网络互联的基本原理、拓扑结构、网络设备、无线网络、无线通信等
		1.4　IT 前沿	自动识别技术、移动计算、XML、中间件等前沿 IT 技术
	2. 信息管理知识	2.1　信息采集与传播	信息资源的特点及其采集途径、方法，信息传播行为、传播过程、传播媒介和效果监控等
		2.2　信息组织	信息组织的控制与规范、分类组织、主题组织、信息整序、信息编码等
		2.3　信息检索	信息检索系统、信息检索技术与方法、检索效果评价等
		2.4　信息分析方法	信息分析流程、分析工具、定性/定量分析方法等
	3. 信息系统知识	3.1　管理信息系统	管理信息系统的开发过程、开发方法、开发平台，以及 ERP、DSS 等
		3.2　信息系统安全	信息系统运行管理、信息系统安全的分类、技术和制度

续表

中级模块	4. 流程管理知识	4.1 价值链管理	价值链的含义、企业内部价值链、供应链管理、价值链分析法等
		4.2 业务流程管理	业务流程的表示方法、流程设计、流程分析、流程优化(BPI)、流程重组(BPR)、业务集成等
	5. 项目管理知识	5.1 IT 项目管理	IT 项目的计划、启动、实施、控制、收尾，IT 项目管理方法论等
		5.2 IT 项目监理与审计	IT 项目监理方选择与管理；IT 审计方法、审计方选择与管理等
	6a. 经营管理知识	6a.1 企业管理概论	人力资源管理、生产与运作管理、研究与开发管理、营销管理等
		6a.2 投资管理	企业财务分析、投资战略、成本控制、投资效果评价、平衡计分卡等
		6a.3 电子商务	电子商务模式、网络营销、电子结算、电子商务实现方式、电子商务与 ERP 的关系等
	6b. 公共管理知识	6b.1 公共管理	公共部门组织管理、人事管理、公共预算与财务管理、政府绩效评估等
		6b.2 公共政策	一般政策和部门政策的规划、设计、执行、评估，宏观经济政策分析等
		6b.3 电子政务	政府信息化、电子政务的内容、模式和管理等
高级模块	7. 信息变革知识	7.1 信息经济学	委托—代理人理论、新型工业化道路、信息技术与技术改造、新经济等
		7.2 组织变革管理	组织的成长与变革；以信息技术为支撑的变革；变革的动力、阻力等
	8. 信息战略知识	8.1 竞争情报	竞争环境、对手、战略的情报研究；竞争情报分析方法、竞争力评估等
		8.2 战略管理	组织战略；战略规划、执行、控制等
		8.3 信息战略	信息技术战略、信息资源战略及过程，IT 项目规划等
	9. 信息文化知识	9.1 组织文化	企业文化/ 政府文化/ 非营利组织文化等的内容、功能、建立、传播、重塑等
		9.2 知识管理	学习型组织，智力资本管理，知识创新和共享的管理，知识管理的应用等
		9.3 信息法律法规与政策	法规与政策知识产权、信息安全法律法规，国家信息政策、组织信息政策与制度等

【应用案例 10-1】

某旅游总公司的信息化建设之路(节选自《企业信息化案例》，李东主编)

1997 年 3 月，当中国新时代旅游总公司(以下简称为“中新旅”)管理信息系统投入试运行时，主管信息系统建设的副总裁王江非常兴奋。他觉得这个系统不但能够使他对于整个旅行社的运作情况了如指掌，还可以弥补企业多年来经营中的许多漏洞，从而进一步降低成本、提高效益，增强了企业竞争力。此外，还有一个更好的作用，那就是能够“削藩”——减少各部门的权力，强化企业领导对各部门的监督和控制，从而一举解决公司多年来在经营过程中摆脱不掉的种种弊病。

随着我国对外改革外放的步伐加快，旅游成为一个发展很快的产业。除了过去国营的旅行社外，许多民营旅行社也应运而生。这样导致了旅游需求的增长低于旅游供给的增长，加之不时发生的区域性政治危机和经济动乱也会给旅游的海外客源造成冲击，所以，旅游市场的竞争已是越来越激烈。在这种情况下，旅行社不得不努力加强自身的竞争力，或是力争降低价格，或是开源节流，改造企业现行的经营方式。这里一个总的措施就是利用信息技术，加强企业内部管理和外部市场需求管理，变粗放型为集约型经营，开发客源，在销售收入增加的同时，节约开销，扩大税后利润。这是大多数旅行社面临的选择，也是它们壮大发展的必由之路。

中新旅公司的具有战略眼光的高层领导意识到进行公司信息化建设的必要性，最后公司经过集体投票决定由副总经理王江负责开展这一工作。不久公司就挑选了一家系统集成专业技术公司作为合作伙伴。

中新旅信息化的基本目标是利用信息技术来加强管理、改善经营、降低成本、增大竞争优势和提高企业效益。另外，中新旅现在的经营模式为"大包干"模式，部门的权力和利益都很大，属"诸侯经济"，领导层早就想"削藩"，只是一直没有找到一种合适的方法。后来，在企业信息化的建设过程中，部分领导者认为有了中新旅 MIS 就可以"削藩"并制止业务部门的灰色收入了。

具体来看，实现这个基本目标包括 4 个部分的任务：

(1) 建造中新旅局域网。局域网是信息化的基础设施，它主要是为应用软件提供运行平台，解决企业内部通信问题。

(2) 开发应用软件。中新旅 MIS 主要解决下面 4 个问题：

- 建立有关航班、轮船、火车、饭店、景点、旅行社、游客的资料数据库，提供分级共享和查询功能。
- 由计算机来协助完成烦琐的业务操作。
- 由计算机来打印有关报表和订单。
- 为公司领导了解经营情况提供统计和查询功能。

(3) 为公司财务部购置和安装会计软件。旅游财务的特点是科目复杂。同时，因为中新旅财务部要进行单团核算，并实行先入账、后收款，所以选购的会计软件必须满足这些特定的需求，还必须是财政部认可的软件；同时其系统结构应是开放的，以便能与中新旅 MIS 进行相互数据传输，以及为将来实现资金流和服务流的统一提供条件。

(4) 组建自己的信息管理机构——信息中心。该机构将成为一个独立的部门，既拥有信息收发和技术支持职能，也拥有信息管理和技术管理职能。信息中心的工作任务存在于从企业信息化的开始直至企业终结的整个过程中。信息中心在开发过程中与开发商的配合与协调，在使用过程中对数据的维护与处理，乃至从数据中提炼出有用信息为高层领导做决策服务，都将是中新旅 MIS 发挥作用的重要条件。

中新旅信息化项目轰轰烈烈上马已经两年多了，除了财务部较好地、较规范地用上了会计软件(最后选定的是用友软件)外，其余并没见到什么成效，信息化工作遇到了很大的阻力。这主要表现在以下几点上：

(1) 没有实现加强管理、改善经营、降低成本、增大竞争力和提高企业效益的目标。

尽管公司上层领导多数都认识信息化建设的必要性，但是由于公司总经理和主管信息系统建设的副总王江两人素来不合,而信息系统主要是王江发起和推行的,因此公司总经理对信息化工作持保留态度,总经理很少过问公司的信息化建设的事情,他也不愿意使用其中的“总经理查询子系统”。对信息中心的计划也以“没有必要”为由加以否决了。这样在信息化建设过程中,只有办公室的一位行政人员参与进来,由其配合开发商并协调两家关系,其余工作全部交给开发商去做。

任何一种先进作业方式或生产方式的采用,都应该有政策上的扶持或制度上的保障,但中新旅却没有做到这一点。这表现在:

- 中新旅 MIS 刚投入运行的时候,公司没有明文规定各业务部门必须完全使用中新旅 MIS 来进行作业。
- 没有规定结账用的旅华日程表或结算蓝表必须在计算机中有备份。
- 没有制订数据录入和数据更新的原则。
- 对不遵守规则者没有相应的惩罚措施。

(2)“灰色收入”挥之不去,预定目的未达到。

由于中新旅目前实行的是目标管理责任制(大包干),公司对业务部门放权太多,导致了在利润上公司拿小头,部门拿大头的现象,这主要是由于团队成本高于正常成本,而高出部分转为部门的灰色收入(介于合理与不合理之间的收入)造成的。因此,公司领导层本想通过中新旅 MIS 的使用来限制业务部门在价格上的各种变通手段,控制团队的成本,从而制止灰色收入,但实际上这个目的基本上未达到。

—些业务部门为了避免中新旅 MIS 对自己的限制,或者不使用中新旅 MIS,或者只使用中新旅 MIS 的部分功能。例如,只利用中新旅 MIS 来排线,而不利用其来计价,或者干脆就不使用中新旅 MIS 的排线计价功能,只使用其报表打印功能。

另外,业务人员也避重就轻,使得数据库空空如也。在过去,中新旅的客户资料由各业务人员自己掌握,公司不留底(这里的客户不是指游客个人,而是指有业务往来的境内外旅行社,它们是由公司的无形资产和广告宣传得来的)。中新旅 MIS 建起来后,公司为了防止业务人员离职给公司造成丢掉客户的损失,要求各业务人员把自己的客户资料录入到只能自己访问的数据库中,以使计算机中有个备份。但一些业务人员不顾公司的要求,坚持不把自己的客户资料录入计算机中,或只把一些无关紧要的资料录入其中。

(3) 未能组建信息中心。

中新旅缺乏计算机专业人才,在中新旅 MIS 开发完成后,没能很好地把系统消化并接收过来,造成维护和完善困难。

所有这些问题都是副总王江在项目开始投入试运行时所未预料到的。现在他面临的问题就是如何解决这些困难,使得信息系统真正被用起来。

【思考题】 (1) 中新旅 MIS 推行过程中遇到了哪几方面的阻力?有人认为中新旅 MIS 失败的主要原因是公司总经理与主管管理信息系统建设的副总经理意见不合。你认为有道理吗?

(2) 如果你是王江,你将在下一步如何开展信息化工作?

【小组讨论】 在教师的帮助下,访谈企业的信息系统开发部门的有关人员或浏览 Internet 上的有关资料,讨论下列问题:

(1) 企业的高层领导应该如何支持并参与到信息系统的建设?

（2）领导不重视信息系统的建设或推辞说“没有时间”时，怎么办？

（3）如何理解“一把手工程”？如何真正使信息系统工程成为“一把手工程”？

11.4.3 信息系统用户

信息系统用户也是企业信息系统项目的关键人员。本节主要介绍了信息系统用户在信息系统开发中的权利和义务，并重点讲解了作为一个用户应如何在信息系统开发中配合系统开发人员做好各项工作。

1. 谁是用户

用户在通常意义上是指使用（如收集、验证、录入、响应、存储、交换数据和信息）信息系统或者受到信息系统影响的人。常用的同义词是客户。

- 内部用户（Internal Users）——办事员和服务人员，技术人员和专业人员，主管、中层经理和高层经理。
- 外部用户（External Users）——顾客、供应商、合作伙伴、雇员，远程和移动用户。

关注点：

- 办事员和服务人员——事务处理速度和正确性。
- 技术人员和专业人员——注重数据分析和为解决问题产生及时信息。
- 主管和中高层经理——信息获取能力。

2. 用户的积极参与是信息系统项目成功的关键因素

国际知名的咨询公司 Standish Group 自 1994 年以来发布的一系列项目调查数据，表 11-9 是 1997 年和 2001 年调查分析的结果。从该表中不难看出：用户的积极参与是信息系统项目成功的关键因素。

表 11-9　Standish Group 判断项目成功的打分表

1997 年		2001 年	
成功的标准	权重	成功的标准	权重
用户的参与	19	高层管理的支持	18
高层管理的支持	16	用户的参与	16
明确的需求说明书	15	有经验的项目管理人员	14
适当的计划编制	11	清晰的前景和目标	12
切合实际的预期	10	最小化范围	10
更小的项目里程碑	9	标准的软件基础结构	8
胜任的项目工作人员	8	明确的需求说明	6
所有权	6	正式的方法	6
清晰的前景和目标	3	可靠的估计	5
努力工作、专注的工作人员	3	其他	5

Standish Group 自 1994 年以来发布的一系列项目调查数据进行了汇总，其结果如表 11-10 所示。

表 11-10 Standish 的调查结果

调查年度	成功比例	失败比例	有疑问比例
1994	16%	31%	53%
1996	27%	40%	33%
1998	26%	28%	46%
2000	28%	23%	49%
2002	34%	15%	51%

从以上数据中，可以看到 3 个现象：

(1) 项目的成功率在提高、失败率在下降，这显示出随着时间的推移，被调查企业项目管理能力在上升。

(2) 从总体上看，目前项目的成功率仍低至 34%，这似乎仍支持了“大多数 IT 项目是失败的”这一论点。

(3) 有疑问项目的比例一直保持基本不变，而且占据了被调查项目总数的一半左右。就总体而言，我们对项目成败的了解仍旧处于“混沌”状态之中。

那么原因到底是什么？

在 Standish Group 的调查中发现，造成项目完成时间延迟、成本超出预算、达不到预期功能的前 3 个因素分别是缺乏与用户沟通、需求说明不完备以及中途变更需求说明。

用户可能会给项目带来未知的风险，具体表现为以下几个方面：

- 客户不完全明白自己的需求。
- 客户对开发人员制定的书面需求不认可。
- 在成本和进度估算确定后，客户又追加新的需求。
- 开发人员与客户的交流不够顺畅。
- 客户不愿或没有能力参与评审开发的各个环节。
- 客户对技术实现不了解。
- 客户不愿让其他人做自己的工作。
- 客户对软件开发过程缺乏充分理解。
- 一个新客户的出现带来特殊风险发生的不可知性。

建立良好的客户关系有助于在项目运作过程中及时发现和监控风险。

另外，一个基于经验的研究表明，若客户在需求分析和功能说明的制定过程中有“很高”的参与度，则能将软件生产率提高 50%左右；客户的参与度为“中”的时候，生产率比通常大约高出 10%；而若客户参与度为“低”，则软件生产率比通常低约 20%。

3. 用户的权利和义务

用户是直接使用并受益于信息系统的人员。用户在系统开发过程中扮演着重要的角色，用户既是信息系统需求的提出者，又是信息系统的使用者，同时也应该是信息系统开发的参与者。用户能否积极参与到项目的开发中去已经是公认的、直接影响项目成败的关键因素之一。现代信息系统开发方法都特别重视用户在系统开发过程中的作用。

作为一个信息系统的用户和企业的管理人员，一方面要懂得信息系统开发的一些基本原理、方法；另一方面也要清楚地懂得在信息系统开发中的权利和义务，尤其是如何表达自己的需求，这样才能更好地配合开发人员做好信息系统的开发工作。

信息系统开发成功的关键是真正了解清楚用户复杂的需求，这个问题的解决必须建立在开发人员和用户良好的沟通、协作的基础上。只有开发人员和用户双方参与者十分清楚自己的权利和义务，都明白自己需要什么、成功的合作需要什么时，才能建立起一种良好的合作关系。

下面列举了用户在信息系统开发中的权利和义务：

(1) 给系统分析师讲解业务。系统分析师要依靠用户讲解业务概念及术语，但用户不能指望系统分析师会成为该领域的专家，而只能让他们明白你的问题和目标；不要期望系统分析师能把握用户业务的细微潜在之处。

(2) 抽出时间清楚地说明并完善需求。用户很忙，但无论如何用户有必要抽出时间参与"头脑风暴会议"的讨论，接受采访或其他获取需求的活动。

(3) 准确而详细地说明需求。编写一份清晰、准确的需求文档是很困难的。系统开发过程中很容易产生模糊不清的需求，但是必须解决这种模糊性和不准确性，而用户恰恰是为解决这些问题做出决定的最佳人选。如果用户一时不能准确表达，通常可使用原型技术，通过原型开发，用户可以同开发人员一起反复修改，不断完善需求定义。

(4) 及时做出决定。系统分析师会要求用户做出一些选择和决定。用户必须积极对待并尽快做处理和决定，因为开发人员通常只有等用户做出决定才能行动。

(5) 尊重开发人员的需求可行性及成本评估。所有的信息系统功能都有其成本。用户所希望的某些产品特性可能在技术上行不通，或者实现它要付出极高的代价。开发人员会对此做出负面的评价，用户应该尊重他们的意见。

(6) 划分需求的优先级。绝大多数项目没有足够的时间或资源实现功能性的每个细节。决定哪些特性是必要的，哪些是重要的，是需求开发的主要部分，这只能由用户负责设定需求优先级；开发人员将为您确定优先级提供必要的信息，如有关每个需求的花费和风险的信息。在时间和资源限制下，关于所需特性能否完成或完成多少应尊重开发人员的意见。业务决策有时不得不依据优先级来缩小项目范围或延长工期，或增加资源，或在质量上寻找折中点。

(7) 评审需求文档和原型。用户评审需求文档，是给系统分析师带来反馈信息的一个机会。如果用户认为编写的"需求分析报告"不够准确，就有必要尽早告知系统分析师并提出改进建议。更好的办法是先为产品开发一个原型。这样用户就能提供更有价值的反馈信息给开发人员，使他们更好地理解需求。

(8) 需求变更要立即联系。不断的需求变更，会给在预定计划内完成的质量产品带来严重的不利影响。变更是不可避免的，但在开发周期中，变更越在晚期出现，其影响越大；变更不仅会导致代价极高的返工，而且工期将被延误，特别是在大体结构已完成后又需要增加新特性时。所以，一旦用户发现需要变更需求时，请立即通知系统分析师。

(9) 遵照开发小组处理需求变更的过程。为将变更带来的负面影响减少到最低限度，所有参与者必须遵照项目变更控制过程。这要求不放弃所有提出的变更请求，对每项要求的变更进行分析、综合考虑，最后做出合适的决策，以确定应将哪些变更引入项目中。

(10) 尊重开发人员采用的需求分析过程。软件开发中最具挑战性的莫过于收集需求并确定其正确性,系统分析师采用的方法有其合理性。也许用户认为收集需求的过程不太划算,但请相信花在需求开发上的时间是非常有价值的;如果用户理解并支持系统分析师为收集、编写需求文档和确保其质量所采用的技术,那么整个过程将会更为顺利。

4. 用户必须具备的知识

作为用户和管理者,在信息化建设中应具备以下几个方面的知识。

- 具有 IT 方面的基础知识(硬件、软件、数据库、网络)。
- 熟悉企业中各种类型的信息系统(OA、MIS、DSS、ES 等)的结构、功能,熟悉信息系统发展的趋势(自底向上、由内而外),深刻领会信息化建设的关键成功因素,深刻领会 IT 在企业管理中双刃剑的作用。
- 熟悉信息化工程建设队伍中各种类型人员的职责和作用、信息化工程的原则、原理及步骤(系统开发生命周期),学会表达用户的业务需求和信息需求,懂得如何与技术人员交流。

5. 培育良好的客户关系

研究表明,建立良好的客户关系是信息系统项目成功的关键。

(1) 首先要建立相互信任的关系。妥善处理用户同信息系统开发人员之间的关系,可以加强双方的互相配合。为了建立和维护一个高质量的信息系统,各方都必须尊重对方的意愿。系统质量的优劣是直接与用户同开发人员之间互相配合的好坏成正比的。

(2) 用户要尽可能参与到项目中,更多地了解项目的进展情况。一旦客户对开发有了较充分的开发后,整个项目的生产力便会相应提高。

11.4.4 系统分析师

1. 系统分析师及其职责

系统分析师(Systems Analyst)是信息系统建设的关键人物,是用户与技术人员之间的桥梁与翻译。正如翻译一样,系统分析师必须熟悉两门语言:业务领域语言和技术语言。

系统分析师负责研究业务问题,确定如何运用业务知识和信息技术解决这些问题,然后将业务方面的信息需求转化为由各种技术专家实施的计算机信息系统。

有两种类型的系统分析师:业务分析师和应用分析师。业务分析师(Business Analyst)是能够运用领域知识对业务问题进行分析,并对独立于技术的需求进行分析的系统分析师。应用分析师(Application Analyst)是能够运用技术对应用系统进行设计,并从事依赖于技术开发工作的系统分析师。

系统分析师就像是一个外科大夫,企业犹如一个病人,IT 是系统分析师做手术的手术刀。但是如果找不到病人的病因,不能对症下药,再熟练的外科大夫也无能为力。

2. 系统分析师应该具备的知识和能力

一个优秀的系统分析师必须具备以下几个方面的知识和能力(见图 11-7)。

1) 信息技术应用知识

信息技术(IT)是信息系统的基本工具,作为一个优秀的系统分析师,首先必须是一个 IT 方面的专家。他应该具备以下几个方面的知识:

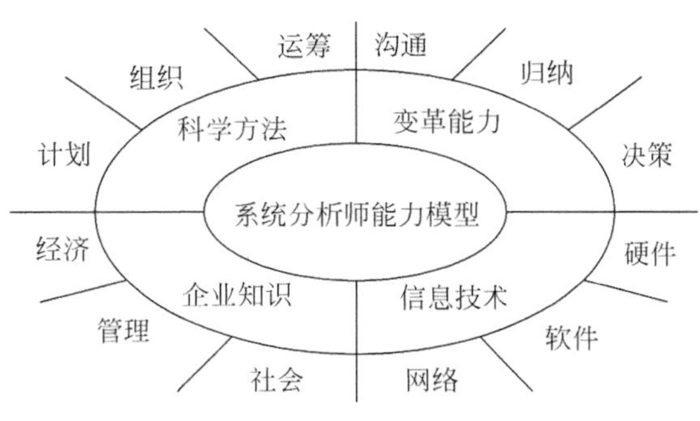

图 11-7 系统分析师能力模型

(1) 计算机硬件和软件基础知识。

(2) 数据库基本理论和设计。包括关系数据库系统(RDB)、面向对象数据库(OODB)等的相关知识。

(3) 通信与网络方面的知识。如客户机/服务器结构、浏览器/服务器结构;Internet、Intranet、Extranet 的相关知识。

(4) 计算机编程经验和技能。包括典型的面向过程的语言 C 语言、COBOL 等,典型的可视化程序设计语言(VB、PowerBuilder、Delphi 等),典型的面向对象程序设计语言(如 C++、Java 等)的相关知识。

(5) 信息系统基础知识。包括组织中的各种信息系统(TPS、MIS、DSS、MRP、MRPⅡ、ERP、SCM、CRM、CIMS 等)、电子商务等的相关知识。

(6) 信息系统开发方面的知识。系统分析师必须熟知和熟练运用系统开发的一些技能,包括系统开发的基本概念和原理、系统开发工具(如 CASE 工具);系统开发技术(项目管理技术、系统分析技术、系统设计技术、系统构造与实施技术、系统维护技术等)、快速应用开发(RAD)等方面的知识和技能。

2) 业务领域知识

信息系统分析与设计不仅仅是关于系统开发,而且也是关于如何利用信息技术解决企业面临的问题。因此,计算机信息系统并不是组织业务系统的简单翻版,作为系统分析师必须具有丰富的业务领域知识,熟悉企业组织的运作过程。这些业务领域知识包括:会计学、经济法、经济学、财务管理、生产、市场营销、作业管理、组织行为学等。

3) 解决问题的能力

系统分析师必须具有理解企业问题的能力,并能够将一些复杂的问题进行分解,分析问题的各个方面,然后提出问题的解决方案。系统分析师必须具有对问题进行深入分析的能力。系统分析师必须能够设计几套解决用户问题、满足用户需求的解决方案,每个解决方案需要仔细地全盘考虑,然后系统分析师与管理人员磋商决定哪个解决方案是最好的。

4) 人际沟通能力

信息系统开发过程中,系统分析师需要编制各种文档资料,需要跟具有不同专业背景的人员打交道。因此要求系统分析师必须具有良好的写作和口头表达能力。他应该熟知沟通的各种技巧,包括会谈、听取别人的观点等。

5) 人际关系能力

系统分析与设计是一项面向人的工作。为了使项目小组能够高效地工作,系统分析师必须具有与各种不同性格的人员沟通的能力和协调能力。

6）灵活性和适应性

永远不会有两个信息系统项目是完全一样的。即使对同一个问题也不可能只有一种解决方案。也不存在单一的、万能的可用于任何一个信息系统开发的方法。系统开发有多种方法和技术，系统分析师必须能够灵活地选择恰当的方法和技术来解决问题。

用户的业务环境不断变化，用户的需求也在不断变化，计算机软件、硬件技术的发展更是日新月异，因而要求所开发的信息系统必须具有较强的适应能力。为适应这些变化，系统分析师提出的解决方案必须具有足够的灵活性。

7）学习新技术的能力

信息技术的发展日新月异，如何能够利用最新的技术解决企业问题是衡量一个系统分析师能力的重要方面。

8）品质和道德

系统分析师所做的工作可能会涉及组织许多不同部门的信息，这些信息可能是非公开的，如关于公司产品方面的专利信息、公司的战略计划等，系统分析师必须能够保证这些信息的安全性。系统分析师也可能会涉及公司客户的一些私密信息，因此要求系统分析师具有高度的道德标准。任何不正当的行为，都会毁掉一个系统分析师的前程。

【小组讨论】 访谈企业信息系统开发部门的有关人员或浏览 Internet 上的有关资料(推荐网站：http：//www.ceiaec.org/(全国电子信息应用教育中心))，讨论下列问题：

(1) 我国从哪年开始举办系统分析师考试的？到目前为止这支队伍的状况如何？

(2) 全国计算机技术与软件专业技术资格(水平)考试中对系统分析师的知识和能力做了哪些方面的要求？

(3) 我国在系统分析师的培养方面与美国和日本等发达国家有哪些差距？为什么？

3. 系统分析师的权利和义务

下面列举了系统分析师的权利和义务：

(1) 系统分析师要使用符合客户语言习惯的表达。需求讨论集中于业务需求和任务，因此要使用术语。客户应将有关术语(如采价、印花商品等采购术语)教给系统分析师，而客户不一定要懂得计算机行业的术语。

(2) 系统分析师要了解客户的业务及目标。只有系统分析师更好地了解客户的业务，才能使产品更好地满足需要。这将有助于开发人员设计出真正满足客户需要并达到期望的信息系统。

(3) 系统分析师必须编写系统需求报告。系统分析师应将从客户那里获得的所有信息进行整理，以区分业务需求及规范、功能需求、质量目标、解决方法和其他信息。通过这些分析，客户就能得到一份“需求分析报告”，此份报告使开发人员和客户之间针对要开发的产品内容达成协议。报告应以一种客户认为易于翻阅和理解的方式组织编写。客户要评审此报告，以确保报告内容准确完整地表达其需求。一份高质量的“需求分析报告”有助于开发人员开发出真正需要的产品。

(4) 系统分析师必须对需求工作结果进行解释。系统分析师可能采用了多种图表作为文字性“需求分析报告”的补充说明，因为图表能很清晰地描述出系统行为的某些方面，所以报告中各种图表有着极高的价值；虽然它们不太难理解，但是客户可能对此并不熟悉，因此客户可以要求系统分析师解释说明每个图表的作用、符号的意义和需求开发工作的结果，以及怎样检查图表有无错误及是否一致等。

(5) 系统分析师要尊重客户的意见。如果用户与开发人员之间不能相互理解，那关于需求的讨论将会有障碍。参与需求开发过程的客户与开发人员之间应相互尊重。

(6) 系统分析师要对需求及产品实施提出建议和解决方案。通常客户所说的“需求”已经是一种实际可行的实施方案，系统分析师应尽力从这些解决方法中了解真正的业务需求，同时还应找出已有系统与当前业务的不符之处，以确保产品不会无效或低效；在彻底弄清业务领域内的事情后，系统分析师就能提出相当好的改进方法，有经验且有创造力的系统分析师还能提出增加一些用户没有发现的很有价值的系统特性。

(7) 系统分析师需要描述产品使用特性。客户可以要求系统分析师在实现功能需求的同时还注意软件的易用性，因为这些易用特性或质量属性能使客户更准确、高效地完成任务。例如：客户有时要求产品要“界面友好”或“健壮”或“高效率”，但对于开发人员来讲，太含糊了并无实用价值。正确的做法是，系统分析师通过询问和调查了解客户所要的友好、健壮、高效所包含的具体特性，具体分析哪些特性对哪些特性有负面影响，在性能代价和所提出解决方案的预期利益之间做出权衡，以确保进行合理的取舍。

(8) 允许重用已有的软件组件。需求通常有一定灵活性，系统分析师可能发现已有的某个软件组件与客户描述的需求很相符，在这种情况下，系统分析师应提供一些修改需求的选择以便开发人员能够降低新系统的开发成本和节省时间，而不必严格按原有的需求说明开发。所以说，如果想在产品中使用一些已有的商业常用组件，而它们并不完全适合你所需的特性，这时一定程度上的需求灵活性就显得极为重要了。

(9) 要求对变更的代价提供真实可靠的评估。有时，人们面临更好也更昂贵的方案时，会做出不同的选择。而这时，对需求变更的影响进行评估从而对业务决策提供帮助，是十分必要的。所以，客户有权利要求开发人员通过分析给出一个真实可信的评估，包括影响、成本和得失等。开发人员不能由于不想实施变更而随意夸大评估成本。

(10) 获得满足客户功能和质量要求的系统。每个人都希望项目成功，但这不仅要求客户要清晰地告知开发人员关于系统“做什么”所需的所有信息，而且还要求开发人员能通过沟通了解清楚取舍与限制，客户一定要明确说明自己的假设和潜在的期望，否则，开发人员开发出的产品很可能无法让客户满意。

11.5 项目管理工具 Microsoft Project 简介

11.5.1 Microsoft Project 简介

Microsoft Project 是 Microsoft 公司推出的一个功能强大而且可以灵活运用的项目管理工具，利用 Microsoft Project 可以从所有 9 个项目管理知识领域的角度帮助用户，而大多数用户使用 Microsoft Project 来辅助项目范围、时间、成本、人力资源和沟通的管理。

Project 具体功能包括：

- 迅速、完整地制定项目计划。

- 帮助项目工作者寻找关键路径，并提供优化的方法。
- 资源分配、协调和效率分析。
- 项目成本估算、控制、分析。
- 项目动态跟踪和控制。
- 项目执行状态分析、评价。
- 信息沟通交流。

Microsoft Project 能够协助项目经理制定计划、为任务分配资源、跟踪进度、管理预算和分析工作量等完成项目需要进行的各项活动。Microsoft Project 具有如下优势和特点：

- 使项目参与人员有共识的项目描述语言。
- 代替人完成烦琐的项目调整计算工作。
- 帮助项目经理分析项目焦点，抓住主要矛盾，提高工作效率。
- 提高项目管理的应变能力。
- 能提供大量在项目管理过程中所需数据、信息。
- 在国际上应用广泛、通用性强，易学易用。
- 凝聚了现代项目管理的理论和方法（WBS、甘特图、里程碑、关键路径法、网络图、责任矩阵、成本估算、项目评价技术）。
- 数据分析处理能力强。
- 信息交流功能强。
- 基于网络的协同工作方式。

11.5.2 Microsoft Project 的时间管理

在时间管理方面，利用 Microsoft Project，可以：

(1) 将项目目标等信息记录在项目文件的属性中。

(2) 创建活动(任务)列表。

(3) 设置任务的依赖关系。

(4) 设置限制条件。有时出于市场需求、其他项目联系人的要求或管理上的需求，某些任务的开始或完成会有明确的限制，如必须在某日之前完成、必须在某个时间段内完成等，通过 Project 可以方便地为任务设置限制条件。

(5) 拆分任务。在项目管理中，有时由于稀缺资源的短缺或人事的意外变动，会造成某项任务在一定时期内的中断，通过 Project 可进行任务的拆分。

(6) 指定任务时间、设置任务历时、设置里程碑。

(7) 设置日历、创建基准日历、创建全局基准日历。项目类型不同，使用日历也不同。有些项目是在正常工作时间及正常工作日下进行。

(8) 显示松弛量。在制定进度计划时，松弛量是一个重要的参考数据，它使项目进度安排具备一定的弹性，合理地使用松弛量可以错开不同任务对资源的同时需求，并监控项目的进度。

(9) 设置基准计划。对项目进度进行控制，首先需要确定一个判断标准，即基准计划。在随后的项目进度中，用实际项目进度与之相比，看看实际项目进度比基准计划是提前了、还是准时完成或延迟。Project 不仅可以为整个项目进度设置基准，而且还可以为一个或几个需要重点控制的项目单独设置基准。

(10) 跟踪进度。项目开始执行后，应对项目进度进行跟踪监督，记录下每个项目任务实际已使用的时间、完成的程度及最终完成的时间。

下面通过实例演示了利用 Microsoft Project 进行项目时间管理的步骤：

(1) 在 Microsoft Project 2003 环境下，创建一个项目文件，并将项目目标等信息记录在项目文件的属性中(见图 11-8)。

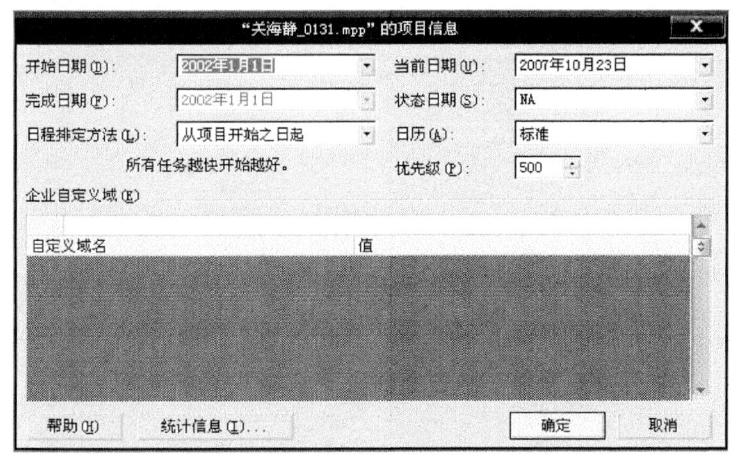

图 11-8 创建项目文件

(2) 创建活动(任务)列表，并将任务分段(见图 11-9 和图 11-10)。

1		100用户需求调研	1 工作日?	2C
2		200开发环境准备	1 工作日?	2C
3		210系统开发环境准备	1 工作日?	2C
4		220系统调试环境准备	1 工作日?	2C
5		230工程实施环境准备	1 工作日?	2C
6		300系统分析	1 工作日?	2C
7		220可行性分析	1 工作日?	2C
8		320问题定义	1 工作日?	2C
9		330需求规定	1 工作日?	2C
10		340系统建模	1 工作日?	2C
11		400系统设计	1 工作日?	2C
12		410总体设计	1 工作日?	2C
13		411 软件体系结构设计	1 工作日?	2C
14		412系统体系结构设计	1 工作日?	2C
15		413网络设计	1 工作日?	2C
16		420详细设计	1 工作日?	2C
17		421控制设计	1 工作日?	2C
18		422输入输出设计	1 工作日?	2C
19		423人机界面设计	1 工作日?	2C
20		424数据库设计	1 工作日?	2C
21		425程序实现	1 工作日?	2C
22		500信息系统的实施	1 工作日?	2C
23		510物理系统实施	1 工作日?	2C
24		520编码	1 工作日?	2C
25		530系统测试	1 工作日?	2C
26		600人员培训	1 工作日?	2C
27		700系统试运行	1 工作日?	2C
28		800系统评价	1 工作日?	2C
29		900系统发布	1 工作日?	2C

图 11-9 创建任务列表

	任务名称	工期	开始时间
1	100用户需求调研	1 工作日?	2002年1J
2	⊟ **200开发环境准备**	**1 工作日?**	**2002年1月**
3	210系统开发环境准备	1 工作日?	2002年1J
4	220系统调试环境准备	1 工作日?	2002年1J
5	230工程实施环境准备	1 工作日?	2002年1J
6	⊟ **300系统分析**	**1 工作日?**	**2002年1月**
7	320可行性分析	1 工作日?	2002年1J
8	320问题定义	1 工作日?	2002年1J
9	330需求规定	1 工作日?	2002年1J
10	340系统建模	1 工作日?	2002年1J
11	⊟ **400系统设计**	**1 工作日?**	**2002年1月**
12	⊟ **410总体设计**	**1 工作日?**	**2002年1月**
13	411 软件体系结构	1 工作日?	2002年1J
14	412系统体系结构i	1 工作日?	2002年1J
15	413网络设计	1 工作日?	2002年1J
16	⊟ **420详细设计**	**1 工作日?**	**2002年1月**
17	421控制设计	1 工作日?	2002年1J
18	422输入输出设计	1 工作日?	2002年1J
19	423人机界面设计	1 工作日?	2002年1J
20	424数据库设计	1 工作日?	2002年1J
21	425程序实现	1 工作日?	2002年1J
22	⊟ **500信息系统的实施**	**1 工作日?**	**2002年1月**
23	510物理系统实施	1 工作日?	2002年1J
24	520编码	1 工作日?	2002年1J
25	530系统测试	1 工作日?	2002年1J
26	600人员培训	1 工作日?	2002年1J
27	700系统试运行	1 工作日?	2002年1J
28	800系统评价	1 工作日?	2002年1J
29	900系统发布	1 工作日?	2002年1J

图 11-10　任务分段

(3) 排定任务日程,设置任务的依赖关系,形成完整的甘特图(见图 11-11)。

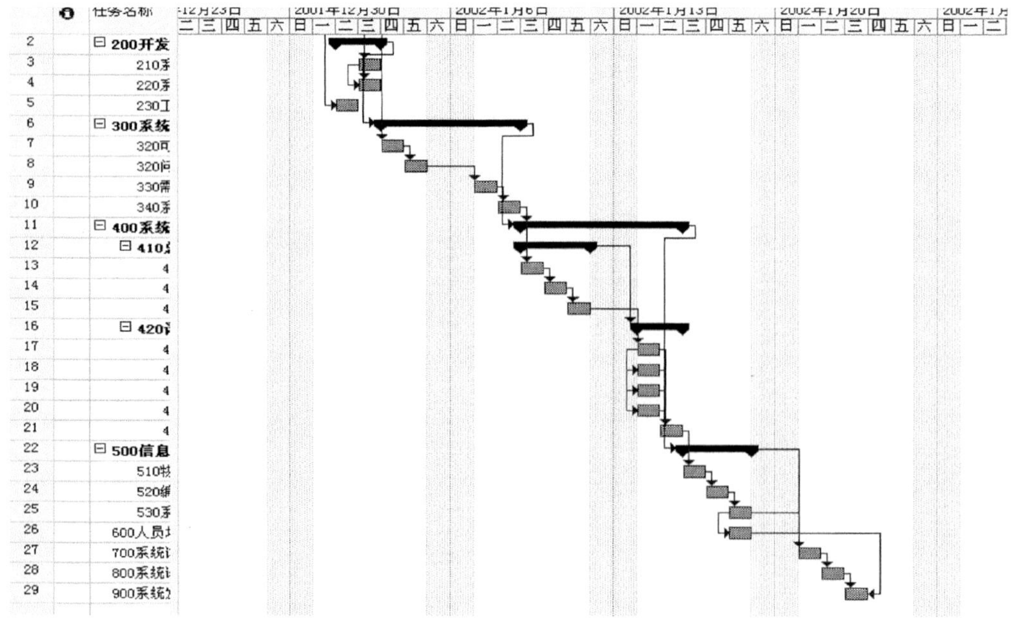

图 11-11　甘特图

(4) 设置限制条件。如为任务“系统测试”设置任务限制“不得早于 8 月 20 日开始”(见图 11-12)。

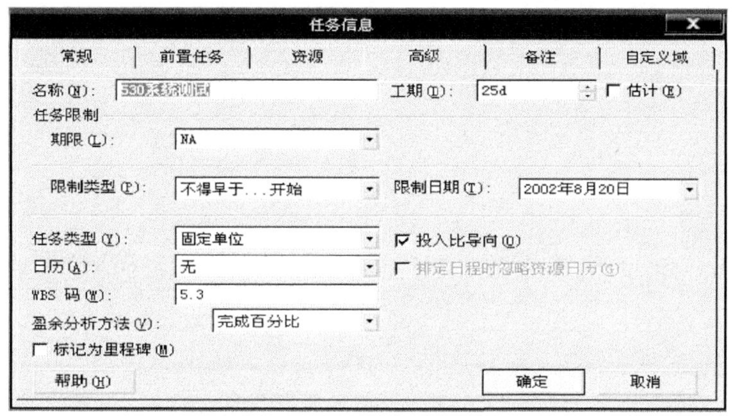

图 11-12 设置任务限制

继续完成所有限制设置(见图 11-13)。

此任务有限制条件:“不得晚于...完成”,日期: 2002年2月1日。

	任务名称	工期	开始时间	完成时间	前置任务	资源:
1	100用户需求调研	10 工作日	2002年1月1日	2002年1月14日		
2	[illegible]	[illegible]工作日	**2002年1月1日**	**2002年1月23日**		
3	[illegible]	[illegible]工作日	2002年1月17日	2002年1月22日	1FS+2 工作日	
4	[illegible]	[illegible]工作日	2002年1月17日	2002年1月23日	1,3SS	
5	230工程实施环境准	5 工作日	2002年1月1日	2002年1月7日	1SS	
6	**300系统分析**	**46 工作日**	**2002年1月24日**	**2002年4月4日**	**2**	
7	320可行性分析	5 工作日	2002年1月24日	2002年1月30日	1	
8	320问题定义	5 工作日	2002年1月31日	2002年2月6日	7	
9	330需求规定	10 工作日	2002年2月21日	2002年3月6日	8FS+5 工作日	
10	340系统建模	21 工作日	2002年3月7日	2002年4月4日	9	
11	**400系统设计**	**66 工作日**	**2002年4月5日**	**2002年7月12日**	**10,6**	
12	**410总体设计**	**15 工作日**	**2002年4月5日**	**2002年4月25日**		
13	411 软件体系结	5 工作日	2002年4月5日	2002年4月11日	10	
14	412系统体系结	5 工作日	2002年4月12日	2002年4月18日	13	
15	413网络设计	5 工作日	2002年4月19日	2002年4月25日	14	
16	**420详细设计**	**48 工作日**	**2002年5月8日**	**2002年7月12日**	**12**	
17	421控制设计	9 工作日	2002年5月8日	2002年5月20日	15FS+3 工作日	
18	422输入输出设i	9 工作日	2002年5月13日	2002年5月23日	17SS+3 工作日	
19	423人机界面设i	6 工作日	2002年5月13日	2002年5月20日	18SS	
20	424数据库设计	15 工作日	2002年5月20日	2002年6月7日	19SS+5 工作日	
21	425程序实现	25 工作日	2002年6月10日	2002年7月12日	17,18,19,20	
22	**500信息系统的实施**	**63 工作日**	**2002年7月15日**	**2002年10月16日**	**11**	
23	510物理系统实施	6 工作日	2002年7月15日	2002年7月22日	21	
24	520编码	31 工作日	2002年7月23日	2002年9月4日	23	
25	530系统测试	25 工作日	2002年9月5日	2002年10月16日	24	
26	600人员培训	60 工作日?	2002年9月5日	2002年12月4日	25SS	
27	700系统试运行	20 工作日	2002年10月17日	2002年11月13日	22,25	
28	800系统评价	10 工作日?	2002年11月14日	2002年11月27日	27	
29	900系统发布	5 工作日	2002年11月28日	2002年12月4日	28,26FF	

图 11-13 所有任务限制设置

(5) 拆分任务(见图 11-14)。

(6) 指定任务时间、设置任务历时、设置里程碑。在“任务信息”对话框中的“常规”选项卡下指定任务时间及任务历时(见图 11-15)。

在“任务信息”对话框中的“高级”选项卡下设置里程碑(见图 11-16)。

(7) 设置日历、创建基准日历、创建全局基准日历(见图 11-17)。

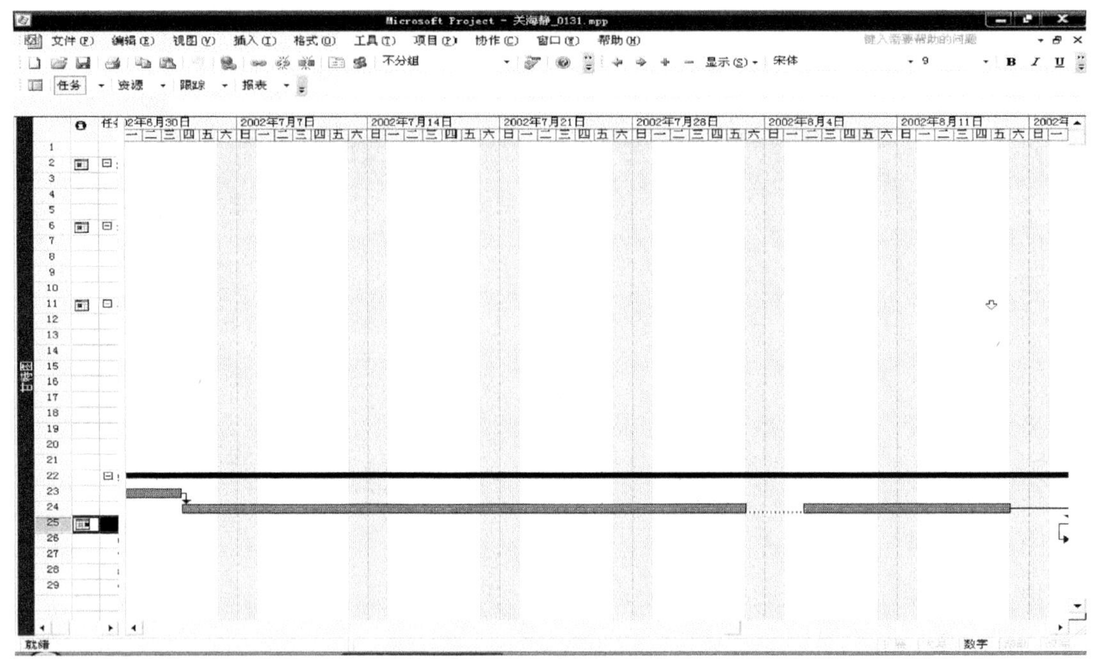

图 11-14 拆分任务

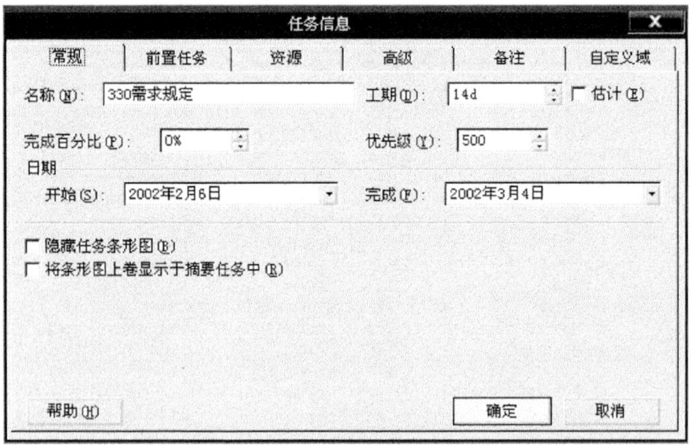

任务信息
常规 | 前置任务 | 资源 | 高级 | 备注 | 自定义域
名称(N): 330需求规定 工期(D): 14d 估计(E)
完成百分比(P): 0% 优先级(Y): 500
日期
开始(S): 2002年2月6日 完成(F): 2002年3月4日
隐藏任务条形图(B)
将条形图上卷显示于摘要任务中(R)
帮助(H) 确定 取消

图 11-15 设置任务时间、历时

Project 包含在项目中可使用的基准日历。这 3 种日历为“标准”、“24 小时”以及“夜班”日历。可以使用这些日历中的任何一种，也可以基于其中一种日历新建日历。项目类型不同，使用日历也不同。有些项目是在正常工作时间及正常工作日下进行。而有些项目则需要在 24 小时不间断、三班倒和节假日不休息的情况下完成。在制定进度计划之前，首先要选择项目使用的日历。在某一个项目文件中创建及编辑的基准日历，只适用于该项目文件，而没有改变其他项目文件的基准日历，如果希望编辑的日历适用于所有项目文件，则需要创建全局基准日历。

(8) 显示松弛量。在“任务信息”对话框中的“前置任务”选项卡中设置任务松弛量及任务延隔时间(见图 11-18)。

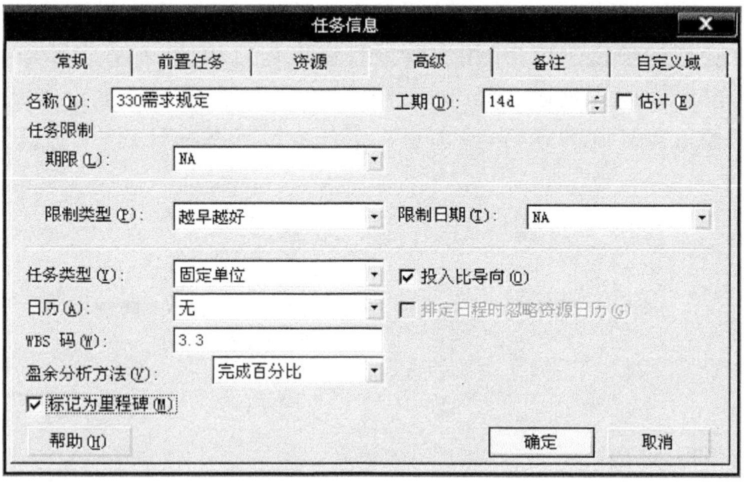

图 11-16　设置里程碑

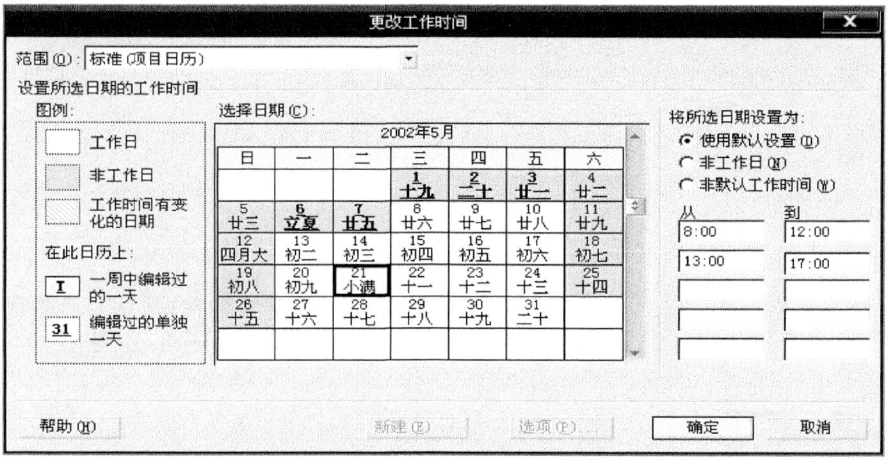

图 11-17　设置全局基准日历

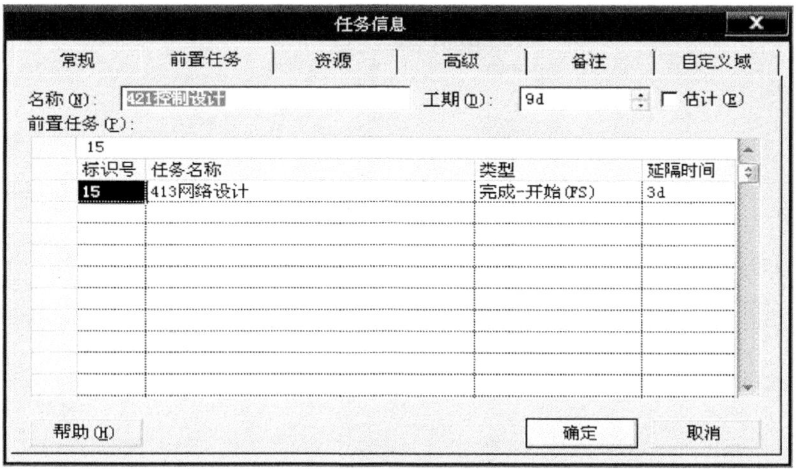

图 11-18　设置松弛量

(9) 设置基准计划(见图 11-19)。对项目进度进行控制,首先需要确定一个判断标准,即基准计划。在随后的项目进度中,用实际项目进度与之相比,看看实际项目进度比基准计划是提前了还是准时完成或延迟。Project 不仅可以为整个项目进度设置基准,而且还可以为一个或几个需要重点控制的项目(或称为每个任务设置基准计划)单独设置基准。

	任务名称	工时	比较基准	差异	实际	剩余	工时完成百分比
1	100用户需求调研	6 工时	0 工时	6 工时	6 工时	0 工时	100%
2	⊟ **200开发环境准备**	**9 工时**	**0 工时**	**9 工时**	**9 工时**	**0 工时**	**100%**
3	210系统开发环境准备	3 工时	0 工时	3 工时	3 工时	0 工时	100%
4	220系统调试环境准备	3 工时	0 工时	3 工时	3 工时	0 工时	100%
5	230工程实施环境准备	3 工时	0 工时	3 工时	3 工时	0 工时	100%
6	⊟ **300系统分析**	**2 工时**	**0 工时**	**2 工时**	**0.8 工时**	**1.2 工时**	**40%**
7	320可行性分析	2 工时	0 工时	2 工时	0.8 工时	1.2 工时	40%
8	320问题定义	0 工时	0 工时	0 工时	0 工时	0 工时	0%
9	330需求规定	0 工时	0 工时	0 工时	0 工时	0 工时	0%
10	340系统建模	0 工时	0 工时	0 工时	0 工时	0 工时	0%
11	⊟ **400系统设计**	**0 工时**	**0 工时**	**0 工时**	**0 工时**	**0 工时**	**0%**
12	⊟ **410总体设计**	**0 工时**	**0 工时**	**0 工时**	**0 工时**	**0 工时**	**0%**
13	411 软件体系结构	0 工时	0 工时	0 工时	0 工时	0 工时	0%
14	412系统体系结构i	0 工时	0 工时	0 工时	0 工时	0 工时	0%
15	413网络设计	0 工时	0 工时	0 工时	0 工时	0 工时	0%
16	⊟ **420详细设计**	**0 工时**	**0 工时**	**0 工时**	**0 工时**	**0 工时**	**0%**
17	421控制设计	0 工时	0 工时	0 工时	0 工时	0 工时	0%
18	422输入输出设计	0 工时	0 工时	0 工时	0 工时	0 工时	0%
19	423人机界面设计	0 工时	0 工时	0 工时	0 工时	0 工时	0%
20	424数据库设计	0 工时	0 工时	0 工时	0 工时	0 工时	0%
21	425程序实现	0 工时	0 工时	0 工时	0 工时	0 工时	0%
22	⊟ **500信息系统的实施**	**0 工时**	**0 工时**	**0 工时**	**0 工时**	**0 工时**	**0%**
23	510物理系统实施	0 工时	0 工时	0 工时	0 工时	0 工时	0%
24	520编码	0 工时	0 工时	0 工时	0 工时	0 工时	0%
25	530系统测试	0 工时	0 工时	0 工时	0 工时	0 工时	0%
26	600人员培训	0 工时	0 工时	0 工时	0 工时	0 工时	0%
27	700系统试运行	0 工时	0 工时	0 工时	0 工时	0 工时	0%
28	800系统评价	0 工时	0 工时	0 工时	0 工时	0 工时	0%
29	900系统发布	0 工时	0 工时	0 工时	0 工时	0 工时	0%

图 11-19　设置基准计划

(10) 跟踪进度。Project 可以根据输入的实际已完成的各项任务的时间,自动重排项目的剩余任务。这部分操作包括记录项目实际历时及完成百分比、使用进度线(见图 11-20)。

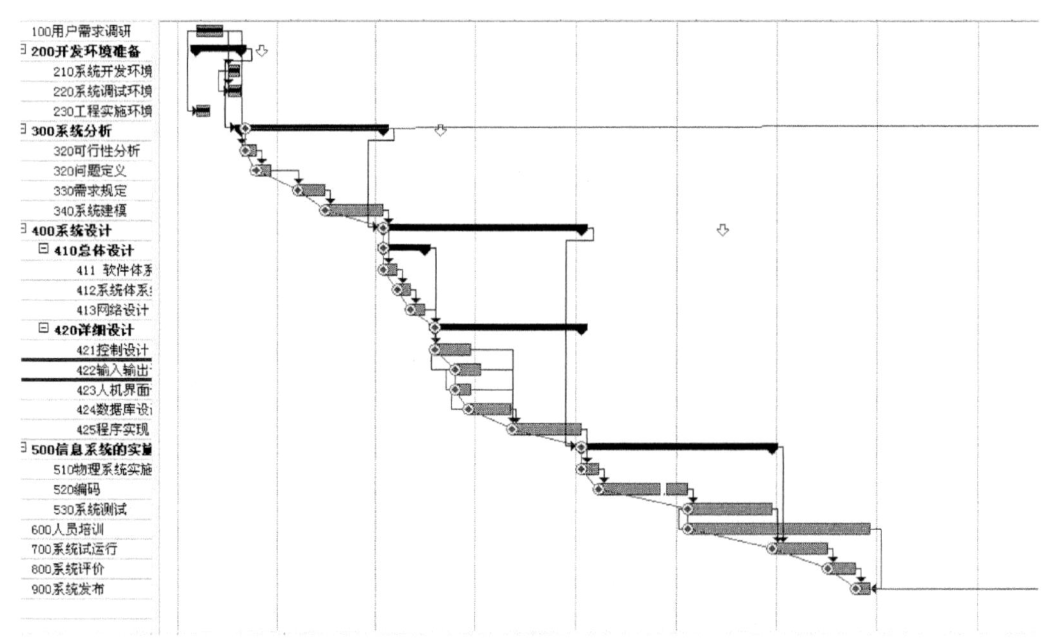

图 11-20　使用进度线跟踪进度

11.5.3 Microsoft Project 的资源分配与管理

利用 Microsoft Project 的资源分配与管理功能，可以建立资源库、设置资源成本、定义资源的相关信息、资源分配、跟踪资源、解决资源过度分配等问题。下面通过实例简要说明了资源分配和管理的具体操作。

1. 建立资源库

所谓资源就是用于完成项目中的任务的人、设备和材料资源(可消耗的材料或供应品)。输入每个资源的名称、标准费率、最大单位、工时。

(1) 选择“视图”→“资源工作表”命令，打开“资源工作表”界面(见图 11-21)。

图 11-21 “资源工作表”命令

(2) 单击“资源工作表”界面任意空白处，即弹出“资源信息”对话框。在此对话框的“常规”、“工作时间”、“资源成本”选项卡下可以依次设置“资源的名称”、“标准费率”、“最大单位”、“工时”等资源信息(见图 11-22)。

(3) 所有资源设置信息(见图 11-23)。

2. 设置资源成本(见图 11-24)

资源成本包括资源的标准费率、加班费率和固定成本。固定成本是指任务的设定成本，无论一个任务的工期和资源完成的工时如何变化，此成本总保持不变。另外，对于固定成本不一定每一个资源都需要输入，如果有则说明每次使用该资源时消耗的成本。

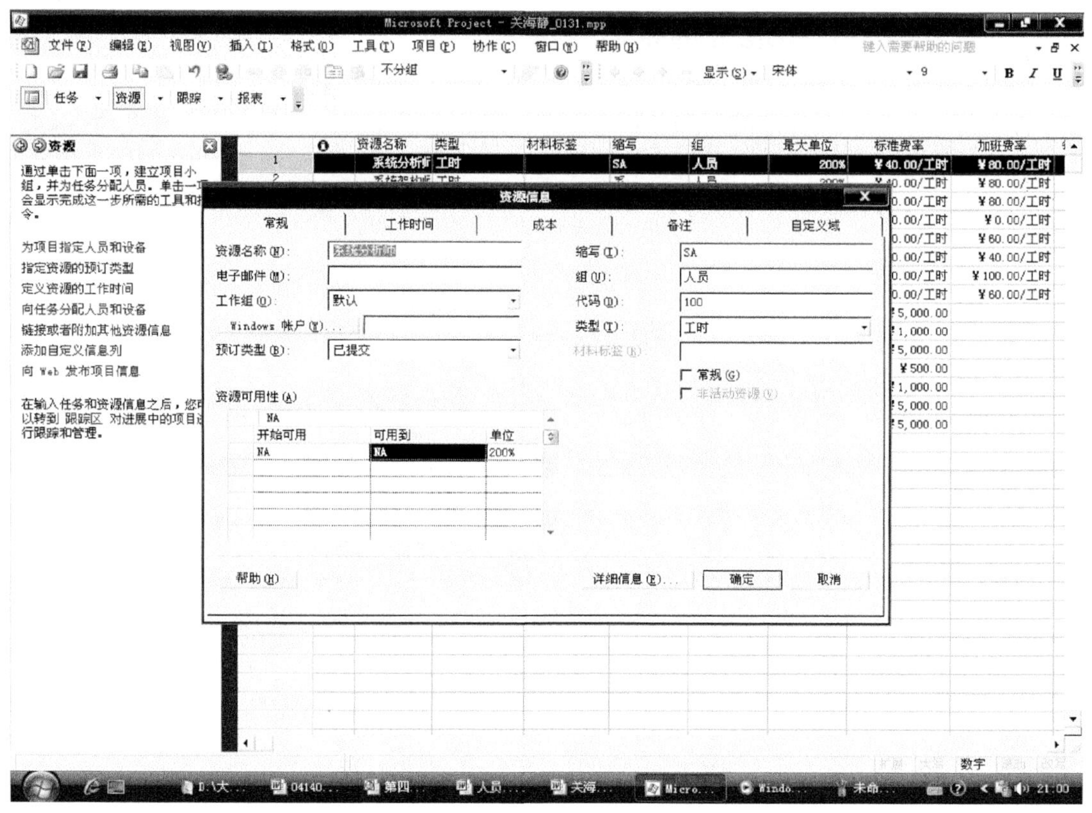

图 11-22　资源信息设置

	❶	资源名称	类型	材料标签	缩写	组	最大单位	标准费率	加班费率	每次使用成本	成本累算	基准日历
1		系统分析师	工时		SA	人员	200%	¥40.00/工时	¥80.00/工时	¥0.00	按比例	标准
2		系统架构师	工时		系	人员	200%	¥40.00/工时	¥80.00/工时	¥0.00	按比例	标准
3		系统设计人	工时		系	人员	200%	¥40.00/工时	¥80.00/工时	¥0.00	按比例	标准
4		系统测试员	工时		系	人员	100%	¥40.00/工时	¥0.00/工时	¥0.00	按比例	标准
5		程序员	工时		程	人员	200%	¥30.00/工时	¥60.00/工时	¥0.00	按比例	标准
6		需求调查人	工时		需	人员	200%	¥20.00/工时	¥40.00/工时	¥0.00	按比例	标准
7		项目经理	工时		项	人员	100%	¥50.00/工时	¥100.00/工时	¥0.00	按比例	标准
8		技术人员	工时		技	人员	300%	¥30.00/工时	¥60.00/工时	¥0.00	按比例	标准
9		电脑	材料		PC	设备		¥5,000.00		¥50.00	按比例	
10		住房	材料		住	设备		¥1,000.00		¥0.00	按比例	
11		网络设备	材料		网	设备		¥5,000.00		¥0.00	按比例	
12		交通工具	材料		交	设备		¥500.00		¥0.00	按比例	
13		场地	材料		场	设备		¥1,000.00		¥0.00	按比例	
14		系统测试工	材料		系	设备		¥5,000.00		¥0.00	按比例	
15		系统编码工	材料		系	设备		¥5,000.00		¥0.00	按比例	

图 11-23　所有资源信息设置

3. 定义资源的相关信息(见图 11-25)

(1) 设置资源的成本累算方式,此项目采用“按比例”成本累算方式。

(2) 设置资源的基准日历。此项目资源采用标准日历。

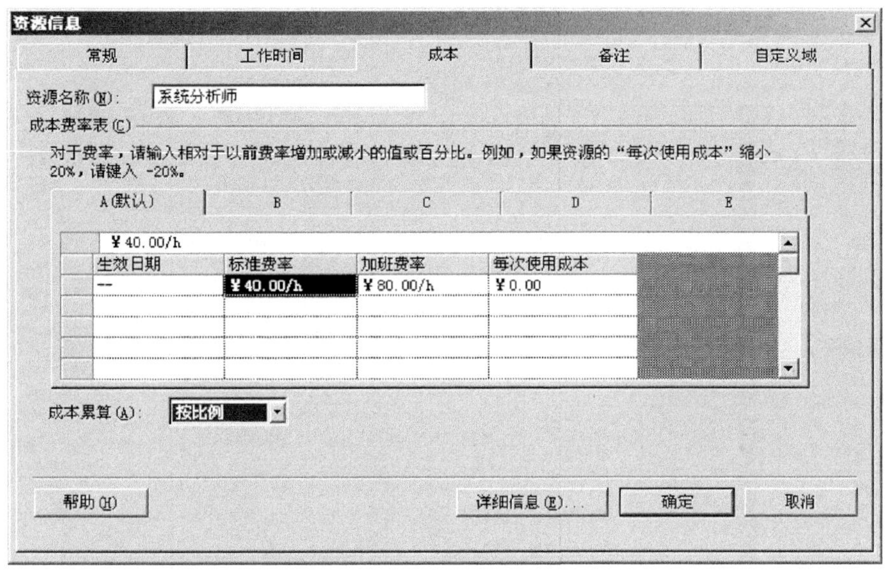

图 11-24　设置资源成本

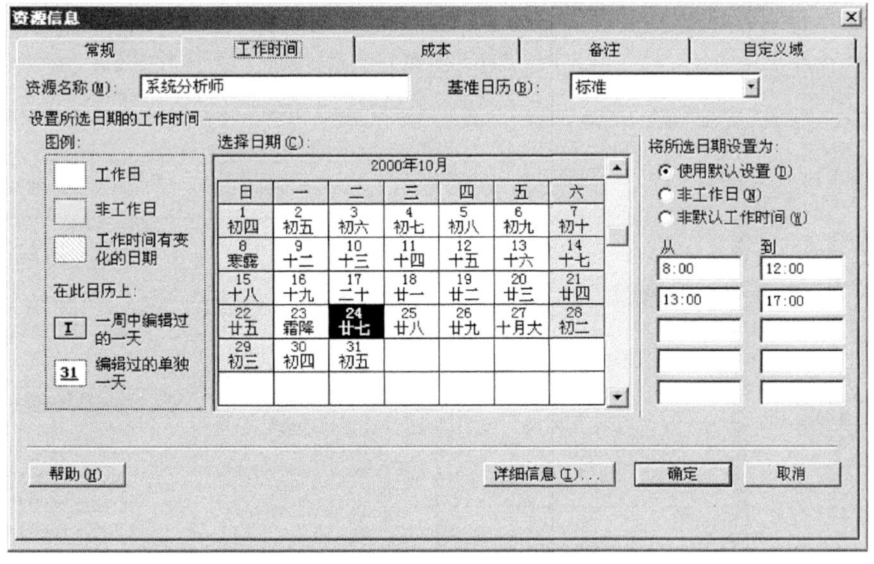

图 11-25　定义资源相关信息

4. 资源分配

为任务列表中的每个任务分配资源。

(1) 选定任务，然后选择“工具”→“分配资源”命令(见图 11-26)。

(2) 在弹出的“分配资源”对话框中为该选定任务分配资源并设定资源的单位(见图 11-27)。

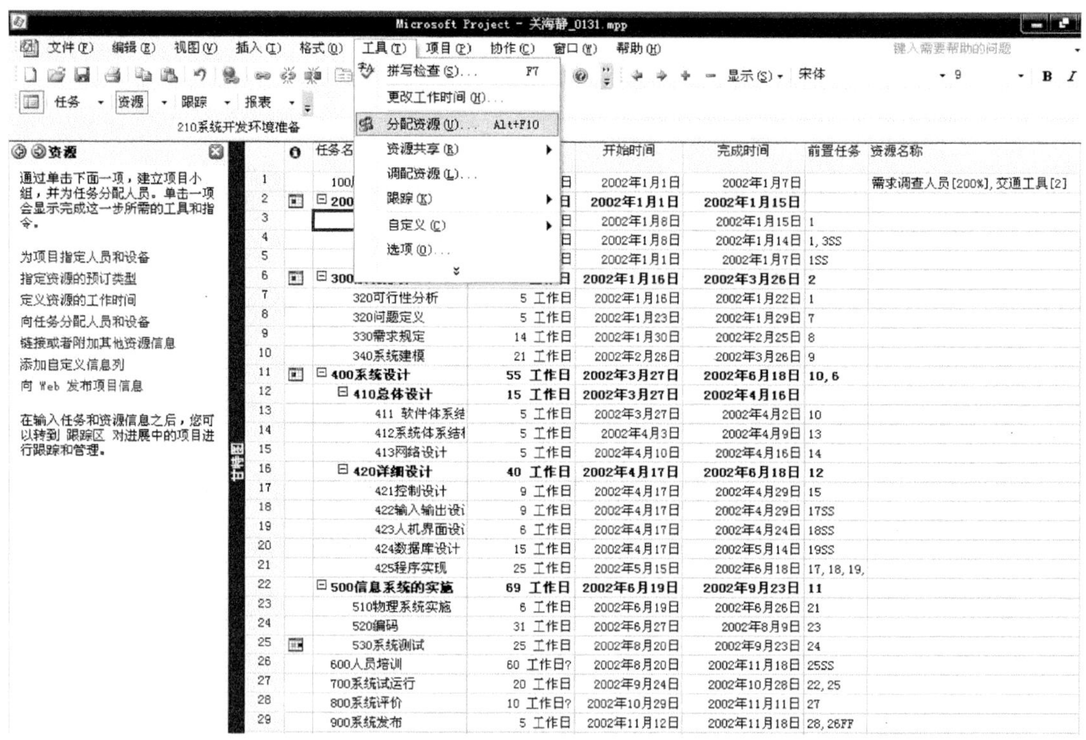

图 11-26 资源分配界面

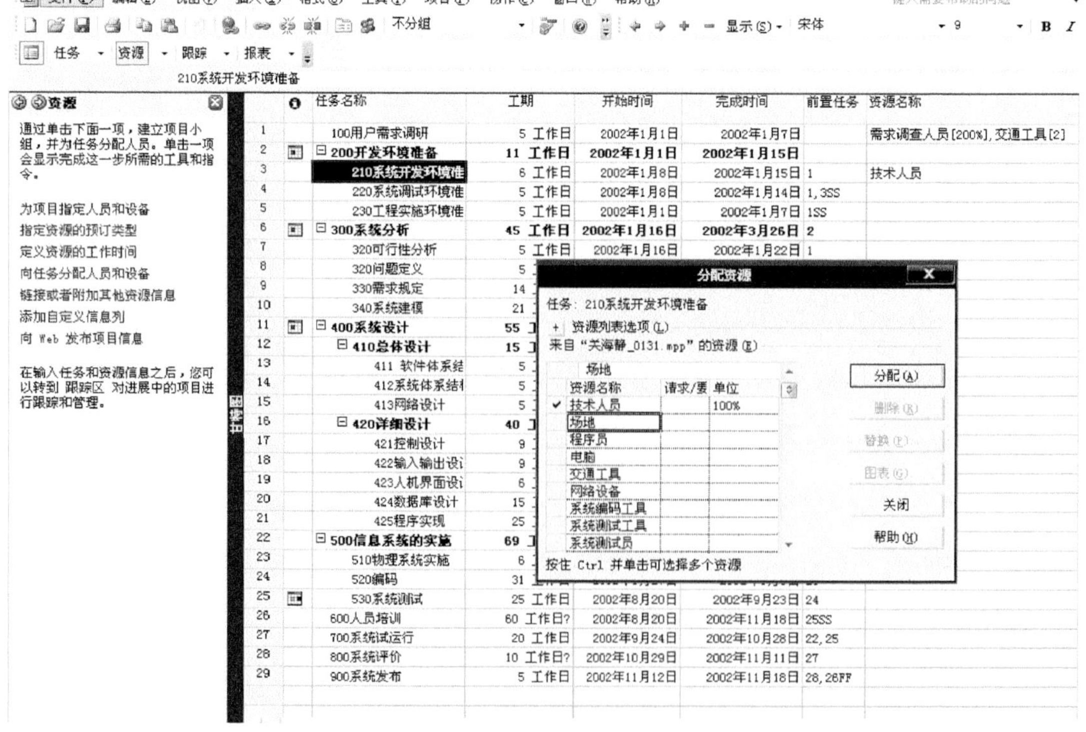

图 11-27 分配资源并设定资源单位

(3) 所有资源分配情况如图 11-28 和图 11-29 所示。

1		100用户需求调研	5 工作日	2002年1月1日	2002年1月7日		需求调查人员[200%], 交通工具[2]
2		⊟ **200开发环境准备**	**10 工作日**	**2002年1月1日**	**2002年1月14日**		
3		210系统开发环境准	3 工作日	2002年1月8日	2002年1月10日	1	技术人员, 场地[1], 电脑[3], 网络设备[1], 住房[1], 系统架构师
4		220系统调试环境准	5 工作日	2002年1月8日	2002年1月14日	1, 3SS	技术人员, 场地[0.5], 住房[1], 系统架构师
5		230工程实施环境准	5 工作日	2002年1月1日	2002年1月7日	1SS	技术人员, 场地[1], 电脑[1]
6		⊟ **300系统分析**	**45 工作日**	**2002年1月15日**	**2002年3月25日**	**2**	
7		320可行性分析	5 工作日	2002年1月15日	2002年1月21日	1	系统分析师, 场地[1], 电脑[1], 住房[1]
8		320问题定义	5 工作日	2002年1月22日	2002年1月28日	7	系统分析师, 场地[1], 电脑[1], 住房[1]
9		330需求规定	14 工作日	2002年1月29日	2002年2月22日	8	住房[1], 场地[1], 系统分析师, 电脑[1]
10		340系统建模	10.5 工作日	2002年2月25日	2002年3月25日	9	电脑[1], 场地[1], 系统分析师[200%], 住房[1]
11		⊟ **400系统设计**	**66 工作日**	**2002年3月26日**	**2002年7月2日**	**10, 6**	
12		⊟ **410总体设计**	**15 工作日**	**2002年3月26日**	**2002年4月15日**		
13		411 软件体系结	5 工作日	2002年3月26日	2002年4月1日	10	系统架构师, 场地[1], 电脑[1], 住房[1]
14		412系统体系结	5 工作日	2002年4月2日	2002年4月8日	13	系统架构师, 场地[1], 电脑[1], 住房[1]
15		413网络设计	5 工作日	2002年4月9日	2002年4月15日	14	系统架构师, 场地[1], 电脑[1], 住房[1]
16		⊟ **420详细设计**	**51 工作日**	**2002年4月16日**	**2002年7月2日**	**12**	
17		421控制设计	9 工作日	2002年4月16日	2002年4月26日	15	系统设计人员, 场地[1], 电脑[1], 住房[0.5]
18		422输入输出设	9 工作日	2002年4月19日	2002年5月8日	17SS+3 工	系统设计人员, 场地[1], 电脑[1], 住房[0.5]
19		423人机界面设	6 工作日	2002年4月24日	2002年5月8日	18SS+3 工	系统设计人员, 场地[1], 电脑[1], 住房[0.5]
20		424数据库设计	7.5 工作日	2002年5月8日	2002年5月28日	19SS+5 工	系统设计人员[200%], 场地[1], 电脑[1], 住房[0.5]
21		425程序实现	12.5 工作日	2002年5月29日	2002年7月2日	17, 18, 19,	场地[1], 电脑[2], 系统设计人员[200%], 住房[2]
22		⊟ **500信息系统的实施**	**60 工作日**	**2002年7月3日**	**2002年9月24日**	**11**	
23		510物理系统实施	3 工作日	2002年7月3日	2002年7月5日	21	场地[1], 网络设备[1], 电脑[1], 技术人员, 系统架构师, 住房[1]
24		520编码	15.5 工作日	2002年7月8日	2002年8月20日	23	住房[1], 电脑[2], 场地[1], 程序员[200%]
25		530系统测试	25 工作日	2002年8月21日	2002年9月24日	24	系统测试员, 场地[1], 电脑[1], 系统测试工具[1], 住房[1]
26		600人员培训	60 工作日?	2002年8月21日	2002年11月19日	25SS	场地[1], 技术人员, 住房[1], 电脑[1]
27		700系统试运行	20 工作日	2002年9月25日	2002年10月29日	22, 25	技术人员, 场地[1], 住房[1], 电脑[1]
28		800系统评价	10 工作日?	2002年10月30日	2002年11月12日	27	项目经理, 场地[1], 电脑[1]
29		900系统发布	5 工作日	2002年11月13日	2002年11月19日	28, 26FF	项目经理

图 11-28　资源分配结果(1)

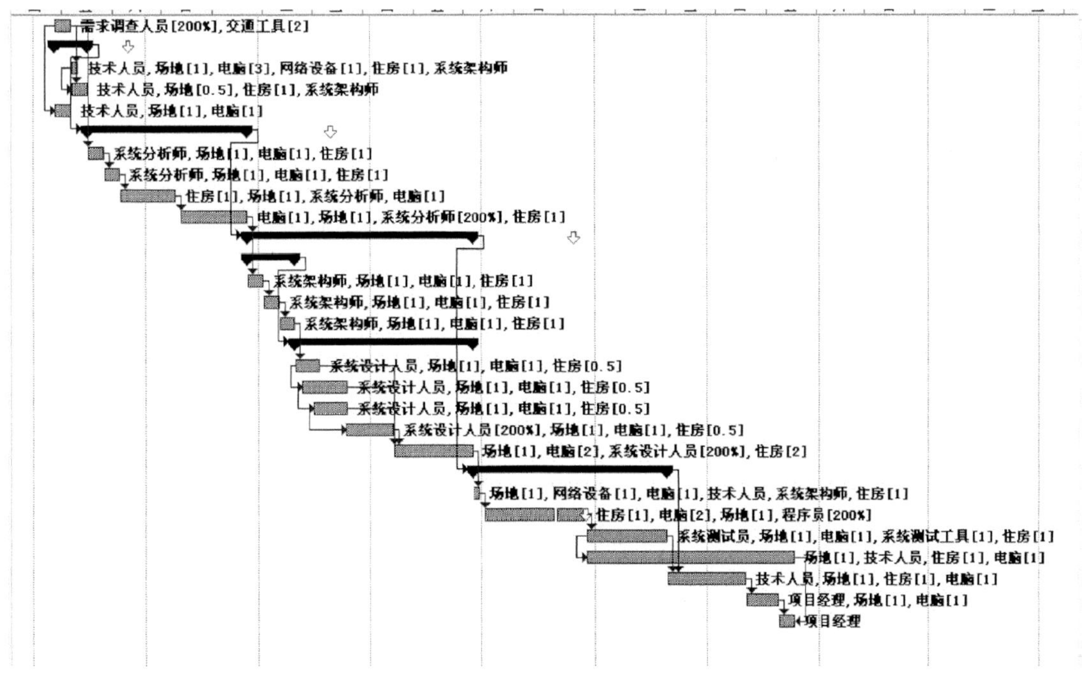

图 11-29　资源分配结果(2)

5. 跟踪资源

如果基于资源的有效性安排任务，应通过刷新任务已完成的工作来跟踪任务的进展。使用这种刷新方法，可以跟踪每一个资源正在处理的工作。选择“视图”→“表”→“工时”选项，在“实际”区域，输入刷新的工作值(见图 11-30)。

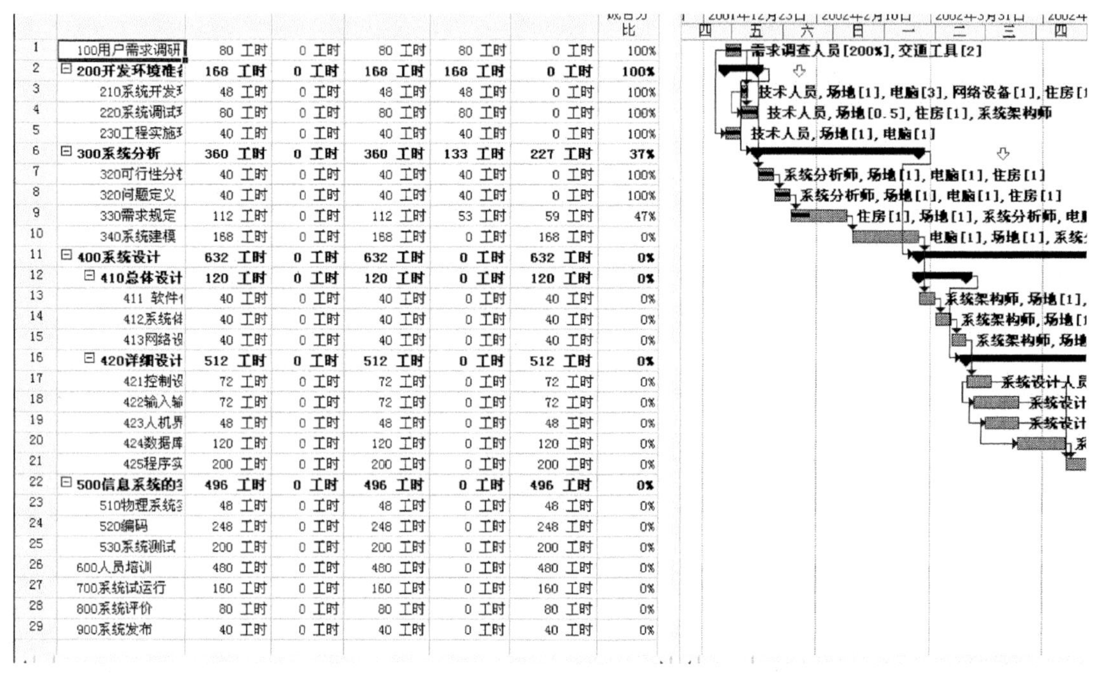

图 11-30 跟踪资源

6. 解决资源过度分配的方法

(1) 如果时间允许的话可以调整同时使用该资源任务的松弛量。

(2) 如果资源允许增加资源单位。

11.5.4 Microsoft Project 的成本管理

1. 查看任务费用和总成本

(1) 单击工具栏中“报表”选项，选中“查看项目成本”命令(见图 11-31)。

(2) 应用右边向导栏中“应用筛选器”可以筛选所需聚焦，即所想看到的相关项目任务的成本信息。若选择“没有应用筛选器”选项，则可见到所有项目任务的成本信息，包括总成本等(见图 11-32)。

此外，还可以通过使用“成本超过预算”、“成本大于…”、“使用资源”、“加班的任务”等选项筛选想要了解的某一项任务或某一些任务的成本信息(包括总成本等)。图 11-33 即为筛选使用“系统分析师”资源的任务的成本信息。

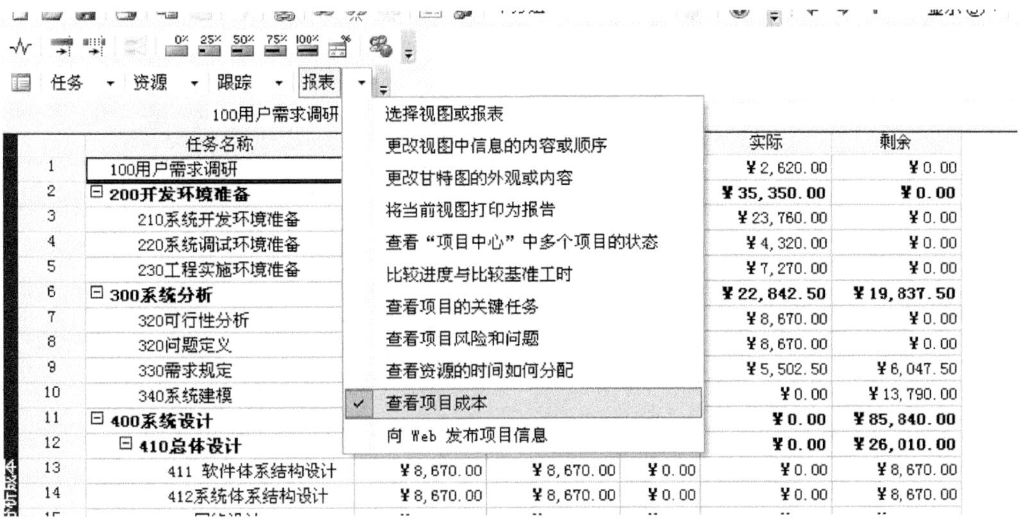

任务　资源　跟踪　报表

100用户需求调研

选择视图或报表
更改视图中信息的内容或顺序
更改甘特图的外观或内容
将当前视图打印为报告
查看"项目中心"中多个项目的状态
比较进度与比较基准工时
查看项目的关键任务
查看项目风险和问题
查看资源的时间如何分配
✓ 查看项目成本
向 Web 发布项目信息

	任务名称				实际	剩余
1	100用户需求调研				¥2,620.00	¥0.00
2	⊟ **200开发环境准备**				**¥35,350.00**	**¥0.00**
3	210系统开发环境准备				¥23,760.00	¥0.00
4	220系统调试环境准备				¥4,320.00	¥0.00
5	230工程实施环境准备				¥7,270.00	¥0.00
6	⊟ **300系统分析**				**¥22,842.50**	**¥19,837.50**
7	320可行性分析				¥8,670.00	¥0.00
8	320问题定义				¥8,670.00	¥0.00
9	330需求规定				¥5,502.50	¥6,047.50
10	340系统建模				¥0.00	¥13,790.00
11	⊟ **400系统设计**				**¥0.00**	**¥85,840.00**
12	⊟ **410总体设计**				**¥0.00**	**¥26,010.00**
13	411 软件体系结构设计	¥8,670.00	¥8,670.00	¥0.00	¥0.00	¥8,670.00
14	412系统体系结构设计	¥8,670.00	¥8,670.00	¥0.00	¥0.00	¥8,670.00

图 11-31　查看项目成本

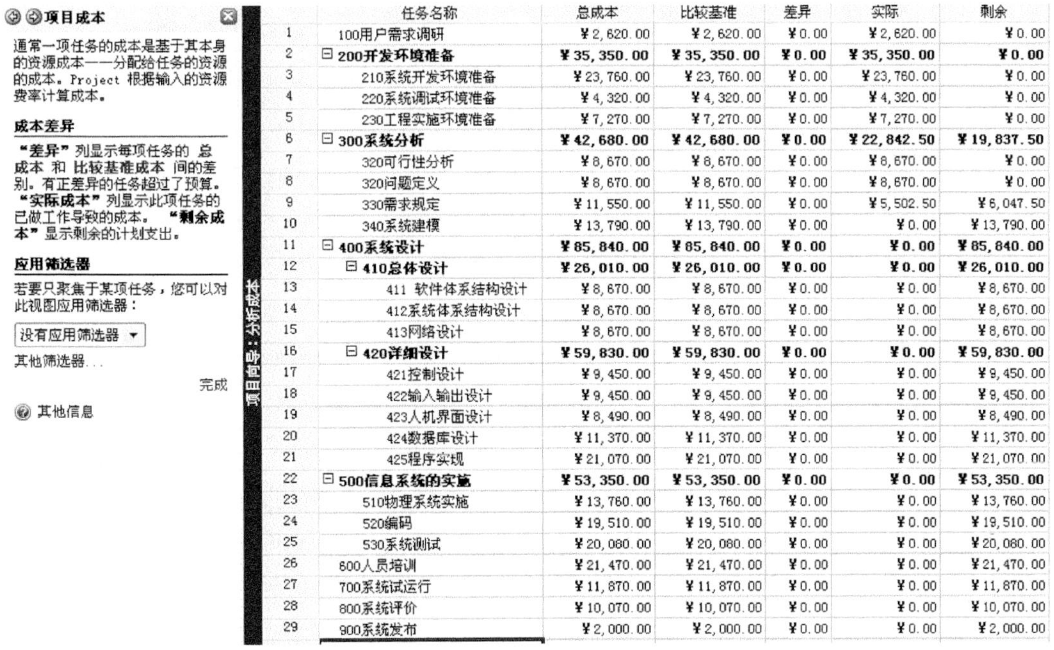

项目成本

通常一项任务的成本是基于其本身的资源成本——分配给任务的资源的成本。Project 根据输入的资源费率计算成本。

成本差异

"差异"列显示每项任务的 总成本 和 比较基准成本 间的差别。有正差异的任务超过了预算。**"实际成本"**列显示此项任务的已做工作导致的成本。**"剩余成本"**显示剩余的计划支出。

应用筛选器

若要只聚焦于某项任务，您可以对此视图应用筛选器：

没有应用筛选器

其他筛选器...

完成

其他信息

项目向导：分析成本

	任务名称	总成本	比较基准	差异	实际	剩余
1	100用户需求调研	¥2,620.00	¥2,620.00	¥0.00	¥2,620.00	¥0.00
2	⊟ **200开发环境准备**	**¥35,350.00**	**¥35,350.00**	**¥0.00**	**¥35,350.00**	**¥0.00**
3	210系统开发环境准备	¥23,760.00	¥23,760.00	¥0.00	¥23,760.00	¥0.00
4	220系统调试环境准备	¥4,320.00	¥4,320.00	¥0.00	¥4,320.00	¥0.00
5	230工程实施环境准备	¥7,270.00	¥7,270.00	¥0.00	¥7,270.00	¥0.00
6	⊟ **300系统分析**	**¥42,680.00**	**¥42,680.00**	**¥0.00**	**¥22,842.50**	**¥19,837.50**
7	320可行性分析	¥8,670.00	¥8,670.00	¥0.00	¥8,670.00	¥0.00
8	320问题定义	¥8,670.00	¥8,670.00	¥0.00	¥8,670.00	¥0.00
9	330需求规定	¥11,550.00	¥11,550.00	¥0.00	¥5,502.50	¥6,047.50
10	340系统建模	¥13,790.00	¥13,790.00	¥0.00	¥0.00	¥13,790.00
11	⊟ **400系统设计**	**¥85,840.00**	**¥85,840.00**	**¥0.00**	**¥0.00**	**¥85,840.00**
12	⊟ **410总体设计**	**¥26,010.00**	**¥26,010.00**	**¥0.00**	**¥0.00**	**¥26,010.00**
13	411 软件体系结构设计	¥8,670.00	¥8,670.00	¥0.00	¥0.00	¥8,670.00
14	412系统体系结构设计	¥8,670.00	¥8,670.00	¥0.00	¥0.00	¥8,670.00
15	413网络设计	¥8,670.00	¥8,670.00	¥0.00	¥0.00	¥8,670.00
16	⊟ **420详细设计**	**¥59,830.00**	**¥59,830.00**	**¥0.00**	**¥0.00**	**¥59,830.00**
17	421控制设计	¥9,450.00	¥9,450.00	¥0.00	¥0.00	¥9,450.00
18	422输入输出设计	¥9,450.00	¥9,450.00	¥0.00	¥0.00	¥9,450.00
19	423人机界面设计	¥8,490.00	¥8,490.00	¥0.00	¥0.00	¥8,490.00
20	424数据库设计	¥11,370.00	¥11,370.00	¥0.00	¥0.00	¥11,370.00
21	425程序实现	¥21,070.00	¥21,070.00	¥0.00	¥0.00	¥21,070.00
22	⊟ **500信息系统的实施**	**¥53,350.00**	**¥53,350.00**	**¥0.00**	**¥0.00**	**¥53,350.00**
23	510物理系统实施	¥13,760.00	¥13,760.00	¥0.00	¥0.00	¥13,760.00
24	520编码	¥19,510.00	¥19,510.00	¥0.00	¥0.00	¥19,510.00
25	530系统测试	¥20,080.00	¥20,080.00	¥0.00	¥0.00	¥20,080.00
26	600人员培训	¥21,470.00	¥21,470.00	¥0.00	¥0.00	¥21,470.00
27	700系统试运行	¥11,870.00	¥11,870.00	¥0.00	¥0.00	¥11,870.00
28	800系统评价	¥10,070.00	¥10,070.00	¥0.00	¥0.00	¥10,070.00
29	900系统发布	¥2,000.00	¥2,000.00	¥0.00	¥0.00	¥2,000.00

图 11-32　查看项目总成本

(3) 单击工具栏中"项目统计"选项，即可查看当前整个项目总成本等信息(见图 11-34)。

2. 更新实际成本

首先，单击工具栏中"跟踪"选项，选中"保存比较基准"命令，然后，选择"视图"→"资源使用状况"命令，如图 11-35 所示。

然后，通过选择"视图"→"表"→"成本"命令打开资源成本视图框(见图 11-36)。

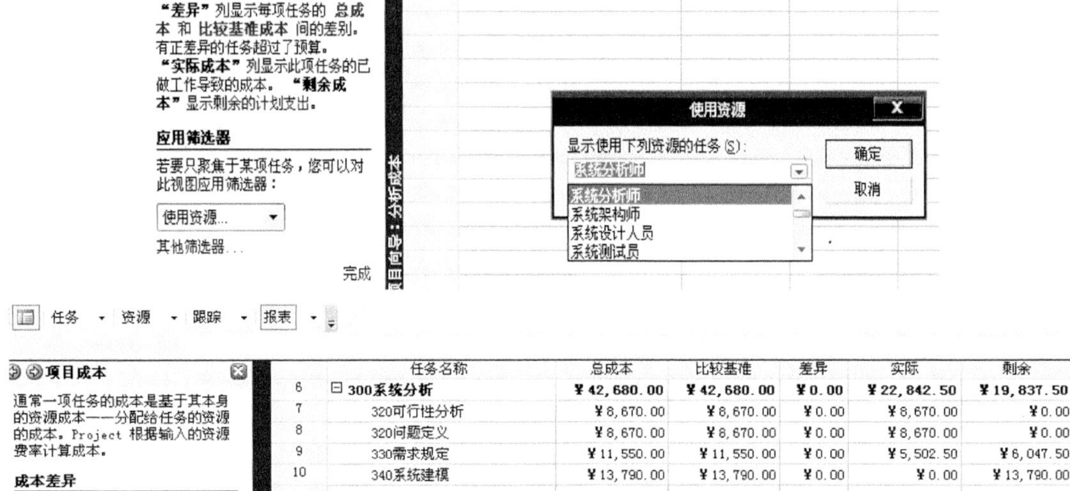

	任务名称	总成本	比较基准	差异	实际	剩余
6	⊟ 300系统分析	¥42,680.00	¥42,680.00	¥0.00	¥22,842.50	¥19,837.50
7	320可行性分析	¥8,670.00	¥8,670.00	¥0.00	¥8,670.00	¥0.00
8	320问题定义	¥8,670.00	¥8,670.00	¥0.00	¥8,670.00	¥0.00
9	330需求规定	¥11,550.00	¥11,550.00	¥0.00	¥5,502.50	¥6,047.50
10	340系统建模	¥13,790.00	¥13,790.00	¥0.00	¥0.00	¥13,790.00

图 11-33 查看系统分析师资源任务的成本信息

"关海静_0131"的项目统计

	开始	完成
当前	2002年1月1日	2002年11月19日
比较基准	2002年1月1日	2002年11月19日
实际	2002年1月1日	NA
差异	0 工作日	0 工作日

	工期	工时	成本
当前	216 工作日?	2,496 工时	¥265,250.00
比较基准	216 工作日?	2,496 工时	¥265,250.00
实际	29.92 工作日	381 工时	¥60,812.50
剩余	186.08 工作日?	2,115 工时	¥204,437.50

完成百分比：

工期： 14%　　工时： 15%

关闭

图 11-34 项目信息统计

跟踪

通过单击下面的一项，在项目期间对它进行跟踪和管理，项会显示完成这一步所需的指令。

保存比较基准，以便与最终比较

准备跟踪项目进度

在项目中引入进度信息

检查项目进度

对项目进行更改

跟踪与此项目相关的风险和问题

要求基于文本的状态报告

向 Web 发布项目信息

要查看项目信息的不同视图和报表，您可以转到 报表区。

资源工作表(S)

资源使用状况(U)

资源图表(A)

其他视图(M)...

表(B)：差异

报表(R)...

工具栏(T)

显示比例(Z)...

项目向导：编辑任务分配

	名称	开始时间	完成时间	比较基准开始时间	详细信息
	340系统建模	2002年2月25日	2002年3月25日	2002年2月25日	工时
	系统分析师	2002年2月25日	2002年3月11日	2002年2月25日	工时
	电脑	2002年2月25日	2002年3月25日	2002年2月25日	工时
	住房	2002年2月25日	2002年3月11日	2002年2月25日	工时
	场地	2002年2月25日	2002年3月25日	2002年2月25日	工时
	系统设计	**2002年3月26日**	**2002年7月2日**	**2002年3月26日**	工时
	410总体设计	**2002年3月26日**	**2002年4月15日**	**2002年3月26日**	工时
	⊟ 411 软件体系结构	2002年3月26日	2002年4月1日	2002年3月26日	工时
	系统架构师	2002年3月26日	2002年4月1日	2002年3月26日	工时
	电脑	2002年3月26日	2002年4月1日	2002年3月26日	工时
	住房	2002年3月26日	2002年4月1日	2002年3月26日	工时
	场地	2002年3月26日	2002年4月1日	2002年3月26日	工时
14	⊟ 412系统体系结构	2002年4月2日	2002年4月8日	2002年4月2日	工时
	系统架构师	2002年4月2日	2002年4月8日	2002年4月2日	工时
	电脑	2002年4月2日	2002年4月8日	2002年4月2日	工时
	住房	2002年4月2日	2002年4月8日	2002年4月2日	工时
	场地	2002年4月2日	2002年4月8日	2002年4月2日	工时
15	⊟ 413网络设计	2002年4月9日	2002年4月15日	2002年4月9日	工时
	系统架构师	2002年4月9日	2002年4月15日	2002年4月9日	工时

图 11-35 资源使用状况

图 11-36　资源成本视图框

然后在资源成本视图界面双击某一资源的其中一项任务，即弹出如图 11-37 所示的“工作分配信息”对话框，在此对话框中，可以通过更改“实际工时”、“实际成本”、“成本费率表”等信息更新实际成本。

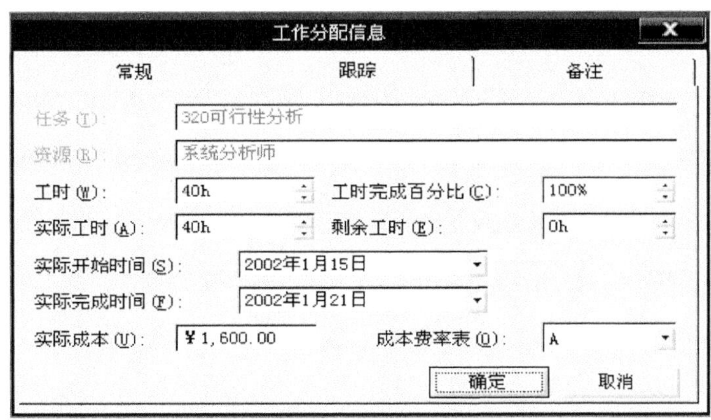

图 11-37　更新成本

3. 跟踪任务的实际进展

(1) 单击工具栏中“跟踪”选项，选中“准备跟踪项目进度”命令(见图 11-38)。

(2) 在打开的项目跟踪向导中“设置跟踪”选项下，选择手动输入并更新项目进度。然后选择“跟踪方法”(见图 11-39)。

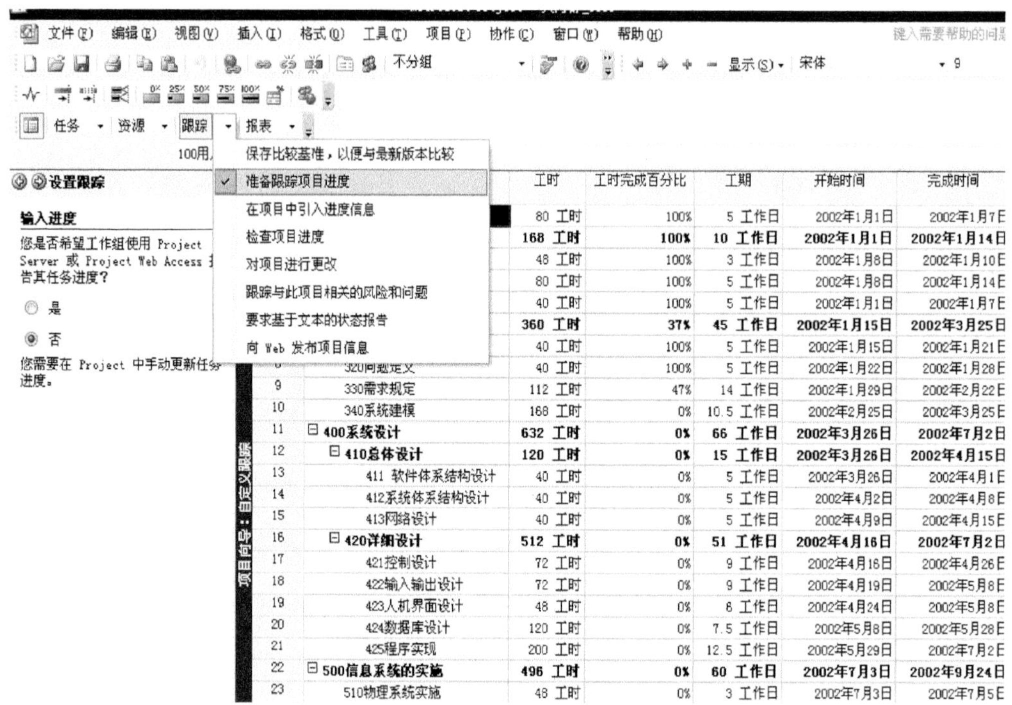

图 11-38　准备跟踪项目进度

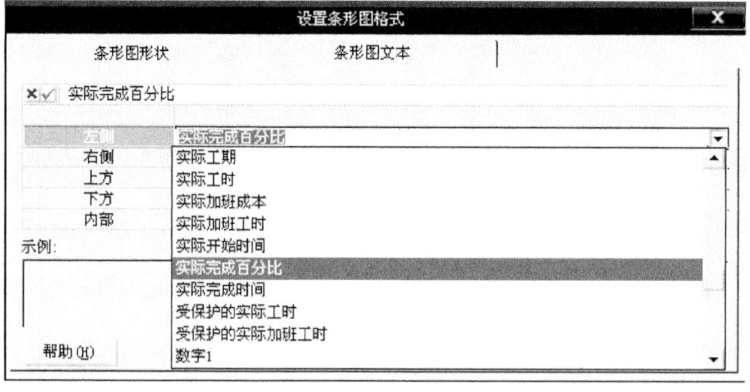

图 11-39　选择跟踪方法

- 可以选择通过输入完成工时的百分比跟踪，最不精确而最快的跟踪方法。你可以指定完成工时的百分比，该百分比在 0(没有工时用于该任务)和 100(该任务所有工时都已完成)之间。
- 或选择通过输入实际完成工时和剩余工时跟踪，相对精确和消耗时间的跟踪方法。可以指定每项工作已完成多少工时、还剩余多少工时。
- 或选择通过输入每个时间段完成的工时跟踪，最精确但是最耗费时间的跟踪方法。会指定每一时间段中每项任务用的工时。

Microsoft Project 还有许多其他项目管理方面的优秀功能，如沟通管理。因篇幅所限，在此不再一一赘述。

本章要点回顾

信息系统项目管理是决定信息系统开发的关键成功因素。信息系统项目管理包括9个领域：范围管理、时间管理、成本管理、质量管理、采购管理、项目人力资源管理、沟通管理、项目风险管理、项目综合管理。

Microsoft Project是Microsoft公司推出的一个功能强大而且可以灵活运用的项目管理工具，利用Microsoft Project能够协助项目经理制定计划、为任务分配资源、跟踪进度、管理预算和分析工作量等完成项目需要进行的各项活动，并可以从所有9个项目管理知识领域的角度帮助用户，而大多数用户使用Microsoft Project来辅助项目范围、时间、成本、人力资源和沟通的管理。

习　题　11

简答题

(1) 简述信息系统开发项目的人员构成。

(2) 企业为什么要设立首席信息官(CIO)，其职责是什么？CIO应该具备哪些素质？

(3) 用户在信息系统开发中的作用是什么？

(4) 什么是系统分析师？系统分析师的职责是什么？

(5) 优秀的系统分析师应该具备哪些方面的知识和素质？

(6) 信息系统的用户有哪些类型？

(7) 用户在信息系统开发中的作用是什么？

(8) 为什么说系统分析师是信息系统开发项目组中的关键成员？

(9) 系统分析师有哪两种类型？什么是应用分析师？什么是业务分析师？二者的不同之处是什么？

(10) 了解我国目前的系统分析师主要属于哪种类型？你认为这种情况合理吗？造成这种状况的原因是什么？

(11) 简述项目管理的知识体系。

(12) 简述信息系统开发中沟通的重要性。

(13) 如何理解Brooks法则？

(14) 简述IT风险的类型。

(15) 简述IT风险管理的内容。

(16) 简述IT项目风险的来源。

(17) 登录全国电子信息应用教育中心网站(http://www.ceiaec.org/)，了解并分析我国对系统分析师的知识模块要求。

(18) 登录企业信息管理师网站(http://www.cio.cn/)，了解并分析我国对企业信息管理师的能力要求。

第12章

企业信息系统开发

【内容概要】

信息系统开发生命周期模型是信息系统开发的指导思想和全局性框架，它反映了人们对信息系统开发过程重要性的认识，体现了人们对信息系统开发过程认识的提高和飞跃。本章的主要内容包括：基于瀑布模型的系统开发生命周期、基于迭代模型的原型化方法，并结合系统开发生命周期介绍了各阶段的任务、工作内容、建立的模型以及应该完成的文档。

【引导案例】

用户与系统分析师之间的对话

下面是用户（经理）与系统分析师之间的对话，从中你能发现什么问题吗？

经理："我们要建立一套完整的商业管理软件系统，包括商品的进、销、调、存管理，是总部-门店的连锁经营模式。通过通信手段门店自动订货，供应商自动结算，卖场通过扫条码实现销售，管理人员能够随时查询门店商品销售和库存情况。另外，我们也得为政府部门提供关于商品营运的报告。"

系统分析师："我已经明白这个项目的大体结构框架，这非常重要，但在制定计划之前，我们必须收集一些需求。"

经理觉得奇怪："我不是刚告诉你我的需求了吗？"

系统分析师："实际上，你只说明了整个项目的概念和目标。这些高层次的业务需求不足以提供开发的内容和时间。我需要与实际将要使用系统的业务人员进行讨论，然后才能真正明白达到业务目标所需功能和用户要求，了解清楚后，才可以发现哪些是现有组件即可实现的，哪些是需要开发的，这样可节省很多时间。"

经理："业务人员都在招商。他们非常忙，没有时间与你们详细讨论各种细节。你能不能说明一下你们现有的系统？"

系统分析师尽量解释从用户处收集需求的合理性："如果我们只是凭空猜想用户的要求，结果不会令人满意。我们只是软件开发人员，而不是采购专家、营运专家或是财务专家，我们并不真正明白这个企业内部运营需要做些什么。我曾经尝试过，未真正明白这些问题就开始编码，结果没有人对产品满意。"

经理坚持道："行了，行了，我们没有那么多的时间。让我来告诉你我们的需求。实际上我也很忙。请马上开始开发，并随时将你们的进展情况告诉我。"

12.1　信息系统工程体系

12.1.1　信息系统工程概述

信息系统工程(Information System Engineering)是指以计算机、网络、数据库、软件等信息技术与产品为构件的系统工程。信息系统工程的内容包括硬件工程、软件工程、网络工程、数据工程、人机工程。其中数据工程是信息系统工程的基础工程。

信息系统开发是一项复杂的工程,必须按照工程化的原则去组织和管理软件的开发。工程化强调工作步骤的规范化、标准化。标准是人们对于某些普遍使用的概念、术语、方法、尺度等所做的统一规定,标准化的发展程度是社会生产水平发展程度的标志之一,也是衡量一个产业发展水平的主要标志。工程化强调工作步骤的标准化、强调开发工作质量的定量检测、强调工作内容必须文档化。

信息系统工程将系统化的、规范的、定量化的方法用于信息系统的规划、开发、运行和维护,即是工程化思想在信息系统建设中的应用。工程方法是指人们利用技术(或工具)、技能通过有组织活动完成契约规定的目标,即按预定工期交付合格成品。信息系统工程的主要目标是在规定的预算和进度范围内,生产满足用户需求的高质量的信息系统。

工程的3个核心问题是质量、速度和成本。信息系统开发的速度、信息系统的质量、信息系统的开发成本也同样是信息系统工程的3个核心问题。但是,目前信息系统工程在上述各方面仍存在很多问题,整体表现为信息系统的质量低下。具体表现在信息系统不能很好满足用户的需求,系统的生命周期短,适应性和可维护性差;信息系统开发效率低,开发周期长,跟不上用户需求的变化;信息系统开发成本高。

目前,信息系统的建设中出现了一些问题,具体表现在以下方面。

1. 效益问题

对企业来说,信息系统的建设是一项巨大的投资。用户在硬件、软件、开发和维护等方面投入了大量的资金,却很少能产生明显的经济效益和社会效益,甚至导致企业破产。从而使很多企业对信息系统的建设持有观望甚至抵制的心理。有些企业过分强调硬件的档次和质量,而忽视了其他一些更为重要的因素。

2. 需求问题

信息系统是一个社会-技术系统,其中的不稳定因素很多,导致用户的需求更具有不确定性和易变性。如何适应用户需求的变化是信息系统工程研究的一个核心问题,目前的信息系统开发技术并不能很好地解决这一问题。

3. 规划问题

与软件不同的是,信息系统总是处于企业的业务环境之中的,是企业管理系统的一个子系统。传统的信息系统建设往往是从某个局部应用开始的,只注重于某个业务子系统,而忽略了整个企业对信息系统的全局要求。没有统一的信息系统规划的指导,就会出现数据不一致、已有的系统很难集成等问题。规划工作必须由领导直接参与，而领导重视程度不够、不能直接参与规划工作是很常见的现象。

4. 队伍建设问题

企业是否要建立自己的开发队伍？这一直是困扰企业领导层的一个问题。系统分析师的奇缺、技术人员的频繁流动，导致企业没有自己的信息系统建设队伍。

上述问题不是单纯的方法、技术所能很好解决的，需要既从技术因素方面，又要从社会因素方面综合加以解决。

12.1.2 信息系统工程体系

信息系统的开发既是一个项目管理和控制的过程，又是一个各种技术综合运用的过程。一个成功的信息系统的开发包含多方面的因素：开发过程中如何对信息系统开发的各种资源(人员、资金、硬件、软件、时间等)进行合理的、科学的管理和控制；如何灵活运用各种先进的计算机技术等。前者常被计算机信息系统开发者所忽视，成为导致系统开发失败的一个根本原因。因此，必须从不同的角度综合认识信息系统工程。信息系统体系结构正是基于要“围绕质量的核心要素，首先强调信息系统工程项目的管理和控制(过程管理)，其次再考虑如何综合运用各种计算机方法、技术和工具”的想法而提出的。

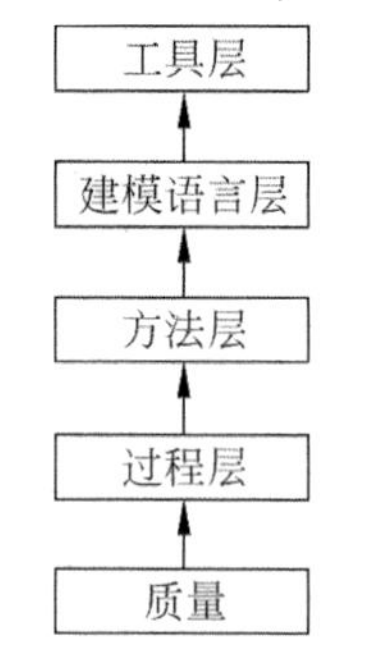

图 12-1 信息系统工程体系

信息系统工程体系(见图 12-1)指出，信息系统工程是一种层次化的技术，包含以信息系统质量为核心的 4 个层面的内容：过程层、方法层、建模语言层、工具层。4 个层次的核心焦点都是信息系统质量。任何工程方法(包括软件工程和信息系统工程)必须以工程的质量保证为基础。全面的质量管理和类似的理念刺激了不断的过程改进，正是这种改进导致了更加成熟的软件工程方法和信息系统工程方法的不断出现。支持信息系统工程的根基就在于对质量的关注。

图 12-1 中的 4 个层次实质上也体现了不同人员对信息系统工程的认识。工具层反映了程序员对信息系统工程的看法，建模语言层和方法层反映了系统分析师和系统设计员对信息系统工程的看法，过程层反映了项目管理人员对信息系统工程的看法。

1. 过程层

信息系统过程是黏结剂(Glue)，把方法、语言和工具结合在一起。过程定义了方法的使用顺序、可交付产品(文档、报告、格式)的要求，确保质量和修改的控制，并使信息系统管理人员能对它们的进展进行评价。

信息系统工程过程是将技术层结合在一起的凝聚力，使得软件能够被合理和及时地开发出来。过程定义了一组关键过程区域的框架，这对于软件工程技术的有效应用是必需的。关键过程区域构成了软件项目管理控制的基础，并且确定了上下各区域之间的关系，规定了技术方法的采用、工程产品(模型、文档、数据、报告、表格等)的产生、里程碑的建立、质量的保证及变化的适当管理。

信息系统过程既是一个认知的过程，又是一个翻译的过程。

信息系统工程是一个认知过程。信息系统是对数据、计算、接口等复杂思维形态的表达。信息系统开发是一个对事物(系统)认识和描述的过程。所谓"认识"，是指在系统所要处理的问题域范围内，通过人的思维对该问题域客观存在的事物以及所要解决的问题产生正确的认识和理解。所谓"描述"，是指用一种语言把人们对问题域中事物的认识、对问题及其解决方法的认识描述出来。最终的描述必须是机器可读的语言，即编程语言。

信息系统工程是一个翻译的过程。信息系统开发也可以理解为一个"翻译"的过程。是从自然语言到机器语言(或程序设计语言)的一种翻译。首先通过系统分析，用类似自然语言的建模工具将用户的需求表达出来(做什么)；然后，通过系统设计，提出问题的解决方案(如何做)；最后，通过系统实现，用适当的计算机语言实施设计方案。

美国第34任总统艾森豪威尔上将有句名言："计划本身什么都不是，而编制计划的过程就是一切。"由此可以引申出关于过程的许多结论：产品什么也不是，而开发产品的过程就是一切；文档什么也不是，而编制文档的过程就是一切。

2. 方法层

方法学提供了构造信息系统的技术。

方法层为软件开发提供了在技术上需要"如何做"。方法涵盖了一系列的任务：需求分析、设计、编程、测试和维护。信息系统工程方法依赖于一组原则，这些原则控制了每一个技术区域，且包含建模活动和其他描述技术。

信息系统方法实质上提供了一种认识系统、理解系统、描述系统的一整套思路。

3. 建模语言层

建模语言用以支持信息系统的分析、设计和实现。

模型是用某种工具对同类或其他工具的表达方式。模型从某一个建模观点出发，抓住事物最重要的方面而简化或忽略其他方面。工程、建筑和其他许多需要具有创造性的领域中都使用模型。

表达模型的工具要求便于使用。建筑模型可以是图纸上所绘的建筑图，也可以是用厚纸板制作的三维模型，还可以用存于计算机中的有限元方程来表示。一个建筑物的结构模型不仅能够展示这个建筑物的外观，还可以用它来进行工程设计和成本核算。

软件系统的模型用建模语言来表达，如UML。模型包含语义信息和表示法，可以采取图形和文字等多种不同形式。建立模型是因为在某些用途中模型使用起来比操纵实物更容易和方便。

4. 工具层

工具为方法和语言提供自动化或半自动化的支持。

工具对过程和方法提供了自动的或半自动的支持。当这些工具被集成起来使得一个工具产生的信息可以被另外一个工具使用时，一个支持软件开发的系统就建立了，称为计算机辅助软件工程(CASE)。CASE集成了软件、硬件和一个软件工程数据库(包含了关于分析、设计、编程和测试的重要信息),从而形成了一个软件工程环境。

12.1.3 信息系统过程模型的概念及其演化

1. 信息系统过程模型的概念

过程(Process)是指为实现一个给定目标而进行的一系列运作步骤。过程具有一系列的性质:时间性、并发性、嵌套性和度量性等。信息系统过程是一个将用户需求转化为信息系统所需要的活动的集合,即开发和维护信息系统及其相关产品所涉及的一系列活动。过程是活动的集合,活动是任务的集合,任务是把输入转换为输出的操作。

信息系统过程都具有以下特征:

- 过程规定了所有主要的过程活动。
- 过程运用资源、施加的一组约束(如进度)来生产中间的和最终的产品。
- 过程可由以某种方式联系的子过程组成。过程可以定义为一种层次结构,而其中每一个子过程又具有其自己的过程模型。
- 每一个过程活动都具有输入和输出的标准,从而使我们知道每个过程的开始和结束。
- 过程以顺序方式组织,因此何时执行一个与其他活动相关联的活动是非常清楚的。
- 每一个过程具有一组解释活动目标的指导原则。
- 约束或控制可以施加于活动、资源或产品。例如,预算或进度可以约束活动的时间长短,或者一种工具可以约束资源的使用方式。

2. 信息系统过程模型的演化

信息系统过程模型也称为信息系统生命周期模型,是信息系统开发的指导思想和全局性框架。信息系统过程模型的提出和发展反映了人们对信息系统过程的某种认识观,体现了人们对信息系统过程认识的提高和飞跃。目前流行的几种信息系统过程模型有:

- 瀑布模型(Waterfall Model)。瀑布模型强调严格按工程化的方法,遵照工程化的标准进行信息系统开发,并且信息系统开发的各个阶段有严格的先后次序关系。因此,运用该方法的前提是能够早期冻结用户的信息需求。
- 原型化模型(Prototyping Model)。原型化模型包括抛弃式、演化式、增量式等类型。该模型适合于商业数据处理系统的开发。原型化模型是20世纪80年代发展起来的。该方法依据的基本模型是迭代模型。原型法强调系统的开发速度,它通过快速地建立一个原型化模型,然后再通过与用户反复多次的交互(交流)来逐步完善系统。原型化模型的建立需要大量使用模拟仿真技术,所以原型化模型也称为仿真或模拟模型。因此,原型法适用于用户需求变化较快,即无法在早期冻结用户需求的信息系统的开发。
- 螺旋开发模型(Spiral Model)。该模型综合了瀑布模型和原型开发模型的优点。其四个主要步骤包括:计划、风险分析、工程、用户评价。螺旋模型适合于大型软件系统和信息系统的开发。

- 面向对象生存期模型，也称喷泉模型(Fountain Model)。该模型具有更多的增量和迭代性质，生存期的各个阶段可以相互重叠和多次反复，而且在项目的整个生存期中还可以嵌入子生存期。
- 基于构件的软件开发(Component-Based Development，CBD)。该模型是在软件复用和面向对象技术基础上发展起来的，是一种面向产品结构的软件开发模式。
- 统一软件开发过程(Rational Unified Process，RUP)。基于UML，有3个关键思想：使用用例驱动(Use-case Driven)、以体系结构为中心(Architecture-Centric)、迭代与增量式开发(Iterative and Incremental)。

12.1.4　信息系统开发方法学

1. 方法学的基本概念

信息系统开发方法学(Methodology)是一组思路、规范、过程、技术、环境及工具的集成。方法学是将具体的方法与技术包装在一起而形成的一种思想体系，任何一种方法学都应该支持系统开发生命周期的每一个阶段，是对整个系统开发生命周期的一种综合的、详细的描述，方法学是按其驱动对象来分类的，包括面向过程的方法学(即结构化方法学)、面向数据的方法学(即数据建模方法和信息工程方法)、面向对象方法学。20世纪70年代中期，主流的方法学是结构化方法；20世纪80年代则是信息工程方法为主流方法学；而在今天，面向对象方法成为主流方法学。方法学需要技术的支持，通常一种方法学是几种技术的综合。

2. 典型的信息系统工程方法学

信息系统实质上是业务系统的一种计算机模型，因此，信息系统的开发就是要建立业务系统与计算机模型系统之间的映射关系。可以从不同的角度建立不同的映射关系，从而也就形成了不同的信息系统开发方法学，这就是所谓的驱动对象的观点。如传统的结构化方法是从业务过程(Process)或功能(Function)的角度建立二者之间的对应关系，信息工程方法主要是从数据(Data)或信息的角度建立二者之间的对应关系，而面向对象的开发方法则是从对象(Object)的角度建立二者之间的对应关系的，如图12-2所示。

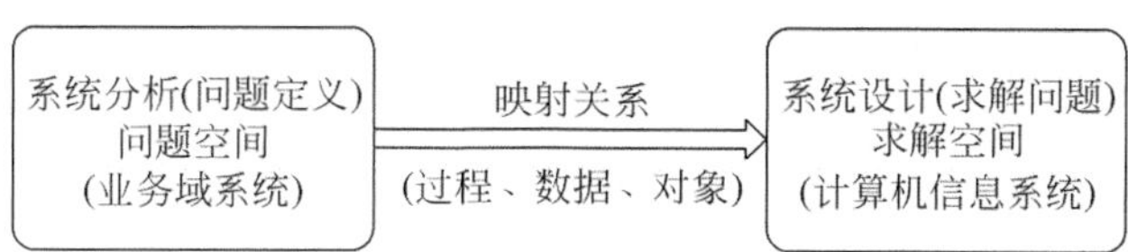

图12-2　信息系统开发方法学的实质：驱动对象的观点

不同方法的不同之处主要体现在以下两个方面：

(1) 对问题空间和求解空间的结构描述方法不同。这种结构主要体现在其构成系统的基本要素不同。例如，结构化方法认为组成系统的基本要素是“过程”(模块)，信息工程方法认为组成系统的基本要素是“数据”，面向对象方法认为组成系统的基本要素为“对象”。

(2) 系统要素之间的联系方式不同。结构化方法是按“自顶向下、逐步求精”的方法来描述问题空间和求解空间的，系统基本要素即模块之间是一种调用关系；信息工程方法学则认为构成系统基本要素的实体之间是一种关联关系；面向对象方法则是一种“归纳→演绎”的过程，即由特殊（通过抽象）归纳为一般，一般（通过继承）演绎到特殊，因此，面向对象方法一般说通过自底向上的方法来归纳描述问题空间的，该方法认为构成系统要素的对象/类之间的关系有静态联系和动态联系两种，其中静态联系方式包括：泛化-特化关系、整体-部分关系、关联关系，而动态联系方式则通过消息传递来实现。

一种生命力强的信息系统开发方法学的根本就在于所建立的映射是一个“同构关系（Isomorphism）”，通过该同构关系，使问题空间与求解空间之间保持结构上的一致。同构关系的实质是尽可能接近人类的思维方式。

选择哪种方法来开发信息系统主要取决于该信息系统的哪个基本特征占主导地位。如果一个信息系统的功能特征占主导地位，则适合用结构化方法进行系统开发；如果一个信息系统的数据特征占主导地位，则适合用数据建模方法进行系统开发；而如果一个信息系统的行为特征占主导地位，则适合用面向对象的方法进行系统开发。

任何一种具有较强生命力的方法学的产生都是与人类认识世界的思维方式密不可分的。计算机技术的发展里程已经充分证明：一种方法或技术，其认识和处理问题的方式越是接近于人类认识世界的思维方式，则该方法就越具生命力。如结构化方法的实质是“自顶向下、逐步求精”，该方法体现了“从整体到局部、分而治之”的哲学思想。面向对象方法的实质是“自底向上、先归纳后演绎”，该方法体现了“由特殊到一般、由一般到特殊”的哲学思想。该方法近年来之所以受到人们的青睐，主要的一个原因就在于：该方法处理问题的方式较结构化方法而言更接近于人类认识客观世界的思维方式。

下面对 3 种典型的信息系统开发方法加以简单介绍。

(1) 结构化方法（面向过程的方法）。

结构化方法学亦称之为面向过程的方法或以过程驱动（Process-Driven）的方法，或数据流建模方法。该方法产生于 20 世纪 70 年代中期，包括 3 个方面的内容：结构化程序设计（Structured Programming，SP）、结构化分析（Structured Analysis，SA）和结构化设计（Structured Design，SD）。

结构化方法学的原理和思想非常简单，概括起来就是自顶向下、逐步求精、模块化设计。模块自顶向下的结构是根据一定的设计原则获得的。而所谓模块化设计，即将软件分解为一组尽可能功能独立的模块。模块化原理使得软件结构更加清晰，易理解，易测试，易修改，从而提高了软件的可靠性。模块化也有助于程序从个体化开发方式向集体化开发方式的转化，有助于软件开发工程的组织和管理。

结构化方法的代表性工具有数据流程图（Data Flow Diagram，DFD）、结构图（Structure Chart）、Warnier-Orr 图、Petri 网、数据字典以及判定树/判定表和结构化英语等。

(2) 信息建模方法（面向数据的方法）。

面向数据的方法是一种根据系统数据的组织和存取来建立系统模型的一种技术。该方法也称为以数据为驱动的方法。数据建模技术和信息工程方法（Information Engineering，IE）就是该方法的典型代表。该方法的代表性技术和工具有实体关系图（Entity-Relationship Diagram，E-R 图）、业务域分析、信息模型等。

数据建模技术是在 20 世纪 80 年代初期，由于数据库管理系统在企业管理中的作用日益突出的背景下出现的。该技术是从信息（数据）而不是功能（过程）的角度来开发信息系统的。在该技术中，现实世界被描述为是由数据、数据属性及其之间的关系组成的。

信息工程的倡导者James Martin对信息工程的定义是：在一个企业或企业的主要部门中，关于信息系统规划、分析、设计和构成的一套相互关联的、环环紧扣的正规化、自动化技术集合的应用，称为IE。使用这套技术，使得企业模型、数据模型和业务过程模型在一个综合的知识库中建立起来，用于创建和维护数据处理系统。IE是一种数据驱动的，但同时也强调过程的技术。它首先建立数据模型，然后再建立过程模型。

除了将过程建模和数据建模有机地结合起来以外，信息工程更强调数据规划的重要性。实际上，在许多技术中信息工程已经取代了传统的结构化分析和设计技术。这是因为信息工程包含了结构化技术中的绝大多数概念、工具和技术。

(3) 面向对象方法。

面向对象方法(Object-Oriented，OO)出现于20世纪80年代中期和后期，一批面向对象的程序设计语言如SmallTalk、C++、Java等越来越多地被人们用于系统开发中。在面向对象方法中，数据和过程被包装成对象(Object)。一个对象是由数据和能够使用和修改这些数据的过程组成的。只有定义在数据上的过程(也称为服务(Services))才能够使用和修改这一对象。不同的对象实例(Instances)和对象类(Classes)是通过传递能够指示它们执行某一个对象中的特定过程的消息(Message)来相互联系的。

面向对象方法学认为，我们认识一个系统是一个渐进的过程，是在继承了以往的有关知识的基础上，多次迭代往复而逐步深化的。在这种认识的深化过程中，既包括了从一般到特殊的演绎，也包括了从特殊到一般的归纳。

12.1.5 建模语言

模型是运用某种图表工具对系统特征(包括静态特征和动态特征)的一种表示。模型从某一个建模观点出发，抓住事物最重要的方面而简化或忽略其他方面。工程、建筑和其他许多需要具有创造性的领域中都使用模型。

表达模型的工具要求便于使用。建筑模型可以是图纸上所绘的建筑图，也可以是用厚纸板制作的三维模型，还可以用存于计算机中的有限元方程来表示。一个建筑物的结构模型不仅能够展示这个建筑物的外观，还可以用它来进行工程设计和成本核算。

信息系统的模型用建模语言来表达，如UML。模型包含语义信息和表示法，可以采取图形和文字等多种不同形式。建立模型的目的是因为在某些用途中模型使用起来比操纵实物更容易和方便。

信息系统的模型一般都是通过图表表达的。一幅图胜似千言万语。合适的图表可以简明扼要地将开发人员的想法、概念、系统、数据和计划传达给任何受众；使用视觉提示、符号和关系来增进理解；提供普通的形象化的语言，跨越了文化交流和技术交流的障碍。

12.1.6 信息系统开发环境和工具

系统开发环境/工具(Environment/Tools)是指用于支持信息系统生命周期、方法学以及技术的应用系统，如计算机辅助系统工程(CASE)。

任何工具的集成必须强调以下 5 点：平台的集成，即在异构的网络中工具之间互操作的能力；表示的集成，即用户界面的通用性；过程的集成，即将工具和开发过程联系在一起；数据的集成，即工具之间能够共享数据；控制的集成，即一个工具通知和触发另一个工具某种行为的能力。

软件开发环境与工具的演变反映了软件开发技术的发展是一个手工作坊式→工程化→自动化的发展过程。软件开发环境与工具是提高软件开发效率和质量(通过复用等)的必要手段，是实现软件开发方式由人工集约生产方式向资源集约生产方式转变的重要途径。

典型的 CASE 产品有 Microsoft 公司的 Visio、Project，Rational 公司的 Rose 等。

12.2 基于瀑布模型的系统开发生命周期法

信息系统开发方法包含了许多方面的内容。从过程管理的角度有传统的系统开发生命周期法、原型法等；从方法学的角度有结构化方法、面向对象方法等。本书主要从过程管理的角度介绍了典型的系统开发生命周期法和原型法，并结合基于瀑布模型的系统开发生命周期法介绍了信息系统开发各个阶段的工作内容。

12.2.1 基于瀑布模型的系统开发生命周期法

系统开发生命周期(System Development Life Cycle，SDLC)是由任务分解结构(Work Breakdown Structure，WBS)和任务优先级结构组成的。WBS 是指信息系统开发全过程的阶段和活动的划分，任务优先级结构是指各个阶段之间的关系。

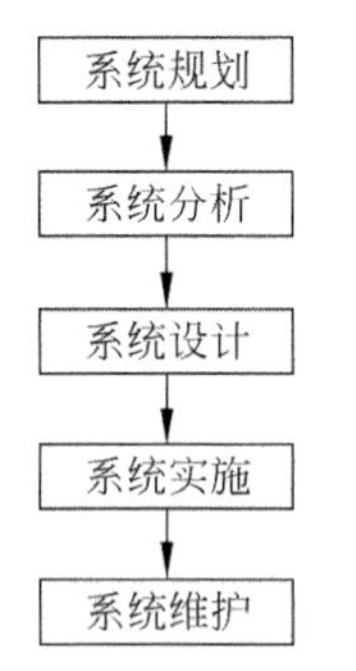

图 12-3 基于瀑布模型的信息系统开发生命周期

基于瀑布模型的信息系统开发生命周期一般将系统开发过程划分为 5 个阶段(见图 12-3)：系统规划、系统分析、系统设计、系统实施、系统维护。其特点是：强调阶段的划分及其顺序性，强调各阶段工作及其文档的完备性，是一种严格线性的、按阶段顺序的、逐步细化的开发模式。

12.2.2 系统开发各个阶段的任务

1. 系统规划

系统规划(Systems Planning)是在充分、深入研究企业发展远景、业务策略和管理的基础上，形成信息系统的远景、信息系统的信息体系架构(Information Systems Architecture，ISA)、信息系统各部分的逻辑关系，以支撑企业战略规划目标的达成。系统规划是从组织的宗旨、目标和战略出发，对企业内外信息资源进行统一规划、管理和应用，从而规范组织内部管理，提高工作效率和顾客满意度，最终为企业获取竞争优势，实现企业的长远发展。

2. 系统分析

系统分析(Systems Analysis)是指运用一定的方法,对问题域和系统责任进行分析和理解,对其中的事物和它们之间的关系产生正确的认识,并产生一个符合用户需求,并能够直接反映问题域和系统责任的模型及其详细说明。

系统分析也称为需求分析。需求分析是整个信息系统开发的基础。如果需求定义错误(例如需求不完全、不合乎逻辑,不贴切或使人易于发生误解),那么不论以后各步的工作质量如何,都必然导致系统开发的失败。因此,系统分析是系统成功的关键一步,必须引起足够的重视,并且提供保障需求定义质量的技术手段。

3. 系统设计

系统设计(Systems Design)的目的是设计一个能够满足用户需求的技术解决方案。系统设计主要包括总体设计和详细设计两个层次。总体设计的主要任务是构造软件的总体结构;详细设计包括输入/输出设计、控制设计、人机界面设计、数据库设计、程序设计。

4. 系统实施

系统实施(Systems Implementation)的目的是构造/组装信息系统技术部件,并最终使信息系统投入运行。系统实施阶段包括的活动有编程、测试、用户培训、新旧系统之间的切换等。编程是按第三阶段中程序设计所获得的每一个模块的基本结构和要求,用某种计算机语言编写其程序代码。测试是程序执行的过程,其目的是尽可能多地发现软件中存在的错误。用户培训的主要任务是编写用户操作手册。新旧系统之间的切换是新系统取代旧系统的一个过程。

5. 系统管理与维护

系统维护(Systems Maintenance) 的目的是对系统进行维护,使之能正常地运作。系统支持包括校正性维护、适应性维护、完善性维护和预防性维护。

12.2.3 系统开发生命周期方法的优缺点

基于瀑布模型的系统开发生命周期法中的各阶段之间基本上是一种线性的顺序关系,即前一个阶段的结果是后一阶段的工作基础,因此,瀑布模型不允许有返工的情况发生。运用该模型的前提是能够早期冻结用户的需求。

系统开发生命周期法的优点是:

(1) 阶段的顺序性和依赖性。前一个阶段的完成是后一个阶段工作的前提和依据,而后一阶段的完成往往又使前一阶段的成果在实现过程中具体了一个层次。

(2) 逐步求精的结构化方法。从时间的进程来看,整个系统开发是一个从抽象到具体的分层实现过程,而每一阶段的工作,也体现出自顶向下、逐步求精的特点。

(3) 推迟实现的观点。对于有一定规模的信息系统,编码越早,完成的时间反而会更长,甚至导致不可挽回的失败。系统开发生命周期法的一个主要特点就是逻辑设计与物理设计分开，从而大大提高了系统的正确性、可靠性和可维护性。

(4) 质量保证措施。文档编制和复审是信息系统开发过程中每个阶段结束时必须要做的两项工作，也是质量保证的重要措施。通过文档编制和复审，对本阶段工作成果进行评定，使错误较难传递到下一阶段。错误纠正得越早，所造成的损失就越少。

(5) 强调文档的完备性和标准化。

系统开发生命周期法的缺点是：

(1) SDLC是一种预先定义需求的方法，也就是说，采用该方法的基本前提是必须能够在早期就冻结用户的需求。因此，该方法只适应于可以在早期阶段就完全确定用户需求的项目。然后在实际中要做到这一点往往是不现实的，用户很难准确地陈述其需求。

(2) 该方法文档的编写工作量极大，随着开发工作的进行，这些文档需要及时更新。虽然目前已有很多CASE工具可以支持这一工作，但仍需要大量的人工参与。

(3) 在实践中要想获得完善的需求说明是非常困难的，而且反馈信息慢，因此经常造成延迟产品的交付时间。

(4) 不能很好地适应用户需求的变化。

12.3 原 型 法

12.3.1 基于迭代模型的原型法的基本概念

【思考题】

(1) 近期你有一个购房计划。你会根据什么因素来决定买哪的房子？很多人都是在看了宣传资料和设计图纸之后还要亲自去参观一下楼房，为什么？

(2) 软件是高度复杂的产品，是人类有史以来能够创造的最复杂的产物。软件是可被记录的、可被储存的、可被感知的、可被使用的无形的(Intangible)的逻辑实体。这些特点与建筑和人类生产的其他产品有何不同？

基于瀑布模型的系统开发生命周期法有很多缺陷，其中最大的一个缺点是运用该方法的前提是需要早期冻结用户的需求，事实上，对于很多信息系统(如决策支持系统)来讲，用户要想在项目开发初期就非常清楚地陈述其需求几乎是不可能的。在此背景下，提出基于迭代模型的原型法(Prototyping)。

原型(Prototype)即样品、模型的意思。原型分为3类：

- 抛弃式。目的达到即被抛弃，原型不作为最终产品。
- 演化式。系统的形成和发展是逐步完成的，它是高度动态迭代和高度动态的，每次迭代都要对系统重新进行规格说明、重新设计、重新实现和重新评价，所以是对付变化最为有效的方法，这也是与瀑布开发的主要不同点。
- 增量式。系统是一次一段地增量构造，与演化式原型的最大区别在于增量式开发是在软件总体设计基础上进行的。很显然，其对付变化的能力比演化式差。

原型法是用于开发某种产品或其组成部件的一个小规模工作模型(即原型)所使用的一种非常流行的工程技术。对于信息系统开发而言，原型法是指用户的需求被快速提取、表示，并快速地构造一个具有进化能力的工作模型，然后经过用户使用或演示后，进一步提出修改意见，在此基础上逐步发展和完善该模型。

原型法强调动态地定义信息系统需求并成为一种有效的系统需求定义策略。需求分析的一种变通的方法是获得一组基本需求后，快速加以实现。随着用户或开发人员对信息系统理解程度的加深而不断对这些需求进行补充和细化，信息系统的定义是在逐步发展的过程中进行的，而不是一开始就预见一切，这就是原型化方法。

12.3.2　基于原型法的系统开发生命周期

图 12-4 描述了原型法系统开发生命周期及其迭代的特点。

12.3.3　原型法的优点和缺点

原型法的优点是：

(1) 由于用户更加积极地参与系统的开发，减少了开发时间，大大提高了系统开发效率。

(2) 由于用户在看到原型以前往往很难理解和详细陈述其需求，而且用户所看到的是实际的工作模型而不是用单调的语言或图表来描述的需求，因此，通过原型法使信息需求的定义工作更为直观、简单。

(3) 通过一系列对原型的修改和完善，大大增加了用户对设计的满意程度，进而提高了信息系统的质量。

(4) 减少了系统开发费用。

原型法的缺点是：

(1) 分析和设计上的深度不够，从而可能造成在未能很好地理解用户需求的情况下就着手程序代码的编写。

(2) 原型法中的第一个工作原型可能并不是一个最优方案。

(3) 通过原型法所开发的系统不具备灵活性，不能适应用户需求的变化。

(4) 工作原型不见得容易修改。

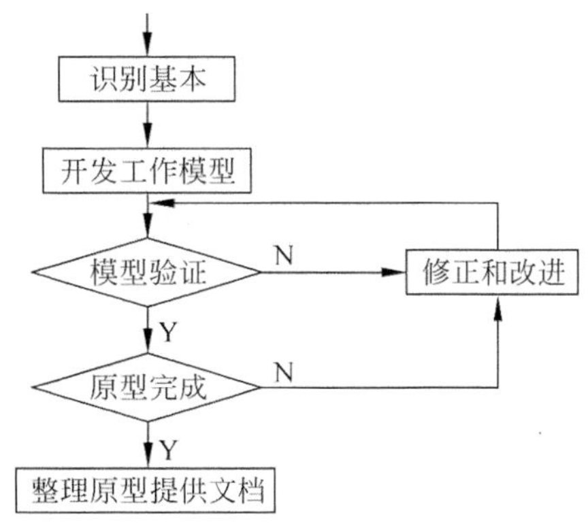

图 12-4　原型法系统开发生命周期

12.3.4　原型法的基本假设

原型法的基本假设是：

(1) 在系统开发以前不能准确地陈述和说明系统需求，用户需求变化较快，无须在早期冻结用户需求。

人们发现，要想详细而精确地定义任何事情都是有困难的。实际上，用户很善于叙述其目标、对象以及他们想要前进的大致方向，但对于他们要如何实现那些事情的细节却不甚清楚和难以确定。对所有参加者，建造一个系统都是一个持续不断的学习和实践过程。当人们仅有局部的经验的时候，怎么可能就要求他们去对全局需求进行叙述呢？

人们认为，数据处理是几个很少的能依靠讨论和灵感来提供模型的学科之一。人们需要在做出决策以前得到帮助，最好的帮助就是现实世界的实例，对实例进行研究，然后进行评价。

(2) 有快速的系统建造工具。

如果没有快速的系统建造工具，则运用原型化方法几乎是不可能的。原型技术今天存在于各种形式的开发活动中。如果"原型"可以快速地构造，那么就可以测试一个"好的设想"，如果设想有错，那么就把它丢掉，而不致遭受大的损失。如果设想是对的，就可以进一步求精，而对于想法、概念、观点和要求的正确性，都可以在原型实验室中加以验证。而这一切都必须借助于快速生成工具的支持。目前所谓应用生成器(AG)、第四代生成语言(4GL)、计算机辅助软件工程(CASE)等，都是原型化方法的有力支持工具。

(3) 需要实际的、可供用户参与的系统模型。

文字和静态图形是作为一种通信工具，其缺点是缺乏直观的、感性的特征，因而往往不易理解对象的全部含义。交互式系统能够提供生动、活泼的规格说明，用户见到的是一个"活"的、运行着的系统。理解纸面上的系统和在机器上运行的系统，其差别是十分显著的。因此，当能提供一个活生生的系统模型时，人们对它的了解将比说明性的材料好得多。

(4) 用户能够积极地参与系统的开发。

因为原型化方法需要在每次迭代中通过演示或使用系统，由用户提出进一步修改的意见，所以该方法要求用户自始至终要参与到项目的开发中。

(5) 需要有一个原型工作环境。

工作环境要求具备快速的响应、文档资源的管理、演示设施等功能。

(6) 具有一批具有丰富的问题域知识和开发经验的开发人员。

原型法对开发人员的要求是比较高的。如果一个开发人员不具备相关业务领域的知识和系统开发经验，则不可能期望他(她)快速地构造一个工作原型。在运用原型法时，开发人员的业务知识和经验的重用是非常重要的。

【思考题】 针对企业中各种不同类型的信息系统的特点，考虑其中有哪些信息系统适合用系统开发生命周期法来开发？哪些系统适合用原型法开发？为什么？

12.4 系统分析

12.4.1 系统分析的任务及其重要性

系统分析(System Analysis)也称为需求分析，是 SDLC 的一个主要阶段。系统分析是运用一定的方法，对问题域和系统责任进行分析和理解，对其中的事物和它们之间的关系产生正确的认识，并产生一个符合用户需求，并能够直接反映问题域和系统责任的模型及其详细说明。系统分析的主要任务是可行性分析、需求分析和系统建模。计算机信息系统开发首先要解决的是如何理解、抽象和描述问题，这正是系统分析阶段的任务。

通过调查，系统分析师初步了解了现行系统，用户的需求及解决所存在问题的潜在的解。进入系统分析阶段后，系统分析师进一步细致地分析和研究了以上几个方面的问题，并产生了将满足用户需求的系统需求规格说明书(System Requirements Specification，SRS)。

系统分析本质上是一个交流(Communication)的过程。交流作为系统分析的一个重要组成部分,是一种传递信息的行为。交流由两部分组成:解释和理解,二者缺一不可。在解决问题前,必须要理解它;对问题越了解,就越容易解决它。用户必须检查这些说明书的准确性和完整性,而系统设计员必须根据这些说明书来进行新系统的设计。用户往往只具备经营管理、业务等方面的知识,而系统设计员往往只具备计算机方面的知识。二者之间存在着一条明显的鸿沟。所以,系统分析师是连接系统用户与系统设计员之间的关键。

【思考题】 信息系统开发人员能轻松地、自动化地完成他们的工作吗?自从有了计算机辅助软件工程(CASE)技术以来,开发人员的一个最大的梦想就是开发的高度自动化。事实上,开发人员的主要工作是交流,将用户表达的需求组织成正式的规约,不管我们怎么改变系统开发生命周期,这项工作是必需的,并且它不可能自动完成。

系统分析就是一个认识系统、理解问题和描述系统的过程。大量实践经验表明,如果没有首先要搞清楚系统做什么(What To Do),而直接就考虑如何去做(How To Do),所开发的信息系统是要失败的。也就是说,信息系统开发成功的关键在于对问题的理解和描述是否准确。而解决"做什么"的问题正是系统分析的基本任务。

【思考题】 有人认为:"只需熟练掌握几种计算机语言,就可以开发出高质量的计算机信息系统。"你对这种观点有何看法?

12.4.2　可行性研究

"可行的(Feasible)"即可能的和必要的意思。信息系统可行性研究(Feasibility Study)是指从信息系统必须具备的条件的调研出发,对可能的项目方案从经济、技术和运行等几个方面因素考察所建设的信息系统是否在给定的约束条件下是必要的和可能的过程。

可行性研究的主要任务是了解客户的要求及现实环境,从技术、经济和运行等因素研究并论证IT项目的可行性,编写可行性研究报告,制定初步项目开发计划。可行性研究的目的是说明该IT项目的实现在技术上、经济上和运行条件上的可行性,评述为合理地达到开发目标可能选择的各种方案,说明并论证所选定的方案。

通常,对于信息系统项目来说,其可行性可以从以下3个方面来考虑:经济可行性(Economic Feasibility)、技术可行性(Technical Feasibility)、运行可行性(Operational Feasibility)。

1. 经济可行性

对于IT项目来说,提高效益才是硬道理。经济可行性是评价IT项目是否可行的最基本、最常用的一种方法,是对IT项目解决方案的成本有效性(Cost-Effectiveness)的度量。IT项目是一种高投资,因此,投资者首先关心的是:IT项目所获得的收益是否大于IT项目的费用或成本。如果收益远远大于成本,则说明这个IT项目从经济的角度来讲是可行的;反之,则是不可行的。因此,经济可行性对于IT项目来讲是最重要的一种可行性。

进行经济可行性研究通常使用成本/效益分析法(Cost/Benefit Analysis)。经济可行性研究最大的难度在于成本和效益的估计。确定一项投资是否具有经济上的可行性,通常有多种方法,如投资回收期分析、投资回报率(Return On Investment,ROI)等。

【思考题】 对于IT项目来说,都有哪些方面的成本和效益?(提示:分别在项目的开

发期和运行期考虑有形和无形成本和效益)

2. 技术可行性

技术可行性是指IT项目实施所需要的技术是否具备,如支持系统的硬件和软件能力,以及从事这些工作的技术人员的数量和技术水平。

IT项目的技术可行性研究主要考虑如下几个方面的内容:

- 技术的先进性、适用性和经济性。对IT项目的技术要求是,在保持先进性的情况下,以适用性为上,并且在经济上要合理,要有较好的性能价格比。
- 设备和软件的选择建议与说明。
- 技术对操作者的要求和本企业对技术的接受能力。要避免技术水平过高而造成功能冗余,浪费建设资金。
- 企业业务流程和信息流程变化的可行性。IT项目的实施必然会引起企业业务流程和信息流程的变化,对于这种变化,可能会由于部门的权利受到削弱、人员不能很快适应这种变化而遭到企业内部有些部门或人员的抵制,导致IT项目失败。所以,需要在IT项目项目实施之前大力宣传流程改变的好处,增进大家对项目的理解和对新技术的理解,取得普遍的支持和配合。
- 考虑项目开发商的技术要求和开发商来源。
- 项目建成后管理和操作人员的结构和技术培训问题。
- 技术寿命。
- 项目开发的风险及其他内容。判断在给定的限制范围和时间期限内,能否设计出预期的系统并实现必需的功能和性能。

【思考题】 用户提出IT项目的根本目的是什么?是为了追求技术上的国际领先或是国内一流?还是追求能够通过信息系统获取更大的利益?即从用户的角度来看,信息系统的建设是技术驱动的还是利益驱动的?

3. 运行可行性

运行可行性是指一个IT项目的实施在特定的环境中能否正常运行,从而满足组织的各种业务信息需求。因此,在评价IT项目的可行性时,应考虑的一个重要因素是从人工处理而不是计算机处理的观点来考虑系统能否正常工作。这就要考虑IT项目的实施对于组织各方面(如组织结构、管理方式等)以及对于各类人员的影响。一个新IT项目的实施必然会引起某些方面的变化,而从人的本性来说,通常对变化总是持抵触的情绪,这样对新系统的实施就会产生一系列不利的影响。因此,在进行可行性研究时必须考虑到人员方面的可行性,即评估人员的抵触情绪对IT项目的妨碍程度。简言之,运行可行性就是考虑一个IT项目能否在组织内顺利实施。这一点经常被忽略。

12.4.3 需求的概念

1. 需求的定义

需求是人们的期望。需求分析是寻找人们的期望的过程。需求分析的目的是试图找出人们对(待开发的)产品的期望。需求是隐性的,即用户都不清楚自己的需求。需求是变化的。

2. 需求分析的重要性

事实已经证明：开发软件系统最为困难的部分就是准确说明开发什么(即需求)。一旦做错,将最终会给系统带来极大的损失,并且以后再对它进行修改也极为困难。

【应用案例 12-1】

Standish Group 的调查

Standish Group 调查了多家公司中的上千个项目发现：三分之一的项目在完成之前就被取消；在大型公司中,只有9%的项目是按预算和进度的要求完成的；在小公司中,只有16%的项目是按要求完成的。信息系统项目失败的主要表现有：系统开发超出预算；系统交付延期；系统不满足用户的期望,从而导致用户不再使用该系统；一旦投入生产性运行,维护成本会急剧升高；系统不可靠,并且经常容易出现问题和宕机；无论出现什么错误,用户会将所有的错误都推到开发人员身上。

导致项目失败的原因有：不完备的需求(13.1%),缺乏用户的参与(12.4%),缺乏需要的资源(10.6%),用户不切合实际的期望(9.9%),缺乏管理人员的支持(9.3%),需求和规格说明经常变化(8.7%),没有统一的规划(8.1%),开发过程中发现系统已不再被需要(7.5%)。

需求分析是整个系统开发的基础。如果需求定义错误(例如需求不完全、不合乎逻辑,不贴切或使人易于发生误解),那么不论以后各阶段的工作质量如何,都必然导致系统开发失败。因此,系统开发中需求定义是系统成功的关键一步,必须引起足够的重视,并且提供保障需求定义质量的技术手段。

许多成本分析表明,随着开发生命周期的进展,改正错误或在改正错误时引入的附加错误的代价是按指数增长的(见表 12-1)。研究表明,60%~80%的错误来源于需求定义。因此,开发面临的问题是随着生命周期的展开,不仅修改费用越来越高,而且会发现绝大多数的错误起源于早期的需求定义阶段。

表 12-1 不同阶段发现的错误修改代价

发现错误的阶段	修改错误的代价的相对数量关系	发现错误的阶段	修改错误的代价的相对数量关系
需求	1	开发测试	17~40
设计	3~6	验收测试	30~70
编码	10	运行	40~1000

3. 需求的类型

信息系统需求包含着多个层次,不同层次的需求从不同角度与不同程度反映着细节问题。信息系统需求包括 3 个不同的层次：业务需求、用户需求、功能需求和非功能需求。业务需求(Business Requirement)反映了组织机构或客户对系统、产品高层次的目标要求。用户需求(User Requirement)描述了用户使用产品必须要完成的任务。功能需求(Functional Requirement)定义了开发人员必须实现的软件功能,使得用户能完成他们的任务,从而满足了业务需求。非功能需求(Non-Runctional Requirements)是指性能要求、可靠性要求、安全保密性要求以及开发费用和开发周期、可使用资源等方面的限制。例如性能(吞吐量和响应时间)、易用性、预算、成本、进度、文档的编制和培训要求、质量管理要求、安全和内部审计控制等。

所有的用户需求必须与业务需求一致。用户需求使需求分析者能从中总结出功能需求以满足用户对产品的要求从而完成其任务,而开发人员则根据功能需求来设计信息系统以实现必需的功能。

好的需求必须满足如下要求:

(1) 完整性。每一项需求都必须将所要实现的功能描述清楚,以使开发人员获得设计和实现这些功能所需的所有必要信息。

(2) 正确性。每一项需求都必须准确地陈述其要开发的功能。只有用户才能确定需求的正确性,这就是一定要求用户积极参与的原因。

(3) 可行性。每一项需求都必须是在已知系统和环境的权能和限制范围内可以实施的。为避免不可行的需求,最好在需求获取过程中始终有一位项目成员与用户在一起工作,检查技术可行性。

(4) 必要性。每一项需求都应把客户真正所需要的和最终系统所需遵从的标准记录下来。

(5) 划分优先级。给每项需求、特性或用例分配一个实施优先级以指明它在特定产品中所占的分量。如果把所有的需求都看作同样重要,那么项目管理者在开发或节省预算或调度中就会丧失控制自由度。

(6) 无二义性。对所有需求说明的读者都只能有一个明确统一的解释,由于自然语言极易导致二义性,所以尽量把每项需求用简洁明了的语言表达出来。避免二义性的有效方法包括对需求文档的正规审查,编写测试用例,开发原型以及设计特定的方案脚本。

(7) 可验证性。检查一下每项需求是否能通过设计测试用例或其他的验证方法,如用演示、检测等来确定产品是否确实按需求实现了。前后矛盾、不可行或有二义性的需求显然也是不可验证的。

例如,"系统应该提供实时查询响应"就是一个含糊的需求。一个是"应该"这个词用的很含糊,换句话说,就是系统也可以不提供实时查询响应,因此将"应该"该成"必须"。其次,实时查询响应时间有没有上限、下限的要求?是1秒?1天?还是1年?因此,上述需求的陈述改成"系统必须提供实时查询响应,并且响应时间不超过2秒钟"就是一个符合要求的需求描述。

【思考题】 你认为下面的需求描述有什么问题?

(1) 系统应尽可能对记录进行校验。

(2) 系统界面应是用户友好的。

(3) 系统将向用户提供实时查询响应。

12.4.4 需求开发

由于需求的重要性和需求开发与管理存在的困难,在20世纪80年代中期,形成了软件工程的子领域——需求工程(Requirements Engineering,RE)。进入20世纪90年代,需求工程更是成为软件工程领域的研究热点。

信息系统需求工程研究领域可划分为需求开发和需求管理两部分内容。需求开发就是把人们的期望转化成一种能够满足其期望的产品的过程。需求开发可进一步分为需求获取(Elicitation)、需求分析(Analysis)、编写规格说明(Specification)和需求验证(Verification)4个阶段。首先,开发人员与客户一起工作,通过会谈,演示类似的系统或者开发系统的全部或部分部件的原型来启发需求。然后,开发人员建立相应的系统模型(过程模型、数据模型、对象模型),并利用系统需求规格说明书的文档将需求描述出来。写出需求的目的是为了开发人员和用户能够在系统应该做什么方面达成一致。最后要通过检查以确信需求是完成的、正确的和一致的,通过确认工作确保我们已经对用户所希望的最终产品有一个正确的描述。要通过需求验证,确保没有遗漏需求,没有冲突的需求,没有不可行的需求,没有重叠的需求,没有含糊不清的需求。

不适当的需求开发过程会导致一些风险,这些风险包括:用户参与程度不够导致产品无法被接受,用户需求的增加带来过度的耗费和降低产品的质量,模棱两可的需求说明可能导致时间的浪费和返工,用户增加一些不必要的特性和开发人员画蛇添足,过分简略的需求说明以致遗漏某些关键需求,忽略某类用户的需求将导致众多客户的不满,不完善的需求说明使得项目计划和跟踪无法准确进行。

1. 需求获取

需求获取也称为需求启发,其主要任务是:确定需求开发计划(确定如何组织需求的收集、分析、细化并核实的步骤)、编写项目远景和范围文档(业务需求)、用户群分类、选择产品代表、建立核心队伍、确定用例(用户需求)、召开应用程序开发会议、分析用户工作流程、确定质量属性、检查问题报告、需求重用。

优秀的软件产品是建立在优秀的需求基础之上的。高质量的需求来源于客户与开发人员之间有效的交流与合作。只有当双方参与者都明白自己需要什么,同时也应知道要成功合作方需要什么时,才能建立起一种合作关系。

【思考题】 *仔细阅读并分析本章引导案例中的对话过程,你认为这样的一个需求获取过程中存在哪些方面的问题?*

需求获取的一项重要技术是需求信息采集(Information Gathering)。信息采集是一个系统分析师与用户交互的过程,因此,要求系统分析师必须要熟悉用户领域的知识,以便能够更好地与用户沟通,准确地理解用户的需求。

在信息系统开发中,所要采集的信息从内容上大致可分为以下4类:

- 有关组织的信息。包括组织目标、组织结构、职能部门的目标、政策。
- 有关组织成员方面的信息。包括权力与职责的关系、工作责任、信息需求。
- 有关工作方面的信息。包括作业和工作流、执行工作的方法和步骤、工作进程和工作量、作业和工作的性能指标。
- 有关工作环境方面的信息。包括工作区域的物理分布、可用资源。

需求信息采集的来源包括:

(1) 现有文档。包括组织结构图、政策手册、方法和步骤手册、作业描述、单据、报表、文档流程和工作流程图、系统流程图、计算机程序文档、数据字典、计算机操作手册。

(2) 系统用户和管理人员。

(3) 外源信息。这些信息可以从各种不同的途径采集，如 Internet，有关行业部门的数据库等。

信息采集常用的方法有：会谈法、调查表法、观察法、取样法、原型法等。

2. 需求分析

需求分析就是依据某种建模方式对原始需求进行整理并文档化。其主要任务是：

(1) 绘制关联图。绘制系统关联图是用于定义系统与系统外部实体间的界限和接口的简单模型。同时它也明确了通过接口的信息流和物流。

(2) 创建开发原型。当开发人员或用户不能确定需求时，开发一个原型系统，这样使得许多概念和可能发生的事更为直观明了。用户通过评价原型将使项目参与者能更好地理解所要解决的问题。

(3) 分析可行性。在允许的成本、性能要求下，分析每项需求实施的可行性，明确与每项需求实现相联系的风险，包括与其他需求的冲突，对外界因素的依赖和技术障碍。

(4) 确定需求优先级。应用分析方法来确定用例、产品特性或单项需求实现的优先级别。以优先级为基础确定系统必须包括哪些特性或哪类需求。

(5) 建立需求模型。需求的图形分析模型是系统需求规格说明的补充说明。它们能提供不同的信息与关系，这有助于找到不正确的、不一致的、遗漏的和冗余的需求。这样的模型包括数据流程图、实体关系图、用例图、类图、顺序图、状态图等。

(6) 编写数据字典。数据字典是对系统用到的所有数据项和结构的定义，以确保开发人员使用统一的数据定义。在需求阶段，数据字典至少应定义客户数据项以确保客户与开发小组是使用一致的定义和术语。分析和设计工具通常包括数据字典组件。

(7) 应用质量功能分配(QFD)。使用质量功能调配是一种高级系统技术，它将产品特性、属性与对客户的重要性联系起来。该技术提供了一种分析方法以明确哪些是客户最为关注的特性。它将需求分为 3 类：期望需求，即客户或许并未提及，但如若缺少会让客户感到不满意；普通需求；兴奋需求，即实现了会给客户带去惊喜，但若未实现也不会受到责备。

3. 编写规格说明

需求分析的结果是系统需求规格说明书(SRS)。其内容包括系统服务概述、外部接口需求、系统特性、其他非功能需求等。

文档(Document)是一种数据媒体和媒体上所记录的信息。在信息系统开发中，文档被用来描述或表示对开发活动、需求、过程或结果进行描述、定义、规定、报告或认证的任何书面或图示的信息。信息系统开发中主要完成的文档有《可行性分析报告》、《需求规格说明书》、《系统设计说明书》、《数据库设计说明书》、《模块设计说明书》、《测试计划》、《测试报告》、《用户手册》等。文档是现代软件产品的一个重要组成部分，文档是通信和交流的手段，文档对信息系统的开发过程有重要的控制作用，文档是进行系统维护的依据。实际上，文档的编写工作本身就是对系统重新认识的一个过程。如果发现文档不能按照要求顺利地编写，或者某些细节有些含糊，那么一定说明你对系统的理解还有欠缺。

高质量的文档应具有如下特点：

(1) 针对性。文档编制以前应分清读者对象，按不同的类型、不同层次的读者，决定怎样适应他们的需要。例如，管理文档主要是面向管理人员的，用户文档主要是面向用户的，这两类文档不应像开发文档(面向软件开发人员)那样过多地使用软件的专业术语。

(2) 精确性。文档的行文应当十分确切，不能出现多义性的描述。同一项目若干文档内容应该协调一致，应是没矛盾的。

(3) 清晰性。文档编写应力求简明，如有可能，配以适当的图表，以增强其清晰性。

(4) 完整性。任何一个文档都应当是完整的、独立的，它应自成体系。例如，前言部分应作一般性介绍，正文给出中心内容，必要时还有附录，列出参考资料等。同一项目的几个文档之间可能有些部分相同，这些重复是必要的。例如，同一项目的用户手册和操作手册中关于本项目功能、性能、实现环境等方面的描述是没有差别的。特别要避免在文档中出现转引其他文档内容的情况。比如，一些段落并未具体描述，而用“见××文档××节”的方式，这将给读者带来许多不便。

(5) 灵活性。对于较小的或比较简单的项目，可做适当调整或合并。比如，可将用户手册和操作手册合并成用户操作手册；系统需求规格说明书可包括对数据的要求，从而去掉数据要求说明书；概要设计说明书与详细设计说明书合并成系统设计说明书等。

(6) 可追溯性。由于各开发阶段编制的文档与各阶段完成的工作有着紧密的关系，前后两个阶段生成的文档具有一定的继承关系。在项目各开发阶段之间提供的文档必定存在着可追溯的关系。

4. 需求验证

需求验证的主要任务是审查需求文档、依据需求编写测试用例、编写用户手册、确定合格的标准。

12.4.5　过程建模——数据流程图和数据字典

1. 数据流程图

数据流程图(Data Flow Diagram，DFD)是一种图形化的过程建模工具。它通过4个基本要素——外部实体、数据流、过程和数据存储描述了系统中数据的流动和数据的变化(即系统所执行的工作或处理)，它强调的是数据流和处理过程。过程也称变换(Transform)，是DFD中的一个主要环节，过程是指由输入的数据流产生输出数据流所要执行的工作或动作。数据流表示向过程输入的数据或经加工过程处理后产生的输出数据，它可以表示文件、数据库和数据存储中数据的变化。外部实体定义了系统的边界，它们向系统提供输入，接收由系统所产生的输出。例如，对于配送中心管理信息系统来讲，顾客、供应商可以为外部实体，而最终用户(源数据的输入者，信息的接收者)则为内部实体。数据存储是数据存放的仓库，数据存储包括以下几方面的信息：角色(如顾客、供应商、职工、学生、教师等)、客体(如产品、零部件、课本、设备等)、地理信息(如仓库、销售地区、商店等)、事件(如订单、选课单等)。

数据流程图是对系统中数据流变化的一种图形化的描述。

1）过程

过程是 DFD 中的一个主要元素。过程是指由输入的数据流产生输出数据流所要执行的工作或动作。尽管这些工作或动作可以由人、部门、机器、计算机来完成，但主要强调工作或动作做什么，而不是由谁或什么来完成。过程用矩形表示。

2）数据流

数据流（Data Flow）表示向过程输入的数据或经加工过程处理后产生的输出数据，它可以表示文件、数据库和数据存储中数据的变化。数据流用箭头表示。

3）实体

实体（Entity）有外部实体和内部实体之分。外部实体定义了系统的边界，它们向系统提供输入，接收由系统所产生的输出。例如，对于配送中心管理信息系统来讲，顾客、供应商可以为外部实体，而最终用户（源数据的输入者、信息的接收者）则为内部实体。外部实体有时也称为源/潭。实体用正方形来表示。

4）数据存储

数据存储（Data Store）是数据的仓库，亦称之为文件和数据库。数据存储的典型内容包括：角色（如顾客、供应商、职工、学生、教师等）、客体（如产品、零部件、课本、设备等）、地理信息（如仓库、销售地区、商店等）、事件（如订单、选课单等）。数据存储用缺角的矩形表示。

图 12-5 是销售系统的数据流程图。在该图中，采用了 Gane/Sarson 符号体系中的符号。由于上述两种符号集中有些图形符号的含义容易造成混乱（如矩形有一般矩形和圆角矩形之分，但含义各不相同），所以，在构造 DFD 时，最好标注清楚各符号的含义。

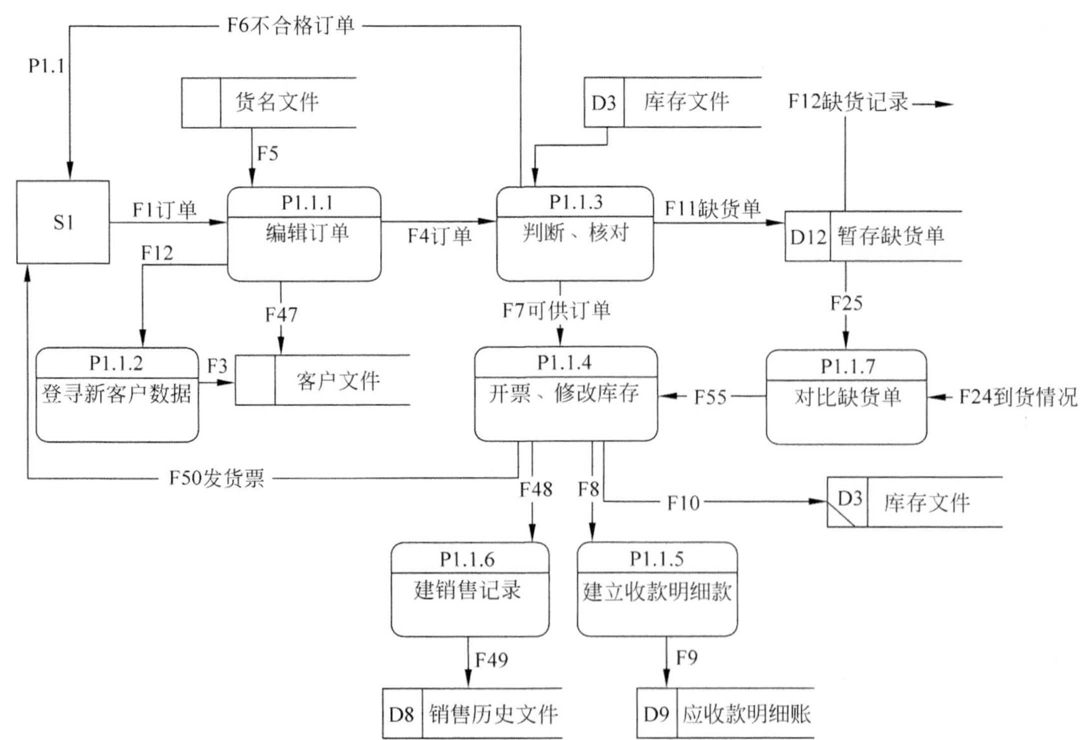

图 12-5 销售系统的数据流程图

2. 数据字典

DFD中的数据在系统的开发过程中必须保持一致，因此，必须对DFD所使用的所有数据建立一个共同的词汇表，来表述这些数据的名称和组成等，这就是数据字典(Data Dictionary)。数据字典是对数据的定义，是对数据逻辑结构的一种描述。所谓逻辑结构，是指从用户的角度对数据结构的一种描述。数据字典的内容包括数据项、数据结构、数据流、数据存储、处理逻辑、外部实体。

数据字典的编写要求是：

- 对数据流程图中各种成分的定义必须明确、易理解、唯一。
- 命名、编号与数据流程图一致。
- 符合一致性与完整性要求，对数据流程图上的成分定义与说明无遗漏，无同名异义。
- 格式规范、文字精练、符号正确。

数据流程图配以数据字典，就可以从图形和文字两个方面对系统的逻辑模型进行描述。

12.4.6　数据建模——E-R图

著名的数据管理专家威廉·德雷尔说过："没有卓越的数据管理，就没有成功高效的数据处理，更无法建立整个企业的计算机信息系统。"卓越的数据管理的基本前提是数据建模。

数据建模是创建数据库逻辑结构的过程。为了保证正确性，数据模型必须支持所有的用户视图。它是开发有效的数据库应用的最重要的任务。如果数据模型不能正确地表示用户的数据视图，那么用户会发现应用是难以使用的、不完整的和无效的。

概念数据模型能够把用户的信息要求统一到一个整体逻辑结构中。概念结构表达用户的要求，且独立于支持数据库的DBMS和硬件结构。概念数据模型描述了数据的属性和语义，而不强调数据在计算机中是如何表示的。常用的一个数据模型是实体-联系模型(Entity Relationship Model)。

在概念设计阶段中，设计人员从用户的角度看待数据及处理要求和约束，产生一个反映用户观点的概念模型，然后再把概念模型转换成逻辑模型。将概念设计从设计过程中独立开来，至少有以下几个好处：各阶段的任务相对单一化，设计复杂程度大大降低，便于组织管理；概念模型不受特定的DBMS的限制，也独立于存储安排和效率方面的考虑，因而比逻辑模型更为稳定；概念模型不含具体的DBMS所附加的技术细节，可以准确地反映用户的信息需求。

通常对概念模型有以下要求：

(1) 概念模型是对现实世界的抽象和概括，它应真实、充分地反映现实世界中事物和事物之间的联系，有丰富的语义表达能力，能表达用户的各种需求，包括描述现实世界中各种对象极其复杂的联系、用户对数据对象的处理要求的手段。

(2) 概念模型应简洁、明晰、独立于机器、容易理解，方便数据库设计人员与应用人员交换意见，使用户能积极参与数据库的设计工作。

(3) 概念模型应易于变动。当应用环境和应用要求改变时，容易对概念模型修改和补充。

（4）概念模型应很容易向关系、层次或网状等各种数据模型转换。易于从概念模式导出与DBMS有关的逻辑模式。

实体-联系模型是一种典型的概念模型。实体-联系图（Entity Relationship Diagram，E-R图）是由P. P. Chen于1967年提出的。E-R图中的基本概念是实体（Entity）和联系（Relationship）。E-R图用图形化的方法直观地描述了实体及其之间的关系。概念设计的目标是产生反映组织信息需求的数据库概念结构，即概念模式。

实体-联系数据模型基于对现实世界的这样一种认识：现实世界是由一组称作实体的基本对象以及这些对象间的联系构成的。实体是现实世界中可区别于其他对象的一个"事件"或一个"物体"，例如，每个人是一个实体，每个银行账户也是一个实体。数据库中实体通过属性集合来描述，例如，账户号（account_number）与余额（balance）属性描述了银行的某个特定账户。联系是实体间的相互关联，例如，存款者联系将一个客户和他的账户相关联。同一类型的所有实体的集合称作实体集，同一类型的所有联系的集合称作联系集。

除了实体和联系以外，E-R模型中还可以表示出数据库内容必须遵循的特定约束。一个重要的约束是映射的基数，它表示一个实体集通过某个联系集与另一实体集进行关联的实体数目。

E-R图由以下元素构成：

（1）矩形代表实体集。

（2）椭圆代表属性。

（3）菱形代表实体集间的联系。

（4）线段代表将属性与实体集相连或将实体集与联系相连。

实体-联系模型中的基本概念包括：

（1）实体与实体集。

实体是指系统中存储的人、事、物、地点等现实世界中的事物以及抽象的概念。实体是现实世界中可区别于其他对象的"事件"或"物体"。实体可以是具体的对象，例如，一个学生、一门课程。也可以是抽象的事件，例如一次购物等。

实体集（Entity Set）是具有相同类型及相同性质（或属性）的实体的集合。例如，所有学生的集合可以定义成实体集student，所有PC的集合可以定义成实体集computer。

（2）属性。

实体所具有的性质称为属性（Attribute）。在信息世界中不同的实体是由其属性的不同而被区分的，即实体靠属性来描述。每个属性有一个值域，其类型可以是整型、实数型或字符型。例如，学生有学号、姓名、年龄、性别等属性，相应值域为字符、字符、整数和字符型。

（3）域。

属性的取值范围称为该属性的域（Domain）。例如，性别的域是集合{"男"，"女"}。注意在一个实体中，属性域可以相同，也可以不同；每个属性域中的元素必须是同类型的。

（4）键。

能唯一标识每个实体的一个属性或几个属性的组合，称为键（Key）。

（5）联系与联系集。

联系（Relationship）是指两个或多个实体之间存在的一种自然的业务对应关系（它也可

能具有属性)。

联系集(Relationship Set)同种类型的联系的集合。

实体间的联系方式包括如下 3 种：

① 一对一联系(1：1),如订单中所订购的每一种商品均与唯一的库存商品对应。

② 一对多联系(1：n),如一个学生可以选修多门课程。

③ 多对多联系(m：n),如一个学生可以选修多门课程,一门课程也可以由多个学生选修。

(6) 多重性。

多重性(Multiplicity)是指一个实体集中的实体对应于另一个实体集中的实体的最小数目和最大数目。

例如,设某商业集团数据库有 3 个实体集(见图 12-6)：一是“商店”实体集,属性有商店编号、商店名、地址等；二是“商品”实体集,属性有商品号、商品名、规格、单价等；三是“职工”实体集,属性有职工编号、姓名、性别、业绩等。

商店与商品间存在“销售”联系,每个商店可销售多种商品,每种商品也可存放在多个商店销售,每个商店销售的每一种商品用月销售量描述；商店与职工之间存在“聘用”联系,每个商店有许多职工,每个职工只能在一个商店工作,商店聘用职工有聘期和月薪。

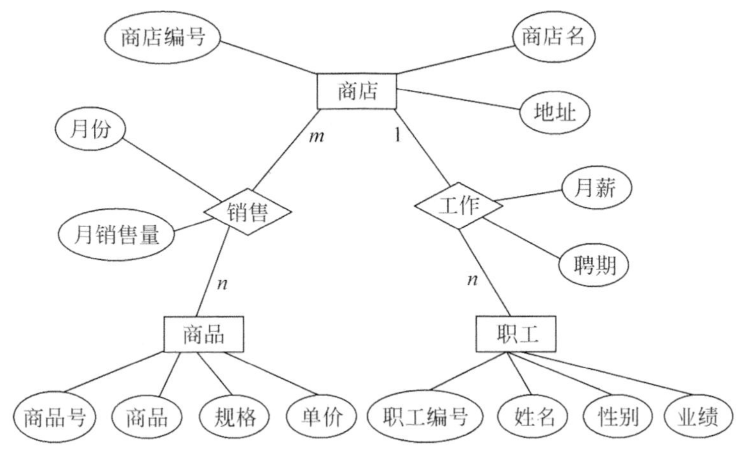

图 12-6　E-R 模型的例子

12.4.7　对象建模

从面向对象的角度来看,系统是由对象组成的。任何系统都是由一系列相互联系、共同工作(协作)的对象组成的。进行面向对象分析时,首先定义组成系统的对象,然后描述这些对象如何协调来完成系统的功能。这些描述可分为两部分：一是对象之间的联系,这些联系表现为对象之间的泛化-特化联系、整体-部分联系和关联；二是系统对象之间的交互或通信,这些交互表现为对象之间的消息以及对象的内部处理,即每个对象对于其他对象所发出的消息如何做出反应以及怎样将消息发送给其他对象。

对象建模(Object Modeling)是基于对象、属性、行为、封装、类、继承、多态、持久性等概念来识别系统环境内对象及这些对象之间联系的技术。

从面向对象的角度来定义应用需求需要用到5个分离而又相互联系的面向对象模型。对应的5种图分别是：类图、用例图、协作图、顺序图、状态图。

(1) 类图。类图是一种用于描述系统中对象类及其之间相互联系的对象模型。

(2) 用例图。用例图是一种用于显示不同用户角色和这些用户角色如何使用系统的图。

(3) 协作图。协作图一种用以显示对象如何被协调在一起以执行用例的图。

(4) 顺序图。顺序图是一种用于显示用例对象之间消息顺序的图。

(5) 状态图。状态图描述了对象的状态和行为。

面向对象建模目前流行的建模工具是统一建模语言(UML)。

1. 对象建模中的基本概念

面向对象中的基本概念包括对象、类、封装、继承、聚集、关联、消息、多态性等。

对象(Object)是能够被看见、触摸到或感觉到的某种事物，而且存储了该事物的数据(属性)和相关行为。属性(Attribute)是描绘关于对象感兴趣的特征的数据。例如，对象顾客包括属性：customer_number(顾客编号)、customer_name(顾客姓名)等。具有上述属性的顾客有很多，每一个顾客称之为一个对象实例。一个实例(或对象实例)包含了描述某个特定的人、地点、物或事件的属性值。随着技术的发展，对象的属性可以是简单类型的数据，也可以是更复杂的属性类型，如位图、声音、视频数据等。行为是指作用于对象数据(属性)之上的功能。对象的行为也可以称为方法(Method)、操作(Operation)或服务(Service)。

面向对象的一个重要原理是对象独自地负责执行任何作用于其数据(或属性)之上的功能或行为。这引出了理解对象的一个重要概念，称为封装。

封装(Encapsulation)是指将对象的属性和行为包装在一起，将实现细节隐蔽起来，形成一个相对独立的单元。存取对象属性的唯一途径是通过对象的行为。其他任何对象都不能执行该对象的行为。封装有助于在开发一个系统时减少重复工作。如果设计者把分析结果中最易变的部分封装，那么需求变化就不太可怕了。封装把相关的内容结合在一起，减少了各部分工作之间的交叉；它还把某些特定的需求与规格说明中使用这些需求的其他部分分离出来。因此，对象是其数据和行为的一个封装体。

类(Class)是指将具有相同或相似结构、操作和约束规则的对象组成的集合。类是一个共享属性和操作方法的集合。任何一个对象都是某一类的实例(Instance)，每一个对象类都是由具有某些共同特征的对象组成。因此，一个类实质上定义了一种对象类型，它描述了属于该类型的所有对象的性质。类是对具有相同性质的对象的抽象。

对象或类之间有多种联系。最基本的联系方式有如下4种：对象之间的泛化-特化关系(继承)、对象之间的整体-部分关系(聚集)、对象之间的关联关系、对象之间的消息传递。其中，前3种联系反映了对象之间的静态联系，消息传递反映了对象之间的动态联系。

继承(Inheritance)是指一个对象类多定义的方法和/或属性可以被另一个对象类重复使用。图12-7描述了图(Figure)的继承。

有些对象/类是由其他对象/类组合而成的，这种类型的联系称为整体-部分联系(whole-part 或 part-of 联系)或聚集(Aggregation)。它描述了对象之间的组成关系，即一

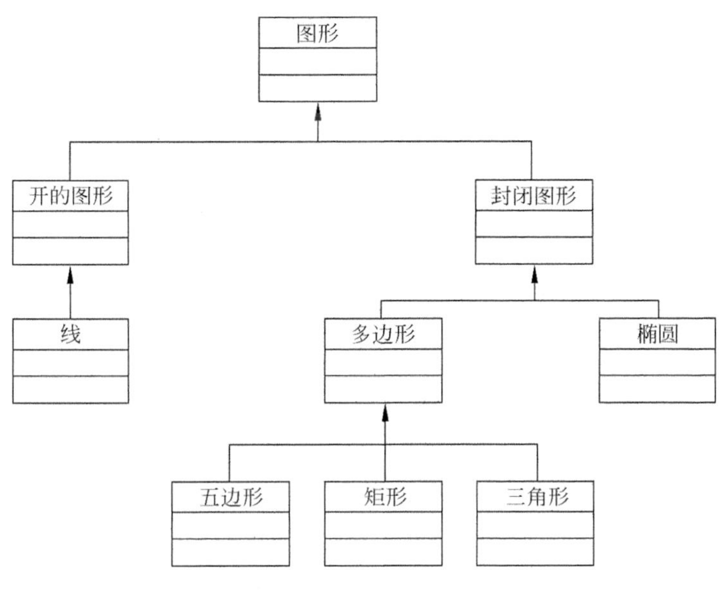

图 12-7　图的继承

个或一些对象是另一个对象的组成或部分。例如，对象课本(TEXTBOOK)可能包含几个对象，包括封面(COVER)、目录(TABLE OF CONTENTS)、章(CHAPTER)和索引(INDEX)。对象 CHAPTER 包含对象页(PAGE)，页又包含对象段落(PARAGRAPH)，段落又包含对象文字(WORD)等。

关联反映了对象(类)和对象(类)之间的静态关系。例如，教师和学生之间的任课关系，汽车和驾驶员之间的使用关系。静态联系是指最终可以通过对象属性来表示的一个对象对另一个对象的依赖关系。

系统是由一组交互的对象组成的。但是对象是如何交互的呢？对象/类之间的交互或通信是通过一个对象/类向另一个对象/类发送消息来完成的。消息(Message)是一个对象调用另一个对象的方法(行为)所传递的一种请求信息。发送消息的对象无须知道消息的接收方内部是如何组织的或者其行为是如何完成的，只需以某种已定义好的方式响应请求即可。消息传递描述了对象之间的动态联系：若一个对象在执行自己的服务时，需要通过消息请求另一个对象为它完成某个服务，则称这两个对象之间存在消息传递。

多态性(Polymorphism)意味着"多种形式"。在面向对象技术中，多态是指一种行为可以被不同的对象/类以不同的方式执行。例如，H_2O 具有水、蒸汽和冰三种形态。再如在软件中，一个打印程序可用于打印文本字符、数字以及图形符号和图像，因为打印程序知道如何打印文本和图形，因此具有多态性。例如，考虑类多边形。每一个多边形都有面积，但是三角形面积的计算方法和矩形面积的计算方法显然不同。因此，面积的计算对对象而言是比较特殊的。面向对象的程序设计语言能够根据与操作有关的参数自动选择正确的方法来实现该操作。在上述例子中，对象将根据描述多边形的参数选择正确的计算面积的方法。多态性允许在不改变代码的情况下增加新的类。

引入多态性是为了获得更加灵活的表达方式，使程序的表示尽可能与所表示的内容无关。当一个程序使用一个类提供的服务时，使用的是这个类界面所列出的操作或数据，而类实现对该程序是隐藏的，这是因为实现细节经常会发生变动，但使用方式则相对稳定，因而真正灵活的、可维护性好的程序结构应当具有表示独立性。

2. 用例图

用例(Use Case)是对一个活动者使用系统的一项功能时所进行的交互过程的一个文字描述序列。用例是系统执行的一个事务序列，该事务序列可以产生某个特定活动者可观察到的、有价值的结果。

在信息系统开发中通过用例可以确切地描述用户需求中的功能需求。运用用例概念的基本思路是：首先找出系统边界以外的活动者(Actor)；然后从这些活动者如何与系统进行交互的角度，用用例来描述活动者怎样使用系统以及系统向活动者提供什么功能；在信息系统开发中，把活动者和用例作为启发系统分析师发现对象并认识其行为的重要依据；最后以用例为基础建立系统的交互图，以反映各个用例所要求的系统功能是由哪些对象来完成的。

用例已经成为信息系统开发中捕获功能需求的一种基本技术，与其他需求捕获技术相比，它成功的原因在于：用例把系统当作一个黑盒。一个用例没有指定任何与需求相关的系统的内部结构，过早地说明内部结构给设计者带来了额外的约束，没有这些约束设计者们能更自由地建立一个正确实现客观可见行为的系统，并存在出现突破方案的可能性。用例提供了一种捕获功能需求的系统而且直觉的方法。

用例中的有关概念包括系统边界、活动者和事件流。

系统边界：是一个系统所包含的所有成分与系统以外的各种事物的分界线。

活动者：是在系统之外与系统进行交互的任何事物。例如用户、一个硬件设备、与系统交互的另一个系统等。

事件流：表达了用例执行的细节。事实上，所有的系统开发方法都是以事件概念开始建模的。事件是可以描述的、值得记录的在某一特定时间和地点发生的事情。

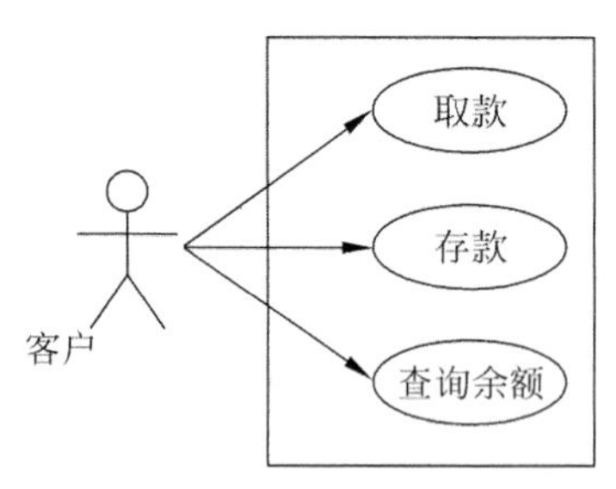

图 12-8　用例图中的元素符号

用例图(Use Case Diagram)是指反映活动者、系统边界所封闭的用例，及活动者与用例之间，用例与用例之间关系的一种图。用例图用于描述系统的环境和系统的功能需求。

用例模型中 stickman 符号表示活动者，椭圆表示用例，矩形框表示系统边界，箭头表示活动者与用例之间的通信，如图 12-8 所示。

3. 类图

任何系统都需要从两方面进行描述：结构信息和行为信息。系统的组成表达了系统各组成要素之间的联系，称为结构；这些组成要素的执行逻辑称为行为。在面向对象方法中，系统的结构信息是通过类图(Class Diagram)来描述的，而系统行为信息则通过用例图、交互图(包括顺序图和协作图)和状态图来描述。前者说明了系统的组成部分是什么，而后者则说明了系统做什么。

类图表达了系统中类与类之间的相互关系，这些关系包括关联、泛化和聚集以及各种依赖关系，如使用和实现关系。类图属于对象模型中的静态视图。

构造类图的3个关键问题是：系统中有哪些需要关心的类？这些类是如何描述的？这些类之间的联系是什么？

发现类是对象建模中最核心、最关键的问题。目前，关于如何发现类尚没有一种标准的、有效的方法。但无论哪一种方法，问题域和系统责任是发现对象的根本出发点。二者从不同的角度告诉分析员应该从哪些方面着手。在问题域中存在3种不同类型的类：活动者类、业务类和用户界面类。

(1) 活动者类。活动者类代表出现在用例模型中的活动者。活动者是现实世界中与系统交互的人和/或机构。例如，订单处理系统中客户是一个活动者类。

(2) 业务类。业务类描述业务的地点、物品、概念和事件。例如订单处理系统中的订单、商品等都是业务类。

(3) 用户界面类。用户界面类(UI类)是组成系统用户界面的屏幕显示、菜单和报表。例如，订单处理系统中客户登录系统的界面、显示和编辑订单的屏幕等都属于UI类。

那么，如何发现并定义对象类呢？到目前为止，还没有一种非常有效的确定对象的方法，因此，对同一个问题域，不同的项目小组可能会得出不同的候选对象。相信随着面向对象方法的发展、成熟，会出现一些大家都认可的发现对象的算法式策略。目前比较流行的策略是Wirfs-Brock的CRC(Class-Responsibility-Collaboration，类-责任-协作)策略。

CRC策略是以需求规格说明书为基础寻找对象，但不同的是寻找的不是名词，而是动词。名词策略主要强调“对象是什么(人、地点、事物)”；而动词策略则强调“对象做什么”(例如，打印、计算、显示等)。这种策略可以用CRC卡片来描述类。CRC卡片的布局如图12-9所示。CRC模型是一组标准索引卡片的集合，每个卡片被分为3部分：类名代表相似对象的集合，职责是类所知道或所要做的事情，协作者是一个类为完成其职责与之交互的其他类。

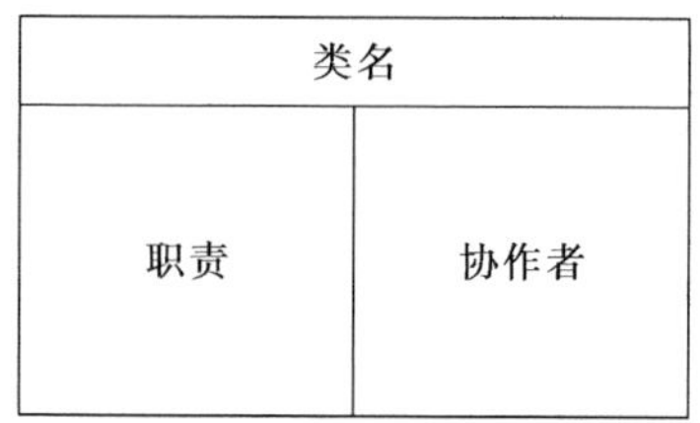

图12-9　CRC卡片的布局

CRC卡片是一种有效的用于领域建模的工具，并且在有的软件过程中(例如极限编程XP)使用CRC模型作为一种基本的设计技术。

图12-10是订单处理系统的类图。

注意在类图中没有标出类的操作。类的操作通常会随着分析与设计的深入，逐步被加到类图上。另外，在分析阶段所构造的类图到了系统设计阶段也会逐步地将与实现有关的类添加到类图中。

4. 交互图

在UML中，类图只表达了系统的静态结构信息，系统的动态信息需要利用交互图来表示。交互图(Interaction Diagram)是一种动态视图，它展现了一种交互，它由一组对象和它们之间的关系组成，包括在它们之间可能发送的消息。交互图通常用来描述一个用例的行为，显示该用例中所涉及的对象和这些对象之间的消息传递情况。

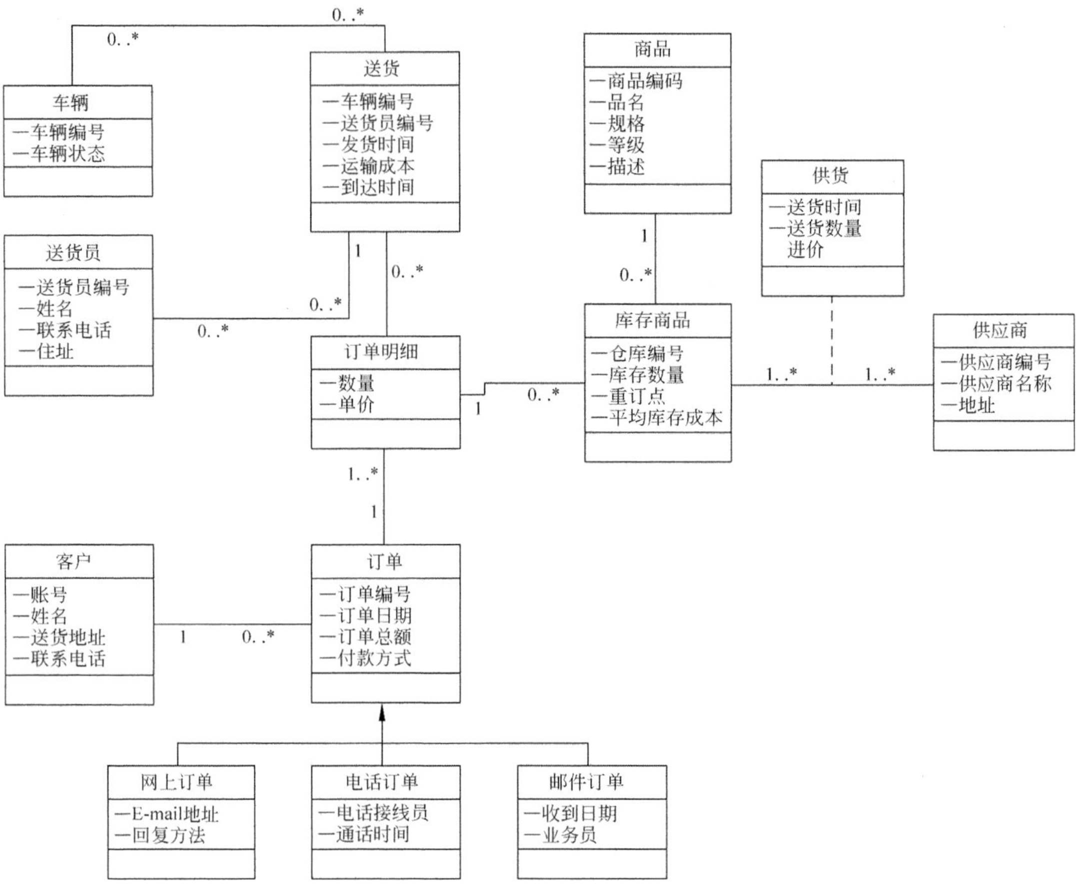

车辆
—车辆编号
—车辆状态
送货
—车辆编号
—送货员编号
—发货时间
—运输成本
—到达时间
送货员
—送货员编号
—姓名
—联系电话
—住址
商品
—商品编码
—品名
—规格
—等级
—描述
供货
—送货时间
—送货数量
进价
库存商品
—仓库编号
—库存数量
—重订点
—平均库存成本
供应商
—供应商编号
—供应商名称
—地址
订单明细
—数量
—单价
客户
—账号
—姓名
—送货地址
—联系电话
订单
—订单编号
—订单日期
—订单总额
—付款方式
网上订单
—E-mail地址
—回复方法
电话订单
—电话接线员
—通话时间
邮件订单
—收到日期
—业务员
0..*
1
1..*

图 12-10 订单处理系统的类图

有两种用来描述信息流和对象交互的交互图：顺序图和协作图。事实上，顺序图和协作图包含相同的信息，但它们的侧重点稍有不同(见图 12-11)。

顺序图
是强调消息的时间次序的交互图
交互图
用来描述对象之间以及对象与参与者之间的动态协作关系以及协作过程中行为次序的图形文档
协作图
是强调收发消息的对象的结构组织的交互图

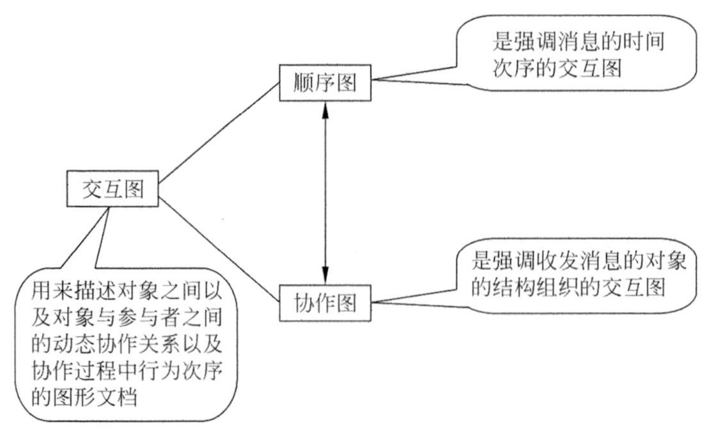

图 12-11 交互图

1）顺序图

顺序图(Sequence Diagram)表示了对象之间传送消息的时间顺序,也就是对象之间的交互顺序,这些交互是指在场景或用例的事件流中发生的。每一个对象(类)用一条生命线来表示——即用垂直线代表整个交互过程中对象的生命期。生命线之间的箭头连线代表消息。顺序图可以用来进行一个场景说明——即一个事务的历史过程。

顺序图是一个用例与完成相应系统的成分即对象的服务之间的对照图。它表明用例中陈述的每件事是由系统中对象的哪个服务响应和完成的,以及这个服务又进一步用哪些别的对象服务。顺序图可以认为是类图与场景事件流结合起来的一个模型。

顺序图是一种详细表示对象之间以及对象与系统外部的活动者之间动态联系(即行为依赖关系)的图形文档。顺序图中有 4 个基本符号(见图 12-12)。

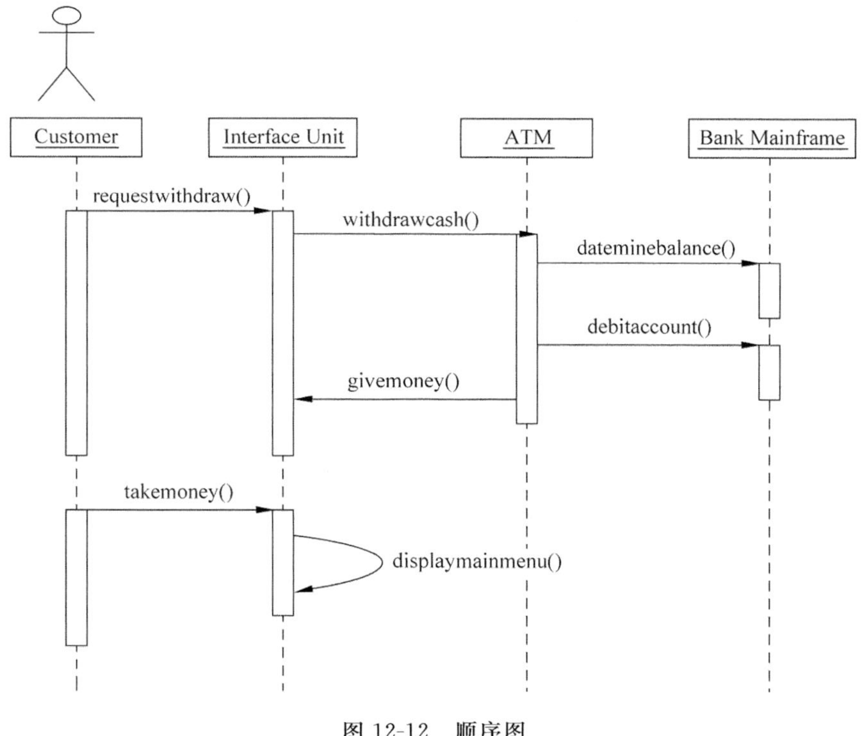

图 12-12　顺序图

顺序图中的基本元素包括:

(1) 活动者,指用例中的活动者。

(2) 对象,指在用例中的内部对象。

(3) 生命线,在顺序图中的一个对象下面的竖线,用来显示这个对象的生命期。时间从上到下流过。生命线实际上显示了消息的顺序,在生命线之上的消息比在它之下的消息先发生。在生命线中的棒形方框表示的是活动生命线,用以强调一个对象只有在一个场景的部分中处于活动状态。

(4) 消息,指场景内由事件流定义的内部事件成为在对象和活动者或其他对象之间的消息。

2）协作图

协作图(Collaboration Diagram)对在一次交互中有意义的对象和对象间的链建模。对象和对象之间的联系只有在交互时才有意义。类元角色描述了一个对象，关联角色描述了协作关系中的一个链。协作图用几何排列来表示交互作用中的各角色。附在类元角色上的箭头代表消息。消息的发生顺序用消息箭头处的编号来说明。

协作图的一个用途是表示一个类操作的实现。协作图可以说明类操作中用到的参数和局部变量以及操作中的永久链。当实现一个行为时，消息编号对应了程序中嵌套调用结构和信号传递过程。

协作图的活动者、对象和消息都使用了顺序图中的符号，没有使用生命线符号。但是使用了一个不同的符号：链接符号，是用对象之间或活动者与对象之间的连线表示的，在协作图中，链接表示两个对象共享一个消息——一个是消息的发送者，一个是消息的接收者。

协作图中消息的描述格式如下：

[true/false 条件]顺序编号：[返回值：=]消息名(参数列表)

创建协作图的步骤与顺序图是一致的。

(1) 寻找对象。

(2) 寻找活动者。

(3) 将消息加进框图。

图 12-13 是订单处理的一个简单的协作图。

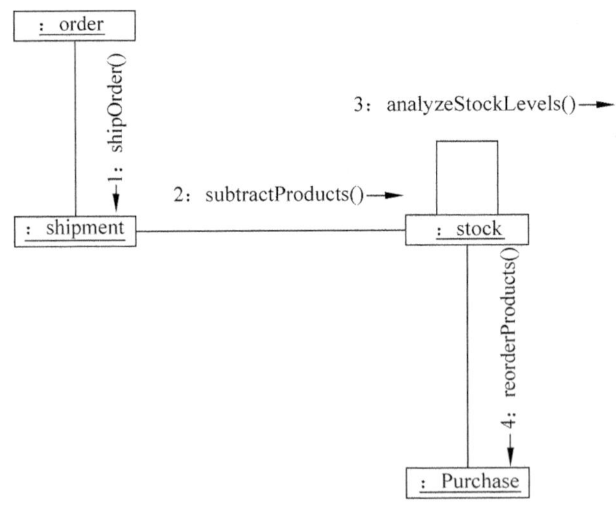

图 12-13　协作图

12.5　系统设计

12.5.1　系统设计的任务和内容

系统设计阶段的任务是赋予系统分析阶段所确定的新系统的功能一种具体的实现方法和技术。因此，系统设计的主要任务是依据系统分析报告，全面确定系统应具有的功能和性能要求。

系统设计是一个描述、组织和构造系统部件的过程。这个过程分为两个层次：总体设计和详细设计。总体设计的主要任务是描述、组织和构造新系统的体系结构，包括软件体系结构设计、信息系统体系结构设计、网络设计、代码设计等内容；详细设计属于低层设计，包括输入设计、输出设计、界面设计、应用程序设计、数据库设计等。

12.5.2 系统设计的基本原则

信息系统设计应该遵循以下基本原则：

(1) 严格遵循系统分析报告所提供的文档资料，不能任意更改系统功能和性能要求。

(2) 权衡系统的投资和效益的比例。

(3) 保证系统的效率和质量。系统效率包括系统的处理能力、速度、响应时间等因素；系统质量包括系统提供的信息的完整性、准确性以及与表现形式有关的指标（如粒度、介质等）。

(4) 体现系统的可扩展性和可适应性。

(5) 合理运用先进和成熟的技术。即既要考虑系统的先进性，又要避免更大的风险。

(6) 保证系统的安全性。

(7) 产生完备的系统设计报告。

12.5.3 信息系统体系结构设计

信息系统体系结构是指计算机信息系统各个组成部分之间的相互关系，它是硬件、软件、算法和语言的综合性概念。具体地说，就是指软件、硬件功能分配以及界面的确定。

信息系统体系结构有如下几种类型：集中式、客户机/服务器(Client/Server，C/S)、浏览器/服务器(Browser/Server，B/S)。现代信息系统的部件通常分布于多个计算机系统和不同的地理位置上，所以客户机/服务器结构、浏览器/服务器是当前分布式信息系统资源的主要结构模式。

1. 客户机/服务器体系结构

任何信息系统的任务大体上都可划分为3部分：系统界面（表示层）、应用逻辑处理（应用层）和数据管理（数据层）。这3部分任务的不同分布决定了不同的企业计算模型。

客户机/服务器结构是指某项任务在两台或多台机器之间分配，其中客户机(Client)用来提供用户接口和运行前端处理的应用程序，服务器(Server)提供可供客户机使用的各种资源和服务。

在典型的C/S结构中，客户没有查询能力，没有数据分布，功能是分布的，即客户承担了部分处理任务。在查询过程中，客户提出查询请求，服务器完成对数据库的查询任务，把查询结果返回给客户。网络上传输的是查询要求和查询结果。从而使服务器具有更多能力完成数据访问和事务处理，支持更多的用户，提高系统的性能。缺点是未能很好地解决服务器上的有关问题，如磁盘I/O等。

客户机/服务器系统结构是由 3 大部分组成的(见图 12-14)：

- 服务器。硬件平台可以是大型机、小型机、工作站、高档微机，软件平台可以是多用户操作系统 UNIX、Windows NT 等、大型 DBMS。
- 客户机。硬件一般为微机，软件平台可以为 Windows 等，前端开发工具可以为 VB 等。
- 连接支持。实现连接支持的通信软件通常也称为中间件(Middleware)，是在网络中实现通信协议和帮助不同的系统进行通信的计算机软件。

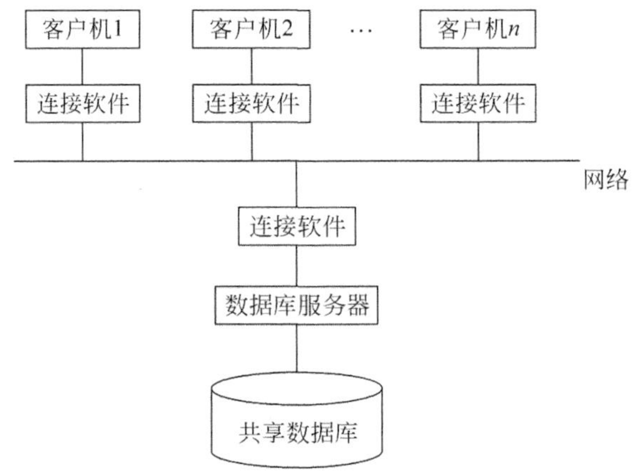

图 12-14 客户机/服务器系统结构的组成

在客户机/服务器结构的信息系统中，将数据处理任务在客户机和服务器之间进行划分。通常，客户机负责应用的处理，数据库服务器负责数据的访问和事务管理。

客户机的任务是：管理用户界面(I/O)，接受用户的数据和处理请求(I)，处理应用逻辑、产生对数据的请求(I)，向数据库服务器发请求(I)，接受服务器返回的结果(O)，以用户需要的格式输出结果(O)。

服务器的任务是：接受客户机发出的请求，处理对数据库的请求，将处理结果传给发出请求的客户机，进行数据完整性检查，维护数据字典、索引和其他附加数据，处理数据恢复，查询/更新的优化处理。

客户机/服务器结构的数据库系统具有高性能、高效率、高可靠、开放、易扩充、可伸缩等优越的特性。客户机/服务器体系结构的特点是：

(1) 提供数据和服务的无缝集成。企业信息化过程中经常遇到的一个问题是：如何将企业分散在各部门中的大量数据资源和计算机硬件、软件服务集成为一个统一的、协同的系统？这个问题的答案就是，客户机/服务器结构的数据库系统。这是因为，C/S 结构中的联接软件起到多数据源、多种服务之间的桥梁作用；C/S 结构中的分布数据管理功能通过数据复制技术，两阶段提交协议等来确保分布在网络各个结点上的同构或异构数据的一致性、完整性和高可用性；C/S 结构中的连接软件还可以将各种硬件平台，包括大型机集成进来，从而有效地保护用户以前的硬件、软件投资和数据资源。

(2) 为联机事务处理(OLTP)提供高性能。C/S 结构可以合理地划分数据和功能，均衡地分配客户和服务器上的负载，减少网络传输，从而为 OLTP 提供高的事务吞吐量，短的响应时间，并支持大量的用户。

(3) 开放的系统结构。C/S 结构支持以下业界标准：ANSI/ISO SQL 标准、ODBC 开放数据库互连标准。

(4) 提高应用程序的开发效率。新一代客户端应用开发工具(也称前端开发工具)支持面向对象的开发方法,包括一组可视的、高效的图形用户界面开发工具,提供可扩充的、非过程化的开发语言,支持快速应用开发方法。尤其是第三方厂商提供的大量的前端开发工具,这些工具不依赖于某个特定的 DBMS,而是提供独立于 DBMS 的统一的用户接口,可透明地访问各种数据库。其特点是：支持面向对象方法之积木式的开发策略；支持可视化图形用户界面；支持 C/S 结构；独立于特定的 DBMS,提高了可移植性；可透明地访问多种异构数据源,保护了用户的投资；工具集成一体化。

典型的 C/S 前端开发工具包括 PowerBuilder、Delphi、Visual Basic(VB)等。

2. 浏览器/服务器体系结构

在过去的几十年里,客户机/服务器结构为实现企业级的信息共享起到了举足轻重的作用,但随着企业规模的日益扩大,应用程序的复杂程度不断提高,传统的客户机/服务器结构也暴露出许多问题,尤其是系统软件和应用软件变得越来越复杂。这不仅给应用软件实现带来了困难,还给软件维护造成了不便；随着用户需求的改变,客户端应用软件可能需要增加新的功能或修改用户界面。那么,该软件的应用范围越广,软件维护的开销也就越大。另外,客户机/服务器结构所采用的软件产品大都缺乏开放的标准,一般不能跨平台运行。当将客户机/服务器结构的软件应用于广域网时就暴露出更大的不足。Intranet/Web 技术可以比较圆满地解决上述问题,这就是所谓的三层结构或称为 B/S 结构(见图 12-15)。

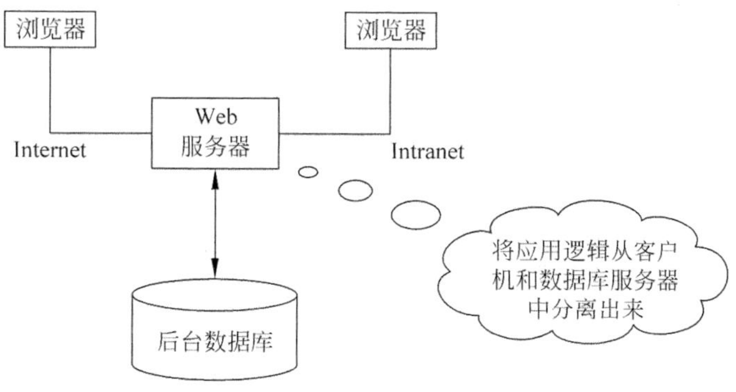

图 12-15 三层体系结构

三层结构由以下几部分组成：客户机、应用服务器和数据库服务器。实际上是将应用逻辑从客户机和数据库服务器中分离出来。

Web 数据库采用的是一种"瘦客户(Thin Client)"方式,客户端不用安装任何专用的软件,只需要有平常网上冲浪所必需的 Web 浏览器就可以了。Web 浏览器接收的其实只是文本形式的 HTML 代码(包括一些动态脚本语言),通过逐条解释 HTML 代码来组织各种文本和多媒体对象,以一定的方式显示在客户端的浏览器界面上,传递信息给客户。

换一个角度说,如果客户端只有浏览器,那么 Web 服务器只能相应地发出文本形式的 HTML 代码(包括一些动态脚本语言),其他所有类型的代码是无法在客户端执行的。要实现动态的、交互的浏览形式，Web 服务器就必须具有动态生成 HTML 代码的能力。

用户通过客户端浏览器来访问一个 Web 数据库系统的过程是：客户端的浏览器首先发出请求（比如，在浏览器的地址栏中输入某一个 Web 数据库系统的登录网页地址），服务器根据请求向客户端发回相应的 HTML 文件，这时客户端将显示出这一 Web 数据库系统的登录界面，假设在这个登录界面上需要用户输入用户名和密码，则当用户输入完毕并选择提交之后，信息将通过 Internet（或者局域网）传递到服务器端，这时服务器端的相应程序启动并自动执行，向后台的数据库发出相关的数据操作指令，后台数据库的引擎将执行该指令，进行相应的数据存储或查询操作，并将结果返回到服务器的运行程序，这时服务器端的程序根据从后台数据库返回的数据进行判断，生成相应的 HTML 文件，并通过 Internet（或者局域网）返回到客户端的浏览器，客户将看到相应的信息。

B/S 结构的优点是：

(1) 客户端人机界面部分的程序开发工作得以简化。它不必关心业务逻辑是如何访问数据库的，只需把精力集中在人机界面上即可。

(2) 中间业务逻辑层包含了大量的供客户端程序调用的业务逻辑规则，以帮助其完成业务操作。它的优点就在于它所具有的可伸缩性，可使其随具体业务的变化而改变，但在客户层和数据服务层所做的改动较小，适合于快速开发。

(3) 数据服务层主要提供对数据库进行各种操作的方法。它主要由中间业务层来调用并完成业务逻辑，当数据库的结构确定后，对于它的改动也就比较小了。

(4) 系统的安全性得以提高。它可以对每个业务功能组件进行授权，限制了非法访问。

(5) 便于进行事务管理。

12.5.4 系统设计方法

系统设计比较成熟的方法有结构化设计方法和面向对象设计方法。结构化设计和面向对象设计中部分模型是相同的，例如，用户界面部分、菜单、表单和报表的设计技巧对于两种方法都是一样的，但有些部分也存在很大的不同。

1. 结构化设计

结构化设计是运用一组标准的准则和工具帮助系统设计员确定软件系统是由哪些模块组成的，这些模块用什么方法联结在一起，才能构成一个最优的软件系统结构。

结构化设计认为，软件的总体结构是一种层次结构。应用软件的总体结构可以用结构图来描述，结构图是通过系统分析阶段产生的数据流程图加以变换而得到的。

结构化设计的一个最大优点就是通过分解技术，使得软件结构易于理解。但是，如何分解才能使软件结构达到“最优”？简单地说，结构化设计就是通过模块分解技术将软件系统分解为一系列模块，模块要求尽可能功能单一，具有较好的独立性。衡量模块独立性有两个基本准则：

1) 耦合

耦合(Coupling)是对两个模块之间联接程度的一种度量。很显然，为了使软件具有较好的可维护性和可修改性，模块间的耦合程度应越小越好。因为耦合程度越小，表明模块间的独立程度越大，这样在修改一个模块时，对其他模块的影响程度就越小，从而使模块的修改工作局限于一个最小范围之内，在维护的时候，不必担心其他模块的内部处理逻辑是否会受到影响，这就大大减少了系统的复杂性，使系统更易于理解和维护。

2）内聚

内聚（Cohesion）是对一个模块内，其元素在功能上联结程度强弱的一种度量。也就是说，内聚是对模块内各处理动作组合强度的一种度量。很显然，一个模块的内聚越大越好。

2. 面向对象设计

面向对象设计是在面向对象分析的基础上，增加了实现的细节来完成的。其中，利用包图来标识一个系统的主要子系统，将 OOA 类图扩展成为设计类图，增加了构件图（Component Diagram）和配置图（Deployment Diagram）。

构件（Component）是定义了良好接口的物理实现单元，它是系统中可替换的部分。每个构件都体现了系统设计中特定类的实现。良好定义的构件不直接依赖于其他构件而依赖于构件所支持的接口。在这种情况下，系统中的一个构件可以被支持正确接口的其他构件所替代。构件图表示了构件之间的依赖关系。每个构件实现（支持）一些接口，并使用另一些接口。如果构件间的依赖关系与接口有关，那么构件可以被具有同样接口的其他构件替代。配置图描述了系统中硬件和软件的物理体系结构。

12.5.5　系统设计结果

系统设计阶段的结果是“系统设计报告”。其主要内容包括：

（1）系统总体设计方案。具体包括应用软件和数据库设计报告，系统运行环境和软件、硬件配置报告，系统的网络与通信的设计和实施方案。

（2）详细设计方案。具体包括代码设计方案、输入/输出设计方案、数据库设计方案、程序设计说明书。

12.6　系统实施

系统实施阶段的主要任务包括计算机软硬件选型、物理系统的实施、编码、测试、用户培训、数据准备与录入、新旧系统之间的切换等。

12.6.1　软硬件选型

选型和设备风险是 IT 项目的一种主要风险。由于目前各种软硬件产品非常多，不同应用平台和不同的开发工具，甚至不同的硬件集成，都将决定企业信息管理未来的效益、维护成本和转移成本，这种风险主要表现在：一旦选型和设备选择不好，必将导致将来的维护成本非常高，转型困难或平台锁定后，更新换代风险的增加非常大，结果被这些平台和设备限制了自己的长远发展。这种风险目前正在逐渐显现，而且后果也比较严重。

软硬件系统的选型需要有科学的依据和标准。计算机系统性能评测是通过评测程序来获得计算机系统在运行任务时的性能特征，为系统选型提供理论依据，有利于保护投资，规避风险。

1. 软件选型

软件选型的基本原则是：

- 软件环境必须符合开放式系统的发展方向。
- 所选的软件环境必须有必要的、足够的软件工具平台。
- 要充分考虑所选环境对采用新技术的支持能力。

软件选型的内容主要包括系统软件（即操作系统平台）、数据库管理系统、工具软件等。

2. 硬件选型

硬件选型的原则是：

- 应立足于通用机型，这样既可获得更好的售后服务，在价格和供应商的选择上也比较主动。
- 应首先考虑的是满足应用的需求，而不是单纯追求硬件的档次。
- 应遵循统一的标准，采用的系统结构应是先进的、开放的体系结构。
- 硬件平台具有支持所选软件平台的能力。

硬件选型的内容包括服务器、工作站以及其他的外设。

12.6.2 系统切换

新旧系统的切换即系统如何完成交付使用的问题。系统切换有多种方法：

(1) 直接方式。该方式是指在规定的时刻，旧系统停止工作，新系统开始工作。这种方式最简便，但风险最大。一旦新系统出现问题，可能造成巨大损失。

(2) 平行方式。该方式是让新旧系统并行运行一段时间，当新系统运行基本没有问题时，将旧系统取而代之。该方式显然考虑了系统安全性的问题，风险较低，但是由于两个系统同时工作，成本较高。

(3) 逐步方式。即将系统的交付使用分阶段继续进行，这样既可克服直接方式风险大的缺陷，也可避免平行方式带来的成本高的问题，属于一种折中的办法。

在交付系统时具体采用哪种方式需要根据多个因素和系统的要求进行权衡。

12.6.3 系统测试

测试是程序执行的过程，其目的在于发现错误。一个好的测试实例在于能够发现至今未发现的错误。一个成功的测试是发现了至今未发现的错误的测试。因此，测试是从引起和发现错误的目的出发执行某一程序的过程。

测试有 3 个基本任务：预防软件发生错误、发现并改正程序错误、提供错误诊断信息。

为了保证测试的有效性，测试应遵循以下几个原则：

(1) 避免由信息系统开发部门（或个人）测试自己的程序。

(2) 测试用例的设计和选择、预期结果的定义要有利于错误的检测。

(3) 要严格执行测试计划，排除测试的随意性。测试计划包括测试的目的、完成标准、进度、岗位责任、测试用例标准、工具、环境、机时、系统集成方式、跟踪规程、排错规程及回归测试的规定等。

(4) 要将信息系统测试贯穿于系统开发的整个过程，以便尽早地发现错误，从而减少由于错误带来的损失。

(5) 测试不仅要检查是否做了应该做的事情，还要检查是否做了不应该做的事情。

(6) 经验表明：程序中尚未发现的错误的数量与在该程序段已发现的错误数量成正比。

测试的主要方法有动态测试法和静态测试法。

(1) 动态测试法。

动态测试法分为黑箱法和白箱法。

黑箱法又称为功能测试法，它是根据程序功能的分析，推演出由函数定义域中有代表性的元素组成测试集，这些数据应包括对程序是有效的和无效的输入，极端的、正常的和特殊的数据元素。因此，黑箱测试法是从外界来检查模块或程序的功能，即根据模块的输入和输出，得出所得结果的差异。这种测试无须知道模块的内部逻辑，而是给定某一输入，检查是否会得到所期望的输出。

白箱法也称为结构测试法。它是根据对软件内部逻辑结构的分析，选取测试用例，而测试数据集对程序逻辑的覆盖程度决定了测试完全性的程度。

(2) 静态测试法。

静态测试不涉及程序的实际执行，而是以人工的、非形式化的方法对程序进行分析和测试。经验表明，大约30%～70%的逻辑设计错误可通过静态分析检查出来，而且该方法成本较低。故静态分析技术是一种卓有成效的测试技术。静态测试技术中主要有两种方法：桌前检查、代码会审。

测试是按照与系统开发相反的方向来进行的。依次为单元测试(模块测试)、集成测试、有效性测试(功能测试)、系统测试和验收测试。

(1) 单元测试。单元测试又称模块测试，用于测试单个程序模块，确定模块的逻辑和功能是否正确。单元测试的实施以黑箱法测试其功能，辅之以白箱法测试其结构。

(2) 集成测试。集成测试用来测试模块之间的接口，即模块之间的数据和控制传递。

(3) 有效性测试。有效性测试也称功能测试。它重点测试一个完整的程序所产生的结果是否满足用户的需求和期望。

(4) 系统测试。系统测试是对软件系统中的应用程序、硬件、手工操作以及系统的任何其他的组成部分的集成的总体的测试。

(5) 验收测试。验收测试是由用户来完成的测试。

12.7　系统管理与维护

信息系统管理与维护的任务是保证信息系统安全、正常、可靠地运行；对系统进行评价，不断改善和提高信息系统性能，以充分发挥系统的作用。

12.7.1 系统维护

系统维护是计算机信息系统投入运行后，为保证系统能够正常工作、进一步满足用户新的需求所采取的对原系统的修改、完善等措施。

系统维护这项工作经常被人们忽视。目前信息系统领域中存在的一个不容忽视的问题是，开发出来的系统生命周期短，有的系统尚未产生效益就出现许多问题，甚至陷于瘫痪，令用户处于十分尴尬的境地，可以说是“留之无用、弃之可惜”。其中一个主要的原因是不重视系统运行中的维护工作。

实践表明，系统维护难度要比开发难度大得多，而且，系统维护方面所花费的成本占整个系统全部成本的比例也越来越高。

系统维护包括校正性维护、适应性维护、完善性维护和预防性维护 4 种类型。

(1) 校正性维护：由于排错不彻底，对软件投入运行后所暴露出来的程序错误进行测试、诊断、定位、纠错及验证修改的回归测试过程称为校正性维护。

(2) 适应性维护：当系统运行环境(如硬件平台、软件平台)发生变化时，为了使系统适应新的环境进行的维护称为适应性维护。

(3) 完善性维护：完善性维护是系统维护中工作量最大的一部分工作，是指系统投入运行后，根据用户新的需求对系统的功能和质量所做的修改和补充，称为完善性维护。

(4) 预防性维护：为了使系统在将来具有更好的可靠性和可维护性，事先对软件进行的修改或补充，称为预防性维护。

系统维护是面向系统中各组成要素的。按照维护对象的不同，系统维护的内容可分为以下几类：

- 应用软件维护。一旦业务处理出现问题或发生变化，就要修改应用程序及有关文档。应用软件维护是系统维护最主要的内容。
- 数据维护。根据业务处理的变化，数据需要不断更新，经常要求增加、删除数据，调整数据结构，以及数据的转储和恢复等这些都属于数据维护的工作内容。
- 代码维护。对系统中各种代码进行增加、删除、修改以及设置新的代码。
- 硬件设备维护。主要指对主机及外部设备的日常维护和管理、故障检修、易损件更换，某些设备功能扩展等。

12.7.2 信息系统评价

系统评价的主要依据是系统日常运行记录和现场实际监测数据，评价的结果可以作为系统改进的依据。信息系统评价的目的是了解信息系统投入运行后，是否达到了预期的质量要求和效益目标，并为决策提供必要的信息。由于信息系统的开发需要消耗大量的人力、财力、物力，并且需要很长的时间，所以信息系统综合评价的意义重大。

1. 综合评价的体系框架

评价是在多因素相互作用下的一种综合判断。评价是为了决策，而决策需要评价，从某种意义上讲，没有评价就没有决策。综合评价是指对被评价对象所进行的客观、公正、合理的全面评价。构成综合评价问题主要有7个构成要素：

(1) 评价目的。即要明确为什么要进行综合评价，评价事物的哪一方面以及评价精度等。

(2) 被评价对象。通常是同类事物(横向)或同一事物在不同时期的表现(纵向)。

(3) 评价者。评价者可以是某个人(专家)或某个团体(专家小组)，由其确定评价目的、评价对象，设计评价指标并确定指标权重系数，建立评价模型等。

(4) 评价指标。是指根据研究的目的和对象，能够反映研究对象某一方面情况的特征依据。指标体系是指由一系列相互联系的指标所构成的整体，它能够综合反映出被评价对象的各方面情况。

(5) 权重系数。简称权重，是指标对总目标的贡献程度。当被评价对象及评价指标确定时，综合评价的结果依赖于权重系数。因此，综合评价结果的可信程度取决于权重系数的确定是否合理。

(6) 综合评价模型。通过数学模型将多个指标值"合成"为一个整体性的综合评价值，所应用的"合成"方法因评价目的和被评价对象的特点而异。

(7) 评价结果。输出评价结果、解释其含义，并依据评价结果进行决策。

2. 信息系统综合评价指标体系

信息系统综合评价建立科学、合理、可行的评价指标体系是正确评价信息系统的基础和前提。信息系统的应用涉及面广，种类繁多，评价指标体系的建立不存在统一的模式。评价指标可能会随着信息系统产品、评价时间、评价目的的不同而发生变化。但一般而言，评价指标体系应能有效地反映出信息系统的基本情况，抓住主要因素，以保证评价工作的全面性和可信度，同时评价指标要易于操作，数据收集方便，计算容易。下面仅举一例说明信息系统综合评价的内容(见图12-16)。

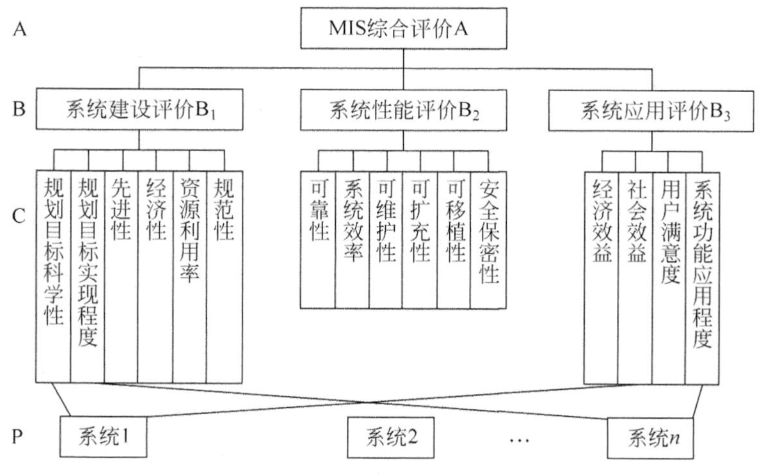

图12-16　信息系统综合评价体系

1) 信息系统建设评价

- 规划目标科学性(C_{11})。分析系统规划目标的科学性，并要考虑到经济上的可行性、技术上的可行性和管理上的可行性。

- 规划目标实现程度(C_{12})。分析所建成的信息系统现状真实值,是否达到或超过MIS系统分析阶段所提出的规划及设想的目标,它表明了信息系统对其预先确定的系统目标的实现程度。
- 先进性(C_{13})。信息系统是否满足了用户的需求、充分利用了资源、融合了先进的管理科学知识、使组织管理融于先进的信息系统中、系统的设计是否科学,是否有较强的适应性。
- 经济性(C_{14})。信息系统的投资与所实现的功能相适应的程度。
- 资源利用率(C_{15})。信息系统对计算机、外部设备、各种硬软件、信息系统资源的利用程度。
- 规范性(C_{16})。信息系统的建设应遵循相关的国际标准,国家标准和行业标准,有关文档资料应该齐全而且规范。规范化、标准化程度高的MIS将有较强的生命力,并易于使用、维护、扩充。

2) 信息系统性能评价

- 可靠性(C_{21})。信息系统可靠性是由其中的硬件系统的可靠性,软件系统的可靠性等因素所共同决定的。它通常是用户所关心的首要问题,特别是对于金融、交通、安全系统等。
- 系统效率(C_{22})。系统效率是指系统完成其各项功能所需要的计算资源,它是系统对用户服务所表现出来的与时间有关的特性,并由信息系统的软硬件所决定。常用的系统效率指标包括周转时间、响应时间、吞吐量。
- 可维护性(C_{23})。系统的可维护性是指确定系统中的错误,并修正错误所需作出努力的大小,它由系统自身的模块化程度、简明性及一致性等因素所决定。
- 可扩充性(C_{24})。信息系统的处理能力和系统功能的可扩充程度,它可分为系统结构的可扩充性、硬件设备的可扩充性、软件功能的可扩充性等。
- 可移植性(C_{25})。系统的可移植性是指将信息系统从一种软硬件配置或环境移植到另一种软硬件配置或环境下所需的努力。它取决于对信息系统中的软硬件特点、开发环境及通用性的考虑。
- 安全保密性(C_{26})。危及系统安全的原因有系统软硬件的不可靠、用户无意的误操作、自然灾害及敌对者采取种种手段窃取秘密或破坏系统的正常运行。必须采取有效的对策及安全措施。

3) 信息系统应用评价

- 经济效益(C_{31})。信息系统所产生的经济效益,如降低了成本,提高了竞争能力,改进服务质量,获得了更多的利润,通常把经济效益作为信息系统的主要目标。经济效益的评价可以采用成本-效益分析等方法。
- 社会效益(C_{32})。指对国家、地区和人类的共同利益所做的贡献,它指那些不能用货币计算的非经济效益,通常信息系统的社会效益远大于其所见的直接经济效益。它体现在促进社会经济协调发展、提高科技水平、实现决策科学化、提高生产水平、为公众提供信息、增进社会福利、科学合理地利用国家资源、保护生态环境等。
- 用户满意度(C_{33})。用户满意度是指用户对信息系统的功能、性能、用户界面等各个方面的满意程度,并应考虑到人机界面友好、操作方便、容错性强、系统易用、屏幕设计合理、有帮助功能等。信息系统的价值通过应用得到体现，只有通过用户的认可才能投入使用。

- 系统功能应用程度(C_{34})。信息系统的目标和功能是在信息系统方案设计时就确立了，系统建成后，信息系统的目标和功能实现了多少，应用到什么程度，是否达到预期的目标和技术指标。

12.7.3　系统管理

信息系统管理的主要内容是安全性管理和可靠性管理。

1. 系统的安全性管理

安全性是指应保护管理信息系统不受来自系统外部的自然灾害和人为的破坏，防止非法使用者对系统资源，特别是信息的非法使用而采取的安全和保密手段。影响安全性的因素主要包括自然灾害、偶然事件；软件的非法删改、复制和窃取，使系统的软件泄密和破坏；数据的非法篡改、盗用或破坏；硬件故障。

系统安全性管理的主要措施有：

- 物理安全控制。为了保证系统的各种设备和环境设施的安全而采取的措施。
- 人员及管理控制。指用户合法身份的确认和检验。
- 存取控制。是共享资源条件下保证信息系统安全性的重要措施。通过用户鉴别，获得使用计算机权的用户，应根据预先定义好的用户权限进行存取。具体措施有防火墙、权限管理等。
- 数据加密。包括加密存储和加密传输。加密是指将明文信息和数据进行编码，使它转换成一种不可理解的内容，使信息窃取者无法认识和理解其原意。解密是加密的逆过程。

2. 系统的可靠性

系统可靠性是指在运行过程中能抵御各种外界干扰、正常工作的能力。可靠性控制主要指防止来自系统内部的差错、故障而采取的保护措施。可靠性控制的主要措施有：

- 设备冗余技术。指系统中有两套硬件设备，以双工或双机方式工作，用冗余的设备来防止万一发生的硬件故障。
- 负荷分布技术。将信息系统的信息处理、数据存储以及其他信息管理功能分布在多个设备单元上，以防止单一设备的故障致使整个系统瘫痪。
- 系统重新组合技术。当系统发生故障后，为了使系统部分恢复或完全恢复，自动将故障设备停用，或用备件替换故障设备；并可在恢复的系统上启用数据库的后备数据，根据数据处理过程记录，将数据恢复到故障发生前的状态。

本章要点回顾

基于瀑布模型的系统开发生命周期强调严格地按阶段划分，运用该方法的前提是需要早期冻结用户需求。原型法是一种基于迭代或循环模型的系统开发生命周期，运用该方法无须早期冻结用户的需求。

系统开发生命周期一般将系统开发过程划分为5个阶段：系统规划、系统分析、系统设计、系统实施、系统维护。系统分析是运用一定的方法，对问题域和系统责任进行分析和理解，对其中的事物和它们之间的关系产生正确的认识，并产生一个符合用户需求，并能够直接反映问题域和系统责任的模型及其详细说明。系统设计阶段的任务是赋予系统分析阶段所确定的新系统的功能一种具体的实现方法和技术。信息系统的实施主要包括两个内容：编码和测试。测试是系统开发中非常重要的一个内容，测试是程序执行的过程，其目的在于发现错误，而不是证明程序无错。系统维护是计算机信息系统投入运行后，为保证系统能够正常工作、进一步满足用户新的需求所采取的对原系统的修改、完善等措施。

习 题 12

1. 名词解释

需求、文档、原型法、数据流程图(DFD)、数据字典、用例、活动者、系统安全性、系统可靠性

2. 简答题

(1) 说明基于瀑布模型的系统开发生命周期法的基本原理。

(2) 基于瀑布模型的系统开发生命周期有哪些优点和缺点？该方法的适用范围是什么？

(3) 以瀑布模型为例，说明系统开发包括哪些阶段，各阶段的主要任务是什么？

(4) 试说明文档在系统开发中的作用，并列举出系统开发中的重要文档。

(5) 原型法的基本原理是什么？运用该方法的前提是什么？

(6) 原型法有哪些优点和缺点？

(7) 好的需求应该遵循哪些标准？说明需求分析在系统开发中的重要性。

(8) 需求开发分哪几个步骤？

(9) 什么是数据流程图？它主要刻画了系统哪个方面的特征？

(10) 什么是数据字典？数据字典的作用是什么？

(11) 什么是用例？用例图的作用是什么？

(12) 简述系统设计的内容。

(13) 什么是C/S结构？它是由哪几部分组成的？每部分的任务是什么？

(14) C/S结构有什么优点和缺点？

(15) 什么是B/S结构？它有什么优点？

(16) 系统的管理与维护的目的和内容是什么？

(17) 什么是系统安全性？影响安全性的因素有哪些？

(18) 系统安全性的保护措施有哪些？

(19) 什么是系统可靠性？主要措施有哪些？

(20) 系统评价的基本内容是什么？

3. 分析题

(1) 请以自己从事过的项目为背景，说明IT项目有哪些常见的问题以及你所认为的项

目成功条件？要求至少列出 10 条。

(2) 在下面的描述中，辨识每一个活动者和用例，并画出用例图。

在医生的办公室里有接待员、护士和医生使用病人记录和计划安排系统。当病人第一次来这里看病时，接待员使用该系统来输入病人基本信息，并且安排所有的预约。护士使用系统来跟踪病人每次看病的结果并输入护理病人的信息，如医疗和诊断。护士也可以访问这些信息打印病人诊断结果或病人看病历史。医生主要用这个系统来查看病人的病史，偶尔也输入病人的医疗信息，但通常医生让护士输入这些信息。

第13章

企业信息化与信息集成

【内容提要】

本章探讨企业信息化应用的发展方向——信息集成和协同商务，分析信息集成的重要性、信息集成的技术平台以及信息集成的应用，重点介绍企业应用集成(EAI)、企业信息门户和协同商务。

【引导案例1】

在钢铁产品同质化和市场价格趋同的态势下，宝山钢铁公司(以下简称"宝钢")和国内外竞争对手从产品之争、价格之争转向深层次的服务之争。钢铁行业的下游用户小批量、多品种、高品质、短交货期的要求日益严格，上游战略物资供应日益紧张。宝钢历经20余年企业信息化建设，已建成较为完善的企业制造管理系统(ERP)、庞大的企业数据仓库系统。若仅限于此，虽然供应链管理思想已渗透于宝钢的经营管理中，但供应链管理的价值仍无法充分体现出来：供应商不能及时方便地了解宝钢的采购动向，客户无法直接在网上订货，订货后无法及时了解合同的计划、生产、发货及质保书的情况。

置身于全球化竞争日益激烈的环境，宝钢及时确立了"以客户为中心"的经营理念，从注重企业内部业务的集成转向注重企业间业务的协同，利用互联网技术开展电子商务，提升了全程供应链的竞争力。宝钢建设了以"宝钢在线"网上营销服务系统为代表的电子商务平台，整合以宝钢为核心的供应链资源，开展销售、采购、物流、客户服务等网上业务。"宝钢在线"是宝钢进行采购、销售、客户服务、物流、电子单据传递等电子商务活动的平台。作为宝钢钢铁主业信息化战略的重要组成部分，"宝钢在线"以电子商务手段整合外部配套服务资源，致力于统一宝钢与外部企业之间的数据交换标准，促进宝钢与上下游外部企业之间的供应链协同，提高宝钢的核心竞争力和企业形象。另一方面，"宝钢在线"通过灵活的技术架构和开发模式将供应商、客户及第三方服务机构复杂多变的业务需求所带来的不稳定因素有效地屏蔽在ERP系统之外；通过完善的软硬件安全体系，把外部供应商、客户通过互联网与宝钢内部业务单元互动所带来的不安全因素有效地屏蔽在ERP系统之外。使得宝钢内部主体业务单元能够在稳定、安全的系统网络环境下与外部供应商、客户充分互动并提供全方位的服务。

【引导案例2】

在2007年的3·15消费者权益日，一个著名的空调制造企业推出了一项答谢老客户的服务：在3月份期间，对所有空调用户的室外机免费清洗，并将这个消息在多种媒体上进行了大量宣传。空调用户看到这个消息后，马上致电媒体中公布的电话咨询并预约上门服务的时间。遗憾的事情发生了：接听电话的工作人员回答说从来没有听说过这样的事情。客户给这位工作人员读了刊登通知的媒体名称和日期，这位工作人员表示落实以后再与这位客户联系。一个星期过去了，这位顾客又把电话打到了服务中心，这次得到的答复是：3月20日左右派工人到家中提供服务。又是一个星期过去了，日历也翻到了3月26日，眼看3月份就要过去了，仍没有见到清洗工人的影子，电话也没有一个。忍无可忍的客户又把电话打到了客户服务处，并严正声明：如果不能及时提供上门免费清洗服务，将向消费者协会投诉。

终于在3月份的最后一天，这位顾客享受到了上门免费清洗室外机的服务。但是，该空调企业却永远失去了这位客户的信任。

13.1　信息集成概述

13.1.1　信息集成的重要性

在市场竞争日益激烈的环境下，步入21世纪的企业纷纷投身于信息化建设，各个部门都实现了管理电子化，但是部门之间、各个子系统之间，缺乏有效的交流和沟通，有些企业甚至存在着“信息孤岛”问题。尤其明显的是企业中的销售、生产部门，销售部门的订单无法及时、准确传到生产部门，导致生产部门无法及时安排采购、排产、生产等工作，直接影响了企业对外界需求快速反应的能力和对客户的服务质量。产生这些问题的原因是企业各部门系统之间没有实现信息共享以及缺乏有效的信息集成。

众所周知，在当今市场竞争如此激烈的情况下，唯一不变的就是变化，面对市场需求不断变化的今天，企业首先要具备的不是内部某部门雄厚的资源实力，而是整个企业内部的资源整合能力。要实现内部资源整合，信息集成的重要性不言而喻。所谓“信息集成”，是指在各种计算机环境中使企业内各类应用系统实现信息的充分共享。信息集成的本质就是信息共享，通过信息共享企业可以充分调动内部资源，以市场需求为导向，以高品质、低成本、高效率更好地为客户服务。只有这样，企业才能赢得顾客的青睐和好评，从而增加自己的美誉度和知名度。国际知名的“海尔集团”就是围绕着以客户订单为中心，采购、生产、配送等部门信息共享，并行工作，以最快的速度、最好的产品质量、最低的成本响应客户需求。

现代企业的组织结构正变得越来越庞大和复杂，而相应的信息共享瓶颈就变得越来越严重，下面来看一个“信息集成”的例子，图13-1是某制造型企业的组织结构图。

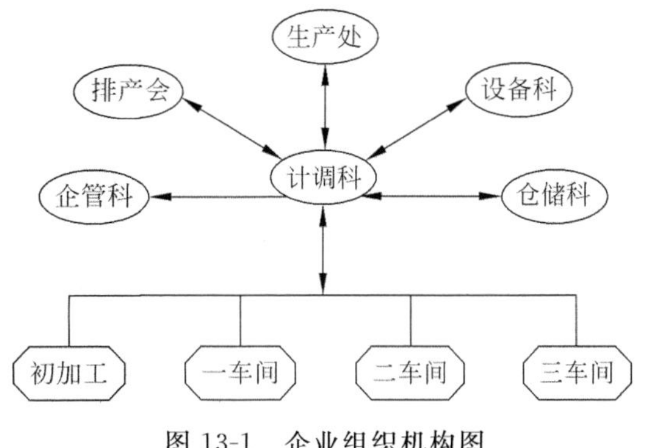

图13-1　企业组织机构图

整个工作流程如下：

(1) 生产处。公司生产处向计调科下达年、月、季度的生产计划大纲，计调科制订了本厂的计划调度后上报给生产处。

(2) 排产会。计调科每月要参加排产会，提供生产的实际情况；排产会的商议结果直接下发给计调科。

(3) 设备科。设备科向计调科提供设备

可开动计划；计调科制订的调度安排也要提供给设备科，以便制订下阶段的设备计划。

(4) 企管科。计调科向企管科上报各类统计信息，作为分析和考核的依据。

(5) 仓储科。接受二车间辅料领用申请，并负责配料、发料；并且二车间生产的成品入仓储科仓库。

(6) 各车间。计调科的生产调度下发给各车间；各车间的各项生产数据以及计划的执行情况都要上报计调科，作为统计分析和考核的依据。

目前企业在信息共享方面还存在着以下这些非常典型的问题：

(1) 所有的需求变动都由上级公司有关部门发通知过来，包括材料供应的变动，这样生产企业比较被动。尤其是计调科，经常感到信息不灵、滞后，使计划变动常显仓促。计调科只有权获取本厂生产的信息，看不到物料供应部门的实际仓储信息或者销售部门的成品存货信息。

(2) 与各车间的信息沟通主要靠人工，信息传递速度慢。

(3) 所有收集的报表都是人工统计的，数据的可靠性不能保证；而计调科自己又要再输入计算机来统计物料单耗等指标，重复劳动性大。目前有一些统计工作，已经由计算机实现，如数据比较、简单计算等，也建立了部分信息的小数据库，如历年的月产量、季度产量等，以便进行横向比较。当相对计调科统计工作来说，这显然还很不够。

(4) 产量统计，由于生产线上自动计数仪统计出来的数据与实际情况不符，使统计必须依赖人工手段。

从以上情况可以看出，为了提高企业实际的生产能力和竞争能力，不仅仅要改革目前的组织结构，同时还要提高各个部门信息共享的能力和效率。

PWC(普华永道公司)的报告指出，供应链各环节之间缺乏信息共享以及供应/需求预测不准，削弱了企业及时发货、有效运用资金和合理管理库存的能力。可见，不仅仅是这里提到的这家企业存在着信息共享的问题，其他企业也都有这样的问题。

13.1.2 信息集成的含义和作用

企业业务流程中存在着大量的信息流，如生产、销售部门的订单，财务部门的工资单，人事部门的考勤表及人事档案，客服部门的客户资料等。

1. 信息共享的含义

信息共享就是信息共同使用的意思，如某公司客户订单的信息，技术信息、物料数据、生产订单信息、采购计划与库存信息、车间作业反馈信息、成本与财务信息以及人力资源信息等，完整录入在系统中。各部门可以从系统中获得及时、完整、准确和唯一的信息，实现企业内部信息共享。

信息共享能够提高业务处理效率，降低成本、提高客户服务水平等。

【应用案例 13-1】

某大型模具企业的业务人员在与客户洽谈时，客户要求将模芯材料改为另一种型号，但这一重要信息没有记录下来，仅口头传递给了设计部主管，而设计部主管因为工作繁忙，没有将这一重要信息交代给具体的设计人员，设计人员按照客户以往的要求，想当然使用了原来那种型号产品所需材料。后来业务人员到车间了解模具进度时，发现了这个问题，只能报废该模芯，重新定料，重新加工，造成工期严重延期。而且由于没有记录，相关人员互相推诿，无法追究责任。另外，模具工厂经常遇到一些客户，今天提一点设计变更，明天提几点模具修改，如果客户提出的修改模信息未能及时记录和传递，必然会造成模具的多次试模和返工。造成模具成本的增加，模具交付期延长。

信息共享解决方案：系统将客户提供的技术资料(CAD 文档、传真、样件等)，包括模具更改资料，集中统一管理起来，实现内部信息的共享，方便各部门查询。当客户资料记录发生变化时，系统自动通知相关人员客户有设计变更。另外，系统提供了详细的技术沟通模板，方便记录模具相关的技术要求，每次发生变化时，系统自动通知。这样做不仅提高了业务处理效率，降低了成本，而且还提高了客户服务水平。

2. 信息集成的含义

要想达到信息化的最高境界——**信息的充分共享**，信息集成是必由之路。所谓"信息集成"，是指在异构、分布式计算机环境中能使企业内各类应用系统实现信息的充分共享。信息集成平台的发展经历了计算机通信、局域网络、集中式数据库、分布式数据库等阶段。随着 CIMS 技术的不断深入发展和应用规模的不断扩大，企业集成信息模型越来越复杂，对信息控制和维护的有效性、可靠性和实时性要求越来越高，迫切需要寻求更高层次上的集成技术，提供高层信息集成管理机制，提高运作效率。目前，国内外的技术人员对新一代信息集成平台做了大量的研究开发工作，也推出了多种平台，典型的是面向对象数据库及面向对象工程数据库管理系统。虽然这些面向对象技术已部分商品化，但还没有在企业中得到全面应用和成功实施，技术仍不成熟。具有对象特性的数据库二次开发环境，由于其开放性、可靠性等方面明显不足，无法胜任 CIMS 大规模实施应用的需求。而在关系数据库基础上开发的具有对象特性的 PDM 系统由于其技术的先进性和合理性，近年来得到了飞速发展和应用，成为新一代信息集成平台中最为成熟的技术，是支持并行工程领域的框架系统。

从国际范围来看，制造业遵循着"劳动密集、设备密集、信息密集、知识密集"的轨迹，并正在经历着从信息集成走向知识集成的新的发展阶段，对市场的响应时间将成为 21 世纪企业赢得竞争优势的最主要因素。

【应用案例 13-2】

库存管理的应用

库存管理是指在物流过程中商品数量的管理。过去认为仓库里的商品多，表明企业发达、兴隆，现在则认为零库存是最好的库存管理。库存多，占用资金多，利息负担加重。但是如果过分降低库存，则会出现断档，牺牲客户服务质量。

库存管理应该特别考虑下述两个问题：

第一，根据销售计划，按计划生产的商品在市场上流通时，要考虑在什么地方，存放多少。

第二，从服务水平和经济效益出发来确定库存量以及如何保证补充的问题。

上述两个问题与库存在物流过程中的功能有关。

一般来说，库存功能包括：

(1) 防止断档。缩短从接受订单到送达货物的时间,以保证优质服务,同时又要防止脱销。

(2) 保证适当的库存量,节约库存费用。

(3) 降低物流成本。用适当的时间间隔补充与需求量相适应的合理的货物量以降低物流成本,消除或避免销售波动的影响。

(4) 保证生产的计划性、平稳性以消除或避免销售波动的影响。

(5) 展示功能。

(6) 储备功能。在价格下降时大量储存,减少损失,以应灾害等不时之需。

关于仓库(库存)放在什么地方的问题,首先要考虑数量和地点。如果是配送中心,则应尽可能根据顾客需要,设置在适当的地方;如果是存储中心则以尽可能减少向配送中心补充为原则,地点则没有一定的要求。当库存据点确定之后,则要考虑在各据点里都储存什么样的商品了。

库存管理的日常业务活动是企业的仓库管理人员对库存物品的入库、出库、移库、盘点、补充订货和生产补料等操作进行全面的控制和管理;而且还应从级别、类别、货位、批次、单件、ABC 分类等不同角度来管理库存物品的数量,库存成本和资金占用情况。以便用户可以及时了解和控制库存业务各方面的准确情况和数据、库存成本和资金占用情况,做到账、物、卡相符。

企业实现信息集成后,库存管理系统可与采购、销售、生产、财务等子系统有良好的接口,可以从这些子系统中获得或向这些系统输送数据,从而保持了数据的一致性。采购部门的采购单直接通过内部子系统之间的信息共享使库存管理部门方便、快捷地完成材料入库过程,而不必像以前那样先手工开具材料清单,然后手持清单进行购进材料的入库处理,费时、费力,而且最关键的是容易出错;同样,销售部门在接到客户的订单后,立即与库存管理、生产等部门共享,如果有库存,可以立即出库,在配送部门的支持下,以最快的速度高效响应客户需求,但是,如果没有库存,生产部门则立即安排生产,以期在交货提前期内完成生产任务;最后,财务部门通过信息共享和信息集成完成一系列的账务处理过程。除此之外,企业还可以根据客户订单进行生产,大大降低库存量,使其接近于所谓的"零库存",以时间消灭空间,降低了库存成本。

13.2 协同商务

爱因斯坦曾指出"如果不相信我们世界的内在和谐性,那就不会有任何科学"。协同就体现着这种内在的和谐性。研究协同是要把不同事物间的不同方面共同协调一致的融合在一起,以求更大效率。而这种效率可以体现在人们的生活、工作等社会活动的各个方面。

13.2.1 协同商务产生的背景

协同商务作为"第二代电子商务",有其产生的特定背景。下面分别从商业背景、技术背景、理论背景、市场特征、产品特征 5 个方面加以分析。

1. 商业背景

从用户的角度来说，由于可选择产品种类的不断增多，以及产品信息获取越来越容易，因此用户对于产品的要求越来越高。不仅仅是对于产品性能、质量以及获取方式有着高要求，用户甚至希望能够参与到产品设计的过程中来。

从企业角度来说，竞争的加剧使得企业必须转变经营目标，不单单再是成本以及产品质量，而是要把顾客满意度放在第一位。因此，企业必须对用户不断变动的小批量需求做出即时的反映。最理想的状况当然是企业根据用户的需求寻找合作伙伴组成动态供应链，以强强联合的产品和服务在一个企业满意的成本上来满足客户的需求。而与此同时，随着技术的发展，产品的复杂性也不断提高。简单的一种产品，可能是数十个国家的数百家公司产品的汇总。在这种环境下，企业一般集中于自己最擅长的领域，培养竞争优势，以应对日益严峻的市场竞争，企业越来越多的业务借助外包(Outsourcing)展开。

2. 技术背景

信息技术的发展是引起商业背景发生转变的一个重要原因。一方面正是由于互联网等技术的发展，才使得用户获取信息越来越容易，因而使得用户的要求不断提高；另一方面，信息技术的发展也为企业满足用户不断增长的需求提供了解决方案。

20 世纪末 21 世纪初的这段时间，正是信息技术飞速发展的时期，信息技术解决了企业中一直在努力解决的一些问题，比如对于库存、成本等的优化问题，而另一方面也赋予了企业新的能力，使得企业产生一些在成本和效率上更加优化的运作模式。信息技术对于企业的变革，首先是对于企业内部，从最简单的管理信息系统应用到诸如财务系统等一直到对企业整个内部资源进行管理的 ERP 系统。随之迅速应用于企业间的活动，即人们常说的电子商务。

谈到电子商务，一般都包括两个内容：一个是商务的电子化，是指利用信息技术来对商务流程进行电子化，它使得企业可以借助信息技术来对商务流程进行优化，帮助企业实现对于商务流程的一些原先没有能力实现的构想；另一个部分是信息技术的商务化，是指信息技术的发展，给予企业以新的能力，企业将这些前所未有的能力应用于自己的运营中，从而产生了新的商业模式，激发了新的利润增长点。电子商务从最初的仅仅在网站上提供产品目录到后来的交易接口性的一些整合工作，一直到发展成为基于流程整合，反映供应链管理思想的协同电子商务，这些都充分反映了技术的发展以及背后的管理思想的发展。很多研究机构都称协同商务为“第二代电子商务”。

3. 理论背景

“协同商务”的理论原型来自于 20 世纪 90 年代初的“虚拟组织”理论。简言之，“虚拟组织”理论主要是指：各个独立的企业之间建立动态的临时合作以完成业务。它包含有两个重要的观点：“动态”和“跨企业”。动态的意思是，企业间的这种合作是基于当时的利益的，伴随着业务的完成，合作也就自然终结，下一个合作事项完全视业务的需要而定。跨企业的意思是，合作是在两个甚至多个独立个体间展开，彼此并没有固定的关联性。

“虚拟组织”理论的背后反映着全球经济一体化的深刻变革。由于全球经济一体化的出现，企业面临史无前例的市场范围最大化，同时也面临着史无前例的竞争程度最大化。在这种情况下，企业一方面要最大限度地发现市场机会，急速发展；另一方面还要最大限度地捍卫传统领地，击退进攻。任何一家企业，即使是通用汽车这类行业中的领导厂商也独木难支。所以，这种完全基于利益与任务的虚拟组织理论也就应运而生。沿着虚拟组织的两大观点，延伸出了当前非常时髦的两大应用，动态观点直接导致了动态企业模型的理论；而跨企业的观点直接催生了供应链理论。随着理论的发展和经济全球化的深入，“协同商务”一词终于在 1999 年诞生了。

4. 市场特征

1）市场动态多变不可预测

由于技术革命，造成了社会的变化，主要表现为非大量化、分散化和个体化以及上述变化速率的加快。另一方面技术更新换代速率的加大，使消费品市场日新月异。这既为制造企业满足个性需求提供了可能性，又刺激了个性需求的期望值，促使不断变异的产品市场形成。

2）市场的国际化和全球化

20 世纪的后 20 年，世界范围社会经济变化急剧，市场经济成为全球经济的基本模式。科学技术的高速发展为企业在世界范围内的合作和产品的国际化提供了坚实的后盾，产品科技含量的提高又促使企业进行更大范围和更加深入的合作发展。

3）新兴产业所形成市场的崛起

知识经济改变了传统经济产出那种基于劳动、原材料和能源贡献的概念，突出了知识和技术的直接效益。随着科学技术的飞速发展，带动和兴起了新材料、新能源、生物、环保等一批新兴的产业和经济增长点。

4）网络经济时代的到来

随着网络时代的到来，企业生产经营方式理念发生了重大的改变。传统企业向电子商务进军将掀开 21 世纪信息时代的新的一页。

5. 产品特征

1）产品的个性化、多样化

产品个性化表现为越来越多的产品是为特定顾客、特定目的和特定环境下的使用而生产。未来社会所需要的不再是现在这种强制性的标准化商品，而是前所未有的非标准化产品和服务。这将导致单一的同类产品的多样化。产品制造适应多样化需求，产生了大量顾客化或单件定制生产，前者突出了使用模块化部件加变形设计制造的零件，组成满足不同消费偏好的产品。

2）产品生命周期越来越短

竞争环境的压力迫使生产者快速反应市场变化、满足消费者不断萌发的需求，从而使得产品的生命周期越来越短，产品更新换代越来越快。企业创新产品的能力将成为市场竞争的重要因素。

3）产品的科学技术含量越来越高

随着科学技术的飞速发展，产品的科技含量越来越高，智能化、自动化、现代化水平以及产品的精密复杂程度都越来越高。企业用于产品科技攻关的费用也越来越高，对企业科技人员的层次也提出了更高的要求。

4）产品的附加值不断提高

用户除了对产品的主要功能、特性提出高的要求，同时也对产品的售后服务、环保、回收利用等产品附加值提出更高的需求。企业生产产品的同时不得不兼顾产品的使用属性和服务、社会属性。新的市场和新的产品特性要求企业的产品具有动态的、迅速响应用户需求的能力，只有这样才能够在激烈的市场竞争中得以生存，才能获得企业可持续发展。

5）企业通过实施企业信息化可以提高企业的工作效率

随着网络经济的深入发展和知识经济时代的到来，信息成为经济发展和社会进步的关键资源，成为决定竞争能力的主要因素。企业面对激烈竞争、多变的国内国际市场，需要做出正确的决策。决策需要灵通、可靠的信息和正确的方法，企业的信息部门能否及时地、准确地、全面地提供信息，能否为企业管理者的决策提供服务或者提供参考方案，这是现代企业所面临的重要问题。瞬息万变、激烈竞争的时代对企业的信息化建设提出了新的要求。为了适应时代的发展要求，就必须改进企业信息收集、加工、管理和传递方式。企业电子协作应运而生。

13.2.2　协同商务的概念

“协同商务”概念的提出者、著名 IT 咨询公司 Gartner Group 对于协同商务的定义是：“一种激励具有共同的商业利益的价值链上的合作伙伴的商业战略，它主要是通过对于商业周期所有阶段(从产品研发期直到最后的分销阶段)的信息共享来实现。协同商务的目标是在满足不断增长的顾客需求的同时来增强获利能力。价值利益的所有成员通过将其核心竞争优势组合起来创造新的产品或者服务来获取利润，这些新的产品和服务的价值将比各个组成部分的简单集合大得多。”协同商务也称协作商务、合作商务，指的是在全球经济一体化的背景下，利用以 Internet 等为特征的新兴技术为实现手段，在企业的整个供应链内及跨供应链进行各种业务的合作，最终通过改变业务经营的模式与方式达到资源最充分利用的目的。简而言之就是指企业内部人员、企业与业务伙伴、企业与客户之间的电子化业务的交互过程。

国内咨询公司 AMT 认为协同商务是一种现代企业经营管理的思想，它强调在全球经济的背景下，利用 Internet 技术，在企业的整个供应链内及跨供应链进行各种业务的合作，最终通过改变业务经营的模式与方式达到资源最充分利用的目的。协同商务是一个基于 Web 架构的应用，为企业(或机构)建立一个以“人”为中心，以企业的业务流程为“血脉”的信息平台，通过这个信息平台来打通企业内部和外部的各种信息结点：人事、工作任务、客户、知识(文档)、资产、产品、项目、财务、合作伙伴(代理商、分销商、供应商)，以使所有的信息达到充分的共享，使企业整个供应链上的资源得到最大的开发、使用和增值。

我们认为协同商务是指合理组合拥有不同核心资源的企业，以便借助以网络技术为中心的协同环境，使供应链上的供应商、合作伙伴、客户、分销商形成虚拟运作的整体。在此系统中，新型生产组织方式引发了组织分工、组织合作、企业沟通、客户和供应商关系等一系列管理方式的变革。协同的商务模式需要进行能力集成和协调，信息、知识的交流和共享是关键因素。在协同商务的背景下，利用网络和协同手段，使整个供应链或供应链之间进行各种广泛的合作，融为一体，最终不仅允许每个企业内部的员工之间、部门之间，而且要让相关各方，如企业与客户之间、相互协作的企业之间，进行充分的信息沟通，步调一致，以便迅速响应客户的需求。这就需要相关的各方都能在统一的协同平台上进行实时的交互，使企业能够管理产品的多维信息，并与其他合作伙伴共享这些信息。

13.2.3 协同商务的内容

将协同商务分为以下 4 个方面内容。

1. 信息与知识的共享(Information and Knowledge Sharing)

将企业内部人员与他们完成自己工作所需要的信息联系起来。一方面信息要足够充分，甚至包括后台 ERP 系统的一些数据；另一方面这些信息是根据员工自身定制的相关信息，员工将只能访问与他们相关的信息。

2. 业务交互(Business Interactions)

当需要企业内部或者跨企业的员工进行协作以达到企业目标时，都需要借助业务交互来展开。例如包括协商合同、对招标书(Request For Proposal，RFP)的反馈、新产品设计以及计划规划等。

3. 建立合作社区(Community Building)

当所涉及的人员需要询问问题、分享想法或者解决重大问题时，需要借助合作社区来进行。例如在线会议、在线培训课程、讨论区甚至在线聊天环节。

4. 商务交易(Business Transactions)

协同商务必须提供安全而又可靠的商务交易流程，包括财务交易、订单管理、票据管理以及存货管理，这些交易结果必须及时向后台系统进行更新。

AMT 根据协同商务的定义，阐述了 3 个方面的重要内容，涉及供应链的范围与跨供应链的范围，按其领域的不同大致分为：协同设计、协同商务与协同制造 3 个环节。它们的关系基本上可以分为连贯与互补两种。连贯性是指三者是一个完整的业务流程，体现的是顺序性的逻辑关系；互补性是指三者是彼此互补互动的组织，体现的是结构性的逻辑关系。

协同设计环节包括工业设计、工业工程与工业制造。工业设计包括绘图、建立产品数据等日常工作与图档管理、设计变更管理等日常管理；工业工程包括有限元分析等对设计进行可行性检验的工作；工业制造是把经过有限元分析后的设计数据，导入加工生产设备中，直接进行自动化生产的管理与控制。

商务环节包括市场(Marketing)、销售(Sales)与流通(Transportation)。市场是指营销与客户管理；销售指销售流程与合同的执行与管理；流通指货物的运输与存储，这里面又引申出像车辆管理等新的需求。

制造环节包括物料控制(Material Management)、计划(Planning)与成本控制(Cost

Control)。物料控制包括采购、库存与狭义物料管理，这就又牵涉到采购政策的制定、补货政策的制定、物理仓库与虚拟仓库的管理等诸多事务；计划包括生产计划的制定与修正，其延伸面至少包括主生产计划、粗能力计划、产能平衡、细生产计划与车间作业计划等。

协同商务需要通过工作流、流程整合、信息与知识共享(包括 Internet 技术和协同社区等)完成企业内部以及跨企业范围对上述工作内容的系统化操作。

13.2.4 协同商务的特征

1. 协同的信息管理

采用中央数据库管理企业信息，数据可以通过任何与其相关的应用更新或被提取。从应用层面上来看，所有的信息都进行了全面的整合，信息与信息之间无阻碍链接，用户可以从信息归结的友好界面入口，进行大范围和深度的信息提取，而完全无须在不同的数据库和应用平台之间切换。从管理层面上看，它基于企业资源网状管理体系的思想，从任何一个信息点都可以非常方便地提取出所有与其相关的信息，所有的信息和应用都是多维的、立体化的、强关联的。

2. 协同的业务管理

将 ERP 的概念延展到对企业外部资源(客户和合作伙伴)的管理，并将其纳入到系统的统一平台中，与企业内部资源进行信息的高度共享和工作的协同。企业可以利用系统快速建立自身的"价值链"管理体系，使信息流、资金流、物流无阻碍地运行在整条价值链中，通过"以点带面"和"协同运作"，任何一个因素的变化都会在系统中的相关点反映出来，并通过协同商务平台提供给企业各部门企业的外部资源，从而使业务过程达到高效、协作的目的。

3. 协同的资源交互

1) 客户协同

通过协同商务实现的客户关系管理不是单方面的客户管理，而是让客户真正参与进来，从而实现对客户的全方位跟踪和交互。通过协同商务系统，企业可以实时了解到客户的信息和需求，从而为客户提供个性化的产品和服务，客户也可以通过系统，更新自己的相关信息，了解最感兴趣的产品和服务，与企业相关部门一起共同完成购买、服务请求、项目实施等业务。

2) 合作伙伴协同

通过协同商务建立的企业与合作伙伴之间的关系是"协同"的关系。合作伙伴可以及时获取客户的需求和市场的反馈，更可以与企业共享知识，使企业能够获得采购、生产和销售的最优路线，降低成本，提高响应速度，提高企业的竞争力，保证更高效的供应链水平和更低的供应链成本。

4. 应用的个性化

通过协同商务的企业信息门户，将企业的所有应用和数据集成到一个信息平台之上，并以统一的界面提供给用户，使企业可以快速建立企业对企业和企业对内部雇员的个性化应用。它向分布各处的用户提供商业信息，帮助用户管理、组织和查询与企业和部门相关的信息。内部和外部用户只需要使用浏览器就可以得到自己需要的数据、分析报表及业务决策支持信息。企业信息门户突破“信息海洋”造成的工作效率低下的情况，以友好、快捷的方式提供给访问者最感兴趣和最相关的信息。

5. 与商业智能的结合

协同商务不仅仅是信息的载体，还是信息的分析工具。通过对数据的加工和转换，提供从基本查询、报表和智能分析的一系列工具，并以各种形象的方式展现，为企业考察运营情况、业绩表现、分析当前问题所在和未来发展趋势，展开商业策略，调整产品结构、分销渠道、工作流程和服务方式等提供决策支持。

6. 基于 Web 的结构

协同商务系统是基于 Web 的应用，客户端只需安装 IE 浏览器就可以使用系统。系统使用具有易于使用、维护简单、24 小时连续服务的特点。

13.2.5 企业协同商务模式

企业协同商务模式分为两种：企业间协同商务和企业内协同商务。

1. 企业间协同商务

企业间的商务关系是企业的外部流程，协同商务对企业外部流程的影响由于参与的企业而不是内部部门，其影响的范围更加广泛。目前 B2B 电子商务的模式正在迅速发展，支持企业间实现电子交易的采购市场已经初具规模，各种行业的垂直电子市场(e-Market)正在发挥越来越重要的作用。例如世界三大汽车公司形成的汽车配件采购电子交易网络，通用电器公司的采购网络就是其中成功的例子。随着这类新型企业间交易方式、商务规则的形成和发展，企业在实施电子商务时需要通盘考虑迅速变化的市场和其他企业间的商务模型。

在高度竞争的商务环境下，企业和企业之间形成所谓的供应链和需求链，或合称企业价值链。链条上的每个企业都是价值链条整体价值的提供者，既是上一环节的客户，也是下一环节的供应商，处在价值链同一位置上的企业之间的关系则是竞争与合作的各种可能组合。网络经济的发展重新定义了竞争与合作的内涵和形式。由于互联网的出现为所有企业提供了一个共同的起跑线，同时这种前所未有的、几乎无限制的信息交流方式对企业间传统价值链条产生了巨大的冲击。企业基于传统商务模式理论和实践对外部环境和商务模式的各种假设或前提都需要重新审视，从而连带要求对基于这些假设或前提而制定的商务模式进行重新认识和调整。

例如，在传统的产品销售链条中，大批发商利用其发达的销售渠道和大规模采购优势，从产品生产商采购产品然后销售给下游的零售商。一方面处在链条下游的零售商由于没有上述优势而很难直接从生产企业订货，另一方面生产厂商由于受到销售和管理成本等限制也不可能直接面向更多的零售商。随着互联网的出现特别是B2B电子商务网的出现，使得竞争、合作和交易的模式发生了戏剧性的变化，原有的业务规则可能不再发生作用，对上述产品销售链条的各个环节都带来了新的机遇和挑战。

企业间的协同商务就是多个有商务关系的企业之间利用网络手段进行有效的信息交换，扩大企业交流的范围，加快商务流程的效率。协同商务环境使得企业能够在一个更大范围内和更多的商务对象以更高的效率完成更多的工作。协同商务能够为企业间商务活动的各个阶段提供不同的支持。

首先在交互范围上，互联网的出现使得企业可以以同样的成本与全球的客户和供应商建立联系，也使得企业面临着全球化的竞争环境，而且这种趋势随着网络的发展和电子商务环境的完善正在越来越明显。在企业间的商务流程方面，传统方式的流程，如供应商选择、原料采购、谈判等，都需要一个长期的过程，而且由于信息的不充分，常常导致成本增加。

以目前最热门的"网上商务协同空间"或"网上市场"为例，它有别于一般的"电子社区"或"虚拟社区"的主要特征有如下几点：

(1) 协同空间主要面向商务活动，而不是普通个体消费者(即B2B而不是B2C)。事实上，协同空间总是以一个利益中心或一个利益集团为基础而构成。比如，一个企业的供应商、外包商、销售代理、技术服务伙伴、客户等形成一个协同空间；又如，一个城市的医院或特别针对某类疾病的医院形成一个协同空间。

(2) 协同空间对于信息安全要求很高，不仅需要验证识别访问者身份，而且需要分别对其访问内容、操作权限等进行严格的分配和控制。

(3) 协同空间对于应用要求很高，不能仅仅是信息浏览服务或聊天。由此可见，"网上协作空间"是一类提供了增值服务的"电子市场"，其价值在于可以将传统"商务"运作效率提高到前所未有的高度。在电子市场上，企业可以通过网络工具在比以往短得多的时间内完成商家寻找和联络、进行价格比较。通过一个企业间的虚拟协同空间，可以通过网络完成诸如价格谈判、合同签订、招标和投标等商务活动，大大提高所有参与者的工作效率。

互联网正在帮助企业延伸和提高传统信息系统的价值，如ERP系统借助互联网可以增加供应链管理(SCM)、销售管理(SFA)和客户关系管理(CRM)等，而协同商务则是这些新型应用系统的重要组成部分。通过一个互联网上的"协同空间"，企业可以沟通上下游，联通客户和合作伙伴，形成一个即时、友好、方便的问题处理和信息交流环境。

2. 企业内协同商务

企业是电子商务的主体，电子商务对企业的冲击不仅仅是方式上的，更是深层次的商务模式的冲击。在电子商务的模式下，由于企业可能采用了电子交易的方式提高其交易效率、增加销售覆盖率或提供更多的服务内容，这要求企业内部的各个功能部门对各自的工作方式、效率以及部门间的工作流程必须针对新的要求做出相应的调整，甚至增设新的功能机构，并对原来的部门职能做出必要的调整。由于很多企业在实施电子商务的同时还要兼顾传统营销方式，这种新旧模式的变换就是一个渐进的不断调整的过程。在变化的情况下，信息的交换和企业行为的协调更凸现出其重要性。一个企业在传统的营销方式下可能积累了大量的经验数据，从而形成了一整套的组织结构、工作流程、分工和授权体系和监控手段。在新经营模式下这些环节都必须或多或少地进行调整，信息流转速度和有效性必须配合新的营销模式的要求。可以说，企业电子交易的引入使得企业电子协同成为必需。

以一个典型的企业制造和销售流程为例，该流程涉及企业内部和外部的多个环节和实体，例如研发、原料采购、库存管理、生产加工、市场宣传、产品销售和客户服务等，假设上述原料采购环节已经实现了企业电子交易方式，企业通过进入电子市场完成供应商选择和询价，使得原料采购的效率大大提高，从原来的生产部门或研发部门提出申请到采购完成的周期从 10 天缩短为 2 天，那么原来的审批流程和处理效率就要与新的采购方式相适应，而且为了有效地利用网上采购所提供的便利，决策过程所需要的时间和信息量将与传统采购方式下有很大的区别。例如，原来需要经过谈判和讨价还价的流程可能在一些情况下可以通过采购系统提供的价格撮合服务实现自动化，这就必然要求企业的决策过程要跟上这个速度，原来的基于 10 天考虑的决策流程必须调整。又例如，该企业原来采用传统的批发方式将产品销售给大的中间商，现在采用了网上销售的方式直接面向大量的中小零售商进行销售，那么由于中小零售商对技术支持的不同需求，客户服务部门的工作量、工作内容、响应速度和服务水平则必须同时进行相应的调整。

可以看出，由于电子交易等新手段的采用，企业内部原有的动态平衡被打破，从而要求企业动态调整其工作流程从而在企业内部达到更高效的新平衡。这种由于对外商务模式的改变(如采购和销售)而产生的对企业内部的更高效运作的要求和压力，首先直接反映在企业内部的直接相关部门的工作流程和协同上(如采购审批和客户支持)，企业必须建立比以前更有效的面向电子商务需求的新协同模式。这一类协同要求可以用“工作流优化”来概括。

电子商务环境对企业的间接影响体现在对企业竞争实力的更高要求上。为了更好地发展和保持竞争优势，提高企业整体运作效率和创新能力是非常关键的环节。由于市场环境、技术手段等的快速变化，企业作为一个整体的快速响应能力和学习能力在电子商务时代尤其显得重要。所有这些要求都需要企业内部有一套有效的协同环境的支持。在其中，信息沟通、信息共享、知识管理和培训是协同商务环境的重要组成部分。

总之，如果在传统商务模式下企业内部协同商务环境的建立是锦上添花的话，那么在电子商务时代，企业信息化环境下的一个高效灵活的内部协同商务环境则是不可缺少的。

13.2.6 协同系统的特点

(1) 帮助优化和改造了企业内部和外部的工作流程，提高了企业整体工作的有效性和效率。

(2) 能够提高企业的产品/服务创新能力；形成企业的整体快速的响应能力，应付各种可能的变化和事件；帮助企业内部更合理的分配资源，降低内部运营成本；从而增强企业的核心竞争力。

(3) 面向时间、场所、人员和信息，提供了统一的工作环境，突破了时间和空间的限制，提高了各项资源的有效利用，增加了信息的价值。

(4) 提供了安全可靠和多样化的通信环境。例如，数据安全、认证、同步通信和移动计算等的集成。

(5) 提供便于集成的企业电子协作空间，以及与企业其他信息系统的集成接口，提高电子协作系统的信息集成度，从而充分发挥了其作为信息平台的优势。

(6) 提供了面向知识管理的支持，强化了企业的核心价值和竞争力。

13.2.7　协同系统组成

协同系统是一个将企业的所有应用和数据集成到一个信息管理平台之上，并以统一的用户界面提供给用户，使企业可以快速建立企业对企业以及企业对内部雇员的信息平台。它是电子商务的一种综合实现模式，同时又是一个基于Web的应用系统，它使企业能够释放存储在内部和外部的各种信息，使企业员工、客户、供应商和合作伙伴能够从单一的渠道访问其所需要的个性化信息，如图13-2所示。

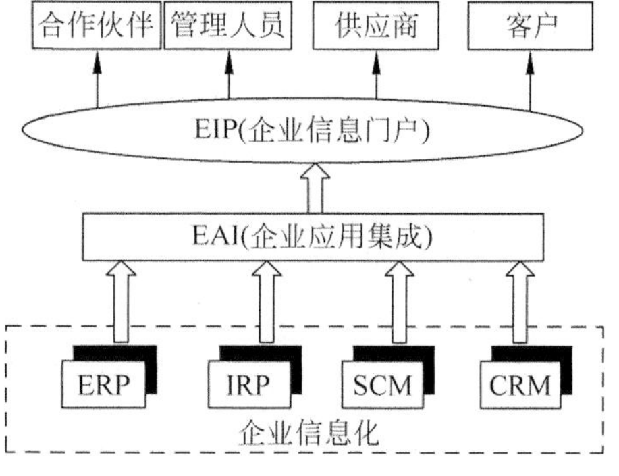

图13-2　电子商务协同系统组成示意图

从图13-2可以看出：

(1) 企业信息化是电子商务协同系统的基础。企业信息化包括企业资源规划(ERP)、信息资源规划(IRP)、供应链管理(SCM)、客户关系管理(SCM)等。它们是构建企业电子商务协同系统的基础。电子商务协同系统是建立在扎实的企业信息化基础之上的，脱离了这个基础的协同商务将是空中楼阁。

(2) 企业应用集成(EAI)是电子商务协同系统的支撑。企业众多"信息孤岛"的存在，严重影响了信息流的顺畅流动。EAI将这些"信息孤岛"集成起来，为企业信息门户的实现提供了坚实的支撑。

(3) 企业信息门户是电子商务协同系统的核心。通过EIP，企业合作伙伴、管理者、供应商、客户等可以从单一的渠道访问到所需的个性化信息。作为Web应用程序简单统一的访问点，EIP提供了集成的内容和应用，以及统一的协作工作环境，同时增加了许多有价值的附加功能，包括系统整合和内容管理、个性化、存取搜索、与移动设备的连接和门户资源管理功能，它是电子商务协同系统的核心。

电子商务协同系统已经超出了传统的管理信息系统的内涵，也越过了普通意义上的网站，成为企业管理信息系统与电子商务两大应用的结合点。它是电子商务的一种综合实现模式，同时又是一个基于Web的应用系统。通过与企业其他信息系统的集成，使企业能够释放存储在内部和外部的各种信息，使企业员工、客户、供应商和合作伙伴能够从单一的渠道访问其所需要的个性化信息。

电子商务协同系统站在比"系统集成"、"应用集成"更高的"信息集成"的层次上，对企业的信息系统建设提供了指导思想。它能适应企业新的人员和部门的调整的变化，满足企业业务调整和扩展的要求，解决企业与IT部门短时间内无法解决的技术需求问题。

13.3　企业应用集成

企业信息化在很大程度上促进了企业管理的现代化，但当企业进行信息化改造后，再回过头来却往往发现：企业内部数据比较散乱，许多地方出现了数据不一致的情况；企业内部数据没有进行整体管理，无法进行数据分析和数据挖掘；企业内部数据没有制定统一的请求/交换标准，接口多，外挂系统多，带来了可扩展性差、维护难度大以及不利于统一管理等诸多问题。解决这些问题的一个有效途径就是进行企业应用集成。

企业应用集成(Enterprise Application Integration，EAI)是指对企业中完成不同业务功能的应用系统进行集成，在它们之间建立起可供数据交流和应用沟通的中枢系统。现代的企业应用系统，如ERP、CRM、SCM等，某种程度上都还是一种自动化孤岛，它们被设计用来提供对特定领域的最优解决方案。而Internet和电子商务的发展对这些自动化孤岛提出了集成的要求。EAI方案正是这种需求的结果，它主要关注业务过程中应用和应用之间的数据移动。

1. 从集成深度看EAI

1）面向信息的集成(Information-Oriented Integration，IOI)

面向信息的集成，有时也简称为数据集成。该模型重点解决不同应用和系统之间接口级的转换以及数据交换，是目前企业内集成应用的常用方法。具体来讲，面向信息的集成方法又可以划分为3种类别：数据复制、数据聚合以及接口集成，如图13-3所示。

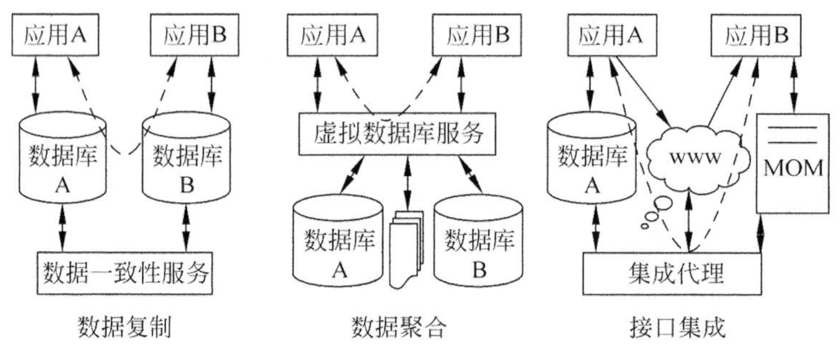

图13-3 面向信息的集成

(1) 数据复制。数据复制方式的目的是为了保持数据在不同数据库间的一致性。数据复制的基本原理是：在两个或多个数据库之间设置一个软件中介层，在一边，数据从源数据库中被抽取；而在另一边，数据被导入目标数据库。数据复制方式的优点在于其简单性和低成本。

(2) 数据聚合。数据聚合是将多个数据库和数据库模型集成为一种统一的数据库视图的方法。数据聚合体是一种虚拟的企业数据库，它包括了多个实体的物理数据库。数据聚合方法在分布的数据库和应用之间放置一个中间件层，该层与每一个后台的数据库用其自带的接口相连，并将分布的数据库映射为一种统一的虚拟数据库模型，然后可以应用该虚拟数据库去访问需要的信息。数据聚合方法的优点是其将多种数据类型表示为统一的数据模型，支持信息交换，它能够通过一个良好定义的接口访问企业中任何相连接的数据库，也提供了一种利用统一接口解决面向数据的应用集成问题的良好方法。

(3) 接口集成。接口集成主要用来集成企业通用套件如PDM、ERM、SCM等客户化应用，是目前应用最广泛的集成方法。其具体实现是通过集成代理(Broker/Agent)使用适配器(Adapter)。这些适配器可以基于消息的中间件(Middleware Of Message，MOM)、DBMS、文件系统等。其不足是缺少一个集成框架,从而使其应用受到了局限。

2）面向过程的集成(Process-Oriented Integration,POI)

面向过程的集成方法按照一定的顺序实现过程间的协调并实现数据在过程间的传输,其目标是通过实现企业相关业务过程的协调和协作实现业务活动的价值最大化。除此以外,面向过程的集成方法还可以减少错误,并且可以通过将以往由手工完成的业务过程自动化,以此来加速业务结果在过程中的传递。简单来说,面向过程的集成方法将一个抽象和集中的管理过程置于多个子过程之上,而这些子过程是由应用程序或人工来执行的。

面向过程的集成和面向接口的集成之间有很多的不同,比如:

(1) 一个过程集成的实例通常会跨越多个接口集成的实例应用。

(2) 面向接口的集成通常聚焦于多个系统间信息的交换,而不涉及其内部过程的可见性。

(3) 面向过程的集成由过程模型作为引擎,驱动信息在应用间的流动。

(4) 面向接口的集成更多地用于那些战术性问题或者持续时间短的事务集成问题;业务过程集成更多地用于战略性问题,通过一个抽象的业务模型,利用业务规则以决定系统如何交互以及如何实现业务价值。

图 13-4 表示的是面向过程的集成。

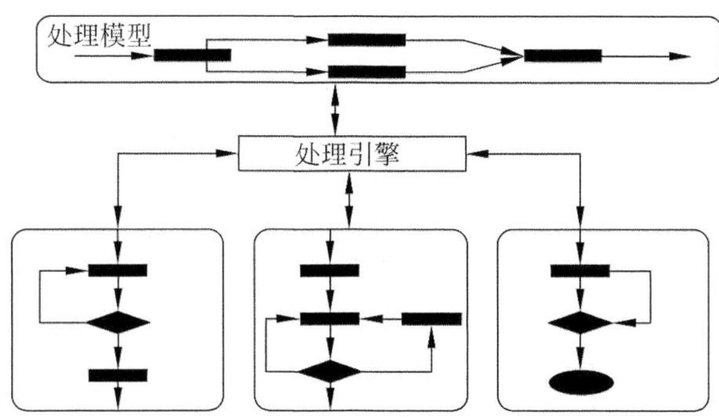

图 13-4　面向过程的集成

3）面向服务的集成(Service-Oriented Integration,SOI)

面向服务的集成在最近受到了越来越多的重视,但它并不是一种新方法。但是,Web 服务的概念促使人们重新观察面向服务的集成方法,也使很多 IT 组织重新考虑其应用集成策略。

面向 Web 服务的集成模型可以实现动态的应用集成和大范围的业务逻辑共享,这种目标是通过整合业务层服务来实现的,具体体现为一种对共享对象上"方法"的调用。这种"方法"通过一些基础设施服务为多个系统所共享,而且这种"方法"可以位于集中服务器、分布服务器和 Internet 上,并以标准的"Web 服务"机制来提供。

对于"Web 服务"来讲,有几个重要的标准,如 UDDI(Universal Description Discovery and Integration)、WSDL(Web Services Description Language)、SOAP (Standard Object Access Protocol)。UDDI 标准定义了定义发布和定位有关 Web 服务信息的机制。UDDI 可以通过名称或目录来定位服务,一旦定位了所需服务,UDDI 就返回服务的地址以及如何使用它的描述(由 WSDL 描述)。WSDL 标准定义了一种描述上述特征的通用性方法。基于被 UDDI 服务返回的有关 WSDL 的描述，应用就能够格式化其请求。SOAP 定义了消息的标准结构，包括 Web 服务的请求和响应，并能够对收发双方的通信过程（以 HTTP 形式）进行管理。除此以外，SOAP 还提供了一种使服务安全通过公司防火墙的标准方法。面向服务的集成如图 13-5 所示。

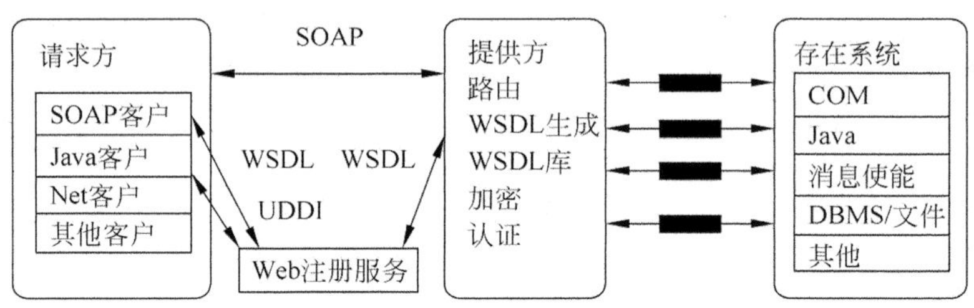

图 13-5　面向服务的集成

总的来说，Web 服务模型和标准提供了一种在 Internet 环境下使用远程应用服务的通用方法，为一种新的集成方法铺平了道路，这种方法可以称为"集成应用"，它通过聚集多个简单的应用和服务而实现复杂的功能。在具体方法上，开发者可以通过将过程逻辑和对各种分离应用和服务的接口相结合，从而实现一种新的集成接口，最终创建出所谓的集成应用。

由于基于 Web 服务的集成（SOI）具有易于设计、开发、维护等特点，它是跨企业应用集成以及电子商务开展的发展方向。

2. 从集成广度看 EAI

1）企业内集成

对 EAI 的需求的最主要的原动力是很多企业的过程倾向性，企业活动面向业务过程的转变必将对企业传统的面向职能的组织结构提出挑战。由于传统企业的组织模式是按照职能来划分各个部门的，例如公司被划分成市场部、技术开发部、生产部、人力资源部和服务部等，各个部门根据具体的需要选择相应 IT 支持系统，没有考虑相互之间的信息交流，这就导致了企业内部各个职能部门之间形成了一个"烟囱形的结构"，相互之间缺乏信息交流，如图 13-6 所示。

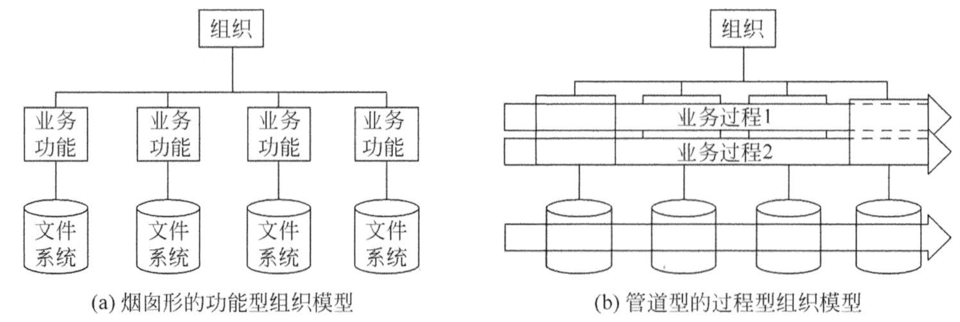

图 13-6　企业内集成

按功能来划分的组织从各个职能部门来说便于管理，但是从企业整体来说它有很多缺点，如各个信息系统是相互独立的信息孤岛，不便于数据的交流与共享等。其中最大的缺点是它需要一个庞大的行政部门来处理一些跨职能部门界限的问题，导致相当一部分资源被分配到那些并不能为客户带来价值的任务，传统的企业中各个职能部门之间不能进行信息交流和数据共享，严重影响了企业的办事效率。目前企业需要的 IT 系统必须能够对整个业务过程的支持，而不只是对单个的、零碎的业务活动的支持。为了克服职能部门划分带来的问题，很多公司现在已经把注意力集中到了业务过程——为客户创造价值的一些相连的活动，如图 13-6 所示，同时按照业务过程的需要来划分企业组织结构，消除先前企业中不能为客户带来价值的一些业务活动和组织，按业务过程的需要来重新整合 IT 支持系统，并统一对过程进行管理。这些业务过程跨越组织内部的各个职能部门并且延伸到组织外部的其他组织，支持供应商和客户关系管理、虚拟企业和扩展的供应链。

企业向业务过程集成方向的转变必然会带来企业内部的组织结构的调整和变化，使企业内不同层次的组织之间的关系发生变化，并促使企业内部组织实现水平集成和垂直集成，去除一些不能为客户带来价值的部门和活动。

水平的企业内部职能部门之间的集成是指支持业务过程的不同功能领域的应用系统之间的集成。这种水平集成可以看作是“烟囱形结构”，各企业部门之间的横向连接并向“管道型结构”的转变过程。水平集成的典型例子是企业供应链管理，在供应链系统中，企业努力实现订单进入，购买、生产、运输和分销等同一层次的一系列活动的优化，以便缩短订单的处理周期，使用最少的生产成本，为客户带来最大的利益。

垂直的企业内部职能部门之间的集成是指在不同的控制和管理层的系统之间的集成。由于传统的企业组织的领导层次划分是一种金字塔形，例如一个企业从上到下是厂长、副厂长、处长、科长、组长、工人、设备等，这种金字塔形的组织结构在面临决策时，问题非常突出，它很难对一些问题快速做出决策，而面向过程的集成要求组织对过程的每一个活动都能够迅速做出决策。这种要求势必使企业的组织结构重组并由传统的金字塔型向扁平化方向转变，最后实现企业组织结构的网络化。扁平化和网络化的组织结构才对以业务过程为中心的企业活动具有适应性。企业组织间的水平集成和垂直集成的过程正是企业组织扁平化和网络化的过程，最后结果是使企业内部形成一个“开放的魔方”式的网络化组织结构，实现组织快速高效的决策和联系，并对企业过程快速做出响应，如图 13-7 所示。

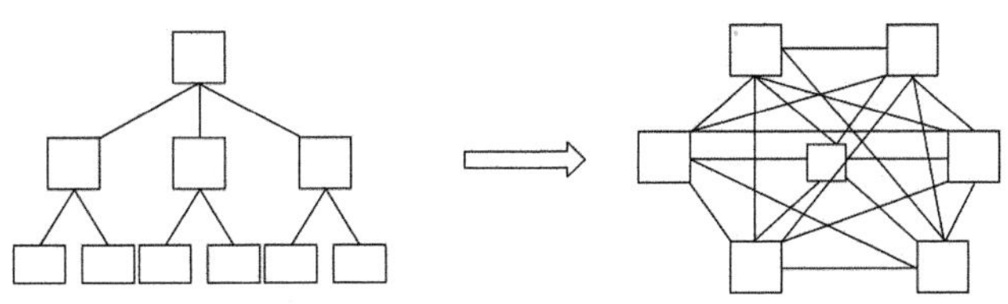

图 13-7　组织结构由金字塔型向网络化转变

此外，在企业实现水平集成和垂直集成的过程中一定要充分考虑人的因素。企业应用集成不仅是系统与组织的集成。也是人与管理的集成。要充分考虑人在系统集成中的角色和位置，集成系统必须人性化，这样才能充分发挥人的作用。如果说 EAI 主要聚焦于应用到应用的过程自动化，那么工作流就是聚焦于人到人的过程自动化。这两种自动化解决方案必须要实现融合才能实现人与系统间的有效协同。

2）企业间集成

Internet 的发展增加了企业之间的合作与交流，一些跨企业的过程也相应产生，如虚拟企业、电子商务、扩展的供应链管理和协同商务等都是企业之间面向过程的合作与交流的企业间集成的典型。通过合作，几个企业和公司组成一个相对稳定的合作网络，这种公司网络可以提供那些单个公司所不能提供的产品和服务，获得单个公司无法完成的订单。为了增加合作的效率，必须实现网络中所有有合作关系的公司之间活动和过程集成，并且这些过程可以起始和终止于不同的企业。

企业的商务活动向电子化的发展趋势逐渐改变着企业之间的交流模式，特别是它们作为供应商和客户的角色。企业之间需要以电子方式交换信息以实现合作与谈判，Internet 的广泛影响和中间件技术的发展使跨越多个企业之间的商务活动成为可能，跨企业的供应链和虚拟企业等企业合作模式就是企业间集成的典型例子。企业间的集成的一个特点是并不是企业内所有的系统都需要实现企业之间的信息集成，而是只需要集成一些与企业之间的业务过程有关的信息和系统，因此企业之间的集成是一种有选择的集成。企业间集成的一个关键问题是使不同企业的不同系统要交换的数据格式相匹配，虽然电子数据交换(EDI)已经被用来解决这个问题，但是其复杂性和 EDIFACT 标准的限制制约了它的应用。KML 技术作为企业间集成时数据交换的标准，目前正得到大范围的应用。

13.4 企业信息门户

13.4.1 门户技术的原理

纵观目前企业的各种 IT 应用，信息膨胀、信息孤岛、信息非结构化、信息非个性化和信息非关联性等是突出的问题，直接导致企业整体协调困难、信息流通不畅和不完整等问题，更无法保证和外界企业的互联。因此在有效连接企业各种信息系统的基础上，针对不同的角色，提供一个完整的协同平台是协同技术需要解决的问题。从技术上说，协同平台是企业之间动态交互协作的环境，是一组集成的企业信息系统，也是已有数据、服务和系统集成的框架。

协同平台可以实现信息获取与共享的一体化，达到内部协同与外部协同的统一。每个角色都有一个完全的个性化门户，通过它可获得所需的信息和服务。这是角色参与协同活动的基础。

门户技术的基本原理是将企业的所有数据源、应用和服务集成到一个信息平台上，并基于角色的存取控制设置权限提供给不同的参与者。通过网络和安全机制，使客户、供货商及合作伙伴都可以通过这个平台访问企业的信息和应用，获得个性化信息服务，达到信息共享的目的。

门户也可以把各种系统功能有机地集成在一起，并提供统一的入口。门户提供信息检索等基本服务。通过基本门户服务可以使企业内部员工、客户、合作伙伴、供应商通过门户从各种相关应用访问所需信息，将企业不同系统、不同类型的信息资源整合起来，以便进一步分析，给参与者提供决策支持。企业的门户技术为企业内部员工和合作伙伴提供了一个公共的、便宜的交流和协作平台，将企业的人力资源、供应链管理、客户关系管理、ERP、电子商务等整合到一起，有效地实现了各种信息和业务的工作流程管理，如图 13-8 所示。

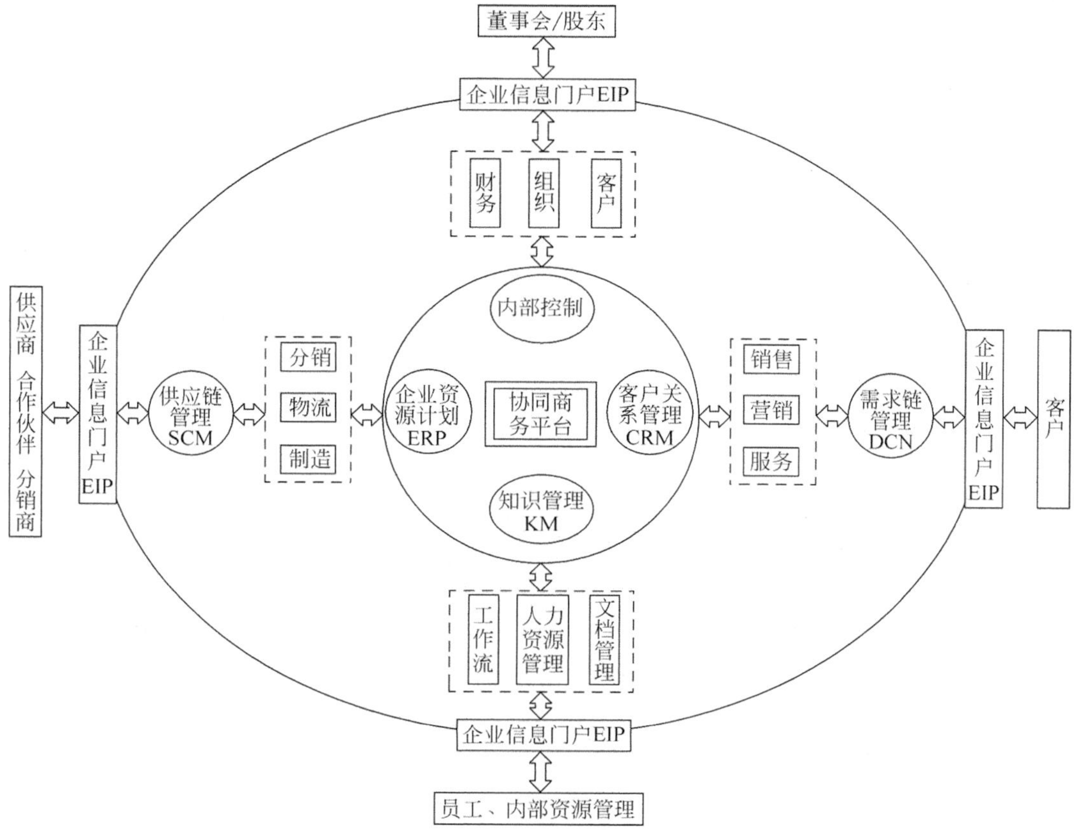

图 13-8　企业门户

客户、雇员和供应商能通过各自的门户有效地协作，人员之间、部门之间、企业与客户、企业与合作伙伴等之间保持紧密联系，信息流通通畅。随着企业数据的分布化、多样化和海量化，及时获取相关信息是许多组织面对的问题。解决的办法是集成不同数据源的信息并以一致、易于理解的方式提供给参与者担任角色的相关信息，以便决策和提高工作效率，这是门户技术的关键。

13.4.2　企业信息门户的特点

1. 门户技术是基于角色（Role）的

一个角色是某一类事务结构、性质、行为、职能等方面所共有的特征的集合。不同的角色，会有不同的门户界面和内容支持。当参与者的角色发生变化后，他们也会得到相应的信息。角色概念的引入简化了门户的管理，因为门户是根据参与者的角色提供相关的内容。除了提供给参与者信息外，门户还能动态地改变界面以适合各参与者特定的需要，实现个性化的信息存取。

不同角色从基于门户的协同环境获益的方式不同，在门户的设计时可以将企业相关的角色分为3组：企业内部用户、外部客户、顾客以及外部的供应商和合作伙伴。门户不仅是应用和服务的集成点，也是描述角色所负责流程的环境。通过这种环境，角色可以存取内部和外部相关的数据。也就是说，企业内外的各种角色根据一定的权限都可以访问相关的信息。从这个意义上来讲，门户可以作为各组织流程中不同角色信息交流的中介。如通过客户关系管理可以将客户集成到企业的服务、生产和销售管理中，因此企业可以管理关于客户、潜在客户、合伙伙伴等的相关信息。企业的门户为客户、代理商、分销商和供应商分别开放一个信息交流的通道。即通过客户门户，客户可以访问被允许访问的所有信息。在相应权限的控制下，企业内部员工可以访问企业内部的知识库，管理客户资源和订单，针对不同的客户、代理商、分销商和供应商发布产品信息和价格信息。每个员工提供一个个性化的知识信息门户，并且每一个员工在自己的门户中积累知识，这也是学习型组织所需要的。通过客户门户，客户可以访问关心的信息。

2. 内容和功能集成

门户技术具有开放性和柔性，能收集分布在网络中多种数据源的各种形式（XML、HTML和Java等）的信息，并按角色定制。若采用企业信息超链接（Hyperlink），那么在同一系统中，只要找到一个信息点，与这个信息点相关的信息也都能被找到。

真正的门户应提供一种协同环境，使得企业的各种应用不再分离，而且按照用户、合作伙伴、客户和供应商的要求连接起来，实现功能上的集成。在这种协同环境中，各角色能够得到企业内外数据、信息和功能的支持，并融入相关工作流的协作中，从而实现门户的价值。因此门户不仅是应用和服务的结合点，而且也是角色之间交互的窗口。从角色的观点看，工作流由角色之间的交互组成，因此也可以将门户视为工作流运行的媒介。如协同产品设计工作流，协同各方都可以由对方提供的相关门户交流设计所需的信息，实现整个产品设计的并行化。

3. 门户技术和其他的企业应用

如知识管理、客户关系管理和供应链管理等的结合，将进一步提高参与者的决策和协作能力。门户技术采用了协同管理的思想，做到各个管理功能模块强相关联。企业运作需要协同工作，作为应用工具的管理软件当然需要提供相应的协同功能。

协同平台应打破企业之间的数据和工作流界限，在正确的时间把正确的信息传递给正确的参与者。不同角色门户涉及多种功能的、分布性的功能应用，跨组织的工作流往往涉及多个企业的多个角色的协作，因此协同环境的建设是一个渐进的合作过程。一般是各企业根据在价值链中的角色，构建与自己所参与工作流相关活动的应用，然后由门户技术来集成。可见这种集成已突破ERP式的企业内部集成而扩展到与外部应用的集成，目前以XML等为代表的标准提供了技术基础。

13.4.3 企业信息门户的构成

一般而言，作为协同商务的EIP有7大功能模块。

1. e-Documents

e-Documents在一个数据库中存储和管理各种信息和(现有)业务,是存储企业电子数据的基础。通过e-Documents,可设计灵活多样的员工、客户、供应商和分销商门户。e-Documents是基于协同商务系统解决方案的信息和知识管理,它提供了全面知识管理的框架,允许企业在任何地点和时间,张贴、存储和创建文档并共享信息。所有的文档都可以经由Web浏览器搜索并获得,并将不同等级的文档提供给不同权限的人。文档管理系统使得内部和外部的交流更加容易,企业可以建立公共Web站点、内部网、为不同用户组建立不同门户。这种用户友好性和柔性的结合使得这个模块适合于任何大小类型的组织。

2. e-CRM

e-CRM集成的访问客户信息,这包含了传统的CRM产品的全部范围。将客户集成到服务、销售、产品和财务组织中,真正获得对客户360°的观察。通过这个基于Internet的CRM解决方案,企业可以管理关于客户、潜在客户、合伙伙伴的合同、通信、文档和需求等相关信息。通过客户门户,客户可以访问他们被允许访问的所有信息。通过分销商门户,分销商们可以被赋予权限,访问共有客户的信息。通过与其他模块的结合,可以大大提升客户管理的水平。

3. e-Logistics

e-Logistics实现产品、服务和价格的管理,并通过Intranet和Internet共享信息,同时还可以实现企业的目录、项目和价格的管理。e-Logistics可以同协同商务系统的其他模块、back-office解决方案相集成,在内部和外部使用相同信息,大大提升了效益和一致性。

4. e-Project

管理与项目相关的活动和资源,并从矩阵视图观察组织的效能。不论咨询公司还是建筑公司,项目管理意味着所有相关资源的管理,从员工到物料。e-Project可以管理所有相关的资源,因为它与其他模块相集成。例如人力资源信息可从e-HRM中得到,而e-Project在项目管理系统中使用这些信息。

5. e-HRM

除了传统的HRM管理的功能,e-HRM还具有对与角色和安全权限相关的员工和信息的维护功能。e-HRM是电子商务流程管理的基础,它可以让所有员工通过Internet访问企业的信息系统。e-HRM这种基于角色的访问机制可以将企业所有的员工、合伙人、分销商和客户融入电子商务流程中来。人们可以自由讨论,而不管是在办公室内部或者外部的环境。e-HRM与其他模块相集成,员工可以轻松跟踪与他名字相关链接的产品、客户、文档和外部及内部的请求。

6. e-Financials

e-Financials通过Intranet和Internet自动进行数据的收集和处理,能在线分析组织的效能；能实现中央控制和本地执行的集成，可以集成中央控制与各个本地运作部门的指令。

e-Financials产生并保证来自个人和各地运营部门数据的有效性，以获得详尽的分析报告。通过将Internet作为通信中枢，e-Financials中的数据能够在事务处理的时候自动收集。e-Financials使企业可以分析基于地理层次、组织单位和业务处理链中的财务绩效，可以通过集中信息提供对本地运转的监控，可以使用户浏览多种预算，可以实现财务报告功能。

7. e-Procurement

e-Procurement与e-HRM项目结合，将可以保证全部的内部和外部商务流程的电子管理，可以减少请求处理的作业成本，同时提供定制好的视图和报告，并满足企业定义适合自己管理要求的请求和工作流程的需求。

13.4.4 企业信息门户的价值

1. 改进的信息访问方式

门户使最终用户通过统一渠道来汇集与他们工作相关的信息和服务。一般有3类：访问公司的企业应用系统（如支付系统、媒体研究系统）、信息服务（如道·琼斯指数）、经常使用的网站。EIP通过把它们汇集在一个统一的地方来简化使用，省去了用户在不同屏幕间切换的麻烦。

2. 及时的专门知识

EIP改进了专门知识定位。安装EIP以前，员工不得不在办公室间发送电子邮件或拨打许多电话登录专门知识库来完成这个需求。这个过程不仅是低效率的，而且结果受限于本地办公室，许多别的地方的有价值的经验没有得到使用。没有EIP时，大部分员工将花好几个小时来定位专门知识。现在，用户一般只要花不多于30分钟时间在EIP的知识库里搜索。

3. 更流畅的知识录入

EIP门户里公司为负责录入文档分类的知识经理节省了大量的时间。以前只有知识经理能给文档用元数据标上记号，现在所有职员都可以填写他们提交给门户的每个文档的元数据表，帮助加速这个过程。

4. 缩短新员工生产时间

一般来说，公司的新雇员工需要6个月时间才能开始对公司有所贡献。在EIP的个性化的统一的信息和应用访问渠道帮助下，可期望在较短时间内就可使新职员成为公司的价值贡献者。门户将缩短新员工的培训周期，因为过去的工作经验、公司客户和经营领域的关键数据通过门户高度可见。

5. 增加销售额

EIP能驱动新的经营。通过更快、更灵巧的服务，EIP有助于驱动对现有的客户的销售。EIP也有助于赢得新业务。定制的EIP客户主页改进了客户体验和区分公司与行业提供的产品和服务,而行业通常对技术的变化反应缓慢。门户把公司后台系统的重要服务集成到客户网页里。例如,通过门户,客户能在自我服务的基础上追踪账户花费情况。公司和客户关系方面的改进增加了公司赢得新业务和保持现有业务的可能性。

6. 差旅费的节省

通常,公司利用多处不同地方的资源(如人力)为同一个客户服务。没有EIP时,有关团队成员必须到同一个地方准备与客户即将召开的会议。引进EIP后向公司员工提供了在线工作的机会。通过在远程电视或电话会议实时共享文档,项目团队可以用门户来协同几个对客户的陈述。

7. 协同工作

没有EIP时,部门经理对其他业务领域或部门正在进行的工作知之甚少;通信不畅妨碍公司完成新业务的努力,减缓了收入增长;分散的资源导致了许多冗余的工作要做,降低了员工的生产率,他们可能忙于"做别人已做过的事"。而实施了EIP系统后,这些情况将不再存在。员工通过EIP可以实现协同工作,大大提高了企业运作效率。

8. 随时随地访问

EIP使员工可以在任何可访问互联网的地方随时工作(如家里、网站、有互联网设备的咖啡馆)。大多数公司员工感到尽管总工作时间没有变,但EIP给了他们可随时和随地工作的自由。

13.5 协同商务的实现

13.5.1 协同商务的指导性原则

协同商务是通过网络技术在整个供应链上全面拓展其商务活动,从而形成整个商务链的互动,虽表现形式各不相同,但基本体现了预测协同、库存信息协同、采购计划协同、订单执行协同、产品设计协同和供应商能力协同等思想。例如,企业可以通过商务链,将客户、经销商、制造厂商和配套厂商的信息系统连接在一起,经销商根据制造厂商的产品计划信息甚至配套厂商的配套件能力信息进行交货期的实时确认;制造厂商可按照客户订单进行规模定制生产,并通过共享的配套厂商供货能力和库存信息进行采购计划的实时调整;配套厂商可在第一时间得知市场的变化从而调整计划等。供应链的业务活动不仅要跨越供应链通道(供应商、制造商、分销商、零售商和其他合作伙伴)的范畴,而且要跨越功能等范畴。为此,供应链中的成员在努力减少成本、增加效率和获得竞争的过程中,重新构思、定义和组织,实现从零售商到制造企业之间的功能合作,特别是计划、预测与补给等功能的协作,将是供应链协作的重要方面。良好的功能协作将能显著改善预测准确度,降低成本、库存总量和现货百分比,发挥出供应链的全部效率。

协同商务的指导性原则包括：

(1) 合作伙伴框架结构和运作过程以消费者为中心，面向供应链进行运作。

(2) 合作伙伴共同开发单一、共享的消费者需求预测系统，该系统驱动整个供应链计划。

(3) 合作伙伴均承诺共享预测并在消除供应过程约束方面共担风险。

13.5.2 协作过程

针对各合作伙伴的不同战略、投资能力、市场信息来源，构建一个方案组，并由核心企业主持核心业务活动，合作伙伴可选用多种方案实现其业务过程。零售商和制造商从不同的角度收集不同层次的数据，通过反复交换数据和业务情报，改善制订需求计划的能力，最后得到基于 POS 的消费者需求的单一共享计划。该计划可以作为零售商和制造商制订与产品有关的所有内部计划活动的基础，实现供应链集成。

合作伙伴根据分销商业务计划、制造商业务计划和供应商业务计划，达成合作伙伴协议，创建共同业务计划。零售商对来自本店多个 POS 的每种商品的销售量进行实时汇总，形成与消费者直接相关的动态 POS 数据，结合 POS 数据和本店存货情况形成商店需求，并将这些信息提供给核心企业联合业务服务器。分销商对来自多个分销商的商品需求进行分类和合计，形成分销中心汇总数据，结合库存信息形成分销中心需求，提供给联合业务服务器。联合业务服务器基于共同业务计划和例外准则，利用 POS 数据、分销中心数据和事件数据等，形成单一的销售预测。其中，事件是指对销售预测或订单预测有影响的事件，如促销、降价、库存在制策略或工厂关闭等。然后，基于共同业务计划、例外准则和价值评估，利用单一的销售预测、POS 数据、供应链现有库存及分布信息、库存战略/季节性信息、事件数据、产品历史需求和发运数据、产品利用率数据，以及项目管理简况数据等，形成单一的订单预测。最后，预测实际订单，下达给制造商，制造商生成物料需求给物料供应商。整个供应链进行物料供应、产品生产、递送、分销和零售的过程。上述运作过程的所有数据将存入联合业务数据库，作为今后过程的数据资源和历史数据。

协作过程如图 13-9 所示，分为 3 个阶段共 9 个步骤。第 1 个阶段为计划，包括步骤(1)和(2)；第 2 个阶段为预测，包括步骤(3)～(8)；第 3 个阶段为补给，包括步骤(9)。具体步骤为：

(1) 建立供应链合作伙伴关系的指南和规则，共同达成一个通用业务协议，包括合作的全面认识、合作目标、机密协议、资源授权、合作伙伴的任务和成绩的检测。

(2) 供应链合作伙伴相互交换战略和业务计划信息，以发展联合业务计划。建立合作伙伴关系战略，定义分类任务、目标和策略，并建立合作项目的项目管理简况，如订单最小批量、交货期、订单间隔等。

(3) 利用零售商 POS 数据、因果关系信息和已计划事件信息，创建一个支持共同业务计划的销售预测。

(4) 识别分布在销售预测约束之外的项目，每个项目的例外准则需在步骤(1)中得到认同。

(5) 查询共享数据、E-mail、电话、交谈、会议等，解决销售预测例外情况，并将产生的变化提交给销售预测(如步骤(3))。

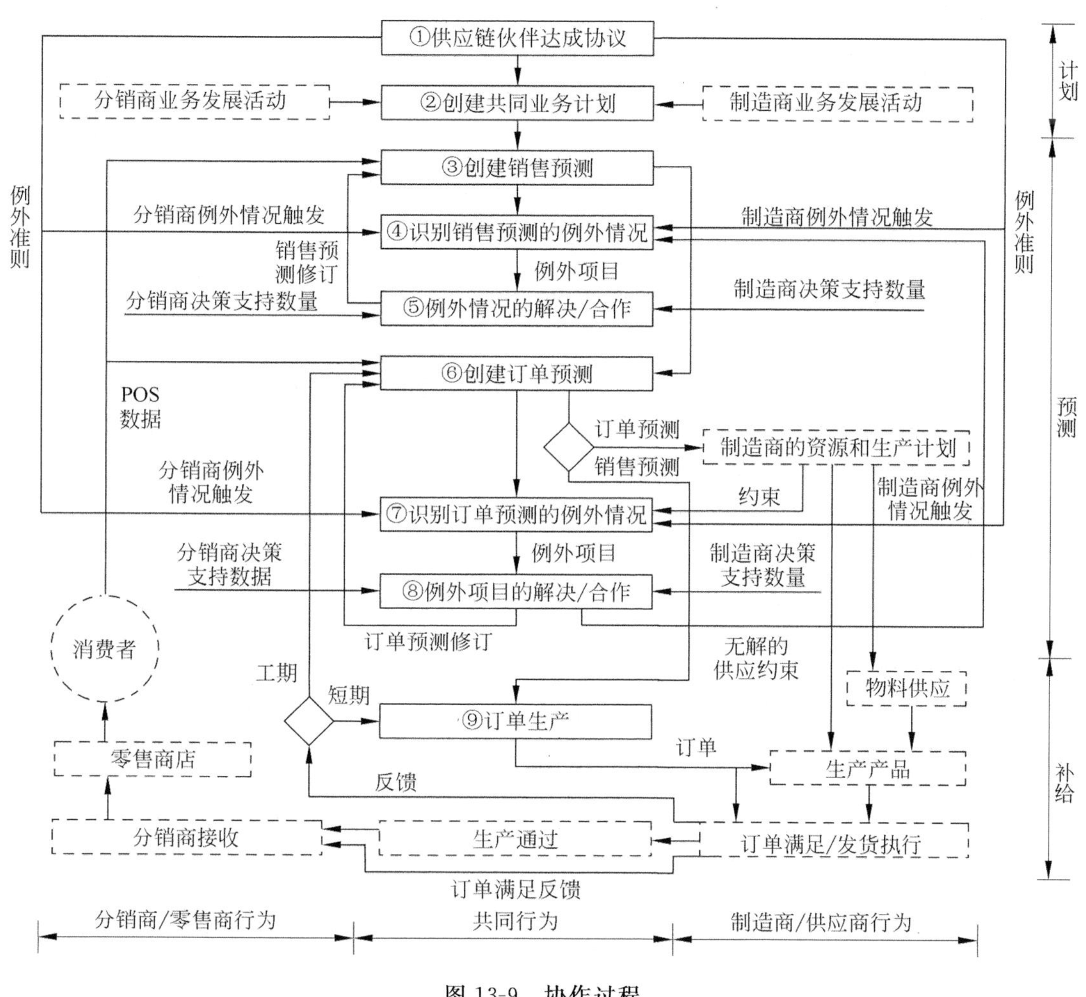

图 13-9 协作过程

(6) 合并POS数据、因果关系信息和库存策略，产生一个支持共享销售预测和共同业务计划的订单预测，提出分时间段的实际需求数量，并通过产品及接收地点反映库存目标。

(7) 识别分布在订单预测约束之外的项目。

(8) 查询共享数据、E-mail、电话、交谈、会议等；调查研究订单预测例外情况，并将产生的变化提交给订单预测(如步骤(6))。

(9) 将订单预测转换为承诺订单，订单可由制造厂或零售商/分销商依靠能力、系统和资源来完成。

13.5.3 协同电子商务平台

协同电子商务平台是针对中小型企业建立的，面向制造行业的最终用户和业内的供应商、采购商、经销商和服务商，提供一个企业间进行在线采购、营销、招标、等活动并提供分销、售后服务管理功能的电子商务平台。平台服务商为企业客户提供该电子商务系统运营和维护所需要的硬件设备以及平台软件，同时保证客户网上认证和支付的安全性。其结构如图 13-10 所示。

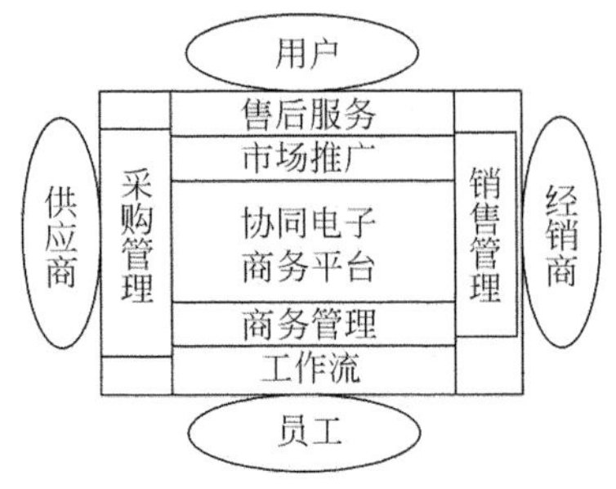

图 13-10 协同电子商务平台

在实际企业的调研过程中，我们发现大多数中小企业都有进行信息化的强烈需求。比如汽车经销商，他们代理的汽车不止一家，而是有多家企业的产品，在与这些汽车企业进行信息沟通（包括提交订单、查询订单等）时要很费时费力地一一进行沟通，他们希望能够通过一个第三方平台就可以方便地同这些企业进行信息交流、共享，及时获取厂家的信息。协同电子商务平台能够为那些没有能力自行组建电子商务应用系统的中小企业提供了这样的服务，即使企业没有自己的信息管理系统，也可以把企业内部数据托管到本平台，如供应商、客户信息、经销商或服务商信息。对于已建立内部信息管理系统的企业，则可以通过数据交换实现其内外信息交流，将企业的订单、供需信息、配件信息等需要对外发送的数据，通过数据转换工具转换成平台的标准格式，相关合作企业通过平台获取这些信息。同样，服务商提交的各类单据也可以通过数据交换工具转换成企业的数据标准格式，并返回到企业的内部信息管理系统。

因为是作为第三方平台，所以协同电子商务平台要基于开放的 Internet 网，综合考虑企业用户的实际情况，以最大限度地减少企业应用的难度。如图 13-11 所示是协同电子商务平台的系统结构图。

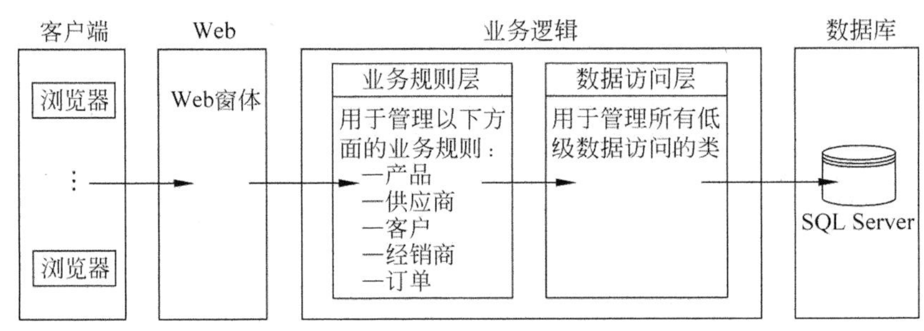

图 13-11 协同电子商务平台的系统结构图

（1）Web 层。Web 层的主要功能是同客户交互，这一层向用户提供服务，主要功能是提供界面，接受用户的输入和调用业务功能等，完成用户的需求。

（2）业务规则层。业务规则层提供业务规则的组织方式。业务规则层需要完成的功能是各种业务规则和逻辑的实现。平台中的业务规则层主要是实现产品、订单、供应商、客户、经销商等方面的业务。

（3）数据访问层。数据访问层提供对数据库的访问，封装 ADO. NET 这个部分要完成的功能，就是将数据实体保存到数据库中，或者从数据库中读取数据实体。

通过协同电子商务平台，企业可以无缝地同上游的供应商、下游的经销商和代理商、终端的客户连接起来，实现快速响应需求和信息共享，并进行有效的工作协同。

协同电子商务平台的功能模块

电子商务平台就是一个面向区域内企业、以实现企业销售、采购、招投标、商务关系建立、产品目录管理等企业商务活动的集成和协同，根据对企业的实际调研结果，可以建立如图 13-12 的平台功能模块结构。

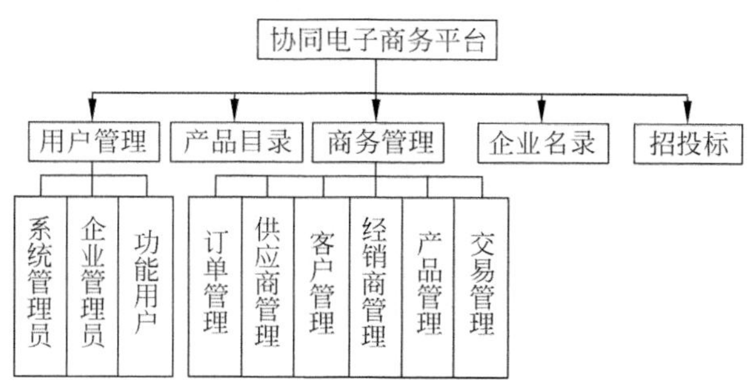

图 13-12 协同电子商务平台的功能模块

1) 用户管理

系统管理员、企业管理员、功能用户是协同电子商务平台上的 3 类用户，其中系统管理员是平台的管理员，负责维持整个平台系统的正常运行，主要职责有功能管理、角色管理和企业管理员管理；企业管理员是企业的最高权限者，负责整个企业的信息完整性和管理本企业的功能用户；功能用户则是具体执行子系统功能的用户，也是整个平台中用户数量最多、管理最复杂的一类用户，所以我们所说的用户管理实际上就是指对功能用户的管理。

用户是具体业务的执行者，协同电子商务平台的有效和顺利运行有赖于用户的正确操作，所以对用户的管理是协同电子商务平台中重要的内容。第一，用户管理是平台持续稳定运行的保证，企业在平台注册成功后，还需要配置用户来执行业务，另外在运行的过程中，企业管理员还要随时根据需要添加、删除用户和修改用户权限。第二，用户管理增加了平台系统的安全性，使得非法用户无法访问平台而合法用户不能越权访问其他功能。第三，用户管理使得企业可以灵活地进行权限管理。

2) 产品管理

通常来说，产品目录管理系统分为前台服务和后台管理。前台服务包括产品浏览、查找及用户评论等，对注册供应商而言还有浏览自己的产品，添加、修改、删除产品及对询价信息进行回复等，对注册采购方而言则有询价、报价、邮件联系等。后台管理系统包括批量产品的装载和少量产品的添加、修改、删除，对供应商提交的产品进行审核，对产品的用户评论进行审核，及根据供应商要求对其产品进行维护。

根据国标对产品进行分类，但是考虑到各企业实际使用分类编码的情况，系统将为其建立企业编码和国标码的映射功能，方便企业的产品发布。产品发布可以分为网上在线发布和文件上传发布功能。平台将为注册企业提供产品发布、修改和快速查询功能，同时提供报价和询价的功能。通过平台的协作工具，为供销企业提供实时报价和议价功能。

3) 企业名录

对于所有订购了电子商务服务的企业，为其提供企业信息管理的功能。企业信息管理的基本模块分为以下几种：

(1) 企业用户的基本信息查询。显示所有已经订购了电子商务服务的企业，并显示所选企业的信息，这些信息来自总平台上这些企业的注册信息。

(2) 按产品分类查询、显示企业。根据企业发布的产品的分类来查找企业信息。

(3) 提供搜索引擎查询企业。按企业名称、地区、产品分类查询企业。

企业用户登录后,可以对查找到的企业进行以下操作:

(1) 申请成为该企业的供应商。先下载该企业的供应商调查表,然后按调查表的要求填写。然后将填写好的调查表上传给该企业。

(2) 邀请该企业成为供应商。通过 E-mail 发送邀请函通知该企业申请成为本用户的合格供应商。

(3) 申请成为该企业的经销商。先下载该企业的经销商调查表,然后按调查表的要求填写。然后将填写好的调查表上传给该企业。

(4) 邀请该企业成为经销商。通过 E-mail 发送邀请函通知该企业申请成为本用户的合格经销商。

4) 供应商管理

供应商管理是为企业用户提供管理其供应商的功能模块,通过本功能块,为企业用户有效的管理采购业务,提高采购的效率,优化采购供应链。供应商管理的主要功能:上传供应商调查表、处理供应商申请、发送供应商邀请、提交经销商申请、查看已发出的供应商邀请、查看经销商申请反馈、查看供应商信息、合同管理、供应商的产品信息管理、交易统计数据查询、绩效评估、召开供应商会议。

5) 客户管理

客户管理为供方企业提供实时掌握买方企业(即客户)动态的功能,从而使供方企业不断优化自身条件,更能适合客户的要求,使自身更加具有竞争优势。客户管理的主要功能有查看收到的邀请信息、查看供应商申请反馈、查看客户信息、交易统计数据查询。

6) 经销商管理

合理的销售管理是企业在占有市场份额中保持优势的关键。通过经销商管理模块,能够合理地管理和规范经销商的行为,优化销售管理,提高企业对销售的掌控能力和管理效率。经销商管理的主要功能有上传经销商调查表、发送经销商邀请、提交供应商申请、处理经销商申请、查看已发出的经销商邀请、查看经销商信息、交易统计数据查询、绩效评估、召开经销商会议。

7) 订单管理

协同电子商务平台的订单管理是为企业提供网上交易功能的重要部分,企业可以通过平台直接录入订单数据,并提交给相应的企业,并在订单的执行过程中实时掌握订单的状态。同样也能通过平台接收其他企业发送的订单,并在订单的执行过程中提交订单的最新状态。利用数据交换技术,订单管理子系统也能接收来自企业内部信息管理系统产生的订单数据,同时也能将平台上获得的订单数据发送到企业的内部信息管理系统。订单管理子系统的主要功能块有录入订单、订单确认、订单状态跟踪、订单维护、订单模板管理。

8) 交易管理

交易管理为企业用户提供了交易查询和交易统计功能。该子系统通过记录每个企业用户通过平台完成的交易数据,根据对交易对象、地域、交易产品、数量、交易金额的计算和统计,分析出该企业的交易趋势,并以直观的方式展示给用户。企业用户只需要根据需要设定参数,就能得到需要了解的采购或销售方面的市场趋势。

9）招投标系统

招投标方式是实现低采购成本的一种重要的方式，也是企业之间进行协作的一种重要方式。系统功能分为招标管理、投标管理、评标管理和中标管理4个部分。

本章要点回顾

企业信息化的核心是信息共享，目的是实现供应链的协同运作。企业应用集成（EAI）、企业信息门户是在供应链范围内实现信息共享的手段和架构，协同商务是新的商务模式。协同商务要求商务伙伴实时共享商务信息，快速对市场变化做出响应。企业信息门户将所有商务信息集中到一个平台上，给不同用户授予不同权限，用户在自己的权限范围内使用信息。

习　题　13

1. 名词解释

协同商务、EAI、企业信息门户、信息集成

2. 简答题

（1）简述信息集成的重要性。

（2）简述企业应用集成的体系架构。

（3）简述企业信息门户的应用内容。

（4）简述协同商务的特点。

（5）简述协同商务的内容。

3. 综合应用题

（1）试以美特斯·邦威的商务活动为例，分析企业应用集成（EAI）在整个供应链协同中的应用。

（2）Cisco的CEO钱伯斯有一句著名的话："Cisco除了钱之外什么都不生产。"请查找相关资料，分析这句话的深刻含义。Cisco的"互联网生态系统"与我们讲的企业信息门户有什么关系？

参考文献

1. 蒋志青.企业业务流程设计与管理.北京：电子工业出版社，2003
2. 李国良.流程制胜——业务流程优化与再造.北京：中国发展出版社，2005
3. 潘宪生，张明宝.企业业务流程重组.北京：科学出版社，2004
4. 陈志坚.流程到底是什么(网络资源)
5. 周红心.业务流程的基本概念(网络资源)
6. 杨建新.K公司新产品开发流程再造的研究(网络资源)
7. 王云.BPR业务流程重组企业获得突破性成长的有效途径(网络资源)
8. 马费成.信息资源开发与管理.北京：电子工业出版社，2005
9. 中国物品编码中心.条码技术与应用.北京：清华大学出版社，2006
10. 李文正，赵守香.电子商务.北京：航空工业出版社，2007
11. 徐天宇.电子商务业务处理技术.北京：航空工业出版社，2007
12. 侯炳辉，姜同强.企业信息管理.北京：中央广播电视大学出版社，2008
13. 杨小平.市场信息学.北京：中国财政经济出版社，2006
14. 刘悦欣，等.电子商务经济学.北京：机械工业出版社，2004
15. 罗晓沛，侯炳辉.系统分析员教程.北京：清华大学出版社，2003
16. 姜同强.信息系统分析与设计教程.第一版.北京：科学出版社，2004
17. (美)David L Olson.信息系统项目管理导论.李玉英，简德三译.上海：上海财经大学出版社，2004
18. 凯西·施瓦尔贝.IT项目管理.王金玉等译.北京：机械工业出版社，2002
19. 杨青.公司规划与信息系统规划.北京：经济管理出版社，2005
20. 李伟，陈雄鹰. 企业IT战略与决策.北京：机械工业出版社，2005
21. (美)Brooks，Frederick P. Jr.. 人月神化.汪颖译.北京：清华大学出版社，2002
22. (美)斯蒂芬·哈格，梅芙·卡明斯，埃米·菲利普斯.信息时代的管理信息系统.严建援译.北京：机械工业出版社，2007
23. (美)Laudon，Kenneth C. & Laudon，Jane P. Information Systems and the Internet：A Problem-Solving Approach. Fourth Edition，1999
24. (澳) Maciaszek，Leszek A.需求分析与系统设计.金芝译.北京：机械工业出版社，中信出版社，2003
25. (美)James Martin.战略数据规划方法学.耿继秀译.北京：清华大学出版社，1994
26. (美)Whitten，Jeffrey L. & Bentley，Lonnie D. Systems Analysis and Design Methods. the Fifth Edition. McGraw-Hill Companies，Inc. ，2001
27. (美)Wiegers，Karl E. 软件需求.陆丽娜，王忠民，王志敏等译.北京：机械工业出版社，2000

读者意见反馈

亲爱的读者：

感谢您一直以来对清华版计算机教材的支持和爱护。为了今后为您提供更优秀的教材，请您抽出宝贵的时间来填写下面的意见反馈表，以便我们更好地对本教材做进一步改进。同时如果您在使用本教材的过程中遇到了什么问题，或者有什么好的建议，也请您来信告诉我们。

地址：北京市海淀区双清路学研大厦 A 座 602 室　计算机与信息分社营销室　收

邮编：100084　　　　电子邮件：jsjjc@tup.tsinghua.edu.cn

电话：010-62770175-4608/4409　　　　邮购电话：010-62786544

教材名称：企业信息化

ISBN 978-7-302-18056-2

个人资料

姓名：＿＿＿＿＿＿＿　年龄：＿＿＿＿所在院校/专业：＿＿＿＿＿＿＿＿＿＿

文化程度：＿＿＿＿＿＿　通信地址：＿＿＿＿＿＿＿＿＿＿＿＿＿＿＿＿

联系电话：＿＿＿＿＿＿　电子信箱：＿＿＿＿＿＿＿＿＿＿＿＿＿＿＿＿

您使用本书是作为：□指定教材 □选用教材 □辅导教材 □自学教材

您对本书封面设计的满意度：

□很满意 □满意 □一般 □不满意　改进建议＿＿＿＿＿＿＿＿＿＿＿＿＿＿

您对本书印刷质量的满意度：

□很满意 □满意 □一般 □不满意　改进建议＿＿＿＿＿＿＿＿＿＿＿＿＿＿

您对本书的总体满意度：

从语言质量角度看　□很满意 □满意 □一般 □不满意

从科技含量角度看　□很满意 □满意 □一般 □不满意

本书最令您满意的是：

□指导明确 □内容充实 □讲解详尽 □实例丰富

您认为本书在哪些地方应进行修改？（可附页）

＿＿＿＿＿＿＿＿＿＿＿＿＿＿＿＿＿＿＿＿＿＿＿＿＿＿＿＿＿＿＿＿＿＿＿＿

＿＿＿＿＿＿＿＿＿＿＿＿＿＿＿＿＿＿＿＿＿＿＿＿＿＿＿＿＿＿＿＿＿＿＿＿

您希望本书在哪些方面进行改进？（可附页）

＿＿＿＿＿＿＿＿＿＿＿＿＿＿＿＿＿＿＿＿＿＿＿＿＿＿＿＿＿＿＿＿＿＿＿＿

＿＿＿＿＿＿＿＿＿＿＿＿＿＿＿＿＿＿＿＿＿＿＿＿＿＿＿＿＿＿＿＿＿＿＿＿

电子教案支持

敬爱的教师：

为了配合本课程的教学需要，本教材配有配套的电子教案(素材)，有需求的教师可以与我们联系，我们将向使用本教材进行教学的教师免费赠送电子教案(素材)，希望有助于教学活动的开展。相关信息请拨打电话 010-62776969 或发送电子邮件至 jsjjc@tup.tsinghua.edu.cn 咨询，也可以到清华大学出版社主页(http://www.tup.com.cn 或 http://www.tup.tsinghua.edu.cn)上查询。

高等学校教材·信息管理与信息系统
系列书目

ISBN	书　　名	作　　者	定　价
9787302127079	IT 项目建设与管理精选案例分析	杨坚争等	24.00
9787302144649	Oracle 数据库管理及应用开发教程	吴京慧、杜宾、杨波	39.00
9787302136095	SQL Server 数据库管理与开发	肖慎勇等	36.00
9787302136101	电子商务安全技术	张爱菊	24.00
9787302136750	电子商务概论	朱少林等	29.00
9787302116561	电子商务技术基础	张宝明等	27.00
9787302136255	电子商务实现技术	吴泽俊	36.00
9787302136088	电子商务系统规划与设计	骆正华	32.00
9787302136248	多媒体技术与应用	阮新新	29.00
9787302128069	会计信息系统实务教程	陈福军等	49.00
9787302109778	经济信息管理	刘腾红	29.00
9787302135067	审计知识工程	陈耿等	23.00
9787302106371	网络信息系统的分析设计与评价 ——理论·方法·案例	赵玮等	42.00
9787302108184	现代 IT 服务管理 ——基于 ITIL 的最佳实践	曹汉平等	25.00
9787302118930	信息管理导论	宋克振等	39.00
9787302144366	信息检索与分析利用	谢德体、陈蔚杰、徐晓琳	18.50
9787302149514	信息系统开发工具 ——PowerBuilder 语言	张瑞军等	29.00
9787302124290	信息系统开发与 IT 项目管理	曹汉平	34.00
9787302115830	信息资源管理	张凯等	29.00